외국어 교재 개발론

Materials Development in Language Teaching
(Second Edition)

언어교육 17

Materials Development in Language Te
Materials Development in Language Teaching
Materials Development in Language Teaching

외국어 교재 개발론

Materials Development in Language Teaching

(Second Edition)

Brian Tomlison 엮음

김창구·이선진·조혜진 옮김

Materials Development in Language Teaching
Materials Development in Language Teaching
Materials Development in Language Teaching

글로벌콘텐츠

목차

Contents

머리말

Brian Tomlison

본서는 MATSDA 학회에서 발표한, 응용언어학 및 TEFL계의 저명한 학자들이 작성한 교재 개발의 현안에 관한 논저들을 한데 묶은 것이다.

MATSDA(The Materials Development Association)는 제2언어 및 외국어 학습자를 위한 양질의 교재 개발에 공헌하기 위해 1993년, Brian Tomlinson의 주도 하에 설립된 국제적인 교재 개발 협의체이다. 이 협의회에서는 원리에 기반한 연구, 혁신, 개발을 자극하고 지원하기 위한 공동 노력의 일환으로 교사와 연구자, 교재 작성자, 출판사를 일체화하는 것을 목적으로 하고 있다. 이를 위해 협의회에서는 학회와 워크숍 개최, 컨설팅, 저널(Folio) 발행, 그리고 본서와 같은 연구서 출판을 독려하고 있다.

MATSDA에 관한 추가 정보와 회원 신청서 양식은 Brian Tomlinson (MATSDA 대표, brianjohntomlinson@gmail.com)에게 문의하거나, MATSDA 웹사이트(www.matsda.org.uk)를 방문하기 바란다. 본서의 주된 목적은 MATSDA가 교실 교재를 개발하고 활용하는 실제 현장에 현재의 아이디어와 연구를 적용하는 데 도움이 될 정보와 아이디어, 자극을 제공하는 데 있다. 또한 더 많은 실험과 혁신을 자극하여 양질의 교재 개발을 지속하도록 하는 데 기여하는 것을 목표로 한다.

최근 들어, 응용언어학과 교사 양성 과정에서 교재 개발과 관련한 요소를 더 많이 다루고 있으며(서울과 리즈 메트로폴리탄대학(Leeds

Metropolitan University) 국제대학원에서는 L2 교재 개발에 중점을 둔 석사 과정까지 운영하고 있다), ELT 관련 학회에서는 교재 작성과 활용 문제에 초점을 둔 발표들이 증가하고 있다. 1998년까지만 하더라도 교재 관련 이슈를 다룬 책은 거의 출판되지 않았다. 본서 Materials Development for Language Teaching의 초판에서는 연구자, 교사, 저자 및 출판사가 최신의 L2 교재 작성과 활용에 관한 원리와 절차에 대한 새로운 통찰을 얻으려고 하는 독자에게 그들의 정보에 입각한 견해와 제안을 전달할 기회를 제공함으로써 이러한 격차를 메우고자 하였다.

본 개정판은 언어 교육 교재 개발에 있어 1998년 판의 통찰을 유지함과 동시에, 최초 발간 이후 교재 개발과 관련한 새로운 아이디어와 정보를 추가하는 것을 목표로 하였다.

언어 교육 교재 개발 기본 용어 해설

Brian Tomlinson

본서에서는 다음과 같은 용어들이 자주 사용된다. 이 용어들은 해당 장의 저자가 다르게 정의하지 않는 한 다음에 제시된 의미로 사용될 것이다.

실제적 과제(authentic task), 혹은 실세계 과제(real world task)

학습자가 교실 밖의 '실세계(real world)'에서 사용되는 방식으로 언어를 사용하게 하는 과제. 따라서 빈칸 채우기, 동사를 단순 과거에서 현재로 바꾸기, 대체 표 완성하기 등은 실제적 과제가 아니다.
실제적 과제의 예로는 답장 쓰기, 특정 견해에 관해 논쟁하기, 브로슈어 비교 후 휴가지 결정하기 등을 들 수 있다.
☞ 교육적 과제(pedagogical task)

실제적 텍스트(authentic text)

언어 교육 목적으로 작성되지 않은 텍스트를 말한다. 신문 기사, 노래, 소설, 라디오 인터뷰, 게임 방법 안내, 전래동화 등이 그 예이다. 연설문이나 초대 방법을 예시로 보여주기 위해 쓴 대화문, 그리고 언어를 단순화한 소설은 실제적 텍스트가 아니다.
☞ 단순화된 텍스트(simplified texts); 텍스트(text)

CLIL(Content and Language Integrated Learning)

내용-언어 통합형 학습-학생들이 새로운 내용 지식과 스킬(예: 과학, 작곡하기, 축구 기술)을 배우는 데 중점을 두면서 제2언어나 외국어를 습득하는 접근법

☞ 경험 학습(experiential learning)

의사소통적 접근법(communicative approaches)

학습자의 의사소통적 능력(즉, 의사소통을 위해 언어를 효과적으로 사용할 수 있는 능력) 개발을 돕는 것을 목표로 하는 언어 교육 접근법. 약한 의사소통 접근법(a weak communicative approach)에는 학습자가 의사소통을 위해 언어의 형태와 기능을 사용할 수 있는 능력을 개발할 수 있도록 그것을 명시적으로 가르치는 것이 포함되어 있다. 강한 의사소통적 접근법(a strong communicative approach)에서는 언어 사용의 주요 학습 수단으로 학습자들에게 언어 사용 경험을 제공한다. 예를 들어, 이 접근법에서 학습자는 말하는 것을 배우기보다는 배우기 위해 말한다.

의사소통 능력(communicative competence)

의사소통을 위해 언어를 효과적으로 사용할 수 있는 능력. 그러한 능력을 획득하는 것은 사회 언어학적 및 언어학적 지식과 스킬(다시 말해, 언어를 유창하고, 정확하며, 적절하고 효과적으로 사용할 수 있는 능력을 개발하는 것)을 습득하는 것까지 포함한다.

용례 색인(concordances, concordance lines)

동일한 핵심어나 구를 포함하고 있는 언어 사용의 실제적 샘플 목록을

말한다. 예를 들면 다음과 같다.

The bus driver still didn't have any change so he made me wait.
I really don't mind which one. Any newspaper will do.
I just know what they are saying. Any teacher will tell you that it's

용례 색인은 보통 말뭉치에서 기계적으로 생성된다.
☞ 실제적 텍스트(authentic text); 말뭉치(corpus)

말뭉치/코퍼스(corpus)

언어가 실제로 어떻게 사용되고 있는가를 살펴보기 위해 수집된 실제적 텍스트의 뭉치들. 예를 들어, 말뭉치가 신문 영어 말뭉치, 법률 문서 말뭉치, 비형식적 영어 말뭉치와 같이, 특정 유형의 언어 사용으로 제한되는 경우도 있다. 일반적으로, 전자적으로 저장하고 검색할 수 있다.
☞ 텍스트(text)

교과서(coursebook)

언어 학습 프로세스를 위한 핵심 소재를 제공하는 교재를 말한다. 교과서 한 권에 가능한 한 많은 것을 제공하는 것을 목표로 하여, 학습 과정 중에 학습자가 반드시 사용해야 하는 유일한 책의 역할을 할 수 있도록 설계된다. 통상, 문법, 어휘, 발음, 읽기와 쓰기, 듣기, 말하기 기능과 스킬이 포함된다.
☞ 보충 교재(supplementary materials)

발견 활동(discovery activity)

언어에 대해 스스로 무언가를 발견하도록 학습자의 에너지와 주의를 투자하게 하는 활동. 발견 활동의 예로, 예문에서 직접 화법 규칙 찾기, 스토리에서 법조동사 'must'가 사용되는 때와 이유 조사하기, 녹음 대화에서 생략된 내용 파악하여 설명하기 등이 있다.

ELF(English as a lingua franca)

공용어로서의 영어-비모어 영어 화자나 비모어 화자 간에 의사소통을 위해 사용하는 영어. 응용언어학자 중에는 ELF를 영어 변종의 하나로 간주하는 이도 있고, 영어를 사용하는 한 가지 방법으로 생각하는 이도 있다.
☞ 세계 영어(World English)

경험 학습(experiential learning)

언어 항목에 의식적인 주의를 기울이기보다는 사용 중에 경험을 통해 언어를 학습하는 방식. 예를 들면, 소설 읽기, 노래 듣기, 프로젝트 참가하기 등이 있다.

외국어(foreign language)

특정 사회에서 의사소통을 위해 일반적으로 사용되지 않는 언어. 따라서 프랑스에서 영어, 독일에서 스페인어는 각각 외국어이다.

범용 교재(global coursebook)

특정 문화권이나 특정 국가의 학습자를 위해 작성한 것이 아니라 세계 어느 곳에서든 특정 레벨과 연령 그룹에 속한 모든 학습자가 사용할 수 있도록 개발된 교과서

언어 의식 접근법(language awareness approaches)

학습자가 사용 중인 언어 자질에 집중하도록 돕는 것이 중요함을 강조하는 언어 교수법. 언어 의식 접근법을 지지하는 대부분의 사람들은 학습자들이 스스로의 발견을 통해 언어가 사용되는 방식에 대한 인식을 점차적으로 개발하는 것의 중요성을 강조한다.

☞ 발견 활동(discovery activity)

언어 자료/언어 데이터(language data)

언어가 사용되는 방법에 대한 정보를 제공하는 데에 사용하는 언어 사용의 실례. 따라서 말뭉치는 언어 자료로 구성되어 있다고 말할 수 있다.

언어 연습 활동(language practice)

특정한 활동 프레임에 의해 통제된 환경 하에서 동일한 문형이나 스킬을 반복하는 활동. 언어 산출의 목적과 산출되는 언어는 보통 과제(task)나 교사에 의해 미리 결정된다. 연습 활동의 목적은 의사소통을 위한 언어 사용에 있는 것이 아니라, 연속적인 반복을 통해 특정 언어 형식이나 기능을 조작할 수 있는 능력을 강화하려는 데 있다. 이미 서로 아는 사이인, 같은 학급의 학생들끼리 반복적으로 서로의 이름을 묻고 답히게 하는 활동은 언어 연습 활동이 될 수 있다.

☞ 언어 사용(language use)

언어 사용(language use)

의사소통을 위한 언어의 산출과 관련된 활동들. 활동 목적은 미리 결정될 수 있지만 사용되는 언어는 학습자가 결정한다. 새로운 학급의 학습자들이 돌아다니면서 서로 자기소개를 하는 것은 언어 사용 활동의 예가 될 수 있다.

학습 스타일(learning styles)

개별 학습자가 선호하는 학습 방법(들). 어떤 언어 학습자는 듣기를 선호하고(청각적 학습자), 어떤 학습자는 읽기를 더 선호하며(시각적 학습자), 어떤 학습자는 언어를 조각내어서(분석적 학습자), 어떤 학습자는 큰 덩이째 학습하는 것을 선호하고(포괄적, 총체적 혹은 실험적인 학습자), 어떤 학습자들은 언어를 경험하는 동안 신체적인 활동을 선호하기도 한다(운동감각적 학습자). 학습 스타일은 가변적이어서 학습 환경에 따라 선호하는 학습 방법이 달라지기도 한다.

어휘 접근법(lexical approaches)

이 접근법들은 어휘의 선택과, 특정 목적을 위해 특정 문맥에서 특정 의미를 전달하고자 할 때 언어 사용자가 이용할 수 있는 선택에 초점을 둔다.

어휘 청크/어휘 덩이(lexical chunks)

하나의 단어 그룹이 하나의 의미로만 사용되는 구를 말한다(예: 'have no option but'). 청크 내의 단어들이 변하지 않는 고정된 형식일 수도 있고(예: 'at the end of the day'), 요소 중 하나가 바뀔 수 있는 일상 어구일 수도 있다(예: 'All the best for the future/next week/exam/ interview' 등).

L2

외국어와 제2언어 모두를 지칭하는 용어

☞ 외국어(foreign language); 제2언어(second language)

교재/자료(materials)

학습자의 언어 학습을 돕는 모든 것. 예를 들어, 교과서, 워크북, 카세트, CD-ROM, 비디오, 유인물, 신문, 화이트보드에 쓴 단락 등과 같이, 학습 언어를 제시하거나 언어에 대해 알려주는 것은 모두 교재라고 할 수 있다.

교재 개작(materials adaptation)

학습 교재를 개선하거나 특정 유형의 학습자에게 더 적합하게 바꾸는 것. 개작에는 축소, 추가, 생략, 수정, 보충 등이 포함될 수 있다. 대부분의 교사들은 자신의 학습자들에게 맞도록, 교재의 가치를 극대화하기 위해 매번 교재를 개작한다.

교재 평가(materials evaluation)

교재가 추구하는 목표와 교재 사용사의 목표를 관련시켜 교재의 가치를 체계적으로 평가하는 것. 평가는 사용 전, 사용 중, 사용 후에 각각 실시할 수 있다. 사용 전 평가는 교재의 잠재적인 가치를 예측하는 데 초점을 둔다. 사용 중 평가는 교재를 사용하는 동안 학습자가 실제로 무엇을 하고 있는지를 인지하고 설명하는 데 초점을 둔다. 사용 후 평가는 교재를 사용한 결과로 발생한 것에 초점을 둔다.

멀티미디어 교재(multimedia materials)

다양한 매체를 이용한 교재. 인쇄물, 그래픽, 비디오, 사운드를 이용할 수 있는 CD-ROM 형태인 경우가 많다. 일반적으로, 멀티미디어 교재는 상호작용적이기 때문에 학습자는 자신이 산출한 말하기나 쓰기에 대해 피드백을 받을 수도 있다.

신 기술(new technologies)

언어 학습 교재를 전달하거나 학습자 간의 전자 통신을 촉진하는, 최근 개발된 전자 수단을 지칭하는 용어. 인터넷, 이메일, YouTube, 대화방, 블로그, Facebook, 화상 회의, 휴대폰 기술 등이 여기에 포함된다.

교육적 과제/교육적 과업(pedagogic task)

실세계 과제를 재현한 것이 아니라 실세계 과제에서 유용하게 이용할 수 있는 언어나 스킬의 학습을 촉진하기 위해 고안된 과제. 대화의 남은 부분 완성하기, 스토리의 빈 곳 채우기, 텍스트 내 단서들을 이용하여 미지어의 의미 이해하기 등이 교육적 과제의 예가 될 수 있다. 반면, 교육적 과제가 실세계 스킬의 사용을 요구하는 경우도 있다. 예를 들어, 그룹 구성원 한 명만이 본 적 있는 도표를 재현해야 하는 과제에는 시각화 사용, 정확한 지시, 명료화 요구와 같은 실세계 스킬들이 관련된다. 이러한 과제가 실세계 과제가 아니라는 주장들도 있지만, 사실 실제적 (authentic)이다.

PPP

제시(presentation), 연습(practice), 산출(production)의 순으로 언어 항목을 가르치는 접근법. 현재까지도 많은 상업적 교재가 채택하고 있는 접근법이다. 일부 응용언어학자들은 제시와 연습에 앞서 산출을 행하는, 경험적 PPP 접근법(experiential PPP approach)을 선호한다.
☞ 언어 연습 활동(language practice); SLA; 언어 사용(language use)

제2언어(second language)

이 용어는, 모국어는 아니지만 한 사회에서 특정 의사소통 기능을 위해 사용되는 언어를 의미한다. 예컨대, 나이지리아, 스리랑카, 싱가포르에서는 영어가 제2언어이고, 세네갈, 카메룬, 타히티에서는 프랑스어가 제2언어이다.
☞ 외국어(foreign language)

자기 주도적 학습교재(self-access materials)

학습자가 자기 주도적으로(즉, 교사나 강의실을 통하지 않고 독자적으로) 이용할 수 있도록 설계된 교재. 학습자가 보통 집에서나 도서관, 자율학습 센터에서 사용하며, 종이 기반인 경우도 있고 전자 형식인 경우도 있다.

단순화한 텍스트(simplified texts)

학습자가 쉽게 읽을 수 있도록 단순화한 텍스트. 단순화 원리에는 보통 텍스트 길이 단축, 문장 단축, 어려운 단어나 구조의 삭제 또는 교체, 수식절 삭제, 중요하지 않은 세부 사항 생략 등이 있다. 일부 응용언어학자들은 예를 추가하고, 반복과 풀어쓰기를 사용하고, 잉여 정보를 늘리는 방식으로 단순화하는 것을 선호한다. 다시 말해, 텍스트를 짧게 하기보다는 길게 늘이고, 줄이기보다는 정교화하게 다듬는 방식이 더 효과적이라 생각한다.

SLA

제2언어 습득(Second Language Acquisition)의 줄임말로, 일반적으로 제2언어와 외국어 학습과 관련된 연구와 이론을 언급하는 데 사용된다.

보충 교재(supplementary materials)

교육 과정의 핵심 교재 외에 추가로 사용하기 위해 설계된 교재. 언어 항목 학습보다는 읽기, 쓰기, 듣기, 말하기 스킬의 개발과 관련이 있으며, 사전, 문법책, 워크북도 여기에 포함된다.

☞ 교과서(coursebook)

과제/과업(tasks)

특정 상황에서 특정 결과를 얻기 위해 학습자에게 목표 언어를 사용하도록 요구하는 활동(예: 문제 해결하기, 회의 계획하기, 인터뷰 후보 선택하기)

과제/과업 기반 접근법(task-based approaches)

학습자가 교실 밖의 '실세계(real world)'에서 사용하는 방식으로 언어 사용 경험을 제공하는 일련의 실제적 과제들을 중심으로 설계된 학습 교재나 과정을 말한다. 일반적으로, 미리 언어 교수요목을 결정하지 않고, 대신 학습자가 과업을 성공적으로 해결하는 데 필요한 언어를 과제로부터 배우도록 하는 데 목표를 둔다. 이러한 과제의 예로는 여행 일정표 짜기, 여권 신청 양식 작성하기, 카탈로그에서 상품 주문하기, 우체국 가는 길 정하기 등이 있다.

☞ 실제적 과제(authentic task)

텍스트(text)

언어 학습자에게 제공되는 언어의 확장 샘플. 텍스트는 쓰기물이나 발화물일 수도 있고, 예를 들어 시, 신문 기사, 오염 문제를 다룬 기사, 노래, 영화, 라이브 대화의 한 소절일 수도 있고, 소설이나 연극의 일부를 발췌하였거나 현재완료 사용을 예로 들기 위해 쓴 구문, 녹음된 전화 대화, 대본이 있는 대화, 정치인의 연설일 수도 있다.

텍스트 기반 접근법(text-based approaches)

출발점이 핵심 문법 요소의 교수가 아니라 텍스트인 접근법. 학습자는 텍스트 내의 두드러진 언어 항목이나 담화 기능에 주의를 기울이기에 앞서, 먼저 텍스트를 경험하고 반응한다.
☞ 경험 학습(experiential learning)

워크북(workbook)

학습자가 스스로 공부할 수 있도록 추가 연습 활동을 담고 있는 책. 일반적으로, 워크북은 써 넣을 수 있게 디자인되어 있으며, 피드백 제공을 위해 책 뒷장에 정답을 제공하기도 한다.

세계 영어(World English)

국제적인 의사소통에 사용되는 영어의 여러 변종
☞ ELF(English as a lingua franca)

EFL 및 응용언어학에서 자주 사용되는 다른 용어의 정의는 다음 문헌을 참고할 수 있다.

Crystal, D. 1985. *A Dictionary of Linguistics and Phonetics*, 2nd edn. Oxford: Basil Blackwell.

Davies, A. 2005. *A Glossary of Applied Linguistics*. Edinburgh: University of Edinburgh Press.

Ellis, R. 1994. 'Glossary'. In *The Study of Second Language Acquisition*. Oxford: Oxford University Press, pp. 692–729.

Johnson, K. and H. Johnson, H. 1999. *The Encyclopedic Dictionary of Applied Linguistics: A Handbook for Language Teaching*. Oxford: Wiley-Blackwell.

Richards, J. and R. Schmidt, H. Platt and M. Schmidt. 2010. *Longman Dictionary of Language Teaching & Applied Linguistics*, 4th edn. Harlow: Longman.

Tomlinson, B. 1984. 'A glossary of basic EFL terms'. In A. Cunningsworth, *Evaluating and Selecting EFL Teaching Materials*. London: Heinemann, pp. 80–102.

감사 인사

먼저, 뛰어난 통찰력과 제안, 지원을 아끼지 않은 케임브리지대학 출판사의 Jane Walsh님께 감사의 말씀을 드린다. 책의 초안을 꼼꼼하게 리뷰해 주신 Freda Mishan, Jaya Mukundan, Ivor Timmis님께도 감사드린다. 아울러, 아래의 저작권 교재와 교재의 사용을 허가해 주신 데 대해 감사드린다. 최대한 노력했으나 출처를 확인하지 못한 교재도 있고, 미처 양해를 구하지 못한 일부 저작권 소유자님도 계신다. 누락된 사항이 있을 경우, 본서의 재발행 시에 기꺼이 포함하도록 하겠다.

p. 75. 표 2, Davies, Mark. (2008-) The Corpus of Contemporary American English (COCA): 410+ million words, 1990-present. Available online at http://www.americancorpus.org.

pp. 78. 표 2.3, 표 2.4, Michigan Corpus of Upper-level Student Papers. (2009). Ann Arbor, MI: The Regents of the University of Michigan.

p. 92. 표 3.1, Collins Cobuild data sheets Concordance for 'any', 1986. Collins Cobuild.

p. 131. Nunan, D. and Lockwood, J. 1991. *The Australian English Course*. Cambridge University Press.

pp. 131-132. Burns, A. Joyce, H. and Gollin, S. 1996. *'I see what you mean.' Using Spoken Discourse in The Classroom: A Handbook for Teachers*. NCELTR, Macquarie University (Sydney).

pp. 285-288. Littlejohn, A. and Hicks, D. 2008. *Primary Colours Pupil's Book 5*. Cambridge University Press.

pp. 411-416. Goodey and Goodey. 2005. *Messages*. Cambridge University Press.

p. 440. 표 12.2, Oxford University Press 2008

p. 475. 표 13.2, 허가를 얻어 복사함.

p. 475. 표 13.3, Languagelab.com.의 허가를 얻어 복사함.

p. 566-566. McGinley, P. *"The Adversary" from Times Three*. Martin Secker & Warburg.

p. 566. Thomas, R. S. 1963 *"Sorry"*(HarperCollins Publishers Ltd.의 *The Bread of Truth*에서 가져옴).

p. 567. Leon Leszek Szkutnik, *"He Never Sent me Flowers"*. (Warsaw).

pp. 596-599. Gordimer, N. 1991. *My Son's Story*. A P Watt Ltd의 승인을 얻어 복사함.

① 들어가기: 교재 개발의 원리와 절차

Brian Tomlinson

1.1 서론

본서의 관심은 제2언어 교수와 학습에 사용하는 교재의 질을 개선하기 위해 우리가 할 수 있는 것들에 있다. 우선은 교재 질 향상을 위해 우리가 따를 수 있는 몇 가지 단계를 고려해 보고, 아울러 본서의 여러 장에서 다룰 이슈들을 소개하는 것으로 이 책을 시작하려고 한다. 각 장의 저자들이 주장하는 L2 교재 개발에 대한 접근법들은 기본적으로는 유사하지만, 제기된 이슈들 중에서 상당수는 논쟁의 여지가 있으며, 일부 주장들 간에는 필연적으로 모순적인 것도 있음을 강조해 두고 싶다. 그런 경우, 저자들의 주장을 독자 자신의 경험에 비춰 정보를 얻고 자극을 받고 그리고 자신의 생각을 공고히 할 수 있기를 기대한다.

교재 개발 관련자들은 다음 사항을 이행해야 한다고 주장하려고 한다.

1. 교재 개발 논의에서 흔히 사용되는 용어와 개념을 명확히 할 것.
2. 언어 학습을 어느 정도까지, 어떤 방식으로, 그리고 왜 촉진시키는지를 파악하기 위해 현재 사용 중인 교재를 체계적으로 평가할 것.
3. 제2언어 습득과 언어 사용에 관한 최신 연구 결과를 교재 개발을 위해 잠재적으로 응용 가능한가를 검토할 것.
4. 제2언어나 외국어를 가르치고 배우는 데 있어 교사, 학습자 모두가 가치 있다고 생각하는 것을 어떻게 적용할 것인지 고민할 것.

5. 양질의 교재 개발을 위해 가용할 수 있는 리소스를 최대한 모으고 연구자, 교재 개발자, 교사, 학습자, 출판업자가 공동의 노력을 기울일 것.

1.2 용어 및 개념

이 책에서 자주 접하게 될 몇 가지 기본 용어와 개념들이다.

1.2.1 교재

'언어 학습 교재'라고 하면 사람들은 대부분 교과서를 연상한다. 교재를 사용해 온 주된 경험이 교과서였기 때문이다. 그러나 본서에서 이 용어는 교사나 학습자가 언어 학습을 촉진시키기 위해 이용하는 모든 것을 가리키는 데 사용한다. 따라서 교재는 비디오가 될 수도 있고, DVD나 이메일, YouTube, 사전, 문법서, 등급별 읽기 교재(readers), 워크북, 연습용 복사물이 될 수도 있다. 신문이나 음식 포장지, 사진, 원어민의 라이브 토크, 교사의 지시, 카드에 쓰여 있는 과제, 학습자 간의 토론이 될 수도 있다. 즉, 학습자의 언어 지식 및/또는 경험을 늘리기 위해 의도적으로 사용하는 모든 것이 교재가 될 수 있다.

교재의 실용적 개념을 명심해 두면, 교재 개발자가 가능한 한 많은 입력 소스를 활용할 수 있게 되며, 더 중요한 점은 교사 자신 또한 교재 개발자이며, 궁극적으로 자신의 학습자에게 제공하는 교재에 대한 책임이 있음을 자각할 수 있게 된다. 또한 교재는, '학습자에게 언어에 대해 알려 준다는 점에서 교육적(instructional)이며, 사용 중인 언어에 노출시킨다는 점에서 경험적(experiential)이며, 언어 사용을 자극한다는 점에서 유도적(elicitative)이며, 언어 사용에 대한 발견을 촉진한다는 점에서 탐구적(exploratory)일 수 있다'는 점을 명심하는 것도 도움이 될 것이다(Tomlinson 2001: 66).

1.2.2 교재 개발

'교재 개발은 연구 분야이기도 하고, 실천적 프로젝트이기도 하다. 연구 분야로서의 교재 개발에서는 언어 교수 교재의 설계, 구현, 평가의 원리들과 절차에 대해 연구한다'(Tomlinson 2001: 66). 실천적 프로젝트로서의 교재 개발은 교재 개발자나 교사, 학습자가 언어 입력 소스를 제공하기 위해서, 흡입(intake)[1] 가능성을 극대화하고, 산출을 의도적으로 자극하는 방편으로 입력 소스를 활용하기 위해서 행하는 모든 것과 관련이 있다: 즉, 언어 학습을 촉진하도록 설계된 방식으로 언어 경험이나 언어 경험에 대한 정보를 제공한다. 이상적으로, '교재 개발의 두 가지 측면은 이론적 연구가 교재 개발에 정보를 제공하고, 교재 개발과 사용이 다시 이론적 연구에 정보를 제공한다는 점에서 상호작용적이다'(Tomlinson 2001: 66).

교재 개발자들은 교재를 작성하거나, 스토리를 읽거나, 교실에 광고를 가지고 오거나, 의견을 표명하거나, 언어 사용 샘플을 제공하거나, 소리 내어 시를 읽을 수도 있다. 입력 제공을 위해 교재 개발자가 무엇을 하든, 언어를 효과적으로 습득할 수 있는 방법에 대해 자신이 아는, 원리에 입각한 방식으로 이를 행한다. 이 책의 모든 장에서는 언어 학습을 촉진하기 위해 학습자에게 무엇을 제공해야 하고, 그것을 어떻게 제공해야 하고, 그것을 가지고 무엇을 할 수 있는지와 관련한 세 가지 중요한 질문에 중점을 둔다.

---

1) [역자주] 학습자에게 노출되고, 그것이 실제로 '흡입'되어, 언어가 학습되는 데 중요한 역할을 하는 언어 일부

이 책의 여러 장은 교재 개발에 초점을 두고 있으나(예: 6장의 Jan Bell & Roger Gower, 10장의 Hitomi Masuhara, 11장의 Frances Amrani), 나머지 일부 장에서는 교재를 전자적으로 전달하는 방법(예: 12장의 Gary Motteram, 13장의 Lisa Kervin & Bverlywuanka)이나, 교재 개발을 위한 교사 교육(예: 5장의 David Jolly & Rod Bolitho, 9장의 Rod Ellis)에 초점을 두며, 학습자 스스로가 교재를 개발할 수 있는 방법을 제안한 장도 있다(예: 3장의 Jane Willis, 15장의 Alan Maley).

1.2.3 교재 평가

이 용어는 교재의 가치를 측정하는 시도를 의미한다. 많은 경우, 교재 평가는 인상적으로 행해져, 학습자가 지나치게 큰 어려움 없이 교재를 사용할 수 있고 너무 어렵지 않아서 학습 경험을 즐길 수 있을 것이라는 관점에서 해당 교재가 효과적일 것인가의 여부를 예측하려는 시도들로 구성된다.

이 책의 여러 장에서는 이 모호하고 주관적인 평가 개념에 도전하고, 보다 체계적이고 명시적인 접근 방식을 지지한다. 예를 들어, 11장에서 Frances Amrani는 질 향상을 위해 출판에 앞서 교재를 검토하는 방법을 보고하였고, 8장에서 Andrew Littlejohn은 보다 객관적이고 분석적인 접근법을 제안하였으며, 9장에서 Rod Ellis는 교재의 실제 효과를 파악하기 위해 사용 중, 사용 후 평가의 필요성을 주장하고 있다. 언어 학습 교재의 평가에 대한 체계적인 접근을 제안한 최근의 다른 연구로는 McGrath(2002), McDonough, Shaw and Masuhara(2011), Rubdi(2003), Tomlinson(2003a)이 있다.

이 책의 모든 장에서는 교재가 가치 있기 위해서는, 학습 포인트가 학습자에게 잠재적으로 유용해야 하며, 학습 절차가 학습자가 실제로 배우고 싶어 하는 것, 필요로 하는 것을 배울 가능성을 극대화해야 한다는 견해를 전적으로 수용한다. 학습자가 교재를 즐기고 가치를 평가하는 것만으로는 충분하지 않다.

1.2.4 언어 교수

사람들은 대부분 교사가 학습자에게 정보를 명시적으로 제시하는 것이 교수라고 생각한다. 본서에서는 '교수/교육(teaching)'이라는 용어를, 언어 학습을 촉진하기 위해 교재 개발자나 교사가 행하는 모든 것을 가리키는 데 사용한다. 여기에는 교단에 서서 영어로 직접 화법의 규칙을 설명하는 교사가 포함될 수도 있고, 언어 사용 예를 제시하고 학습자가 그 예에서 규칙을 발견하도록 안내하거나, 조금 전 단락을 읽은 방법을 학습자가 생각해 보도록 유도하는 교재가 포함될 수도 있으며, 도전적 과제에 참여하는 동안 학습자가 필요로 하는 어휘를 제공하는 교사가 포함될 수도 있다.

교수는 (학습자에게 정보를 명시적으로 전달한다는 점에서) 직접적(direct)일 수도 있고, (학습자가 스스로 무언가를 발견하도록 돕는다는 점에서) 간접적(indirect)일 수도 있다. 또한 (문제를 피하는 것을 목표로 한다는 점에서) 선제적(pre-emptive)일 수도 있고, (학습자가 무언가를 하도록 돕는 것을 목표로 한다는 점에서) 촉진적(facilitative)일 수도 있으며, (언어가 필요한 상황에서 응답한다는 점에서) 반응적(responsive)일 수 있으며, 문제 해결을 목표로 한다는 점에서 교정적(remedial)일 수 있다.

본서 대부분의 장에서는 언어 학습을 촉진하는 가장 효과적인 방법으로서 간접 교수에 초점을 둔다. 예를 들어, 2장, 3장에서 Randi Reppen과 Jane Willis는, 사용 중인 언어 샘플을 분석하여 학습자가 언어가 사용되는 규칙을 발견하는 데 도움이 될 수 있는 방법을 제안하였다. 16장에서 Grethe Hooper Hansen은 학습자가 초점을 두고 있는 과제의 주변 정보로부터 학습을 도울 수 있는 방법을 살펴보았고, 17장에서 Brian Tomlinson은 자기 주도적 학습자가 스스로 학습할 수 있는 절차를 제안하였다.

1.2.5 언어 학습

학습은 일반적으로 학습 내용과 관련된 정보를 저장하는 의식적인 과정으로 간주된다. 철자 규칙, 인사말, 어휘 항목 등의 직접 학습도 언어 학습자에게 유용하겠지만, 대부분의 언어 학습은 무의식적으로 언어가 사용되는 방식에 대한 일반화를 개발하고 이러한 일반화를 의사소통 행위에 적용하는 스킬과 전략을 의식적, 그리고 무의식적으로 발달시키는 방식으로 이루어진다.

언어 학습은 명시적(explicit)일 수 있고(즉, 학습자가 언제, 무엇을 배우고 있는지를 안다), 암시적(implicit)이 될 수도 있다(즉, 학습자가 언제, 그리고 무엇을 배우고 있는지 알지 못한다). 또한 선언적 지식(declarative knowledge)일 수도 있고(즉, 언어 체계에 대한 지식), 절차적 지식(procedural knowledge)이 될 수도 있다(즉, 언어가 사용되는 방식에 대한 지식).

이 책 대부분의 장에서는 의사소통 능력은 주로 암시적이고, 절차적인 학습의 결과로 달성된다는 입장에 있다. 한편, 본서에서는 선언적 지식과 절차적 지식에 대한 명시적인 학습이 학습자가 언어 입력 내의 현저한 자질에 주의를 기울이거나, 계획된 담화(즉, 계획과 모니터링을 위한 시간이 허용되는, 프레젠테이션이나 스토리 쓰기)에 참여하도록 하는 데 도움이 된다는 점 또한 인정한다. 따라서 본서에서는 교재 개발의 주요 목표가 사용 중인 언어를 경험하고 그 경험을 반성할 수 있는 기회를 제공하는 데 있다고 본다. 4장의 Ronald Carter, Rebecca Hughes, Michael McCarthy, 14장의 Brian Tomlinson, 16장의 Grethe

Hooper Hansen, 17장의 Brian Tomlinson이 이와 같은 입장을 취한다. 먼저, 4장에서 Ronald Carter 외는 학습자를 실제 사용 중인 구어 영어에 노출시킬 필요가 있다고 주장한다.

14장, Brian Tomlinson에서는 학습자의 L1 독해 프로세스에서 고도의 시각화 스킬을 전이하는 것을 돕는 경험적 방법을 제안한다. 16장에서 Grethe Hooper Hansen은 사용 중인 언어를 다양하게 경험할 필요가 있음을 지지하고 있으며, 17장에서 Brian Tomlinson은 자기 주도적 언어 학습에 대한 경험적 접근법을 제안하고 있다.

1.3 교재의 체계적 평가

7장에서 Philip Prowse는 교재 작성을 시작하는 방법을 밝히기 위해 다수의 유명 교재 작성자들의 예를 들고 있다. 이 논문에서 주목할 점은 교재 작성자들 대부분이 교재를 작성할 때 목표, 원리, 절차를 밝힌 구체적인 명세서를 활용하는 것이 아니라, 자신의 직관을 따른다는 점이다. 분명 이러한 직관은 언어 학습자가 필요로 하는 것이 무엇인지 자신의 경험을 토대로 알게 된 것들이며, 훌륭한 교재의 개발로 이어지는 경우가 많다. 그러나 만약 성공적인 교재로 여겨지는 교재를 장기적, 체계적으로 평가할 수 있다고 한다면, 그 교재들은 실제로 얼마나 유용할까? 책상 앞에 앉아서 경쟁자의 인기 있고 겉으로 보기에도 성공적인 특징은 구별하여 복제하고, 인기가 없고 실패한 것으로 보이는 특징들은 회피하는, 유명한 교재 개발자를 다수 알고 있다.

이런 식의, 교재에 대한 즉시적 인상 평가 이상을 행하는 데는 상당한 시간과 비용이 들 것이고, 학습자 동기나 수업 외적 경험, 학습자-교사 간의 친밀성 등의 변수를 통제하는 데도 많은 문제들이 야기될 것이다. 그러나 인기 교재에 대한 종단적이고 체계적인 평가는 출판사, 대학,

MATSDA와 같은 협회의 컨소시엄을 통해 수행될 수 있다. 그리고 이 컨소시엄은 여러 유형의 언어 학습 교재의 실제 효과에 대해 경험적으로 검증된 정보를 제공할 수도 있다. 일이기 때문이겠지만, 출판사는 교재가 언어 습득에 어떤 영향을 미치는가에 관심이 있기보다는 교재를 대중에게 널리 알리고자 하는 데 중점을 두는 경향이 있으며, 이 연구는 당연히 영업 비밀이다(이런 유형의 연구에 대해서는 11장 참조).

이 책의 여러 장에서 교재 개발에 관한 정보 제공 수단으로 보다 체계적인 평가 절차를 사용하는 방향으로 논의를 진행하려고 한다. 8장에서 Andrew Littlejohn은 교재가 실제로 무엇을 하는가를 분석하기 위한 절차를 예시하고 있다. 11장에서 Frances Amrani는 교재 출판에 앞서 출판사가 실시한 체계적인 교재 평가에 관해 보고하고 있으며, 5장에서 David Jolly & Rod Bolitho는 교재에 대한 학습자 평가 결과를 개발 과정에 접목하는 방안을 제안하고 있다. 9장에서 Rod Ellis는 교재의 외관적인 인상만으로 판단하지 말고, 교재 사용 중에 학습자가 실제로 무엇을 하고 있으며, 교재를 사용한 결과로서 무엇을 학습한 것으로 보이는지를 관찰하는 방식으로 평가 방법을 전환해야 함을 강조하고 있다.

1.4 제2언어 습득 연구 및 교재 개발

현재로서는 연구자들 간에 언어 교수에 안전하게, 온전히 적용할 수 있는 학습 과정에 관한 일관된 견해가 없는 것은 명백해 보인다(Tarone and Yule 1989).

현 시점에서, 어떠한 제2언어 습득 연구도 제2언어 교수가 안고 있는 실제적인 문제들에 결정적인 답을 제공하지 못한다. ... 제2언어 습득 연구에서 비롯된 정확한 언어 교수 이론은 존재하지 않는다(Cook 1996).

위 인용문은 지금까지도 여전히 유효하며, 우리가 제2언어 습득(SLA) 연구로부터 확실한 답을 기대해서도 안 되고, 연구에 기반한 하나의 언어 습득 모델이 다른 모든 모델보다 더 우위에 있음을 기대해서도 안 된다는 것도 사실이다. 그렇기 때문에, 근거가 약한 이론을 무분별하게 적용하지 않도록 주의해야 한다. 그렇다고 해서 이 사실이 제2언어/외국어 학습에 대해 우리가 '제대로' 알고 있는 것을 습득 프로세스 촉진을 위해 설계되는 교재 개발에 적용하는 것을 막을 수는 없다.

언어 학습에 대해 알고 있는 것은 적어도 수천 년에 걸친 성찰적인 가르침이고, 또 적어도 한 세기에 걸친 실험과 관찰 연구의 결과이다. 설득력 있는 예시와 이용 가능한 경험적 증거를 결합한다면, 분명 성공적인 교재 개발에 기여할 수 있는 기준을 세울 수 있을 것이다. 본서의 일부 논문에서는 교재 집필 시에 언어 학습에 대한 필자들의 직관에 의존하는 것처럼 보인다. *Getting Started: Materials Writers on Materials Writing* (Hidalgo, Hall and Jacobs 1995)라는 책에서 교재 개발 프로세스를 소개하고 있는 다른 연구들도 그렇게 보인다.

개발자들이 가진 직관의 타당성은 작성한 교재의 질로 증명된다. 그러나 직관은 관련된 교실 경험과 최신의 제2언어 습득 연구에 대한 지식이 있을 경우에만 유용하다. 또 교실용 교재 개발에 착수할 때 명시적인 지침이 있다면 이를 활용할 수 있을 것이다. 필자가 주장하고 싶은 것은, 교사들이 성공적인 학습에 도움이 된다고 생각하는 학습 원리들과 절차를 SLA 연구자들이 추천하는 원리, 절차와 결합하는 것이다. 이 두 가지를 결합함으로써 교재 단원을 개작하고자 하는 교사에서부터 상업용 교재 개발에 착수하고자 하는 저자에 이르기까지, 교재 개발에 잠재적으로 도움이 될 원리와 절차 목록을 작성할 수 있을 것이다. 이 목록은 규범적이기보다는 정보 제공적이어야 하며, 목록의 권장 사항들은 결정적 증거라거나, 모든 교사, 연구자의 지지를 받고 있다는 인상을 주지 않아야 한다. 물론 목표 언어가 어떻게 작동하는가에 대한 보충 정보는 필요하다(본서의 2장과 3장, 4장을 참고하면 이러한 정보를 얻을 수 있다). 저자가 생각하는 교재 개발의 기본 원리는 다음과 같다.

1. 언어 습득을 위해서는 풍부하고, 의미 있고, 이해가능한 언어 입력에 학습자가 노출되도록 하는 것이 전제 조건이다.
2. 학습자를 사용 중인 언어에 최대한 노출시키려면, 언어를 경험할 때 정서적, 인지적으로 모두 관여할 필요가 있다.
3. 긍정적 영향을 받은 언어 학습자는 그렇지 않은 학습자보다 의사소통 능력을 달성할 가능성이 훨씬 높다.
4. L2 학습자가 L1을 습득하고 사용할 때 통상적으로 이용하는 심적 자원을 이용할 수 있도록 도울 필요가 있다.
5. 학습자를 입력 속의 현저한 자질들에 주목하게 하거나 그 자질들이 사용되는 방식을 발견하도록 한다면 도움이 된다.
6. 학습자는 의사소통 목적을 달성하기 위해 언어를 사용할 기회가 필요하다. 이 원리를 정당화하고 교재 개발에 적용하는 방법을 다룬 논의는 Tomlinson(2010)을 참조할 수 있다. 학습 원리를 교재 개발에 적용하는 방법에 관해서는 McGrath(2002), McDonough, Shaw & Masuhara(2011), Tomlinson(2008)을 참조하기 바란다.

물론, 한 가지 문제는 언어 교수 및 학습과 관련된 주요 쟁점에 대해 연구자들 간에 상당한 의견 차이가 있다는 것이다. 언어 습득의 주요 전제 조건은 이해가능한 입력(즉, 이해할 수 있는 언어에 노출될 것)에 있다고 주장하는 연구자가 있는가 하면, 어떤 연구자들은 산출 기회(즉, 언어를 실제로 사용해야 하는 상황)가 중요한 전제 조건이라고 주장하고 있다. 일부 연구자들은 형식적인 수업이나 언어에 대한 의식적인 분석없이 자연스럽게 언어를 습득하는 것이 가장 좋은 방법이라고 주장한다. 또 어떤 연구자들은 언어의 현저한 특징에 대한 의식적인 관심이 성공적인 언어 학습에 필수적이라고 주장한다.

제2언어 습득 연구 개론서(예: Ellis 2008)를 한번 자세히 살펴보면, SLA 연구자들 간의 의견 차이를 바로 알게 될 것이다. 언어의 학습과 사용에 관련한 실제적인 심적 프로세스에 제한적으로 접근할 수밖에 없다는 점을 감안하면 이러한 의견 차이는 불가피한 것이며, 논쟁의 격렬함이 추가적이고 참고할 만한 연구를 야기하기도 한다. 그러나 필자는 현재 SLA 연구가 언어 교수의 기준 작성을 위한 유용한 기반으로 이용할 수 있을 정도로는 충분히 의견이 일치하고 있다고 생각한다. 다음은 다수의 SLA 연구자들이 동의하고 있는, 언어 교육용 교재 개발에 관련한 제2언어 습득 연구의 일부 기본 원리를 요약한 것이다.

1.4.1 교재는 임팩트가 있어야 한다.

임팩트(impact)는 교재가 학습자에게 눈에 띄는 효과를 제공할 때, 즉 학습자의 호기심이나 흥미, 관심을 끌게 될 때 얻을 수 있다. 이것이 가능하다면, 교재 속 언어가 처리를 위해 사용될 가능성이 더 높아진다. 교재는 다음과 같은 방법으로 학습자에게 임팩트를 제공할 수 있다.

(a) 신기함(예: 특이한 주제, 삽화, 활동)

(b) 다양성(예: 예상치 않은 활동을 삽입하여 단원 루틴(routine)의 단조로움 깨기, 여러 유형의 리소스에서 발췌한 다양한 텍스트 유형 사용하기, CD에 다양한 교사 음성 사용하기)

(c) 매력적인 프레젠테이션(예: 매력적인 색상을 사용, 넓은 여백, 사진 사용)

(d) 매력 있는 콘텐츠(예: 대상으로 하는 학습자가 관심 있어 하는 화

제, 새로운 것을 배울 가능성을 제공하는 화제, 흥미로운 스토리, 보편적인 주제, 지역과 관련된 문제)

(e) 성취 가능한 도전 과제(예: 학습자가 생각하게끔 하는 과제)

한 가지 분명한 것은 임팩트는 가변적이라는 점이다. 브라질의 한 교실에서 임팩트가 있었던 것이 오스트리아의 교실에서는 동일한 임팩트를 발휘하지 못할 수 있다. 그리고 같은 교실에 있는 학습자 10명에게는 임팩트가 있어도 나머지 5명에게는 임팩트가 없을 수도 있다. 임팩트의 가능성을 극대화하기 위해 교재 작성자는 대상 학습자에 대해서, 그리고 그들의 관심을 끌 가능성이 있는 것에 대해 가능한 한 많이 알고 있어야 한다. 대다수의 학습자에게 임팩트를 주기 위해 교재 작성자는 학습자에게 여러 옵션을 제공할 필요가 있다. 화제, 텍스트, 활동의 옵션이 다양할수록 임팩트를 제공할 가능성도 높아진다.

1.4.2 교재는 학습자가 편안함을 느끼도록 해야 한다.

> 다양한 행태의 불안이 언어 습득에 미치는 영향…연구에 따르면, 학습자가 불안감을 덜 느낄수록 더 많은 언어 습득이 일어난다. 유사하게, 긴장하지 않고 편안한 상태의 학습자들이 짧은 시간 안에 더 많이 배울 수 있음이 분명하다(Dulay, Burt and Krashen 1982).

압력(pressure)이 일부 유형의 언어 학습자를 자극할 수 있다고 알려져 있다. 하지만 언어 학습자는 편안함을 느낄 때 더 많이 습득하고, 불안감이나 불편함, 긴장감을 느낄 때는 언어 학습 기회를 잃게 된다는 점에 대해 대다수 연구자들이 동의할 것이라 생각한다(예를 들어, Oxford 1999). 교재 개발자 중에는 학습자가 안심할 수 있도록 돕는 것은 교사의 책임이지, 교재 자체는 거의 도움을 주지 못한다고 주장하기도 한다. 필자는 이에 동의할 수 없다.

교재는 다양한 방식으로 학습자가 편안함을 느끼도록 할 수 있다. 예컨대, 대부분의 학습자는 다음과 같을 것이라 생각한다.

- 한 페이지에 서로 다른 활동들이 여러 개 제시되어 있는 교재보다 여백이 많은 교재에 더 편안함을 느낀다.
- 문화적으로 낯설어 보이는 것보다 자신의 문화와 관련된 텍스트와 삽화에 더 편안함을 느낀다.
- 평가하는 교재보다 학습을 돕는 교재에 더 편안함을 느낀다.

안심하면서도 자신을 지지하는 교사의 '목소리'를 통해서도 편안함을 느끼게 할 수 있다. 또 학습자의 개별적 참여를 격려하는 내용과 활동을 통해서, 책 속의 세상과 학습자가 속한 세상을 관련시키는 교재를 통해서, 자존감을 위협하고 굴욕감을 유발할 수 있는 활동을 제거하는 것을 통해 편안함을 느끼게 할 수 있다. 필자가 가강 중요하게 생각하는 (그리고 아마 거의 연구가 되지 않은) 요소는 바로 교재의 '목소리(voice)'이다. 전통적으로, 언어 학습 교재는 목소리가 제거되어 익명성을 띤다. 교재는 보통 준-격식체(semiformal style)로 작성되며, 교재 저자의 성격이나 관심, 경험에 대해서는 거의 드러내지 않는다. 필자는 교재 저자가 훌륭한 교사들이 하듯이, 편하게 학습자들과 대화하고, 그들의 기호와 관심사, 의견을 밝혀내어 개인적인 관계를 구축하려고 노력하고 있는가를 보고 싶다. 또 저자가 학습자에게 전하려는 말 속에 아래와 같은 구어적 특징들이 포함되어 있는지 살펴, 저자 자신의 '개인적 목소리'[2]

---

2) [역자주] 여기에서 목소리를 낸다는 것은, 개인적이고 대화적인 톤, 그리고 저자와 독자 간의 연

(Beck, McKeown and Worthy 1995)를 내려고 노력하고 있는지 확인하고 싶다.

- 비형식적 담화 자질(예: 축약형, 비형식적인 어휘)
- 수동태보다는 능동태
- 구체성(예: 예, 일화)
- 포용성(예: 학습자보다 지적, 언어적, 문화적 우월성을 드러내지 않음)

1.4.3 교재는 학습자가 자신감을 줄 수 있게 도와야 한다.

> 긴장하지 않고 자신감 있는 학습자가 더 빨리 배운다(Dulay, Burt and Krashen 1982).

교재 개발자들은 대부분 학습자에게 자신감을 키워 줄 필요가 있다는 점은 인식하고 있지만, 그들 중 상당수는 단순화 프로세스를 통해 그것을 실현하려고 한다. 이들은 학습자가 간단한 언어를 사용해서 대체표 완성하기, 단문 쓰기, 대화 속 빈칸 채우기와 같은 쉬운 과제를 해결함으로써 성공적인 기분을 느낄 수 있도록 한다. 많은 교사, 학습자가 환영하는 접근법이다. 그러나 필자의 경험상, 이 접근법은 학습자를 폄하하는 데에만 성공할 뿐이다. 학습자들은 자신들을 위해 학습 프로세스가 단순화되었고, 현재의 학습이 실제 언어 사용과 그다지 유사하지 않다는 것을 안다. 또한 실제로 머리를 쓰지 않아도 되기 때문에 현재의 성공도 신기루일 뿐이라는 것도 알게 된다. 이러한 인식은 오히려 자신감 감소로 이어질 수 있다.

필자는, 해결이 간단하지는 않지만 달성 가능한 도전적 과제들에 학

결을 강조해 준다(Beck, McKeown & Worthy, 1995).

습자를 참여시키거나, 현재 능력을 약간 웃도는 단계에 학습자를 '강요하는(push)' 과제를 통해 자신감을 심어 주려고 한다. 또한, 활동(activity)을 통해 학습자가 창의적이거나 독창적, 분석적인 기존의 언어 외적 스킬(extra-linguistic skill)을 활용하고 개발하도록 장려하는 것도 도움이 될 수 있다. 초급 단계 학습자는 단순 드릴(drill)을 정확하게 수행하기보다는 간단한 스토리를 구성하거나 짧은 시를 쓰거나 문법 규칙을 발견할 때 더 많은 자신감을 얻기도 한다. 학습자가 잘해낼 수 있는 과제 설정의 가치에 관한 보다 상세한 논의는 de Andres(1999),, Tomlinson(2003b, 2006)을 참조하기 바란다.

학습자의 마음을 사로잡고, 그들이 가진 기존 스킬을 활용하는 가치는, 학습자의 능력을 과소평가하는 범용 교과서에 의존하기보다 교재 프로젝트를 통해 독자적 교재를 개발하기로 결정한 국가들에서 점차 현실화되고 있다-불가리아, 모로코, 나미비아에서 행해진 교재 프로젝트에 대한 보고는 Tomlinson(1995), 루마니아 프로젝트에 대해서는 Popovici and Bolitho(2003)을 참고할 수 있다. 범용 교재의 평가에 관해서는 Tomlinson 외(2001), Masuhara 외(2008), 관여(engagement)의 중요성에 관한 논의는 Tomlinson(2009)을 참고하기 바란다.

1.4.4 학습 내용이 자신과 관련이 있고 유용하다고 학습자가 인식해야 한다.

교사들은 대부분 자신이 가르치고 있는 언어와 스킬이 내포하고 있는 잠재적 관련성(relevance)과 유용성(utility)을 학습자가 인식하도록 할 필요성이 있다는 데 동의한다. 연구자들도 이것이 중요함을 확인해 주고 있다. 예컨대, Stevick(1976)에서는 학습자가 개인적으로 중요하다고 생각하는 항목을 더 잘 학습하고 더 잘 재생한다(recall)는 실험 결과를 제시하고 있다. Krashen(1982)와 Wenden(1987)에서도 언어 습득에 있어 관련성과 유용성이 중요하다는 것을 보여 주는 연구 결과를 보고하였다.

ESP(특수 목적을 위한 영어) 교재는 학습 포인트와 관련이 있고 유용하다는 것을 학습자에게 확신시키기가 상대적으로 용이하다. 학습자의 관심과, 학습자가 목표 언어로 언어 수행을 하는 데 필요하다고 생각하는 '실생활' 과제를 연결 짓기가 상대적으로 쉽기 때문이다. GSP(일반 목적을 위한 영어)에서는 그렇지 않다: 목표 독자층의 범위를 좁히거나, 목표 학습자가 무엇에 관심이 있고 실제로 왜 언어를 배우려고 하는가를 조사하면 가능은 하다. 이와 관련한 연구 중에서, 나미비아의 중학생이 영어를 배우고 싶어 하는 중요한 두 가지 이유를 설문한 연구 결과가 꽤 흥미롭다. 설문 조사에서, 이들은 영어로 연애편지를 쓰고 싶어서, 지방 당국에 불만을 신고하고 싶어서라고 대답했다.

학습 포인트를 재미있고 도전적인 교실 과제와 연계시키거나, 학습자가 원하는 과제 결과물을 얻을 수 있는 방법을 제시해 주는 것도 관련성과 유용성을 인식시킬 수 있는 좋은 방법이다. '새(new)' 학습 포인트는 관련성도 없고 유용하지도 않은 것은 새 학습 포인트가, 학습자의 장기 학업 목표나 직업상의 목표를 달성하는 데 도움이 되기 때문이 아니라, 지금의, 단기적 과제 목표를 달성하는 데 도움이 되기 때문이다. 물론 그것도 과제를 먼저 시작한 다음, 그 과정에서 발견된 요구/필요성에 대응하여 교육이 제공되는 경우에 한해서만 효과가 있다. 이 방식은, 먼저 미리 결정된 사항을 가르치고 학습자에게 연습시킨 다음 그것을 생산하도록 하는 전통적인 접근 방식에 비해 교재를 작성하기가 훨씬 어렵다. 그러나 이것이 학습 포인트에 대한 관련성과 유용성을 창출하는 데 훨씬 중요할 수도 있다.

예를 들어, 학습자가 하위 과제(sub-task) 수행 전이나 후에 '도움말 페이지(help page)'를 참조하게 하거나, 학습자에게 과제에 이용할 전략을 결정하게 한 다음 '도움말 페이지'를 참조하게 하면 된다. 그래서 예를 들어, 학습자에게 프로젝트 과제 목록에/에서 선택(또는 추가)하도록 한 다음, 프로젝트 목표를 달성하기 위한 전략을 결정하도록 요구할 수도 있다. 지역 문서를 조사하기로 정한 학습자는 스캔에 대한 조언을 제공하는 책의 섹션을 참조할 수 있는 한편, 설문지를 사용하기로 결정한 학습자는 질문지 작성 방법을 다루는 섹션을 참조할 수 있다.

일반 목적의 영어 교재에서 관련성과 유용성을 느낄 수 있도록 하려면, 학습자가 주제와 과제를 선택할 수 있도록 하는 것이 중요함은 분명하다.

1.4.5 교재는 학습자의 '스스로 학습(self investment)'을 요구하고 촉진시켜야 한다.

많은 연구자들은 학습자가 규칙을 스스로 발견하도록 하는 학습 활동의 가치에 대해 보고하고 있다. 예를 들어 Rutherford & Sharwood-Smith(1988)은, 교실과 교수 자료의 역할은 학습자가 자기 발견(self-discovery)이 용이하도록 리소스를 효율적으로 사용하게 돕는 것이라고 하였다. Bolitho & Tomlinson(1995), Bolitho 외, (2003), Tomlinson(1994a, 2007), Wright & Bolitho(1993) 등도 유사한 견해를 보인다.

학습자가 학습 활동에 주의를 집중하고 관심과 노력을 기울일 때 가장 큰 학습 효과를 얻을 수 있다. 교재가 학습자로 하여금 집중할 대상과 활동을 선택하고, 화제를 통제할 수 있는 권한을 부여하고, 학습자 중심의 발견 활동에 참여할 수 있게 한다면, 이것이 가능하다. 거듭 말하지만, 이것이 가르쳐 준 것은 배울 것이라는 추정만큼 간단하지는 않지만, 교재가 학습자 스스로 학습을 촉진시킬 수 있으며, 또 지극히 유용하다. 필자의 경험상, 가장 효과적인 방법 중 하나는, 학습자가 구어나 문어 텍스트에 관심을 가지게 하고, 그 텍스트에 전체적으로(globally), 그리고 정서적으로 반응하도록 유도한 다음, 텍스트 내 특정 언어 자질들을 분석하여 스스로 발견하도록 돕는 것이다(구체적인 절차의 예는 Tomlinson 1994a 참조).

학습자를 소규모 프로젝트에 참여시켜, 교재의 특정 단원에 쓰일 보충 자료를 찾게 한 다음, 텍스트 중에서 어떤 텍스트를 사용하고 어떤 방식으로 활용할지를 결정하게 하는 것도 학습자의 스스로 학습을 가능하게 한다(인도네시아의 한 고등학교에서 이 접근법이 크게 성공한 것을 목격한 적이 있다. 이 학교에서는 한 반을 소규모 그룹으로 나눈 후, 그룹별로 읽기 수업을 위한 텍스트와 과제를 선택하게 하였다).

1.4.6 학습자는 가르치는 것을 습득할 준비가 되어 있어야 한다.

어떤 구조는 학습자가 인지적으로 준비가 되어 있을 때만 습득된다 (Dulay, Burt & Krasen 1982).

Meisel, Clahsen and Pienemann(1981)은 발달성 자질(예를 들어 어순과 같이, 언어 처리 기제의 발달에 제약을 받는 문법 구조)을 학습하기 위해서는 학습자의 중간언어 발달 단계가 그 자질을 배울 준비 상태에 있어야 하며, 반면 가변성 자질(예를 들어, 계사 'be'와 같이 인지적 제약을 받지 않는 구조)은 언제든지 학습할 수 있다고 하는, 다차원 모델(Multidimensional Model)을 제안했다. Pienemann(1985)는 형식적인 수업이 학습자의 레디니스(readiness)3) 상태와 일치할 경우 자연적

---

3) [역자주] 제2언어습득 관련 문헌에서 readiness는 우리말로 '준비', '준비도' 등으로 번역되어 왔으나, 본서에서는 발음에 가깝게 '레디니스'라고 하였다. 한편, 레디니스란, 학습자의 현재 중간언어의 발달 단계가 특정 문법 구조를 학습할 만큼 인지적으로 충분한 여유를 가지고 있는 상태를 말한다.

인 언어 습득 프로세스가 가능해지고, 규칙의 적용 속도와 사용 빈도가 높아지고, 보다 넓은 언어적 문맥에서 규칙을 적용할 수 있게 되는 반면, 특정 형식을 너무 이른 시기(premature)에 학습하게 되면, 오류의 산출, 덜 복잡한 형식으로의 대체, 회피를 야기할 수 있기 때문에 이롭지 않을 수 있다고 주장하였다. Pienemann의 이론은 연구와 적용의 범위가 좁다는 이유(주로 통사에 한해 있다, Cook(1996))로 비판 받아 왔지만, 필자는 교사들 대부분은 Pienemann이 보고한 대로, 너무 이른 시기에 이루어지는 교육의 부정적인 영향을 인식하고 있을 것이라 확신한다.

Krashen(1985)는 학습자들이 이미 알고 있는 자질들이라 이해 가능하거나, 학습자가 배울 준비가 되어 있거나 그렇지 않은 요소들이 포함되어 있어 잠재적으로 습득하게 될, 어느 정도 조정된 입력(tuned input)이 필요함을 주장한다(Krashen이 $i+1$이라고 한 것. 여기에서 i는 이미 학습한 것, 1은 학습에 이용 가능한 것을 각각 의미한다). Krashen에 따르면, 학습자는 새로운 입력으로부터 배울 준비가 된 것만을 배운다. 학습자의 레디니스 상태의 필요성에 대한 다른 논의는 Ellis(1990)와 Ellis(2008)을 참고할 수 있다(특히, 레디니스의 가변성 자질과 발달성 자질에 대해서는 152-158페이지 참고).

레디니스는 이전에 배운 적이 없는 변이 자질을 사용해야 하는 상황을 요구하는 교재, 새로운 자질을 가르치기 전에 학습자가 이전 단계의 발달성 자질을 충분히 숙달하고 있음을 보증하는 교재, 입력을 약간 조정하여 개별 학습자의 현재 숙달 수준보다 약간 높은 수준의 일부 자질을 포함하고 있는 교재를 통해 실현될 수 있다. 그리고 학습자를 목표 언어에서 미습득한 자질에 주의(attention)를 집중하게 하여 미래 입력(future input)에서 이러한 자질에 더 주의를 기울이도록 하는 교재를 통해서도 가능하다.

그러나 아마도 레디니스 연구가 교재 작성자에게 주는 가장 중요한 교훈은, 특정 교수 항목을 선택할 수 없다는 점, 모든 학습자가 그 항목을 배울 준비가 되어 있으며 기꺼이 배우려고 한다고 기대할 수 없다는 점이다. 책임은 늘 학습자에게 있으며, '우리는 학습자가 입력을 선택하고 그것을 조직하는 방법을 완전하게 제어할 수 없다(Kennedy 1973: 76)' 는 점을 기억하는 것이 중요하다.

1.4.7 교재는 학습자를 실제 사용 중인 언어에 노출시켜야 한다.

Krashen(1985)는 학습자가 '자신이 이해하고 있는 입력을 정의적으로(affectively) "처리하려고만(let in)" 든다면, 목표 언어를 습득하는 데는 이해 가능한 입력만으로도 충분하다'고 강하게 주장하였다(Ellis 1994: 273). 이러한 강한 주장에 동의하는 연구자는 많지 않겠지만, 목표 언어의 실제적 사용에 노출되는 것이 그 언어를 습득하는 데 있어 필요는 하지만 충분하지는 않다는, 약한 주장에는 대부분 동의할 것이다. 언어가 전형적으로 사용되는 방식을 학습자가 경험할 필요가 있다는 점에서는 필요하지만, 의사소통 목적을 위해 언어가 사용되는 방식과 그것을 사용하는 방법도 알아야 하기 때문에 충분하지는 않다.

교재는 조언, 활동을 위한 지시, 그리고 교재에 포함된 구어와 문어 텍스트를 통해 실제적 입력에 노출되도록 할 수 있다. 교재 내 활동(예: 교사 인터뷰하기, 지역 사회의 프로젝트 수행하기, 라디오 듣기 등)을 통해서도 실제적 입력에 노출되게 할 수 있다. 습득을 촉진하기 위해서 입력은 반드시 이해 가능해야 한다(즉, 반응할 수 있을 정도로 충분히 이해할 수 있어야 한다). 즉, 초급 학습자에게 긴 신문 발췌문을 사용하는 것은 의미가 없겠지만 그렇다고 실제적 입력에 학습자를 노출해서는 안 된다는 뜻은 아니다. 초급 학습자들은 신체적 반응을 유도하는 지시를 따를 수도 있고, 스토리의 극적인 한 소절이나 노래를 들을 수도 있고, 양식을 채울 수도 있다.

이상적으로는 모든 레벨의 교재가 풍부하고 다양한 실제 입력에 빈번히 노출되도록 해 주어야 한다. 다시 말해, 입력은 문체, 양식, 매체 및 목적에 따라 달라야 하며, 목표 언어의 실제 담화의 특징적인 자질을 풍부하게 담고 있어야 한다. 그리고 만약 학습자가 일반적인 의사소통을 위해 언어를 사용하고자 한다면, 그들을 계획적 담화, 반계획적 담화, 계획되지 않은 담화(예: 공식적 강의, 비공식적 라디오 인터뷰, 자발적 대화)에 노출시킬 필요가 있다. 교재는 또한 입력을 단순히 수동적으로 받아들이게 하는 것이 아니라, 입력과 상호작용하도록 학습자를 자극해야 한다. 이것이, 학습자는 반드시 입력에 반응해야 한다는 것을 뜻하지는 않으나, 입력에 대한 반응으로 심적이나 신체적으로 적어도 무언가를 해야 한다는 것을 의미한다.

학습자를 실제 자료에 노출시킬 필요가 있다는 주장은 본서 1장, 2장, 3장, 4장, 12장, 13장, 14장, 15장 및 17장과, Gilmore(2007), Mishan(2005)를 참조하기 바란다.

1.4.8 학습자의 주의가 입력 속의 언어 자질로 향하도록 해야 한다.

학습자가 실제 입력 속의 언어 자질에 주의(attention)를 기울이는 것이 결국 그 자질 중 일부를 습득하는 데 도움이 된다는 데에는 많은 연구자들이 동의하는 것으로 보인다. 그러나 이 주장이 문법으로 회귀하자는 것은 아니라는 점을 이해하는 것이 중요하다. 이 주장은 여러 측면에서 이전의 문법 교수와는 다르다. 우선, 언어 자질에 대한 주의 집중은 의식적일 수도, 무의식적일 수도 있다. 예를 들어, 학습자가 스토리 속 등장인물의 태도를 파악하는 데에는 의식적인 주의를 기울이지만, 등장인물이 사용하는 두 번째 조건절에는 무의식적인 주의를 기울일 수도 있다. 혹은, 스토리에 사용된 두 번째 조건절에 의식적인 주의를 기울여 그것의 위치와 기능을 일반화할 수도 있다.

중요한 것은, 학습자가 자신의 중간언어(현재 목표 언어를 이해하거나 사용하는 방식) 내의 특정 자질과 목표 언어의 대응 자질 간의 차이(gap)를 인식하게 된다는 점이다. 이런 식으로 산출과 입력 간의 차이를 알아차리는 것(noticing)이 '습득 촉진제(acquisition-facilitator)'(Seliger 1979)로써의 역할을 할 수 있다. 주의는 학습자의 내재화된 문법을 즉각적으로 수정하는 것이 아니라, 미래 입력을 통해 동일 자질의 사례를 지속적으로 학습자에게 환기시켜 준다. 따라서 학습자 능숙도에 (전통적인 PPP 접근법(제시-연습-생산)과 같은 문법 교수 접근법이 목표로 하는 것과 같은) 즉각적인 변화는 없다. 그러나 학습자가 장차 관련 입력을 받게 될 경우 최종적으로 습득할 가능성이 높아진다.

White(1990)은 학습자가 초점을 두어야 할 L2의 몇 가지 자질이 있다고 주장한다. 그 이유로, 어떤 L2 자질은 L1 자질과 믿을 수 없을 정도로 유사해서 학습자가 미처 중간언어와 목표 언어 사이의 불일치점을 알아차릴 수 없기 때문이라 하였다. 그리고 Schmidt(1992)는 학습자 자신이 영어의 특정 자질을 사용하는 방식과 이 자질을 원어민이 사용하는 방식 간의 차이를 스스로 알아차리도록 돕는 접근법을 지지하는 강력한 논거를 제시하고 있다. 예를 들어, 원어민의 대화 대본에 사용된 간접 화법과 학습자 자신이 사용하는 방식을 비교하도록 하는 것이 그러한 접근법의 일례가 될 수 있고, 교재에도 쉽게 구현할 수 있다.

본서 2장의 Randi Reppen과 3장의 Jane Willis에서는 학습자가 자신들의 입력에 포함되어 있는 언어적 자질에 주의를 기울일 수 있게 돕는 몇 가지 방법을 보여주고 있다. Kasper & Roever(2005)와 Schmidt(2001)도 언어가 실제로 사용되는 방식에 주목하는 것이 중요하다고 제안하고 있다.

1.4.9 교재는 학습자가 의사소통 목적을 달성할 수 있도록 목표 언어를 사용할 수 있는 기회를 제공해야 한다.

연구자들은, 교사와 교재에 의해 통제되는 상황에서 학습자는 언어를 단순히 연습만 하기보다는 의사소통을 위해 언어를 사용할 기회가 있어야 한다는 점에 동의한다. 의사소통을 위한 언어 사용에는 상호작용의 내용과 전략, 표현을 학습자가 결정하는 어떤 상황에서 하나의 목적을 달성하려는 시도를 포함한다. 이러한 시도를 통해, 학습자는 내적 가설[4]의 유효성을 '확인(check)'할 수 있게 된다. 그 활동들이 학습자의 현재 능숙도보다 약간 높은 수준의 '강요된 출력(pushed output)'(Swain 1985)을 요구할 때 특히 그러하다. 또한 학습자가 기존의 절차적 지식(procedural knowledge)(즉, 언어가 사용되는 방식에 대한 지식)을 자동화하고 전략적 능력을 개발할 수 있도록 해 준다(Canale and Swain 1980). 사용 기회가 상호작용적이고 의미 협상(negotiation of meaning)을 장려하는 경우에 특히 그러하다(Allwright 1984: 157).

또한 의사소통적 상호작용을 통해 학습자의 출력을 입력 소스로 유용하게 활용할 수도 있고, 이렇게 생성된 새로운 입력으로부터 언어를 습득할 기회도 얻게 된다(Sharwood-Smith 1981). 이상적으로, 교육용 자료는 계획된 담화에서 계획되지 않은 담화에 이르기까지 다양한 방식에서 상호작용할 수 있는 기회를 제공해야 한다(Ellis 1990: 191).

상호작용은 예를 들어, 다음과 같은 방법을 통해 달성할 수 있다.

- 정보 격차(gap)를 줄이기 위해 학습자끼리/또는 교사와 의사소통을 해야 하는 정보차(information gap) 활동이나 견해차(opinion

---

4) [역자주] 원문의 internal hypothesis를 번역한 것으로, 학습자가 의사소통적 상황에서 상호작용을 통해 얻은 자신 나름의 가설을 말한다.

gap) 활동(예: 학급 파티에서 친구들이 원하는 음식과 음료 알아
내기).

- 의사소통 목적 달성을 위해 학습자가 텍스트의 정보를 이용해야 하
  는, 듣기 후 활동과 읽기 후 활동(예: 시청할 TV 프로그램 결정하기,
  누구에게 투표할지 토론하기, 책이나 영화의 리뷰 작성하기)
- 스토리 쓰기, 드라마 만들기 등의 창의적 글쓰기/말하기 활동
- 목표 언어 자체나 목표 언어를 사용한 다른 주제로 행해지는 형식적
  인 수업

> 형식적 수업을 의도한 교수도 상호작용을 제공한다는 것을 인식할 필
> 요가 있다. 형식적 수업은 특정 항목 하나를 가르치는 것 이상의 역할
> 을 한다. 즉, 수업에서 초점을 두고 있지 않은 자질들에도 학습자를 노
> 출시킨다(Ellis 1990).

학습자 상호작용을 촉진하는 교재의 중요성에 대해서는 15장 Alan
Maley, 17장 Brian Tomlinson에서 강조하고 있다. 출력 가설 관련 문
헌과, 출력이 단순한 언어 학습의 산물이 아니라 언어 학습 프로세스의
일부라는 주장에 대해서는 Swain(2005)를 참고하기 바란다.

1.4.10 교재는 교수의 긍정적 효과가 대체로 늦게 나타나는 경향이 있다는 점을 고려해야 한다.

언어 습득 연구는, 언어 습득이 즉시적(instantaneous) 프로세스가
아닌 점진적(gradual) 프로세스이며, 비형식적인 습득뿐만 아니라 형식
적인 수업에서도 동등하게 적용된다는 점을 보여준다. 습득은 학습자의
내부 문법을 즉각적으로 조정하기보다는 내적 일반화의 점진적이고 역
동적인 프로세스의 결과이다. 따라서 학습자들이 새로운 자질을 배워서

수업 시간 내에 그것을 효과적으로 사용할 수 있을 것이라고 기대하기는 어렵다. 학습자들은 그 자질을 리허설하고, 교사나 교재의 지시가 있을 때 그것을 단기 기억에서 검색하거나 산출할 것이다. 그렇다고 해서 이 것이 학습이 이미 일어났다는 것을 의미하지는 않는다. 필자는, 교사 대부분이 학습자가 수업에서는 학습한 새로운 자질을 정확하게 사용하지만, 다음 시간이 되면 잘못 사용하는 상황을 잘 알고 있을 거라 생각한다. 부분적으로는 학습자에게 학습을 위한 시간과 교수, 노출이 충분하지 않은 데 기인한다.

교수의 불가피한 지연 효과는, 한 번에 언어 자질 하나를 가르친 다음 학습자가 그것을 바로 사용할 수 있기를 기대한다면 실제로 성공할 수 있는 교재는 하나도 없을 것이라는 것을 시사한다. 그러나 이러한 점진 적 접근 방식은, 시스템, 단순성, 일의 진척에 대해 안도감을 줄 수 있기 때문에 출판사와 교재 작성자, 교사, 학습자들이 선호한다. 그렇기 때문에, 급진적인 새로운 접근법보다는 기존 방식을 조정하는 것이 성공 가능성이 높은 전략이다. 따라서 예를 들어, 산출 단계의 목표가 정확한 생산이 아니라 강화(reinforcement)에 있고, 이어진 단원에서 같은 자질이 더 많이 노출되고 제시된다면, 전통적인 교재의 접근법인 PPP(제시-연습-생산)가 영구 학습(durable learning)을 촉진하는 데 이용될 수 있을 것이다. 또는 교수와 연습을 한 후, 연습 단계가 추가적으로 제공되는 다른 단원에서 실시할 수도 있을 것이다. 또는 초기 생산 단계에서는 학습자가 자신의 중간언어와 능숙한 화자의 사용 간의 불일치를 알아차릴 수 있게 하는 산출을 제공하기 위해 사용할 수도 있다.

점진적 습득 프로세스를 촉진하기 위해서 필자는 교재가 교수 내용을 반복하고 의사소통적 사용 상황에서 교수 언어 자질을 자주, 충분히 노출시켜 주는 것이 중요하다고 생각한다. 이것은 특히 어휘 습득에 중요하다. 성공적인 어휘 습득을 위해서는 자주, 간격을 둔, 그리고 다양한 반복이 필요하기 때문이다(Nation 2003, 2005; Nation and Wang 1999). 학습한 자질을 너무 이른 시기에 산출하게끔 학습자를 강요하지 않는 것이 중요하며(오류를 야기할 수 있다), 교수 후에 즉시 능숙도 테스트를 실시하지 않는 것도 중요하다(실패, 혹은 성공했다고 착각할 수 있다).

교수의 지연 효과를 밝힌 연구와 본서 9장에서, Ellis(1990)은 학습 결과 학습자가 최종적으로 무엇을 배웠는지를 알아보기 위해서 교재의 사용 후 평가가 필요하다고 주장하였다.

1.4.11 교재는 학습자들의 학습 스타일이 모두 같지 않다는 점을 고려해야 한다.

학습자마다 선호하는 학습 스타일(learning style)이 다르다. 그래서 예컨대, 학구적(studial) 학습을 선호하는 학습자는 경험 학습을 선호하는 학습자에 비해 명시적 문법 교수를 통해 더 많은 것을 얻을 수 있을 것이다. 경험 학습을 선호하는 학습자는 문법 자질(예: 간접 화법)을 명시적으로 배우기보다 해당 문법 자질이 현저히 포함된 스토리 읽기를 통해 더 많은 것을 얻을 가능성이 크다. 이는, 활동들이 다양해야 하며, 이상적으로는 모든 학습 스타일을 충족시킬 수 있어야 함을 의미한다. 최근 교과서를 분석해 보면, 학구적 학습을 선호하는 학습자에게 유리한 경향이 있음을 확인할 수 있다. 전세계 공교육 체계 하에서 이루어지고 있는 외국어 교수와 평가를 분석해 봐도 학구적 학습자(실제로는 소수이다)에 유리하다는 것을 알 수 있을 것이다.

언어 학습 교재가 충족시켜야 하는 학습 스타일에는 다음과 같은 것들이 있다.

• 시각적 (예: 학습자가 읽기를 선호한다)

- 청각적 (예: 학습자가 듣기를 선호한다)
- 운동감각적 (예: 학습자가 게임 요령에 따라 신체적으로 무언가를 하는 것을 선호한다)
- 학구적 (예: 학습자가 목표 언어의 언어 자질에 의식적으로 주의를 기울이고, 또 자신의 언어가 정확하기를 원한다)
- 경험적 (예: 학습자가 언어 사용을 좋아하고 정확성보다는 의사소통에 더 관심이 있다)
- 분석적 (예: 학습자가 언어의 분리된 조각에 초점을 두고 하나씩 하나씩 그것을 학습하기를 선호한다)
- 전체적 (예: 학습자가 한 번에 언어의 전체 덩이(chunk)에 반응하고 필요할 때마다 그 덩이를 활용하여 반응한다)
- 의존적 (예: 학습자가 교사와 책을 통해 배우기를 선호한다)
- 독립적 (예: 학습자가 자기 자신의 언어 경험을 통해 배우고 자율적으로 학습 전략을 사용하기를 원한다)

특정 학습 스타일에 대한 학습자의 선호는 가변적이며, 예컨대 무엇을 학습하고 있고, 누구와 함께 학습하고 있으며, 학습의 목적이 무엇이냐에 따라 달라진다고 필자는 생각한다. 예를 들어, 필자라면 마음의 여유가 있는 성인 학습자 집단과 오류를 수정해 주지 않는 교사와 같이, 재미 삼아 일본어를 배울 때는 경험적, 전체적, 운동감각적이고 싶다. 그러나 경쟁 관계에 있는 학생들 집단과 끊임없이 오류를 수정해 주는 교사와 함께 하는, 시험 목적의 프랑스어 수업에서는 분석적이고, 시각적이 될 가능성이 더 높다. 그리고 물론, 자신이 선호하는 스타일이 아닌 다른 스타일을 습득하도록 학습자를 도울 수도 있다.

교재 개발자들은 선호하는 학습 스타일의 차이를 인식하여 이에 부응하여 그것을 교재에 반영하고, 모든 학습자가 '훌륭한 언어 학습자

(good language learner)'와 똑같은 접근법을 통해 이익을 얻을 수 있다고 가정하지 않는 것이 중요하다(Ellis 1994: 546-50 참조).

학습 스타일 연구에 대한 개요는 Oxford and Anderson(1995)과, Anderson(2005), Oxford(2002) 등을 참조할 수 있다.

1.4.12 교재는 학습자들의 정의적 태도가 서로 다르다는 점을 고려해야 한다.

> 언어 교실에서 학습자의 동기, 감정, 태도가 교수 내용을 차단하기도 한다. … 이 정의적 장막(screen)은 지극히 개별적이라서 다른 학습 속도와 결과를 야기한다(Dulay, Burt and Krashen 1982).

이상적으로, 언어 학습자는 강하고 일관된 동기를 지녀야 하며, 목표 언어와 교사, 동료 학습자, 사용 중인 교재에 대해서도 긍정적인 감정을 가져야 한다. 그러나 이상적인 학습자란 당연히 존재하지 않으며, 설령 어느 날 하루 존재한다 하더라도 다음 날까지 여전히 이상적인 학습자일 수는 없다. 동일 교재를 사용하는 학습자의 각 부류는 장·단기적 동기, 언어, 교사, 동료 학습자 및 학습 교재에 대한 느낌과 태도 측면에서 서로 다를 것이다. 어떤 교재 개발자도 이러한 모든 정의적 변수에 대응할 수 없다는 것은 자명하지만, 학습 교재 개발자라면 교재 사용자의 이러한 태도 차이를 인식하는 것이 중요하다. 교재 개발자에게 있어서 한 가지 분명한 함의는, 전형적인 학습자 집단 사이에서 발견될 수 있는 정의적 태도의 다양성과 '인지 스타일의 다양성에 기초하여, 가능한 한 언어 교수를 다양화한다(Larsen-Freeman and Long 1991)'는 것이다. 이를 실천하는 방법은 다음과 같다.

• 다양한 유형의 텍스트에 대한 선택권을 제공한다.

- 다양한 유형의 활동에 대한 선택권을 준다.
- 보다 긍정적이고 동기화된 학습자를 위한 옵션을 추가적으로 제공한다.
- 다양성을 제공한다.
- 토론 주제가 영어 학습의 중요성인 단원을 포함한다.
- 학습자가 학습 과정과 교재에 대한 자신의 태도와 느낌을 토론할 수 있는 활동을 포함한다.
- 식별된 대상 학습자의 다양한 관심사를 조사하여 반영한다.
- 목표 학습자의 문화적 감수성을 인식한다.
- 교사용 지도서에 부정적 학습자에 대응하는 방법에 대해 일반적이고 구체적인 조언을 제공한다(예: 내켜하지 않는 학습자를 그룹 활동에 억지로 참여하도록 강요하지 말 것).

정의적 차이에 관한 연구 보고서는 Arnold and Brown(1999), Dornyei and Ushioda(2009), Ellis(1984: 471-83), Wenden and Rubin(1987)을 참고할 수 있다. 교재가 학습자 차이에 대응하는 방법에 대한 구체적 제안은 Tomlinson(1996, 2003b, 2006)과, 본서 15장의 Alan Maley를 참고하기 바란다.

1.4.13 교재는 교수 개시 시, 침묵기를 허용해야 한다.

목표 언어에 충분히 노출되고 목표 언어 이해에 충분한 자신감을 얻을 때까지는 L2 말하기를 지연시키는 것이 초급 학습자에게 매우 중요하다는 것이 밝혀졌다. 이 침묵 기간은 학습자가 멀지 않아 L2로 말하기 시작할 때 능숙함을 도와주는 효과적인 내재화된 문법의 발달을 촉진시킬 수 있다. 침묵 기간이 실제로 중요한가에 대해서 일부 논란이 없지 않으며, 일부 학습자는 목표 언어 학습을 회피하기 위해 침묵을 하는 것처럼 보이기도 한다. 그러나 대부분의 연구자들은 새로운 언어로 즉각 산출하도록 강제하는 것을 꺼리는 학습자에게 정서적으로, 언어학적으로 상처를 줄 수 있다는 점, 그리고 Dulay, Burt, Krashen의 다음 주장에는 동의할 것이라 생각한다.

> 언어 학습의 초기 단계에서는 학생들이 아무 말도 하지 않거나 모어로
> 반응해도 되는 의사소통 상황이 가장 효과적인 접근법일지도 모른다.
> 이 접근법은 모든 연령대의 언어 학습자가 자연스럽게 행하고 있는 것
> 을 관찰한 결과와 유사하며, L2 습득의 초기 단계부터 완전한 양방향
> 의사소통을 강요하는 것보다 더 효과적으로 보인다(1982: 25-6).

중요한 것은, 교재가 너무 이른 단계부터 목표 언어를 말하도록 강요해서도 침묵을 강요해서도 안 된다는 점이다. 준비가 될 때까지 학습자가 말하지 않아도 되는 상황을 만드는 방법에는 다음과 같은 것이 있다.

- 학습자가 교사나 CD의 구두 지시에 신체적으로 반응하는, 전신 반응(Total Physical Response: TPR) 접근 방식으로 과정을 시작한다(Asher 1977, Tomlinson 1994b, Tomlinson & Masuhara, 인쇄중 참조).
- 목표 언어로 스토리를 듣는, 듣기 이해 접근법으로 과정을 시작한다. 학습자는 음향 효과, 시각 보조 자료, 교사의 극적 움직임을 통해 스토리에 반응한다.
- 학습자가 모어나 그림, 제스처를 활용하여 목표 언어 질문에 답하는 것을 허용한다.

침묵 허용하기 원리의 확장된 버전으로서, (학습자 레벨과는 상관없이) 이해는 필요하지만 산출은 요구하지 않는 활동을 통해 새로운 언어

요소를 도입하는 것도 가능하다. 이것은 필자가 TPR 플러스(TPR Plus)라 부르는 접근법으로, 인도네시아 중등학교의 PKG 프로젝트에 적용한 바 있다. 이 접근법에서는 학습자가 그림이나 모어를 통해 반응하는 스토리와, 교사의 구두 지시에 따라 학급 전체가 스토리를 흉내 내는 활동을 이용해 새로운 어휘나 구조를 도입한다(Barnard 2007; Tomlinson 1990, 1994b 참조).

침묵기에 대한 논의는 Ellis(2008), Krashen(1982), Saville-Troike (1988)을 참고할 수 있다.

1.4.14 교재는 우뇌와 좌뇌 활동을 고루 자극하는 지적, 미적, 정서적 관여를 권장하여 학습자의 학습 잠재력을 극대화해야 한다.

인지 프로세스를 거의 필요로 하지 않는 일련의 활동들(예: 기계적 드릴, 규칙 학습, 단순 변형 활동)이 심적, 정의적 프로세스를 자극하는 다른 활동들과 연계되지 않는다면, 대개의 경우 피상적이고 일시적인 학습으로 이어진다. 반면, 분석적, 창의적, 평가적인 처리 능력을 요구하는 일련의 활동들은 더 깊고 더 영구적인 학습을 유도할 수 있다. 이러한 더 깊은 학습을 촉진하기 위해서는 교재 내용이 시시하거나 진부하지 않고, 학습자의 사고와 감정을 자극하는 것이어야 한다. 또한 활동이 너무 간단하지 않아서 학습자의 이전 경험과 뇌를 사용하지 않고서는 쉽게 해결할 수 없는 것이어야 한다.

뇌의 학습 잠재력 극대화는 Lozanov가 제안한 Suggestopedia의 기본 원리이다. 이를 통해, '학습자는 의식의 다양한 상태에서 뇌의 다양한 프로세스를 통해 정보를 받을 수 있게 되며, 그 결과 정보가 뇌의 여러 부분에 저장되어 회상(recall)을 극대화한다(Hooper Hansen 1992). Suggestopedia는 한 수업에서 학습자를 다양한 좌·우뇌 활동에 참여시키는 방법으로(예: 대화 낭독하기, 지시에 따라 춤추기, 노래 부르기, 대체 드릴하기, 스토리 쓰기), 뇌의 학습 잠재력을 극대화시킨다. 모든 사람이 Suggestopedia의 절차들을 인정하는 것은 아니지만, 대부분의 연구자들은 언어 학습 과정에서 뇌 능력 극대화의 중요성에 동의하고 있으며, 최상의 교과서에서는 이미 각 단원에 다양한 좌·우뇌 활동을 담고 있다.

Suggestopedia의 원리에 관한 설명은 Lozanov(1978)과, 본서 16장의 Grethe Hooper Hansen을 참고할 수 있다. 휴머니즘적 교재 (humanise materials)의 필요성에 관해서는 Tomlinson(2003b)을, L2를 학습하고 사용하는 동안 학습자가 심적 리소스를 최대한 활용할 수 있도록 도와주는 교재 개발의 중요성에 관한 논의는 Tomlinson and Avila(2007a, 2007b)를, 학습자를 인지적, 정의적, 심미적, 운동감각적으로 참여시키는 방법에 대한 제안들은 Tomlinson을 참고하기 바란다.

1.4.15 교재는 통제된 연습 활동에 지나치게 의존해서는 안 된다.

흥미롭게도, 통제된 연습 활동의 중요성을 보여주는 연구가 거의 없다. Sharwood-Smith(1981)은 '자연스러운 언어 수행(performance) 은 대부분 연습의 힘임이 명백하기 때문에 논쟁의 여지가 없다'고 하였지만, 이런 강한 주장5)을 뒷받침할 증거는 제공하지 못하였다.

---

5) [역자주] SLA에서 명시적 지식과 암시적 지식과의 관계에 대해 연구자들의 입장은 Sharwood-Smith, DeKeyser 등의 the strong interface position, 즉 특정 문법 자질을 충분히 연습하면 명시적 지식이 암시적 지식으로 전환될 수 있다는 입장과, Krashen, Hulstijn 등의 the non-interface position, 즉 학습한 지식이 연습이나 오류 수정을 통해 습득되는 것이 아니기 때문에 형식적인 수업은 무용하다는 입장과, Pawlak 등의 the weak interface position, 즉 명시적 지식이 암시적 지식으로 전환되는 데는 제약(예를 들어, 학습자의 중간 언어 발달 단계, 목표 자질을 알아차림, 목표 언어와 중간언어 간의 차이의 인식)이 있다는 주장 등으로 나눠져 있다.

Bialystok(1988) 역시 연습을 통해 자동성(automaticity)을 획득할 수 있다고 하였으나, 자신의 주장에 대해 어떤 증거도 제시하지 못했다. 설득력 있는 증거가 불충분한 상황에서, 연구자들은 대부분 Ellis의 주장에 동의하는 듯하다. Ellis는 '통제된 연습이 새로운 구조가 실제 사용될 때의 정확성에 장기적 영향을 거의 끼치지 않으며'(Ellis 1990: 192), '유창성에도 거의 효과가 없는'(Ellis and Rathbone 1987) 것처럼 보인다고 하였다. 언어 연습에 대한 논의는 DeKeyser(2007), Ellis(2008)을 참고하기 바란다.

그럼에도 불구하고, 통제된 문법 연습 활동은 여전히 인기 있는 교과서의 중요한 특징이며, 교사와 학습자들도 유용하다고 여기고 있다. 특히, 유효성을 뒷받침해 주는 증거가 하나도 없음에도 지난 30년 간 방법론을 막론하고 인기를 끌고 있는 대화 연습이 그렇다(Tomlinson 1995 참조). 낮은 레벨의 새 교과서를 분석한 최근 논문에서, 필자는 10권 중 9권이 언어 사용 기회보다 통제된 연습의 기회를 더 많이 제공하고 있다는 사실을 발견했다. 지금도 전 세계 학습자들은 드릴을 하고 대화문을 듣고 반복하느라 시간을 낭비하고 있을지도 모른다. Tomlinson 외(2001)과 Masuhara 외(2008)에서도 연습 활동이 여전히 교과서 활동의 대부분을 차지하고 있다고 보고하고 있다.

1.4.16 교재는 산출/출력에 대한 피드백을 제공해야 한다.

피드백(feedback)이 산출의 정확성보다 산출의 효과성에 우선적으로 초점을 둔다면, 그 산출은 유용한 입력 소스가 될 수 있다. 다시 말해, 학습자가 생산하는 언어가 사용 목적과 관련하여 평가된다면, 그 언어는 언어 사용에 대한 강력하고 유익한 정보원이 될 수 있다. 따라서 특정 의사소통 목적(예: 물건 빌리기, 게임 방법 가르치기, 설득하기 등)을 달성하지 못한 학습자는, 비언어적 산출(즉, 오류)에 대해 아무런 언급없이 수정을 받은 학습자보다 언어 사용의 유효성에 대한 피드백을 통해 더 많은 것을 얻을 것이다. 그렇기 때문에, 교재 개발자는 언어 산출 활동을 작성할 때 단지 언어를 연습하기 위한 것이 아니라 그 이상을 의도하여 작성할 필요가 있다.

산출 피드백의 중요성은 과제중심 접근법을 제안하고 있는 Willis and Willis(2007)와 본서 9장의 Rod Ellis에서도 논의의 초점이 되고 있다. 또한 본서의 17장에서도 강조되고 있다.

위에서 설명한 일부 언어 학습 원리에 대한 보다 자세한 정보는 다음 문헌을 참고할 수 있다.

Cook, V. 2008. *Second Language Learning and Second Language Teaching*, 4th edn. London: Edward Arnold.
Ellis, R. 2008. *The Study of Second Language Acquisition*, 2nd edn. Oxford: Oxford University Press.
Larsen-Freeman, D. and M. Long. 1991. *An Introduction to Second Language Acquisition Research*. London: Longman.

1.5 교사와 학습자가 믿고 있는 것, 그리고 원하는 것

앞에서 필자는, 교재 개발자들은 언어 습득에 대해 연구자들이 우리에게 말해 준 것들을 고려해야 한다고 주장하였다. 또한 교사와 학습자가 (비록 SLA 연구 결과와 배치되는 경우가 종종 있다 하더라도) 언어를 배우는 최선의 방법에 대해 어떻게 생각하고 있고, 현재 사용 중인 교재에서 무엇을 원하고 있는지에 대해 더 많은 관심을 기울여야 한다고 주장하였다.

교사는 연구자나 교재 개발자보다도 언어 학습 과정을 관찰하는 데 훨씬 많은 시간을 보내며, 학습 프로세스에도 훨씬 많은 영향을 끼친다. 그러나 교사가 언어 학습에 있어서 중요하다고 믿는 것에 대한 연구는 거의 이루어지지 않았고, 교사가 진정으로 원하는 것을 고려한 적도 없다. 본서 10장에서 Hitomi Masuhara는 교사가 교재에서 진정으로 원하는 것이 무엇인지를 알아야 한다고 주장하며, 이 정보를 어떻게 얻고 활용할 수 있는지에 대해 제안하고 있다. 11장에서 Frances Amrani는 교재 평가판에 대한 교사들의 견해와 느낌을 정확히 파악하여 그것을 출판용 교재에 반영할 수 있는 방법에 대해 설명하고 있다.

5장의 David Jolly and Rod Bolitho는 교사가 교재를 수정하고 직접 작성하는 데 도움이 되는 틀을 제안하고 있으며, 9장에서 Rod Ellis는 교사들이 사용 중, 사용 후 평가를 통해 교재를 개선할 수 있는 방법에 대해 설명하고 있다. 또 Saraceni(2003)은 교재 개작에 있어 학습자의 관여에 초점을 두고 있다.

교육 과정과 교재 평가에 학습자를 관여시키려는 시도들이 있어 왔고 (과정 종료 후 학습자에게 연락하여 사후 수업 평가를 실시한 흥미로운 연구로 Alderson 1985가 있다), 많은 연구자들이 외국어 학습자로서의 자신의 경험을 일기로 기록하기도 하였다(예: Schmidt and Frota 1986). 그러나 학습자가 실제 학습 교재로 무엇을 하기를 원하는지에 대한 체계적 연구는 거의 발표된 적이 없다(성인 학습자 한 명을 대상으로 한 연구는 Johnson 1995 참조).

학습자와 교사의 신념(beliefs)과 희망을 모두 활용하려고 한 유일한 예외가 Namibia Textbook Project이었다. 이 프로젝트에서는 10학년용 영어 교과서인 *On Target*(1995) 개발에 앞서 설문지를 이용하여 전국의 교사, 학생을 상담하였다. 그런 다음, 그 답변을 교사 30명이 함께 모여 교재를 설계하고 작성하는 데 활용하였다. 이 교사들은 8일 간의 워크숍을 통해 교재의 초안을 완성하였고, 그 후 출판을 위한 편집에 앞서 전국에 회람하였다. 이러한 협의와 협업은 교재 개발에 있어 드문 일이며, 교재 집필의 한 모델이 될 수 있을 것이다. 이 프로젝트와 유사한 다른 프로젝트는 Tomlinson(1995)를 참조할 수 있다.

1.6 협업

위에서 언급한 Namibia Textbook Project는 리소스 통합의 중요성을 단적으로 보여주는 고전적 예이다. *On Target*(1995)의 iv페이지에는 40명의 이름이 실려 있다. 이들 중 일부는 교사이고, 일부는 교육 과정 개발자이고, 일부는 출판 관계자이고, 일부는 관리자이고, 일부는 대학 강사와 연구자들이고, 일부는 심사관이고, 한 명은 소설가이며, 이들 모두가 교재 개발에 큰 기여를 했다. 이러한 전문가들의 협력을 한데 모으기는 극히 드문 일이며, 프로젝트에 기여한 한 사람으로서 필자는 그것이 매우 생산적이었다고 감히 말할 수 있다.

연구자들은 교재 개발은 염두에 두지 않은 채 주장만 되풀이하였고, 교재 작성자는 이론과 원리는 제쳐두고 본능만을 따르려고 하였고, 교사는 노력은 하지 않고 불평만 하였으며, 학습자들은 무시되었고, 출판사는 판매고를 올리는 데만 몰두하는 모습을 필자는 너무나 자주 봐 왔다. 우리 모두 시간과 행동에 제약은 있지만, 언어 학습자가 성공적 학습을 할 수 있는 최대한의 기회를 제공하는 교재를 개발하기 위해 함께 모여 리소스를 모으고 전문 지식을 공유하는 것이, 가능하고 잠재적으로 가치 있는 일임에 틀림없다.

다양한 분야의 지식과 전문가를 한데 모으는 일이야 말로 MATSDA를 설립한 주된 목적이며, 본서의 목적 중 하나이다. 본서 Materials Development in Language Teaching의 저자들 중에는 교사, 연구자, 대학 강사, 교재 집필자, 출판사가 포함되어 있기 때문에 이들의 지식과 아이디어를 모아 놓은 본서가 효과적인 방식으로 교재를 사용하고, 개작하고, 개발하는 데 도움이 되기를 바란다.

1.7 교재 개발의 새로운 방향

처음 본서가 출판된 이래로, 교재 개발에 몇 가지 새로운 방향이 나타났다. 그중 가장 명백한 하나는 신기술을 통해 전달되는 언어 학습 교재의 양과 질이 증가하였다는 점이다.

몇몇 신기술 프로그램과 강좌는 단순히 종이 소스에서 활동과 과제 유형을 재생산한 것일 뿐이라는 비난을 받기도 하였지만, 화상 회의, 전자메일, YouTube, Facebook, Twitter, 블로그, 모바일과 같은 신기술의 상호작용 가능성을 열었다는 점에서 찬사를 받기도 하였다. 신기술이 교재 개발자에게 제공하는 시사점에 대한 논의는 본서 12장 Gary Motteram과, 13장의 Lisa Kervin and Beverly Derewianka, 15장의 Alan Maley, 17장 Brian Tomlinson을 참조히기 바란다. Rcinders and White (2010)을 참고할 수도 있다.

교재 개발의 다른 새로운 경향에는 텍스트 기반 접근법(text-driven approach), 과제 중심 접근법(task-based approaches), 내용 언어 통합형 학습 접근법(CLIL approaches)을 채용한 교재가 포함된다. 본서 14장과 17장에서 Brian Tomlinson은 불가리아, 에티오피아, 모로코, 나미비아, 싱가포르, 터키의 교재 개발 프로젝트에서 사용된 바 있는 텍스트 기반 교재 개발에 활용할 수 있는 융통성 있는 틀을 자세히 기술하고 있다. (산출에 초점을 둔 과제가 수업의 핵이 되는) 과제 중심 접근법이 최근 많은 주목을 받고 있지만, 그 중 많은 것이 과제 기반 교수의 원리와 절차에 초점을 두고 있다.

그러나 Rod Ellis(2003), Van den Branden(2006), Nunan(2004),

Samuda and Bygate(2008), Willis and Willis(2007)과 마찬가지로, 본서 9장의 Rod Ellis는 과제 중심 교재에 주목하고 있다. CLIL도 최근 많은 주목을 받고 있으며, 유럽의 초중등 및 고등 교육 기관에서 영어와 내용 과목을 동시에 가르치는 수단으로 활용될 뿐만 아니라(Eurydice 2006), 학습자가 관여하는 내용 영역은 영어 실력 향상을 돕는 데 사용되는 접근법이기도 하다(Tomlinson and Masuhara 2009). 지금까지 대부분의 CLIL 관련 문헌은 CLIL의 이론과, 그것을 교육기관의 교육과 정에 통합하는 방법에 중점을 두어 왔다. 반면, Coyle 외(2010)에는 CLIL을 위한 교재에 대한 장도 있다.

교재 개발자와 교사가 위에서 언급한 '새로운' 접근법을 이용하여 학습자를 위한 양질의 교재를 개발하는 데 필요한 이론적, 실용적 자극을 제공하고, 혁신적이고 효과적인 교재를 지속적으로 개발하는 데 본서가 작은 도움이 되기를 바란다.

참고 문헌

Alderson, J. C. 1985. *'Is there life after the course?'* Lancaster Practical Papers in English Language Evaluation. University of Lancaster.

Allwright, R. 1984. 'Why don't learners learn what teachers teach? The interaction hypothesis'. In D. Singleton and D. Little(eds.), *Language Learning in Formal and Informal Contexts*. Dublin: IRAAL.

Anderson, N. J. 2005. 'L2 learning strategies'. In E. Hinkel(ed.), *Handbook of Research in Second Language Learning*. Mahwah, NJ: Lawrence Erlbaum.

De Andres, V. 1999. 'Self-esteem in the classroom or the metamorphosis of butterflies'. In J. Arnold(ed.), *Affect in Language Learning. Cambridge*: Cambridge University Press.

Arnold, J. and H. D. Brown. 1999. 'A map of the terrain'. In J. Arnold(ed.), *Affect in Language Learning*. Cambridge: Cambridge University Press.

Asher, J. 1977. *Learning Another Language Through Actions: The Complete Teacher's Guidebook*. Los Gatos, CA: Sky Oak Productions.

Barnard, E. S. 2007. 'The value of comprehension in the early stages of the acquisition and development of Bahasa Indonesia by non-native speakers'. In B. Tomlinson(ed.), *Language Acquisition and Development: Studies of First and Other Languages*. London: Continuum.

Beck, I. L., M. G. McKeown and J. Worthy. 1995. 'Giving a text voice can improve students' understanding'. *Research Reading Quarterly*, 30(2). University of Commerce: Institute of Economic Research.

Bialystok, E. 1988. 'Psycholinguistic dimensions of second language profiiency'. In W. Rutherford and M. Sharwood- Smith(eds.), *Grammar and Second Language Teaching*. Rowley, MA: Newbury House.

Bolitho, R. and B. Tomlinson. 1995. *Discover English*, 2nd edn. Oxford: Heinemann.

Bolitho, R., R. Carter, R. Hughes, R. Ivanic, H. Masuhara and B. Tomlinson. 2003. 'Ten questions about language awareness'. *ELT Journal*, 57(2): 251-9.

Canale, M. and M. Swain. 1980. 'Theoretical bases of communicative approaches to second language teaching and testing'. *Applied Linguistics*: 11-47.

Cook, V. 1996. *Second Language Learning and Second Language Teaching*, 2nd edn. London: Edward Arnold.

_____ 2008. *Second Language Learning and Second Language Teaching*, 4th edn. London: Edward Arnold.

Coyle, D., P. Hood and D. Marsh. 2010. *CLIL: Content and Language*

Integrated Learning. Cambridge: Cambridge University Press.

Dornyei, Z., and E. Ushioda(eds.). 2009. *Motivation, Language Identity and the L2 Self.* Bristol: Multilingual Matters.

Dulay, H., M. Burt and S. Krashen. 1982. *Language Two.* New York: Oxford University Press.

Ellis, R. 1984. *Classroom Second Language Development.* Oxford: Pergamon.

_____ 1990. *Instructed Second Language Acquisition.* Oxford: Basil Blackwell.

_____ 1994. *The Study of Second Language Acquisition.* Oxford: Oxford University Press.

_____ 2003. *Task-Based Language Learning and Teaching.* Oxford: Oxford University Press.

_____ 2008. *The Study of Second Language Acquisition,* 2nd edn. Oxford: Oxford University Press.

Ellis, R. and M. Rathbone. 1987. *The Acquisition of German in a Classroom Context.* London: Ealing College of Higher Education.

Eurydice. 2006. *Content and Language Integrated Learning (CLIL) at School in Europe.* Brussels: Eurydice.

Gilmore, A. 2007. 'Authentic materials and authenticity in foreign language learning'. *Language Teaching,* 40: 97–118.

Hidalgo, A. C., D. Hall and G. M. Jacobs. 1995. *Getting Started: Materials Writers on Materials Writing.* Singapore: SEAMO.

Hooper Hansen, G. 1992. 'Suggestopedia: a way of learning for the 21st century'. In J. Mulligan and C. Griffi n(eds.), *Empowerment Through Experiential Learning.* London: Kogan Page.

Johnson, J. 1995. 'Who needs another coursebook?' *FOLIO,* 2(1): 31–5.

Kasper, G. and C. Roever. 2005. 'Pragmatics in second language learning'. In E. Hinkel(ed.), *Handbook of Research in Second Language*

Learning. Mahwah, NJ: Lawrence Erlbaum.

Kennedy, G. 1973. 'Conditions for language learning'. In J. Oller and J. Richards(eds.), *Focus on the Learner.* Rowley, MA: Newbury House.

De Keyser, R.(ed.). 2007. *Practice in a Second Language.* Cambridge: Cambridge University Press.

Krashen, S. 1982. *Principles and Practice in Second Language Acquisition.* Oxford: Pergamon.

_____ 1985. *The Input Hypothesis.* London: Longman.

Larsen-Freeman, D. and M. Long. 1991. *An Introduction to Second Language Acquisition Research.* London: Longman.

Lozanov, G. 1978. *Suggestology and Outlines of Suggestopedy.* London: Gordon and Breach.

Masuhara, H., M. Haan, Y. Yi and B. Tomlinson. 2008. 'Adult EFL courses'. *ELT Journal,* 62(3): 294-312.

McDonough, J., C. Shaw and H. Masuhara. 2011. *Materials and Methods in ELT.* Oxford: Blackwell.

McGrath, I. 2002. *Materials Evaluation and Design for Language Teaching.* Edinburgh: University of Edinburgh Press.

Meisel, J., H. Clahsen and M. Pienemann. 1981. 'On determining developmental stages in natural second language acquisition'. *Studies in Second Language Acquisition,* 3: 109-35.

Mishan, F. 2005. *Designing Authenticity into Language Learning Materials.* Bristol: Intellect.

Nation, P. 2003. 'Materials for teaching vocabulary'. In B. Tomlinson(ed.), *Developing Materials for Language Teaching.* London: Continuum.

_____ 2005. 'Teaching and learning vocabulary'. In E. Hinkel(ed.), *Handbook of Research in Second Language Teaching and Learning.* Mahwah, NJ: Erlbaum.

Nation, P. and K. Wang. 1999. 'Graded readers and vocabulary'. *Reading in a Foreign Language,* 12: 355–80.

Nunan, D. 2004. *Task-based Language Teaching.* Cambridge: Cambridge University Press.

On Target. 1995. Grade 10 English Second Language Learner's Book. Windhoek: Gamsberg Macmillan.

Oxford, R. 1999. 'Anxiety and the language learner'. In J. Arnold(ed.), *Affect in Language Learning.* Cambridge: Cambridge University Press.

_____ 2002. 'Sources of variation in language learning'. In R. B. Kaplan(ed.), *The Oxford Handbook of Applied Linguistics.* New York: Oxford University Press.

Oxford, R. L. and N. J. Anderson. 1995. 'A crosscultural view of learning styles'. *Language Teaching,* 28: 201–15.

Pienemann, M. 1985. 'Learnability and syllabus construction'. In K. Hyltenstam and M. Pienemann(eds.), *Modelling and Assessing Second Language Acquisition.* Clevedon, Avon: Multilingual Matters.

Popovici, R. and R. Bolitho. 2003. 'Personal and professional development through writing: the Romanian Textbook Project'. In B. Tomlinson(ed.), *Developing Materials for Language Teaching.* London: Continuum.

Reinders, H. and C. White. 2010. 'The theory and practice of technology in materials development and task design'. In N. Harwood(ed.), *English Language Teaching Materials: Theory and Practice.* Cambridge: Cambridge University Press.

Rubdi, R. 2003. 'Selection of materials'. In B. Tomlinson(ed.), *Developing Materials for Language Teaching.* London: Continuum.

Rutherford, W. and M. Sharwood-Smith(eds.). 1988. *Grammar and Second Language Teaching.* Rowley, MA: Newbury House.

Samuda, V. and M. Bygate. 2008. *Tasks in Second Language Learning.*

Basingstoke: Palgrave MacMillan.

Saraceni, C. 2003. 'Adapting courses: a critical view'. In B. Tomlinson(ed.), *Developing Materials for Language Teaching*. London: Continuum.

Saville-Troike, M. 1988. 'Private speech: evidence for second language learning strategies during the "silent period"'. *Journal of Child Language*, 15: 567–90.

Schmidt, R. 1992. 'Psychological mechanisms underlying second language fluency'. *Studies in Second Language Acquisition*, 14: 357-85.

_____ 2001. 'Attention'. In P. Robinson(ed.), *Cognition and Second Language Instruction*. New York: Cambridge University Press.

Schmidt, R. and S. Frota. 1986. 'Developing basic conversational ability in a second language: a case study of an adult learner of Portuguese'. In R. Day(ed.), *Talking to Learn: Conversation in Second Language Acquisition*. Rowley, MA: Newbury House.

Seliger, H. 1979. 'On the nature and function of language rules in language teaching'. *TESOL Quarterly*, 13: 359–69.

Sharwood-Smith, M. 1981. 'Consciousness raising and the second language learner'. *Applied Linguistics*, 2: 159–69.

Stevick, E. 1976. *Memory, Meaning and Method*. Rowley, MA: Newbury House.

Swain, M. 1985. 'Communicative competence: some roles of comprehensible input and comprehensible output in its development'. In S. Gass and C. Madden(eds.), *Input in Second Language Acquisition*. Rowley, MA: Newbury House.

_____ 2005. 'The output hypothesis: theory and research'. In E. Hinkel(ed.), *Handbook of Research in Second Language Learning*. Mahwah, NJ: Lawrence Erlbaum.

Tarone, E. and G. Yule. 1989. *Focus on the Language Learner*. Oxford:

Oxford University Press.

Tomlinson, B. 1990 'Managing change in Indonesian high schools'. *ELT Journal*, 44(1): 25–37.

_____ 1994a. 'Pragmatic awareness activities'. *Language Awareness*, 3 & 4: 119–29.

_____ 1994b. 'TPR materials'. *FOLIO*, 1(2): 8–10.

_____ 1995. 'Work in progress: textbook projects'. *FOLIO*, 2(2): 26–31.

_____ 1996. 'Choices'. *FOLIO*, 3(1): 20–3.

_____ 2001. 'Materials development'. In R. Carter and D. Nunan(eds.), *The Cambridge Guide to Teaching English to Speakers of Other Languages*. Cambridge: Cambridge University Press.

_____ 2003a. 'Materials evaluation'. In B. Tomlinson(ed.), *Developing Materials for Language Teaching*. London: Continuum.

_____ 2003b. 'Humanizing the coursebook'. In B. Tomlinson(ed.), *Developing Materials for Language Teaching*. London: Continuum.

_____ 2003c. 'Developing principled frameworks for materials development'. In B. Tomlinson(ed.), *Developing Materials for Language Teaching*. London: Continuum.

_____ 2006. 'Developing classroom materials for teaching to learn'. In J. Mukundan(ed.), *Focus on ELT Materials*. Petaling Jaya: Pearson Malaysia.

_____ 2007. 'Teachers' responses to form-focused discovery approaches'. In S. Fotos and H. Nassaji(eds.), *Form Focused Instruction and Teacher Education: Studies in Honour of Rod Ellis*. Oxford: Oxford University Press.

_____ 2008. 'Language acquisition and language learning materials'. In B. Tomlinson(ed.), *English Language Teaching Materials: A Critical Review*. London: Continuum.

_____ 2010. 'Principles of effective materials development'. In N.

Harwood(ed.), *English Language Teaching Materials: Theory and Practice*. Cambridge: Cambridge University Press.

_____ In press. 'Engaged to learn: ways of engaging L2 learners'. In J. Mukundan(ed.), *Readings on ELT Materials V. Petaling Jaya*: Pearson Longman.

Tomlinson, B. and J. Avila. 2007a. 'Seeing and saying for yourself: the roles of audio-visual mental aids in language learning and use'. In B. Tomlinson(ed.), *Language Acquisition and Development: Studies of Learners of First and Other Languages*. London: Continuum, pp. 61–81.

_____ 2007b. 'Applications of the research into the roles of audio-visual mental aids for language teaching pedagogy'. In B. Tomlinson(ed.), *Language Acquisition and Development: Studies of Learners of First and Other Languages*. London: Continuum, pp. 82–9.

Tomlinson, B. and H. Masuhara. 2009. 'Engaging learners of English through football'. In V. P. Vasquez and J. A. Lopez(eds.), *Aplicaciones Didacticas Para La Ensananza Integreda De Lenguay Contenidos*. Universidad de Cordoba.

_____ 2009. 'Playing to learn: how physical games can contribute to second language acquisition'. *Simulation and Gaming: An Interdisciplinary Journal of Theory, Practice and Research*. Anniversary Issue.

Tomlinson, B., B. Dat, H. Masuhara and R. Rubdy. 2001. 'EFL courses for adults'. *ELT Journal*, 55(1): 80–101.

Van den Branden, K.(ed.). 2006. *Task-Based Language Education: From Theory to Practice*. Cambridge: Cambridge University Press.

Wenden, A. 1987. 'Conceptual background and utility'. In A. Wenden and J. Rubin(eds.), *Learner Strategies in Language Learning*. Hemel Hempstead: Prentice Hall.

Wenden, A. and J. Rubin(eds.). 1987. *Learner Strategies in Language Learning*. Hemel Hempstead: Prentice Hall.

White, L. 1990. 'Implications of learnability theories for second language learning and teaching'. In M. Halliday, J. Gibbons and H. Nicholas(eds.), *Learning, Keeping and Using Language*, I. Amsterdam: John Benjamins.

Willis, D. and J. Willis. 2007. *Doing Task-Based Teaching*. Oxford: Oxford University Press.

Wright, T. and R. Bolitho. 1993. 'Language awareness: a missing link in language teacher education'. *ELT Journal*, 47(4).

Part A

데이터 수집과 교재 개발

② 언어 교실에서 말뭉치 이용하기

Randi Reppen

2.1 들어가기

1990년대 중반부터 말뭉치(자연적으로 발생한 텍스트 수집)에 기초한 사전들이 제2언어로서의 영어(ESL) 교실에 널리 보급되기 시작하였다. 자연 언어를 대규모로 수집한 말뭉치에 기초한 이 사전들은 학습자에게 단어 의미에 대한 정보뿐만 아니라, 단어 사용에 대한 중요한 정보도 제공한다. 말뭉치에 기반한 사전 사용이 자연스럽게 늘어나면서 교사들도 언어 학습 자료를 작성하기 위해 말뭉치의 정보에 점점 관심을 가지기에 이르렀다. 1990년대 Johns(1994), Tribble and Jones(1997)과 같은 자료는 교사들에게 말뭉치 정보를 교실에서 사용하는 방법에 대한 아이디어나 가이드라인을 제공하였다.

이제 더 많은 말뭉치 정보, 혹은 말뭉치 기반 교육 자료를 이용할 수 있게 됨에 따라(예를 들어, Focus on Vocabulary(Schmitt and Schmitt 2005), Touchstone series(McCarthy, McCarten and Sandiford 2006 / 2006), Real Grammar (Conrad and Biber 2009)), 관심도 더욱 커져 가고, 언어 교실에 말뭉치를 지참하고자 하는 교사로까지 확대되고 있다. 언어 교실에서 말뭉치를 사용하면 교사와 학생들에게 여러 이점이 있다. 말뭉치는 실제 자료, 즉 학습자들이 언어 교실 밖에서 마주치게 될 언어의 샘플을 제공해 줄 수 있다. 또 학생들이 문법 자질과 맥락, 사용 문맥을 더 잘 이해할 수 있도록 집중적으로 다양한 목표 자질

(예: 어휘 항목이나 문법 구조)의 샘플을 제공할 수도 있다.

말뭉치를 교실에서 활용하는 방법을 논하기에 앞서, 우선 말뭉치와 말뭉치 언어학에 대한 용어를 정리하기로 한다. 말뭉치는 자연적으로 발생한 텍스트의 집합체로, 보통 컴퓨터에 저장된다(말뭉치의 특징에 대한 자세한 내용은 Biber, Conrad and Reppen 1998을 참조). 텍스트들을 컴퓨터에 저장해 놓으면, 이 텍스트에서 특정 자질을 검색할 수 있다. 말뭉치 검색 툴(예: AntConc, MonoConc, WordSmith, 자세한 내용은 부록 참조)을 이용할 수도 있다. 한편, 본고에서 '텍스트(text)'는 구어 담화, 또는 문어 담화를 가리키는 데 사용한다는 점도 중요하다. 구어 텍스트는 보통 문어 텍스트로 전사되어 사용되며, 음성 파일은 사용할 수 없는 경우가 대부분이다.

말뭉치 언어학자들은 언어 사용의 다양한 측면을 기술하기 위해 다양한 말뭉치를 이용해 왔다-사용역(예: 비공식적 대화, 학술 산문, 신문)에 따른 영어의 특성, 시간 경과에 따른 언어 변화(Atkinson 1999; Fitzmaurice 2003), 학술 영어에서 주로 사용되는 특수 어휘 목록(Coxhead 2000), 다양한 세계 언어의 기술 및 비교(Balasubramanian 2009; Schmied 2006), 특수한 현장6)에서의 언어 사용(Connor and Upton 2004; Friginal 2009). 이 연구들로부터 얻은 정보는 Longman Grammar of Spoken and Written Language(Biber 외 1999)와 Cambridge Grammar in English(Carter and McCarthy 2006)에서 제공하는 풍부한 영어 설명과 더불어, 학생들이 마주치게 될 언어의 전체상을 그리는 데 도움을 준다. 즉, 교사가 가르칠 내용을 계획하거나, 교육 자료 개발을 위한 자원으로 활용할 수 있다는 중요한 가치를 지닌

---

6) [역자주] Connor and Upton(2004)는 학술 분야에서 연구비 지원서의 언어 사용역을 분석하였고, Friginal(2009)는 임업 분야의 글쓰기 기술 개발을 위해 말뭉치를 이용하였다.

다(O'Keeffe, McCarthy and Carter 2007; Reppen 2010).

2.2 교실에서 말뭉치 이용하기

본절에서는 교사가 실천적 말뭉치 활동을 학습자에게 제공하는 세 가지 방법에 대해 설명한다. 먼저, 교사는 말뭉치에서 검색한 결과를 가져와서 미리 준비해 놓은 자료를 이용하여 학생들이 활동하게 한다. 둘째, 몇 가지 온라인 말뭉치를 활용할 수도 있다. 본절에서는 사용하기 쉬운 네 개의 말뭉치(COCA, Time, MICASE, MICUSP)에 초점을 둔다. 셋째, 교사는 기존 말뭉치를 이용하거나, 해당 수업에 특화된 말뭉치(예: 읽기 자료 말뭉치, 학생 작문 말뭉치)를 만들거나, 학생들이 이 말뭉치와 상호작용하게 한다.

이 세 가지 방법에 대해서는 다음 절에서 설명하겠다. 각 방법마다 저마다의 장점이 있고, 당연히 이 방법들을 함께 사용할 수도 있다. 예를 들어, 교사는 새로운 어휘를 소개하기 위해 미리 준비한 용례색인(예: 특정 언어 자질의 사용 예)으로 수업을 한 다음, 학생들이 목표 단어의 다양한 의미에 더 많이 노출되도록 온라인 말뭉치를 검색, 문맥에서 사용된 단어 용례를 확인하게 한다. 이런 식의 언어 노출은 학습자가 새 어휘의 사용 패턴과 공기하는 단어를 더 잘 이해하도록 해 준다.

2.2.1 교사가 준비한 말뭉치 자료 이용하기

아직도 수업 시간에 컴퓨터에 쉽게 액세스할 수 없거나, 컴퓨터실을 이용하지 못하는 곳이 있을 것이다. 학생용 컴퓨터가 없더라도 교사는 말뭉치를 이용한 활동을 할 수 있다(3장 Jane Willis 참조). 즉, 학생들이 말뭉치와 상호작용하는 대신, 교사가 말뭉치를 검색해서 교사 준비 자료의 형태로 결과를 교실로 가져올 수 있다. 예를 들어, 교사는 단어 빈도 목록이나 목표 어휘의 사용 예를 보여주는 용례색인을 이용할 수 있다. 교사가 준비한 말뭉치 자료는 몇 가지 이점이 있다. 한 가지 중요한 이점은 교사가 자료를 통제할 수 있다는 점이다.

교사가 말뭉치를 검색한 다음 그 결과를 가져오기 때문에, 어휘 부담이 그다지 크지 않고, 또 학생들에게 의미있고 적절한 방식으로 목표 형식에 노출되도록 할 수 있다. 어휘 부담이 문제가 되는 초급 과정에서는 확실히 장점이 된다. 상대적으로 낮은 레벨 수업에서, 교사는 〈그림 2.1〉에서 동사 일치 예를 보여주는 마지막에서 두 번째 줄과 마지막 줄을 삭제하기로 결정할 수 있다.

이 줄에는 어려운 분야별 전문 어휘(예: *foot pounds, erg, j, N*)가 포함되어 있다. 이 줄을 제거해도 자료의 실제성에는 영향을 주지 않는다—오히려 의미있고 혼란스럽지 않은 입력을 제공할 수 있다. 용례색인을 교사 자신이 준비하기 때문에 준비한 내용이 학습자에게 적절한 것인지 확인할 수 있다. 용례색인을 미리 준비하는 것은 학습자에게 용례색인을 읽는 방법을 소개하기에도 이상적인 방법이고 할 수도 있다. 온전한 문장이 아니어서 처음에 혼란스러워하거나 막막해 할 수도 있는 학습자에게 말이다. (〈그림 2.1〉 참조)

〈그림 2.1〉 교재 말뭉치/강의 말뭉치에서 추출한 목표 단어 show의 용례색인 출력 예 (T2K-SWAL corpus, Biber 외 2002)

```
        ... that Mister Rogers is the best show on TV. But just because someone ...
... playmates "Mister Rogers" is the best show on TV; and if you don't ...
   ... the week, present a current events show on a daily or weekly basis ...
              ... look like a real T.V. show. Our, um, our guest speaker ...

             ... they need to be able to show that this data set is in ...
... the plaintiff. The plaintiff must now show that the reason offered by the ...
... particular emotion. In this section I show that even if this enterprise were ...
             ... We added them up. And we show that, in the limit, there's no ...
              ... foot pounds. It is easy to show that 1 j equals 10^7 erg ...
   ... remainder of this section we will show that this is true, but only ...
```

교사는 〈그림 2.1〉과 같은 KWICs(key word in context: 문맥 내 핵심어)나 용례색인을 출력한 샘플을 이용하여 한 단어가 어떻게 다른 품사(예: 동사와 명사 모두)에도 속할 수 있는지 토론하거나, 학생들이 다양한 형식들과 연관되어 있는 패턴을 확인하는 데 도움을 줄 수 있다. 예를 들어, 〈그림 2.1〉에서 교사는 학생들이 패턴을 발견할 수 있도록 목표 형식을 품사별로 그룹화하였다. 〈그림 2.1〉의 KWIC를 보면, 동사 *show* 뒤에는 *that*이 오는 경우가 많다는 것이 눈에 띄며, 따라서 학술적 글쓰기에서 흔히 보이는 강력한 패턴을 학생들에게 제시해 준다. 교사는 *show*가 명사로 사용되고 있음을 알 수 있는 단서(예: 관사의 사용)를 발견하도록 학생들에게 요구할 수도 있다. 먼저, 교실로 가지고 온 KWIC를 소개한 후, 언어 사용 패턴을 발견하는 방법을 안내해 주면, 학생들이 혼자서 말뭉치와 상호작용을 할 때 주눅이 덜 들 것이다. 게다가 학생들은 귀중한 분석 기술을 연습할 수 있고, 보다 자율적인 학습자가 되는 데 필요한 언어 사용 패턴을 발견하는 프로세스에도 익숙해질 것이다.

2.2.2 웹 말뭉치 이용하기

학생들이 컴퓨터에 손쉽게 접근할 수 있는 환경에 있는 운 좋은 교사라면, 온라인 말뭉치가 유용한 보고이다. 지난 5년 동안 웹 인터페이스를 통해 말뭉치를 이용할 수 있게 되었다. 온라인 말뭉치는, 조사 옵션이 일부 제한되는 경우가 있기도 있지만, 언어 교사와 학습자가 이용할 수 있는 옵션이 풍부하다. 본절에서는 폭넓은 언어 학습 상황을 다루는 데 활용할 수 있는, 매우 사용하기 쉬운 네 가지 온라인 말뭉치를 소개한다. 부록에도 교사와 학습자가 관심을 가질 만한 다른 말뭉치 자원을 열거해 두었다.

본절의 첫 번째 말뭉치는 타임지 말뭉치(Time corpus)와 COCA(Corpus of Contemporary American English)이다—두 말뭉치 모두

Mark Davies가 개발하여 사용자 인터페이스가 동일하며, 교수에 유용하게 사용할 수 있다. 이 중에서 COCA는 구어-문어 간 언어 사용의 차이를 학습자에게 인식시킬 수 있는 유용한 도구이고, 타임지 말뭉치는 쓰기에서 사용할 수 있는 샘플들을 제공해 준다. KWIC 외에도, 학습자가 품사를 지정하여 검색할 수도 있다. 검색 결과를 목록이나 차트(예: 막대그래프) 형식으로 볼 수도 있다. COCA의 막대그래프는 구어에서는 자주 사용되지만 문어에서는 자주 사용되지 않는 형태들 간의 차이를 학습자들이 인식할 수 있게 해 주는 유용한 도구이다. 〈그림 2.2〉는 단어 *get*을 검색한 결과를 보인 것이다.

〈그림 2.2〉 COCA에서 get을 검색한 결과

타임지 말뭉치는 뉴스 잡지를 취합한 문어 자료이기 때문에 특정 학문 분야에 치우치지 않은 학술적 글이나 고급 학습자용 어휘를 검색하기 위한 풍부한 자원이다. 어휘에 더해, 작가들이 어휘의 다양한 변이형[7]을

---

7) [역자주] 사회-문화적 변화에 따른 시기별 변이나, 단어와 구의 흥망성쇠, 문법적 구조의 변화와 같은 언어 자체의 변이, 품사 변이, 시대별 고빈도어, 시간의 경과에 따른 어휘 의미의 변화 등의 정보를 얻을 수 있다.

조사할 때에도 이 말뭉치를 이용할 수 있다. 교사가 개별 학생에게 말뭉치에서 조사할 단어의 변이형 목록을 제공한다거나, 학생들이 팀을 이루어 특정 변이형을 조사한 다음 수업에서 그 결과를 보고하게 할 수 있다.

다음 말뭉치는 미시간 대학 영어연구소(ELI)가 작성한 MICASE (Michigan Corpus of Academic Spoken English)와 MICUSP (Michigan Corpus of Upper Level Student Papers)이다. MICASE는 여러 학술 분야에 걸쳐 다양한 대학 환경(예: 강의, 스터디그룹, 상담 등)에서 사용되는 구어 학술 언어를 구축한 180만어 규모의 말뭉치이다. 전사물 외에 음성 파일도 이용할 수 있다. 음성 파일은 전사 텍스트에 링크되어 있으며, 교사와 학생이 학술적 듣기 스킬을 향상시키거나 집중적 듣기 활동을 할 수 있도록 다양한 옵션을 제공한다. 검색 필터링 기능을 이용할 수도 있다—학과목, 화자의 성별, 학업 수준, 상호작용 유형, 참가자의 모어. MICASE 홈페이지에는 교사와 학생이 말뭉치와 상호작용하는 데 참고할 수 있는 많은 귀중한 아이디어와 자원도 제공하고 있다.

최근 론칭한 MICUSP 사이트는, 대학에서 A나 A-를 받은 학생들의 보고서 829건을 구축한 260만어 규모 말뭉치이다. MICASE와 마찬가지로, 학과목과 학생 레벨에 따라 말뭉치를 검색할 수 있다. 또 텍스트 유형(예: 논쟁적 글, 창작물, 연구 보고서)과 텍스트의 특정한 특징(예: 그래프가 포함된 텍스트, 논문 초록, 연구 방법론 챕터)을 중심으로 검색할 수도 있다. 검색 결과를 막대그래프로 보여준다. KWIC에서 제공하는 풍부한 문맥 외에, 온전한 문서도 볼 수 있다. 이 새 말뭉치는 중급과 고급 쓰기 수업에서 활용할 수 있는 매우 중요한 자원이 될 것이다.

또한, MICUSP는 원어민과 비원어민 교육과정에서 모두 이용할 수 있기에 특수 목적을 위한 영어(English for Specific Purpose: ESP) 수업에 놀랄만한 교육적 툴을 제공해 준다. 예를 들어, 생물학과에 속한 영어 원어민 학생과 비원어민 학생은 모두 성공적인 저자들이 연구 논문에서 차트를 어떤 식으로 해석하여 기술하는지 볼 수 있다. 처음 학술지 논문에 도전하는 학생들은 참고문헌 이용 방법과 다양한 인용 방법을 확인할 수도 있다. 학생들은 발표된 연구 논문만이 아니라 학생 리포트에서 사용된 초록 샘플을 다양하게 참조할 수 있어서 자신의 글쓰기에 대한 현실적 목표도 제공해 준다.

〈그림 2.3〉은 단어 *claim*을, 텍스트 특성(texual feature)을 'Reference to sources(참고문헌 인용)'로 제한하고, 학문 분야를 '제한 없음'으로 설정했을 때의 검색 결과8)를 보인 것이며, 〈그림 2.4〉는 동일한 값으로 단어 *find*를 검색한 결과를 보인 것이다. 사용자는 *find*가 더 다양한 학술 분야에서 사용된다는 것을 알 수 있을 뿐만 아니라, *claim*은 철학 강좌의 리포트를 쓰는 학생들이 뚜렷하게 선호한다는 점도 분명히 알 수 있다.

이러한 활동의 목적은, 철학 리포트를 작성할 때는 *claim*을 사용하는 것이 더 좋은 점수를 받는다는 것을 보여주고자 하는 데 있는 것이 아니라, KWIC을 조사하여 *claim*과 *find*가 다른 학술 분야에서 어떻게 사용되는지를 검토하고, 두 단어의 미묘한 차이를 인식하도록 하는 데 있다. 또한, 텍스트를 검토하여 성공적인 리포트에서는 참고문헌 인용을 어떻게 하고 있는지 확인하게 할 수도 있다.

---

8) [역자주] 설정 값은 그림 2.3의 Search 창 아래를 참고하면 된다—"claim" occurs 455 times in 164 papers.(You searched in 16 disciplines at 4 levels of 7 paper types with 1 textual feature). 즉, claim은 (16개의 학문 분야, 4개의 학생 레벨, 7개의 논문 유형, 1개의 텍스트 특성 값으로) 검색했을 때, 166편의 논문에서 455회 출현하였음을 알 수 있다.

〈그림 2.3〉 MICUSP의, reference to sources(참고문헌 인용)에서 사용된 claim을 검색한 결과

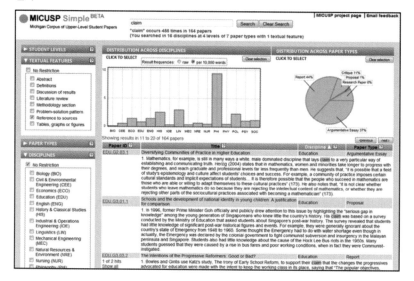

〈그림 2.4〉 MICUSP의, reference to sources(참고문헌 인용)에서 사용된 find를 검색한 결과

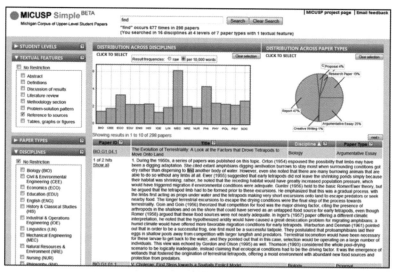

2.2.3 교실 사용을 위한 말뭉치 작성하기

기존의 온라인 말뭉치를 이용하는 것이 교실에서 말뭉치를 직접 작성하는 것보다 훨씬 간단하지만, 이용 가능한 온라인 말뭉치가 특정 언어 수업의 특정한 요구를 충족시키지 못할 가능성도 있다. 또한, 교실에서 말뭉치와 말뭉치 검색 툴을 사용하면 온라인 말뭉치에서는 얻을 수 없는 정보를 교사와 학습자에게 제공해 줄 수 있다. 예를 들어 초급 읽기 수업에서, 텍스트 내 미지어(unknown word) 수를 알면 도움이 많이 된다. 이 경우, 교사는 MonoConc, AntConc, WordSmith와 같은 말뭉치 검색 도구로 추출한 단어 빈도 목록을 이용하여 학생들이 읽기에서 만나게 될 새 어휘의 수를 빠르게 평가할 수 있다.

교사는 학생들에게 텍스트 내의 단어 빈도 목록을 대충 훑어보게 한 후 미지어를 기록하게 한다. 그렇게 하면, 교사가 이 정보에 기초하여 텍스트의 난이도에 대한 판단을 내릴 수가 있다. 모르는 단어가 너무 많은 경우, 교사가 텍스트가 어렵다는 것을 금방 알아차릴 수 있기 때문에 다른 읽기 자료로 대체할 수 있다. 혹은, 만약 미지어가 일부라면, 미지어 수와 미지어의 유형에 따라 교사는 다양한 활동을 이용하여 학습자에게 생소한 단어의 의미를 발견할 수 있도록 도울 수 있다. 예를 들어, 학생들은 팀으로 텍스트에서 추출한 KWIC를 이용하여 단어의 의미를 발견할 수 있다. 발견식 접근법이나 초점화된 알아차리기 활동(focused noticing activities)은 학습자가 자율적으로 수행할 수 있도록 도울 뿐 아니라, 목표 형식(어휘나 문법)을 보다 효과적으로 학습할 수 있게 해 준다(Ellis 2005; VanPatten and Williams 2007).

읽기 수업이나 내용 중심 수업에서, 인터넷 버전의 말뭉치나 읽기용 미니 말뭉치를 구축하면 텍스트와의 상호작용을 위한 다양한 활동을 만들 수 있다. Donely and Reppen(2001)에서는 중고급 영어 학습자를 대상으로 한 내용 중심 교육과정에서, 인류학 수업과 관련된 전문 어휘를 학습하기 위해 수업용 독해 자료 말뭉치를 활용한 방법을 보고하였다. 논문에서, 특수 말뭉치를 가지고 교사는 독해 자료에 포함된 비-내용 한정적 학술 어휘를 강화할 수 있었다. 특수한 내용 기반 어휘(예: *anthropology*(인류학), *matrilineal*(모계의))는 독해 자료 내에 정의가 되어 있었지만, 상대적으로 '눈에 띄지 않는' 학술 어휘는 독자가 이미 알고 있을 것으로 가정되는데, (모어 환경과는 달리) ESL 환경에서는 그렇지 않은 경우가 많다.

수업 전용 특수 말뭉치의 또 다른 예는 학생 논문 말뭉치를 구축하는 것이다. 그런 다음, 교사는 이 수업 전용 말뭉치를 이용하여, 학생들의 논문에 나타난 자질들과 MICUSP 말뭉치에서 발견된 자질을 비교해 보도록 지도할 수 있다. MICUSP에서 검색 조건을 필터링해서, 학생들의 레벨(예: 중학생 레벨, 혹은 대학원생 레벨)과/이나 학생들과 동일한 학과목(예: 생물학, 철학, 정치학)을 선택하면, 학생 논문 말뭉치와 MICUSP 간의 비교를 훨씬 유의미하게 할 수 있다.

ESP 학생을 위한 고급 작문 과정이나 학제 간 작문 코스의 경우에는, 학생들이 자신만의 미니 말뭉치를 만들어, 이 말뭉치를 자신의 전공 관련 논문에서 발견되는 패턴을 탐구하는 데 이용할 수 있다. 예를 들어 학제 간 작문 수업에서 실험 보고서를 작성해야 하는 생물학 전공자는 실험 보고서 말뭉치를 모으는 반면, 같은 학급의 비즈니스 전공자는 해당 분야에서 요구되는 작문 과제 유형을 살펴보기 위해 비즈니스 사례 연구 말뭉치를 모을 수 있다. 전문화된 말뭉치를 만들어 보게 함으로써 학생들은 독립적으로 자신의 전문 분야에서 사용되는 언어를 탐구할 수 있게 될 것이고, 자신의 연구 분야에서 일반적이고 다양한 작문 과제 유형에도 익숙해질 수 있을 것이다.

2.3 결론

언어 교실에서 말뭉치를 이용하는 방법은 교실 자체만큼이나 다양하다. 말뭉치나 말뭉치 정보를 이용하여 언어를 가르치기만 하면 모든 문제들이 해결될까? 그렇지 않다. 하지만 이것은 교사들에게 이용할 수 있는 선택지와 리소스를 늘려 주고, 학습의 자율성을 장려한다. 예를 들어, Friginal(2006)은 학생들이 교실 말뭉치를 이용하여 활동했던 임업 ESP 작문 과정에 대해 보고하고 있다. 논문에 따르면, 학생들은 작문 과정이 끝난 후에도 단어의 선택과 자신의 논문에서 사용한 적이 있는 구조를 확인하기 위해 교실 말뭉치를 지속적으로 사용하였음을 보고하고 있다. 말뭉치는 학생들이 교실 밖에서 접하게 될 살아있는 언어 사용을 반영하는 풍부한 자료를 제공한다. 교실에서의 말뭉치 사용은 이전까지 훨씬 어려운 도전 과제였던 실제적인 자료를 교실로 가져오는 좋은 예이다.

더 많은 말뭉치와 말뭉치 도구를 이용할 수 있게 되고, 훈련된 교사들이 말뭉치 리소스를 보다 편하게 이용할 수 있게 됨에 따라(O'Keeffe, McCarthy and Carter 2007; Reppen 2010), 언어 학습에 말뭉치를 사용하는 방법은 더 확대될 것이다. 변하지 않을 한 가지 측면은 학습자의 목표와 교수 리소스를 일치시키고, 교수와 학습 목표를 달성하기 위해 적절한 리소스를 이용해야 한다는 것이다. 말뭉치는 그 목표를 향한 한 가지 수단이다.

참고 문헌

Atkinson, D. 1999. *Scientific Discourse in Sociohistorical Context: The Philosophical Transactions of the Royal Society of London*. Hillsdale, NJ: Lawrence Erlbaum.

Balasubramanian, C. 2009. *Register Variation in Indian English*.

Amsterdam: John Benjamins.

Biber, D., S. Conrad and R. Reppen. 1998. *Corpus Linguistics: Investigating Language Structure and Use.* Cambridge: Cambridge University Press.

Biber, D., S. Conrad, R. Reppen, P. Byrd and M. Helt. 2002. 'Speaking and writing in the university: a multi-dimensional comparison'. *TESOL Quarterly*, 36: 19-48.

Biber, D., S. Johansson, G. Leech, S. Conrad and E. Finegan. 1999. *The Longman Grammar of Spoken and Written English.* London: Longman.

Carter, R. and M.

McCarthy. 2006. *The Cambridge Grammar of English.* Cambridge: Cambridge University Press.

Connor, U. and T. Upton. 2004. 'The genre of grant proposals: a corpus linguistic analysis'. In U. Connor and T. Upton(eds.), *Applied Corpus Linguistics: A Multidimensional Perspective.* Amsterdam: Rodopi.

Conrad, S. and D. Biber. 2009. *Real Grammar.* Harlow: Pearson Longman.

Coxhead, A. 2000. 'A new Academic Word List'. *TESOL Quarterly*, 34 (2): 213-38.

Donley, K. M. and R. Reppen. 2001. 'Using corpus tools to highlight academic vocabulary in SCLT'. *TESOL Journal*, 12: 7-12.

Ellis, N. 2005. 'At the interface: dynamic interactions of explicit and implicit language knowledge'. *Studies in Second Language Acquisition*, 27: 305-52.

Fitzmaurice, S. 2003. 'The grammar of stance in early eighteenth-century English epistolary language'. In P. Leistyna and C. Meyer(eds.), *Corpus Analysis: Language Structure and Language Use.* Amsterdam: Rodopi.

Friginal, E. 2006. 'Developing technical writing skills in forestry using corpus-informed instruction and tools'. Paper presented at the

American Association of Applied Corpus Linguistics Conference. Flagstaff, Arizona.

_____ 2009. *The Language of Outsourced Call Centers: A Corpus- Based Study of Cross-Cultural Interaction*. Amsterdam: John Benjamins.

Johns, T. 1994. 'From printout to handout: grammar and vocabulary teaching in the context of data-driven learning'. In T. Odlin(ed.), *Perspectives on Pedagogical Grammar*. Cambridge: Cambridge University Press.

McCarthy, M., J. McCarten and H. Sandiford. 2004 /2006. *Touchstone 1-4*. Cambridge: Cambridge University Press.

O'Keeffe, A., M. McCarthy and R. Carter. 2007. *From Corpus to Classroom*. Cambridge: Cambridge University Press.

Reppen, R. 2010. *Using Corpora in the Language Classroom*. Cambridge: Cambridge University Press.

Schmied, J. 2006. 'East African Englishes'. In B. Kachru, Y. Kachru and C. Nelson(eds.), *The Handbook of World Englishes*. Basingstoke: Blackwell.

Schmitt, D. and N. Schmitt. 2005. *Focus on Vocabulary*. Harlow: Longman.

Tribble, C. and G. Jones. 1997. *Concordances in the Classroom*. Houston: Athelstan.

VanPatten, B. and J. Williams(eds.). 2007. *Theories in Second Language Acquisition: An Introduction*. Mahwah, NJ: Lawrence Erlbaum.

West, M. 1953. *A General Service List of English Words*. London: Longman.

부록: 유용한 말뭉치 관련 사이트[9]와 도구

AntConc

http://www.laurenceanthony.net/software.html

프리웨어로, 단어 빈도 목록과 KWIC를 작성할 수 있다. 사용이 간편하며, 2~6개의 단어 연쇄 정보(n-gram)[10]도 확인할 수 있다.

AWL Highlighter

https://www.eapfoundation.com/vocab/academic/highlighter/

이 사이트에서는, 사용자가 텍스트를 입력하면 AWL(Academic Word List)에 속한 단어를 강조 표시해 준다. 빈칸 채우기 연습 문제를 작성할 수 있는 빈칸 만들기 프로그램도 링크되어 있다.

British National Corpus (BNC)

www.natcorp.ox.ac.uk

구나 단어 단위로 검색할 수 있으며, 광범위한 사용역(register)에서 구축한 1억 단어 규모의 영국 영어 구어/문어 말뭉치이다. BNC에 대한 정보 외에도 다양한 말뭉치 정보들이 링크되어 있다. 참고: Mark Davies의 사이트 http://view.byu.edu/BNC를 통해서 BNC에 접속하면 몇 가지 검색 옵션을 추가로 사용할 수 있다.

---

9) [역자주] 2019년 12월 현재, 번역 당시의 웹사이트 주소이다.

10) [역자주] 통상, 연어 정보는 동사+명사, 형용사+명사와 같이 문법적인 틀이 전제되어 있어서 어떤 단어 A와 어떤 단어가 공기하는가 등이 관심사이지만, n-gram의 경우에는 단어 A를 포함하는 n개의 단어(예컨대, 언어 청크, 다단어 항목, 어휘 다발 등으로 불린다)를 추출하는 것에 관심이 있다.

Business Letter Concordancer (BLC)

http://someya-net.com/concordancer/index.html

이 사이트는 비즈니스 서신, 개인 서신, 역사적 인물(예: Thomas Jefferson, Robert Louis Stevenson) 의 편지 등의 말뭉치에서 접근할 수 있는 용례 색인을 제공하고 있다.

Collins Cobuild Corpus Concordance Sampler

www.collins.co.uk/Corpus/CorpusSearch.aspx

이 사이트에서는 5천 6백만 단어 규모의 말뭉치를 검색할 수 있다. 검색 어마다 40개의 용례색인이 제공된다.

Collocate

http://athel.com/index.php?cPath=2

싼 가격으로 이용할 수 있는 프로그램으로, 연어를 이루는 단어를 확인 하고 단어의 연쇄 정보를 생성할 수 있으며, 약간의 통계(MI: mutual information(상호의존정보), *t*-점수)도 제공하고 있다.

Compleat Lexical Tutor

www.lextutor.ca

다양한 말뭉치와 검색 도구에 접근할 수 있을 뿐만 아니라, 학술 단어 목 록과 General Service Word List(West 1953)을 기반으로 한 어휘 분 석을 행할 수도 있다. 또한 말뭉치, 언어 교수, 어휘 평가를 위한 테스트 에 관한 유용한 논문들도 볼 수 있다.

Corpus.BYU.edu

http://corpus.byu.edu

Mark Davies가 개발한 인터페이스를 통해 검색 가능한 다양한 말뭉치

(예: COCA, TIME)를 링크하고 있다. 말뭉치에 관계없이 검색 형식은 동일하다. 인터페이스는 사용하기 편하며 품사와 와일드카드 검색도 가능하다. BNC와 더불어 가장 우수한 인터페이스 중 하나이며, 단어와 구의 검색 결과를 사용역에 따라 그래프와 표로도 제시해 준다.

Corpus of Contemporary American English(COCA)
https://corpus.byu.edu/coca/
뉴스, 구어 텍스트, 학술 텍스트 등의 사용역별로 배열된, 4억어 이상으로 구성된 미국 영어 온라인 말뭉치. 텍스트는 1990년부터 현재까지이다. 품사별 검색도 가능하다.

Corpus of Spoken Professional American English(CSPAE)
www.athel.com/cspa.html
2백만어 규모의 전문 직종의 구어 말뭉치(미팅, 학술 토론, 백악관 기자회견). 42,722어를 무료로 이용할 수 있다.

ICAME - International Computer Archive of Modern and Medieval English
http://icame.uib.no
말뭉치 자료와 정보 링크 사이트

ICE - International Corpus of English
http://ice-corpora.net/ice/
이 사이트에서는 백만 단어로 구성된 다양한 세계 영어의 구어와 문어에 대한 정보를 얻을 수 있다. 다양한 세계 언어 말뭉치는 동일한 포맷을 따르며, 비교를 위한 자료를 풍부하게 제공하고 있다.

KfNgram

http://www.kwicfinder.com/kfNgram/kfNgramHelp.html

온라인 용례색인과 연어 자료를 확인할 수 있는 사이트. 사용자가 직접 말뭉치를 검색할 수 있다.

Michigan Corpus Linguistics

https://web.archive.org/web/20111227134407/http://www.elicorpora.info

매우 귀중한 말뭉치와 말뭉치 자료들이 링크되어 있다. 아래에서 언급한 두 개의 말뭉치에 더해, Generation 1.5 프로젝트를 통해 구축한 문어 말뭉치와 학회 발표 말뭉치도 이용할 수 있다. 교사들은 이 사이트에서 일련의 활동과 관련 말뭉치, 그리고 사전 제작된 워크시트를 이용할 수 있다. 언어 연구자와 학생들도 보기 좋게 꾸며진 이 사이트에서 유용한 자료를 얻을 수 있을 것이다.

MICASE – Michigan Corpus of Academic Spoken English

https://quod.lib.umich.edu/cgi/c/corpus/corpus?page=home;c=micase;cc=micase

이 사이트에서는 온라인상으로 학술 구어 말뭉치를 무료로 검색할 수 있다. 온라인 용례검색기는 조작하기 쉽고 검색 옵션도 다양하다. 전사 자료뿐만 아니라, 음성 파일도 이용할 수 있다. 적당한 가격에 이 말뭉치를 구입할 수 있다(웹사이트를 이용하면 무료이다). MICASE에 기초하여 작성된 수업 자료도 링크되어 있으며, 다운로드가 가능한, 전사용 무료 소프트웨어도 탑재되어 있다.

MICUSP – Michigan Corpus of Upper Level Student Papers

https://lsa.umich.edu/eli/language-resources/micase-micusp.html

다양한 학문 분야의 학생 논문 말뭉치를 온라인상에서 무료로 이용할 수 있어, 교사, 학생들에게 매우 유용하다. 검색 조건을 특정 분야, 논문의 유형, 논문의 특정 부분(예: 결론, 인용 등) 등으로 지정할 수도 있다. 검색 결과를 보여주는 막대그래프가 있어 데이터를 해석하기 쉽다. 처음 출시된 베타 버전은 더 많은 검색 조건을 포함하도록 업그레이드될 것이다.

MonoConc
www.athelstan.com/mono.html
이 용례검색기는 가격이 저렴하고 사용하기 쉬우며, 용례색인과 빈도 목록, 연어 정보를 제공해 준다.

Paul Nation's webpage
www.victoria.ac.nz/lals/staff/paul-nation/nation.aspx
어휘에 대한 다양한 정보를 담고 있는 사이트이다. 두 단어 목록(General Service List와 Academic Word List)을 서로 비교할 수 있는 프로그램인 Range를 무료로 다운로드할 수도 있다.

Scottish Corpus of Texts and Speech
www.scottishcorpus.ac.uk/corpus/search/
스코틀랜드의 구어, 문어 말뭉치와 검색 도구

Time Corpus
http://corpus.byu.edu/time/
Mark Davies의 사용자 친화적인 인터페이스에서 타임지 말뭉치(1923년부터 2006년까지)를 검색할 수 있다. 타임지 말뭉치는 비교적 짧은 기간에 걸쳐 언어가 어떻게 변화해 왔는가를 살필 수 있다. 언어 학습자가

문어 학술어를 조사하는 데도 매우 도움이 되는 자료이다. 품사별 검색도 가능하다.

University of Lancaster Centre for Computer Corpus Research on Language
http://ucrel.lancs.ac.uk
이 사이트에서는 말뭉치와 말뭉치 언어학에 대한 풍부한 자료를 제공해 준다.

VOICE – Vienna–Oxford International Corpus of English
www.univie.ac.at/voice/
VOICE는 100만 단어 규모의 세계 언어로서의 영어(ELF) 말뭉치이다. 온라인상에서 이용 가능하며, 다양한 환경에서 영어로 상호작용하는 1,250명의 유럽 언어 화자의 구어 말뭉치이다. 무료로 회원 등록만 하면, 다양한 방법으로 말뭉치를 검색할 수 있고, 전사 자료 전체를 볼 수도 있다.

WebCONC
http://taalunieversum.org/taal/terminologie/tools/software.php?id=323
온라인 다언어 검색 KWIC를 제공한다.

WordSmith
www.lexically.net/wordsmith/
용례색인 외에, 빈도, 핵심어, MI 스코어, 단어 길이 등과 같은 정보를 함께 제공해 주는 용례검색기이다. 강력한 말뭉치 검색 도구의 하나이다.

3

컴퓨터가 없는 교실에서 용례색인의 활용: 용례색인의 구축과 활용

Jane Willis

3.1 들어가기

최근 언어학과 언어 교실, 언어 학습 분야에서 말뭉치와 용례검색기 사용에 대한 관심이 증가하고 있다. Mauranen(2004), O'Keeffe, McCarthy and Carter(2007), Romer(2006), Sinclair(2004), 그리고 본서 2장의 논의가 이를 뒷받침해 준다. 말뭉치 언어학의 발전으로 덕분에 언어학자와 어휘론자, 문법학자, 교재 저자뿐 아니라, 교사와 학습자도 언어 사용에 대해 새로운 통찰을 얻을 수 있게 되었다. Tim Johns는 1991년 학습자가 자기주도적으로 언어를 탐구함으로써 어떤 도움을 받을 수 있는가를 보여 주는 독창적 논문인, 'Should you be persuaded- two samples of data-driven learning materials'를 발표하였다.

용례검색기를 이용하면 언어 학습 프로세스에 상당한 영향을 미칠 수 있다―학습자 측면에서는 궁금증이나 추측을 자극하여 목표 언어의 패턴을 발견하고 패턴을 설명해 주는 일반화를 형성하는 능력을 개발할 수 있게 해 준다.

이러한 귀납적 데이터 기반 접근법(DDL)은 그것이 추구하는 '도전과 발견' 요소와 더불어 그 자체로 소중한 교육적 경험이며, 뒤에서도 밝히겠지만 컴퓨터가 반드시 필요하지도 않다. 이 장의 뒷부분에서 학습자가 손수 만들어 온 용례색인을 교사가 컴퓨터 없이 활용할 수 있는 다섯 가지 방식을 설명하겠다. 이 DIY(Do It Yourself) 접근법에서는 학습자(초급 이상)가 스스로 언어 데이터를 수집하고 분석하는 일에 관여하기 때문에 어느 교실에서나 적합하다. 특히, 학습자가 컴퓨터를 이용할 수 없는 교실 상황에도 적용할 수 있다.

3.2 말뭉치에서 용례색인까지

연구자들은 맨 처음 언어를 어떤 방법으로 기술할까? 어떤 연구자가 세 살짜리 아이들이 사용하는 언어를 연구해서 그 연령대의 남아/여아의 언어 간 차이에 대해 알아보려고 한다고 가정해 보자. 첫 번째 단계에서는 보통 해당 언어의 본체인 말뭉치를 모으는데(전자적으로 저장할 수 있다), 위의 경우에는 세 살짜리 소년, 소녀의 언어가 될 것이다. 당연한 단계지만 쉽지 않다. 우선 말뭉치 크기를 결정해야 하고, 말뭉치가 대표성을 띠고 있는지도 주의 깊게 살펴야 한다. 그렇긴 하지만 원칙적으로 가능한 작업이다. 일단 연구자가 적절한 말뭉치를 수집하였다면, 연구 질문의 답을 구하는 데 이 말뭉치를 이용할 수 있다.

최근 들어, 연구자들은 언어의 문법과 어휘를 분석·기술하는 데 이용하기 위해 말뭉치를 점점 더 많이 활용하고 있다. 이러한 연구는 문어, 즉 텔레비전 토크쇼나 의학 저널의 연구 논문에서 사용되는 언어와는 대조적인, 구어 장르를 그 대상으로 할 수도 있다. 한 언어의 전체상을 살피는 데도 말뭉치를 이용할 수 있다. 물론 이 경우에는 수백만 어로 구성된 대규모 말뭉치가 필요하다. 이러한 대규모 말뭉치 중에서 가장 오래되고 유명한 말뭉치는 Bank of English이다. 1980년대에 구축된 이 말뭉치는 Collins and Birmingham University International

Language Database(이하, COBUILD)로 불리며, Collins Cobuild English Dictionary(사전), The Collins Cobuild Student's Grammar(문법서), The Collins Cobuild English Course(교재)와, 다른 참고 도서에 기초 자료를 제공해 주고 있다. COBUILD가 트렌드를 설정하자, British National Corpus(BNC)를 비롯하여 2장의 Appendix에 열거된, 영어 학습자를 대상으로 한 다른 많은 말뭉치 구축 프로젝트들이 뒤를 이었다. 그 덕분에 The Cambridge Grammar of English(2005)나 The Longman Student Grammar(2002)와 같은 말뭉치 준거 참고서도 많이 개발되었다.

이런 종류의 말뭉치 구축 프로세스는 상당히 복잡하다. 그러나 일단 말뭉치를 구축해서 컴퓨터 메모리에 저장만 해 두면 그것을 관찰하는 프로세스는 상대적으로 간단하다.

사전 편찬자들이 만약 특정 단어를 분석하고 정의하려고 한다면 용례 검색기로 불리는 컴퓨터 프로그램을 이용하여 그 단어의 용례들을 다양하게 추출해 낼 수 있다. 〈그림 3.1〉의 단어 *any*의 예에서 보듯이, 상당히 제한된 수의 용례만으로도 유용한 통찰을 얻을 수 있다.

〈그림 3.1〉

```
        are interesting to observe. Any child under two is given a bottle
           so the young men went for any job they could rather than a farm job
   state of affairs could not go on any longer. Someone had to act soon
        they hadn't dared to strike any more matches - they were just
    the longest open tradition of any of the English link that have
        complicated. The closing of any of them would be a major engineering
         We work more overtime than any other country in Europe, even
        dry. I don't think there was any rain all summer long, was there?
      just won't come out. Have we any stain remover? . . . I thought there
  at Steve's house. just turn up any time after 12. It'll go on all afternoon
      hard pressed. there was never any time for standing back and appraising
```

원전: Cobuild(1986)

이 용례들은 대표 샘플을 제시하기 위해 COBUILD 말뭉치에서 신중하게 추출한 것들이다. 교육 문법과 교과서에서 *any*는 주로 부정문과 의문문에서 사용하고 평서문에서는 *some*을 사용한다는 규칙을 제공한다. 아래 문맥행을 읽어 내려가면서 *any*가 실제로 어떤 의미를 가지고 있는지 한번 생각해 보라. 문맥행 중에서 몇 개의 예가 위의 규칙에 부합하는가?

위 용례색인에 따르면 학교 문법에서 제시한 규칙들이 잘 지켜지지 않고 있음을 알 수 있다. 즉, 용례의 절반 정도는 *any*가 긍정 서술에서도 사용됨을 보여준다. 실제로 모든 예에서 *any*는 '어떤 것이든 상관없다(*It doesn't matter which*)'는 식의, 일반적이고 비-특정적 의미를 지니고 있는 것처럼 보인다(아마도 이것이 무언가에 대해 구체적인 것이 없는 의문문이나 부정문에서 *any*가 주로 사용되는 이유일 것이다). 만약 *any*의 연어나 패턴, 화용적 사용을 확인하고자 한다면 훨씬 더 큰 용례색인이 필요할 것이다. 그러나 이 작은 샘플만으로도 *any*의 사용 양상과 전형적으로 사용되는 일상적인 용법을 정확하게 반영하고 있다.

그렇기 때문에 말뭉치 연구 프로세스에는 어떤 현저한 언어적 특징이나 단어, 패턴을 분리해 내서 그 특징을 보다 자세히 연구하는 것이 포함된다. 언어에 대한 이와 같은 조직적 연구를 통해 연구자는 목표 언어-문법과 어휘, 전형적 패턴, 연어, 의미와 사용-를 기술할 수 있다.

언어에 관한 설명 프로세스를 이와 같은 방식으로 보기 시작한다면, 이 프로세스를 교육적으로 적용하는 단계는 단순하다. 교사는 학생들이 언어를 쉽게 이해할 수 있기를 바라고, 학생들은 자신들이 공부하고 있는 언어의 규칙을 발견하고 내면화해야 한다. 만일 학생들을 연구자의 입장이 되게 할 수 있다면(Johns 1991, 2002와 Willis and Willis 1996이 주장한 것처럼), 이 두 가지 목표를 간단하고 경제적으로 달성할 수 있을 것이며, 학생들의 자존감과 자신감도 증가시킬 수 있을 것이다.

이러한 언어 분석 프로세스는 필연적으로 언어의 특정 측면이 부각되

게 할 것이며, 이는 모든 의식 고양 활동(awareness-raising activity)
이 추구하는 첫 번째 목표이기도 하다. 이러한 접근법의 이론적 근거는
Brian Tomlinson이 작성한 Chapter 1의 '서문'에 잘 요약되어 있다.
Schmidt(1990)을 비롯한 다른 연구자들은 학습 프로세스의 초기 단계
에서는 목표 언어의 특정 문법 자질을 '알아차리는 것(noticing)'이 중
요하다고 주장한다. Ellis(2003: 163), Ellis(1991:241)는 '의식고양은
학습자가 L2 문법을 습득하는 방법에 대한 현재의 생각에 부합하는 문
법 교수 접근법'이라고 주장하고 있다.

입력을 제한하고 적은 수의 언어 항목을 즉각적으로 정확하게 '산출'
하는 '연습 활동' 방식에 기대기보다는, 학습자들이 자신의 지식을 절차
화하고, 현실 세계에서 즉시 사용하기를 기대하기에 앞서 그들 스스로가
언어를 발견하고 체계화할 수 있는 기회를 많이 제공해야 한다. 이를 뒷
받침하기 위해 Willis(2003)은 언어의 다양한 측면-단어, 어휘구, 패턴
문법-에 학습자의 주의를 끌 수 있는 수많은 실제적 방법을 제시하고 있
다. 이 장의 뒷부분에 필자는 최빈도어의 용례 색인에 기초한 다양한 종
류의 분석 활동을 이용하여 언어 자질의 다양한 층위들을 강조할 수 있
는 방법들을 제시하였다. 이러한 활동들은 학습자들이 유용한 패턴들과
반복적으로 등장하는 청크/언어 덩이(as a matter of fact, Know what I
mean?과 같은 고정구)를 인식하고 암기하는 데 도움이 될 뿐만 아니라,
문법을 분석하고 일반화할 수도 있게 해 준다.

3.3 '교육용 말뭉치'의 필요성

지금까지 연구를 위한 대규모 말뭉치, 이른바 연구용 말뭉치(research
corpus) 구축에 대해서 이야기해 왔다. 한편, 연구용 말뭉치의 용례색인
에는 익숙하지 않은 문맥들도 필연적으로 검출될 것이고 학습자가 알지

못하는 어휘들을 담고 있는 경우도 있을 것이다. 학습자는 구어와 문어, 익숙한 텍스트 등이 모두 적절한 레벨로 구성된 비교적 소규모 말뭉치에서 최대 효과를 얻을 수 있다−즉, 교육용 말뭉치(pedagogic corpus)를 이용할 필요가 있다(Willis and Willis 2007: 187−9). 이러한 말뭉치는 보통 텍스트 일부나 전체, 학습자들이 이전에 읽었거나 들은 적이 있는 교과서 녹음 스크립트, 그리고 학습자에게 친숙한 다른 보충 자료들로 구성될 것이다.

이러한 교육용 말뭉치는 학생들이 익혔으면 하는 목표 언어의 용례를 충분히 제시하고 있어야 한다는 것이 중요하다. 이 말뭉치가 만약 '실제적' 텍스트, 다시 말해 특정 언어 항목을 설명하기 위한 목적으로 작성된 텍스트나, 자연스러운 언어 사용을 왜곡할 정도로 단순화된 것이 아닌 텍스트로 구성된다면 분명 이점이 있다. 앞서와 같은 텍스트는 교육용 말뭉치에 포함되어서는 안 된다. 학습자에게 있어서 현실 세계에서 만날 가능성이 없는, 부자연스럽고 비전형적인 언어를 학습하는 것은 아무런 의미가 없다. 대표성을 가진 교육용 말뭉치를 제공하는 목적을 달성할 수 있다면, 그 다음에는 이 말뭉치를 기반으로 학습자가 연구자의 입장에서 목표 언어의 전형적인 자질들을 스스로 발견하는 데 잠재적으로 도움이 되는 일련의 언어 분석 연습문제를 설계할 수 있다.

본 장의 첫 번째 목적은 이 목표가 어디까지 실현가능한가를 살피는 데 있다. 컴퓨터 하드웨어와 소프트웨어에 즉시 접근할 수 있는 환경에서는 보다 용이하게 달성할 수 있을 테지만, 여기서는 컴퓨터에 쉽게 접근할 수 없는 환경에서 교사나 교재 작성자가 어느 선까지 실현 가능한가를 살펴볼 것이다. 학습자들 또한 관심있는 텍스트를 선택해서 스스로 말뭉치를 구축하는 경험을 해 볼 수 있다; 예를 들어, ESP 학습자라면 자신들이 즐겨 읽는 전문 잡지에서 텍스트를 추출할 수도 있다.

3.4 손수 용례색인 준비하기

학습자에게 친숙한 텍스트를 기본 언어 분석 활동으로 하는 것이 바람직하다. 즉 학습자가 어떤 의사소통 목적을 위해 이미 읽었거나 들은 적이 있는 텍스트를 이용하는 것이다. 학생들이 의미 파악을 위해 텍스트를 이미 읽은 적이 있으면 의미를 전달하는 형식에 대한 학습을 통해 더 많은 것을 배울 수 있다. 이것이 용례색인을 이용한 교육용 말뭉치의 교육적 이점이다. 그래서 첫 번째 단계는 학습자가 현재 사용 중이거나 사용한 적이 있는 텍스트로 구성된 교육용 말뭉치(구어와 문어 양자) 텍스트들을 구축하는 것이다. 이 텍스트들은 용례색인용으로 사용할 것들이다.

다음 단계에서는 텍스트에서 단어들이 어느 정도의 빈도로 나타나는지를 확인하고 심층적으로 분석하기 위해 하나 혹은 두 개의 단어를 선택한다. 여기에서는 어떤 단어들이 가장 고빈도인지를 아는 것이 도움이 되며, 이러한 빈도 정보는 단어 빈도 목록에서 구할 수 있다.

2장에서 보았듯이, 요즘은 자료 작성자와 교사들도 컴퓨터로 추출한 빈도 목록을 손쉽게 이용가능하다. 이 장의 Appendix A에는 구어와 문어 영어의 최상위 빈도어 150어가 수록되어 있다. 이 단어들은 2억 단어 이상으로 구성된 대규모 연구 말뭉치인, The Bank of English의 일반 영어(비-전문어)에서 수집한 것들이다. 최상위 빈도어 50개가 텍스트의 36%를 점하고 있기 때문에(Appendix B의 표 3.3 참조), 이 고빈도어들은 텍스트를 상세히 분석할 때에 유용하게 활용할 수 있다. 이 단어들은 빈도가 아주 높아서 그 용례를 쉽게 발견할 수 있기 때문에 용례색인을 직접 작성할 수 있다. 그런 다음, 용례색인 분석을 통해 단어의 의미, 전형적인 연어, 문법 패턴, 화용과 어휘구 등을 탐구할 수 있다.

한편, 모든 단어가 모든 담화 유형에서 동일하게 높은 빈도로 나타나지는 않을 것이다. 즉, 모든 텍스트가 동일한 빈도 패턴을 보이지는 않을 것이라는 점을 기억해 둘 필요가 있다. 예를 들어 *so, well, think, mean, things*, 그리고 *yes, no*와 같은 단어들은 문어 영어에서보다 구어 영어에서 훨씬 더 빈도가 높다(제4장의 Ronald Carter, Rebecca Hughes and Michael McCarthy을 참조할 것). 마찬가지로, 어떤 단어나 구(예를 들어, *that kind of thing*이나 *and stuff like that*과 같은 애매한 말)는 계획된 담화에서보다는 즉시적 담화에서 더 흔할 것이다. 단어는 보통 텍스트의 장르에 따라 여러 가지 의미와 패턴으로 나타날 것이다. 그리고 물론 전문 어휘나 주제 관련 단어들은 일반 말뭉치에서의 빈도수보다 특정 텍스트에서 더 높은 빈도로 나타날 것이다. 그러나 여전히 빈도 목록은 Willis(1990: 55-6)이 예시한 바와 같이, Collins Cobuild English Course의 어휘 실러버스를 작성하고 구현하는 데 사용한 데이터 시트와 같이 개별 단어의 의미와 용법을 빈도 순으로 세분화하여 주목할 가치가 있는 단어들을 개략적으로 보여줄 수 있다는 장점이 있다.

최근에 말뭉치를 통해 작성된 학습자 사전은 대부분 단어의 각 의미에 대한 실제 예문, 문법 정보와 함께 이러한 유의 빈도 정보도 제공해 주고 있다. 모든 최상위 빈도어들은 여러 개의 다른 의미와 용법을 가지고 있으며, 각 중심 의미에는 전형적 패턴이 있을 것이다. 가장 일반적인 단어에 대한 사전 표제항은 유용한 정보들을 충분히 담고 있어야 한다. 이 정보들은 교사와 교재 작성자들이 용례색인을 기초로 활동들을 준비하기 전에, 그리고 학생들이 활동을 한 후에 학습 중인 단어에 대한 지식을 강화하고자 할 때 사용할 수 있다. 즉, 세 가지 요소가 필수적이다: 텍스트, 빈도 정보, 그리고 좋은 사전.

3.5 용례색인의 작성과 조사: 교실 활동의 예

본 절에서는 손수 작성한 색인을 이용한 다섯 가지 세션을 소개하고자 한다. 각 세션은 다른 유형의 텍스트를 기반으로 하였고, 다양한 분석 절차를 사용하였으며, 이러한 절차들을 사용함으로써 얻을 수 있는 다양한 종류의 통찰을 보여줄 것이다. 그런 다음, 각 세션에서 취한 절차와 단계를 요약할 것이다.

3.5.1 샘플 세션 1: ESP 학생들을 중심으로

필자는 한때 개발도상국의 한 대학 ESP 학과에 초청되어 어휘 실러버스와 언어 분석 활동 설계에 관한 워크숍을 연 적이 있다. 거기에서는 컴퓨터를 거의 사용할 수 없었던 탓에 교사들이 가져온 텍스트를 이용하여 다수의 일반 단어들을 성공적으로 색인화한 후, 그 작업을 통해 어떤 통찰을 얻을 수 있는지를 살펴보았다.

교사 4명이 농업 영어를 공부하는 학생들에게 사용한 적이 있는, 가축의 영양을 주제로 한 텍스트를 가지고 왔다. 우선 이 텍스트를 빠르게 한 번 훑어 본 후, 필자는 일반 문어 빈도 목록에서 열여섯 번째 순위의 단어인 *as*를 골랐다. 다른 교과 담당 교사들이 텍스트를 읽으면서 교과 내용을 파악하는 동안, 4명의 농업 전문가들은 섹션별로 텍스트를 나눈 후 자신의 섹션에서 찾은 모든 예들을 *as*가 중간에 오도록 해서 칠판에 기록하였다. 이 작업에는 5분 정도가 걸렸다. 결과는 〈그림 3.2〉와 유사하였다.

우리는 먼저 *as*가 포함된 실제적인 구를 확인하는 작업, 다시 말해 구의 시작과 끝을 결정하는 작업부터 시작하였다. 이 작업은 의미 단위, 절이나 구의 경계가 관련되는 결정을 내려야 했기에 보기보다 어려웠다. 예를 들어, 사례1(첫 번째 줄)에서 교사들은 의미적 균형을 유지하기 위해 직관적으로 청크에 두 동사가 모두 포함되어야 한다-*are decreased proportionately as productivity rises*-고 생각하였다. 사례7(여섯 번째 줄)에서는 *as is explained later*가 해당 문장의 앞 부분과 분리되어서는 안 된다고 주장하기도 하였다. *in the same way as* …나 *as a result of* …
와 같이 간단히 해결되는 예는 거의 없었다.

〈그림 3.2〉

```
Maintenance costs are decreased proportionately as productivity rises
   complex activity which includes such actions as the search for food
      of blood constituents have been suggested as possible signals including
         . . . which receives signals from the body as a result of consumption of food
   some agent associated with energy storage acts as a signal fot the long term . . .
   that signal are received directly from the crop as is explained later.
         A variety of aromatic substance such as dill, aniseed , coriander and . . .
      intake and energy requirement suggests that, as with energy, intake should vary
      to environment temperature in the same way as monogastric animal, in that
            This can be considered as an aspect of energy balance in
            Digestibility here is expressed as the coefficient for food energy
   appears to be relatively unimportant in grazing as animals will graze in the dark
```

사실, *as*의 구 경계를 식별하는 전체 과정을 통해서 의미 파악을 위한 교실 토의가 활성화되었다. *as*가 포함된 구의 경계가 왜 거기서부터 거기까지라고 생각하는지 설명해 보라는 요구를 통해 이전에는 무의식적으로만 이해하고 있었던 부분을 명시적으로 설명할 수 있게 해 주었다. 이러한 종류의 활동은 중요한 단어에 대한 이해를 강화하고 깊게 하므로, 의식 고양 활동이라는 용어가 의미하는 것과 일치한다.

두 번째 과제는, *as*가 포함된 구의 의미와 용법을 얼마나 다양한 방법으로 분류할 수 있는가를 묻는 것이었다. 주로 *as*의 의미와 기능에 초점을 두고 약간 논의한 후, 교사들은 아래와 같이 구를 5~6개의 범주로 분류하였다.

- 시간을 가리킬 때(1)
- 예를 제시할 때(2, 7)(학생들은 *such as*는 알겠지만 *such*+명사+*as* 같은 패턴은 모를 것이다)

- 유사하거나 같은 의미(8, 9, 그리고 아마도 6?)
- *suggested, acts, considered, expressed*와 같은 동사 뒤에서 (마찬가지로 유사성을 표현한다)
- 이유를 표현할 때(12)
- 남은 구: *as a result*

그런 다음, 범주 각각에 대해 교사들이 이전에 본 적이 있는 예들을 더 많이 들어보라고 하였다. 교사들은 *came up with phrases functioned as, as you know, As a child, I lived in*…과 같은 구들을 생각해 냈다.

교사들은 자신들이 작성한 범주가 사전의 범주와 유사한지, 그리고 도움이 될 만한 예를 더 찾아보기 위해 사전을 참조하고 싶다고 했다. 교사들은 그룹으로 나누어 사전을 검색한 후 서로 유용하다고 생각되는 구들을 진술하였다. 그들은 특히 *saving as little as £10 per week, as a consequence of* …와 같은 구와, *as things stand, as it turned out*과 같은 일상어적인 색채가 강한 구를 선호하였다.

이 용례색인에 *as*의 두 가지 범주-*as if* 구와 *as X as* 패턴-가 없다는 점이 눈에 띄었다. 어쩌면 단순히 이 표현들이 학문적 텍스트 장르에서는 많이 나타나지 않기 때문일 수도 있다-실제로 그런지 알아보기 위해 더 큰 샘플을 조사해 보는 것도 흥미로울 것이다.

지금까지 이 활동에는 *as*를 포함하는 구의 반복(암기 학습을 선호하는 학습자에게 도움이 된다)과 *as*가 가진 의미와 기능, 용법들에 대한 토론(인지적 접근을 선호하는 학습자에게 도움이 된다)이 관련되었다. 이 활동은 모두 과제에 참여한 교사와 학생들이 그러한 표현들(여기에서는 *as*)을 언제, 어떻게 사용하는가에 대한 이해를 넓혀 주었다. 아울러 *as* 외에도, 다른 많은 유용한 단어와 구에도 초점을 두었다.

용례색인이 가진 중요한 효과는, 언어를 보다 객관적으로 볼 수 있게 해 준다는 점이다. 언어학적 풍경의 작은 스냅사진과 같다고 할 수 있다. 익숙한 풍경 사진을 보고 있을 때 가끔 이전에는 깨닫지 못했던 것들을 알아차리듯이, 익숙한 환경에서 추출한 용례색인은 새로운 것들을 더 잘 발견할 수 있도록 해 준다.

이 새로운 것들이 중심 단어와만 관련있는 것은 아니다. 그렇기 때문에 학습자가 분석적 사고를 가지고 용례색인을 보기 시작했다면 학습 범위를 확장하는 것도 도움이 된다. 이 세션에서는 마지막 보충 활동으로 관심의 초점을 이동하여 중심 단어인 *as*에서 외부로 확장하였고, 칠판의 용례색인에 있는 다른 단어와 구까지 조사하여 어떤 유용한 문법적 통찰을 얻을 수 있는지를 살펴보았다. 이 활동이 2~3분 정도로 끝날 것이라고 생각했지만, 매우 큰 성과가 있었음을 알 수 있었다. 10분 정도가 경과한 후, 칠판은 〈그림 3.3〉처럼 되었다.

〈그림 3.3〉

```
Maintenance costs are decreased proportionately as productivity rises
    complex activity which includes such actions as the search for food
of blood constituents have been suggested as possible signals including
    ... which receives signals from the body as a result of consumption of food
some agent associated with energy storage acts as a signal fot the long term ...
    that signals are received directly from the crop as is explained later.
            A variety of aromatic substances such as dill, aniseed, coriander and ...
intake and energy requirement suggests that, as with energy, intake should vary
    to environment temperature in the same way as monogastric animal, in that
            This can be considered as an aspect of energy balance in
            Digestibility here is expressed as the coefficient for food energy
    appears to be relatively unimportant in grazing as animals will graze in the dark
```

위의 명사 그룹(〈그림 3.3〉에서 밑줄 친 부분)은 명사+명사로 구성된 그룹과 형용사+명사로 구성된 그룹으로 더 세분될 수 있을 것이다.

maintenance costs	complex activity
blood constituents	possible signals
energy storage	aromatic substances
food intake	environmental temperature
energy requirement	monogastric animals
food energy	energy balance

세분화한 후 참가자들은 텍스트로 다시 돌아가서 명사+명사로 된 구가 더 있는지를 조사하여 *body weight, production costs, control centres, blood glucose, heat increment*를 찾아냈다. 참가자들은 또 용례색인에서 이 구가 포함된 문맥들을 확인하기도 하였다-언어 경험을 보다 심화하였다. 명사+명사 구의 구조와 의미를 파악하고 탐구하는 연습은 다양한 종류의 텍스트에서 ESP 주제 어휘의 사용에 초점을 두는 좋은 방법이다. 명사구가 더 길고 복잡한 경우도 있다-의료와 비즈니스 관련 텍스트의 예를 살펴보라. 명사구는 신문의 헤드라인에도 자주 등장한다-헤드라인 *Christmas Toy Trip Border Wrangle*가 무슨 뜻인지 생각해 보라.

참가자들은 그 자체로는 농업 전문 용어가 아니지만 학문적 글쓰기에서 자주 나타나는 동사와 동사구(〈그림 3.3〉의 점선 부분)에 대해서도 언급하였다. 여기에는 *includes* ···, *have been suggested as* ···, *acts as* ···, *suggests that* ···, *can be considered as* ···, *appears to be* ···가 포함된다.

초점을 둘 만한 다른 특징들에는 다음과 같은 것이 있다.

- *aspect, variety, substances, signals, result, way, balance* 등의 일반명사(〈그림 3.3〉에 동그라미 쳐진 부분). 이 단어들은 그 자체로는 특별한 의미가 없고, *energy balance*처럼 앞이나 *signals from the body, result of consumption of food*와 같이 뒷부분에 추가적인 설명이 필요하다.

- 동사 어미가 -ed로 끝나는 구: *are decreased, have been suggested as* …, *associated with* …. 이 구는 구조적으로는 수동이나 형용사적 용법으로, 의미론적으로는 주제 전문용어와 학술 담화 용어로 더 세 분화할 수 있다.
- 동사에서 파생된 명사: *maintenance, storage, consumption, digestibility, requirement.*
- 명사에서 파생된 형용사: *aromatic, environmental.*

그래서 교실에서 구축한 용례색인을 출발점으로 해서 이 세션에서는 *as*와 관련된 의미와 사용, 패턴, 그리고 용례색인에서 우연히 포착된 해당 텍스트 장르에서 전형적으로 나타나는 많은 다른 특징들에 대해 탐색하도록 자극하였다. 이 분석 활동들은 어떤 텍스트에도 적용할 수 있을 만큼 일반적이기 때문에 미리 준비해야 할 것도 그다지 많지 않다. 학습할 단어를 결정한 다음, 그 단어의 사전 표제항을 한번 훑어보는 것만으로도 충분하다. 이러한 세션들은 의문이 생기거나 더 많은 예문이 필요할 경우 사전의 도움을 받을 수도 있다.

활동 요약

용례색인 구축하기

- 핵심어가 포함된 문맥항을 확인한 후 핵심어를 중간 위치에 오게 해서 그것을 옮겨 적는다(칠판, 벽면 포스트, OHP 필름). 시간을 절약하기 위해 숙제로 대신할 수도 있다.

분석하기

- 핵심어가 포함된 구의 경계를 확인한다.
- 구를 의미나 사용, 패턴 또는 문법 범주에 따라 분류한다.

- 학생들은 자신이 발견하였거나 분류한 예와 유사한 다른 예를 생각해 낸다.

확장과 강화

- 사전을 이용하여 핵심어가 사용되는 특정 영역이나 용법(용례색인 상에서 나타나는 사용에 집중)을 강화하고 그 결과를 공유한다.
- 공책에 필요한 구와 용례를 기록한다.
- 용례색인에서 나타나는 다른 특징들을 조사하고, 원본 텍스트에서 더 많은 예를 찾고, 유용한 항목의 예를 기록한다.

첫 번째 샘플 세션에서는 임의의 텍스트와 최소의 교사 지도만으로 행할 수 있는 매우 일반적인 개방형 분석 활동을 예시했다. 다음 샘플 세션에서는 교사가 미리 준비한 단어의 의미와 사용 범주에 기초한 보다 구체적인 분석 활동을 예시한다. 그렇다 하더라도 용례색인은 여전히 학생들이 작성한다.

3.5.2 샘플 세션 2: 자발적 구어 내러티브 내의 실질어를 중심으로

이 세션의 활동들은 아프리카 게임 파크에서 일어난 사건을 다룬 단원을 학습한 적이 있는 중급 과정의 학생 20명이 작성한 용례색인에 기초하였다. 녹음 자료에는 부주의로 공원에 풀린 표범과 마주친 한 가족에 대한 인터뷰와 이야기가 포함되어 있었다. 필자는 우선 지문을 재빨리 훑어 읽고 상당히 높은 빈도로 출현하는 단어 10개를 선정하였다-*at, had, I, in , of, one, so, that/that's, this, what/what's.*

이 단어들은 구어 빈도 목록에서 모두 상당히 높은 순위에 속한 것들이었다-대부분이 50어 레벨 이상이었다. 학생들은 과제를 완수하기 위해 스토리와 인터뷰를 수차례 듣는 과제 기반 활동을 두세 차례 수행하였다. 그런 다음, 선택한 단어들을 학생 두 명에게 각각 할당하였고, 학생들은 숙제로 자신에게 할당된 단어의 예를 찾으면서 다시 한 번 스크립트를 읽었다. 학생들은 OHP에 할당된 단어의 용례색인을 작성한 후 수업 하루 전날 필자에게 제출하였다. 이를 통해 다양한 종류의 의식 고양 활동을 고안할 시간을 벌 수 있었다. 예를 들어 *one* 등의 단어를 가지고 사전을 이용하여 단어의 범주를 확인하고 기술하였다. 필자는 OHP의 하단부에 지시사항을 적은 후 나중에 사용하기 위해 복사본을 만들었다. 10개의 용례색인 중 3개를 〈그림 3.4〉와 〈그림 3.5, 3.6〉에 제시하였다.

〈그림 3.4〉

son. He was just, on, I think about one at the time
And we er- I forget exactly where we went
This is an important detail. I have to make it clear.
first night we were there as I describe we went to
easily scared away. So, I got out of bed,
and the roof. So I lit a hurricane lamp
as the animal came by, I switched the hurricane
And er eventually and I don't exaggerate

〈그림 3.5〉

But erm - on **this** occasion er, we went to Tsavo
connect with the ceiling. **This** is an important detail. I have
maybe kill - In fact **this** tig - this leopard that erm, we
In fact - this tig - **this** leopard that erm, we escaped
I don't exaggerate at **this** point - it started looking in at the
How old was your son at **this** time? He was just one.
So, **this** one already had its er -
And in the case of **this** one it had been kept in Nairobi

> *Oh, I think about **one** at the time.*
> *Er. So eventually ... **One** of my plans*
> *just a bit less than **one**: Er. So*
> *we were in danger. **One** of my plans*
> *management, you know, if **one** area hasn't got enough*
> *and they mixed up **one** that had misbehaved*
> *they thought it was just **one** that they were*
> *they were moving from **one** area to another*
> *so this **one** already had its*
> *In the case of this **one**, it had been kept*

- 〈그림 3.4〉에서, 단어 *I*를 포함하고 있는 동사구를 보라. 이 동사구들을 2개의 범주-실제로 스토리를 진술하고 행동으로 나아가는 것(예: *I got out of bed*)과 그렇지 않은 것(예: *I think*)으로 나눌 수 있는가? 두 번째 그룹의 동사를 분류할 수 있는 방법을 찾아보라.

- 〈그림 3.5〉에서, 표범을 지칭하는 *this*의 예 4개를 찾아라.

- *this*가 포함된 구 네 개를 더 찾아보라. 어느 것이 실제 스토리의 사건을 가리키고 어느 것이 담화 자체를 가리키는가(즉, 실제 스토리가 아니다)?

- 유용하다고 생각하는 *this*를 포함한 구 3개를 선택하라. 그런 다음 서로 이야기해 보라.

- 〈그림 3.6〉에서, *one*이 아들의 나이를 가리키는 예 4~5개를 찾아보라.

- *one*이 둘(혹은 그 이상) 중 하나를 가리키는 예를 4~5개 찾아보라.

- *one*이 표범을 가리키는 예 4개를 찾아보라.

- *one*이 청크의 일부인 구 4개를 찾아보라.

- *one* 뒤에는 전형적으로 어떤 단어가 온다고 생각하는가?(여기서는 2개가 있다.)

• *one*을 복수형(*ones*)으로 만들 수 있는 한 가지 예는 어느 것인가?

학급은 일련의 활동을 짝을 이루어 상당히 빠르게 진행하였고, 다음 단계로 넘어가기 전에 각 과제를 학급 전체에서 토론하였다. 학생들은 각 단어에서 얻은 통찰과 유용하다고 생각하는 구를 필기하였다.

*I*와 *this*가 포함된 첫 두 과제의 경우, 자발적 발화의 본질에 대한 몇 가지 통찰을 얻었다-자발적 발화에는 스토리를 직접 언급하는 대화가 아니라 담화 자체와 관련된, 예를 들어 어떤 사실을 강조하거나(*I don't exaggerate at this point*) 모호하게 표현하는 대화가 많았다(*I forget exactly where*).

유용한 기본 어휘구를 많이 발견하였고 또 연습하였다: *in the case of this one ; I have to make it clear that* ⋯ *; and all the rest of it*과 같이 *of*가 포함된 구. *in*에 초점을 두었을 때 학습자들은 몇 개의 '새로운 (new)' 구를 발견하였다: *in an attempt to* ⋯, *in the (mistaken) belief that* ⋯. 일부 유용한 구는 용례색인의 한 곳 이상에서 출현하였고, 이 표현들 역시 여러 번 강조되었다.

언어 분석 활동의 이점 요약

샘플1과 샘플2에서 빈도가 높은 단어에 대해 용례색인을 활용함으로써 학습자들은 다음을 할 수 있었다.

- 단어의 잠재적 의미와 사용에 대해 알게 된다.
- 자신들이 사용할지도 모르는 유용한 구와 전형적인 연어를 식별할 수 있다.
- 구어 및 문어 담화의 구조와 본질에 대한 통찰을 얻을 수 있다.
- 어떤 언어 특징은 텍스트 유형에 따라 더 전형적이거나 덜 전형적이라는 것을 이해할 수 있게 된다.

초급 학습자나 초급에 가까운 학습자를 대상으로 이러한 활동을 실행하기는 어렵다고 생각하는 사람들도 있다. 그러나 학습자 레벨에 관계없이 언어를 비판적으로 보도록 장려하는 것은 늘 도움이 된다. 그리고 다음 절에서 보게 되겠지만, 초급 학습자들을 대상으로 한 이러한 활동을 고안하는 것도 가능하다.

3.5.3 샘플 세션 3: 초급 학습자― *that*을 중심으로

초급 학습자는 당연히 영어에 대해 상당히 제한적인 경험을 가지고 있을 것이기 때문에, 텍스트와 스크립트를 이용해 구축한 교육용 말뭉치의 사이즈도 작고, 텍스트와 녹음의 길이도 더 짧고 간결할 것이다. 그렇다 하더라도 여기에도 여전히 상당한 비율의 단어들이 포함되어 있을 것이다. 초급 학습자의 경우 단어와 구를 효율적으로 활용할 수 있는 레퍼토리를 구축할 필요가 있다. 일부 단어와 구는 처음에는 고정된 덩이(청크)-문법적으로 분해하지 않고 그냥 암기하면 되는 구-로 기억될 수도 있다. 그러나 그러한 구 내부에서 실질어의 기능을 알아차리게 될 때 학습자들은 언어가 작동하는 방식에 대한 통찰을 갖게 되기 시작할 것이고, 학습자 스스로가 청크를 생성하는 방법을 알게 하는 데도 도움이 된다(Batstone 1994, N. Ellis 2003, Skehan 1994 참조).

초급 학습자에게 완전한 용례색인을 만들게 하기보다는(쓸데없거나 부수적인 자질들을 지나치게 많이 넣을 수 있다) 핵심어가 포함된 구나 청크를 식별하고 나열하게만 할 수 있다. 수업 초기, 초급 학습자들은 우선은 자기 나라에서 흔히 사용되는 영어 단어(예: *football, hotel, disco*)를 브레인스토밍하는 수준의 교사 주도의 과제를 수행했다. 그런 다음, 학습자들은 국제적으로도 알려져 있다고 여겨지는 영어 단어를 열거하는 원어민 화자 4명의 녹음을 들었다. 학습자들은 녹음을 여러 번 주의 깊게 들으면서 자신들이 인지한 단어들을 확인하고, 두 목록에 있는 단어들을 비교한 다음, 자신의 목록에 단어들을 추가하였다. 마지막으로, 언어 초점 활동을 위해 녹음 스크립트를 읽으면서, 먼저 '국제적인 (international)' 단어에 밑줄을 긋고, 다음으로 *that*이 포함된 구에 모두 동그라미를 쳤다.

Taxi? Oh yes, that's a good one.
Picnic. What about that?
Oh yes, that's a good one.
How about that?
Ah, we've done that one!
We've got that, sorry.
Got that!
That's a good one, yes!
Olympics? That's Greek!

학습자들이 유사한 과제를 수행했기 때문에 비슷한 의미를 들었거나 표현하려고 했을 것이고, 그래서 구문들의 의미도 문맥에서 보면 상당히 분명했다. 구문을 식별하고 발음하는 것을 연습한 후 학습자들에게 그 구들을 분류하게 하였다: 예를 들어, *that*으로 시작하는 구, *that*이나 *that one*으로 끝나는 구. 일부 학습자들은 〈그림 3.7〉과 같이 유사한 단어나 패턴끼리 함께 묶는 것을 선호하였다.

〈그림 3.7〉

How about that. What about that.	We've done that one. We've got that. Got that	Oh Yes, that's a good one. That's a good one, yes.

최종 분류는, 학습자가 언어를 조사하여 패턴을 발견하고 발견한 것들을 체계화하는 과정을 이끌어내는 사고 프로세스보다는 실제로 덜 중요하다. *that*을 포함한 구문들은 모두 흔한 구문이고, 교실 의사소통에 있어서도 매우 유용하다. 학습 초기에 이 구문들은 우리가 자연적으로 언어를 습득하는 것과 같은 방식으로 미리 조립된 청크로써 쉽게 학습될 수 있다(N. Ellis 2003).

교사는 이러한 패턴들로부터 새로운 구문을 만드는 법을 학습자에게 선보일 수 있다: *Pizza? That's Italian!*이나 *That's an interesting one.* 구문 중 일부는 *got*이나 *one*와 같은 다른 단어를 배울 때도 자연스럽게 반복될 것이다.

3.5.4 샘플 세션 4: 학습이 부진한 초급 학습자 — 전치사 *in*을 중심으로

이 학습 부진 학급에서는 자신들이 사는 곳에 대한 과제를 몇 개 수행하였고, *Guinness Book of Records*에서 세상에서 가장 크고 가장 작고 가장 비싼 집에 대한 짧은 텍스트 3편을 뽑아서 읽었다. 과제를 읽은 후 학습자들은 텍스트를 다시 읽고 *in*이 포함된 구문을 메모하였다. 분석 활동은 '*in*이 포함된 구문 중에서 장소를 가리키는 것은 무엇이고 시간을 가리키는 것은 무엇인가? 그밖에 남은 구문이 있는가?'를 확인하는 것이었다. 이 세 가지 분류 활동(장소, 시간, 기타)이 모두 전치사와 관련이 있다는 점에 유의하기 바란다.

텍스트에서 찾은 예는 다음과 같다.

Biltmore House in Asheville, USA
built in 1890
the most expensive house in the world
in 1922

a cottage in North Wales

built in the 19th century

the smallest house in Great Britain

위 예문에 사용된 *in*은 모두 장소나 시간을 가리킨다. 그러나 *in*에 대해 보다 포괄적으로 이해할 수 있도록 학습자에게 옛날에 본 텍스트나 녹음 스크립트에서 더 많은 예들을 찾아 분류하도록 하였다.

Bridget lives in a small top floor flat in London

In fact there are more men in your family

Which room were these people in?

Come in!

Do you know the names of the letters in English?

Do this in groups.

위 예에서, *in*은 사람 그룹, 언어, *in fact*과 같은 고정구와 함께 사용된다고 추론할 수 있다. 또한 *in*이 문말에 오는 *Will you join in? Hand your books in*과 같은, 부사적 용법으로 쓰인 *in*의 예(대부분의 다른 언어에는 매우 드문 현상이다)를 학습자들이 찾아보는 것도 흥미로울 것이다.

범주가 제공되는 이러한 종류의 언어 분석 활동은 읽을 줄만 안다면 어린 학습자들도 충분히 가능하다. 아이들에게 친숙한 이야기책에서 *in*과 함께 사용된 구를 찾아서 그것을 읽도록 하거나 목록을 만들게 한 다음, 그것이 장소를 가리키는지, 아니면 시간이나 다른 어떤 것을 가리키는지 결정하도록 할 수 있다. 교사는 아이들이 시작할 수 있게끔 각각의 스토리에서 하나의 예를 찾아 주거나 읽어 주는 것만으로도 충분하다.

구를 큰 소리로 따라 읽는 것도 유용한 연습이다; 구문을 분류하는 과정을 통해 학습자들은 전형적인 패턴을 더 잘 인식할 수 있게 되고 암기도 더 쉽게 할 수 있다.

다음 세션에서는 현재 수업에서 사용 중인 텍스트로 분석 활동을 시작한 다음, 이전 수업에서 사용한 적 있는 익숙한 구어/문어 텍스트로 돌아가는 방법에 대해 살펴본다. 보다 많은 예를 검색하는 이 과제는 목표 단어 사용에 더 많은 상황을 제공하며, 이전 텍스트를 재활용할 수 있다는 부가적인 이점을 가진다. 다시 말해, 이 검색 활동은 학습자들이 지금까지 다루어 온 교육용 말뭉치를 충분히 활용할 수 있으며, 컴퓨터로 구축한 말뭉치 없이는 하기 힘든 활동이다.

3.5.5 샘플 세션 5: 수업 교재에 기초한 복습 활동-중급 학습자를 대상으로

여기에서는 이미 다룬 적이 있는 텍스트를 활용하여 학습자가 그 텍스트를 반복하고 다시 읽도록 하는 방법 두 가지를 소개한다. 먼저, 학습자들을 반으로 나눈 후 각 학생에 한 단어, 혹은 각 쌍에 두 단어를 제공한다. 그리고 학생들에게 지금까지 사용한 텍스트와 프린트물에서 각 단어의 용례색인을 (가능하면 OHP에) 만들게 한다. 그런 다음, 학생들은 용례색인에서 자신들이 발견한 단어와 단어의 다른 특징들에 대해 전문가가 되고, 다음 수업에서 할 분석 활동을 설정한다(이 활동들은 돌려볼 수 있도록 워크시트로 작성할 수도 있고 벽에 전시할 수도 있다).

대안으로, 학생들이 용례색인의 중심 단어 부분을 빈칸으로 처리하여 다른 학생들이 그 단어를 추측할 수 있게 할 수도 있다.

〈그림 3.8〉에서 하나를 해 보자. 이 용례색인은 유명한 중급 교재에서 발췌한 것이다. 종이로 문맥항들을 가린 다음 문맥항을 하나씩 읽어 보라. 누락된 단어가 무엇인지 확신하기 전에 몇 줄을 읽어야 하는가? 이 활동은 가능한 한 문맥항이 추측이 어렵도록 순서를 정하면 효과가 더

좋다-그렇게 하면 학습자들이 무엇이 전형적이고 무엇이 덜 보편적인지 더 열심히 생각하게 된다.

세션 1에서 설명한 활동에서보다 이 활동에서 목표 단어가 훨씬 더 많이 사용되는 것을 알 수 있는데, 아마 단어들을 훨씬 더 다양한 텍스트에서 뽑았기 때문일 것이다.

〈그림 3.8〉

```
            I suddenly thought of it - eating an animal
              easier to imagine them - whole animals
        that's because I see rabbits - pets
                  It seems to me - if they can't make up their minds
            I want a kitten - I'd like its purring
                    It's not - if the animals are tortured or anything
     imitating meat which is nearly - bad as having the real thing
        Saturday I buy some cheese - a treat
                  him to the funeral. - they went along the road, they passed
  from a button phobia for as long - she could remember
      green leafy vegetables such - spinach, cabbage or lettuce
       cutting down on food such - hamburgers and sausages
```

같은 방법으로, 학생들은 스스로 시험 문제를 만들 수도 있다. 학생들은 (각각 할당된 단어에 대한 용례색인을 가지고) 교사가 보관하게 될 '시험 문제 은행(test item bank)'에 제공할 3~4개의 클로즈 문항(cloze items)[11] 세트를 선택한다-나중에 교사들은 이 문제 은행에서 문항을 뽑아 시험 문제를 만들 수도 있다. 이 활동을 통해 학습자는 수정과 복습의 동기뿐만 아니라 책임감도 가지게 되고, 그 결과 목표 언어에 대한 더 깊은 경험을 얻을 수 있다. 위 두 활동은 지금까지 다룬 교육용 말뭉치 전체를 이용할 수 있다.

---

11) [역자주] 규칙빈칸채우기 테스트로 부르기도 한다. 읽기 이해와 종합적인 언어 숙달도를 측정하기 위한 기법으로, 읽기 지문에서 규칙적인 간격으로 단어들을 삭제하여 만든다.

3.6 유형에 따른 용례색인 세션 요약

앞선 세션 1에서는 영어에서 가장 평이한 단어 하나에 초점을 둔 분석을 필두로, 용례색인의 분석에 기초한 5개의 교실 세션을 살펴보았다. 여기에서 사용된 단어들은 모두 교사가 선택하였지만, 학생들은 스스로가 해당 단어가 포함된 구의 예를 찾아 그것들을 모두 용례색인으로 작성하여야 했다.

세션 1은 세션 자체가 용례색인의 작성에 있었고 교사의 도움을 거의 받지 않고 학생들 스스로가 분석 활동을 행하였다.

세션 2에서는 교사가 용례색인을 사전에 검토하여 단어별 사용 범주에 기초하여 각 단어에 맞는 특별한 분석 활동을 설정할 수 있도록 학생들로 하여금 미리 용례색인을 작성하게 하였다.

세션 3에서는 초급 학습자는 자연스러운 발화 녹음의 전사물에서 구문을 뽑아내어 발음 연습을 하고, 구문을 두 가지 방식으로 분류하는 활동을 하였다.

세션 4에서 보충 학습을 하는 초급 학습자들은 모든 전치사(시간, 장소, 기타)에 일반적으로 사용할 수 있는 범주를 이용하여 *in*이 사용된 구문을 식별하고 분류하는 활동을 하였다. 먼저 학습자들은 학습 중인 텍스트로 먼저 활동한 다음, 앞으로 돌아가 그 이전에 학습한 텍스트에서 추출한 예들을 연습하였다. 다시 말해, 학습자들은 자신들의 교육용 말뭉치에 이미 출현한 예들을 충분히 연습하였다.

마지막 세션에서는 중급 학습자를 대상으로 한 복습 수업을 위해 학습자들이 사전에 준비한 교재 텍스트와 녹음에서 추출한 용례색인에 일부 단어를 빈칸 처리하는 방법을 살펴보았다. 이 활동은 농업 텍스트에 사용된 *as*에 초점을 둔 첫 번째 샘플 세션에서 얻은 *as*와는 약간 다른 그림을 보여준다. 즉, 동일한 단어에 초점을 두되 두 번째(혹은 세 번째)는 다른 데이터를 사용하면 그 단어와 그 단어의 전형적인 구문의 사용에 많은 새로운 통찰을 제공하며, 해당 텍스트 장르의 전형적인 다른 특징에 대한 연구로 이어질 수 있음을 보여준다.

언어에 대한 의문점은 초점을 두고 있는 실제 단어의 의미와 사용, 패턴의 범위에 따라 다양하겠지만, 경험상 여기에서 제시한 기법들은 텍스트의 종류와 관계없이 모든 용례색인에 적용할 수 있다.

3.7 프로세스 향상/강화하기

본절에서는 직접 작성한 용례색인을 생성하고 활용하는 프로세스를 체계화, 시스템화, 다양화할 수 있는 방법에 대해 살펴본다.

3.7.1 용례색인용 단어 선택하기

- 일단 빈도 목록에 익숙해지면 텍스트를 스캔해서 적합한 단어를 선택하는 것이 더 쉽다는 것을 알게 될 것이다. 빈도 상위 50어 정도에서 뽑은 단어들이 일반적으로 가장 효과가 있다는 것을 알게 될 것이다. 하지만 빈도 목록 밖의 단어들도 살펴보라.
- 만약 ESP를 가르치고 있다면, 전문 분야에 관한 빈도 목록을 구하라.
- 고빈도 단어를 가능한 한 많이 다루도록 노력하라; 일부 단어는 다른 텍스트 유형에서도 여러 번 초점을 둘 수 있고, 학습자들은 계속해서 새로운 발견을 할 수 있다.
- 다룬 적이 있는 단어들을 그 의미, 용법과 함께 기록하라. 가장 좋은 방법은 빈도 목록을 인쇄하거나 복사해서 시간 간격을 두고 체크리스트로 활용하는 것이다; 단어 옆에 의미와 패턴, 그리고 그 단어를 다룬 날짜를 추가한다. 그렇게 하면 시간 간격을 확인하기가 용이하

기 때문에 사후 어휘 실라버스를 작성하고 균형있는 적용범위 (coverage)[12]를 보장할 수 있다.

- 동일한 교육용 말뭉치를 활용하여 다른 클래스에서도 사용할 수 있도록 용례색인과 활동의 복사본을 만들어 두어라. 복사본은 시험 문항을 개발하는 데 이용할 수도 있다.

컴퓨터와 예를 들어, AntConc, AWL Highlighter, WebCONC, Web Concordancer, WordSmith 등의 말뭉치 소프트웨어(자세한 내용은 제2장의 Appendix 참조)를 사용할 수 있다면, 개인 소유의 교육용 말뭉치를 탑재할 수 있다(학습자에게 부탁을 해도 된다). 고빈도 구문을 확인할 수 있는 용례검색 프로그램을 조사해 보라(예: 2~6단어의 'n-그램')

용례검색기는 개별 텍스트나 텍스트 그룹에 대한 빈도 목록을 생성할 수 있기 때문에 그것을 이용하여 학생들이 초점을 두고 있는 텍스트에서 단어나 구를 선택하는 데 도움이 된다. 다른 방법으로는 그냥 용례색인을 프린트해서 분석하고 분류할 수도 있다.

3.7.2 초점을 둘 항목과 프로세스를 다양화하기

다음 사항들을 달리할 수 있다.

- 한 세션에서 중점을 두고 다룰 단어의 수
- 조사할 텍스트의 수: 현재 사용 중인 텍스트, 최근에 사용한 텍스트나 현재까지 다룬 전체 교육용 말뭉치

---

12) [역자주] 한 단어가 얼마나 다양한 텍스트 장르에서 출현하는가를 나타내는 정도로, 언어 교수를 위한 언어 항목을 선택하는 데 이용되는 한 가지 원리이다. 넓은 적용범위를 가진 항목이 언어 학습자에게 가장 유용한 것은 당연하다.

- 텍스트 유형: 구어, 문어 또는 둘 다
- 각 세션에 중점을 두는 단어의 유형: (전치사, 접속 표현, 부사 등) 또는 단어의 일부(*-ing, -ed, -ly, -s, -er, -est*)
- 학생들을 그룹화하기: 예를 들어 전체 학급이 (다양한 텍스트로부터) 한 단어를 수집하거나, 그룹별로 서로 다른 단어를 책임지거나, 당번제로 각 학생이 매주 다른 단어를 책임진다.
- 제시 방법: 벽 주위에 '단어 시트'를 붙이거나-더 많은 텍스트를 커버할 수 있도록 한 단어에 한 장씩(범주를 작성할 수도 있음)-혹은 OHP로 전체 학급에 제시할 수 있도록 한다.
- 시기: 수업이나 수업 전에 용례색인을 작성한다.
- 용례색인에 설정된 분석 활동: 주어진 범주가 있거나 범주가 정해지지 않은 일반적, 혹은 특수한 분석 활동(위 세션 1과 2 참조)에 대해 설정된 분석 활동 (더 많은 유형의 의식 고양 활동은 Willis 1990, 2003 참조.)
- 확장 및 강화: 사전과 문법서를 참고하거나/참고하지 않을 수 있다; 학생들에게 자신만의 구문 책이나 사전을 작성하고/또는 읽은 책 이외에서, 혹은 목표 언어와 추가적인 접촉을 통해 더 많은 예를 찾게 한다.
- 테스트 활동: 예를 들어, 배운 텍스트에서 공통 단어를 섞어 놓은 용례색인에 빈칸을 두는 방법; 학생이나 교사가 선택하거나 학급이 작성한 문제 은행에서 임의로 뽑은 색인에 빈칸을 두는 방법

3.8 교육용 말뭉치에서 균형 실라버스까지

학습자의 교육용 말뭉치를 구성하는 데이터가 '실생활' 상황에서 목표 담화 커뮤니티에서 사용될 것 같은 언어의 전형적인 표본이 되는 것

은 필수적이다. 만약 교과서에서 가져온 일부 텍스트와 녹음에 사용된 언어가 지나치게 단순화되거나 부자연스러운 경우(예: 하나의 특정 문법 구조를 설명하기 위해 작성됨), 이것들을 제외하고 대신 학습자의 교육용 말뭉치가 균형을 유지하도록 사용 중인 교재 텍스트에 실제적인 읽기 자료와 듣기 자료를 추가할 필요가 있다.

그러나 보충 자료를 선택하는 교사들은 어떻게 이 자료들이 학생들이 필요로 하는 언어 자질, 단어, 의미, 패턴, 사용에 대해 완전하고 균형 잡힌 범위를 제공한다고 확신할 수 있을까? 교재 개발자는 자신이 작성한 교재가 언어의 대표적인 샘플을 제공한다고 어떻게 확신할 수 있는가? 만약 일반 목적을 위한 구어 영어를 계획하고 있다면, 사용 중인 녹음 자료가 균형 있는 구어 영어를 제공하고 있다고 어떻게 담보할 수 있을까?

교육용 말뭉치는 필요상 상당히 작을 수밖에 없기 때문에 어떤 원칙에 입각해 선택될 필요가 있다. 예를 들어, 일반 목적의 영어를 가르친다면, 계획되고 편집된 구어 독백(예: 라디오 다큐멘터리, 준비된 인터뷰)이나 순수한 거래적 대화에 강조점을 두어서는 안 된다. 발화 교대, 주제 전환이 자유롭고 상대적으로 예측 불가능하게 일어나는 즉시적 구어 상호작용을 훼손하면서까지 (접근하기 쉽다는 이유로) 이런 종류의 데이터를 너무 많이 포함시킬 위험이 있다(제4장 Ronald Carter, Rebecca Hughes and Michael McCarthy 참조).

이상적으로는 학습자가 필요로 할 언어 유형을 대표하는 보다 큰 연구용 말뭉치에서 얻은 정보가 필요하다. (구어-문어, 일반용-전문가용 관계없이) 대규모 말뭉치는 단어 형식의 빈도와 전형적 패턴, 사용에 대한 정보를 제공해 줄 수 있다. 규모가 큰 말뭉치에서 얻은 체크리스트가 있어야만 다음 단계로 이러한 단어의 패턴과 사용을 반영하는 교육용 말뭉치를 작성할 수 있다—목표 언어의 '축소판(microcosm)'. 그런 다음, 교육용 말뭉치를 컴퓨터에 탑재해서 분석한다면 빈도 목록끼리 비교할 수도 있고, 말하자면 가장 빈도가 높은 2,000~3,000 단어의 전형적인 예 (연구용 말뭉치에서도 확인된)를 용례색인에서 선택할 수 있다. 누락된 단어나 단어 사용을 발견한 경우에는 그 공백을 메우기 위해 녹음/텍스트, 연습 문제를 추가적으로 선택할 수 있다. 교육용 말뭉치와 연구용 말뭉치 간에 100% 일치하는 목록을 얻는 것은 불가능할 것이다. 하지만 원리에 입각한 말뭉치 설계 접근법은 텍스트와 초점을 둘 문법 항목을 무작위로 선택하는 접근법보다 학생들이 필요로 하는 언어를 다룰 가능성이 더 높다. 실라버스 설계 프로세스에 대한 보다 자세한 내용은 Willis and Willis(2007: 187-98)을 참조하기 바란다.

학습자가 목표로 하는 담화가 아주 한정적이고 잘 정의된 영역이 아닌 한, 대부분의 언어 교사 및 코스 설계자가 특정 그룹의 학습자를 위한 연구용 말뭉치를 스스로 구축하는 것은 거의 불가능에 가깝다. 그러나 이미 빈도 목록과 함께 다양한 전문 용어 말뭉치가 구축되어 있고(제2장 Appendix 참조) 향후 몇 년 동안 더 많은 말뭉치가 일반 공개될 것이다. 그러나 연구용 말뭉치의 컴퓨터 분석을 통해 얻은 통찰이 없어도 학습자 자신의 교육용 말뭉치, 즉 자신의 목표 언어 요구를 최대한 반영하는 말뭉치를 구축하는 것은 목표로 할 수 있다.

가장 빈도가 높은 단어, 의미, 그리고 패턴은 학습자에게 분명 가장 유용할 것이며 목표 담화를 가장 효율적으로 다룰 것이다. 그러나 빈도 기준 이외에도 학습가능성과 학습자의 즉각적인 관심사와 같은 요소들도 고려할 필요가 있다. 따라서 실라버스에는 두 언어 간 유사한 단어, 학생들이 동기화될 수 있는 주제 분야와 텍스트 유형(예: 스포츠, 팝송, 잡지 등)에서 추출한 단어가 포함될 수 있다. 그런 텍스트는 나중에 교육용 말뭉치의 일부가 될 것이고, 의심의 여지없이 단어의 보다 일반적인 사용을 설명하는 데 도움이 될 것이다.

어휘를 확장하고 언어 경험을 확대하기 위해서 학습자가 스스로 더 폭넓게 읽고(그리고 듣고) 교과서 이외의 자료로부터 특정 자질의 예를 더 많이 찾아보도록 해야 하지만, 이것은 어디까지나 개별 학습자의 말뭉치의 일부일 뿐, 다른 학습자에게는 익숙하지 않을 것이기 때문에 용례색인 분석을 위한 교육용 말뭉치의 일부는 되지 못한다.

3.9 결론

필자는 본장에서 적절한 연구용 말뭉치나 컴퓨터를 사용하지 않고 손으로 작성한 용례색인을 이용해서도 학습자들에게 효과적인 학습 기회를 제공할 수 있다는 것을 보여주고자 하였다. 여기에서 예시한 용례색인은 작은 샘플을 가지고도 학습자들은 예를 들어, 학술 텍스트와 구어 내러티브의 본질에 대한 통찰을 얻을 수 있다-모두 작문을 하거나 좀 더 유창하고 자연스럽게 말하고자 하는 학생들에게 유용하다.

연구용 말뭉치에서 추출한 전체 어휘 실라버스는 말하자면 2,000~3,000개의 단어와 그 의미, 패턴 목록으로 구성될 수 있을 것이다. 이 목록은 하나의 체크리스트로 사용될 수 있고, 교사나 교재 작성자가 학습자가 필요로 하는 언어에 대해 훨씬 신뢰할 수 있는 적용 범위를 얻을 수 있다.

그러나 이것은 어디까지나 이상이며, 컴퓨터가 없다면 이 모든 단어의 적절한 예를 교육용 말뭉치를 만들기 위해 선택한 자료에서 찾아서 구축하는 데는 오랜 시간이 걸릴 것이다. 50개 정도의 단어에 초점을 두는 것은 언뜻 효과의 범위가 제한적인 것으로 보일 수도 있다. 그러나 이러한 단어들은 모든 종류의 텍스트에서 매우 빈번하게 출현하며 용법도 아주 다양하기 때문에, 수많은 고정 표현, 준고정 표현, 문법 패턴을 강화해 준다. 이러한 공통 단어들을 '미끼(bait)'로 사용하면 학습자가 갖가지 다양한 다른 유용한 단어와 구, 패턴을 포착하기가 쉽고, 필연적으로 자신의 교육용 말뭉치에 예시된 목표 언어의 새로운 측면에 대한 통찰을 가질 것이다.

분석 활동을 통해 학습자는 텍스트를 보다 엄밀히 처리하고, 자신의 지식을 체계화하고, 수업 밖의 읽기에서도 유사한 예를 발견하려고 노력한다. 학습자가 목표 언어에서 공통 단어의 의미, 사용, 기능에 주목하기 시작하면 용례색인 활동을 통해 두드러진(salient) 언어 항목의 출현을 알아차리고 깊이 생각할 가능성이 높다. 이 프로세서는 학습자의 중간언어 발달로 이어져야 한다. 또한 분석 활동과 의식 고양 절차를 통해 학습자는 자율적으로, 그리고 (특히 학생들이 이미 안다고 생각해서 찾아보려고 하지 않는 단어와 관련하여) 효율적으로 사전을 사용할 수 있게 된다. 또 분석 활동을 통해 연어와 어휘적 구가 중요한 역할을 하며, 언어에는 어휘와 문법 이상의 것이 있다는 것을 깨닫게 된다.

데이터를 가지고 직접 작업하고, 패턴을 검색하고, 실제로 있는 것을 조사하고 기술하는 것은 안전하고 상대적으로 위협적이지 않은 활동이다. 이러한 학습자 중심 활동은 학생들이 자신의 수준, 시간, 그리고 자신의 방식으로 학습할 수 있도록 하기 때문에 다양한 레벨의 학생으로 구성된 수업에서 이상적이다. 또한 교사들에게도 확실한 혜택을 준다. 필자는 언어 분석 활동을 통해 목표 언어에 대한 나 자신의 견해를 알게 되고 풍부해진다는 것을 줄곧 발견했다. 학습자뿐만 아니라 교사들도 언어에 대한 탐색적 접근을 통해 많은 것을 얻을 것이라고 생각한다.

참고 문헌

Batstone, R. 1994. 'Product and process: grammar in the second language classroom'. In M. Bygate, A. Tonkyn and E. Williams(eds.), *Grammar and the Language Teacher*. Hemel Hempstead: Prentice Hall International.

Ellis, N. 2003. 'Constructions, chunking, and connectionism: the emergence of second language structure'. In C. Doughty and M. Long(eds.), *The Handbook of Second Language Acquisition*. Oxford: Blackwell.

Ellis, R. 1991. *Second Language Acquisition and Second Language Pedagogy*. Avon: Multilingual Matters.

_____ 2003. *Task-based Language Teaching and Learning*. Oxford: Oxford University Press.

Johns, T. 1991. 'Should you be persuaded- two samples of data-driven learning materials'. In T. Johns and P. King(eds.), *Classroom Concordancing*, ELR Journal 4. CELS: University of Birmingham.

_____ 2002. 'Data-driven learning: the perpetual challenge'. In B. Kettemann and G. Marko(eds.), *Teaching and Learning by Doing Corpus Analysis*. Amsterdam and New York: Rodopi.

Mauranen, A. 2004. 'Spoken- general: spoken corpus for an ordinary learner'. In J. Sinclair(ed.), *How to Use Corpora in Language Teaching*. Amsterdam: John Benjamins.

O'Keeffe, A., M. McCarthy and R. Carter. 2007. *From Corpus to Classroom*. Cambridge: Cambridge University Press.

Romer, U. 2006. 'Pedagogical applications of corpora: some reflections on the current scope and a wish list for future developments'. *Zeitschrift fur Anglistik und Amerikanistik*, 54(2): 121-34, available at www.uteroemer.com/ZAA 2006 Ute Roemer.pdf

Schmidt, R. 1990. 'The role of consciousness in second language learning'. *Applied Linguistics*, 11 (2): 129-58.

Sinclair, J.(ed.). 2004. *How to Use Corpora in Language Teaching*. Amsterdam: John Benjamins.

Skehan, P. 1994. 'Interlanguage development and task-based learning'. In M. Bygate, A. Tonkyn and E. Williams(eds.), *Grammar and the*

Language Teacher. Hemel Hempstead: Prentice Hall International.

Willis, D. 1990. *The Lexical Syllabus*. Collins Cobuild. Out of print but available free on www.cels.bham.ac.uk/resources/ LexSyll.shtml

2003. Rules, *Patterns and Words: Grammar and Lexis in English Language Teaching*. Cambridge: Cambridge University Press.

Willis, D. and J. Willis. 1996. 'Consciousness-raising activities in the language classroom'. In J. Willis and D. Willis(eds.), *Challenge and Change in Language Teaching*. Oxford: Heinemann ELT. Now available on the authors' website: www.willis-elt.co.uk/books.html

_____ 2007. *Doing Task-based Teaching*. Oxford: Oxford University Press.

Appendix A: 일반 연구용 말뭉치에서 추출한 단어 목록

〈표 3.1〉1억 9,600만어 규모의 The COBUILD Bank of English 문어 말뭉치에서 출현한
최빈어 150개

1	the	11,110,235	51	out	398,444	101	world	170,293
2	of	5,116,374	52	about	393,279	102	get	168,694
3	to	4,871,692	53	so	378,358	103	these	168,486
4	and	4,574,340	54	can	369,280	104	how	167,461
5	a	4,264,651	55	what	359,467	105	down	166,119
6	in	3,609,229	56	no	342,846	106	being	165,168
7	that	1,942,449	57	its	333,261	107	before	165,119
8	is	1,826,742	58	new	324,639	108	much	164,217
9	for	1,716,788	59	two	308,310	109	where	161,691
10	it	1,641,524	60	mr	302,507	110	made	161,595
11	was	1,395,706	61	than	297,385	111	should	159,023
12	on	1,354,064	62	time	293,404	112	off	155,770
13	with	1,262,756	63	some	293,394	113	make	153,978
14	he	1,260,066	64	into	290,931	114	good	153,878
15	I	1,233,584	65	people	289,131	115	still	151,889
16	as	1,096,506	66	now	287,096	116	're	151,359
17	be	1,030,953	67	after	280,710	117	such	150,812
18	at	1,022,321	68	them	279,678	118	day	150,684
19	by	980,610	69	year	272,250	119	know	147,052
20	but	884,610	70	over	266,404	120	through	145,920
21	are	880,318	71	first	265,772	121	say	143,888
22	have	879,595	72	only	260,177	122	president	143,502
23	from	872,792	73	him	259,962	123	don't	142,288

24	his	849,494		74	like	258,874		124	those	142,260
25	you	819,187		75	do	256,863		125	see	141,845
26	they	779,636		76	could	255,010		126	think	140,701
27	this	771,211		77	other	254,620		127	old	140,096
28	not	704,615		78	my	253,585		128	go	137,929
29	has	693,238		79	last	238,932		129	between	137,009
30	had	648,205		80	also	236,350		130	against	136,989
31	an	629,155		81	just	232,389		131	did	135,593
32	we	552,869		82	your	227,200		132	work	131,780
33	will	542,649		83	years	217,074		133	take	131,212
34	said	534,522		84	then	214,274		134	man	130,580
35	their	527,987		85	most	208,894		135	pounds	130,095
36	or	527,919		86	me	206,475		136	too	129,804
37	one	522,291		87	may	198,700		137	long	127,660
38	which	513,286		88	because	196,595		138	own	125,299
39	there	501,951		89	says	193,730		139	life	124,047
40	been	496,696		90	very	189,285		140	going	124,018
41	were	485,024		91	well	188,445		141	today	123,869
42	who	480,651		92	our	186,013		142	right	121,995
43	all	478,695		93	government	184,618		143	home	121,052
44	she	469,709		94	back	184,105		144	week	119,115
45	her	448,175		95	us	182,796		145	here	118,177
46	would	430,566		96	any	180,222		146	another	116,325
47	up	428,457		97	even	178,657		147	while	115,963
48	more	422,111		98	many	173,938		148	under	113,114
49	when	404,674		99	three	173,093		149	London	112,310
50	if	401,086		100	way	172,787		150	million	112,138

〈표 3.2〉 1억 9,600만어 규모의 The COBUILD Bank of English 구어 말뭉치에서 출현한 최빈어 150개

1	the	500,843	51	are	51,775	101	okay	18,757
2	I	463,445	52	got	51,727	102	much	18,567
3	and	367,221	53	don't	51,273	103	didn't	18,521
4	you	359,144	54	oh	51,013	104	thing	18,480
5	it	313,032	55	then	44,372	105	lot	18,453
6	to	308,438	56	were	41,453	106	where	18,440
7	that	284,422	57	had	41,185	107	something	18,134
8	a	273,009	58	very	41,128	108	way	17,895
9	of	242,811	59	she	38,841	109	here	17,819
10	in	187,523	60	get	38,361	110	quite	17,470
11	er	178,464	61	my	38,194	111	come	17,089
12	yeah	155,259	62	people	37,774	112	their	16,892
13	they	135,084	63	when	37,335	113	down	16,678
14	was	133,022	64	because	37,172	114	back	16,505
15	erm	132,836	65	would	35,945	115	has	16,017
16	we	124,928	66	up	35,894	116	place	15,888
17	mm	122,674	67	them	34,766	117	bit	15,520
18	is	113,420	68	go	34,127	118	used	15,267
19	know	111,741	69	now	33,801	119	only	15,159
20	but	100,648	70	from	33,633	120	into	15,094
21	so	91,836	71	really	33,444	121	these	15,064
22	what	89,364	72	your	33,310	122	three	15,059
23	there	88,938	73	me	33,278	123	work	15,005
24	on	88,456	74	going	32,598	124	will	14,939
25	yes	87,211	75	out	32,015	125	her	14,286
26	have	84,294	76	sort	31,555	126	him	14,160
27	he	79,137	77	been	30,405	127	his	14,029

28	for	77,842	78	which	30,334	128	doing	13,921
29	do	77,207	79	see	30,325	129	first	13,273
30	well	75,287	80	did	30,175	130	than	12,998
31	think	74,543	81	say	29,720	131	went	12,842
32	right	74,191	82	two	28,817	132	put	12,692
33	be	66,492	83	an	27,485	133	why	12,653
34	this	65,424	84	who	27,220	134	our	12,610
35	like	63,948	85	how	26,837	135	years	12,437
36	've	63,160	86	some	26,172	136	off	12,393
37	at	62,654	87	name	26,029	137	those	12,248
38	with	61,289	88	time	25,990	138	us	12,245
39	no	60,885	89	'll	25,154	139	course	12,211
40	as	58,871	90	more	24,586	140	mhm	12,112
41	mean	58,825	91	said	23,143	141	isn't	12,060
42	all	58,360	92	'cos	22,345	142	over	11,874
43	're	57,131	93	things	21,982	143	look	11,297
44	or	56,857	94	actually	21,131	144	done	11,247
45	if	56,774	95	good	20,783	145	year	11,224
46	about	56,321	96	other	20,378	146	take	11,190
47	not	56,109	97	want	20,375	147	being	11,153
48	just	55,329	98	by	20,260	148	should	11,007
49	one	55,189	99	could	19,435	149	school	11,001
50	can	53,090	100	any	18,958	150	thought	10,786

Appendix B

이 표는 최빈어로 다룰 수 있는 일반 영어 텍스트의 비율을 보인 것이다. 여기에서 단어는 예를 들어 *have, has, had* 등, 단수형, 복수형 등, 모두 개별 항목으로 계산하였다.

〈표 3.3〉

최빈어 25개가 문어 텍스트의 29%, 구어 텍스트의 29%를 커버한다.		
50	36%	36%
100	42%	46%
500	56%	66%

(출처: Cobuild Bank of English: 1억 9,600만 단어 규모의 문어 말뭉치와 1,500만 단어의 구어 발화 말뭉치를 바탕으로 한 수치)

4

꼬리 말하기:
문법, 구어 및 자료 개발

Ronald Carter, Rebecca Hughes and Michael McCarthy

4.1 들어가기

지금까지 영어, 특히 문법 기술은 대체로 문어에 기반을 두어 왔다. 문어 영어 샘플을 얻기가 쉽기 때문에 이는 어느 정도 불가피한 측면이 있었다. 그러나 그 결과, '정확한 문법'이 '문어로 대표되는 정확한 문법'을 뜻하게 되었고, 표준 영어 화자(표준 영국 영어뿐만 아니라 여러 변이형을 포함)가 만든 지극히 정상적이고 규칙적으로 생성되는 발화가 생략 현상으로 인해 '비문법적'으로 분류되기도 하였다.

그러나 상황이 변해, 현재는 구어 영어의 특성을 보다 정확하게 기술할 수 있게 해 주는 말뭉치가 구축되어, 지금까지와는 달리 영어 학습자들이 보다 다양한 형태와 구조를 더 잘 인식할 수 있게 되었다. 이 장에서는 이러한 말뭉치 하나를 참조하면서, 구어 영어 기술에 있어 진행 중인 작업을 개괄하고 영어 교육, 특히 자료 개발과 관련한 시사점에 대해 논하려고 한다.

여기에서 참조할 CANCODE 말뭉치는, 1995년에서 2010년 사이 케임브리지대학 출판부가 개발한 10억 단어 규모의 Cambridge International Corpus(CIC)의 일부이다. CANCODE 말뭉치는 1995년부터 2002년 사이 노팅엄대학과 케임브리지대학 출판부 간의 공동 연구 프로젝트로 개발되었다(CANCODE는 Cambridge와 Nottingham Corpus of

Discourse의 두문자어이다). CANCODE 말뭉치는 총 500만 단어로 구어 말뭉치로는 상당히 큰 말뭉치이다-1억어 규모가 드물지 않은 문어 말뭉치에 비하면 여전히 작은 수준이다. 하지만 주 목적은, 단순히 규모만 큰 양적 말뭉치 구축이 아니라 질 높은 말뭉치 구축에 있었다(말뭉치의 구조와 구성에 대한 보다 상세한 설명은 McCarthy 1998 참조).

CANCODE 말뭉치의 구축 방식은 특히 문법의 문맥적 기술을 매우 정확히 하였으며, 말뭉치 설계는 언어를 기술함에 있어 담화에 기반한 관점이 주가 되도록 하였다(Hughes and McCarty 1998; McCarty and Carter 1994 참조). 문맥 내에서의 문법 기술이란, 특정 형식을 기술할 때 전형적으로 사용되는 맥락을 고려한다는 것을 의미한다: 예를 들어, ‘*going to*’와 ‘*will*’의 차이는 예측 강도와 관련하기도 하지만 대화가 일어나고 있는 상황의 형식성과 같은, 화자가 대인관계 및 사회적 문맥에 대한 민감성에 따라 선택할 수 있다.

케임브리지와 노팅엄 연구팀은 문어의 문장 기반 문맥과 방송 토크와 같은 격식적인 구어 맥락 이상의, 사용 중인 문법을 보여주는 말뭉치를 수집하였다: 설계 초기부터 다양한 의사소통적 맥락에 따른 문법의 선택을 강조하였을 뿐만 아니라 교사와 학습자의 잠재적 사용까지 고려하였다.

4.2 실제적 대화 대 스크립트 대화

자연 언어와 언어 교육용으로 작성된 언어를 비교해 보면 현저한 차이를 발견할 수 있다. 아래는 실제 호주 영어 데이터에서 가져온 예이다.

텍스트 1: 교과서에서 가져온 스크립트 텍스트

진료 예약하기

(전화가 울린다)

Patient: *Could I make an appointment to see the doctor please?*

Receptionist: *Certainly, who do you usually see?*

Patient: *Dr Cullen.*

Receptionist: *I'm sorry but Dr Cullen has got patients all day. Would Dr Maley do?*

Patient: *Sure.*

Receptionist: *OK then. When would you like to come?*

Patient: *Could I come at four o'clock?*

Receptionist: *Four o'clock? Fine. Could I have your name, please?*

(Nunan and Lockwood 1991)

텍스트 2: 실제적 텍스트

의사와의 진료 약속 확인하기

Receptionist: *Doctor's rooms, can you hold the line for a moment?*

Patient: *Yes.*

Receptionist: *(pause) Thanks.*

Receptionist: *Hello.*

Patient: *Hello.*

Receptionist: *Sorry to keep you waiting.*

Patient: *That's all right um I'm just calling to confirm an appointment with Dr X for the first of October.*

Receptionist: *Oh ⋯*

Patient: *Because it was so far in advance I was told to.*

Receptionist: *I see what you mean, to see if she's going to be in that day.*

Patient: *That's right.*

Receptionist: *Oh we may not know yet.*

Patient: *Oh I see.*

Receptionist: *First of October ⋯ Edith ⋯ yes.*

Patient: *Yes.*

Receptionist: *There she is OK you made one. What's your name?*

Patient: *At nine fift ⋯*

Receptionist: *Got it got it.*

(Burns, Joyce and Gollin 1996)

두 번째 텍스트에는 자연 발생적인 담화로 보이게 하는 특징들이 몇 가지 있다. 예를 들어, 텍스트 2에서 화자들은 서로 끼어들기도 하고 동시에 말하기도 한다. 환자에게 잠시 기다려 달라고 하는 오프닝 교체와 같은 '예측되지 않은' 연쇄뿐만 아니라, 놀람이나 이해할 수 없음을 나타내는 내용 없는 단어(*Oh*)도 있다. 어떤 특정 내용이나 명제를 뜻하기보다는 대화가 원활하게 지속되도록 하는 상호작용적 구(*oh I see ; I see what you mean*)도 있다. 발화가 불완전하거나 다른 화자에 의해 끝마쳐지는 것도 많고, 교과서 담화에서 흔히 볼 수 있는 의례적으로 공손한 끝맺음 전략도 없이 발화가 종료되기도 한다.

반대로, 교과서 언어는 화자-청자 간의 상호작용이 대체로 원활하고 문제가 없는 사회를 대표한다: 화자들은 서로 정중히 협력하고 대화는 깔끔하고 예측가능하다. 발화는 문장만큼이나 완전하며, 상대방 발화에 끼어드는 사람도 없고 동시에 말하는 사람도 없다. 즉, 이 두 텍스트는 서로 다른 현실을 대표하고 있다: 스크립트 텍스트는, 이해하기는 쉽지만 실제 사용 맥락에서 재현될 가능성이 낮은 반면, 비-스크립트 텍스트는 실제적인 영어지만 이해와 산출이 어려우며, 그렇기 때문에 교육적으로 적절하지 않다고 생각될 수 있다.

영어 교육에 있어 언어에서의 교육학적 이슈와 자연스러움에 대한 이슈는 매우 중요하기 때문에 본 장의 마지막 부분에서 다시 다룰 것이다. 우선은 실라버스의 내용과도 관련이 있기 때문에 언어의 일부 특징들과 문법, 특히 구어 영어 말뭉치에서 발견되는 문법의 몇 가지 특징들을 설명할 필요가 있다. 언급한 특징들은 훨씬 더 포괄적인 목록에서 뽑은 것들이며, 추가적인 예는 Carter and McCarthy(2001, 2006)와 McCarthy and Carter(1997)에 제시되어 있다. 교수와 학습, 교재 개발에 있어 가장 도전적인 이슈인 문법의 중심 특징은 기술적이고 교육학적인 관점 하에서 살필 때 가장 잘 설명될 수 있다는 것이 필자의 견해이기 때문에, 다음 절에서는 한 가지 문법 자질을 중점적으로 살펴보고자 한다.

4.3 꼬리란? (*That's just stupid, that*)

설명을 위해 본고에서는 '꼬리(tail)' 구문을 선택하였다. '꼬리' 구문이 CANCODE 말뭉치에서 두드러진 특징 중 하나이기도 하고, 영어의 전통적인 기술 문법에서 적절하게 다루어지지 않았기 때문이다. 꼬리는 거의 구어에만 국한되어 나타나며, 문어에서 출현하는 경우는 문어 텍스트에 구어적 성질임을 표시하기 위해 선택된다. 그렇기 때문에 이 형식은 교사와 학습자에게 사용 중인 구어의 중요한 특징을 배울 기회를 제공하고자 하는 교재 설계자에게는 상당히 도전적인 과제이다.

4.3.1 꼬리: 기본 예

꼬리는 청자에 민감한, 감정 문법의 중요한 한 가지 자질이며, 언어의 비공식적인 사용 문맥에서 자주 나타난다(꼬리에 대한 광범위한 설명은 Aijmer 1989; Biber 등 1999: 1957; Carter and McCarthy 1995; Timmis 2010 참조). 꼬리는, 화자가 태도를 표현하거나 강조를 위해 사용하고, 청자에게 평가와 반복을 제공해 준다: 그리고 아래 예(꼬리는 굵은 글씨로 되어 있다)는 모두 대명사나 구체화 명사(+보조동사), 한정사+명사, 한정사+대명사 형식이며, 일종의 축어적 반복 형태로 나타날 수도 있고, 동사적 반복을 포함할 수도 있다(예는 CANCODE와 개인 데이터에서 가져왔다).

He's a real problem Jeff
It's too hot for me Singapore
She's got a nice personality Jenny has
I'm going to have burger and chips I am
It can make you feel very weak it can flu
It was good that book
It's a really good film that one

반복하지만, 꼬리는 문어 샘플에서는 거의 출현하지 않기 때문에 전통 문법에서는 거의 다루어지거나 설명되지 않았다. Quirk 외(1985: 1362; 1417)에서 일부 특징을 언급하고 있지만 상세하게 다루지는 않았다. Halliday(2004)에서도 어순과 관련한 '부가어(tags)'에 대해서만 상세한 설명을 약간 제공할 뿐이다.

위 꼬리의 예에서 알 수 있듯이, 꼬리는 본질적으로 되풀이되는 특징이 있으며, 미리 계획된 담화라면 응집성을 제공하는 것으로 보여질 것이다. 꼬리가 특히 명사나 동사구, 전방조응적 대명사 형식으로 나타나는 경우에는 청자에게 방향과 강조를 제공한다. 꼬리는 또 명사와 명사를 수반하는 주동사나 보조동사를 되풀이하여 명료화를 강조하기도 한다;

It can make you feel very weak it can flu
He's a real problem is Jeff
She never complains, Sue doesn't

꼬리는 **대인 관계적** 문법으로 기술될 수도 있는 요소 중 하나이다. 그러한 문법에서 '꼬리' 요소는, 청자가 명확하고 '확장된' 메시지를 획득하는 한 청자에 민감한 대인 관계 기능을 제공한다. 그러나 더 중요한 점은, 화자가 감정과 태도 표현을 통해 청자를 관련시키려 한다는 것이다. 강조는 개인적이고 감정적이며, 발화에 포함된 주요 명제에 대한 긍정적이거나 부정적인 평가, 또는 입장을 시사하는 기능을 한다.

여기에서 꼬리는 어떤 종류의, 일탈적이거나 비표준적이거나 지역 방언이 아니라는 점을 강조해 둘 필요가 있다: 꼬리는 표준 영어 방언에서 두루 나타나며 CANCODE 말뭉치에서도 확인한 바처럼, 젠더나 지역, 나이 또는 사회적이거나 지리적인 요인과 관계없이 화자가 광범위하게 사용하고 있으며, 다른 언어에서도 발견된다(독일어와 스페인어 예는 Weinert 2007 참조). 만약 언어 학습자에게 감정과 태도 표현을 더 많이 선택할 수 있게 하고 학습자의 대화 상대가 그러한 표현을 이해할 수 있도록 하기 위해서는 교재 대화문에 꼬리를 적절히 포함해야 하며, 특히 실제적인 구어 담화에 더 많이 노출되는 상급 단계 학습자의 경우에는 보다 광범위한 교육적 틀 안에서 다루어 주는 것이 이상적이다.(언어 학습과 교수, 자료 개발에 있어서 실제성 관련 이슈에 관한 리뷰는 Gilmore 2007, Mishan 2004 참조).

4.4 선택지로서의 문법 패턴과 문법: 약간의 의문점

위의 예를 통해, 구조 규칙으로 꼬리를 분석하고 정교화하기는 비교적 간단해 보인다. 단일 문장이나 발화 내에서는 비문법적 패턴을 지적하기가 어렵지 않다. 예를 들어,

Jenny's a good swimmer she is
*Jenny's a good swimmer she's
She's a good swimmer Jenny is
*She's a good swimmer, Jenny's
?Jenny's a good swimmer Jenny

위 예를 통해 꼬리는 축약 형태로는 사용될 수 없기 때문에 (보조동사 없이) 명사 머리 주어 전체가 반복되는 것은 정상적이지 않다고 추론할 수 있다.

그러나 구조 규칙을 넘어 대인관계적 가치로 넘어가 보면, 아래 꼬리들 간의 의사소통적 차이는 무엇인가? 학습자들은 이 문장들을 구별해서 선택(choices)할 수 있는가? 아니면, 거의 차이가 없기 때문에 중상급 레벨의 담화 문법에서는 무시해도 될 정도인가? 문장을 선택할 때 꼬리가 어느 정도까지 영향을 미치며, 문법에서 꼬리는 어떤 종류의 선택을 제공하는가?

She's a good swimmer Jenny is
She's a good swimmer is Jenny
She's a good swimmer Jenny

분명 꼬리를 사용하면 발화가 구어이며 상호작용적이라는 것을 표시

할 수 있지만, 다음 예문에서 선택의 정확한 본질을 이해하기는 더 어렵다. 아니면 두 예문은 단지 구어와 문어 형식 간의 선택 차이일 뿐인가?

> *It's too hot for me, Singapore*
> *Singapore is too hot for me.*

보다 확장된 주변 텍스트가 제공하는 증거가 없어서 발화의 정확한 의사소통적 가치를 적절히 평가할 수가 없는 경우, 단일 '문장(sentence)'의 경계 이상을 고려해야 한다. 왜냐하면 꼬리는 대화 연속체 상에서 발생하는 위치에 따라 그 기능이 상당히 달라질 수 있기 때문이다. 그렇기 때문에 가능하다면 확장된 담화 환경 내에서 꼬리를 분석하고, 꼬리에 관한 학습 지침을 제공하는 것이 적절할 수 있다. 그렇지 않으면 꼬리가 모든 발화 연속체에서 구분 없이 무작위로 사용될 수도 있다고 (잘못) 결론 내릴 수도 있다.

내러티브의 경우, 하나하나의 사건을 강조하기 위해 선택된 꼬리들 중에서 어떤 꼬리가 특별히 말하고 있다고 상상하기는 어렵다. 꼬리 말하기는 가공의, 혹은 표상된 세계의 중심 사건에 주의를 끌면서 전체 내러티브 구조 안에서 청자를 위해 그 사건들을 전경화하고 강조한다는 것을 의미한다. 따라서 이러한 형식을 가르칠 때는 문장 이상을 도입하는 것이 필수적이며, 학습자 또한 본 절의 앞부분에서 개략한 구조적 제약들을 이해할 수 있어야 한다. 앞서 언급한 바와 같이, 이러한 구조적 제약들은 규칙으로 정교화하기가 비교적 간단하다. 반면에 그것들을 언제 사용할지를 선택하는 문제는 조금 더 복잡하다. 언제 사용할지는 학습자의 숙달도 단계, 구조, 담화 중심의 문법 실라버스에 따라 달라질 것이다.

4.5 샘플 교재

만약 '꼬리'가 구어 문법의 일탈적 특징이 아닌 일반적 특징이라는 것을 받아들인다면(반복해서 말하지만, 말뭉치 데이터에서는 꼬리가 다양한 문맥에 광범위하게 분포되어 있다), 그리고 학습자에게 표현의 하나로써 꼬리를 가르쳐야 하고, 무엇을 어떻게, 어떤 방식으로 사용해야 하는지 가르쳐야 한다는 점을 수용한다면, 교재에서도 그러한 조건들을 다루어야 한다.

〈표 4.1〉의 예는 1997-8년에 개발된 영어 담화 문법을 다룬 책(Carter, Hughes, McCarthy 2000, Exploring Grammar in Context: Upperintermediate and Advanced)의 한 단원을 인용한 것이다-이 책은 특히 문법적 선택 원리와 관련하여 설계되었고, 학습자에게 꼬리와 같은 형식을 포함한 구어 문법을 이해시키고 의사소통적 사용을 연습할 수 있도록 구성되었다.

〈표 4.1〉

UNIT 21: 꼬리(절 뒤에 요소)

A 도입

1. 대화에서 뽑은 아래 발췌문을 보라.

- *he'd, it's, I'll* 과 같은 축약은 비격식적이다. 대화를 비격식적으로 만드는 다른 단어나 구를 표시하라.
- (a)-(d) 중에서 가장 격식적인 것은 무엇인가? 그것을 격식체로 다시 써라.

a)

  A: Did Max help you?

  B: Yes, he moved all my books.

  A: He said he'd try and help out.

B: He was very helpful, Max was.

b)

A: It's not a good wine, that.

B: I'll still try some.

A: Where's your glass?

c)

A: What are you going to have?

B: I can't decide.

A: I'm going to have a burger with chilli sauce, I am.

B: It's a speciality here, chilli sauce is.

d)

A: That's a very nice road.

B: It runs right across the moors.

A: Then it goes through all those lovely little villages.

B: Yes, the villages are beautiful.

2. 이 문장들 중에서 격식적인 상황에서 사용될 가능성이 더 높은 것은 어느 것인가? 그리고 할 말을 계획하고 준비하여 청자에게 들을 내용을 보다 분명하게 해 주는 것은 어느 것인가? 각 문장을 격식은 (F), 비격식은 (I)으로 표시하라.

I)

(a) Gandhi was a great leader.

(b) He was a great leader, Gandhi was.

ii)

(a) He smokes too much, David does.

(b) David smokes too much.

iii)

(a) It's very nice, that road.

(b) That road is very nice.

iv)

(a) You're always getting it wrong, you are.

(b) You're always getting it wrong.

v)

(a) I'm a bit lacking in confidence, I am.

(b) I'm a bit lacking in confidence.

vi)

(a) Hong Kong is an exciting place.

(b) It's an exciting place, Hong Kong is.

vii)

(a) They're not cheap, those clothes aren't.

(b) Those clothes aren't cheap.

viii)

(a) That's a very nice beer, Fortuna is.

(b) Fortuna is a very nice beer.

해답과 해설

1. a) *Max was* b) *that* c) *I am; chilli sauce is*

대화 d)는 가장 형식적이다. 보다 비형식적인 버전은

A: It's a very nice road that.

B: It runs right across the moors, it does.

A: Then it goes through all those lovely little villages.

B: Yes, they're beautiful, the villages are.

2.

i) (a) F (b) I;	ii) (a) I (b) F;	iii) (a) I (b) F;
iv) (a) I (b) F;	v) (a) I (b) F;	vi) (a) F (b) I;

vii) (a) I (b) F;   viii) (a) I (b) F

- 대화에서 가끔 진술을 강조하고 싶은 경우가 있다. 이 때 꼬리가 도움이 될 수 있다. 꼬리는 절의 끝에 오는 한 단어나 구이며 이미 말한 것을 확장하여 사용한다. 꼬리가 대명사나 지시어를 확장한 구로 구성되는 경우도 있다; 절의 앞에 오는 주어구가 축약되는 경우에도 보통 완전한 구의 형태로 나타난다. (예: *It's an exciting place, Hong Kong is.*)
- 꼬리는 화자가 어떤 대상을 평가하고 긍정적이거나 부정적이라고 말하는 진술문에서 흔히 나타남에 주목하라. *exciting, very nice, great, too much, a bit lacking*과 같은 단어들이 있는 문장에서 꼬리를 볼 수 있다.

B 사용 패턴 발견하기

1. 명사와 대명사 꼬리

다음 대화를 보라.

- 꼬리에서 단어 순서에 대해 무엇을 알 수 있습니까?
- (d) 부가의문문 She does, doesn't she?와 어떻게 다릅니까?

a)

> A: Did David make it on time?
>
> B: No, he was late. He was very cross, David.

b)

> A: She's very good tennis player, is Hiroko.
>
> B: I know. She always beats me easily.

c)

> A: Did Max help you?
>
> B: Yes, he was very helpful, was Max.

d)

> A: Have you heard her sing?
>
> B: Yes, she sings beautifully, Laura does.

A: She does, doesn't she?

e)

A: Have you been to Singapore?

B: Yes, but it's far too hot for me, Singapore.

A: Did David make it on time?

A: Have you been to Singapore

2. 꼬리의 위치와 순서

이제 다음 문장을 보라. 모두 전형적인 구어 문장이다.

이 문장에서 꼬리는 반복적이거나 물음표와 함께 나타난다.

• 꼬리의 위치, 순서와 관련하여 무엇을 알 수 있는가?

    a) I went there early. It would be about seven o'clock, it would. It wasn't dark yet.

    ii) It's difficult to eat isn't it, spaghetti? You have to suck it into your mouth.

    iii) It'll melt, won't it, the ice-cream?

    iv) She's a good tennis player, Hiroko is, isn't she?

    v) You hardly ever show emotion, you don't. Don't you have any feelings for her?

    vi) She still hasn't finished, hasn't Maria.

C 꼬리에 관한 관찰

• 꼬리는 명사+동사, 대명사+동사로 구성된 것이 많다. 꼬리는 그 절에서 앞서 나타난 대명사나 명사 또는 지시사를 확장하기도 한다. 꼬리 내의 명사는 동사 뒤에 오거나 동사에 선행할 수 있다(예: *He was very helpful, Max was; or He was very helpful, was Max; She still hasn't finished, hasn't Maria?; She still hasn't finished, Maria hasn't.*).

- 절에서 대명사가 먼저 나오고 꼬리가 명사로 구성되어 있으면 일반적으로 명사는 발언을 더 강하게 만든다(예: *He was a great leader, Gandhi was.*).
- 명사는 또한 그 자체로 꼬리로 사용될 수 있다(예: *He was very helpful, Max; It's an exciting place, Hong Kong*).
- 대명사가 꼬리에서 나타날 때는 앞절의 어순이 반복된다. 그렇지 않으면 이 문장이 의문문으로 들릴 수 있다(예: *'You're stupid, you are', You're stupid are you?; 'It would take about half-an-hour, it would', It would take about half-an-hour would it?*).
- 꼬리는 부가의문문의 형태로 나타날 수 있으며 물음표의 앞이나 뒤에 올 수 있다(예: *She's a good player, Hiroko is, isn't she?, It's not easy to eat, is it, spaghetti?*).
- 꼬리가 'to be'가 아닌 동사나 법조동사를 반복할 때는 *do* 동사를 사용한다(예: *'She sings very well, she does'; 'They complain all the time, they do'*).
- 꼬리는 그것이 가리키는 구와 항상 일치한다(예: *'It's not a good wine, that isn't'; 'She'll never pass the exam, won't Toni'*). *hardly, scarcely*과 같은 부정 부사는 보통 부정적 꼬리를 유지한다(예: *'He scarcely speaks, he doesn't'*).

D 추가 연습

- 다음 대화를 비격식적으로 들리도록 다시 써라.

  a)

  A: Here's the menu. What do you fancy?

  B: It's certainly a nice menu.

  A: I'm going to have steak and chips.

  B: I fancy the spaghetti but I always manage to drop it down the front of my shirt.

b)

>A: I like them. David and Jean make a nice couple.
>
>B: Do you reckon they'll get married eventually?
>
>A: David is still lacking in confidence, I suppose, and Jean is a bit too young at the moment, isn't she?

c)

>A: Sophie will never lose weight.
>
>B: She hardly ever eats cakes or chips.
>
>A: I should eat less. I'm far too flabby.

• 필요한 경우 꼬리를 추가하면서 이 내러티브를 다시 말하라.

It was late at night and typically, the last bus had gone. So I decided to walk home. I was really cross with Jeff. He'd left the party early because he had to be up early for work the next day. Anyway, as I walked along our road, I heard a car behind me. It was really dark. I became very frightened and started to run. A man got out of the car and started to follow me. I ran more quickly and then he began to run more quickly too. By the time I reached our house he had caught up with me. I turned round.

• 꼬리가 문장의 명확한 주제가 되도록 이 문장들을 다시 써라.

>a) It never occurred to me, the danger I was in. (The danger I was in never occurred to me.)
>
>b) That was the book I wanted, the one with the picture on the front.
>
>c) It was a strange feeling, walking into that place.
>
>d) They're far too hot, those countries where it's all humid.

4.6 구어 문법 교수를 위한 교재 평가하기

위 초안 자료는 세계 여러 지역에서 교사들과 영어 중고급 학생들을 대상으로 시험적으로 사용한 것이다(Carter, Hughes and McCarthy 2000의 Unit 21: 147-52을 참조). 지금까지 살펴본 여러 문제들, 즉 단원 설계에서부터 적절한 교육 방법에 이르는 광범위한 이슈들을 아래에 요약하였다.

(i) 구어 문맥에서만 거의 사용되는 형식을 문어 형식으로 패턴 연습할 때는 어느 정도까지 적절한가?

(ii) 억양과 리듬은 적절한 의사소통과 꼬리의 상호작용적인 전달에 있어 불가결하기 때문에 가르칠 때 테이프 녹음이나 CD-ROM이 필수적인가?

(iii) 교사와 학생의 기대는 문법이 문장 기반 현상이라는 것이다. 교재는 교육적, 상업적으로 어느 선까지 그러한 기대에 부합해야 하는가? 그렇지 않다면 기대치를 점차 조정해야 하는가? 사실, 진정으로 담화 문법을 가르치고자 한다면, 문장을 텍스트로 대체해야 한다. 왜냐하면 담화 문법은 언어의 확장, 꼬리의 경우 특히 구어의 확장된 형태이며, 특정 형식의 의사소통적 가치는 언어에서 다양한 방식으로 실현되고 처리되고 이해되고 사용될 수 있기 때문이다. 교재는 보다 확장된 텍스트를 어느 선까지 도입할 수 있는가? 교사와 학습자의 기대, 보다 구체적으로는 문법 교재의 페이지 디자인, 길이 등에 대한 한계는 어디인가?(기존 자료에서는 문장 기반 용례의 상당 부분을 포함함으로써 비교적 보수적인 접근법을 채택하였다.)

(iv) 구어 문법을 가르치는 적절한 방법은 무엇인가? 연습과 산출은 어

느 정도 해야 하는가? 산출에 앞서 형태를 수용적으로 인식하는 데 중점을 두어야 하는가? 학습자가 산출을 해야 하는가? 꼬리에 대해 무엇을 얼마나 가르치고 있으며, 꼬리를 가르치는 가장 적절하고 효과적인 방법은 무엇인가?

(v) 교재 개발자는 말뭉치를 어느 정도까지 신뢰하고 있는가? 만약 교재 개발자가 실제적 텍스트를 그대로 사용하려고 한다면 아래와 같은, 보다 복잡한 꼬리(그리고 꼬리에 수반되는 어휘)도 수업 자료로 사용할 수 있을 것이다.

'It can lie dormant for years *it can* though apparently *shingles*'
'… cos otherwise they tend to go cold, don't they, *pasta*'

여기에서는 꼬리(이탤릭체)가 부가의문문, 헤지, 양상을 나타내는 어휘(*though, apparently*)와 함께 사용되고 있다.

2000년 논문에서 필자는 구어와 문어 간의 균형을 맞추지 못한다거나, 학생들이 과도한 인지적, 문화적 어려움 없이 처리할 수 있는 예를 선택하지 않으면 안 된다고 생각해서 수업에 가능한 한 실제 언어를 도입하고 학생들을 노출시키는 현실적인 교육적 입장을 취하였다. 2010년 논문에서는 수업에서 말뭉치 자료가 중요함을 더 강하게 주장하였지만, 그럼에도 여전히 학습자 요구에 대한 교육적 판단에 따라 신중히 언어 자료를 선택해야 한다는 입장을 견지하였다(Hughes 2010a: Chapter 3과 Hughes 2010b도 참조). 예를 들어, ESL 상황의 상급 학습자는 자연스러운 구어 문법을 구사할 가능성이 높지만, EFL 상황의 학습자들은 그렇지 않다. 그러나 ESL이든 EFL 학습자이든 실제적인 언어 사용에 노출될 기회를 제공하지 않는 것은 교사와 학생 모두의 선택권을 빼앗는 것이라는 생각은 확고하였다.

4.7 언어 인식과 의식 고양

제2언어 습득 분야 연구에서는 특정 문법 형태에 대해 학습자의 의식을 고양시키는 절차가 여러 장점이 있음을 지적해 왔다. 그러한 연구는, 학습자의 (학습자의 의식적 능력보다는) 언어 사용에 초점을 둔 의사소통 언어 교수법에 반대하여 출현하였다. 많은 교육적 이점에도 불구하고 의사소통적 교수는 학생들의 관찰 습관, 문법적 형태와 기능을 알아차리거나 의식적으로 탐구하는 것을 장려하지 않았기에, 문법 의식 고양과 관련한 SLA 연구에서는 방법론을 약간 재조정하여 그 결과를 검토해 보고자 하였다. 지금까지의 연구(전형적 예는 Ellis 외 2009 참조)에서는 EFL/ESL 교실에서 문법적 의식 고양 접근법과 관련하여 다음과 같은 잠정 결론에 도달하였다.

(i) 구조를 단순히 직접 교수하기보다, 위계 순으로 적절히 배열되고 통제되고 의식적으로 주의 집중한 목표 구조를 더 잘 습득하였고, 특히 그러한 구조를 스스로 발견했을 때 보다 효과적이었다.

(ii) 학습자가 구조를 기계적으로 산출하지 않고 처리해야 할 때 학습이 더 효과적이다. 너무 성급한 산출은 도움이 되지 않는 것으로 밝혀졌다.

(iii) 먼저 학생들이 내용 기반 과제를 통해 구조의 의미를 이해하고 의식을 고양시켜 목표 구조의 형태와 기능을 알아차리게 한 다음, 최종적으로 부정확하거나 부적절한 형태의 핵심 구조가 포함된, 일종의 오류 식별 활동을 하도록 활동들을 위계화해야 한다.

(iv) 내용 기반 과업 중에 학습자가 자신의 해석 스킬을 이용하여 목표 구조와 그 의미를 개인화할 수 있도록 장려하는 것이 도움이 된다는 몇 가지 증거가 있다.

앞서 구어 문법 교수와 관련하여 전통적인 PPP 방법론(제시-연습-산출)을 그 대안인 III(예시-상호작용-산출)로 대체해야 한다는 주장(Carter and McCarthy 1995; McCarthy and Carter 1995; 참고: Jones 2007)을 옹호한 바 있는데, 이 주장과 SLA 연구에서 도출된 결론 간의 관련성에 주목하는 것도 흥미 있다.

구어 문법을 가르칠 때 언어 인식/의식 고양 활동 접근법을 진지하게 고려해야 하는 이유와 그러한 주장을 옹호하는 것이 적절한 또 다른 이유가 있다.

구어 문법 연구는 구어 문법의 구축, 체계적이고 형식적인 식별, 표현 모두 아직 초기 단계에 있다. 문법적 선택에 관한 연구는 yes/no라든지 절대적인 것이 아닌, 공기 확률(co-occurrence probabilities)의 관점에서 문법의 일부분을 설명할 수 있을 것 같다(예는 Conrad 2010 참조). 다시 말해, 학습자는 특정 형식이 문어 사용 문맥보다는 구어 문맥에 속하고, 그 형식의 선택이 보다 상호작용적이고 대인관계적이며 감정적인 의미를 수반한다고 이해할 수 있을 것이다. 학습자는 문법의 특정 영역이 절대적이거나 결정적으로 정확하기보다는 확률적으로 적절하다는 것을 알게 될 것이다. 꼬리를 예로 든 위의 담화 문법 자료를 통해, 필자가 주장하는 주된 교육적 접근법 중 하나는, 학습자의 관찰 습관을 장려하여 규칙을 형성하고 이해할 수 있도록 하는 데 있다는 것을 알 수 있을 것이다. 필자는 자료와의 상호작용과 규칙 유도는 발견 기반 절차를 통해 가장 잘 촉진될 수 있다고 주장할 것이다. 그렇다 하더라도 다음 사항에 대해서는 아직 망설임이 남아 있다.

(i) 과제 기반 접근법과 학습자 동기 간의 접점: '예(illustration)'가 성공적이며, 학습자 측면에서 동기를 부여하는 반응을 보이게 하는 정도

(ii) 구조 규칙과 문맥 간의 접점: 문법의 경우, 문맥과 대인 관계에 따른 경향, 변이 규칙, 선택을 이해시키는 것이 더 적절할 때, 규칙과 관련하여 어느 정도까지 이야기할 것인가의 정도; 추가로, 이러한 개념들에 익숙하지 않기 때문에 교사와 학습자가 느끼는 불안감의 정도

(iii) 교실에서의 기대, 상업적 출판물의 기대, 실제적 발화 데이터 간의 접점: 강의실 언어 학습을 위해 예시 데이터를 수정할 수 있고 수정해야 하는 범위 또는 코퍼스에 수집, 기록 및 저장하는 원시 형식으로 변경되지 않은 상태로 남겨야 하는 범위

4.8 꼬리의 침: 실제 자료 수정하기

앞 절에서 제기된 질문 중 하나는, 언어 교실용 교재에서 실제적 발화 자료의 사용과 관련이 있는 본장에서 분리하여 다룰 필요가 있다. 교육적 관점에서 자연적으로 발생한 자료를 구축한 말뭉치에 접근하고 그러한 자료를 교수와 학습에 활용하고자 하는 교재 개발자에 의해 교육적 질문에 직면하였다(Conrad 2000; McCarthy 2008 참조). 이 기본 이슈는 실제적 교재와 특별히 스크립트화된 대화를 병행해서 사용할 때로 나누어진다.

이 둘을 비교해 보면, 학습 목적을 위해 인위적으로 구축된 대화로 학습할 때 학습자에게 더 도움이 되는 것처럼 보인다. 그렇다 하더라도 학습자가 CANCODE 등의 말뭉치의 일부로 수집된 실제 대화 담화를 구축한 일련의 실제적 데이터에 접근하는 것을 막아서는 안 된다. 이와 관련한 추가적인 예로, 사용 중인 꼬리를 설명하기 위해 CANCODE 말뭉치에서 가져온 일부 샘플을 아래에 제시하였다.

이 샘플은 교재 Exploring Grammar in Context(Carter, Hughes

and McCarthy 2000)에서는 사용되지 않은 것들이다. 샘플에서는 A가 B에게 B의 집에 갈 때 어떤 길로 해서 갔는지를 알려 주고 있다. A와 B는 서로 친하며, 비공식적이고 적절하게 상호작용하고 있고, 대인관계 방식으로 여행에 대한 서로의 의견을 말하고 강화해 가면서 일종의 정서적인 교류를 하고 있다. 꼬리의 반복은 상호교환 시 두드러지게 나타난다.

> A: *And I came over Mistham by the reservoirs, nice it was.*
> B: *Oh, by Mistham, over the top, nice run.*
> A: *Colours are pleasant, aren't they?*
> B: *Yeah.*
> A: *Nice run, that.*

얼핏 위 예문에서 화자가 특정 항목을 반복한 것은 교육적인 강화를 목적으로 한 것으로 볼 수도 있겠지만, 자세히 살펴보면 여기에는 제시와 준비의 문제가 있음을 알 수 있다. 예를 들어, 첫째 줄의 어조를 나타내는 *nice it was*는 꼬리인가, 절 자체에 있는 보어 *nice*의 '전치화(fronting)' 예인가?- 드문 전략은 아니다. 만약 *nice it was*가 실제로 꼬리라면, 이 구조는 보다 완전한 형식인 *it was nice it was*의 생략된 구조로 이해해야 한다. 따라서 마지막 줄에 있는 생략형 *(it was a) nice run*도 똑같이 꼬리로 볼 수 있다.

교육적으로, 기본적인 꼬리 구조에서 생략이 잠재적으로 가능하다는 점은 교육적인 노출을 복잡하게 만든다고 주장할 수도 있을 것이다. 생략(ellipsis)이 정서적인 대인관계적 교환에서 흔히 나타나는 문법의 핵심적 특징이고(Carter and McCarthy 2006: 177-205), 자연적 데이터에는 구어 문법 고유의 특징들이 포함될 것이라고 예상되지만, 생략 때문에 목표 구조인 꼬리에 대한 주의가 어느 정도 분산될 수도 있다. 실제적인 데이터는 주의를 기울여야 할 구조를 분명하게 구분하지 않는다.

어수선하다.

어휘적으로도, 화자 A와 B는 구별되지 않는 지시체의 담화 문맥을 창조하고 있다. 즉, 'Mistham'(장소)은 선택항(distracter)일지도 모른다. 단어 'reservoir'는 공유하지 않은 정보일 수도 있기 때문에 추가 정보를 제공할 필요가 있을 것이다. 그리고 단어 'run'은 구어적 의미로 'trip'이나 'journey'라는 의미로 자주 사용되지만 학습자는 동사로만 알고 있을 수 있다. 또 '높은 곳에서 다른 곳으로'라는 의미로 사용된 전치사 'over'도 별도의 설명이 필요할 수 있다.

필자가 도달한 한 가지 결론은, 담화 문법 교재를 준비할 때에는 실제적 데이터와 일부 실제적 패턴을 모델로 하는 혼합된 데이터 간의 중간 지점을 포함해야 한다는 것이다(McCarthy and Carter 1994: 197-8). (이와 관련하여 본서의 편집자인 Brian Tomlinson은 모델문의 실제성을 유지하면서 심각한 교육적 문제를 야기하지 않는 예들을 사용해야 한다고 주장하였다. 만약 말뭉치에서 그러한 예를 찾지 못한다면, 선택된 특징이 크게 중요하지 않거나 그렇지 않으면 교재 후반부에 제시해야 한다.)

위의 데이터를 다음과 같이 다시 쓸 수 있다.

A: *And I came over by the village of Mistham. It was nice it was.*
B: *Oh you came over the top by Mistham. That's a nice journey.*
A: *The colours are pleasant at this time of year, aren't they?*
B: *Yes.*
A: *It was a nice run that.*

교재 개발의 관점에서, 여기에서는 예시를 보다 명확하고 깔끔하게, 그리고 구조적으로 작성하는 방법과, 동시에 실제 말뭉치에 기초한 영어를 모델화하여 대화가 보다 실제적이고 자연적으로 구조화되도록 하는 방법을 시도해 보았다. 이것이 절충안인지, 혹은 실행 가능한 전략인지는 두고 봐야 한다. 또 그러한 샘플들이 교재에 어느 정도 포함되어야 하는지, 그리고 그러한 샘플과 완전히 실제적인 자료 사용이 서로 어떻게 균형을 이루어야 하는지에 대한 문제가 생긴다(Brian Tomlinson에서도 위의 모델화된 데이터에 그러한 의례적(phatic) 의사소통의 일반적인 특징이 있으며, 거의 학습자에게 이해 문제를 일으키지 않기 때문에 생략이 쉽게 남아있을 수 있다고 말했다). 여기에서 말뭉치 기반형(corpus-informed) 교재와 말뭉치 구동형(corpus-driven) 교재 간의 차이와 구분이 도움이 된다-말뭉치 구동형은 말뭉치 증거를 그대로 따르는데 비해, 말뭉치 기반형은 교재 작성자가 자료의 일부로 말뭉치 증거를 수정, 조작하거나, 일부를 신중하게 선택한다는 것을 시사한다.

McCarthy, McCarten, Sandiford는 이러한 많은 이슈들을 검토해 왔고, 구어와 구어 문법의 관점에서 말뭉치에 기반한 광범위하고 매우 성공적인 교재를 작성했다(Mcarthy, McCarten and Sandiforda 2005 및 b; 2006 참조). 아울러, O'Keeffe, McCarthy and Carter (2007), 구어 담화 교수에 관한 이론과 실천에 대한 최신 설명은 Hughes(2008 ; 2010a)을 참조하기 바란다.

4.9 머리, 혹은 꼬리: 학습자를 위한 대인관계적 문법을 위하여

앞에서 살펴본 바와 같이 꼬리는 절의 끝, 머리 부분은 절의 시작 부분에 출현한다. 아래에 Nottingham 말뭉치에서 가져온 대표적인 예를 제시하였다.

The women, they all shouted.
That chap over there, he said it was OK.

That house on the corner, is that where they live?
This friend of ours, her daughter, Carol, she bought one.
Robert, this friend of mine I work with, his son was involved in a
car crash just like that.

기본적으로 머리(또는 Carter와 McCarthy, 2006:192-4에서 구 머리(phase head)와 겹치는 것을 피하기 위해 사용한 헤더))는 방향을 정하고 초점을 두는 기능과, 머리 내부에 있는 정보가 상당히 밀도가 높더라도 화자가 청자에게 관련이 있다고 생각하는 정보를 경제적으로 전달하는 역할을 한다. 머리는 종종 사람과 장소에 대한 특별한 지시를 통해 향후 공유될 수 있을 것으로 추정되는 지식 프레임을 구축하기 때문에 청자가 미리 차이를 구분한다거나 명료화를 요구하지 않고서도 질문이나 진술에 응답할 수 있도록 한다. 전통적인 의미에서 보면 머리는, 후행절에서 예시할 항목과 불확정적인 구조적 관계에 있다는 점에서, 문법적으로도 이례적이다.

머리는 청자에게 뒤에 어떤 내용이 올 것인지, 그리고 주 내용을 전달하기 전에 메시지를 조직하고 구성하는 기능을 한다: 이에 비해 꼬리는 기능면에서 주요 개념적 내용이 전달된 후에 그 메시지에 대한 개인적이거나 태도적이기니 평가적인 입장을 제공한다는 점에서 약간 더 직접적으로 대인관계적이다. 머리가 태도적인 문제(예: *that awful house on the corner, is that where they live?*)를 포함할 수도 있지만 주된 목적은 방향을 제공하는 데 있다. 머리와 꼬리를 선택하고 사용하는 법을 배우는 것은 구어 능력의 중요한 요소이며, 머리와 꼬리를 관찰하여 적절하게 반응하는 것은 능동적인 듣기에 있어 중요한 한 가지 요소이다.

머리와 꼬리를 어떻게 만들고 사용하는지를 배우는 것은 언어에서나 언어를 통해서 대인 관계를 형성하고 유지하는 방법을 배우는 데 있어 중요한 부분이다. 그렇기 때문에 문법을 보다 대인관계적인 용어로 기술하는 것은 담화 문법 연구의 새로운 도전이다. 응용언어학의 목표는, 학습자가 말하기와 쓰기를 통해 격식적, 혹은 비격식적으로, 보다 대인관계적이거나 덜 대인관계적으로 의사소통할 때 이용가능한 선택지를 알고 이해하도록 도움을 주는 데 있다. 그러나 지난 10년 동안 구어 문법 연구가 상당히 진척되었음에도 불구하고 여전히 형성기에 있으며, 기술(description)이 문어 자료에 기초한 연구의 정도와 섬세함의 수준에 이르기까지는 조금 더 시간이 걸릴 것이라는 것을 인식하는 것이 중요하다. 예를 들어, 다음 발화 간에 의사소통적 가치 차이를 보다 정확히 설명하기 위해서는 추가적인 데이터에 기반한 기술이 필요하다.

> *She's a nice girl, Jenny.*
> *She's a nice girl is Jenny.*
> *She's a nice girl, Jenny is.*
> *Nice girl, Jenny.*
> *Jenny's a nice girl.*
> *That girl Jenny, she's nice.*

기술은 평가, 강조, 격식성, 청자의 담화 지식을 고려해야 하며, 문장의 범위와 한계를 넘어 발화 교체를 통한 의미 형성에 이르는, 조금 더 설명적인 문맥의 구축이 추가로 필요하다. 아직까지 우리는 단지 머리와 꼬리의 출처에 대해 논쟁하고 있을 뿐이나, 학습자는 그것을 문맥에서 관찰하는 방법을 배우고, 일반적인 의사소통 의도를 가지고 그것을 생성하는 방법을 점차적으로 학습할 필요가 있다('머리'에 관해서는 Carter, Hughes and McCarthy(2000)의 Unit 22, pp: 153-60 참조).

4.10 원어민 화자의 규칙, 확률, 선택, 그리고 헤게모니

영어 학습자에게, 문법은 단순히 선택의 문제라고 제안하는 것은 오해의 소지가 있고 불안감을 야기할 수 있다. 문법 규칙들은 존재한다; 문법 규칙들은 광범위하게 집대성되어 있고 구어와 문어 구조의 핵을 이루고 있다. 예를 들어 표준 영국 영어에서 복수 주어에는 동사 복수형을 사용해야 한다는 규칙이 존재하며, 따라서 'the buildings is very high'라고 쓰거나 말하는 것은 분명 정확하지 않다. 중핵적인 부분은 선택이 불가능하다.

그러나 앞에서 살펴본 것처럼, 문법 내부에서 선택되는 의미 영역이 있다. 예를 들어, 정확하게 구성된 능동형이나 정확하게 구성된 수동형 중 어느 것을 선택할지는 서로 다른 형식의 표현을 전달할 수 있게 해 주고 광범위한 문헌, 특히 체계 기능 언어학 전통(예: Halliday 2004)에서는 선택으로서의 문법과 언어에 전념하고 있다. 구어 문법 영역에서는, 특정 선택과 관련하여 절대적인 규칙보다는 확률적, 혹은 변이적 패턴의 관점에서 말하는 것이 더 정확할 수도 있음을 앞에서 살펴보았다.

EFL/ESL 교실의 변이적이고 확률적인 규칙을 교육적으로 제공하는 것은 목표 언어 학습의 원어민 화자 모델에 뿌리를 둔, 어떤 면에서 집착이라고 주장할 수 있다. 비원어민 화자가 그러한 선택지를 원하고 있거나 그러한 선택지가 반드시 필요한가? 공통어로서의 영어(ELF)에서 이루어지는 대부분의 의사소통이 종종 방향 측면에서 실용적이라고 주장되고, 그래서 대인관계적 선택이 의례적인 공손성 공식의 범위 이상으로 확장될 필요가 없는데도 왜 비원어민 화자들은 모어 화자의 표현 자료를 습득하기를 원해야 하는가? 원어민 화자인 교육자 측면에서 구어 문법에 대한 관심은 영어 교수와 학습 문맥에서 원어민 화자 헤게모니의 연장선상에서 간단히 묵살할 수도 있다. 이는 언어 전문가이지만 원어민 화자의 의사소통의 미묘하고 가치판단적이고 문화에 내포되어 있는 뉘앙스에는 익숙하지 않을 수도 있는 비원어민 교사의 지위를 약화시킨다(이 문제에 대한 자세한 설명은 Kirkpatrick 2007 및 Jenkins 2007 참조).

이러한 입장에 대한 반론은, 교사와 학습자는 규칙들이 결정적이기보다는 확률적인 언어 영역을 배우지 않도록 선택할 수도 있지만, 그러한 옵션이 제공되지 않는다면 그들은 전혀 선택의 여지가 없다고 말할 수도 있다. 학습자의 권리를 빼앗아서는 안 되며 실라버스는 일부러 부족해서는 안 된다. 언어 학습도 적어도 부분적으로는 목표 언어에 대한 일종의 '감(feel)'을 개발할 필요가 있다. 민속 언어학(folk linguistics)13) 용어인 '감'은 수년 동안 언어 교육에서 사용되어 왔으나 거의 분석되지 않은 개념으로 남아 있다. 보다 규칙적이고 참조적인 영역에만 집중하는 학습자들은, 아마도 '감'에 저재하는, 언어의 참조 자원뿐만 아니라 표현 자원을 발견하고 이해하고 내재화하는 데 도움이 되는 그러한 민감성, 개인적 반응, 감정을 발달시키려 하지 않을 것이다. 앞으로 비디오폰과 화상회의로 대표되는, 영어를 통한 국제 의사소통의 훨씬 더 중심적인 특징이 될 수 있는 기능이기 때문에 구어 문법과 구어 담화를 연구하는 사례들이 최근 늘어나고 있다.

4.11 결론

이상의 논의를 통해, 구어 영어의 교육적 목적을 위한 기술과 관련하여 다음과 같은 시사점을 얻을 수 있을 것이다.

(i) 구어 문법에 관한 논의는 아직 초기 단계에 있다.

---

13) [역자주] 언어, 언어 변이, 언어 용법에 대한 화자의 의견과 신념을 연구하는 언어학 분야이다.

(ii) 언어의 특징을 기술하는 것과 그러한 특징들을 교실에서 교육적으로 제시하는 것은 동일하지 않다. 조작되고 만들어진 언어는 완벽히 실현 가능하지만, 교실 언어는 학습자 필요성의 판단에 따라 정도를 달리하여 자연적인 샘플을 모델링할 수도 있다.

(iii) 담화에 기반한 문법 관점은 문법적 선택의 중요성을 강조한다. 그렇기 때문에 구어 문법 영역에서는 특히 절대적이고 불변적인 규칙보다는 규칙성과 패턴 개념을 이용하는 것이 더 좋다.

(iv) 학습자가 변이적 패턴의 개념을 이해할 수 있도록 도와 줄 필요가 있다. 따라서 교실 활동은 학습자 측면에서 언어 인식과 문법적 의식을 더 많이 고양하고 학습자가 스스로 경향성과 개연성(확률)을 관찰하는 방법을 익힐 수 있는 문법 분석 접근법을 활성화시켜야 한다.

(v) Timmis(2002)가 주장한 것처럼, 원어민 화자처럼 말하기를 열망하는 학습자들의 감정, 열망, 동기를 무시해서는 안 된다.

(vi) 그리고 마지막으로, 이상적인 요인들은 뒤에 남겨질 수도 없고 남겨져서도 안 된다. 지금까지 구축된 구어 말뭉치 대부분은 원어민 화자 담화에 기초하였다. 교사와 학생들은 원어민 화자의 영어를 가르치고 배우기를 원할까? 원어민 화자만이 가장 적절한 전형인가? 비원어민 화자가 목표 언어로 감정, 태도, 대인관계적 민감성을 표현할 수 있거나 표현하기를 원하는 것을 기대하는 것이 비현실적인가? 그리고 사실 '원어민 화자'라는 용어 자체에도 문제가 없지 않다(SUE(성공적인 영어 학습자)라는 용어의 사용에 관해서는 Prodromou 2003; 2008 참조). 이런 점에서 말뭉치가 보다 더 국제적인 대표성을 띄고 비원어민 화자 간의 상호작용을 포함하는 자료를 포함하는 수준까지 확장하는 것이 중요하다; 그렇지 않다면 대상 언어와 자료의 편협성으로 인해 장차 영국이나 미국 영어 원어민 기반 말뭉치만을 포함하게 되는 위험이 있다.

참고 문헌

Aijmer, K. 1989. 'Themes and tails: the discourse functions of dislocated elements'. *Nordic Journal of Linguistics*, 12: 137-54.

Biber, D., S. Johansson, G. Leech, S. Conrad, E. Finegan. 1999. *Longman Grammar of Spoken and Written English*. Harlow: Pearson Education.

Burns, A., H. Joyce and S. Gollin. 1996. 'I See What You Mean'. *Using Spoken Discourse in the Classroom. A Handbook for Teachers*. Sydney: National Centre for English Language Teaching and Research.

Carter, R. A. and M. J. McCarthy. 1995. 'Grammar and the spoken language'. *Applied Linguistics*, 16(2): 141-58.

_____ 2001. 'Ten criteria for a spoken grammar'. In E. Hinkel and S. Fotos(eds.), *New Perspectives on Grammar Teaching in Second Language Classrooms*. Mahwah, NJ: Lawrence Erlbaum.

_____ 2006. *Cambridge Grammar of English: A Comprehensive Guide to Spoken and Written English Grammar and Usage*. Cambridge: Cambridge University Press.

Carter, R. A., R. Hughes and M. J. McCarthy. 2000. *Exploring Grammar in Context: Upper-intermediate and Advanced*. Cambridge: Cambridge University Press.

Conrad, S. 2000. 'Will corpus linguistics revolutionize grammar teaching in the 21st Century?' *TESOL Quarterly*, 34(3): 48-60.

_____ 2010. 'What can a corpus tell us about grammar?' In A. O'Keeffe and M. J. McCarthy(eds.), *The Houtledge Handbook of Corpus Linguistics*. Abingdon and New York: Routledge.

Cullen, R. and V. I-Chun Kuo. 2007. 'Spoken grammar and ELT course materials: a missing link?' *TESOL Quarterly*, 41(2): 361-86.

Ellis, R et al. 2009. *Implicit and Explicit Knowledge in Second Language Learning, Testing and Teaching*. Avon: Multilingual Matters.

Gilmore, A. 2007. 'Authentic materials and authenticity in foreign language learning'. *Language Teaching*, 40: 97-118.

Halliday, M. A. K. 2004. *Introduction to Functional Grammar*, 3rd edn. London: Arnold.

Hughes, R. 2010a. *Teaching and Researching Speaking*, 2nd edn. Harlow: Pearson Education.

_____ 2010b.'What can a corpus tell us about grammar teaching materials?' In A. O'Keeffe and M. J. McCarthy(eds.), *The Routledge Handbook of Corpus Linguistics*. Abingdon and New York: Routledge.(ed.).

_____ 2008. *Spoken English, TESOL and Applied Linguistics: Challenges for Theory and Practice*. Basingstoke: Palgrave Macmillan.

Hughes, R. and M. J. McCarthy. 1998. 'From sentence to discourse: discourse grammar and English language teaching'. *TESOL Quarterly*, 32: 263-87.

Jenkins, J. 2007. *English as a Lingua Franca: Attitude and Identity*. Oxford: Oxford University Press.

Jones, C. 2007. 'Teaching spoken grammar: is noticing the best option?' *Modern English Teacher*, 16(4): 55-60.

Kirkpatrick, A. 2007. *World Englishes: Implications for International Communication and English Language Teaching*. Cambridge: Cambridge University Press.

McCarthy, M. J. 1998. *Spoken Language and Applied Linguistics*. Cambridge: Cambridge University Press.

_____ 2008. 'Accessing and interpreting corpus information in the teacher education context'. *Language Teaching*, 41(4): 563-74.

McCarthy, M. J. and R. A. Carter. 1994. *Language as Discourse: Perspectives for Language Teaching*. London: Longman.

_____ 1995. 'Spoken grammar: what is it and how do we teach it?' *ELT Journal*, 49(3): 207-18.

_____ 1997. Grammar, tails and affect: constructing expressive choices in discourse'. *Text*, 17(3): 231-52.

McCarthy, M. J., J. McCarten and H. Sandiford. 2005a. *Touchstone. Student's Book 1*. Cambridge: Cambridge University Press.

_____ 2005b. *Touchstone*. Student's Book 2. Cambridge: Cambridge University Press.

_____ 2006a. *Touchstone*. Student's Book 3. Cambridge: Cambridge University Press.

_____ 2006b. *Touchstone*. Student's Book 4. Cambridge: Cambridge University Press.

Mishan, F. 2004. *Designing Authenticity into Language Learning Materials*. Bristol: Intellect.

Mumford, S. 2008. 'An analysis of spoken grammar: the case for production'. *ELT Journal*, 63(2): 137-44.

Nunan, D. and J. Lockwood. 1991. *The Australian English Course*. Cambridge: Cambridge University Press.

O'Keeffe, A., M. J. McCarthy and R. A. Carter. 2007. *From Corpus to Classroom: Language Use and Language Teaching*. Cambridge: Cambridge University Press.

Prodromou, L. 2003. 'In search of the successful user of English'. *Modern English Teacher*, 12(2): 5-14.

_____ 2008. *English as a Lingua Franca: A Corpus-based Analysis*. London: Continuum.

Quirk, R. et al. 1985. *A Comprehensive Grammar of the English Language*. Harlow: Longman.

Timmis, I. 2002. 'Native-speaker norms and international English: a classroom view'. *ELT Journal*, 56(3): 240-9.

_____ 2010. '"Tails" of Linguistic Survival'. *Applied Linguistics*, 31(3): 325-45.

Weinert, R.(ed.). 2007. *Spoken Language Pragmatics*. London: Continuum.

Comments on Part A

Brian Tomlinson

Part A의 챕터 세 개를 통해 도출된 기본 메시지는 L2 학습자들이 그동안 불이익을 받아왔다는 것이다. 왜냐하면 최근까지도 교재에서 가르치는 언어 내용이 가장 이상화된 언어 데이터에 기초하여 왔기 때문이다. 일부 교재에서는 학습자가 목표 언어를 사용해야 한다고 생각하는 저자의 규범적 모델을 가르쳐 왔고, 많은 교재는 목표 언어가 사용되는 방법에 대한 저자의 직관에 기초했으며, 대부분은 실제 데이터가 아닌 참고서의 정보를 바탕으로 하여 작성되었으며, 거의 모든 교재들이 학습자가 문어 문법을 말하도록 가르쳐 왔다.

최근까지도 교재 개발자들이 실제적 언어 사용에 대한 종합적이고 대표적인 자료를 다룰 수 없었다는 점을 감안하면 이 중 어느 것도 그리 놀랄 일은 아니다. 교재 집필자들은 언어 사용의 사례보다는 규칙과 구조화된 예문을 바탕으로 작성된 참고서를 이용해야만 했다. 아니면 언어 교육을 받은 전형적인 학습자로서 목표 언어로 자신들을 표현하는 방식에 대한 자신의 추상적 지식에 기초하여 교재를 집필하였다. 그러한 개발자의 지식은 필연적으로 계획된 담화 규범(예: 에세이, 강의)에 치우칠 수밖에 없었다.

왜냐하면 무엇을 말할지 계획되지 않는 비계획적 담화(예: 자발적인 비공식 대화) 상황에서 우리가 언어를 어떻게 사용하고 있는지 알기 어려웠기 때문이다. 그래서 예를 들어, 교재 개발자들이 자신들은 그런 문장을 사용하지 않으면서 학습자들에게는 완벽한 문장으로 대화를 하고 있다고 주장하는 우스꽝스러운 상황을 겪어 왔다. 이제는 변명의 여지가 없다. 목표 언어가 전형적으로 사용되는 방식을 말해 주는 데이터에도 접근할 수 있게 되었고, 언어 사용이 가변적이며 사용되는 상황에 따라 다르다는 것도 알게 되었다. 구어 문법과 문어 문법이 확연히 다르며, 대화 참가자 사이의 친밀도와 공유된 경험의 정도가 담화에 사용되는 어휘와 구조를 결정하는 주요 요인이며, 모든 언어 사용은 주관적이며 의도적이며 목적적이고 전략적이며, 의사소통의 목적은 실제로 사용되는 언어에 강한 영향을 미친다는 점도 안다.

문법서와 교과서 대화에서 언어 사용은 중립적이고 협조적인 경향이 있고 문법 규칙은 일정한 경향성을 보인다(또는 약간의 예외를 허용해야 한다). 그러나 실생활에서의 언어 사용은 편향적이고 경쟁적이며 문법 패턴도 다양하다. 이 사실을 알고는 있었지만 교과서에서는 거의 인정하지 않았다. 그럼에도 많은 응용언어학자들은 오랫동안 학습자들이 실제적인 텍스트를 검토하여 언어가 실제로 어떻게 사용되는지 발견할 수 있도록 해야 한다고 주장해 왔다(예: Bolitho et al. 2003; Bolitho and Tomlinson 2005; Tomlinson 1994, 2007, 2009, 2010).

요즘 자주 듣는 질문(적어도 이 섹션의 세 챕터 모두에 함축되어 있는)은 학습자가 실제적인 언어 사용에 어느 정도 접촉할 필요가 있는가 하는 것이다. 실제 언어의 혼돈으로부터 학습자를 보호하고 위계와 체계성을 담보하기 위해서 실제 언어 사용을 교육적으로 단순화할 필요가 있다고 주장할 수도 있다-즉, 학습자는 단순한 것부터 배워야 한다, 학습자에게는 문법이 필요하다, 정확하게 사용할 수 있어야 한다. 그러나 학습자들은 실세계에서의 상호작용에 대비할 필요도 있다. 학습자들은 자신들이 상호작용하고 있는 화자와 작자의 의미뿐만 아니라, 그 의도도 알아야 한다. 그리고 정확하고 적절해야 할 뿐만 아니라 효율적인 언어 또한 산출할 수 있어야 한다. 그렇기 때문에 학습자들은 체계적으로 학습할 수 있게 설계되었지만 동시에 실제적인 목표 언어 사용을 경험할 수 있도록 작성된 자료들이 필요하다. 필자의 경험상 처음에 모어의 문법 패턴의 가변성을 반영할 수 있도록 도움을 주고, 초급 단계에서 목표 언어가 규칙으로 묶여 있다고 속이지 않고, 목표 언어가 원리를 따르는 방법을 이해하고 규칙을 따르기보다 패턴을 개발하는 방법을 이해하도록 학습자를 돕는다면 이러한 교재를 사용한다고 해서 문제될 것은 없다.

이 섹션의 논문 세 편에서는 모두 실제적 언어 사용을 수집한 말뭉치로부터 얻은 데이터를 활용한 언어 학습 자료가 필요함을 설득력 있게 주장하고 있다-세 편 모두 말뭉치 자료의 샘플만을 제시하고 학습자가 배우기를 기대하는 것은 충분하지 않다고 경고한다. 그리고 언어 인식 접근법이 학습자가 실제적 언어 사용에 노출되도록 돕는 가장 적절한 방법이라고 간주한다. 필자는 이 세 가지 포인트에 모두 동의하며, 특히 실제 언어 샘플에서 학습자 스스로가 패턴과 경향을 발견하는 데 에너지와 관심을 쏟도록 유도하는 것이 중요하다는 주장을 지지한다. 필자의 경험에 따르면, 학습자들은 언어 학습의 초기 단계에서부터 스스로 발견함으로써 자신감과 호기심을 얻을 수 있다. 그렇게 얻은 지식을 통해 학습자들은 입력 속 눈에 띄는 자질에 더 주의를 기울일 수 있게 되고, 이는 다시 언어 습득을 촉진시키고, 자신감과 자부심을 증가시키며, 학습자들이 더 독립적이 되도록 돕는다.

언어 발견을 돕는 매우 효과적인 방법 중 하나는 학습자가 목표 언어의 문법을 사용해 보게 하는 것이다. 교사는 학습자가 일반화한 발견들을 바인더(컴퓨터 문서가 더 좋다)의 패턴 항목 아래에 실제 용례와 같이 기록하도록 하는 언어 인식 활동을 제공한다. 학습자들은 교실 안팎에서 얻은 추가적인 문법 예를 통해 자신의 일반화를 수정하고 발전시켜 간다 -교사는 가끔 학습자가 작성한 문법을 모니터한다. 학습자가 자신의 발견을 활용하도록 하는 또 다른 방법은, 학습자가 특정 목적을 위해 텍스트를 생성하고 유사한 실제 텍스트에서 그것을 발견하도록 한 다음 발견한 것들을 이용하여 텍스트를 개선하게 하는 것이다(Tomlinson 2003).

학습자가 자신의 발견을 활용하도록 하는 또 다른 방법은 학습자가 특정 목적을 달성하기 위해 텍스트를 생산하고, 유사한 텍스트에서 발견하게 한 다음, 발견한 것을 활용하여 그들의 텍스트를 개선하게 하는 것이다(Tomlinson 2003). 과정이 끝날 때쯤 되면 학습자는 자신이 쓴 목표 언어의 문법서를 하나씩 가지게 되는데, 이 문법서는 과정이 끝난 후에도 원한다면 추가할 수도 있고 삭제할 수도 있다.

학습자의 발견을 활용할 수 있는 또 다른 방법은 특정 목적을 위해 텍스트를 작성하도록 하고(예: 아이들을 즐겁게 하기 위한 스토리, 게임에 새로 도입된 플레이어의 규칙 목록, 식사 준비를 위한 구두 지침), 거기에서 발견한 내용을 활용하여 텍스트(Tomlinson 2003)를 작성할 수 있다. 현재까지 출판된 언어 인식 교재는 학습자가 목표 언어의 문법적이고 의미적인 체계에 대한 발견을 유도하도록 구성된 예를 사용하는 경향이 있었다(예: Bolitho and Tomlinson 1995).

이러한 교재들은 학습자 투자를 장려하고 학습자의 발견을 용이하게 하는 데는 유용하지만, 실제 담화의 비판적 분석을 통해 학습자의 담화적 지식, 특히 담화 참여자의 전략 사용의 개발을 돕는 자료 개발에 대한 강력한 주장이 있다(Tomlinson 1994). 학습자는 문법적, 어휘적 옵션이 무엇인지 뿐만 아니라 어떤 상황에서 어떤 전략이 효과적일 수 있는지 알아야 한다. 교실 사용을 위해 이러한 전략 인식 활동을 고안할 수도 있지만, 목표 언어의 사용자가 의도한 목표를 달성하는 방법에 대한 실세계에의 노출로부터 발견하도록 학습자를 유도하는 것이 훨씬 유용한 활동일 수 있다.

이러한 조사 활동은 비-원어민(또는 Prodromou(2003)이 SUEs라고 부르는)이 의도한 효과를 얼마나 성공적으로 달성하는지에 초점을 둘 것이다. 그러한 전략적 인식 활동은 교실 사용을 위해 고안될 수 있지만, 훨씬 더 수익성이 높은 활동은 학습자가 대상 언어의 사용자가 의도한 효과를 달성하는 방법에 대한 실제 노출로부터 발견하도록 유도하는 활동이 될 수 있다. 많은 학습자들을 위한 그러한 조사는 성공한 비원어민이 의도한 효과를 얻는 방법에 초점을 맞출 것이다.

Part A의 초점은 실제적 언어 데이터의 분석에 있지만, 사용 중인 언어를 조사하고 실제로 경험하는 것도 매우 중요하다. 다시 말해, 학습자의 관심이, 사용되고 있는 언어보다는 상호작용에서 의미와 의사소통적 역할에 초점을 두는 시간이 있어야 한다. 목표 언어 사용이 없는 환경이라면, 학습자는 교사나 자료의 도움을 받아 다독이나, 듣기, 시청, 혹은 인터넷에서 이해가능한 입력에 접근하거나 능숙한 영어 사용자와의 만남을 통해서 실제 사용 중인 목표 언어에 유의미하게 접근할 수 있을 것이다. 이는 모든 학습자에게 해당되지만 특히 분석적이 아닌 경험적인 학습 스타일을 선호하는 많은 학습자에게 해당된다. 언어 인식 활동은 매우 가치가 있지만 그렇다고 결코 충분할 수는 없다.

참고 문헌

Bolitho, R. and B. Tomlinson. 1995. *Discover English*, 2nd edn. Oxford: Heinemann.

_____ 2005. *Discover English*, 3rd edn. Oxford: Macmillan.

Bolitho, R., R. Carter, R. Hughes, R. Ivanic, H. Masuhara and B. Tomlinson. 2003. 'Ten questions about language awareness'. *ELT Journal*, 57(2): 251-9.

Prodromou, L. 2003. 'In search of the successful user of English', *Modern English Teacher*, 12(2): 5-14.

Tomlinson, B. 1994. 'Pragmatic awareness activities'. *Language*

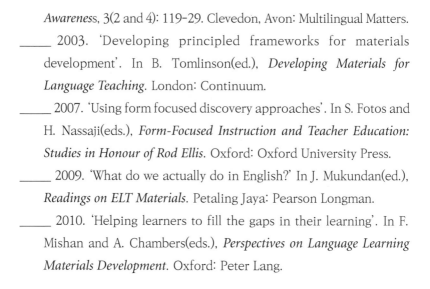

Awareness, 3(2 and 4): 119-29. Clevedon, Avon: Multilingual Matters.

_____ 2003. 'Developing principled frameworks for materials development'. In B. Tomlinson(ed.), *Developing Materials for Language Teaching*. London: Continuum.

_____ 2007. 'Using form focused discovery approaches'. In S. Fotos and H. Nassaji(eds.), *Form-Focused Instruction and Teacher Education: Studies in Honour of Rod Ellis*. Oxford: Oxford University Press.

_____ 2009. 'What do we actually do in English?' In J. Mukundan(ed.), *Readings on ELT Materials*. Petaling Jaya: Pearson Longman.

_____ 2010. 'Helping learners to fill the gaps in their learning'. In F. Mishan and A. Chambers(eds.), *Perspectives on Language Learning Materials Development*. Oxford: Peter Lang.

Part B

교재 작성 프로세스

5
교재 작성 틀

David Jolly and Rod Bolitho

5.1 서론

본 장에서는 독자에게 교사가 수업을 위한 교재 작성 프로세스의 여러 측면들의 실질적인 아이디어를 제공하고자 한다. 이는 교재 작성 프로세스를 설명한 사례 연구를 통해 살펴본다.

이러한 실제적 검토를 위한 출발점은 언어 교재에 가장 많이 관여한 사람들의 생각과 느낌을 통해서이다. 아래는 영어 교사와 학습자의 실제 목소리가 담긴 코멘트들이다. 각각의 진술들은 교재 작성에 의미를 지닌다.

5.1.1. 연습

표현된 의견과 사용된 언어에 주목하면서, 아래에 있는 코멘트를 통해 자신은 교재 작성의 의미에 대해 어떻게 생각하는지 짧게 메모하고 싶어질 것 같기도 하다.

> 내가 사용하는 교과서는 '진짜' 영어를 다루는 것 같지 않다. (이탈리아 중학교 교사)

> 내 꿈은 영국의 축구 리포터가 되는 것이라 많이 익숙해질 필요가 있는데... (영국 학교의 중상급 과정에 있는 덴마크인)

언어 학습 출판물 중에는 실제 영어 자료가 많이 있지만 위의 이탈리아 교사는 아마도 미리 정해져 있는 교재를 사용하고 있고 실제적인 언어나 텍스트를 이용하는 데 실패한 듯하다(4장의 Ronald Carter, Rebecca Hughes & Michael McCarthy 참조). 그래서 이 교사는 교재의 필요성을 확인하였다. 다른 맥락이기는 하지만 이와 유사하게, 두 번째 인용구에서는 새로운 교재의 필요성, 특히 다양한 듣기와 읽기 텍스트 유형을 확인하였다. 왜냐하면 덴마크인 학습자의 요구를 정확히 맞추기 위해 저자가 알고 있는 이용할 만한 교재나 교재 꾸러미가 없기 때문이다.

> 기관에서 사용하는 교과서에는 'please'를 사용하라고 적혀 있으며 'would'는 간단한 요청을 할 때, 'would you mind'는 좀 더 정중한 요청을 할 때 사용하라고 적혀 있다. 나는 'could you possibly...'과 같은 다른 표현을 더 많이 들었다. (크로아티아 저녁 수업 기관의 교사)

> noughts와 zeros와 nothings의 쓰임이 혼란스럽다...
> (영국에 있는 숙달도가 낮은 과정의 아르헨티나 학생)

저녁 연수회에서는 연습 교재를 만드는 것이 필요하다는 것을 파악하였으나 크로아티아 교사는 자신이 원하는 바와 같이 최대한 효과적으로 가르치기 위한 '요청' 언어 항목에 대해 충분히 알지 못한다고 생각한다. 교재는 필연적으로 모든 학습자에게 적합하지 않는 또는 모든 교사를 만족시키지 않는 특정 언어 기능에 사용되는 요소들을 교육적으로 선택한다. 교사는 수업에 필요한 보다 유익한 교재를 만들기 위해 '요청' 기능 영역에 대한 언어 **조사**를 해야 한다. 두 번째 인용문에 '혼란'이라는 단어가 포함되어 있다는 의미는 여기에서도 교재 작성이 아르헨티나 학생의 요청에 응답하기 전에 언어학 및 의미론적 탐구를 해야 할 필요가 있음을 알 수 있다(본서 3장 Jane Willis 참조). 경험이 많은 원어민 화자조차도 자연스럽게 'naught', 'nil', 'nothing', 'love', 'zero', 'o' 등의 용도를 찾아내고 상황을 거기에 맞게 정하는 것에 어려움을 느낀다.

> 매우 훌륭한 책이고 매우 생동감이 있으나 '과정' 부분에서 예를 들어, 모든 연습은 우리나라의 특이한 것에 관한 것이다. 우리는 더운 나라이며 무슬림도 많다. 연습은 눈, 얼음, 추운 아침, 물탱크(수조)에 대한 것이며, EFL 교재 집필과 출판 그리고 와인을 만드는 것이다. 우리나라에서 와인과 대마를 만들 수 없다고 말할 수 있다!
> (코트디부아르에서 온 경험 많은 교사)

> 이전 교재는 브라질에서의 생활을 기반으로 하지 않았기 때문에 나는 교재를 잘 만들었다고 생각하지 않는다...
> (브라질 학교에서 영어를 가르치는 교사)

> 선생님 ... 오페라가 뭔가요?
> (읽기 내러티브 연습을 위해 고안된 교재를 사용하는 다국적 교실의 이라크 학생)

이러한 세 인용문의 의미는 언어적인 것이 아니라 오히려, 교재에 대한 적절한 **문맥화 실현**의 문제를 다루고 있다. 수업 과정에서 코트디부아르 교사에게 제공되는 교재는 학생들의 문화적 경험 외의 것이 될 수 있으므로 (위협적일 수도 있음) 사실상 무용지물이다. 반대로, 브라질 교사에게는 브라질의 환경과 친숙한 관습을 선택하는 것이 본질적으로 더 많은 동기를 부여하기 때문에 멀리 떨어져 있는 외국어 환경에 비해 분명한 이점이 있다. 이라크 학생의 말에 따르면 오페라 개념에 익숙하지 않으면 읽기 활동의 효과를 떨어뜨리기 쉬우나 이 학생의 경우에는 호기

심도 있고 교재를 완전히 다르게 여기기보다 기묘하고 이국적으로 여기기 쉽다(지역화된 문화 콘텐츠의 바람직함은 Alptekin(2002)를 참조하고, 진정성 및 문맥에 대한 문제는 Widdowson(1996)을 참조하라).

다음 예는 Brian Abbs 및 Ingrid Freebairn이 작성한 *Developing Strategies*에서 불확실성의 정도를 다루는 단원을 기반으로 한 것이다. 교재에서 학생들은 슈퍼마켓에서 쇼핑을 하는 남자를 예로 들었는데 그 남자는 슈퍼마켓에서 돈을 낼 때 지갑을 잃어버린 것을 알았다. 학생들에게 남자가 어디에서 지갑을 잃어버렸는지를 추측하게 하였다.

**예시 1 (영국 언어 학교 교실의 학생들은 짝으로 활동하고 있다;
여기에서 초점은 학생 발화의 내용이 아닌 언어 사용에 있다.)**

짝 1 A: His wallet must have fallen down the trolley …

B: He must have forgotten it there …

짝 2 C: Perhaps he left it on the shopping trolley…

D: Perhaps he left it on the car…

E: No, perhaps he drop it in the cleaner's …

위에 제시된 연습에서 학생들은 정보가 제시된 사건과 관련된 상대적인 가능성에 대해 진술하도록 요구받았다. 그러나 한 가설에 대한 근거가 다른 근거보다 더 강하지 않기 때문에 학생들은 연습을 함으로써 정확한 형태를 만들지만 이는 무작위로 진술하게 된다. 필요성을 인정하는 측면에서, 언어를 조사하는 것은 부족한 것을 보충하고 연습을 위한 합리적인 문맥을 찾도록 한다. 이 연습은 아마 기준을 통과한다고 말할 것이다. 분명하게 실패한 것은 교재의 교육학적 실현이다. 즉, 이러한 교재가 학생들이 많든 적든 얼마간 진술을 하도록 하는 의미 있는 연습을 제공하려는 의도라면, 분명 실패한다. 교재 개발자의 과업은 언어 학습 활동의 필요성을 충족시키기 위한 명확한 연습과 활동을 제공하는 것이다. 일부는 이것이 교재 개발의 핵심이라고 말하기도 한다. 교재의 효과적인 교수법 실현의 일부는 메타언어의 적절한 사용을 포함하여 지시사항을 효과적으로 작성하는 것이다. 적절하지 않은 지시사항은 학습자의 귀중한 시간을 낭비하도록 한다. 여기에 대한 예는 아래와 같다.

> 하지만 파올라, 나는 전체 텍스트 단어를 단어로 복사하려고 하지 않았어. 너는 요약본을 수정해야 해. (영국 출신의 교사가 자기 주도적 학습 듣기 교재를 사용하는 중급 단계의 이탈리아 학생에게)

> 이 교재의 레이아웃이 너무 복잡하며 특히 두 장으로 연결되는 페이지를 보는 것이 어려워 학생들이 혼란스러워 할지도 모른다.
> (영국의 언어 학교에서 잘 알려진 유명한 '글로벌' 강좌의 집중 언어 과정의 영국 교사)

> 개나 우스운 동물 그림...
> (교사가 만든 활동지/연습지를 사용하는 스페인 학습자)

교재의 **물리적인 외형과 생산**(physical appearance and production)은 동기와 교실 효과에 모두 중요하다. 교재 제작에 참여하는 교사는 훌륭한 출판사에 기대할 수 있는 표현과 동일한 관심과 주의를 기울여야 한다. 비록 첫 번째 인용구는 훌륭한 출판사조차도 일을 제대로 하지 않은 것을 보여주지만 말이다.

> 나는 교재를 제작할 뿐 그것을 모두 가르치는 것은 아니길 바란다.
> (중동부 지역의 기술 학교에 있는 영국 교사)

위의 언급은 이 교사에게는 교재 제작이 그 자체의 목적으로 여겨진다는 의미이다. 그러나 완전히 다른 시각에서는 교실에 대한 지속적인 언급 없이는 과정에서의 교재 제작이 무의미하다고 믿는다. 요약하면, 요구가 생기고, 교재가 작성되고, 교재가 교실에서 필요한 것을 충족시키기 위해 **사용되고**, 나중에는 **평가된다**. 평가는 교재를 다시 제작해야 하는지, 버려야 하는지 또는 유사한 유형으로 묶었을 때 다시 사용할 수 있는지 여부를 보여준다. 교재를 제작하는 것은 교수 활동의 일부분일 뿐이다(이 책 1장 참고).

연습

이제 다음 인용문을 검토할 수 있다.

교재 제작을 위해 각각의 의미를 생각해보라. 인용문 중 일부는 하나 이상의 의미를 지니고 있다고 느낄 것이다. 가능하다면, 동료와 그 의미에 대해 논의해 보라. 이번에는 논평을 추가하지 않을 것이다.

(a) '이 책 *Welcome 3*은 현대의 주제와 그 책과 함께 나오는 테이프가 있기 때문에 내 경험에서 정말 잘 사용하였다'(스위스 학교 교사)

(b) '듣기 이해를 위한 테이프는 소음이 많아 대화자의 말을 이해하기가 어렵다.'(러시아 중등 학교 교사)

(c) '학생들은 말하기 연습을 하는 동안 혼란스러워한다.' (오스트리아 학교 교사)

(d) '내 경험상 활동이 잘 이루어지지 않는 교재는 의사소통 교수법에 기초한 교과서뿐이며, 학생들이 그 책을 따라 가기가 어렵기 때문에 몇몇의 연습 문제가 있다.' (루마니아 학교 교사)

(e) 'Rafid, 내 생각에는, 이 과제에서 무엇을 사용해야 했는지에 대한 오해가 있는 것 같다. 사진은 자전거 바퀴를 바꾸기 위해 무엇을 해야 하는지를 말해 주고, 그것을 위한 설명을 쓸 것을 기대했다. 하지만 지난주에 자전거 바퀴를 어떻게 바꾸었는지에 대해 썼다. 왜?' (영국에서 한 아르메니아 학생의 과제를 채점하는 영어 교사)

(f) 'Schon wieder so ein dummes Übungsgespräch!' ['또 다른 멍청한 대화 연습!'] (초등학교 수업에서 관광객 / 경찰관 대화를 언급하는 독일 학습자)

(g) '우리의 영어 교재에서는 영화배우와 가수, 유명한 사람들에 대한 읽기 자료만 있었다. 나는 미국 사람들이 어떻게 사는지 알고 싶었다.' (영국에 가 본 적이 없는 터키 대학생)

5.2 교재 작성 프로세스

이 시점에서는 교재 작성 프로세스와 관련된 다양한 단계를 플로차트의 형태로 요약하는 것이 적절할 것이다. 〈그림 5.1〉은 위에서 제시한 함축적 의미가 교사가 새로운 교재를 제작하기 위해 수행해야 하는 간단한 활동 순서로, 어떻게 배열될 수 있는지를 간단하지만 역동적인 방식으로 나타낸다.

대부분의 교재 제작자는 이러한 방향으로 움직이고, 항상 이 순서대로는 아니지만, 이러한 단계의 일부 또는 전부를 사용한다. 교재를 위해 필요한 것을 식별하는 것에서부터 교실에서 최종적으로 사용하는 것까지를 옮기는 것이다. 일부 교재 제작 과정의 단순화된 버전은 대부분의 출판사가 어떤 업무에 제약을 받는지를 분명하게 보여준다. 그러나 이 모델의 일방향 단순성으로 인해 많은 교재가 출판되었거나 자신의 동료 또는 파일 캐비닛에서 그것이 발견될 수 있다. 그렇다 할지라도 많은 교사와 학생이 기대했던 우수성에 대한 최종적인 탁월함이 부족하다. 여러 가지 면에서 교사가 참여하는 적절한 수정보다 교재 자체의 탁월성은 출판물 자체에 있다. 〈그림 5.1〉의 간단한 순서는 교재 제작이 역동적이고 자기 조정적인 과정이 될 수 있는 범위를 설명하는 데에 실패하였다.

〈그림 5.1〉

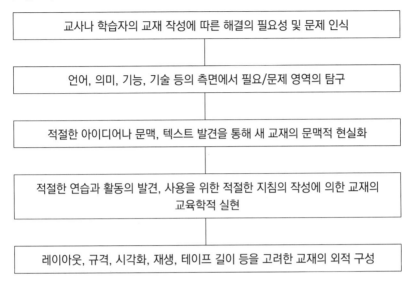

| 교사나 학습자의 교재 작성에 따른 해결의 필요성 및 문제 인식 |
| 언어, 의미, 기능, 기술 등의 측면에서 필요/문제 영역의 탐구 |
| 적절한 아이디어나 문맥, 텍스트 발견을 통해 새 교재의 문맥적 현실화 |
| 적절한 연습과 활동의 발견, 사용을 위한 적절한 지침의 작성에 의한 교재의 교육학적 실현 |
| 레이아웃, 규격, 시각화, 재생, 테이프 길이 등을 고려한 교재의 외적 구성 |

교실에서의 사용

첫 번째로 교실에서 사용이 끝나면 교재 생산과 교재 사용에 대한 요구 조사가 효과적으로 충족이 되었는지를 확인한다. 부족한 것은 교실에서의 사용을 넘어선 단계, 즉 사용된 교재의 평가 단계이다. 평가 행위(본서 1장 Brian Tomlinson 참조)는 적어도 이론석으로는 교사/저자가 목표를 가지고 있는지 또는 목표에 충족하지 않았는지 그 여부를 조사하도록 강요하기 때문에 과정을 동적인 단계로 바꾼다. 더 나아가 목적을 달성하지 못하는 것은 초기에 확인된 요구와 궁극적인 사용 사이에 개입하는 단계의 일부 또는 전부와 관련이 될 수 있다(물론 실패가 완벽한 교재를 적절하게 사용하지 못하여 나타난 것일 수도 있지만 적절하게 사용하지 못한 것이 잘못된 생산과 직접적으로 관련이 있는 것을 제외하고는 교재 평가보다 교실 관리가 더 문제가 된다.)

두 번째로 사람의 마음은 문제의 해결점을 찾고자 할 때 위에서 제시한 선형적인 방식으로 작동하지 않는다. 예를 들어 특정 언어 연습이 어떤 형태로 이루어질 수 있는지에 대한 제안은 언어 사용에 대한 자발적인 두 번째 사고를 만들 수 있다. 교재의 물리적인 생산에 대해 궁금해 하는 것은 문맥화에 대한 생각을 유발할 수 있다(Johnson 2003 참조). 따라서 서면 교재의 필수 구성 요소로 평가하는 것 외에도 우리는 전체 과정을 역동적이고 자기 조절적으로 만드는 다양한 선택적 경로와 피드백 순환을 상상해야 한다. 그러면, 우리는 언어 교재의 실패 이유를 구체적으로 다루고, 교재 집필 중이나 사용 후 개선점에 대한 단서를 제공할 수 있을 것이다. 〈그림 5.2〉 참조.

〈그림 5.2〉 새로운 또는 각색된 교재의 생산을 통한 교사의 길

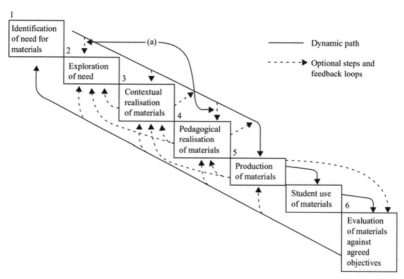

Notes

a) 완전히 새로운 교재를 만들 때조차 이미 계획된 단계 중의 일부가 저자를 위해 행해진 경우가 있을 수 있다.

b) 교재는 학생들의 사용 없이 예를 들어 동료나 전문가에 의해 생산되고 평가될 수 있다. 대부분의 출판사들은 이러한 방식으로 작업한다. 이는 특정 집단의 학습자들이 사용한 후에 평가해야 한다는 필요성을 감소시키지 않는다.

5.3 사례 연구

다음 사례 연구는 실제 교재 샘플이 다양한 교수 환경에서 어떤 단계를 거치며 무엇이 어떻게 고려되는지를 보여 준다.

5.3.1 사례 연구 1

중급 수준의 교실을 위해 만든 교재

요구 식별	학생들은 텍스트를 읽으면서 '이제 수상이 비판자들의 말을 더 주의 깊게 들어야 할 때다'라는 문장을 발견한다. 그들은 과거형과 'listened'라는 동사의 실제 의미 사이의 명확한 충돌에 당황한다. 그들은 설명과 더 많은 예를 요구한다.
언어 조사	교사는 'it's time'에 대한 *Practical English Usage*(Swan: 286, 부록 참조)와 가정 의미에 대한 견해의 단면을 얻기 위해 다른 두 가지 교육 문법에 대해 응답하고 상담할 것을 약속한다.
문맥화 실현	교사는 '가설적 의미(Hypothetical Meaning)'에 대한 활동지를 제작하여 학습자의 마음속에 개념과 관련 언어를 고정시키고, 외부 텍스트 자료(《그림 5.3》)보다는 학생들의 일상적 경험을 바탕으로 연습을 위한 단순화된 문맥을

	제공하기로 결정한다. 이 활동지는 교실 수업 활용을 위한 것이며, 실제 교수를 강화하기 위한 것이다. 활동지의 **3단계**에 사용된 이름은 교실 수업에 참여한 학생들과 동료 교사들의 것이다.
교육학적 실현	교사는 처음에는 구별에 초점을 맞춘 연습과 관련된 동사 형태(단계 1)를 사용하여 대조학적인 접근(사실 VS. 가설)을 한다. 학생들이 사용할 수 있는 패턴을 확립하기 위한 충분한 예가 제시된다. 일단 기본 **개념**이 인식되면, 가상의 의미를 포함하는 문장의 **의사소통 기능**이 도출된다(단계 2와 3). 초점은 무언의 의미와 화자의 태도에 있다. 교사는 더 많은 연습/학습을 위한 참고 자료를 제공한다.
물리적 생산	활동지는 워드 문서로 제작되어 학생들에게 복사 및 배포된다.
사용	수업 시간에 활동지를 소개한 다음 집에서 활동지를 완성하고 다음 수업 시간에 확인한다.
평가	활동지에 대한 학생들의 코멘트와 어려움은 다음 예와 같다. 1. 1단계에서는 문장에 사실**과** 가설이 들어 있다(이는 교사를 '교육학적 실현'으로 돌려보내어, 2절에서 변화된 설명과 강조를 이끌었다.) 2. "if" 문장도 긍정적일 수 없을까? 단지 후회를 표현하는 것일까?'(이 학생은 교사를 조사 단계로 되돌아가 중요한 것을 알아차리게 하여 활동지의 수정된 버전의 2단계에서 두 가지 예를 추가하였다.)

3. 교사는 'I wish you would finish …' 와 'I wish you had finished …' 와 같은 문제들에 주목했다. 더 나아가 조사는 '가능' vs '불가능한 소망'에 대한 후속 활동지의 생산을 이끌었다.

4. 학급의 학생들은 3단계를 좋아했으며, 그룹의 다른 구성원과 유사한 문장을 만드는 것을 즐겼다.

〈그림 5.3〉 버전 1, 가설적 의미

가설적 의미: 활동지

	사실	가설

1단계

(a) 사실인가? 가설인가?

각 문장을 보고, 오른쪽 박스에 체크 표시 하십시오.

1. I'm pleased that you've finished the work.
2. I wish you would finish the work.
3. It's time you finished the work.
4. I wish you had finished the work.
5. If only you had finished the work.
6. I see that you've finished the work.
7. If you had more time you would soon finish.
8. I'm surprised that you've finished the work.

(b) 이제 각 문장에서 '끝나다' 동사 형태에 밑줄을 긋습니다. 사실에는 공통점이 무엇입니까? 가설에는 공통점이 무엇입니까? 이러한 동사 형태들 중

몇몇에 대해 역설적인 것은 무엇입니까? 이러한 질문에 대한 답을 얻을 수 있는 몇 가지 예가 있습니다.

1. It's time the Americans substituted action for words on climate change.
2. If I were in government I'd think twice before interfering in another country's affairs.
3. There are plenty of senior figures in government who wish we hadn't invaded Iraq.
4. If the UK hadn't insisted on sticking to the pound, we might not have been hit so hard by the recesstion.
5. If only England had a player of Ronaldo's calibre.

2단계

가정의 의미를 지니는 문장들 '뒤'에 아이디어가 있습니다. 다음 예시들을 보십시오.

It's time you had your hair cut. (It's too long)
I wish my brother were here with me. (But he isn't)
If only I had worked harder. (But I didn't)

(a) 이제 각 문장의 뒤에 아이디어를 제공하십시오.

1. I wish you didn't smoke so heavily. (   )
2. It's time we went home. (   )
3. Just suppose you had dropped the bottle. (   )
4. If only you had listened to your mother. (   )
5. I'd have bought the car if it hadn't been yellow. (   )

6. It's high time you got rid of that old jacket. (   )

7. If I were you I'd catch the early train. (   )

8. He looked as though he'd seen a ghost. (   )

위의 예들 중 어떤 것을 표현하는가?

(a) 후회?

(b) 조언?

(c) 강한 제안?

(d) 바람?

(e) 비난?

(b) 이제 이 두 문장 사이에서 <u>화자의 심리 차이</u>를 설명하려고 노력해 봅시다.

I.   (a) 'It's time to leave.'

    (b) 'It's time we left.'

II. (a) 'It's time to get up.'

    (b) 'It's time you got up.'

III. (a) 'It's time for us to take a break.'

    (b) 'It's high time we took a break.'

3단계

각 경우에 괄호 안의 지시사항을 사용하여 이러한 상황에 대응하거나 전개할 진술을 작성하십시오.

1. It's 9.30 and René still hasn't arrived in class. (이 문제에 대해 비난하듯이 진술하시오.)

2. Adrian's hair is rather long. (머리를 자르라고 충고하시오.)

3. Nathalie hasn't done her homework. (다음에는 숙제를 하라고 충

고하시오.)

4. You haven't worked very hard during the course. (후회를 표현하시오.)

5. Pauline is still teaching at 12.45. (그녀를 비난하시오.)

6. Thomas asks to borrow your rubber for the tenth time. (강력히 제안하시오)

7. You went out last night and there was a James Bond film on TV. (생각이나 감정을 표현하시오)

8. It's 8 pm and your landlady still hasn't put dinner on the table. In fact, she's painting her toenails. (강력한 제안을 하기 위해 질문을 사용하시오.)

참조(학생용)

아래를 참고하십시오.

Murphy, R. 1996. *English Grammar in Use* (2nd edn.) Units 37 and 38. Cambridge: Cambridge University Press.

Swan, M. 2005. *Practical English Usage* (3rd edn.) Sections 258–264. Oxford: Oxford University Press.

가설적 의미: 활동지

사실	가설

1단계

(a) 사실인가? 가설인가?

각 문장을 보고, 오른쪽 박스에 체크 표시 하십시오.

1. I'm pleased that you've <u>finished</u> the work.
2. I wish you <u>would finish</u> the work.
3. It's time you <u>finished</u> the work.
4. I wish you <u>had finished</u> the work.
5. If only you <u>had finished</u> the work.
6. I see that you've <u>finished</u> the work.
7. If you had more time you <u>would</u> soon <u>finish</u>.
8. I'm surprised that you've <u>finished</u> the work.

(b) 이제 각 문장에서 '끝나다' 동사 형태에 밑줄을 긋습니다. <u>사실</u>에는 공통점이 무엇입니까? <u>가설</u>에는 공통점이 무엇입니까? 이러한 동사 형태들 중 몇몇에 대해 <u>역설</u>적인 것은 무엇입니까? 이러한 질문에 대한 답을 얻을 수 있는 몇 가지 예가 있습니다.

1. It's time the Americans substituted action for words on climate change.
2. If I were in government I'd think twice before interfering in another country's affairs.
3. There are plenty of senior figures in government who wish we hadn't invaded Iraq.

4. If the UK hadn't insisted on sticking to the pound, we might not have been hit so hard by the recesstion.

5. If only England had a player of Ronaldo's calibre.

<u>2단계</u>

가정의 의미를 지니는 문장들 '뒤'에 아이디어가 있습니다. 다음 예시들을 보십시오.

It's time you had your hair cut. (It's too long)
I wish my brother were here with me. (But he isn't)
If only I had worked harder. (But I didn't)

(a) 이제 각 문장의 뒤에 아이디어를 제공하십시오.

1. I wish you didn't smoke so heavily. (   )

2. It's time we went home. (   )

3. Just suppose you had dropped the bottle. (   )

4. If only you had listened to your mother. (   )

5. I'd have bought the car if it hadn't been yellow. (   )

6. It's high time you got rid of that old jacket. (   )

7. If I were you I'd catch the early train. (   )

8. He looked as though he'd seen a ghost. (   )

위의 예들 중 어떤 것을 표현하는가?

(a) 후회?

(b) 조언?

(c) 강한 제안?

(d) 바람?

(e) 비난?

(b) 이제 이 두 문장 사이에서 <u>화자의 심리</u> 차이를 설명하려고 노력해 봅시다.

I.   (a) 'It's time to leave.'

    (b) 'It's time we left.'

II.   (a) 'It's time to get up.'

    (b) 'It's time you got up.'

III.   (a) 'It's time for us to take a break.'

    (b) 'It's high time we took a break.'

3단계

각 경우에 괄호 안의 지시사항을 사용하여 이러한 상황에 대처하거나 전개할 진술을 작성하십시오.

1. It's 9.30 and René still hasn't arrived in class. (이 문제에 대해 비난하듯이 진술하시오.)

2. Adrian's hair is rather long. (머리를 자르라고 충고하시오.)

3. Nathalie hasn't done her homework. (다음에는 숙제를 하라고 충고하시오.)

4. You haven't worked very hard during the course. (후회를 표현하시오.)

5. Pauline is still teaching at 12.45. (그녀를 비난하시오.)

6. Thomas asks to borrow your rubber for the tenth time. (강력히 제안하시오.)

7. You went out last night and there was a James Bond film on TV. (생각이나 감정을 표현하시오.)

8. It's 8 pm and your landlady still hasn't put dinner on the table. In fact, she's painting her toenails. (강력한 제안을 하기 위해 질문을 사용하시오.)

5.3.2 사례 연구 2

요구 식별	시간이 지남에 따라 개발과 변화에 대한 서술을 연습하기 위한 교재 (쓰기 교수요목을 참조하여 교사가 식별할 필요가 있음.)
언어 조사	수행되지 않음.
문맥화 실현	자료에 나오는 역사에서 네 번째 단계에서 볼 수 있는 고립된 섬의 단순하고 보편적인 문맥
교육학적 실현	정보 소개. 학생에게 소개. 네 개의 레이블 도표, 그림 형태와 메모로 발달 과정을 보여줌(〈그림 5.5〉 참조).
물리적 생산	상단에 있는 소개와 지시사항. 손으로 그린 그림과 그린 것을 복사한 것.
교재 사용	유럽, 아시아 및 북아프리카 학생들에게 학술적 글쓰기 과정에 참여하면서 글쓰기 초안을 만들도록 하였으며 시간 제한은 없었음.

교재 평가	이는 다음을 나타낸다. 1. 요구를 정확하게 **파악하였다.** 2. 적절한 **언어 조사**가 이루어지지 않았기 때문에 다른 요구는 여전히 충족되지 않았다. 예) language of time duration 3. **문맥화 실현**은 매우 좋고 잘 이해되었으나 어떤 면에서는 실제로 부정확하다. 4. 학생들에게 부족한 연습을 이끌어 낸 **교육학적인 깨달음**에는 다음과 같은 것들이 있었다. (i) 독자의 감각이 부족하여 글이 왜곡되었다. (ii) 지시 사항이 혼란스러웠다. (iii) 어떤 표지는 혼란스러웠다. 5. **물리적 생산**에 결함이 있었는데, 특히 시각적 측면에서 학생들을 혼란스럽게 했다.

<그림 5.5> 버전 1, 헤이마에이 섬의 화산

쓰기   DEVELOPMENTAL NARRATIVE
        THE VOLCANO ON HEIMAEY

소개   하이메이 섬은 아이슬란드 근처의 섬이다. 오랫동안 활동하지
        않았던 화산은 이전에 응고된 물질을 분출하고 화산재를 흩뿌
        리며 격렬하게 분출할 수 있다.

쓰기   다음 그림을 주의 깊게 살펴본 후 지난 1,000년 동안의 하이메
        이 섬의 발달에 대해 설명하십시오.

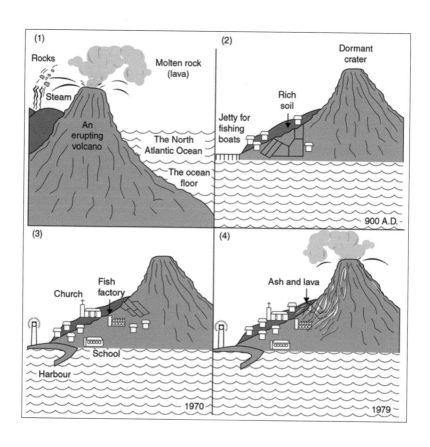

교재 다시 쓰기

　평가 피드백은 위의 (3), (4), (5)에 기초하여 변경되어 교재 개정과 버전 2의 출판으로 이어졌다.

〈그림 5.6〉 버전 2, 헤이마에이 섬의 화산
<u>발달 과정을 과거 시제로 바꿔 기술해 보시오.</u>

<u>쓰기</u>	<u>THE ISLAND OF HEIMAEY</u>
<u>소개</u>	하이메이 섬은 북대서양에 있는 아이슬란드 근처에 있는 섬으로, 300년 전에 형성된 화산섬이다. 오랫동안 활동하지 않았던 화산은 격렬하게 분출하여 화산재와 이전에 응고된 물질을 분출할 수 있다.
<u>쓰기 과제</u>	다음 그림들을 주의 깊게 살펴보자. 1973년에 형성된 이래 하이메이 섬의 변화를 보여주고 있다. 다음 페이지에 하이메이 섬의 발달에 대해 쓰시오.

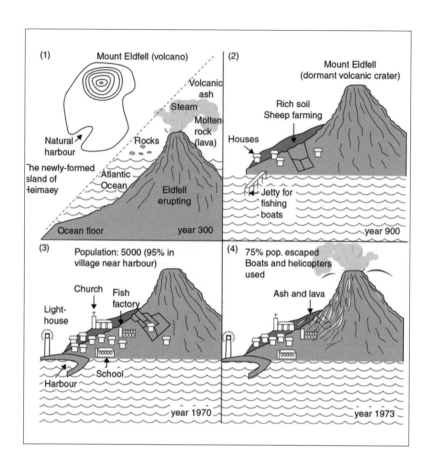

Before the year 300 AD, the island of Heimaey did not exist.
At about that time,

In approximately 900 AD, people came from Iceland and
settled on Heimaey.

In the next thousand years,

A few years ago, Heimaey's peaceful development was suddenly
disrupted when

5.3.3 사례 연구 3

이 사례 연구를 통해(《그림 5.7》) 교재 제작이 거의 깔끔하고 독립적인 선형 과정이 아닌, 학습자 요구, 교수요목, 활동 계획, 수업 계획, 교실 운영, 자료, 결과 및 평가, 실생활 교수와 학습 관계 등과 같은 교육 자체가 제기하는 모든 질문과 밀접하게 연관된 활동임을 강조하고자 한다.

〈그림 5.7〉 교사의 저녁 몽상

평가	오늘 4조와 함께 한 쇼핑 연습은 약간 당황스러웠다. 사실, 학생들이 효과적으로 쇼핑을 할 수 있을까? 다시 말해 정말로 Duda나 Kristina가 약국에서 레몬 샴푸
요구 식별	를 사 줄 수 있을까? 아니면 Miguel이 면셔츠를? ... 내 일 다시 한 번 시도해 봐야겠지만, A-B 활동을 하는 동
언어 탐구 문맥화 실현	안 짝을 지어 앉아 있게 할 수는 없다... 내가 원하는 게 뭐지?... 학생들은 어떤 품목을 요구하고, 크기, 색깔, 총액, 수량에 대해 물어볼 수 있어야 한다... 책의 내용 은 괜찮았을 것이다. 아마 너무 다양했을 것이다... 내 가 음식, 옷, 신문 가판대, 약국에서 얻을 수 있는 일반
언어 탐구	적인 개인 물품에 집중할 것인가? 하지만 짝으로 앉아 있는 것은 매우 평범한 것이고 급한 일이 아니었다.... 이제 학생들이 무엇인가를 사러 갈 필요가 있을 때 어 떤 일이 벌어질 것인가? 그래, 원하는 게 무엇인지, 바
교육학적 실현	나나나 사과라고 말하고, 또 머릿속에 다른 것도 있어. 얼마나 많은 것을 원하는지, 그리고 사과가 어디에서
물리적 생산	왔는지, 달콤한지 덜 달콤한지, 그리고 또 어떤 것을 원 하는지... 그래서... 내가 만들 수 있는 것은 카드 세트, 학생들이 할 수 있는 큐 카드이다. 카드는 상점에 들어

교육학적 실현과 사용	갈 때 학생들의 머릿속에 있는 것과 유사해야 한다. 사진을 넣거나 카드에 그림을 그려서 물건을 표현할 수 있으며, 오른쪽에는 상점에서 해야 할 일을 나타내는 여러 단서어를 넣을 수 있다. 시작하기 전에 간단한 연
물리적 생산	습으로 단서어를 살펴보는 것이 좋을 것 같다. 어떤 종류의 단서가... '크기'나 '색깔'과 같은 일반적인 단서가
교육학적 실현과 사용	필요하여 '어떤 색이 있습니까?' 등을 물어볼 수 있다. 그리고 '작은'이나 '붉은'과 같은 특별한 단서도 필요하다. '작은 것을 가지고 있습니까?'라고 묻는 것이 필요하다. 어떤 카드는 2인치, 3인치 직사각형으로 나뉘어
추가 탐구 식별 후	져 있다. 파란색 카드는 신문 가판대이고 붉은색 카드는 음식, 쇼핑 등등을 위한 것이 되도록 색을 칠할 수 있다. 충분히 쉬울 것이다. 만약 학생들이 그룹으로 먼저 수행하면 한 그룹은 음식 카드를 수행하고 한 그룹은 옷 카드를 수행하고 한 그룹은 약국에서의 활동을 수행할 것이다. 그리고 나서 나는 키드를 섞어 나를 상점 점원으로 여기고 연습을 할 수 있다. 만약 당신이 그
교육학적 현실화	것을 해낸다면 나쁜 역할은 아니다... 학생들은 무작위로 카드를 더 많이 가져갈 수 있다. 학생들은 용기와 물건에 문제가 있어서 나는 그 상자, 소포, 봉지, 튜브 통(tube tub), 자동차, 공(tin ball), 소포, 상자, 다발에 대한 예비 연습을 하는 것이 좋을 것 같았다. 더 이상은...? 나는 아래층 찬장 안을 살펴보러 갈 것이다. 그래, 병.... 그걸 잊지 말아야 한다... 그래, 나는 학생들에게 간단한 아이템 목록을 줄 것이고 학생들은 나에게 올바른 통을 주거나 또는 각자 수행하거나 수행하고 나서 확인하도록 한다 ... 이제, 나는 잊어버리기 전에 이 모두를 메모하는 것이 좋겠다...

NOTES MADE

언어 탐구	음식	특별한 질문 - 수량/총액
		일반적인 질문
		- 유형/사이즈
	옷	특별한 질문 - 색깔, 사이즈, 재질
		일반적인 질문 – 색깔? 재질?
		(항목: 청바지, 블라우스, 셔츠, 스커트, 양말 …)
교육학적 현실화	카드의 표시	! = 요청
		? = 질문

쓰여진 교재 예

물리적 생산

재질?
파란색?
회색?
사이즈?
2!

적포도주?
£?
1½ 리터!

목화?
색깔?
사이즈?
비용?
1!

아일랜드어?
Irish?
비용?
1½ 킬로!

5.4 결론

이 장에서는 교재 작성을 위한 틀을 개략적으로 설명하였다. 이 틀의 기본은 우리가 여기에서 명백하게 기술하고 논평하고자 하는 몇 가지 신념과 작업 원리이다.

1. 교재 제작은 특정 학습자 집단의 요구에 맞출 때 가장 효과적이다.

조만간 모든 과목의 교사는 교재 작성의 필요에 직면한다. 이 요구에 어떻게 반응하느냐는 모든 종류의 변수에 달려 있다

- 특정 교육적 문맥에서의 지배적인 기준
- 사용 가능한 시간
- 복사 시설의 이용 가능성
- 교사의 배경과 훈련
- 어떤 문맥에서는 교사들이 규정된 교과목을 엄격하게 고수할 것으로 예상된다.
- 교재를 어떤 방식으로든 수정하지 않는 사람은 거의 없지만 대부분의 교사들은 수정한 것들을 모아 자신의 교재를 제작하기에 너무 바쁘다.
- 복사 및 기타 형태의 복제물은 기술적인 백업 및 용지 공급 여부에 따라 다르다.
- 교재 평가, 개작, 생산은 종종 초기 교육 과정에서 무시되거나 강조되지 않는다.

영국 출판사들은 영어 교재의 대량 생산을 통해 여러 곳에서 사업을 하고 있다. 예를 들어 동유럽과 중부 유럽에서는 공산주의가 붕괴된 후 *Discoveries, Cambridge English Course, Headway*와 이와 유사한 과정이 수십 년 간의 규제 이후 따뜻한 환영을 받았다. 하지만 이 지역의 많은 국가에서는 초기의 열정은 빠르게 사라졌으며, 많은 사람들이 이제는 자신의 '자체 제작' 학교 교재를 제작하여 사용하고 있다. 타당성은 피할 수 없다. '자체 제작' 교재가 잘 만들어진다면 현지에서 성공할 가능성이 훨씬 높아진다. 이는 저자가 교실 상황 안에서 학습자의 요구를 더 잘 알

고 자신의 학습과 교육 전통, 학습자의 개념적 세계에 적합한 방법으로 교재를 설계할 수 있기 때문이다. 다시 말해 저자가 학습자에게 멀리 떨어질수록 교재의 효율성이 떨어질 수 있다.

요약하면, 가장 실제적인 교재는 학습자의 요구, 언어적인 어려움, 학습 목표, 학습 성향, 개념적 발달 단계 등을 철저히 이해하는 것에 바탕을 둔 것이다. 이는 강의 계획서, 언어 항목의 목록들을 통해 주제에 의해 구현되는 것이 아닌, 교재 제작에서 학습자 중심 접근법임을 의미한다.

2. 교사가 학습자를 가장 잘 이해할 수 있다.

교사는 학습자의 요구와 선호하는 학습 성향을 이해한다. 이러한 요구에 더 민감하게 반응할수록 학생들은 자신들의 교실을 연구하는 데에 더 많이 참여하게 된다. 실제로 우리는 교재 제작자로서의 교사가 연구자로서의 (최근) 전통에 확고히 속한다고 믿는다(Burns 1999을 보라).

3. 모든 교사는 교재 제작에 기초가 필요하다.

교사들이 그들 고유의 교재를 제작하려고 시도하기 전까지는 스스로 다른 사람들이 만든 교재를 평가하기 위한 일련의 기준을 만들기 시작하였다. 그 다음에야 다른 교재의 맹목적인 수용에서부터 적응과 보충, '목적이 정해진' 교재의 생산에 이르기까지 모든 선택권이 명확해진다.

교재 제작 과정은 언어 교수에서 중요한 모든 문제들을 제기하는데, 언어 선택과 등급, 언어 인지, 학습 이론에 대한 지식, 사회문화적 적절성 등이며 목록은 더 확장될 수 있다. 그리고 위에 기술한 2번을 확장하여 초기 연수 과정과 연수 과정의 정규 프로그램의 핵심적인 요소로 최근 교재 제작의 수립이 뒷받침될 필요가 있는 교사 교육 프로그램에서의 실행 연구를 강조하고 있다. 교사는 출판된 교재의 의존도를 줄이기 위할 뿐만 아니라 전문적인 개발 수단으로 상황이 요구될 때 자신의 교재를 제작할 필요가 있다(Popovici & Bolitho, 2003을 보라).

4. 모든 교사는 스스로를 가르친다.

위에서 논의한 바와 같이, 교사는 학습자의 특정 그룹을 가르친다. 또한 필연적으로 '스스로를 가르치고', 가르쳐야 할 교재가 왔을 때 이는 강한 영감을 준다. 함께 일했던 교사로부터 모은 모든 자료는 '교수 기질에 반하는 것'이 불만족, 자신감 상실, 학습 실패로 이어진다는 것을 제안한다. 교사에게 자신의 효과적인 교재를 생산하도록 하면 이러한 가능성이 최소화되고 '스스로 터득'하는 데에 도움을 줄 수 있다.

5. 시험과 평가는 성공적인 교재에 있어 필수적인 것이다.

학습자는 교재의 사용자이므로 학습자의 의견을 듣고 피드백을 받아야 한다. 이는 자신의 학습자 그룹과 함께 활동하는 교사이자 교재 제작자에게 충분히 쉬운 일이다. 하지만 이는 많은 출판사들이 천천히 충분히 고려하려는 메시지이다. 시험이 실시될 때 학습자보다는 교사의 피드백을 더 자주 찾게 된다. 우리의 틀을 제시하면서 학습 목표에 기초한 학습자와 교사 모두에 외한 평가가 시간 낭비와 노력을 줄일 수 있고, 수정 과정에서 주의가 필요한 단계를 명확하게 지적할 수 있는 방법을 제시하기를 바란다(McGrath 2002를 보라).

이 장을 쓰는 우리의 목적은 교사-독자가 경험을 바탕으로 기본적인 틀 안에서 자신의 교재를 제작하는 데에 힘을 실어 줄 수 있도록 하기 위함이다. 교재를 제작하는 것을 배우는 것은 시행착오의 문제이다. 앞서 설명한 것들이 적어도 이러한 시행착오를 줄이고 독자가 더 확실하다고 느낄 수 있는 일반적인 모델을 제공하기를 바란다.

참고 문헌

Abbs, B. and I. Freebairn. 1980. *Developing Strategies*. Harlow: Longman.

Alptekin, C. 2002. 'Towards intercultural competence in ELT'. *English Language Teaching Journal*, 56 (1): 57-64.

Burns, A. 1999. *Collaborative Action Research for English Language Teachers*. Cambridge: Cambridge University Press.

Johnson, K. 2003. *Designing Language Teaching Tasks*. Basingstoke: Palgrave Macmillan.

McGrath, I. 2002. *Materials Evaluation and Design for Language Teaching*. Edinburgh: Edinburgh University Press.

Popovici, R. and R. Bolitho. 2003. 'Professional development through writing'. In B. Tomlinson(ed.), *Developing Materials for Language Teaching*. London: Continuum.

Widdowson, H. 1996. 'Authenticity and autonomy in ELT'. *English Language Teaching Journal*, 50(1): 67-8.

부록

교재 저자의 가방

  아래 목록은 단순히 참고문헌을 모아둔 것이 아니다. 이는 교재 제작 과정의 각 단계에서 우리가 발견한 유용한 사고 프롬프트(prompts), 절차, 책의 구성이다. 독자는 자신의 경험에서 이를 추가하고 싶어질 것이다.

단계	제안, 자료, 절차
1. 식별	설문지; 반 학생들로부터 받은 피드백; 공식적이거나 비공식적으로 학습자의 능력에서의 단점과 오류를 진단; 교재 분석, 사전 요구 분석

Dubin, F. and E. Olshtain. 1986. *Course Design*. Cambridge: Cambridge University Press.

Dudley-Evans, T. and M-J. St John. 1998. *Developments in English for Specific Purposes*. Cambridge: Cambridge University Press.

Hutchinson, T. and A. Waters. 1987. *English for Specific Purposes*. Cambridge: Cambridge University Press.

Nunan, D. 1988. *Syllabus Design*. Oxford: Oxford University Press.

| 2. 조사 | 교수요목 모델(예: 상기 '식별'에서의 교재); 자신의 교수 요목 복사본 |

Alexander, L. G. 외 1975. *English Grammatical Structure*. Harlow: Longman.

Arndt, V. 외 2000. *Alive to Language*. Cambridge: Cambridge University Press.

Biber, D. 외 1999. *Longman Grammar of Spoken and Written English*. Harlow: Longman.

Bolitho, R. and B. Tomlinson. 1995. *Discover English*, 2nd revised edn. Oxford: Heinemann.

Bowers, R. G. 외 1987. *Talking About Grammar*. Harlow: Longman.

Carter, R. and M. McCarthy. 2006. *Cambridge Grammar Of English*. Cambridge: Cambridge University Press.

Hornby, A. S. 2010. *Advanced Learner's Dictionary of Current English*, 7th edn. Oxford: Oxford University Press.

Leech, G. and J. Svartvik. 2003. *A Communicative Grammar of English*, 3rd edn. Harlow: Longman.

Longman. 2005. *The Language Activator*, 3rd edn. Harlow: Longman.

Longman. 2009. *Longman Dictionary of Contemporary English*, 5th edn. Harlow: Longman.

McCarthy, M. 1991. *Discourse Analysis for Language Teachers*. Cambridge: Cambridge University Press.

Parrott, M. 2010. *Grammar for English Language Teachers*, 2nd edn. Cambridge: Cambridge University Press.

Swan, M. 2005. *Practical English Usage*, 3rd edn. Oxford: Oxford University Press.

Swan, M. and B. Smith. 2001. *Learner English*, 2nd edn. Cambridge: Cambridge University Press.

가능한 한 출판/비출판된 교재에 접근하고자 함.

3. 문맥화 실현	시각 모음집이 기하급수적으로 확장되고 구성되며 분류된다.
	편리하게 구성된 문어 텍스트의 대량 수집(텍스트 유형, 주제, 복잡성 정도에 따라)
	비슷한 방식으로 구성된 듣기 자료의 대량 수집
	기기 사용이 가능하다면 비디오 자료도 사용
	Keddie, J. 2009. *Images*. Oxford: Oxford University Press.
	Maley, A. and F. Grellet. 1981. *The Mind's Eye*(Student's Book and Teacher's Book). Cambridge:Cambridge University Press.
	Nunan, D. 1988. *The Learner-Centred Curriculum*. Cambridge: Cambridge University Press.
	가능한 한 많은 출판된/비출판된 교재에 접근하고자 하였음. 연습과 활동 유형
4. 교육학적 실현	가능한 많은 틀을 만들어 내는 데에 친숙하다.
	이상적인 학술지 예) *Modern English Teacher, English Teaching*

Professional.

Byrd, P.(ed.). 1995. *Materials Writers' Guide.* Boston, MA: Heinle & Heinle.

Collie, J. and S. Slater. 1987. *Literature in the Language Classroom.* Cambridge: Cambridge University Press.

Ellington, H. 외 1993. *A Handbook of Educational Technology.* London: Kogan Page.

Ellington, H. and P. Race. 1993. *Producing Teaching Material,* 2nd edn. London: Kogan Page.

Gairns, R. and S. Redman. 1986. *Working With Words.* Cambridge: Cambridge University Press.

Grellet, F. 1982. *Developing Reading Skills.* Cambridge: Cambridge University Press.

Lewis, M. 1997. *Implementing the Lexical Approach.* Hove: Language Teaching Publications.

Nunan, D. 1989. *Designing Tasks for the Communicative Classroom.* Cambridge: Cambridge University Press.

Ur, P. 2009. *Grammar Practice Activities,* 2nd edn. Cambridge: Cambridge University Press.

Willis, J. 1996. *A Framework for Task-Based Learning.* Harlow: Longman.

Wright, A. 외 2006. *Games for Language Learning,* 3rd edn. Cambridge: Cambridge University Press.

유용한 웹사이트

www.teflclips.com (YouTube lesson plans)
www.onestopenglish.com
www.teachingenglish.org.uk

5. 물리적 생산	펜 / 잉크 / 연필/ 고무 / Tipp-Ex® fluid / '야광' 텍스트 마커 / 가위 / 자 / 막대 풀/페이스트 / 스텐실 / 레트라셋(Letraset) / 컴퓨터와 워드프로세서
	Cards / 카드 / 라벨 / 라미에이팅 롤 또는 라미네이터/ 폴리에틸렌 봉투(polythene envelopes)
	복사기에 접근 / 열 복사기 / 스캐너 / 프린트 가게
	텍스트의 추가 복사본, 자료 텍스트의 남은 복사본, 리소스 자료 등, 초안을 위함.
	마스터를 저장하기 위한 보안 시스템(물리적 또는 전산으로)
	업데이트와 수정 노트를 만들 수 있는 모든 교재의 단일 복사본이 포함되어 있는 파일
	Ellington, H. 외 1993. *A Handbook of Educational Technology*. London: Kogan Page.
	Ellington, H. and P. Race. 1993. *Producing Teaching Materials*, 2nd edn. London: Kogan Page.

Leach, R. 1985. *Making Materials*. London: National Extension College.

Rowntree, D. 1990. *Teaching through Self-Instruction*. London: Kogan Page (특히 8-12장).

6. 평가

소량의 용기와 정직함이 담긴 작은 유리병은 집필자가 작업하지 않거나 매료시키는 것을 그만두게 하는 교재를 버릴 수 있게 한다.

교재의 흥미로운 가치와 유효성, 교재의 질에 대한 동료와 학습자의 피드백

McGrath, I. 2002. *Materials Evaluation and Design for Language Teaching*. Edinburgh: Edinburgh University Press.

Rea-Dickens, P. and K. Germaine. 1992. *Evaluation*. Oxford: Oxford University Press.

Tomlinson, B. 2003. 'Materials evaluation'. In B. Tomlinson(ed.), *Developing Materials for Language Teaching*. London: Continuum.

6

범용 교재 작성:
위대한 타협

Jan Bell and Roger Gower

6.1 서론

교재 집필자가 특정 상황에서 교수를 하고 있다면 자신이 사용하고자 하는 교재를 만들 것이지만 그들의 역할은 다른 사람들을 위한 교재 출판에 협력해야 한다. 그들은 교재에서 의도한 일반적인 교육 상황과 친숙할지라도 개인적인 친분이 없는 광범위한 학습자, 교사, 교실 환경을 수용해야 한다.

교재 집필자는 교사와 학습자의 요구와 관심을 예상하고 그러한 요구와 관심에 대해 지속적으로 배우는 결과로 교사와 학습자가 가질 수 있는 초기 아이디어를 수정하고자 하는 노력을 해야 한다. 이 장의 초점은 수정 과정과 타협의 필연성이 집필자의 교육 원리에 긍정적이거나 부정적인 영향을 미치는지 그 여부에 있다. 우리는 자신의 경험을 이용하여 설명하고, 독자들이 우리의 결론에도 불구하고 그들 자신의 마음을 정할 것이라고 가정한다.

6.2 일반적인 교재: 이슈에 맞서기

수년 동안 교재를 사용하는 것이 바람직하다는 논쟁이 있어 왔으며, 실제로 이 책의 집필자가 제기한 많은 문제들이 있다. 논쟁은 원칙적으로 교재에 반대하는 사람들, 즉 다양한 상업적 이해관계에 의해 뒷받침 되는 제도적 통제의 수단으로 보는지, 교사와 학습자의 창의성을 암묵적 으로 규범화하고 파괴하는지, 그리고 교재가 교사와 학습자에게 테스트 되고 테스트된 교수요목 구조 내에서 전문적으로 개발된 다양한 교재를 제공한다고 주장하는지, 그 사람들 사이에서 양극화되는 경향으로 인해 교사가 교재 제작보다 학습에 더 많은 시간을 할애할 수 있게 되었다. 교 재를 지지하는 주장은 종종 집필자, 출판사 및 배급사와 같이 이해관계 가 있는 사람들에 의해 만들어져 비난의 대상이 된다. 그 이유는 원래 의 도하지 않았던 상황에서, 예를 들어, 중등학교에서의 성인/청소년 범용 교재 또는 영국의 주니어 여름학교에서 교재를 너무 자주 채택하는 것은 도움이 되지 않는다. 이는 종종 잘못된 관리로 인해 나타나나 상품이 상 황에 얼마나 적합한 지는 상관없이 가능한 많은 학교에 들어가기를 원하 는 마케팅 팀과 배급사에 의해 조장된다.

어떤 사람들은 교재의 필요성을 받아들이지만 출판된 많은 교재들의 질이 떨어진다고 주장한다. 왜냐하면 종종 소수의 시험용으로 너무 빨리 생산될 뿐만 아니라 언어 학습에 대해 우리가 알고 있는 것들을 충분히 반 영하지 않기 때문이다. 따라서 학습자의 진정한 요구를 마주하는 데에는 충족시키지 못한다. 교재를 찬성한다고 주장하는 사람들은 Freebairn (2000), Harmer(2001) 및 O'Neill(1982)이며, 반대(광범위하게)하는 사람들은 Allwright(1981), Meddings와 Thornbury(2009), Roberts (2005), Thornbury(2000), Thornbury와 Meddings(2001), Tice (1991)을 포함한다.

교재 집필자로서 우리는 많은 수업에서 교재에 중요한 역할이 있음을 명백하게 받아들인다. 다르게 생각한다면 교재를 집필하는 것은 불가능 할 것이다. 교재는 교사에게 유용한 자료를 제공할 수 있다. 교재가 융통 성 있게 사용된다면 우리는 특정 교실 상황의 요구를 충족시키기 위해 적용되고 보완될 수 있다고 생각한다. 그러나 논쟁에서 제기된 많은 질문들을 무시하는 것은 어리석은 일이다. 이는 더 중요한 것들의 일부이다.

1. 만약 여러분의 교육학적 원리 중의 하나가 교실에서의 창의성이 중요하다고 하는 것이라면 여러분은 어떻게 교재가 교사와 학습자로부터 학습에 대한 투자와 책임을 빼앗지 않도록 할 수 있는가?
2. 교재가 교육과정의 구성을 유지하기 위해 학교에서 사용되는 것이라면, 어떻게 학습 과정에서의 역동성과 상호작용적 자질이 동시에 반영될 수 있도록 하는가?
3. 비록 모든 학습자의 개별적 요구를 항상 충족시킬 수 있는 교재는 없으나, 교사가 대부분의 요구를 충족시킬 수 있는 교재를 제공하고 개별화할 수 있도록 충분한 유연성을 구축할 수 있는가?
4. 교재에 제시된 언어에 실제적인 예와 코퍼스 기반 자료가 거의 포함되지 않는다면, 어떻게 당신의 사용 샘플이 가능한 자연스럽다고 확신할 수 있는가?
5. 교재가 형식과 내용 측면에서 종종 예측 가능한 것이라면, 어떻게 하면 교재에 지루하지 않다는 느낌을 가져올 수 있는가?(실제로 Rinvolucri(2002)는 교재를 '인간화'하는 방법을 제안할 필요성을 느꼈다.)

우리는 처음 시작할 때 이 모든 질문의 의미를 완전히 인지하고 있다고 할 수는 없지만 다양한 시기에 다양한 방식으로 우리에게 질문을 던지며, 이는 편집팀과 우리에게도 마찬가지이다.

다른 문제들도 있었다. 우리의 상황에서 우리는 때때로 '글로벌(global)' 교재라 잘못 불렸다. 이는 모든 나라의 모든 교수 상황이라기보다는 여러 나라의 제한된 교수 상황에 대한 교재를 의미한다. 그리고 교재를 싫어하는 사람들은 범용 교재에 대해 더 강력한 사례를 지녔다고 느낀다. 추가로 전용 웹사이트가 포함된 모든 노래와 춤, 화려한 멀티미디어 패키지는 일반적으로 원어민에 의해 제작되나 책의 모든 언어를 목표어로 사용하여 출판된다.

실제로 상업적 세계화에서 자신의 역할을 확립하는 것처럼 출판사들은 이제 범용 교재를 국제적인 '브랜드'로 간주하고, 끝없는 '개정판'을 만들어 다른 어떤 것을 출판하기가 더욱 어려워진다. '제국주의자'나 '새로운 식민주의자' 같은 단어는 이 책들을 비판하는 데 사용된다(Gray 2010, Holliday 1994 참조). 이 주장을 지지하는 사람들 중 일부는 원어민 화자의 상황이 '이득'이 없는 많은 교사들이 지역 기관과 외국 출판사와의 동맹에 의해 조작된 상황에 대해 분개하고 내키지 않는 희생자라고 느낀다. 반면 범용 교재를 지지하는 사람들, 다시 말해 종종 교재를 통해 돈을 버는 사람들, 즉 전세계적으로 우수한 판매는 높은 생산 품질을 보장하고 출판사가 큰 성공 스토리의 뒷면에 있는 흥미롭지만 상업적으로 덜 실행 가능한 출판물에 자금을 조달할 수 있게 한다.

교육학적 관점에서 우리는 이러한 종류가 지니는 출판의 위험 중 하나가 교재 및 텍스트 주제의 문화적 문맥이 학습자와 관련이 없는 것처럼 보일 수 있다는 것을 알고 있었다. 이 교재는 특정 문화권에서 특정 학습 상황에 대한 목표가 필연적으로 부족하다. 또한 많은 수업이 다른 수업의 장점을 가지고 있지 않다는 것을 알고 있었다. 우리의 잠재적인 사용자 모두가 소규모 수업, 주당 19~25시간 과정 및 모국어 환경의 지원을 받는 영국의 사립 어학원(우리의 잠재적 시장 중 하나)과 같지는 않을 것이다. 다른 한편으로, 영국의 상황은 교사가 학습자의 모국어를 구사하지 못하고 그들의 문화를 최소한으로 인식하는 다국적 교실의 단점(및 장점)을 가지고 있다.

6.2.1 타협의 개념

범용 교재에서는 개별 학습자와 교사의 요구뿐만 아니라 특정 국가에서의 특정 학교에 대한 기대가 교재 자체로 인해 완전히 충족될 수 없음이 분명하다. 실제로 대부분의 사용자들은 자신이 선택한 것이 여러 측면에서 타협이 될 것이며, 그들의 상황에 맞게 교재를 조정해야할 것이라는 것을 받아들이는 것 같다.

이것은 합리적인 접근 방법이다. 실제로 이는 교사가 특정 시간에 개별 학습자의 특정 그룹에 맞게 교재를 적용할 필요가 없이 상황별 교재가 그 작업을 수행할 수 있다는 착각을 방지한다. 다시 말해 교재의 역할을 억제한다는 많은 주장과는 달리, 국제적인 과정의 교재는 실제로 반대하기보다는 개별화와 교사의 창의성을 장려할 수 있다. 위에 언급된 일부 교재의 '반대자' 중 일부는 요즘의 교수 단위가 과하게 통합되어 있으므로 교사가 이를 사용하는 한 가지 방법에 짜 맞추고 있다고 주장했다.

사실 많은 교재들이 전통적인 교재보다는 리소스 자료처럼 보이기 시작했으며, 많은 다중 기능 교재들은 수업이 자연스럽게 끝날 수 있는 곳을 명확하게 표시하고 사용자가 이전 수업에서 공부한 언어를 다시 참조하기를 기대하지 않음으로써 교사들이 그들의 접근 방식에서 쉽게 표현할 수 있도록 돕는다. 또한 보다 더 나은 교사용 책들은 잘 통합된 단원을 통한 경로를 제안하고 교사들에게 학생들의 상황에 맞게 교재를 삭제하거나 맞추고 보충할 수 있을 뿐만 아니라, 가능한 경우 개인화된 연습을 소개할 수 있도록 권장한다(예: Hyde 외 2008 참조, Cunningsworth 1995 및 Harmer 2007과 같은 방법론에 관한 책). 모든 것은 사용자, 특히 교사와 교재의 관계에 따라 달라진다. 교재는 교사가 있을 때만 삶과 의미를 갖는 도구이다. 교사가 추가하거나, 생기를 불어 넣거나 또는 삭제하는 것을 결정하지 않는 교육 프로그램의 구속복(straitjacket)이 될 의도는 결코 없다. 예를 들어 교사의 준비 시간 부족, 사역이나 기관 권한의 과잉, 시험의 수요 또는 전문 교육 부족으로 인해 교재가 너무 제한적으로 처리된다는 사실을 범용 교재를 실패한 것으로 인식하는 이유로 이용해서는 안 된다. 필연적으로 모든 범용 교재는 구식이 되고 사용자의 상황과 무관하게 사용될 수 있으나, 적절하게 사용되는 출판 교재는 교사의 시간을 자유롭게 하여, 학습 과정에 집중할 뿐만 아니라 시의적절한 교실 주제와 교재를 소개할 수 있다.

상당한 매출 전망이 없는 한, 어떤 출판사도 투자를 하지 않을 것이다. 교재는 교사와 학습자 모두에 의해 사용 가능해야 한다. 과대광고는 교사나 학교에서 한 번 수업에서 시도하도록 장려할 수 있지만, 과대광고의 양이 같은 강좌를 다시 선택하도록 장려할 수는 없다. 이 경우 출판사들이 투자를 잃게 될 것이다. 많은 경우, 한 강좌가 우선 선택되면 재정적인 제약은 교재가 오랫동안 선반에 남아있다는 것을 의미하므로, 그것을 선택하는 담당자는 정당한 이유 때문에 그렇게 했으며 적어도 학교의 눈에는 학습자와 상황에 적합하다고 확인하는 것이 중요하다. 작업을 하기 위해서는 특정 유형의 학습자, 특정 유형의 교수 상황에서 특정 범위의 교육 기술을 가지고 있으며 동료와 공유하는 방법론에 대한 가정을 가지고 있는 특정 유형의 교사를 대상으로 해야 한다(다른 교사를 위한 교재 제작의 어려움에 대해서는 Mares 2003을 참조).

위에서 언급한 것처럼 부적절한 선택이 있지만 성인 학습자의 교사를 위한 과정을 만들고 초등 교사가 사용할 것으로 기대하는 것은 의미가 없다. 이러한 교수 문맥은 세계 어느 곳에서나 다르다. 그러나 대부분의 국가에서 성인을 대상으로 한 언어 교육을 하는 것은 공통점이 많다. 특히 요즘은 회의, 교육 과정, 전문 잡지, ELT 웹사이트, 교사 포럼, CELTA 보급(영어로 인증) 등 전 세계 어느 지역에서 더욱 더 전문적인 통합이 이루어진다. 우리는 교사들이 우리의 교재를 사용하고 싶어하는 전 세계의 많은 상황들에서 공통점이 많다고 느꼈다. 예를 들어, 교사들은 그룹을 만들어 교실에서 의사소통 능력을 향상시키기 위해 노력했고, 우리가 영국에서 활용했던 학생들과 매우 유사한 청소년들을 목표로 했다.

6.2.2 출판사의 타협

타협은 단순히 사용자가 공유하는 것이 아니다. 출판사 또한 타협한다. 그렇지 않으면 그들은 원하는 교재를 얻지 못할 것이다. 즉, 교재가 다른 출판사에 보여질 때 자랑스러울 뿐만 아니라 잠재적 사용자가 그것을 사용하기를 원하기 때문에 판매된다. 출판사들은 모든 시장에 진출하여 오직 온건하고 특색 없는 것을 생산하려 한다면 실패하고 또 실패했을 것이다. 동부, 중동, 중남미, 유럽, 영국 시장은 공통적인 것들이 있을 수 있지만(예를 들어, 그들은 모두 동일한 문법 교수요목을 결정할 준비가 되어 있을 것이다), 그들의 차이점(예를 들어 로마 문자를 사용하는지, 중등학교 시스템에서 말하기가 강조되는지 여부)은 출판사가 전 세계적인 판매를 목표로 할 경우 신중하게 할 것이라는 것이다. 그리고 상업적으로 성공한 교재 중 신중한 교재의 예가 많이 있는가? 대부분의 성공(*Headway*와 *English File*과 같은 성인/청소년 과정과 같은)은 보통 출판 당시에 새로운 지평을 여는 것으로 보인다.

그렇다고 해서 출판사가 위대한 혁신가가 될 것이라는 말은 아니며 그러한 과정도 거의 성공하지 못한다(이유는 Hopkins 1995 참고). 실제로 새로운 것이라 느껴지는 많은 과정은 사실 그 과정에 대해 '오래된 것'을 가지고 있기 때문에 성공적이다. 오래 전 처음 출판된 *Headway*의 성공 중 하나는 다른 많은 교재들이 너무 기능적인 것에 중점을 둔다고 생각될 때 우리에게 친숙한 문법 교수요목으로 되돌아간다는 것에 있다. 합리적 균형-원칙의 타협-은 확실히 혁신과 보수 사이에 있을 것이며, 새롭고 다양한 것과 안심할 수 있도록 친숙한 것을 혼합한 것이다.

영향력이 지대한 사람들은 장기적으로 교재의 상업성을 약화시키기 때문에 디자이너들은 때때로 타협할 필요가 있을 것이다. 우리의 경험에서 디자이너를 위한 좋은 디자인이 반드시 교사를 위한 좋은 디자인인 것은 아니다. 우리는 디자이너들이 성공적인 책의 디자인을 비판하는 것과 교사들이 잘 디자인된 책이라고 생각하지 않는 책을 칭찬하는 것을 들었다. 한 페이지에 한 개, 두 개 또는 세 개의 줄이 있는지, 페이지에 동일한 길이의 단위로 구성되어 있는지가 교사에게 중요한가? 일부 교사에게는 중요한 일일지 모르지만 우리의 경험상 더 중요한 것은 대상이 무엇이고, 목적이 무엇인지, 그리고 학습자에게 적합한 텍스트와 시각적 균형(그리고 글의 분위기)이다. 출판사들은 의심할 여지없이 이러한 원칙에 동의하고 단위당 줄 수와 페이지 수가 교재를 사용하는 데에 영향을 미친다고 주장하지만 디자이너의 미적 원리와 저자의 교육학적 원리 사이에는 우려할만한 차이가 존재한다.

또한 디자이너가 수용해야 하는 현실적이고 필요한 교육적 제약과 저자가 수용해야하는 디자인 제약이 있다. 때로는 교실에서 일련의 활동이 이루어지도록 하기 위해서는 단어(텍스트, 루브릭 등)에 대한 삽화를 희생하는 것이 교육적으로 필요하며, 활동 구성의 시각적인 간격이 적절하게 맞도록 해야 하며 때로는 필요한 경우 연습 활동을 줄여야 하는 경우도 있다. 이는 디자이너의 역할을 비난하는 것은 아니다. 그들은 저자의 아이디어가 적절하고 매력적으로 제시될 수 있도록 하는 데에 필수적인 기능을 가지고 있다. 또한 학습자와 교사는 최신 정보에 근거하지만 유용하게 보이는 교재를 사용하고 있다고 느끼게 할 필요가 있다. 타협은 이득이 있어야 한다.

6.2.3 저자

그러면 저자는 어떠한가? 그들 역시 스스로 타협안을 찾으며 실제로 저자는 종종 출판사에 의해, 특히 학습자가 최상으로 학습할 수 있는 방법에 대해 강한 신념을 지닌, 경험이 풍부한 교사에 의해 타협된다고 느낀다. 실질적인 연구를 거의 하지 않는 출판사(마케팅 관리자의 직감과 기존 출판 지혜에서 나온 유일한 의견)가 저자의 경험에 의존하고 나서 그 후에 연습 활동에 자신의 아이디어를 넣을 수 없다고 말하는 것은 그리 놀라운 일이 아니다.

그러나 저자인 교사들도 타협해야 한다. 그들의 교수 경험은 사용자의 경험과 다르며 그들의 아이디어는 대다수의 교실에서는 작용하지 않을 수 있다. 그들은 교사를 위한 새로운 아이디어에 집중하기보다는 교사 훈련자가 많은 것을 경계하고 학생들이 원하는 것을 살펴야 한다. 다양한 학습자에 대한 학습 경험이 다양할 때 교실에서 해야 할 일에 대한 의견을 시도하고 강요하는 것은 매우 유혹적이다. 이는 저자가 학습 센터, 동기가 부여된 소규모 수업, 스마트보드 등과 같은 특권을 가진 학습 환경에서 일하는 데에 익숙한 교재(아마 우리 자신이 포함되었을 수도 있음)에서 흔히 발생하는 문제이다.

대부분의 범용 교재가 다양한 전략과 학습 스타일을 충족시키는 것을 목표로 하는 것은 아니다. 저자에게 특정 수업의 문맥에서 성공할 수도 있고 스킬(skills)과 보충 교재에 적합할 수도 있는 것은 다양한 교수요목이 운영되고, 활동과 스킬의 균형이 필요하거나 다시 활용 및 수정에 대해 종종 지켜보고 있는 것이 교재에 반드시 있어야 하는 것은 아니다. 그리고 종종 간과되는 또 다른 주요 고려 사항은 학생들이 실제로 볼 수 있도록 교재가 페이지와 맞아야 한다는 것이다.

교사가 아닌 저자들도 타협을 해야 한다. 일련의 활동을 구조화하고 사용 가능한 시각 자료와 균형을 맞추는 등 모든 교사들이 가지고 있지 않은 스킬이 있으며, 경험이 풍부한 저자가 집필을 해야 한다면 교사가 필요한 스킬을 가지고 있기 때문에(가벼운 관점으로 Walters 1994 참조) 저자는 교사가 가르치고 싶어 하는 교재를 생산할 것인지에 대해 교실 밖에서 오랫동안 알아봐야 하는 교육 현실이 있다. 50분 수업 동안 출석부는 여전히 가져가야 하고, 숙제를 돌려주고, 발표지를 만들고 막 직장에서 피곤한 상태로 교통 체증에 시달린 학생들과 함께 수정 작업을 했다. 그리고 한 시간 동안 허락되지 않으면 교재는 제대로 운용되지 않는다.

그래서 모든 저자들은 자신들에게 타협과 타협을 강요당한다는 것을 알게 된다.

6.3 사례 연구

이 시점에서 우리는 '요람에서 무덤까지의' 과정 시리즈가 될 수 있는 각 단계의 내용을 작성도록 요청받았을 때의 우리 자신의 경험에 대해 이야기할 수 있을 것이다. 이는 영국(주 15-21시간)과 해외 사립학교(주 2-3시간)의 성인 학생들을 위한 중급 과정이었다. 교사는 수업에서 의사소통 활동을 설정하고, 읽기 및 듣기 기술을 개발하기 위해 텍스트를 활용하고, 교재를 융통성 있게 사용할 수 있는 경험이 있을 것이라 가정했다. 물론 이런 가정을 함으로써 우리는 경험이 적은 교사들이 이 교재를 사용할 수 있다는 것을 받아들였다.

그러나 요약 내용은 타협이 필요함을 나타낸다.

1. 다언어 사용자의 영국 상황과 단일 언어 사용자의 상황은 이미 살펴보았듯이 동일하지 않다. 모국어 환경에서 일주일에 25시간의 상황에서 필요한 것이 비모국어 환경에서 일주일에 1-3시간 동안 반드시 필요한 것은 아니다. 예를 들어, 후자는(그러나 반드시 원하는 것은 아니다) 전자보다 듣기와 말하기에 더 집중해야 할 수도

있다.

2. 단일 언어 상황은 다르다. 공유된 지식과 문화적 가정이 너무 다를 때, 예를 들어 유럽과 중동 모두를 위해 교재를 집필할 수 있는가? 모든 교재 저자들은 모든 학생들이 (보통 서양의) 문화 아이콘이 누구인지 알 것이라는 가정의 위험성을 안다(5장 David Jolly와 Rod Bolitho 소개 섹션 참조).

3. 우리의 결정에도 불구하고, 그 교재는 여전히 덜 훈련되거나 훈련되지 않았거나 다르게 훈련된 교사들에 의해 사용될 가능성이 높았다. 훈련 받은 교사에게 친숙한 의사소통 활동의 유형이 훈련되지 않은 교사에게 친숙할 것이라고 가정할 수 없다. 경험이 풍부한 교사들이 잘난 체하지 않고 경험이 부족한 교사들에게 설명해야 한다.

4. 성인이란 무엇인가? 교재가 상황에 적절하지 않을 때, 교재의 문화적 내용을 식별하기에 너무 어린 학습자들이 그 교재를 사용할 때 일부 학교에서 선택되기 쉽다. 그러나 출판사들이 얼마나 많은 판매를 하고 있을지는 몰라도 우리는 정말로 그것에 대해 걱정할 수 있는가?

5. 비록 목적이 융통성 있게 사용할 수 있는 교재를 생산하는 것이었으나, 그 교재는 언어 교수요목 및 실제로 전체 학습 프로그램이 교재로 표현된 일부 학교들에서 사용될 것 같다.

6.3.1 원리

우리는 핵심 원리를 구성하였다.

1. 융통성

우리는 교육학적으로 작용하는 활동 순서를 원했다. 그러나 교사는 교사용 책에서 밝힌 바와 같이, 교사가 활동을 이동시키거나 잘라 내거나 보충할 수 있다고 느끼는 것이 중요했다. 다시 말해, 우리는 강력한 참고서 요소를 가진 교재를 만들고 싶었다. 실제로 우리는 워크북을 학습자를 위한 자기주도적 학습 교재뿐만 아니라 교사를 위한 잠재적인 추가 교실 자원으로 보았다.

2. 텍스트에서 언어로

중급 학생들의 요구 때문에, 우리는 우리 자신의 텍스트를 구성하기보다는 언어에 초점을 둔 예문들을 포함하는 실제적인 텍스트를 제공하고자 했다. 우리는 이를 '범용적 문맥의 언어'라고 불렀고, 텍스트에서 언어활동을 이끌어 낼 수 있기를 바랐다.

3. 매력적인 내용

비록 그것이 영국이나 중립적인 문맥에서 왔으나 우리는 학생들이 문화적, 개인적 비교를 하도록 자극할 흥미로운 텍스트를 제공하고 싶었다. 우리는 이 텍스트들이 학생들을 개인적으로 참여시키기를 원했다. 동시에 우리는 그 텍스트들이 언어의 자원으로, 말하기와 쓰기의 기초로 사용되기를 원했다.

우리는 일부 텍스트의 어조가 심각할 수는 있지만 그것이 너무 많지는 않다고 느꼈다. 우리의 경험에 따르면 환경, 채식 및 인종 관계와 같은 내용이 많은 텍스트는 호소력이 없을 것이다. 많은 학생들이 돈, 대인 관계, 옷, 음식과 같은 일상적인 주제에 관심이 있는 것처럼 보였지만, 일반적인 언어 교실에 있는 보다 소수의 학생들은 *The Guardian*(영국 런던에서 발행되는 일간신문)에서 찾을 수 있는 가치 있는 주제에 관심이 있었다. 물론 그렇긴 해도 그 학생들에게 적합한 '진지한 주제'만 찾을 수 있는 일부 지역이 있다. 진지하고 재미있는 기사들의 균형이 필요하다. 우리는 교재가 부분적으로는 교사에게 호소하기 위해 쓰여졌다는 것을 깨달았으나 교사들은 학생들이 지루함을 느끼는 교재를 받아들일 가능성은 희박하다. 모든 범용 교재의 저자는 말할 것도 없이 우리는 문화적인 제약을 받아 성, 마약, 죽음, 정치, 종교에 대한 언급이 없거나, 그 언급이 단지 매우 사소하고 낙관적인 주제이다. 이러한 주제를 개별 교사와 그들의 특정 상황에 적용하기로 한 판단은 더 민감한 것이었다.

전반적으로 우리는 텍스트의 주요 기준은 언어 측면에서 구성되어야 하며 학생들이 말하고 쓰기를 원하도록 동기를 부여하는 것이라고 느꼈다. 이것은 대부분의 사람들의 일상 경험(인간관계, 옷, 돈 등)을 구성하는 오래되고 좋아하는 주제를 중심으로 텍스트를 선택하는 것을 의미했지만, 그 텍스트들이 새롭고 흥미로운 상태를 유지하려면 해당 주제에 대한 새로운 각도를 찾아야 했다.

물론, 이러한 결정조차도 문화적, 상황적 가정을 만들었다는 것을 인지한다. 어떤 학생들은 지적인 주제를 선호할 수도 있으며, 실제로 많은 영국과 미국의 교사들이 냉전 후 동유럽에서 일하면서 학생들이 '재미있는' 교재를 사소한 것으로 간주한다는 것을 알게 되었다. 사소한 것으로 간주하지 않는 주제는 문화적으로 민감한 주제들, 가령, 비관습적인 관계, 중독성이 있는 행동들이다. 그렇기에 교사, 학생, 기관, 지배 문화, 요일, 시간 등의 문맥에서 '적절한' 내용만 판단할 수 있다.

4. 자연 언어

우리는 구어체 텍스트가 가능한 한 자연스럽기를 원했기 때문에 녹음 스튜디오에서 배우가 '과하게 투영'하지 않기를 바랐다. 우리는 학생들에게 동기를 부여하고 학습 정체기에서 벗어나도록 돕기 위해 실제 언어와 즉각적인 언어에 노출되는 것이 중요하다고 느꼈다. 이미 초급 단계에서 제시된 '낡은' 언어는 자연스럽게 의사소통하는 모어 화자로부터 중급 단계에서 새 언어와 자연 언어로 내포될 것이다.

5. 분석적 접근

우리는 문법에 대한 다양한 접근법을 원했지만, 학생들이 스스로 문제를 해결하는 분석적 접근 방식을 중요하게 생각했다. 결국 우리가 대상으로 하는 학생들은 성인이었고 의식적 마음이 언어 학습의 역할을 한다. 이것은 학생들에게 친숙하지만 더 많은 연구가 필요한 문법적인 구조인데, 예를 들면, 현재 완료와 단순 과거의 차이, *will*과 *going to*의 차이에 해당된다.

6. 복습을 강조

우리는 이 단계에서 많은 문법을 제시하기보다는 복습을 할 필요성을 느꼈다. 우리는 학생들이 이미 대부분의 문법을 '알고 있다'고 가정했고, 더 낮은 단계에서 연습했다고 가정했다. 그렇지만 때때로 우리는 무언가 다시 표현되어야 한다고 느꼈지만, 일반적으로 중급 수준의 유창하고 정확한 사용이 의미와 구조의 사용을 넘어서려고 하기보다는 복습에 중점을 두기로 결정한 것이었다

7. 개별화된 연습

우리는 이 단계에서 많은 연습 활동을 제공하고 싶었다. 우리는 발음과 정형화된 구조의 구두 연습조차도 가능한 한 개인에게 맞출 필요가 있다고 느꼈다. 예를 들어 상상하는 상황을 위한 *if* 구조를 연습할 때 학습자들은 아래의 활동에서처럼 그들 자신의 경험을 그리게 될 것이다.

다음 문장을 완성하십시오.
(a) I'd be very miserable if …
(b) I'd be terrified if …
(c) I'd leave the country if …

8. 기능 통합

우리는 읽기와 듣기의 '수용적 스킬(receptive skills)'이 언어활동 후에는 덧붙여지지 않아야 한다고 믿었다. 언어 사용은 다른 모든 것에 의존하는 통합된 기능이다. 적어도 우리는 일반적으로 함께 듣고 이야기하며, 우리가 쓰는 것보다 더 많이 읽는 반면, 대부분은 최소한 짧은 텍스트와 이메일을 작성한다.

우리는 가능한 한 기능을 통합함으로써 말하기와 쓰기를 학생들이 읽거나 들은 것과 연결하여 의사소통의 문맥과 이유를 제공할 수 있었다. 우리는 테니스를 치는 것과 마찬가지로 언어로 의사소통하는 것이 연습과 사용을 통해서만 향상되는 것이라고 느꼈다(언어 학습에서의 연습의 역할에 대해서는 DeKeyser 2007 참조). 우리의 경험에서, 언어 지식은 성인이 언어를 사용하는 것을 배우는 데 도움이 될 수 있지만, 일반적으로 문법 지식은 전통적인 시험에서는 유용하지만 실제 의사소통 상황에서는 덜 유용하다. 우리는 언어활동과 산출 기능이 모두 텍스트를 듣고 읽는 활동에서 벗어나야 한다고 믿었다. Krashen(1984)와 함께, 우리는 텍스트의 가치가 학생들의 수준보다 약간 높고, 내용에 집중하면서 언어를 습득할 수 있다고 믿었다.

9. 접근법의 균형

우리는 접근법의 균형을 원했다. 문법에 대한 귀납적, 연역적, 정의적 접근 방법을 원했다. 우리는 유창성→정확성 활동(즉, '과정' 접근) 뿐만 아니라 말하기와 쓰기에서 전통적인 정확성→유창성 활동을 원했다. 우리는 학생들이 할 수 있는 것을 그리고 그것을 개선하는 것이 타당한 목표라고 믿었기 때문이다. 그리고 일반적으로 통제된 연습과 창의적인 표현 모두를 위한 기회를 제공하여 모든 학습 스타일이 가능한 한 맞춰지도록 할 것이다.

10. 배움을 위한 학습

우리는 이것이 매우 중요하다고 생각했지만 학습자 개발 활동을 '선두' 훈련으로 만들기보다는 전체적으로 통합하는 것이 최선이라고 생각했다. 그럼에도 불구하고, 우리는 어휘 기술에 대한 선행 연구를 하고, 학생들이 스스로 문법을 분석하고, 각 단원의 마지막에 학습자들에게 언어 참고 자료를 제공하기로 결정했다. 또한 학생들이 자신만의 개인적인 어휘와 문법책으로 학습을 시작하도록 장려하고 싶었다.

11. 직업적인 존경

우리에게 직업적인 만족감을 주고 동료에게 학문적으로 신뢰할 수 있는 것을 만들어 내기를 원했고, 자랑스러워할 수 있는 교재를 만들어 내기를 원했다. 우리는 또한 성인처럼 보이고 그것이 보기에 세련되고 깔끔함을 지닌 과정이기를 원했다.

6.3.2 압력

출판사

경험이 없는 교재 집필자로, 우리는 곧 상업적인 출판의 가혹한 현실뿐만 아니라 잠재적인 사용자의 다양한 요구에 직면하게 되었다.

출판사들은 우리를 격려했고, 우리에게 많은 창조적 자유를 허락했다. 그들은 우리의 많은 열망을 공유했고, 또한 건전한 판매뿐만 아니라 학문적 신뢰를 줄 수 있는 무언가를 원했다. 그럼에도 불구하고 그들은 판매해야 하는 시장에 관심을 갖고 있으며 생산 비용이 소용돌이치는 것을 원하지 않았다. 유명한 밴드가 노래를 부르는 컬러 사진이나 저작권에 대한 예산이 없었다. 동시에 우리는 때때로 정당화할 필요는 없지만 그들이 장기적인 유용성보다는 책을 볼 때 가장 먼저 떠오르는 '통증 반응 테스트(flick-test)'에 더 많은 관심을 기울였다고 느꼈다.

우리는 또한 교사가 중재할 교재를 작성할 때 학생들에게 이해될 수 있는 지시문이 필요함을 강조하고 있음을 느꼈다. 사실 우리에게 교사 중재는 필수적이나 결국 우리는 방법론을 너무 많이 규정하는 상황에 처하게 될 것이다(진정한 문제는 이것이다. 교사가 학생들에게 짝으로 활동하기를 원했을 때 '그룹으로 활동하라'라고 말하지 않는가? 또는 교사가 학생이 말하기 활동을 하는 것을 원할 때 '이 문장을 쓰세요'라고 말하지 않는가?)

학교 및 기관

우리의 문제 중 하나는 환상에 불과한 것을 실제화하는 것이다. 출판사에서 만든 많은 책들은 길이가 적당해야 하고, 많은 단원이 구성되어야 하며, 각 단원 당 페이지 수가 많아야 한다. 이것은 작업을 하는 데에 많은 시간이 걸리며, 교수요목에는 이러한 것들이 포함되어야 하고, 문법적인 항목과 그 항목을 테스트할 수 있는 것이 포함되어야 한다. 그럼에도 불구하고 그것이 이루어지면 우리의 본능이 전반적인 구조 측면에서 시장으로부터 우리가 좋아하는 것을 할 수 있는 자유가 훨씬 많아지며, 교재가 유용하고 학생들의 수준에서 동기를 부여할 수 있다. 이는 우리가 교사에게 비공식적으로 이야기할 때 더 확신한다. 실제로 많은 교사들이 한 단원에 얼마나 많은 페이지가 있는지, 교수요목에 무엇이 있었는지 알려주지 않는 것 같으나, 비록 관리자가 그렇게 하더라도, 많은 문맥에서 그들은 어떤 교재를 선택할지를 결정하는 사람들이다.

그럼에도 불구하고 기관의 요구는 집필에서 완벽하게 제약을 가한다. 교재는 문맥에 맞아야 하며, 주제는 학습자에게 흥미로우며, 교재가 유행에 뒤떨어져서는 안 되며, '사용자에게 친숙해야 하며', 다른 교재와 함께 사용할 수 있어야 하며, 학생들이 빠르게 발전할 수 있도록 해야 한다. 생산적인 측면에서 교재의 질이 좋아야 하고 저렴해야 하며 교재, 워크북, 테이프, 교사용 책 모든 구성 성분이 출시될 때 현지에서 함께 사용할 수 있어야 한다.

교사

우리는 교사들이 교육학적 원리에 공감할 수 있는 책을 원한다고 느꼈다. 신선하고 독창적인 느낌을 가져야 하지만 교사가 안심할 수 있도록 친숙해야 한다. 그리고 교사들은 시간에 대한 요구가 많기 때문에 충분한 준비, 사용 가능하도록 동기화된 교재, 학습자의 의사소통 기술을 향상시킬 수 있는 재미있는 활동들, 알기 쉬운 방법론, 교사가 규범적인 과정보다 자원으로 더 많이 사용할 수 있도록 허용한 주요 문법과 융통성 있는 접근법 등과 같은 기준이 성립될 필요가 있다.

학습자

학생들은 즐길 수 있고, 인식하고 배울 수 있는 교재를 원할 것이다. 언어를 이해할 수 있어야 하나, 해당 장에서 '새로운' 언어가 있어야 했다. 많은 수정이 필요했고, 학습자 스스로 공부하는 데에 사용할 수 있는 많은 교재들이 필요했다. 학습자들은 워크북과 같은 보조 자료가 필요했다.

6.3.3 타협된 원칙

이러한 모든 요인들이 작용하고 있는 상황에서 타협이 우리 작업의 중심에 있다는 것은 놀라운 일이 아니다. 그렇게 말했으나, 위의 대원칙 중 어느 정도라도 살아남은 것은 놀라운 일이다. 타협의 주요 영역은 다음과 같다.

전체 구조

융통성이 있는 교재에 대한 생각을 잠재적인 사용자가 (그 당시) 완전히 이해하지 못한 것이 분명했다. 우리는 초기 피드백을 통해 일부 교사들이 제시된 순서대로 책의 모든 내용을 다루어야 한다고 느낀다는 것을 알고 있었다. 많은 학생들이 워크북에 접근할 수 없었기 때문에 교실 자원의 일부로 사용하려는 우리의 생각이 보편적으로 받아들여지지 않았다. 다시 말하면, 그 교재는 우리가 원했던 것보다 덜 융통성 있게 정리되었다는 것이다. 그러나 그 당시 우리는 우리의 의도를 분명히 말하고 여분의 복사 가능한 연습 활동과 관련된 자체 자원을 제공하는 아이디어를 제시하는 것을 넘어서는 교사용 책의 잠재성을 충분히 인식하지 못했다는 것은 사실이다. -(개정판에서 수정된 사항) 이 기능은 교사들에게 프로그램을 구축하는 데에 도움이 되는 자원을 제공하는 데에 목표를 두는 원칙을 눈에 띄게 실천하고 있다.

본래 우리는 '심층' 접근법으로 책을 시작하고 싶어 첫 번째 4개의 단원을 검토 단원으로 표시했다. 언어 활성화를 위해 학습자들은 이미 제시되었고 필요하다면 교정 작업을 수행하였다. 그러나 많은 출판 시장에서는 이러한 접근법을 좋아하지 않거나 이해하지 못했으며, 주요 언어 항목에 대한 간단한 제시를 원했다. 우리는 이 제안에 타협하고 이를 제시했어야 하는가?

많은 연습 활동들이 사라지거나 제거되는 것을 보았을 때, 편집 단계에서 공간이 부족하다는 것이 우리에게 큰 좌절감을 초래하였다. 우리는 전체 활동을 잘라낼 것인지 활동 내 항목 수를 줄일 것인지 여부를 결정해야 했다. 그 잘못은 아마 너무 적은 페이지에 너무 큰 야망을 가진 우리에게 있을 것이다. 그래서 타협은 사용자의 불만들을 받아 개정판 교사용 책에 추가 자료를 제공해야 했다.

방법론

언어 제시보다는 기능 활동으로 각 단원이 시작되었기 때문에 단원 구조 측면에서 전통적인 PPP 접근법에서 벗어나는 것은 성공했으나 부분적으로 흥미로운 내용과 함께 언어에 초점을 맞춘 명확한 예시들이 포함된 텍스트를 찾는 어려움 때문에 진정성 있는 텍스트에서 목표 언어를 뽑으려는 원래의 포부는 중급 단계에서 실패하였다. 우리는 상위 중급 단계의 포부에 가까이 다가갔다.

문법에 대한 우리의 접근법에 대해 말하자면, 우리는 분석적 연습이 세계 일부 지역에서는 인기가 많지 않다는 것을 발견했다. 너무 심각하고 학습자에게 너무 많이 기대하는 것으로 보이며, 아마도 우리는 그러한 연습을 적게 함으로써 더 많은 것을 타협해야 했다. 학습자 훈련 활동의 처치에도 동일한 감정이 적용된다.

텍스트

우리는 텍스트를 보다 지적으로 만들어야 한다는 출판사의 압력에 저항했다. 우리는 여전히 우리가 옳았다고 생각한다. 이것은 후속 피드백에 의해 지지되었다. 사실, 아마도 우리는 더 저항했어야 했다. 그러나 수정되지 않은 진정성 있는 텍스트에 문제가 있을 것이 분명했다. 적절한 길이와 이해가능한 수준의 일반적인 주제를 지닌 텍스트뿐만 아니라 접근 가능한 수준의 문화적 참조와 유머를 찾는 것은 쉽지 않다. 그래서 우리는 그 포부에 타협하고 조금 더 타협했어야 하는지, 단순히 흥미로운 텍스트를 택해야 하는지 궁금해졌다. 여기서 타협은 실행 계획 중의 하나였으며, 초기의 포부 중 일부는 비현실적이었다는 우리 자신의 큰 깨달음뿐만 아니라 출판사의 압력과 학습자의 기대 중 하나였다.

우리는 또한 듣기가 자연스럽고 가능한 한 진정성이 있기를 원했다. 우리는 실제적 듣기를 통해 진짜 영어를 듣는 것을 배운다고 믿었다. 그러나 우리는 타협했고 몇몇 배우들을 이용했다. 생각해 보면 일부 비영국 시장에서 몇몇의 진정성 있는 텍스트의 난이도에 대한 반응을 감안할 때 우리는 지금 더 많은 것을 타협했어야 하는지에 대해 궁금해 한다. 우리는 듣기가 진정성이 있는지를 확인하기 위해 많은 노력을 기울였지만 그것이 보편적으로 인식되지는 않았다. 아마도 우리는 더 많은 준-대본을 만들어야 하거나 최소한 더 짧고 더 쉬운 실제적 자료를 더 많이 만들어야 했다.

내용

내용 측면에서 모두를 기쁘게 할 수 없다는 것을 깨달았다. 우리는 타협하였으며 학생들의 나라에서 잘 기록되지 않을 것이라는 이유로 우리 학생들과 함께 사용했을 일부 텍스트를 포함시키지 않았다. 우리는 섹스와 같은 금지된 주제에 대해 부끄러워하고 싶지 않았으나 부끄러워할 것이라고 생각하는 자신을 발견하였다(고급 단계에서 우리는 더 많은 것을 가지고 도망갔다). 그때에는 또한 정치적 정당성에 대한 영향이 있었으며, 특히 학습자로부터 기인한 것이라기보다는 US/UK 교사/출판사에서 기인된 남성과 여성 간의 논쟁이 있었다. 특정 텍스트는 피했으며, 다른 텍스트에서는 권장되었으며(예를 들어 중요한 직업에서의 여성들) 다른 텍스트에서는 순화하였다.

시용

저자에게는 훌륭한 훈련임이 입증된 교재의 시험판이 있었으나, 시험판에서 교재의 대부분은 워크북의 일부를 제외하고는 사용되지 않았다. 그 과정은 우리의 사고에 도움이 되었으나 모든 피드백이 우리가 바라는 것처럼 도움이 되지는 않았다. 주로 그것이 모순되었기 때문이다. 이는 우리와 출판사들이 결국 무엇에 대한 생각을 가져야 한다는 것을 의미한다. 또한 우리는 시용판 교재 일부를 가르쳤다. 그러나 최종판의 경우 일정과 예산을 맞추어야 한다면 직접적인 시범 운용이 어려웠다. 우리는 자신의 경험과 조언자의 경험에 더 의존하였다.

결론

이것은 개인적인 설명이나 의심할 여지없이 대부분의 집필팀에서는 그럭저럭 전형적이다. 모든 측면이 원래 원했던 것보다 적게 얻는 것에 만족한다면 거의 정의에 의한 타협은 미묘한 예술이며, 언제 누구에 의해 만들어졌는지 모든 타협들을 알아내려고 애쓰고 식별하는 것이 항상 가능하지는 않았다. 우리는 우리의 포부와 타협했다는 것을 알며 아무런 의심의 여지없이 사용자가 그것들과 타협해야 한다. 우리는 출판사들이 내용과 방법론 측면에서 우리의 안내를 존중하고 타협했다는 점에서 운이 좋았다.

우리가 결론을 내린다면, 타협은 불가피할 뿐만 아니라 아마도 이익이 될 것이다. 적어도 우리에게는 그렇다. 어떠한 타협도 없었다면 덜 효과적인 교재를 만들었을 것이다. 만약 우리가 다른 타협을 했다면, 그리고 타협을 해야 하는 영역을 좀 더 인지하고 있었다면 우리는 더 효과적인 교재를 만들었을지도 모른다.

참고 문헌

Allwright, R. 1981. 'What do we want teaching materials for?'. *ELT Journal*, 36(1): 5–18.

Cunningsworth, A. 1995. *Choosing Your Coursebook*. Oxford: Macmillan Education.

DeKeyser R.(ed.). 2007. *Practice in a Second Language*. Cambridge: Cambridge University Press.

Freebairn, I. 2000. 'The coursebook–future continuous or past?'. *English Teaching Professional*, 15: 3–5.

Gray, J. 2010. *The Construction of English: Culture, Consumerism and Promotion in the ELT Global Coursebook*. Basingstoke: Palgrave Macmillan.

Harmer, J. 2001. 'Coursebooks: a human, cultural and linguistic disaster?'. *Modern English Teacher*, 10(1): 5–10.

_____ 2007. *The Practice of English Language Teaching*. Harlow: Pearson Education.

Holliday, A. 1994. *Appropriate Methodology and Social Context*. Cambridge: Cambridge University Press.

Hopkins, A. 1995. 'Revolutions in ELT materials?'. *Modern English Teacher*, 4(3): 7–11.

Hyde, D.*et al.* 2008. *First Certificate Expert*. Harlow: Pearson Education.

Krashen, S. 1984. *The Input Hypothesis*. Harlow: Longman.

Mares, C. 2003. 'Writing a coursebook'. *Developing Materials for Language Teaching*. London: Continuum.

Meddings, L. and Thornbury, S. 2009. *Teaching Unplugged*. Peaselake, Surrey: DELTA publishing.

O'Neill, R. 1982. 'Why use textbooks?'. *ELT Journal*, 36(2): 104–11.

Rinvolucri, M. 2002. *Humanising your Coursebook*. Peaselake, Surrey:

DELTA publishing.

Roberts, S. 2005. 'In defence of Dogme'. *Modern English Teacher*, 14(2), 69–72.

Thornbury, S. 2000. 'A dogma for EFL'. *IATEFL Issues* 153: 2.

Thornbury, S. and Meddings, L. 2001. 'Coursebooks: the roaring in the chimney'. *Modern English Teacher*, 10(3): 11–13.

Tice, J. 1991. 'The textbook straightjacket'. *Practical English Teaching*, 11(3).

Walters, L. 1994. 'How to be a coursebook author. A 12-point guide to becoming a publisher's paragon'. *MATSDA Folio*, 1(2): 6–7.

저자의 집필 방법:
저자의 증언

Philip Prowse

7.1 소개

이 장에서는 저자의 관점에서 교재 개발 과정을 살펴본다. 1994년과 그 15년 후의 모습을 활용한다.

전 세계 ELT 교재 집필자 그룹은 1994년 4월에 영국에서 활동하는 영국 저자 및 출판사와 함께 영국 문화원 전문가 과정을 위해 옥스포드에서 만났다. 이 장의 첫 부분과 더 긴 부분을 구성하는 개발 과정에 대한 개인적인 설명은 설문지와 코스 참가자, 교사 및 친구들과의 서신에서 가져온 것이다. 설명은 작성된 대로 표시되며 주제별로 분류된다. 기술 발달과 함께, 설명의 일부분은 날짜가 지났지만, 역사적 관심에서 벗어나 원본의 완전한 상태를 보존하기 위해 유지되었다. '새' 개발에 대한 언급은 현재가 아니라 1994년에 새로 개발되었다는 것으로 이해하며 읽어야 한다. 익명으로 답변을 재연할 수 있게 한 첫 번째 섹션에 기여해 준 분들께 깊은 감사의 마음을 전달하고 싶다. 기고자는 다음과 같다. Wendy Ball(영국), Jan Bell(영국), Elisabeth Fleischmann(호주), Judy Garton-Sprenger(영국), Ram Ashish Giri(네팔), Simon Greenall(영국), Shamsul Hoque(방글라데시), Marina Larionova(러시아), Tony Lynch(영국), Peter May(벨기에), Ian McGrath(영국), Olga Nikolaeva(러시아), Tyxandra Popovici(로마니라), Naina

Shahzadi(방글라데시), Keith Tong Sai-tao(홍콩), Catherine Walter (영국).

15년 후, 4명의 주요 ELT 교재 저자는 이 장을 읽고 자신의 실습에 반영하도록 요청을 받았다. 그들은 다음과 같다. Jeremy Harmer(*Just Right* 시리즈의 저자, Marshall Cavendish), Sue Kay(*Inside Out* 시리즈의 공저자, Macmillian), Peter Sharma(*Blended Learning: Using Technology in and beyond the Language Classroom*의 저자, Macmillian), 그리고 Jeff Stranks(*English in Mind* 시리즈의 공저자, Cambridge University Press). 그들의 반성은 이 장의 두 번째 부분을 구성하며, 그 중 세 개는 쓰기 과정에 중점을 두고, 네 번째는 기술이 쓰기에 미치는 영향에 중점을 두어 기술된다.

7.2 1994년의 저자 관점

7.2.1 함께 쓰기

기고자의 대부분은 항상 팀의 구성원으로 작성했다. 공동 작업에 대한 그들의 설명은 팀 구성의 중요성과 실제에서의 차이를 강조한다. 개발 팀은 종종 출판사에 의해 구성되며 개발을 시작하기 전에 반드시 '알아보기'를 살펴볼 필요가 있다. 대략적인 경험은 보충 교재에 대한 팀 작업의 활동과 같다는 것이다. 교재에서의 팀워크는 결혼하는 것과 더 비슷하다. '알아보기'는 여러 단계에서 작용하며 경험에 대한 공유는 공유된 방법론만큼 중요하다. 함께 가르친 팀은 공동이며, 두 단계에서 모두 유리하게 출발하지만 실제로 한 번에 쓰기를 시작하고 글을 쓰는 동안 서로를 알아가는 것이 똑같이 효과적이라고 주장할 수 있다.

'함께 쓰는 것은 테이블에 함께 앉는다는 의미이다. 우리는 한번 만날 때 저녁 내내 스스로에게 매우 엄격하게 진행한다(험담이나 잡담없이). 언제든지 아이디어를 얻을 수 있고 스스로 교재를 모을 수 있지만 실제 쓰기 과정은 우리가 같은 공간에서 해야 할 일이다.'

'우리가 하는 일은 초안(별도의 방에서 일하는 것)이며, 문제가 있는 경우에만 다른 사람과 상의하는 것이다. 그런 다음에 각각 상대방의 파트를 읽고 비판한다. 때로는 변화가 거의 없으며 때로는 철저한 점검이 필요하다. 우리는 이 분야에서 자아 문제가 없었다. 그럴 경우 끔찍하고 시간이 많이 걸리는 일이다.'

'고정된 패턴은 없다. 그러나 실제 집필은 멀리 떨어져서 개별적으로 한다. 집필팀은 이상적으로 먼저 전반적인 접근 방식과 방법론을 충족하고 동의해야 한다. 그런 다음 주제별로 관련이 있거나 관련이 없는 자체의 청크(chunks)[14]를 작성하려 한다. 그런 다음 그들은 정기적으로 만나 서로의 작업에 대해 의견을 말하고 피드백으로 청크를 수정하기 위해 노력한다. 말할 것도 없이, 우리는 자신감이 있지만 거만하지 않은 훌륭한 팀 플레이어가 필요하다. 그래야 비판에 긍정적으로 반응할 수 있다. 원고를 마무리 할 때는 권한이 있는 사람이 모든 것을 편집해야 한다. 나는 내가 일하는 대학과 같은 기관을 위한 교재 개발에 대해 이야기하고 있다. 출판된 교재에 관해서는, 저자들은 꽤 독립적으로 쓸 수 있다. 방금 동료 두 명과 함께 시험 연습 교재를 썼는데 그러한 책을 거의 만나지 못했다.'

'우리 교재 팀은 13명의 인원으로 구성되어 6명은 중하 단계의 학습자를 위해 작업하고, 7명은 중상 단계의 학습자를 위해 작업한다. 팀의 규모는 다소 이례적이며 많은 사람들, 교사, 검사관, 트레이너 및 우리 자신도 '직장팀'의 결과를 의심했다.

---

14) [역자주] 언어 학습자가 한꺼번에 하나의 단위처럼 배울 수 있는 어구. 예를 들어 Pleased to meet you 등이 있다.

물론 모든 결정에 의해 합의된 해결책에 도달하기 위해 사람들의 아이디어를 인정해야 하기 때문에 개별 작업 스타일, 개별 집필 스타일, 표준화되지 않은 단위, 의사 결정 시간이 평소보다 오래 걸린다는 단점이 있다. 그러나 이 공식이 여전히 효과가 있다면 다양한 아이디어 – '방아쇠' 및 '템플릿' 유형, 광범위한 정보 및 방법론적 자료, 각기 다른 지역의 사람들을 모으는 이점 등 단점보다 장점을 많이 발견했기 때문이다. 관심, 개념, 아이디어, 그리고 일단 아이디어가 받아들여지면 확실해야 한다.

이 책의 내용은 다루어야 할 주제, 스킬의 균형, 어휘 및 문법 처치, 문화 및 전 세계의 입력 자료에 대한 주요 결정은 팀 전체에서 가져온다. 계획과 기한 설정 및 마감일 준수, 작업 및 결과 진행에 관한 프로젝트와 관련된 모든 구성원 업데이트, 교재 시범 구성, 표준화 보장, 중복 방지, 교재 검토, 워크숍(조직, 관리 및 보고서), 출판사와의 관계는 프로젝트 코디네이터 및 영국의 컨설턴트의 직업이다.

우리가 동의한 작업 방식은 다음과 같다:

- 첫 번째 워크숍 동안: 그룹은 주제, 기능, 기술 중심, 문법 처치, 어휘, 단원 형식 및 수업을 결정한다. 그런 다음 각 구성원에게 단위가 할당된다.
- 저자는 집으로 돌아가서 결정된 것에 따라 단원을 고안한다. 확인을 위해 프로젝트 코디네이터에게 보내고 상담가들도 제안을 받는다.
- 약 3개월 후에 이 그룹은 프로젝트 코디네이터와 다시 만나 모든 과에 대한 공통 합의가 이루어진다.

'필요한 경우 이에 대해 의견을 제시하고 조정하기 위해 공동 저자에게 제공하는 첫 번째 초안을 작성한다. 문제에 부딪히면 공동 저자가 종종 이 초안을 제공한다. 진정성 있는, 실제적인 교재도 위와 같다. 우리는 이것이 심각한 의견 불일치를 피하고 우리 모두 혼자 있을 때가 더 좋고 더 빨리 일할 수 있다는 것을 알면서도 멀리서 함께 일을 한다.

접근법과 내용에 대한 최종 결정은 방법론, 진행 및 책의 '정신(soul)'에 대한 명확한 전반적인 그림을 지니는 책의 시작점이다. 교재를 수정해야 할 책임은 나에게 있으며, 이러한 이유는 부분적으로 교재가 내가 일하는 곳의 기관에서 테스트되었기 때문이다.'

'공동 집필의 유일한 경험은 교사의 책 중 일부를 테스트 과정에 사용하면서 다른 사람이 나머지를 할 때였다. 문제는 교재와 연습용 교재 모두의 마감 기한에 맞서고 있었으며 동시에 하나, 또는 두 개의 다른 위기가 진행되고 있다는 것이다! 공동 저자가 해외에서 산다는 것은 의사소통이 끔찍하다는 것을 의미했다: 나는 실제로 나의 공동 저자와 이 책을 논의할 수 없었고 결국 영국의 편집자들이 우리가 수행한 것들 중에서 선택하게 되었다. 달리 말하면 정말 개밥이었다.'

'내 동료들과 함께 작업할 주제를 결정하고 같은 방에 함께 모여 적절한 교재와 아이디어를 찾아본다(우리는 도서관에서 찾는다). 또한, 집과 서점에서 교재를 가져 와서 '나눠서' 활동을 준비한다. 그 다음에 다시 모여 파트를 지시하고, 순서와 유용성에 대해 함께 결정하고, 이러한 것들을 시도한 후에는 뒤집는다(각각 다른 부분을 본다). 그런 다음 동료들이 교재를 테스트해 보고 피드백을 제공한다.'

'우리에게 공동 집필은 팀워크이다. 우리는 많은 것을 논의하고, 글에 미리 포함시킬 내용을 결정하고, 개요를 작성한 다음 집필을 시작한다. 작성된 교재는 따로 개발된 경우 다시 논의된다. 그들이 괜찮다고 하기 전에 우리는 모두 언어, 내용 및 설명에 동의한다. 수정도 같은 방식으로 이루어진다.

종종 팀원이 서기가 되며, 토론을 한 후에 다른 사람들이 지시한 내용을 쓴다.

가장 높은 위치에 있는 동료는 대개 의견이 일치하지 않을 경우 최

종 결정을 내린다.'

'일반적으로 나는 각 개인의 관심과 강점을 반영한 역할 분업에 동의하고 마감일에 동의하는 것이 가장 좋다. 그런 다음 초안이 교환되고 주석이 작성되고 초안이 다시 작성된다. 어쩌면 나는 공동 집필진들과의 운이 좋았지만, 이 패턴은 나에게 매우 효과적이었다. 물론 개방성이 필요하지만(공식적인 의지와 건설적인 비판을 기꺼이 받아들일 의지), 혜택은 엄청나다.'

'나는 가상의 낯선 사람이자 이 책이 의도한 지역을 대표하는 공동 저자와 협력하는 데 부정적인 경험을 했다. 이것은 종종 완전히 다른 각도에서 프로젝트에 접근하여 발생하는 스트레스와 긴장으로 가득찬 관계이다. 그런 다음 원고의 수정은 종종 교육학적 고려 사항과 관련이 없는 동기에 의해 유도된다.'

'EFL 교재를 사용하면 어떤 유형의 활동을 해야 할 것인지 또는 어떤 부분을 책임질 것인지 결정해야 한다. 각자 상대방이 읽고 의견을 남길 수 있도록 초안을 작성해야 한다(최종판의 최종 사용자는 최종 결정을 내린다). 영어로는 '공동 집필'이 모호하다. (팀티칭과 같은) '공동 집필'은 적절하겠지만 나는 어렵다고 생각한다. 나는 내가 하는 일이 공동 작성이라고 생각한다.'

'우리는 두 개의 팀에서 '팀'으로 일하는 데 가장 적합한 방법을 찾는 데 몇 가지 다른 노력을 기울였다. 지금까지 우리는 다음과 같이 시도했다.

• 한 번에 몇 단원의 개요를 함께(집에서, 긴 수작업으로) 작성하기. 여기에는 기본 구조, 아이디어의 '통(pot)', 텍스트에 대한 제안이 포함되지만 세부 사항은 포함되지 않는다. 그런 다음 각 단원을 가져 와서 쓰고 나중에 주석을 달고 다시 쓰려고 한다.

- 책을 전반과 후반으로 나눈다. 단원, 주제, 텍스트를 논의하기 위해 거시적인 회의를 하고 기본적으로 그것에 대해 이야기한다. 분명히 그 단원의 각각의 초안은 공동 집필자들에 의해 논의될 것이다.
- 한 사람은 '거시적인 부분'을 스케치하고(기본적으로 '창의적인' 한 부분) 다른 한 사람은 연습, 세부 설명, 언어 참조 문구 및 기타 '미시적인 부분'을 작성한다.

우리는 아직 완벽한 해결점을 찾지 못했다!'

'최근에 두 사람이 출판사를 위한 몇 가지 파일럿 교재를 연구하고 있다. 우리는 둘 다 호환 가능한 컴퓨터를 가지고 있었기 때문에 많은 회의 준비를 마친 후에 서로 다른 단원을 시작했다. 그런 다음 초안이 포함된 디스크를 서로에게 주고, 모든 논문이 완성될 때와 마찬가지로 주석을 달지 않고 단순히 단원을 다시 작성하고, 추가하거나 잘라내고, 다시 보냈다. 이런 식으로 우리는 누구의 소유물도 아닌 단원의 단위로 끝냈다. 그런 다음 한 대의 컴퓨터 앞에 앉아서 레이아웃과 지시문 등을 표준화하여 순서대로 정리했다. 일하기에 정말 좋은 방법이었고 이메일을 보내면 더 빨랐을 것이다.'

함께 일하는 방법은 교재 집필을 명확하게 담당하는 것이다. 여기에서 설명한 바와 같이 우리는 서로 긴밀하게 협력하는 팀, 서로를 보완하는 팀, 그리고 교재 집필만큼 중요한 교재 집필 과정의 관리팀으로 구별할 수 있다. 집필팀이 커짐에 따라 개별성과 전문성 불일치의 부정적인 영향으로 인해 다양성으로부터 오는 이득이 더 커질 수 있지만, 반드시 그런 것은 아니며 더 큰 팀이 더 많은 에너지와 경험을 보유할 수 있다. 그러나 가능한 한 작은 집필팀과 큰 프로젝트의 요구에 대처하는 것 사이에는 긴장감이 있다. 이러한 긴장감은 프로젝트의 '하위' 요소(일반적으로 통합 문서 및 테스트 또는 자료집, 또한 교사용 책)가 주요 저자의 지시에 따라 작업하는 다른 저자에 의해 해결된다.

7.3 창작 과정

초기 아이디어에서 교실로 옮겨지는 데에 3년에서 5년이 걸릴 수 있는 현대 교재의 제작 과정에서 역설적으로 실제 수업을 만드는 데는 시간이 덜 걸릴 수 있다. '계획하지 않은 일이 발생하는 것'을 집필하는 방법에 대한 이러한 설명은 과정의 창의성을 강조한다.

'회의, 프레젠테이션, 수정, 교정과는 반대로, 나에게 있어 실제 작업으로 간주되는 유일한 작업은 단원 첫 초안에서 시작된 워드 프로세서 앞에서 보낸 하루이다. 그 하루는 어떠한 노력이 필요하지 않지만, 더 많은 보상을 받는 일은 없다. 그러나 과정 디자인이 완성되고 정교화하는 단계에서 이러한 날은 몇 달 전에 시작될 것이다. 이 단계는 필수적이며, 일주일 정도 걸리지만 이는 '실제'로 작업하는 행복한 날임을 의미하며, 저자의 어떠한 막힘이나 안 좋은 계획 따위는 없다는 것을 의미한다.

이 과정은 수업을 위한 과정 디자인 요구 사항을 확인하면서 시작되며, 목표 구조나 어휘를 듣거나 읽을 가능성이 있는 정통 문맥을 결정하는 상당히 긴 과정을 시작한다. 이것에 대해 생각했을 때, 나는 수업에서 듣기나 읽기 자료로 사용될 입력 텍스트를 찾는다. 여기에는 오래된 신문을 다시 읽거나 도서관에 가거나 서재에 있는 책을 뒤지거나 하는 것들이 포함될 수 있다.

주요 입력 자료를 선택한 후에는 교사가 수업 계획을 세우는 것처럼 단원의 단계를 결정한다. 교과 과정의 주요 강의는 목표 구조나 어휘에 중점을 두지만, 읽기, 쓰기, 말하기, 듣기, 발음, 사회 문화 교육 등의 2차 강의 내용도 다루어야 한다. 나는 모든 것이 시작, 중간 및 끝의 활동 순서에서 발생하여 의사소통 맥락이 성립되도록 하고 싶다. 이는 일반적으로 약간의 독창성을 포함한다. 나는 가능한 모든 종류의 활동을 화면에 입력하고 입력 자료를 입력한 다음 가장 적합한 선택과 순서를 위해 많은 시간을 보냈다. 나는 종종 한낮에 운동을 하는 동안 이런 생각을 했고, 돌아올 때쯤에는 활동 순서가 무엇인지 기적적으로 분명해졌다.

단원 집필을 시작할 때 대부분의 중요한 결정이 내려졌으며 모든 것이 보통 매우 빠르게 진행된다. 현재 시리즈의 단원을 마치려면 몇 시간이 걸릴 것이다. 현재 시리즈의 경우 단원은 두 페이지가 펼쳐질 것이다. 따라서 두 페이지가 시작되는 데 하루가 걸릴 것이다.

물론, 다듬기와 수정 및 마무리 작업이 많이 있으며, 일반적으로 편집자와 협력하여 수행하게 된다. 준비할 수 있는 듣기 대본, 확인해야 할 답변, 교사용 책 집필 등이 있어 종종 더 많은 결함이 발생한다. 그러나 이 모든 것은 집필/편집 과정에서 나중에 이루어지며, 이러한 과제가 계속 남아 있어야 한다는 확실성은 오늘의 '진정한' 일이 끝날 때 느끼는 기쁨에 영향을 미치지 않는다.'

'일부 사람들은 식탁에 앉아서 일을 한다. 나는 이런 식으로 일한 적이 없었다. 내 아이디어와 의도는 오랫동안 내 안에 끓어올랐지만 세부 사항조차 완성되기까지 꽤 오랜 시간이 걸리고 어느 시점에서 나는 집필을 시작할 수 있다고 생각한다. 일반적으로 이 순간이 지나면 모든 것이 꿀꺽 꿀꺽 쏟아진다. 그리고 나중에 아주 오랜 시간 동안 나는 행해진 일을 살펴보는 것을 꺼려할 수 있다…

- 창의적이기 때문에 집필은 재미있다.
- 아이디어가 떠오지 않으면 집필은 실망스러울 수 있다.
- 집필은 영감이 올 때, 손이 생각의 속도를 따라 잡을 수 없을 때 기쁨을 가져온다.
- 집필은 열중하게 한다. 최고의 교재는 '부아지경 상태'에서 작성된다.
- 집필은 연습을 통해 향상되지만 모든 사람은 첫 번째 집필 작업에 직면하기 위해 약간의 노력이 필요하다.

• 집필은 중독성이 있다. 첫 번째 작업을 마친 후에는 계속 더 많은 것을 요구한다.'

'나는 영감을 느끼면 집필이 쉬워지지만 첫 번째 아이디어를 종이에 썼을 때 관심을 잃는 경향이 있다. 그럼에도 불구하고 작품이 '내 것'이 되고 공동 저자가 나보다 스토리 라인과 캐릭터 사이의 관계에 덜 헌신적인 것처럼 보일 때 긴장을 느끼기를 원한다.'

'나에게 글을 쓰는 것은 고된 활동이다. 글쓰기의 기계적인 부분이 아니라 처음부터 성실하게 시작해서 글을 쓰는 동안 조직하는 것에 대해 많은 것을 생각한다.

생각, 또는 다른 사람들이 '계획하기'라고 부르는 것은 버스를 탈 때, 산책을 할 때, 쇼핑하는 동안 나를 사로잡는 모든 것에서, 모든 곳에서 발생한다. 카트만두 주변에서 당신을 보고 당신을 인식하지 못한다면 걱정하지 않아도 된다. 조금만 가면 기억하고 다시 인사해 줄 것이다.'

'때로는 집필을 중단하기가 어렵다. 당신이 최고점을 지났을 때 밤새도록 계속해서 당신은 자동 조종을 하고 있는 것처럼 보이고, 불면증을 불러일으키고 효율성을 떨어뜨릴 수 있다. 가족과 친구들과 같이 식사하는 시간이 연기된다.

우리는 십필을 왜 하는가? 내 경우에는 '쥐한 느낌'보다 더 나은 이유를 제시할 수 없다. 학생들이 배우거나 교사가 가르치는 데 도움을 주기 위해 글을 쓰고 싶다고 생각하고 싶지만 내 자신이 정직하다면 100주를 그 목적만으로 했다고 생각하기 어렵다.'

'평화, 빛의 분위기로 인한 집필은 나에게 특히 중요하며 그 과정도 다른 종류의 글쓰기와는 다르다. 아마도 가장 큰 차이점은 글을 쓸 때 아이디어의 중심에서 시작해야 한다는 것이다. 내가 아이디어를 얻었을 때, 나는 아이디어를 끓어오르게 하고 때때로 저어주게 한 다음 특정 시점에서 아이디어를 자세히 살펴볼 수 있다. 나는 내 경험에 크게 의존한다. 다른 사람들이 한 일을 살펴볼 수도 있지만 기본적으로 내 직관에 의존한다. 이것은 내가 빠르고 확실하게 일한다는 것을 암시한다. 나는 빨리 일한다고 생각하지만, 종종 빈틈을 두기 때문에(나중에 채워야 할 다소 지루한 부분들에 대해서), 모양을 다듬고 연마해야 할 필요성을 느끼기 때문에, 나는 어느 정도 만족하기 전에 끝없이 초안을 작성한다.'

여기에 인용한 대부분의 저자들은 자신의 직감에 크게 의존하여 소설을 쓰는 것과 같은 방식으로 교재를 작성하는 동시에 강의 계획서의 제약을 강조한다. 언급되지 않은 가정은 강의 계획서가 창조보다 우선한다는 것이다. 대안점은 관심과 가치가 있는 주제와 활동에 대한 수업 자료를 기반으로 하고 충분한 '범위'를 보장하기 위해 필요한 경우 체크리스트를 사용하여 교재에서 실제 강의 계획서를 도출하는 것이다. 교육 자료가 일련의 스냅 샷을 제공하지 않고 전체 언어를 캡슐화할 수 있는 것처럼 적용 범위는 무언의 가정이다. 저자가 기존의 강의 계획서에서 시작하는지(종종 교육부에서 규정한 것), 내용 기반 시작점을 사용하는지에 따라 초급 교재가 언어 강의 계획서에서 시작될 수 있다. CLIL(내용 및 언어 통합 학습)에 대한 현재의 관심은 언어가 아닌 콘텐츠가 시작점인 학습 교재의 개발을 자극할 것이다.

이 섹션에 설명된 교재는 기본적으로 학생 교재이며 교사용 책을 참조하는 경우 나중에 작성되는 것으로 가정한다. 그러나 일부 저자는 교사와 학생용 책을 동시에 만드는 것을 선호한다. 이 방법은 학생 페이지의 교재가 완전히 시각적이지만 모든 수준에서 채택될 수 있는 초등학교 교재의 경우 필수적이다. 단점은 학생용 교재를 계속 수정하고 편집하면 교사용 책을 여러 번 다시 작성해야 할 수 있다는 것이다. 성인 학습사의 경우, 학생의 수업 교재는 주로 추가 아이디어와 활동을 담고 있는 교사용 책에 대한 언급 없이 '페이지 밖에서' 가르칠 수 있을 정도로 명확해야 한다고 주장할 수 있다.

7.4 출판사와의 협력

요즘 주요 교재 시리즈는 일반적으로 저자가 제안한 것이 아니라 출판사가 의뢰한 것이며, 아래의 단계는 일반적이지 않은 집필 과정을 반영한다. 물론, 프로젝트가 시작되기 전에 끝없는 회의와 토론, 그리고 시리즈를 이동하고 홍보해야 할 제작 후 편집 압력(있는 그대로)은 없다.

초기 단계

- 다른 교재를 살펴보거나 가르치면서 교사(때로는 학습자)에게 새로운 교재(다른 교재의 시장성/약점/차이)에 대해 이야기함으로써 연구. 공동 저자와 후속 회의에서 독립적으로 이 작업을 수행하고 의견과 결과를 공유한다.
- 공동 저자(집에서)와 만나 합리적인 논의 및 초안 작성. 여기에는 책과 단원 구조, 문법 강의 계획서가 포함되며 이는 보통 시간이 걸린다. 처음에는 손으로 썼다.
- 단원 초안 작성(일반적으로 단위 1). 단원 계획은 보통 함께 이루어지며, 여러 가지 토론을 통해 개별적으로 나누어 작업했다. 컴퓨터로 의견을 남기고 팩스를 주고받는다. 이 단계에는 편집자가 참여하지 않는다.
- 이론적 근거/단원 초안/제안된 문법 강의 계획서를 출판사에 제출한다. 그런 다음 독자들에게 사람들의 '서재'와 '시장'에서 다양한 의견을 확인할 수 있는 더 넓은 네트워크를 제공한다.

작성 중

- 나와 공동 저자는 활동 유형 및 주제 측면에서 다른 강의 계획서, 어휘, 작문, 발음 등에 대한 아이디어를 지속적으로 구축한다. 또한, 사용하거나 적용할 수 있는 실제 텍스트 뱅크를 구축한다. 이 과정은 일반적으로 후속 회의에서 논의하고 결정하기 위해 별도로 수행한다.
- 이 단계에서는 종종 디자이너 및 미술 편집자와 만나 책에서 원하는 '꼴'과 다양한 수준과 다양하게 보일 수 있는 방법에 대해 논의한다.
- 보고서가 단원 초안 및 이론적 근거로 다시 돌아오면 게시자 및 프로젝트 관리자와 회의(호텔과 같은 '중립' 지점)가 열리고 의견을 공유하고 변경 사항에 대해 '태도를 정하는 것'을 한다. 이 지점은 보통 불꽃이 생기는 지점이다!

초고

첫 번째 초안 단계에서는 페이지에 글을 쓰거나 자세한 그림, 녹음, 실마리 등을 걱정하지 않아도 된다. 우리는 첫 번째 초안을 약 14명의 독자와 시범자에게 보내고 첫 번째 초안에 대한 피드백은 내용과 이념의 변화가 발생할 수 있을 때 출판사와의 대규모 회의로 이어진다. 이 시점에서 독자들은 '초기 단계'보다는 큰 문제에 초점을 두도록 권장한다.

그렇지 않으면 첫 번째 초안 단계에서 출판사와 편집자는 텍스트를 찾거나 노래 사용 권한 등을 찾는 것을 제외하고는 거의 우리를 멀리한다. 점점 더 그들과 우리는 학교의 '연구 방문'에 참여하고 있으며, 영국과 해외에서 '시장이 실제로 원하는 것'을 찾아내고 이것이 가능한 곳에서 제공한다.

두 번째 초안

이것은 일반적으로 비교적 집중 기간에 걸쳐 이루어지며 종종 새로운 텍스트를 찾고, 발표를 중단하며, 다른 활동 추가 등의 많은 변화가 필요하다. 이 시점에서 우리는 디자인과 레이아웃을 주시하면서 훨씬 더 비판적이 되어 훨씬 더 많은 '페이지에' 글을 쓰기 시작했다.

이것은 독자들에게도 보내지나, 이 단계에 의해 (극소수로) 그들은 훨씬 더 많은 논평을 하고 있다.

이 단계에서 우리는 워크북과 교사용 교재를 쓰는 사람에게 브리핑을 해야 했다. 포함해야 할 사항에 대한 결정은 우리와 함께 남은 것을 포함하기 때문에 항상 기억하는 것보다 더 많은 작업이 필요하다.

세 번째 초안

일반적으로 제한된 시간이 많지 않고 자체 녹음도 수행해야 한다. 이 시점에서 출판팀은 여기에 많이 관여하고 있으며, 글을 쓰는 동안 '완성된' 단원은 복사 편집되어 우리에게 다시 보내지며 보통은 많이 줄여줄 것을 요구한다. 이들은 또한 디자이너 및 편집자와의 만남이다.

최종

우리가 글을 마친 날부터, 특히 디자인, 컷 및 지시문은 평균 6개월 동안의 끊임없는 후속 생산 작업이 있다. 아마도 이것은 가장 스트레스가 많은 시간일 것이다. 아마도 우리 둘이 아닌 전체 팀과 지속적으로 연락을 해야 했기 때문일 것이다.

저자는 일반적으로 전체 담당 출판사, 위원회 편집자, 교재에 대해 상세히 작업하는 한 명 이상의 데스크 편집자 및 디자이너(많은 디자인 작업이 이제는 프리랜서이지만), 이 팀을 지원하는 것은 오디오 테이프, 예술가 및 사진 저자, 사진 연구원, 저작권 허가자 및 교정을 위한 녹음 스튜디오 제작자이자 성우도 있다. 다양한 단계에서 교재 피드백을 제공하는 많은 '독자'와 교실에서 교재를 확인하는 '파일럿' 교사가 있다.

마케팅의 입력과 프리랜서 편집자의 부상이라는 두 가지 상대적으로 새로운 개발에 주목할 가치가 있다. 대부분의 영국 출판사들에게 특히 시장별 교육과정이 많이 생산됨에 따라 거의 모든 교재 생산 측면에서 마케팅 팀의 영향이 가장 중요하다. 이는 집필자가 운용하는 매개 변수를 설정하는 마케팅에서 입력된다.

글쓰기 팀 내에서의 관계는 저자와 편집자 사이의 관계이다. 일반적으로 과거 교재는 출판사 직원이 제작했다. 비용 압박과 '인원 삭감'으로 인해 위원회 편집자의 전반적인 제어를 담당하는 프리랜서 편집자와 디자이너의 활용이 증가했다. 이것은 그 자체로는 좋지도 나쁘지도 않지만 주요 프로젝트에서 저자는 점점 더 많은 '새로운' 사람들과 관련되며 결과적으로 점점 더 많은 것을 차지하는 필연적이고 중요한 '알아보기' 단계 시각이다.

7.5 디자이너 및 삽화가

많은 기고자들이 이 책의 디자인에 관여하지 않았다고 불평했지만, 다음의 설명은 디자인의 중요성에 대한 현재의 인식을 정확하게 반영한다. 대부분의 집필이 완료되기 전에 학생 페이지의 외관을 위한 디자인이 마무리되고 저자는 디자인에 맞게 글을 쓴다.

'우리는 항상 디자인 과정에 관여했다. 훌륭하고 마음이 맞는 디자이너가 있다면 이것은 큰 보람이 될 수 있다. 당신과 디자이너가 다른 의제를 가지고 있다면 살인이 될 수 있다. 물론, 어느 정도까지, 당신과 디자이너는 디자인이 미적으로 즐겁고 교육적으로 효과적이기를 원한다는 점에서 항상 다양한 의제를 가지고 있다. 우리는 디자이너가 책을 쓰기 전에 항상 책의 아이디어를 공유하고 둘 간의 의사소통을 위해, 예를 들어 삽화가의 작품 샘플을 검토하여 우리를 편안하게 하며, 우리에게 중요한 일반적인 요점을 작성한다. 예를 들어, 그림에 묘사된 사람들의 연령, 인종, 성별, 능력, 사회 계층이 퍼져 있는 경우, 우리는 디자이너가 이 점을 염두해 두고 각 삽화가가 이것을 볼 것을 요청한다.

디자이너의 문제 중 일부는 예산이 부족하고 3등급 삽화가만 사용할 수 있다는 사실에서 비롯된 것일 수도 있다. 그들은 당신에게 이것을 말하지 않을 것이다: 그들은 당신이 얻고 있는 삽화가 실제로 매우 훌륭하다는 것을 언급하고 확신시킬 것이다.

삽화가를 위한 예술품에는 때때로 문제가 있다. 이것들은 두 가지로 나눌 수 있다:

1. 삽화가에 대한 나의 좌우명: 한 명의 삽화가가 읽거나 그릴 수 있다. 그래서 7살짜리 아이가 할 수 있는 보행자 일러스트를 만들어내기 위해 그림을 주의 깊게 보고 살펴본다. 또는 실제로 학습자를 끌어들이고 페이지를 만들 멋진 일러스트를 만들어낸다. 놀랍고 매력적이지만, 그림의 일부 요소가 잘못되었거나 누락되면 학습자가 해당 활동을 수행할 수 없다.
2. Gricean의 대화격률(Gricean maxims)[15]의 중지. 삽화가로는 아무것도 가정할 수 없다. '사막 장면'이라고 말하면 이글루가 없는 것이 가장 좋다. 만약 그렇게 하지 않고, 예술의 이글루에 대해 불평한다면, 그것이 당신의 잘못이라는 말을 듣게 될 것이다. 빡빡한 기술 자료를 작성하는 방법을 배우는 것은 EFL 집필자의 영역에서 가장 어려운 하위 기술일 수 있다.

---

15) [역자주] 자연스러운 대화가 이루어질 수 있도록 지켜져야 하는 네 가지 대전제를 언어학자인 그라이스가 제안한 것으로 질의 격률, 양의 격률, 관련성의 격률, 방법의 격률이 있다.

위에서 '때로' 발생하는 두 가지 '문제'는 흔하지 않지만, 디자인과 일러스트가 책을 만들거나 깨뜨릴 수 있다는 것은 출판에 있어서 자명하다. 이로 인해 교재보다는 광택 잡지처럼 보이는 교재가 생겼다. 다른 문화권의 학습자들의 반응을 오늘날의 고도로 설계된 컬러 교재와 비교하는 것은 흥미로울 것이다. 시간과 돈을 많이 소비하면 학습의 효율성이 높아진다거나 단순히 한 권의 책이 다른 책보다 더 많이 팔릴 것이라고 보장하는가? 세련된 디자인이 도움이 되지 않고 장벽을 지니는 단계는 어느 정도까지인가?

7.6 기술

(편집자 주: 아래 섹션은 이 책의 1998년 판을 재현한 것으로 1994년에 수행된 연구를 설명한다.)

종이뿐만 아니라, 디스크에 텍스트를 제출하는 것도 예외가 아닌 1994년의 표준이었다. 아이러니하게도 출판사가 디스크에서 직접 텍스트를 설정하고 핵심어를 다시 입력할 때 발생하는 오류를 제거하려는 것은 현대적인 워드 프로세싱 패키지에서 허용하는 멋진 디자인 및 레이아웃 기능 없이 디스크를 제출해야 한다는 의미이다. 아래의 첫 번째 기여는 기술을 통한 발전 정도에 대한 문제를 제기한다.

'나는 내가 좋아하는 Apple Mac 컴퓨터에 글을 쓰고 있으며, 공동 저자가 동일한 워드 프로세싱 프로그램을 사용하여 디스크를 교환하는 것이 간단하다. 때때로 우리는 주방 식탁에 앉아서 차를 마시면서 함께 일하지만 더 자주 전화, 우편 및 팩스로 의사소통한다. 그리고 이제 편집자와 공동 저자 대부분이 전자 메일을 사용하므로 그에 따르는 압력이 커지고 있다. 마감일을 누를 때 화면에서 화면으로 교재를 전송할 수 있다는 이점을 확실히 알고 있다.

그러나 전자 커뮤니케이션의 발전으로 출판 과정이 빨라진 것은 아니다. 그리고 나를 걱정시키는 심리적 영향들이 있다. 발행인이 문서를 처리하지 않고 팩스로 보내면 즉시 응답해야 한다고 생각한다. 즉각적인 전송은 즉각적인 응답, 지속적인 접근성을 요구하는 것 같다. 매체는 메시지이다. 쉽고 빠르며 묘한 매력이 있다. 그러나 때로는 즉시 접근하고 싶지 않다. 시간과 공간을 소중하게 생각한다.'

'내가 쓰는 것은 나에게 중요하다. 나는 항상 펜과 종이로 시작하며 첫 번째 계획(초안 작성)은 일반적으로 많은 풍선과 화살표가 있는 '마인드 맵'이다. 나는 종종 다른 색깔의 펜을 사용하여 내가 쓰고 있는 특정 포인트에 특정 활동이나 인용문을 포함시키는 것을 기억하도록 도와준다. 나는 최근에 내가 잃어 버렸다고 생각했던 가장 좋아하는 만년필을 다시 발견했고(3,000마일 떨어져 있었음, 15년 후에), 나는 그것을 많이 사용하고 있음을 알게 되었다. 한심한 소리로 들리지만 다른 펜보다 글쓰기가 더 편하다.'

'나는 펜과 종이로 쓴다. 보통 볼펜과 A4용지를 쓴다.'

'나는 항상 이면지를 사용한다(예: 사용하지 않은 유인물 또는 이전에 입력한 초안의 빈 면). 시트마다 시트를 덮는 것에 대해 죄책감을 덜 느낀다.'

'두꺼운 노트에 펜으로 글을 쓰기도 했다. 이제 노트북인 도시바 컴퓨터가 있다. 오래된 것이지만 내 작업에는 충분하다.'

'대부분의 집필 과정은 종이로 이루어진다. 여전히 타자기/컴퓨터로는 글을 생각할 수 없다.'

'나는 타자기로 나의 첫 번째 책(1980년대 초)을 집필한 후 개인용 컴퓨터로 옮겼다. 나는 손으로 책을 쓴 적이 없다. 터치 방식이므로 생각보다 빠르게 타이핑할 수 있었고 그 방식이 더 효율적으로 생각할 수 있었다. 하지만 타자기에서 워드 프로세싱으로 전환했을 때의 차이를 기억한다.'

'보통 사무실이나 집에 없을 때를 제외하고는 컴퓨터 키보드를 사용한다. 카페에 있을 때 매우 까다로운 글을 쓰는 경우와 같이 많이 사용해야 하는 경우에는 단어를 표 형식으로 배치해야 할 때 종이에 초안을 작성한다. 예를 들어, 자동차 대여 기록 양식을 디자인할 때 종이에 연필 스케치를 한다.'

'나는 종이에 작성하지 않고, 펜을 선호하지 않는다. 화면에 바로 작성한다.'

Tipp-Ex ® 블랍(blob)16)으로 덮인 수동 타자기로 구성된 15년된 원고를 버리고 컬러 펜과 연필로 붙인 여분의 비트를 버리는 것은 오늘날의 저자에게는 훌륭한 경험이다. 우리 중 아무도 그 시대로 돌아가고 싶어하지 않는다. 그럼에도 불구하고, 이 장의 기여가 설문지를 손으로 한 것이 아니라 디스크로 했더라면 얼마나 달랐을지 추측하는 것은 흥미롭다.

7.7 원고 집필 시간과 장소

언제, 어디에서 쓸지에 대한 또 다른 안심할 수 있는 다양한 견해가 있다. 최종적인 의견 제시는 현실보다는 꿈을 나타낼 수 있다!

'보통 아이들이 없을 때. 글을 쓸 때 완벽한 평화가 필요하다. 산만함은 내 아이디어의 흐름을 방해한다.'

---

16) [역자주] 블랍(blob)은 이미지, 비디오, 사운드 등과 같은 멀티미디어 객체들을 저장하기 위해 데이터베이스에 파일을 저장하는 형식의 하나이다.

'딸의 침실에서 밤늦게 2-3시간 동안 쓴다. 방은 작고, 아늑하고, 비좁고 앵무새가 있다.'

'교실에서 사용하거나 출판하기 위해 교재를 집필하려면 '개인적인' 시간이 필요하다. 이것은 보통 밤 10시 이후를 의미한다. 아들이 잠이 든 후, 오전 1시 또는 2시까지, 날이 밝아지기 시작할 때까지, 또는 컴퓨터에 앉아 30분 동안 밝아진 후에, 밝아진 경우에는 새벽 5시와 같이 이른 시간에 내 자신의 할당량 또는 더 자주 출판사의 마감일을 맞추기 위해 노력한다.'

'나는 단지 집필자가 되는 '평화로운' 위치에 있었을 때 가장 좋았던 근무 시간은 저녁과 밤이었다. 책이 잔뜩 쌓여 있는 집에서 공부하면서 컴퓨터가 내 앞에 있었고 커튼이 열렸다.'

'나는 보통 창문 옆 책상에서 공부를 한다. 내가 일할 때 내 불독은 항상 방에 와서 내 옆에서 코를 골면서 잔다. 나는 밤에 일할 수 없다. 가장 효율적인 시간은 아침이다.'
'나는 주로 밤에 글을 쓴다. 비교적 조용한 시간을 선호하고 더 집중할 수 있다. 나는 가족 공부방에서 글을 쓴다. 아이들이 잠들 때 식탁에 와서 일한다.'

'나는 아침(오전 6시 30분에 일어나 어린 아들을 통학 버스에 싣기 위해 일어나야 한다)과 오후 중반에 최상의 글을 쓴다. 집에서 일마일 정도 떨어진 곳에 작은 집이 있는데 모든 집필 작업을 한다. 결혼 생활의 조화를 위해 가족과 글을 완전히 분리하기로 한 결정을 따른다.'

'나는 보통 밤에 거실에서 작업한다. 저녁 식사 후 오후 7시 30분에서 8시 사이에 글을 쓰기 시작하여 11시30분 또는 자정까지 계속한다.

'정원이 내려다보이는 방에서 글을 썼기 때문에 창문 밖에서 산만하게 하는 것은 고양이와 다람쥐의 움직임뿐이다. 때로 거리의 경치를 보며 학생, 지나가는 사람을 보고 싶지만 이는 더 적은 일을 하게 될 수도 있다.'

'집에서 공부하는 방에는 장단점이 있다. 이동하는 시간을 낭비하지 않고 모든 것이 제자리에 있다. 그러나 처음에는 다른 사람들, 이웃, 친구들을 훈련시키는 데 시간이 걸렸다. 낮에는 실제로 일을 하고 수다스러운 전화나 방문을 할 수 없었다. 어떤 사람들은 전화로 '미안하지만 지금 회의 중입니다'라고 말해야 할 것이다. 최악은 항상 존재한다는 것이다. 특히 마감 시간이 늦어질까 봐 걱정되면 저녁에 몇 시간 더 일하거나 아침 일찍 일어나기는 쉬우나 작업은 피할 수 없다. 이것은 매우 스트레스가 될 수 있다.'

'어딘가 조용하고 편안하며 밝은 장소가 좋다(이상적인 것은 밝은 것). 안락의자는 어쨌든 초안 단계에서 특정 종류의 집필에 매우 적합하다. 나는 또한, 햇볕이 잘 드는 창문 좌석을 좋아한다.
   특히나 생산적인 시간은 한적한 해변에서 나 자신의 시간을 보내며, 작업에 대한 아이디어가 간신히 의식적인 마음의 표면에 떠다니도록 했다. 나는 이것들을 적어두고 나중에 작업하였다.'

7.8 결론

다른 일련의 프롬프트(prompts)와 질문은 확실히 다른 반응을 이끌어냈을 것이며, 이것이 학습 원리와 목표에 더 초점을 맞추고 교수 학습, 아이디어 및 절차에 초점을 덜 두었는지 보는 것이 흥미로웠을 것이다. 집필자와 교실의 관계에 대해 더 배우는 것도 흥미로울 것이다. 예를 들어, 여전히 규칙적으로 가르치고, 학교를 방문하고, 수업을 관찰하고, 여러 교사 그룹과 함께 일하는 사람은 몇 명이나 되는가. 그 후, 출판사의 견해 또는 집필자, 교사의 교재에 대한 견해 및 전체 과정에 대한 학생의 인식이 있다. 여기에 제시된 관점의 범위에서 강하게 나타나는 것은 기고자들의 삶에 글을 쓰는 것의 명백한 중심과 그들이 취하는 진지함이다.

옥스포드 과정의 즐거움 중 하나는 경험을 공유하는 것과 혼자가 아니라는 인식이었다. 위의 설명이 전 세계의 다른 집필자들과 화음을 내고 저자와 출판사 사이에 약간의 이해를 이끌어 낼 수 있기를 바란다.

7.9 15년 후의 반성

다음의 기여는 예측 가능한 기술 영역에 변화가 있었지만, 교재 집필의 창의적이고 협력적인 측면은 영원한 것으로 보인다는 것을 보여준다.

7.9.1 시장의 영향

아래 내용에서 언급되지 않은 영역은 집필 과정에 대한 시장의 영향이다. 원래의 장에서는 비교적 새로운 발전으로 언급했다. '대부분의 영국 출판사들에게는 거의 모든 교재 출판에서 마케팅 팀의 영향이 가장 중요하다'(p.161). 이 관점은 Mares(2003: 131)에 의해 시작된다. '처음으로 상업용 교재를 작성하기 시작했을 때 나는 무의식적으로 자신의 복제품을 작성하고 있었다.' '교재를 집필할 때 자신만을 위해 쓰지 않아도 된다. 시장을 위해 글을 쓰고 있음을 기억하라. 시장에 대해 알아야 한다. 즉, 시장에 대해 가능한 많은 정보를 얻고 해당 시장에 대한 글을 쓰는 것이다.'(2003: 139). 아래 7.9.5에서 논의된 바와 같이, Harmer는 나 자신을 위해 글을 쓰지 않는 것이 중요하다는 것을 강조한다.

개인적인 경험에서 나는 시장에 초점을 두는 것이 중요하다는 것을 강조할 것이다. 내가 참여한 교재 프로젝트는 프로젝트가 개발 중이거나 집필 과정 중에 저자와 편집자가 반복적으로 시장을 방문하면서 심도 있게 연구가 이루어졌다. 이러한 방문은 학교와 다양한 장소에서 이루어지는 수업 교실 관찰, 관심사에 대해 학생들과의 토론, 교사와의 개별 및 그룹 중심 토론, 교육 고문 및 계획자와의 회의, 방법론자와의 토론, 시장에서 일하는 교사 트레이너와 토론했다.

강의 계획서 및 샘플 교재 초안을 작성하는 경우, 가끔은 원격 교사이지만 종종 저자와 대면하는 교실 교사 그룹에 의해 논의되고 보고한다. 그런 다음 추가 교재가 생산되면 보고 및 피드백 회의는 계속해서 시장을 방문하여 이루어진다. 마지막으로 강좌가 게시될 때 시장 방문으로 계속해서 홍보를 진행할 뿐만 아니라, 내가 실행하는 교재를 보고 추가 판에 대한 피드백을 수집한다. 이 시장에 초점을 두는 것은 교재 자료가 필수 BANA(Britain, Australia, America)이며 대다수의 TESEP(Tertiary, Secondary, Primary) 관점(Holliday 1994)을 무시한다는 신화를 효과적으로 나타낸다.

7.9.2 ELT 저자와 기술

기술(*Technology*)이라는 제목 아래에서 원본 기사는 글의 기술적 측면에 중점을 두었다. 흥미롭게도 이러한 측면은 다음에 나오는 어떤 기여에서도 언급되어 있지 않다. 유비쿼터스 컴퓨터 인터페이스가 눈에 띄게 되었다. Pete Sharma는 언어 자체와 교재의 내용을 연구하기 위해 저자의 기술 사용을 강조한다. 텍스트 자원으로 WWW와 용례색인을 사용하는 집필자의 능력이 직접적으로 암시하는 것은 진정한 텍스트에 접근하는 것을 대폭 향상시킨다는 것이다. Mishan(2005: 41)에서는 언어 학습 교재의 기초로 정본을 사용하는 것에 대한 SLA 연구의 의미를 검토하면서 다음과 같이 결론을 내린다. '정통 텍스트는 언어 학습자에 대한 풍부하고 다양한 그리고 이해하기 쉬운 입력을 제공한다'(또한 Gilmore

2007을 참고함). 'Google'이 동사로 받아들여지는 세상에서 더 이상 사용하기 위해 저장하는 신문 기사와 잡지로 가득 찬 파일과 상자의 시대는 끝났다.

ELT 저자의 삶은 일반적인 기술 발전, 특히 교육 기술의 발전으로 인해 변화되었다. 오늘날의 저자는 색인을 사용하여 문맥에서 수천 단어를 검색할 수 있다. 저자는 WWW에서 방대한 지식을 활용하고 텍스트를 복사하고 붙여 넣고 이를 수정하고 용도를 변경할 수 있다. 기술의 결과로, 교재 자료에서 제공하는 언어의 예문은 보다 실제적이고 현실적이다.

John Sinclair와 Collins COBUILD 팀이 이끄는 코퍼스 언어학의 혁명 이전에는 저자들이 문법을 예로 들거나 어휘 항목을 제시하는 문장을 만드는 것이 일반적이었다. '나는 보통 바흐를 듣지만 오늘은 모차르트를 듣고 있다.'라는 문장은 순전히 언어 교육을 목적으로 만들어진 것이다. 요즘에는 기술을 통해 저자들이 언어가 어떻게 활용되는지에 대한 실제 사례에 접근할 수 있기 때문에 그러한 인공 문장은 조롱당할 것이다. 컴퓨터의 힘으로 이전에는 볼 수 없었던 패턴을 볼 수 있었다. ELT 저자는 모음을 사용하여 코퍼스 내에서 단어나 구가 나타날 때마다 찾을 수 있다. 코퍼스는 '컴퓨터에 저장되거나 쓰여진 텍스트 모음'이다 (O'Keeffe 외 2007). 문맥에서 단어를 연구하기 위해 저자는 무료 웹으로 이동하여 단어를 입력하고 '입력(enter)'을 누른 다음 결과를 볼 수 있다. 검색 결과에는 '문맥 키워드(KWIC)'가 표시되고 일치 기능을 사용하면 배열과 같은 영역에 대한 정보가 표시된다. 교재 집필자는 WordSmith 및 MonoConc과 같은 보다 전문적인 도구를 사용하거나 자세한 단어 프로필을 제공할 수 있는 Sketch Engine과 같은 프로그램을 구독하는 경향이 있다.

ELT 저자와 사전 편집자, 교사 및 학생은 단어 빈도에 대한 새롭고 중요한 통찰력을 얻었다. 이 지식은 어떤 단어와 표현이 교재에 포함할 가치가 있는 것인지, 어떤 단계에서 다루어져야 하는지에 대한 선택에 영향을 미친다. 최근 많은 교재는 CIC(Cambridge International Corpus)[17]와 같이 어떤 코퍼스를 기반으로 하는지를 나타내는 기호가 포함되어 있다.

7.9.3 인터넷 사용하기

'WWW는 저자에게 풍부한 지식의 원천이며 상상할 수 있는 모든 주제에 대한 영감을 준다. Google과 같은 검색 엔진을 사용하면 빠르고 쉽게 검색할 수 있다. Wikipedia와 같은 사이트는 정보를 즉시 제공할 수 있으며 매우 정확하다. 웹 사이트의 텍스트를 잘라내어 Word 문서에 붙여 넣을 수 있다. 이것은 원래의 글을 다시 바꿀 수 있는 가능성을 열어 줌으로써, 모호한 언어를 제거함으로써 더 낮은 수준으로 보다 쉽게 접근할 수 있다. 다양한 자료로부터 텍스트를 병합할 수 있다. 물론 어떤 저자도 표절하기가 훨씬 쉽다. 반면에 다른 사람들의 아이디어와 단어를 항상 복사할 수 있다고 주장할 수 있다. 기술이 더 쉬워졌다.'

(Pete Sharma)

7.9.4 함께 쓰기

이 두 가지 기고에서 Sue Kay와 Jeff Stranks는 공동 저자가 함께 작업하는 방식을 반영하여 같은 방에 있다는 다양한 결론을 내린다. 자신의 경험은 대면 작업이 초기 계획, 브레인스토밍, 창의적인 단계, 교재에 대한 토론 및 검토에 필수적이라는 것이다. 그러나 새로운 기술(전화가

---

17) [역자주] 컴퓨터화된 데이터베이스에 저장되어 있는 매우 큰 영어 텍스트 모음으로, 영어가 어떻게 사용되는지 알아보기 위해 검색할 수 있다.

아닌 새로운 기술)은 저자가 국가나 지구의 다른 지역에 있는 동안 같은 방에 '가상적으로' 있을 수 있음을 의미할 수 있다. 즉각적으로 주고받는 텍스트와 활동 및 전화 통화에 소비된 시간은 물리적 근접성뿐만 아니라 일부에서도 효과가 있을 수 있다. 요점은 둘 다 동일한 주파수에 있어야 한다는 것이다.

'우리의 집필 파트너십은 자연스럽고 유기적으로 이루어졌다. 우리는 출판사가 제작하지 않았다. "시끄러운 여성이 더 적고, 북극 원숭이가 더 많다! 어떤 사람들은 Morecome과 Wise18)를 말할지도 모른다!"

그러나 함께 쓰는 것이 우리의 아이디어였으며 많은 좋은 아이디어와 마찬가지로 멋진 와인 한 병으로 시작했다. 우리의 출발점은 우리가 시장에서 놓친 것에 대한 아이디어와 학생들과 함께 어떤 교재를 사용하고 싶은지에 대한 같은 아이디어를 가지고 있다는 것을 발견했다. 출판사 덕분에 원치 않는 원고가 접수되었다. 그 이후로, 창의성이 높은 일부 사람들의 도움을 받아, 우리는 언어 학습에 대한 우리의 신념에 충실하며 10년 전에 우리가 글을 쓰기 전에 '리트머스 테스트(litmus test)'에 견딜 수 있는 과정을 작성했다. '교실에서 작용하는가? 학생들은 재미있게 배우고 있는가?'

우리가 처음 시작했을 때, 우리는 어떻게 협력할 것인지 전혀 몰랐지만, 같은 공간에서 같은 단어를 쓸 방법이 없다는 것을 빨리 깨달았다. 집필 파트너십을 통해 우리는 매우 친한 친구가 되어 대화를 나누고 세상을 올바르게 놓고 아이들에 대한 일화를 교환하는 것을 좋아하기 때문일지도 모른다.

그러나 함께 일하는 방식은 매우 빠르게 나타났다. 아이디어를 함

---

18) [역자주] Eric Morecambe와 Ernie Wise는 콤비로 다양한 분야에서 활동하며 라디오, 영화계에서 가장 성공적으로 활동했다. 이들의 파트너십은 1941년부터 1984년 Morecambe가 사망할 때까지 계속되었다.

께 브레인스토밍을 했다. 그런 다음 '더러운 페이지' 다시 말하면, 나는 숭고한 것에서부터 말도 안 되는 것에 이르기까지 많은 아이디어를 Word 파일에 입력하고 상대의 반응을 살펴보기 위해 나의 글을 파트너에게 보낸다. 우리는 최고의 주제와 텍스트를 함께 선택하고 텍스트와 오디오 콘텐츠를 읽는 데 도움을 받았고, 집필 파트너는 이 텍스트를 발판으로 사용하여 교과 과정의 언어 개발 측면에서 작업할 것이다.

구식이라고 부르는데, 그러나 다른 대륙에서 사는 사람과 함께 교과 과정을 쓰는 것은 상상할 수 없다. 우리는 험담뿐만 아니라 많은 것을 마주한. 정기적인 편집 회의는 집필 과정에 자극을 주었고 다행히도 우리를 위해 최고의 출판사, 편집자 및 프로젝트 관리자와 협력했다.

(Sue Kay)

'나는 한 명 이상의 공동 저자와 협력하여 일이 조금씩 다를 수 있다. 그러나 몇 가지 변하지 않는 것이 있다.

가장 중요한 것은 시너지이다. 같은 공간에 있으면 도움이 된다! 집필은 물론 창의적인 과정이지만 그 정도는 다르다. 정말 독창적인 것 – 주제, 텍스트, 말하기가 활성화되면 한 명 이상의 공동 저자와 함께 하는 것을 능가할 것이 없다. 그리고 그것은 같은 공간에 있어야 한다. 대륙이 떨어진 곳에서 살 때 쉽지는 않지만, 항상 그렇듯이 호의적인 출판사가 있다면 거리를 정기적으로 극복할 수 있다.

그러나 덜 창의적인 순간도 있다. 문법 연습을 작성하고, 텍스트에 대한 질문을 작성하고, 전달 전에 원고를 확인하고 수정하는 등(이러한 사업의 중요성을 감소시키기 위한 것이 아니라 주의 깊은 관심이 필요하지만 창의적인 에너지를 많이 필요하지 않음). 또는 시너지 효과가 있다고 생각한다. 이것의 대부분은 혼자서 할 수 있지만, 동료가 방에 있으면 훨씬 좋다. 첫째, 그것은 단지 동료 간의 협력 문제, 함께 일한다는 의미이다. 둘째, (나 자신을 위해 말하면), 회피 전략은 더 쉽게 피해간다. 커피 네 잔은 기다릴 수 있고, 인내 게임은 이루어지지 않으며, 수영장에서는 수영하지 않는다(개인 수영장이 아닌 건물 수영장, 나는 추가를 서두르고 있다). 그렇다고 전화가 울리지 않거나 다른 일상적인 업무가 사라지는 것은 아니지만 더 많은 작업이 완료되어 마감일이 지났거나 더 나은 마감 시간이 지났다는 것을 의미한다.

따라서 가능할 때마다 함께 일한다. 이것은 내가 배운 것 같다. 이메일, Skype 등은 훌륭하지만 모든 관계에서와 마찬가지로 궁극적으로 거기에 대한 대용품이 아니다. 그리고 마지막 날에는 와인 한 잔을 회사에서 마시면 훨씬 더 맛있다.'

(Jeff Stranks)

7.9.5 창조적인 프로세스

Jeremy Harmer는 창작 과정이 작용하는지에 대한 통찰력을 제공한다. Mishan (2005: 59)에서 권고한 내용에 대한 그의 설명은 '여기에 제안된 것은 텍스트 중심의 접근 방식이다. 이는 학습자 중심적이고 대화 방식으로 [PPP] 방식으로 시작한다. 텍스트, 그리고 이것으로부터 공부할 언어 항목을 도출한다.' Johnson(2003: 93)에서 인용한 숙련된 작업 디자이너와는 상당히 다르다. '나는 이미 새로운 방식으로 사용했던 아이디어를 모으거나 책이나 다른 곳에서 본 아이디어를 모아서 내 방식으로 결합하려고 노력할 것이다. 이깃이 내가 보통 이런 종류의 일을 하는 방식이다. Harmer의 흥미로운 결론은 집필과 교수를 비교한 것으로, 현재와 15년 전에 집필자의 집필 방식을 비교할 수 있는 적절한 방법이다.

'가장 먼저, 학생과 교사를 참여시킬 수 있는 주제나 접근 방식을 찾는다. 한 사람이 관심을 갖는 것이 꼭 다른 사람에게도 관심을 가지는 것이 아니기 때문에 이것은 쉬운 일이 아니다. 그러나 교사와 학생들이 주변 세계에 관심이 있다면 반드시… 글쎄요, 하지만 위험은 내가 관심을 갖고 있는 사회와 지리적 현실에서 나의 관심사, 나와 같은 사람들(나 같은 사람들이 있다면!)로 나의 책을 채울 것이다. 많은 교재 집 필 동료와 마찬가지로 수학과 과학을 기준점으로 사용하기보다는 '인 문학' 배경에서 비롯된다. 그래서 나는 '다른' 사람들을 참여시킬 수 있는 기회가 있는지 즉시 내 선택에 의문을 갖기 시작한다.

이제 나는 주제, 이야기, 어딘가에서 발췌한 내용을 고쳤으므로 이 제 '마음에 속한 교실'이 되었다. 이것은 내가 영국이나 멕시코에서 가 르쳤거나 전 세계 여러 나라에서의 교실 상황에 대한 보고이며, 끝없 이 (매혹적인) 교실 상황에 대해 대화를 하는 -성공과 실패-교사는 만 날 때마다 서로 교환해야 한다. 나는 지금 새로운 주제를 가져 오거나 교실로부터 추출하는 방법을 생각하려고 한다. 학생들은 어떻게 반응 할까? 내가 제공해야 할 것을 얻기 위해 어떤 접근 방식이나 활동이 가 장 적합한가? 내가 글을 쓰기 시작할 때 나는 이 모든 것이 내 머리에 서 펼쳐지는 것을 본다. 교사는 누구인가? 나인가? 내 마음 속의 교 실은 그것이 반사되는 표면에 의해 굴절된 많은 빛으로 흔들리고 흐 려진다.

그리고 '언어'가 있다! 교사와 학생들이 어떤 언어에 집중하기를 원 하는가? 텍스트나 상황을 파헤칠 수 있는 단어나 문법은 무엇인가? 교재를 집필하는 것은 전 세계에 있는 모든 자원을 사용할 수 있지만 지도 없이 찾아서 눈을 가리고 손을 등 뒤로 묶는 것과 같다. 찾고 있 는 것이 무엇인지 알지만 찾기가 어렵고 심지어는 '모양으로 만들기' 가 어려운 경우도 있다. 당신의 마음 뒤에는 항상 학생의 의견과 수렴 과 마찬가지로 다른 교사들과 학생들이 당신이 원하는 방식으로 일을 하거나 당신이 성취하고자 하는 것을 이해한다는 보장이 없다.

그런 다음 학생과 교사가 탐색할 주제나 대화를 제시할 때 학생과 교사가 서로 '대화'할 수 있는 정도에 대한 문제가 있다. 유튜브와 팟 캐스트를 모두가 사용할 수 있고 캘리포니아 주지사가 교재를 인터넷 으로 대체하여 비용을 절감하려는 시대에 책을 사는 방법에 대한 문제 가 있다. 어쨌든, 책은 올바른 종류의 교육 보조인가? 이것은 우리가 멈추고 생각할 순간이 있을 때마다 의심과 불확실성으로 우리를 공격

할 준비가 된 의식의 뒤에 숨어있는 생각이다!

교재 집필은 항상 다음과 같다. 모든 수업을 밝게 할 교재를 제공하려는 진정한 소망, 가장 잘 훈련된 교사에게 신뢰할만한 교재를 제공하고자 하는 바람, 기쁨과 타협의 문제, 너무나 자주 질식하고 파멸적인 것처럼 보이는 창의적인 행위이다. 그러나 모든 가능성에 반대하고 언어 및 방법론적 제약에 비추어 실제로 활동하는 것을 만들면 느낌이 환상적이다. 실제로 가르치는 것과 크게 다르지 않다. 우리는 항상 훌륭한 수업을 가르치지는 않지만, 우리가 잘 할 때 옥상에서 소리를 지르고 싶다. 교재 집필자가 제대로 이해하기 드문 경우이다.'

(Jeremy Harmer)

따라서 15년 동안 많은 변화가 있었지만, 교재 집필은 기계적인 과정이라기보다는 창조적이라는 본질적인 진실이 남아 있다. 디지털 혁명은 미래에 '인쇄'된 교재가 사라진다는 것을 의미하며, 이를 대체하는 전자 교재는 특정 그룹의 학생들의 요구 사항을 충족시키기 위해 조립된 다중 저자 패키지이다. 충성심을 통해 전체 책 또는 시리즈를 제작할 위험을 공유하지 않고 교재 세트에 대한 수업료를 지불하는 사람이 점점 늘어날 수 있다. 그럼에도 불구하고, 글을 쓰는 행위는 집필자에게 만족감을 줄 뿐만 아니라 학습자의 교육에 기여할 수 있는 예술로 남아있을 것이다. 교수 자료 게시는 팀 구성원이 같은 방 또는 국가에 있지 않더라도 다양한 수정 기술을 가진 사람들이 참여하는 팀의 노력으로 남아 있다. 집필자에 대한 보상도 계속 동일하다. 금전적인 일이 아니라 (행운이 아닌 경우는 제외), 개인적으로, 수업 시간에 당신의 교재를 성공적으로 사용하거나 큰 웃음으로 말하는 학생을 만나는 것과 같이 '나는 당신의 책으로 영어를 배웠다!'라고 하면 좋겠다.

참고 도서

Gilmore, A. 2007. 'Authentic materials and authenticity in foreign language learning'. *Language Teaching*, 40: 97–118.

Harmer J. *et al.* 2004–2009. *Just Right*. London: Marshall Cavendish.

Hidalgo, A. C., D. Hall and G. M. Jacobs. 1995. *Getting Started Materials Writers on Materials Writing*. Singapore: SEAMEO Regional Language Centre.

Holliday, A. R. 1994. *Appropriate Methodology and Social Context*. Cambridge: Cambridge University Press.

Johnson, K. 2003. *Designing Language Teaching Tasks*. Basingstoke: Palgrave Macmillan.

Kay, S. and V. Jones. *Inside Out*. 2001–2003. Oxford:Macmillan.

Mares, C. 2003. 'Writing a coursebook'. In B. Tomlinson(ed.), *Developing Materials for Language Teaching*. London: Continuum.

Mishan, F. 2005. *Designing Authenticity into Language Learning Materials*. Bristol: Intellect.

O'Keeffe, A., M. McCarthy, and R. Carter. 2007. *From Corpus to Classroom*. Cambridge: Cambridge University Press.

Puchta H., J. Stranks, P. Lewis-Jones and R. Carter. 2004 –2008. *English in Mind*. Cambridge: Cambridge University Press.

Sharma P. and B. Barrett. 2007. *Blended Learning*. Oxford: Macmillan.

Stranks, J. 2009. 'Co-authoring coursebooks'. *Folio*, 13(2): 18–19.

Tomlinson, B.(ed.). 2003. *Developing Materials for Language Teaching*. London: Continuum.

Comments on Part B

Brian Tomlinson

　이 섹션의 세 장은 종종 언어 교재를 만드는 과정에 대해 매우 다른 관점을 가지고 있지만, 일부 주제를 공유하고 비슷한 문제를 제기한다.

　세 장에서는 모두 교재 개발의 역동성을 강조하고 출판을 위한 교재인지 내일의 교훈을 위해 교재를 지속적으로 평가하고 수정해야 하는지를 밝힌다. 교재는 계속 바뀌어야 하며 실제로 수업 시간에 사용할 때마다 출판된 교재도 수정한다. 집필자, 집필 팀에 참여하지 않은 다른 '전문가' 및 교재의 일반적인 사용자가 교재를 모니터링하는 것이 이상적이다. 이것은 요즘 교과서 프로젝트에서 일반적으로 채택되는 과정으로, 개인적 경험으로 1990년대 불가리아, 모로코, 나미비아(Tomlinson 1995)의 학교에서 집필된 책의 학습 잠재력을 높이는 데 매우 성공적이었다. 에티오피아의 교사, 사하라 남부 아프리카의 젊은 전문가, 터키와 베트남의 대학생 및 중국의 초등학생을 위한 교재를 만들었다.

　나미비아 교과서 프로젝트는 특히 교재의 역동적인 개발에 대한 흥미로운 예이다. 30명의 집필자(교사, 커리큘럼 개발자 및 고문)로 구성된 팀이 8일간 함께 책을 개발했다(*On Target* 1995). 그 기간 동안 팀은 교사와 학생 설문지에 대한 응답과 함께 '통합된' 경험과 전문 지식을 사용하여 책의 내용과 접근 방식을 결정한 다음 책을 작성, 수정 및 작성했다. 나중에 전국의 교사들에 의해 테스트를 받고 '전문가'가 모니터링한 후 마무리했다. 이 협력적인 대화식 접근 방식은 국제적인 교과서, 지역 교과서 또는 기관별 교재에 권장되는 방법이다.

세 장에 공통적인 또 다른 주제는 모든 이해 관계자의 요구를 충족시키는 것이다(Frances Amrani가 11장의 교재 모니터링에 초점을 맞출 때 논의한 주제와 Hitomi Masuhara가 10장에서 교사의 요구를 고려할 때 논의한 주제). 대부분의 사람들은 학습자의 요구를 충족시키는 것이 일차적인 목표가 되어야 한다는 데 동의하지만 교사, 작가 및 '후원자'의 요구도 충족시키는 것이 중요하다.

교사가 교재에 열중하지 않으면 학습자에게 불만이 항상 드러나고 교재의 신뢰성이 떨어지고 학습자의 동기와 투자가 줄어든다. 집필자가 교재를 작성하는 것을 좋아하지 않고 자랑스러워하지 않으면 사용자가 이 결함을 감지하여 교재의 신뢰성이 떨어질 수 있다. 출판사, 교육부 또는 기타 후원자가 교재에 만족하지 않으면 홍보에 적극적이지 않다. 내 경험상 모든 이해 당사자를 만족시키는 방법은 프로젝트의 모든 단계에서 타협이 아니라 협력이다. 교육부, 시험 위원회, 출판사, 교사 트레이너 및 교사의 나미비아 교과서 프로젝트 대표자들은 이 책의 개발 과정에 참여했다. 그들은 책을 개발하는 과정을 즐기라는 조언을 하고, 피드백을 주며, 집필자들에게 긍정적인 격려를 하였다.

세 장 모두에서 다루는 문제 중 하나는 교재의 강의 계획서를 미리 결정해야 하는지 또는 강의 계획서가 유기적으로 개발되는지에 관한 문제이다. 어떤 경우에는 저자가 특정 브리핑을 작성하고 강요된 강의 계획서를 반드시 따라야 한다. 그러나 언어 습득에 관해 우리가 알고 있는 것 중 하나는 대부분의 학습자들이 필요로 하거나 배우고 싶은 것을 배우는 것이다. 흥미로운 활동에 참여하는 데에 필요한 언어를 배울 수 있는 기회를 제공하는 것은 강의 계획서의 다음 강의 지점이기 때문에 무언가를 가르치는 것보다 이익이 훨씬 많다. 그리고 매력적인 텍스트나 활동에서 학습 요점을 도출하는 것은 미리 정해진 교육 핵심을 나타내는 텍스트를 찾거나 구성하는 것보다 훨씬 쉽고 가치가 있다. 본인이 선호하는 것은 강의 계획서 개발에 대한 텍스트 중심 접근법이다(Tomlinson 2003a). 문어체와 구어체가 풍부하고 다양한 언어와 참여를 이끌어 낼 수 있는 잠재력이 선택되면, 폭넓은 강의 계획서가 발전하여 자연스럽고 충분한 범위를 갖게 된다. 교재가 외부 강의 계획서에 의해 제약을 받는 경우, 체크리스트(7장의 Phillip Prowse가 제안한 대로)를 지속적으로 참조하는 텍스트 중심 접근 방식이 가장 이로운 접근 방식이다. 이것은 어떻게 'On Target'(위를 참조)이 쓰여졌는지에 관한 것이며, 집필자들은 글에서 제시한 핵심에 중점을 두었지만, 지금까지 핵심적인 내용이 이 책에서 너무 많은 주목을 받고 있는지 아니면 충분하지 않은지 확인하는 조언자의 역할이다.

이 장에 의해 제기된 또 다른 문제는 학습 원리에 의해 어느 정도까지 교재를 가져야 하는지에 관한 문제이다. 우리의 주장은 원칙들이 주관적이고 다양하며 교재 개발 과정에 다른 참여자들이 다른 원칙을 따를 것이라는 점이다. 그러므로 다른 당사자를 만족시키고 다른 학습자 스타일과 기대를 충족시키기 위해 타협이 필요하다.

반대되는 주장은 타협된 원칙은 더 이상 원칙이 아니며, 교사와 학습자 모두가 일관성과 확신이 결여되어 있다고 인식하는 활동을 절충적으로 혼동시킬 수 있다는 것이다. 이 두 번째 주장의 위험은 폐쇄된 원칙이 소수의 학습자만 수용할 수 있는 융통성 없는 절차로 이어질 수 있다는 것이다. 따라서 듣기가 초기 언어 습득의 주요 기능이라는 신념은 초보자가 대상 언어를 적어 두지 않아야 한다는 명령으로 이어질 수 있다. 또는 연습이 완벽하다는 믿음은 교재의 대다수 사용자의 관심을 끌지 못하고 수많은 기계적 드릴로 이어질 수 있다. 이 문제에 대한 대답은 쉽지 않다. 그러나 나는 그것이 합의되고 정당한 원칙을 확립하고 다양한 선호도를 충족시키는 절차적 타협을 따르며, 하나 이상의 원칙이 확립됨으로써 제시할 수 있다고 생각한다(Tomlinson 2003b). 다시 말하면 개발 중인 교재에 대한 지속적인 평가가 합의된 원칙의 체크리스트에 의해 지속적으로 통지되는 교재 작성 접근 방식은 어디에서나 학습 맥락에 적용할 수 있는 보편적 원칙과 목표 학습 문맥에 특정한 로컬 기준에 적용된다. 이것은 나미비아 프로젝트에서 작업했으며 합의된 원칙 중 하나를 제공하는 모든 교재 프로젝트에서 작업할 수 있다. 다른 학습자가 다른 것을 배우고 다른 방식으로 배우는 것이다.

참고 문헌

On Target, 1995. Grade 10 English Second Language Learner's Book. Windhoek: Gamsberg Macmillan.

Tomlinson, B. 1995. 'Work in progress: textbook projects'. *Folio*, 2(2), 26–31.

_____ 2003a. 'Developing principled frameworks for materials development'. In B. Tomlinson(ed.), *Developing Materials for Language Teaching*. London: Continuum.

_____ 2003b. 'Materials evaluation'. In B. Tomlinson(ed.), *Developing Materials for Language Teaching*. London: Continuum.

교재 평가 프로세스

⑧ 언어 교육 교재 분석: 트로이의 목마

Andrew Littlejohn

8.1 들어가기

신입 언어 교사 시절, 머릿속에 남는 기억 중 하나는 첫 번째 부임한 학교의 교장 선생님이 내가 쓰게 될 교재를 자랑스럽게 소개해 준 일이다. 교장 선생님은 최고의 결과를 보장해 주는, 가장 최신의 방법을 적용한 '이용 가능한 최고의 책'이라고 하였다. 교재에서 무엇보다 중요한 기술적 혁신은 학생들이 그림 네 장을 보면서 녹음을 듣는 동안 텍스트를 덮을 수 있는 녹색 카드였다. 교장 선생님은 그것을 어떻게 사용하는지 몸소 내게 보여 주었다.

테이프에서는, '지금 9시 반입니다. 데보라는 라디오에서 나오는 음악을 들으면서 아침 식사를 하고 있습니다. 하녀가 커피가 놓인 쟁반을 옮기고 있습니다.'라는 음성이 흘러나온다. 그러면 나는 그림 옆에 인쇄되어 있는, '(a) 지금 몇 시? (b) 데보라는 무엇을? (c) 하녀는 무엇을?'과 같은 질문에 학생들의 주의를 끈 후 답을 완성하라고 지시한다. 이런 식으로 다른 사진 보여주기와 녹음을 반복한다. 그런 다음, 문법 요소의 대체 연습으로 넘어가기에 앞서 학생들에게 카드를 치우게 하고 큰 소리로 텍스트를 읽게 한 다음 더 많은 질문에 답하도록 한다. 마지막으로 지시문 전체가 나온다. 내가 질문을 만들거나 학생들이 문제를 만들어서 서로 묻고 답하도록 한다. 다음 단원도 같은 방식이고 교재가 끝나는 12과까지도 동일하다. 교사용 교재도 있었지만 교장 선생님은 필요 없을 거라고 했다.

교장 선생님의 말이 옳았다. 교사용 교재는 필요가 없었다. 교재는 내용이 많지 않아서 학생들과 내가 교실에서 깨어 있으려면 내가 더 많이 노력해야 한다는 것을 깨닫기까지는 그리 오래 걸리지 않았다. 내가 보충적으로 준비한 어느 정도 무작위적인 활동과 텍스트는 그렇다 치더라도, '교육과정(a course)'이라고 여겨지는 무언가의 근간을 제공하면서, 개인적으로 교재에 관여하는 과정을 통해서 어떻게 가르쳐야 하는지 생각할 수 있는 여지를 제공해 준 교재 저자에게 감사하게 되었다.

요즘은 꽤 괜찮은 언어 학교의 신입 교사가 이러한 상황에 처하게 될 것이라고는 상상하기 어렵다. '기술 혁신적'인 녹색 카드와 함께 내가 받은 얇은 교재와는 대조적으로, 요즘 교사들은 경험이 없든 풍부하든 간에 교재, 워크북, 교사 지침서, 비디오, CD, DVD, 전자 칠판, 문항 작성 소프트웨어, 웹사이트 활동, 다운로드 가능한 교안, 교사 훈련 패키지 등 과정 전반에 수반되는 다양한 자료들을 제공 받는다. 가끔은 이용가능한 자료가 너무 많아서 교사들이 더 이상 보충할 필요가 없다고-그리고 그럴 시간이 없다고-생각해도 용서가 될 정도이다.

내가 언어 교육을 시작한 이래 수년 동안 ELT 출판은 치열한 경쟁 산업이 되었다. 내가 처음에 사용한 것과 같은 단순한 교재는 요즘이라면 살아남지 못할 것이다. 출판사가 수업용으로 제공하는 풍부한 자료들에 익숙해졌기 때문이다. 이제 출판사가 경쟁에서 이기려면 보충 자료를 더 많이, 그리고 무료로 제공해야 한다. 이러한 자료 과잉은 그 나름의 장점도 있지만, 한 가지 확실한 것은 그것이 이제 수업 시간의 풍경을 매우 달라지게 했다는 점이다. 처음 받은 축소된 성격의 교재는 내 아이디어로 **보완해야** 했다는 것을 의미했지만, 현재는 모든 것을 제공할 수 있게 되었다. 따라서 이제 교재로 수업 시간을 효과적으로 구성할 수 있는 범위가 상당히 증가하였다. Michael Apple(1985)이 언젠가 말했듯이, 이제 우리는 교실 활동을 위한 계획의 개념을 그러한 계획의 실행으로부터 분리하는 명확한 사례를 갖고 있다. 이 점에 관해서는 Aronowitz and Giroux(1987)와 Canagarajah(1999:85-8)를 참고하길 바란다.

그러나 이 장에서 다루고자 하는 이슈는 이 현상이 좋다, 나쁘다에 대한 것이 아니라, 이러한 교재의 발전으로 말미암아 교재를 훨씬 면밀하게 분석할 수 있는 방법이 그 어느 때보다 더 필요하게 되었다는 것을 뜻한다. 지금은 교재가 단순히 그것이 제시하는 언어 학습 이상의 영향력을 가지고 있다는 것을 알고 있다. 다른 논문에서 길게 주장한 것처럼 (Littlejohn 1995, Littlejohn and Windeatt 1989), 내용과 교실 활동의 방법론은 둘 다 다양한 '감춰진 결과(hidden outcomes)'를 포함하고 있다. 특히 언어 사용이 무엇이고, 학습이 어떻게 일어나는가와 관련한 교육과정의 이데올로기와, 교사-학습자 간의 권력과 책임의 구분에 관한 것들을 담고 있기 때문이다(Canagarajah 1999:85-8, Lesikin 2001a, Littlejohn 1997, Wallace 2006). 따라서 특정 교재 사용이 교실 활동에 미칠 수 있는 영향을 조사하고, 교재의 방법론과 내용이 특정 교수/학습 문맥에 적합한가에 대한 의견을 구할 수 있는 수단이 필요하다.

교재 출판이 증가하고 출판사와 저자가 자신들이 작성한 교재를 위한 주장들도 증가함에 따라 그들의 주장들을 테스트할 필요가 생겼다. 예컨대 교재가 진정으로 자율성을 개발하는 데 도움이 되는가? 실제로 문제 해결과 관련되는가? 정말로 학습자 중심적인가? 그리고 진짜로 교육과정 전반에 관련되어 있는가? 실제로 그 교재들은 '다중 지능(multiple intelligences)'에 기대고 있는가? 최신의 'SLA 연구'에 기대고 있는가? 등이다. 간단히 말해서 트로이 목마 안을 들여다볼 수 있는 수단이 필요하게 되었다.

따라서 본장에서는 교재가 제안하는 내용과 방법론을 '있는 그대로' 분석하려고 한다. 먼저 교재 분석이 교실에서 실제로 일어나는 것과 아주 다를 수 있다는 점을 강조해 두고 싶다. 교재 분석은 '사용 중인 교재' 분석과는 상당히 다른 차원이라는 것을 알아둬야 할 것이다. 교재를 사용할 때 교실에서 정확히 어떤 일이 일어나며, 어떤 결과가 나올지는 다른 수많은 요인에 좌우될 것이기 때문에, 교사와 학습자에 의한 교재와 과제(task)의 재해석이 특히 중요하다(특히 Littlejohn 2008과 Littlejohn 2010을 참조하기 바란다. 이 논문들은 학습자 연습 교재에 대한 학생들의 교재 재해석에 대해 다루고 있다. Slimani 2001도 참조할 수 있다). 그렇기 때문에 목표를 달성함에 있어 교재가 얼마나 효과적인가에 관한 논의는 본장에서 다루지 않는다. 즉, 특정 목적이나 특정 문맥에서의 교재의 가치가 아니라 교재 그 자체를 면밀히 분석할 수 있도록 해서 그 본질을 조사하는 데 관심이 있다.

한편 교재 분석에 있어 지침이 되는 가장 명백한 자원 중 하나는 교재 평가에 도움을 주기 위해 작성된, 기존의 많은 틀(frameworks)이다(Byrd 2001, CIEL 2000, Cunningsworth 1995, Garinger 2002, Harmer 2007, McGrath 2002). 이 틀을 사용할 때 생기는 주된 문제점 중 하나는, 이것이 교재 선택에 유용한 목적을 제공해 주기도 하지만, 이 틀은 교재 내용을 깊이 있게 조사하는 것이 아니라, 교재에 대한 일반적이고 인상적인 판단을 내리는 내용들이 관련되어 있다는 것이다. 일반적으로 여기에는 '바람직한(desirable)' 교재가 어떠해야 한다는 것에 대한 암묵적인 추정도 포함되어 있다. 따라서 '연습문제는 형식면에서 통제된 연습문제와 자유 연습문제가 서로 균형을 이루고 있나'와 같은 평가적인 질문이 필요하다(Garinger 2002). 또 '삽화는 사실성과 동작을 묘사함에 있어 읽기와 철자 연습에 유리한 분위기를 만들고 있는가?'(Byrd 2001:425). 하지만 이 각각의 영역들은 논쟁적일 것이다-자유 연습문제와 통제된 연습문제 간의 균형은 제2 언어가 가장 잘 습득되는 방법에 대한 각자의 견해에 달려 있다. 그리고 '유리한 분위기'와 '사실성과 동작' 묘사는 독자/관찰자에 따라 달라질 수 있다. 근본적인 문제는 이러한 평가 도구 대부분이 교사-분석가가 특정 자질이 존재 여부를 단언하는 데 별 도움이 안 되는 체크리스트라는 점이다.

그렇기 때문에 교재 꾸러미의 평가나 사정의 전제로서, 무엇이 바람직한가에 관한 추정과 교재의 상세한 분석과 분리하여 교재를 분석할 수 있는 수단이 필요하다. 다시 말해 교재 그 자체를 분석하고, 교사분석가(teacher-analyst)가 교재의 가부에 대한 결정을 내리기 전에 교재를 면밀히 검토하는 데 도움이 되는 일반적인 틀이 필요하다. 즉, 교재 분석 시 다음과 같은 질문을 신중하게 고려해야 한다.

1. 교재의 **어떤 측면**을 살펴봐야 하는가?
2. 교재를 **어떤 방식으로** 검토할 수 있는가?
3. 조사 결과를 자기 자신의 교수 문맥에 **어떻게** 결부시킬 수 있는가?

필자가 보려고 하는 것은 바로 이 세 가지 질문이다.

8.2 교재 분석을 위한 일반적인 틀

8.2.1 교재의 어떤 측면을 살펴봐야 하는가?

한 교재를 여러 측면에서 검토할 수 있다. 가령 종이 질과 제본 상태, 가격, 레이아웃, 사이즈, 서체 등의 관점에서 교재를 검토할 수 있을 것이다. 어떤 이는 성별이 어떻게 제시되는지(Ansary and Babaii 2003, Blumberg 2007, Lesikin 2001b, McGrath 2004), 문화적 편향이 어떻게 나타나는지(Ndura 2004), '환경(green)' 문제를 어떻게 다루고 있는지(Haig 2006), '소비주의(consumerism)'를 어떻게 촉진하고 있는지를 조사하기 위해 교재의 삽화와 텍스트를 자세히 조사할 수도 있을 것이다(Sokolik 2007). 이것은 교재를 조사할 때에 가진 목적에 따라 각각이 중요한 측면이 될 것이다. 그러나 필자는 **교육학적** 도구로서의 교재, 즉 한 외국어를 가르치고 배울 때 보조도구로서의 교재 측면에 초점을 두고자 한다. 이렇게 함으로써 교재의 **방법론적**(methodology) 측면과 **내용**(content)의 언어학적 측면으로 연구를 제한할 수 있을 것이다. 이미 교재의 이러한 중요한 측면들을 확인하는 데 참고할 수 있는 많은 언어 교수 분석 틀이 있다(주로 Breen and Candlin 1987과 Richards and Rodgers 2001). 하지만 이 모델들은 각기 특정 목적을 위해 개발된 관계로, 그것을 그대로 교수 자료 분석에 사용하기에는 적합하지 않다. 필자가 제안하는 틀(〈그림 8.1〉에 요약)은, 교육적 관점에서 교재 분석 시에 고려해야 할 필요가 있는 측면들의 보다 포괄적인 목록을 제공하기 위한 시도로써, Breen and Candlin과 Richards and Rodgers 모델을 광범위하게 참조하였다.

〈그림 8.1〉 언어 교수 자료 분석의 측면들

1. 출판
1. 다양한 학습 교재 꾸러미 내에서 본 교재의 위치
2. 학습자 교재의 출판 형태
3. 학습자 교재를 섹션별로 세분화
4. 섹션을 하위 섹션으로 세분화
5. 연속성
6. 경로
7. 접근 용이성

2. 설계

1. 목표

2. 선정 원리

3. 위계화 원리

4. 주제와 주제의 초점

5. 교수 / 학습 활동 유형
   - 학습자가 해야 할 것
   - 학습자의 처리 능력(지식, 감정, 능력, 스킬)을 이끌어 내는 방식

6. 참여: 누가 무엇을 누구와 하는가

7. 학습자의 역할

8. 교사의 역할

9. 전체적인 교재의 역할

틀은 크게 **출판**(publication)과 **설계**(design)의 두 부분으로 나누어진다. **출판**은 교재의 '유형' 또는 물리적 측면, 그리고 종이든 전자 형식이든 완전한 하나의 세트로 나타나는 방식과 관련된다. 여기서 우리는 학습자 교재와 다른 구성요소(해답은 교사용 교재에만 수록되어 있는가, 교재를 오디오나 비디오 녹음과 어떻게 관련시키고 있는가 등), 교재의 실제 형태(두고두고 볼 교재인가 vs. 한번 보고 버릴 교재인가, 워크시트 형식 vs. 바운드북, 종이책 vs. 전자책) 사이에 존재하는 관련성, 즉 수업 방법에 직접적인 함의를 제공해 줄 수도 있는 관련성에 관심이 있다. 또 교재 내부 구조를 살펴 섹션과 하위 섹션이 어떤 식으로 나누어져 있고, 연속성이나 일관성이 어떻게 유지되고 있으며, 교재의 사용 순서가 미리 결정되어 있는지 여부를 결정할 수도 있다. 이 마지막 측면은 추가적인 요소 하나를 더 시사한다. 즉 교재 접근 방법, 예를 들어 내용 목록, 단어 목록, 색인, 검색 기능, 하이퍼링크 등을 어떤 방식으로 지원하

고 있는가.

틀 **설계**(또는 **디자인**)의 두 번째 섹션(Richards and Rodgers 2001을 따름)은 교재에 저재하는 의도와 관련이 있다. 여기에는 교재의 분명한 목적('일반 영어', ESP(특수 목적 영어), 또는 특정 스킬 개발), 교재 내 텍스트, 언어, 내용을 어떻게 선택하고 배열하는가(예를 들어 특정 유형의 교수요목과 말뭉치 사용), 교재 내 내용의 성질과 초점(예를 들어 교육과정 전체 내용, 스토리라인, 화제)과 같은 영역의 고려 등이 관련한다. 그리고 그중에서 가장 중요한 점은 교재가 제안하는 교수 활동/학습 활동의 성격일 것이다. (예를 들어 '전체 과제', 이해 과제, 학습자 훈련 등) 교수 활동/학습 활동 분석은 학습자가 정확히 무엇을 **하기**(do)를 원하는지에, 학습자가 하고 있는 것과 Breen and Candlin(1987)이 학습자의 '처리 능력(process competence)'이라고 부르는 것을 어떻게 서로 관련시키고 있는가에 초점을 두어야 한다. 처리 능력이란, 다양한 **지식**(개념, 사회적 행위, 언어 구조), **감정**(태도와 가치관), 의미를 표현하고 해석하고 추론하는 **능력**, 그리고 읽기, 쓰기, 말하기, 듣기의 각기 다른 **스킬** 사용 영역을 처리할 수 있는 학습자 능력을 말한다. 또한 교수 활동/학습 활동은 교실 참가 형태-즉, 학습자가 혼자서 하는가, 그룹으로 하는가-도 제안할 것 같고, 그것을 통해서 교사와 학습자가 맡아야 하는 역할이 결정된다. 마지막으로, 교재가 어떤 역할을 의도하고 있는가를 판단하기 위해 교재를 조사한다. 가령 교재가 교사와 학습자의 협력 방식에 대해 상세한 지침을 제공하여 교실 활동을 '세부적인 사항까지 관리(micro-manage)'하려고 하는가, 아니면 교사와 학습자가 교실 활동을 비판적으로 선택하거나 개발하도록 장려하는 아이디어를 제공할 뿐인가.

이상을 정리하면, 틀에 목록화될 영역들은 자료의 방법론적이고 내용적인 측면을 포괄적으로 망라하고 있어야 한다. 이러한 자료의 분석적인 기술자(descriptors)를 갖추고 있으면, 연구자, 교사, 교재 설계자, 교육 당국자, 그리고 학습자들이 교재의 본질이나 유용성, 교재의 가부에 대한 결정을 내리기가 수월해 질 것이다. 하지만 다음과 같은 즉시적 문제에 직면한다. 그것을 어떤 방식으로 기술할 것인가? 필요한 정보를 얻기 위해 어떻게 자료를 검토할 수 있을까? 다음 장에서는 이러한 질문들을 고려하여 교재를 보다 상세히 분석할 수 있는 실용적인 방법 몇 가지를 제안하고자 한다.

8.2.2 교재를 어떻게 분석할 수 있는가

분석 레벨

앞 절에서 설명한 틀을 살펴보면, 추상적이게 보여서 규명하기 어렵게 보이는 측면(예를 들어 '목적'과 '학습자/교사의 역할')이 있는 반면, 몇 가지 측면은 비교적 쉽게 식별할 수 있음을 알 수 있다(가령 '교재의 출판 형식'과 '섹션 분할'). 또 나열된 측면 중 일부는 일반적인 결론에 이르기 전에 교재의 다른 부분을 검토해야 하는 것도 있다. 예를 들어 '위계화 원리'는 언어 교수요목과 교수/학습 활동 유형의 성격을 정확히 검토할 필요가 있을 것이다(예컨대 교재는 아마 뒷부분으로 갈수록 방법론적으로 더 복잡해질 것이다).

따라서 〈그림 8.1〉에 제시한 틀은 어떤 깊이로도 교사 분석가가 교재를 분석할 수 있도록 해 주지 않고 있기 때문에 상당히 제한적으로 사용되었다. 중요한 문제는 틀의 몇 가지 측면이 실제로는 틀 안의 나머지 측면에 대한 결론이 수반되어야 한다는 점이다. 즉 교재를 분석할 때 교사 분석가는 교재의 다양한 섹션들을 검토해야 할 뿐만 아니라 더 중요한 것은, 상대적으로 쉽게 식별가능한 측면에서부터 보다 추상적이고 복잡한 측면으로 이동해 가고, 보다 더 주관적으로 판단하고 점점 더 많이 추론하면서 분석의 다른 '레벨(levels)'로 이동해 가야 한다. 〈그림 8.2〉는, 교재에 대한 객관적 사실을 주관적으로 선택하는 단계(레벨 1)에서, 교사나 학습자가 요구할 가능성이 있는 것들에 대해 추론하는 단계(레벨 2)를 거쳐, 교재에 저재하는 분명한 원리와 '철학'에 대한 결론(레벨 3)에 이르기까지 관련할 수 있는 개략적인 레벨이다.

〈그림 8.2〉 언어 교육 교재의 분석 레벨

```
┌─────────────────────────────────────────────────────────┐
│  1. '거기에 무엇이 있는가'                    '객관적 기술'     │
│    • 설명                                                │
│    • 교재의 물리적 측면                                     │
│    • 설명 섹션의 주요 단계                                   │
└─────────────────────────────────────────────────────────┘

┌─────────────────────────────────────────────────────────┐
│  2. '학습자에게 무엇을 요구하는가'              '주관적 분석'     │
│    • 구성 과제의 하부요소                                    │
│    • 과제 분석: 학습자가 기대하는 것은? 누구와? 어떤 내용으로?     │
└─────────────────────────────────────────────────────────┘

┌─────────────────────────────────────────────────────────┐
│  3. '무엇을 담고 있는가'                      '주관적 추론'     │
│    • 목적, 선택과 위계화 원리 추론하기                         │
│    • 교사와 학습자 역할 추론하기                              │
│    • 학습자의 처리 능력에 대한 부담 추론하기                     │
└─────────────────────────────────────────────────────────┘
```

레벨 1: 거기에 무엇이 있는가? 객관적 기술

〈그림 8.2〉의 상단에는 교재 기술에 있어서 거의 이견이 없을 것으로 보이는 교재의 명시적 특성이 있다. 예컨대 교재 내부에 있는 진술을 가지고 시작할 수 있을 것이다. 가령 출판일, 대상 독자, 교재 유형(예: '일반', '특수 목적', '보충', '주 교재'), 필요한 수업 시수, 교재 사용법(예:

자율 학습, 순서에 관계없이 등)을 포함할 수 있다. 이 외에도 출판 형식(예: 두고두고 볼 책 형식이나 한번 보고 버릴 워크시트 형식, 전자책이나 종이책), 페이지 수, 색상, 그리고 교재 꾸러미의 구성 요소 수(예: 본교재, 워크북, 듣기 자료 등) 같은 물리적 측면도 검토할 수 있다. 교재 내부를 살펴보면서 자료가 섹션으로 나누어진 방식(예: '단원', 듣기 대본, 정답 및 테스트)과 이러한 자료에 접근하는 수단(예: 색인, 검색 기능, 상세 내용 목록, 하이퍼링크)을 조사할 수도 있다. 또 교사-학습자 역할에 데이터를 제공할 수 있기 때문에 교재 내의 다양한 섹션과 자료 접근 수단이 교사와 학습자 간에 어떻게 분산되어 있는지에 대해서도 알 수 있다. 자료를 더 자세히 들여다보고 만약 디자인에 일정한 패턴이나 반복되는 부분이 있다면, '단원(units)', '모듈(modules)', '블록(blocks)' 등이 세분화된 방식과 길이 등을 조사할 수도 있다.

교재 꾸러미에 대한 이러한 유의 '명시적' 정보 기록의 지원책으로써, 〈그림 8.3〉은 교사분석가가 조사 시 지침으로 삼을 수 있는 명세를 제공한다. 일례로 명세는 필자가 공동 집필한 교재인 *Primary Colours Pupil's Book 5*의 '명시적인' 본질 분석을 행할 수 있게 해 준다. 그러나 기록된 정보의 정확한 범주는 분석되는 자료와 명시적으로 제공되는 정보에 따라 달라진다. 대부분의 교재는 분량이 많아 전체 내용을 심도있게 분석하는 것이 비실용적이기 때문에, 명세서의 Part B는 검토한 발췌물의 비율과 발췌물 내부의 주요 활동들의 순서를 기록한다. 교사분석가가 마음속에 두고 있는 목적에 따라 학생용 교재나 교사용 교재를 심층적으로 분석할 수 있다. 교재 꾸러미의 일반적 성격에 대한 인상을 검토할 경우, 중간 지점쯤에서 뽑아낸, 전체 교재의 약 10%에서 15%를 분석하는 것이 유용하다는 것을 알게 되었다. (가령 20개 단원으로 구성된 교재라면 9단원, 10단원, 11단원이 분석 대상이 될 것이다.)

제목: *Primary Colours Pupil's Book 5*   저자: Littlejohn & Hicks

출판사: 케임브리지대학 출판   출판년도: 2008

A. 전체 교재 패키지

1. 유형: '일반(general)', '주 강의(main course)'의 초등학교 고학년 수업

2. 대상 학습자

　나이: 9-12세 학교: 초등학교 지역: 전 세계

3. 범위

　a. 구성: 학생용 교재(PB), 소모성 '활동책'(AB), CD, 교사용 교재(TB), 교
　　사 훈련용 DVD

　b. 총 사용 시간(추정): 1년

4. 설계 및 레이아웃

　PB-4색, AB-2색, TB-2색

5. 배분

a. 교재	교사	학습자
오디오	[X]	[ ]
오디오 대본	[X]	[ ]
정답	[X]	[ ]
교재 이용 지침	[X]	[ ]
방법론 지침	[X]	[ ]
추가 연습	[X]	[ ]
테스트	[X]	[ ]
b. 접근		
교수요목 개요	[X]	[X]
단어목록	[X]	[ ]

6. 경로

특정의	[X]	
사용자 선택	[ ]	

7. 하위범주

각각 4개의 하위 섹션(A/B/C/D)으로 구성된 6개의 '단원(units)', 일부 표준화된 요소 포함:

　섹션 A: 스토리 에피소드의 첫 번째 부분이 포함. 이해 연습과 언어 연습.
　　섹션은 노래로 끝을 맺는다.

　섹션 B: 제목이 'Language Time'으로, 언어 항목 연습이 포함

　섹션 C: 언어 연습과 스토리 에피소드의 두 번째 부분이 포함

　섹션 D: 제목이 'Know it all!'으로, 스토리 에피소드의 위치와 관련한 내
　　용이 포함(그랜드캐넌, 만리장성, 베니스, 브라질리아 등)

B. 학생용 교재 발췌물의 개요

　1. 길이: 6개 단원 중 1개 단원. 학생용 교재의 16.5% 분량

　2. 활동의 순서:

　　5A 1. 스토리 에피소드 읽기 및 듣기 2. 이해 점검 3. 산속에서의 안전
　　　토론 4. 노래

　　5B 1. 듣고 문장 만들기 2. 언어 연습 3. 게임

　　5C 1. 스토리 에피소드 읽기 및 듣기 2. 이해 확인 3. 토론과 듣기

　　5D 1. 텍스트 읽고 연결하기 2. 아이디어 공유하기 3. (공룡에 대한)
　　　아이디어 공유하기 3. 숙제, 쓰기

레벨 2: 학습자에게 무엇을 요구하는가? 주관적 분석

　레벨 1은 교재의 '객관적(objective)' 성격과 관련 있지만, 틀의 다음 레벨은 교재의 가장 중요한 측면을 약간 더 깊이 분석하는 단계이다. 이 단계에서 교사분석가는 교재를 사용하여 교사와 학습자가 정확히 해야 하는 것(제시된 방식으로 교재를 사용한다고 가정했을 때)을 추론해야

한다. 이러한 결론에 도달하기 위해서는 교재를 그 구성 요소인 '과제'로 나눈 다음, 각 과제를 차례로 분석할 필요가 있다. 그렇기 때문에 '과제'가 무엇인지 가능한 한 정확하게 정의하는 것이 중요하다.

'과제'라는 용어는 TBLT(Task-Based Language Teaching) 관련 문헌에서 흔히 볼 수 있다. TBLT에서 '과제'는 학습자로 하여금 의미 협상에 참여하도록 요구하는 교실 활동을 가리킬 때 사용된다-의미 협상으로 통해 언어 입력이 이해가능하게 되며 그 결과 습득하기에 적합한 형식이 된다. 즉 TBLT의 관점에서 '과제'는 프로젝트, 문제해결, 시뮬레이션 같은 의미초점 활동을 가리키며, 교실 밖의 자연적 언어 사용과도 어느 정도 유사하다(Nunan 2004, Skehan 1996, 1998, Willis 1996, 본서 9장의 Rod Ellis 참조). 그러나 모든 언어 학습 자료를 분석하는 일반적 틀로서는 이 정의의 범위가 너무 좁다. 의미에 초점을 두지 않은 교재(예를 들어 문법 패턴 연습, 받아쓰기, 문법 규칙 찾기 등)에는 이 정의를 적용할 수 없기 때문이다. 대안적이고 보다 의미가 넓은, 그리고 TBLT에 앞서 언어 교사들이 가장 많이 사용한 정의는 '교실에서 교사가 학생들에게 하도록 제공하는 것'(Johnson 2003: 5)으로, 이 정의는 '과제 기반' 활동과 전통적인 형태 중심 활동을 모두 아우르는 광범위한 활동들을 일컫는다. 따라서 Breen과 Candlin(1987)을 따라, 필자는 '과제'를 '자료 속에 포함된, 학습자가 어떤 행위를 수행하도록 요구하는 모든 제안'으로 정의하며, 외국어 학습을 야기하는 직접적인 목적을 가지고 있다.

위와 같은 광의의 정의는 대규모 '전체 과제'에서 짧은 '빈칸 채우기' 연습에 이르기까지 교실 언어 학습에는 다른 많은 경로가 있을 수 있음을 인식할 수 있고, 동시에 언어 학습과 직접 관련이 없는 활동을 배제할 수 있다는 장점이 있다-가령 듣기 이해 연습을 위한 준비로 차트 복사하기의 경우, 듣기 이해 연습은 **그 자체로는** 언어 학습과 직접적 관련이 없다. 그러나 실천적인 관점에서 봤을 때 교재에서 제안된 교실 행위의 목적을 결정하기가 늘 쉬운 것은 아니며, 그렇기 때문에 두 번째 레벨의 추론이 필요하다. 여기서 우리는 교사분석가들이 목표라고 이해하고 있는 것에 관해 말하고 있는데, 아마도 교재가 담고 있는 이론적 근거에 의해 판단될 것이다.

하지만 여기에서 채택한 '과제'의 정의는 너무 일반적이라 과제 내의 다양한 측면에 초점을 둘 수 있도록 하기 위해서는 보다 더 상세한 정보가 필요하다. 위에서 개괄한 아이디어를 바탕으로 과제의 세 가지 핵심 측면을 구분할 수 있다.

- 어떻게(how): 학습자와 교사가 수행해야 하는 프로세스
- 누구와(with whom): 학습자가 활동해야 하는 대상과 관련한 교실 참여
- 무엇에 대해(about what): 학습자가 초점을 두어야 할 내용

이런 유의 세부적 정의를 이용하면, 이제 교재 꾸러미의 발췌물을 가지고 그것을 분리된 과제로 나눌 수 있을 것이다. 과제 구분은 그 교재가 수록하고 있는 번호와 일치하는 경우가 많다. 예를 들어, 다음 예는 두 개의 과제로 구성되어 있다.

1. 다음 텍스트를 읽고 질문에 대한 답을 찾으십시오[뒤이어 질문과 텍스트].
2. 여러분이 겪은 비슷한 경험을 쓰십시오.

그러나 다음 연습 1에서는 교실 참여 방식이 바뀌고(개인에서 짝), 연습 2에서는 내용 형식이 바뀌기 때문에(읽기에서 쓰기) 넘버링은 1, 2임

에도 과제는 네 개다.

1. 다음 텍스트를 읽고 질문에 대한 답을 찾으십시오. 여러분의 답을 짝과 확인하십시오.
2. 여러분이 겪은 비슷한 경험을 짝에게 이야기하십시오. 그리고 그것에 대해 쓰십시오.

〈그림 8.4〉는 과제의 경계가 어디인지를 식별하고 각 과제의 개별적인 성질을 밝히는 데 사용할 수 있는 세 가지 질문과 세 가지 측면-프로세스, 참여, 내용-을 제시한 것이다.

〈그림 8.4〉 과제 분석을 위한 질문

I. 학습자에게 기대되는 행동은?
  A. 발화 교체(turn-take)
  B. 초점(focus)
  C. 인지 조작(mental operation)

II. 누구와?

III. 어떤 내용으로?
  A. 학습자 입력(input to learners)
   • 형식(form)
   • 출처(source)
   • 성질(nature)
  B. 학습자 산출(output from learners)
   • 형식(form)
   • 출처(source)
   • 성질(nature)

프로세스(process)와 관련 있는 첫 번째 질문에는 학습자가 정확히 무엇을 하기를 기대하는가에 초점을 둘 수 있도록 세 가지 하위 섹션이 들어 있다. 발화 교체는 교실 담화에서 학습자가 담당해 주기를 기대하는 역할과 관련이 있다. 직접적인 질문에 대해 교재에 제공된 언어를 이용한 대본 응답(scripted response)을 산출하는가(예: 내용 이해 질문이나 드릴), 제공되지 않은 언어를 이용하여 '발화 개시하도록(initiate)' 요구하는가(예: '자유 쓰기'나 자체 질문), 혹은 직접적인 상호작용적 역할은 전혀 요구되지 않는가(예: 문법 설명 듣기). 두 번째 요소인 초점은 학습자가 언어의 의미나 형태, 혹은 두 가지 모두에 주의를 기울여야 하는지 여부를 일컫는다. 인지 조작은 요구되는 심적 프로세스를 의미한다 -가령 반복, 언어 규칙 추론, 또는 가설 세우기, 협상하기 등과 같은 광의의 프로세스).

두 번째 질문은 교실 참여를 묻는다: 학습자가 누구와 함께 활동하는가-혼자, 짝/그룹, 또는 전체 학급. 마지막으로, 세 번째 질문은 입력 내용과 학습자에게 기대되는 출력의 본질을 묻고 있다: 구어인가, 문어인가? 개별 단어/문장인가, 확장된 담화인가? 어디에서 가져온 것인가-자료에서인가, 교사 혹은 학습자 자신인가? 그리고 어떤 성질인가?-예를 들어, 문법 설명인가, 개인적 정보, 소설, 일반 지식 등인가?

이 질문들 하나하나는 교재에서 발췌한 자료에 들어 있는 개별 과제에도 적용할 수 있으며, 필요한 경우 교사용 자료를 참고하면 교재가 의도하고 있는 교실 활동의 모습을 그리는 데 도움이 된다. 이렇게 상세한 방식으로 교재를 검토하면 교재에 저재하는 특성들을 분명히 드러낼 수 있다. 이처럼 교실 과제를 정확히 분석하면, 교실 언어 학습에 이르는 최선의 방법에 대한 교재 설계자의 추정도 분명해지고, 그 결과 교사와 학습자의 역할도 명확히 정의된다. 또한 교재와 관련한 다양한 주장들을 가장 효과적으로 테스트할 수 있는 것도 과제 분석을 통해서이다. 예를 들어 만약 교재는 '학습자 중심'을 표방하고 있으나 조사 결과, 과제 대부분이 학습자가 '대본 응답'만을 하거나 교재가 제공하는 내용만으로 활동한다는 것을 알게 되면, 거기에는 심각한 불일치가 있는 것으로 보일 것이다. 마찬가지로, 교재는 인지 작용과 문제 해결을 촉진한다고 주장하지만, 실제로는 '인지 조작'의 매우 작은 부분만을 요구하고 있고 나머지 과제들도 단순 '반복'과 관련있다는 것을 알게 된다면, 교재의 주장이 정확한가 의심할 충분한 이유가 있을 것이다. 교재의 전체적인 그림을 그리는 데 도움을 주기 위해 각 특징의 비율을 계산하여, 예를 들어 과제의 X 퍼센트는 '쓰기'와 관련이 있고 Y 퍼센트는 '토론과 협상'과 관련이 있으며, Z 퍼센트는 '반복'과 관련있다고 할 수도 있다.

〈그림 8.5〉에 개별 과제 분석 시 교사분석가에게 도움이 되는, 각 과제의 특성을 기록할 수 있는 명세표를 추가적으로 제시하였다. 〈그림 8.6〉은 앞에서 논의한 '과제'의 정의에 기초하여 과제의 경계가 어디에서 발생하는지를 보이기 위해 앞서 언급한 바 있는 *Primary Colours Pupils Book 5*에서 가져온 두 가지 발췌물을 보인 것이다. 〈그림 8.7〉은 발췌물에 포함된 과제를 분석한 결과이다. 앞에서 언급한 바와 같이, 필자는 *Primary Colours* 시리즈의 공동저자이고, 또 주관적 분석 정도의 수준인 관계로 여기의 분석이 공정하다고는 생각할 수 없기 때문에 단지 예시로만 간주해 주길 바란다. (분석에서 설명한 교재의 측면에 관한 설명은 부록 참조)

<그림 8.5> 과제 분석을 위한 명세표

과제 분석 시트

과제 번호:								
I. 학습자에게 기대되는 행동은?								
A. 발화 교체								
발화 시작								
스크립트 응답								
응답 필요 없음								
B. 초점								
언어 체계(규칙이나 형식)								
의미								
의미/체계/형식 관련성								
C. 인지 조작								
[교재에서 발견한 것들을 자세히 기술]								
II. 누구와?								
[교재에서 발견한 것들을 자세히 기술]								
III. 어떤 내용으로?								
A. 학습자 입력								
형식								
출처								
성질								
B. 학습자 산출								
형식								
출처								
성질								

〈그림 8.6〉 Primary Colours Pupil's Book 5에서 발췌(Littlejohn, A. and Hicks, D., Cambridge University Press, 2008)

5 There's something outside ...

5A Bears!

1 🔊 Read and listen. Why does Gary think that the bears are outside?

1. The children were flying high in the clouds. 'We'll need some food,' said James. 'You've just had a pizza!' said Alice. 'I know,' replied James, 'but we'll need some food – and a tent – for the Rocky Mountains.' 'No problem!' said Gary and in a few minutes, they landed on the ground. 'How did you do that?' asked James. Gary smiled and didn't answer.

2. 'Now we've got lots of food, a big tent and a torch' said James. 'But we have to be careful,' said Alice. 'Listen. I've just read this paper,' and she read aloud, 'There are many brown bears in the Canadian Rocky Mountains. You must be very careful. DO NOT PUT FOOD IN YOUR TENT.'

3. The carpet landed high in the mountains. 'It will be dark soon,' said Gary. 'We can't find the control card now. We can look in the morning.' They put up the tent and ate the food from the shop. It was very cold outside so they decided to go into the tent and sleep.

4. Suddenly, there was a noise. Alice woke up and she switched on the torch. 'Look!' she said. 'There's something outside. It's pushing on the tent!' 'James!' whispered Gary. 'Did you bring food into the tent?' 'I only brought some biscuits with me,' said James. 'Well, now the bears are here!' said Gary.

What can they do?

44

2 Read the story again. Write 'True', 'False' or 'We don't know'. Give a reason.

1 Gary is hungry.
   · We don't know. *Gary doesn't say, 'I'm hungry.'*
2 They need to buy camping things.
3 James is surprised that Gary can control the carpet.
4 Bears can be dangerous.

5 They can see a bear.
6 They have got the control card.
7 Gary heard the noise first.
8 James did something wrong.

3a Bears are dangerous! What should you do in the Rockies? Tell the class your ideas.

Bears ... and you

What to do ...

if you want to walk   if you want to cook

if you want to camp

if you see a bear

if you have food

3b Find two pieces of advice for each topic.   *If you want to walk, don't ...*

do it 100 metres from your tent   don't camp near bear tracks   don't go off the path
don't move suddenly   don't put it in your tent   hang it in plastic bags in a tree
only camp in campsites   put your cooking clothes in a bag in a tree
stand still, and wait for the bear to move away   talk loudly or sing

3c What other ideas did you have in Exercise 3a?

4 Sing a song. ***Please don't tell me about the big grizzly bear!***

See page 63 for the words.

45

〈그림 8.6〉 (앞 장에 이어서)

(5D) Know it all! The Rocky Mountains

1a Read about the Rocky Mountains. Match two pictures with each text.

1 The Rocky Mountains go from Canada a long way down into the USA. They are almost 5,000 kilometres long. Millions of people come to enjoy the beautiful landscape every year, but they don't just climb mountains. They go camping, canoeing, walking and skiing in different parts of the Rockies.

2 There are lots of rivers in the Rockies. The mountains are very high and the rivers on each side go in opposite directions. On the east, the rivers go into the Atlantic Ocean, but on the west, they go into the Pacific Ocean.

3 Many people live and work in the Rocky Mountains. They have farms with cows and sheep, and they grow sugar, potatoes and other vegetables. There are also many mines there. These produce gold, silver and other metals. We also get a lot of wood from the forests in the Rockies because the trees there grow very quickly.

1b Which of these questions can you answer from the texts?
Do you know the answers to the other questions?

1 Where are the Rockies?
2 What food do people produce there?
3 What fossils can you find there?
4 How old are the Rockies?

5 What is unusual about the rivers in the Rockies?
6 Where did the Rockies come from?
7 What metals come from the Rockies?
8 In what other ways do we use the Rockies?

1c Listen to Professor Know It All. Check your answers.

50

〈그림 8.6〉(앞 장에 이어서)

2a Millions of years ago, dinosaurs lived where the Rockies are now. Look at the pictures. Tell the class what you know about dinosaurs.

2b 🔊 Listen to Professor Know It All again. Choose the correct words.

In the Rocky Mountains, you can see lots of dinosaur footprints. Some of them are small, about ¹ **10 centimetres** / **10 millimetres** across, but bigger prints are about ² **14** / **40** centimetres across. There are more than ³ **30** / **300** prints and we can learn a lot from them. For example, we know that the dinosaurs moved in ⁴ **big** / **small** groups. We also know that baby dinosaurs walked ⁵ **next to** / **behind** their mother. If we look at the ⁶ **shape** / **size** of the footprint, we can tell that they were ⁷ **9** / **19** metres long. The footprints also show us that they moved very ⁸ **fast** / **slowly**.

YOUR PROJECT

Find out about a place where there are a lot of wild animals.

It can be:
● in your country
● in another country

Write about:
● the animals that lived there in the past
● why they disappeared
● the animals that live there now
● what they do

51

〈그림 8.7〉 Primary Colours Pupil's Book 5의 5A와 5D 분석(Littlejohn, A. and Hicks, D., Cambridge University Press, 2008.)

과제 분석 시트	Unit 5A									Unit 5D							
과제 번호:	1	2	3	4	5	6	7	8	9	1	2	3	4	5	6	7	8
I. 학습자에게 기대되는 행동은?																	
A. 발화 교체																	
발화 개시			X		X		X				X		X				X
대본 응답		X		X	X		X			X	X	X			X		
요구 없음	X											X			X		
B. 초점																	
언어 체계(규칙이나 형식)							X										
의미	X	X	X	X	X	X	X	X		X	X	X	X	X	X	X	X
의미/체계/형식 관련성																	
C. 인지 조작																	
의미론적인 의미 해석	X	X		X	X		X			X	X		X			X	
정보 선택		X		X	X					X	X		X		X	X	
가설 형성			X		X		X				X		X				
LTM(장기기억)에서 재생					X		X				X		X				X
동일 반복							X										
일반 지식 적용					X						X		X				
탐색																X	
자신의 생각/정보 표현					X						X		X				X
II. 누구와?																	
개별 활동을 동시에	X	X		X	X		X			X	X	X		X		X	X
학습자 전체			X			X		X				X		X			
교실 밖에서 학습자 개별적으로																X	

III. 어떤 내용으로?															

III. 어떤 내용으로?

A. 학습자의 언어 입력

a. 형식

확장된 담화: 쓰기	X	X						X							X
확장된 담화: 말하기	X	X						X			X		X	X	
단어/구/문장: 쓰기			X	X	X	X	X	X	X		X	X			
단어/구/문장: 말하기								X							
시각적으로													X		

b. 출처

교재	X	X	X	X	X	X	X	X	X	X	X		X	X	X
학습자											X				
코스 외/교실 밖															X

c. 성질

픽션	X	X	X	X	X										
논픽션						X	X	X		X	X	X	X	X	X
노래								X							

B. 학습자로부터 기대되는 출력

a. 형식

단어/구/문장: 말하기		X	X			X	X	X	X	X	X	X		X	
단어/구/문장: 쓰기				X	X									X	X

b. 출처

교재		X		X	X		X		X	X	X			X	
학습자			X			X		X			X		X		X

c. 성질

픽션		X	X	X	X										
논픽션						X	X	X		X	X	X		X	X
노래								X							

레벨 3: 무엇을 함의하고 있는가? 주관적 추론

분석의 최종 레벨에서는 레벨 1과 레벨 2의 발견을 이용하여 교재에 저재하는 원리, 다시 말해 〈그림 8.1〉에서 제시한 설계(design) 요소들에 대한 몇 가지 일반적 결론을 도출한다. 교재의 물리적인 성질 기술(레벨 1)과 과제 분석(레벨 2)을 통해 이제 교재의 전체 목표와, 과제와 내용의 선택(select)과 위계화(sequence)의 기초에 대해 논할 수 있을 것이다. 또한 이 세 번째 기술 레벨에서 교사들과 학습자에게 기대하는 역할에 대하여 결론을 내릴 수도 있어야 한다. 교재의 여러 섹션들이 어떤 식으로 교사와 학습자에게 할당되어 있는지를 조사함으로써 부분적으로는 결론을 내릴 수도 있겠지만(예를 들어, 누가 해답과 듣기 지문을 가지고 있는가 등) 과제 분석, 특히 발화교체 아래 범주와 입력, 출력 출처 아래에 위치한 다양한 범주의 과제 분석을 통해 더 많은 증거를 확보할 가능성이 있다. 세 번째 기술 레벨에서는 학습 목적을 달성하기 위해 학습자에게 부과되는 요구의 본질에 대해서도 진술할 수 있을 것이다. 끝으로 이 레벨에서는, 언어 학습과 교수를 용이함에 있어 교재가 어떤 역할을 하는 것으로 보이는지에 대한 결론을 도출할 수도 있을 것이다-예컨대 교재가 모든 교실 활동을 설명하려고 애쓰는 것처럼 보이는가, 혹은 단순히 교사/학습자의 창의적 아이디어와 의사 결정을 자극할 의도로만 보이는가?

이를 일목요연하게 보이기 위해 〈그림 8.8〉은, 앞에서 설명한 다양한 측면을 요약하여 교재의 명시적 특성(〈그림 8.3〉)과 과제 분석 명세(〈그림 8.5〉)가 필요한 정보를 수집하는 데 어떻게 도움이 될 수 있는지를 보이고 있다. 〈그림 8.9〉는 두 개의 분석 명세표를 가지고 *Pupil's Book 5*의 발췌물 두 편을 분석해서 얻은 완성된 분석 결과이다. 거듭 말하지만, 필자가 이 교재의 공동 저자인 탓에 분석 결과가 공정하다고 볼 수 없는 관계로 여기에서는 예시 목적으로만 제시한다.

〈그림 8.8〉 분석 명세표로 교재의 분석적 기술을 위한 정보를 제공하는 방법 요약

추론 수준		명세표의 근거 출처(명시적 특성과 과제 분석)
교재 측면: 출판		
레벨1: '거기에 무엇이 있는가'	교재 꾸러미 내 학생용 교재의 위치	EN/A3 확대, A5 분할
	교재의 발행 형태	EN/A3 확대, A4 설계와 레이아웃
	학생용 교재의 하부 요소	EN/A7 하위영역, B2 활동의 위계
	하위 요소의 하위 섹션	EN/A7 하위영역, B2 활동의 위계
	연속성	EN/A7 하위영역, B2 활동의 위계
	경로	EN/A6 경로
	접근	EN/A5b
교재 측면: 설계		
레벨 2: '학습자에게 무엇을 요구하는가'	주제와 초점	TA/III 무슨 내용으로?
	교수/학습 활동 유형	TA/I 학습자들은 무엇을 해야 하는가?
	참여: 누가 무엇을 누구와	TA/II 누구와?
레벨 3: '무엇을 담고 있는가'	목표	교수요목, 활동의 위계(EN/B2)
	선택 원리	과제의 성질(TA/I-III)
	위계화 원리	과제의 위계
	교사 역할	분배(EN/A5), 발화 교체(TA/IA)
	학습자 역할(교실)	출처(TA/III)
	학습자 역할(학습시)	처리 능력의 부담(TA/I-III)
	전체적인 교재의 역할	levels 1-3에서 추론
기호설명		
EN: 교재의 명시적 특성을 기록하기 위한 명세 TA: 과제 분석을 위한 명세 A3, A4, I, II, III: 항목/질문		

分석 기술 샘플: Primary Colours Pupil's Book 5

1. 출판

1. 교재 꾸러미 내 학습자용 교재의 위치

• '전체 꾸러미' 중 일부

• 교사와 학습자에게 제공하는 자료에 접근하는 수단; 교사에게만 제공하는 자료(해답지, 대본 등)

• 학습자용 자료는 대부분 교사용 자료와 별도로 사용할 수 있음.

• 교실 활동에서 학습자 자료가 초점을 두는 곳

2. 학습자용 교재의 발행 형식

• 1개 언어 사용

• 내구성 교재와 소모성 교재

• 내구성 교재는 4색, 나머지 자료는 2색 구성

3. 학습자용 교재의 하위 구성요소

• 6개 '단원(units)'; 각 단원은 표준화된 페이지 수로 구성

• 각 단원은 표준화된 A/B/C/D 하위 섹션으로 구성

• 매 2개 단원 뒤 내용 점검 섹션

4. 하위 구성요소를 하위 섹션으로 다시 세분화

• 단원 내에서 패턴화: 섹션'A'는 스토리의 첫 번째 에피소드를 제공하며, 스토리는 섹션'C'까지 이어짐. 섹션'A'와 섹션'C'에서는 하위 구분의 언어 포인트와 관련한 이해 연습과 연습 연습을 제공. 섹션'B'는 언어 포인트를 중심으로 한 추가 연습을 제공. 섹션'D'는 논픽션 텍스트와 스토리 문맥과 관련한 연습을 특징으로 함. 내용 점검 섹션은 앞의 두 단원에서 다룬 언어의 연습을 추가적으로 제공.

5. 연속성

- 아이들의 모험과 관련된 연속적인 줄거리를 제공
- 단원 내 하위 섹션은 연습문제 내용의 기초가 되며, 에피소드의 내용/위치를 활용
- 문법 및 어휘의 점진적 증가

6. 경로

- 한 가지 경로: 제시된 순서대로 교재를 사용
- 교사용 지도서를 통해 경로 확장의 방법을 제공

7. 접근

- 교재에의 접근 수단: 단원 목차, 단원의 목표를 기록한 목록, 문법 유형 아래에 언어 항목 제시한 목록

2. 설계

1. 목적과 목표

- 네 가지 언어 스킬 모두에 대한 학습자의 언어 능력 개발
- 교차-교육과정 및 교차-문화적 지식의 개발과 활용
- 학습자가 자신의 생각을 표현하도록 권장하고 언어 사용에 있어 **발화 개시**의 역할을 하도록 유도

2. 선정 원칙

- 과제 유형: 재생적(reproductive) 언어 연습, 추측과 가설화하기, 실재적 텍스트를 가지고 활동, 학생의 지식/아이디어 유도
- 내용: 연령에 맞는 줄거리, 교차-교육과정 화제, 학습자의 개인 정보/아이디어
- 언어: 화제 관련 어휘와 결합한 문법 영역

3. 배열 원리

- 과제: 스토리 텍스트를 통한 언어 제시/입력, 스토리에 제시된 언어에 대한 이해 과제와 언어 연습
- 내용: 내용 위계에 대한 명확한 원리 없음.
- 언어: 단순한 문법 구조에서 복잡한 문법 구조로 제시하며, 대개는 전통적 문법 배열 순서를 따름.

4. 주제와 주제의 초점

- 스토리 문맥과 관련된 픽션과 교차-교육과정 내용
- 제시된 형식에 관한 메타언어적 설명 없음.

5. 교수/학습 활동 유형

- 학습의 초점은 오로지 의미에만 한정
- 대부분의 과제는 대본있는 응답을 요구하며, 학습자가 발화 개시 입장을 취하도록 하는 기회도 일부 제공
- 교사와 학습자 양자를 위한 직접적인 교실 상호작용
- 주된 인지 조작: 의미 해독과 정보 선택
- 모국어 사용은 요구하지 않음.
- 연결 텍스트에 대한 노출을 강조; 듣기보다는 읽기, 쓰기보다는 말하기

6. 참여: 누가 누구와 무엇을 하는가

- 과제 대부분은 학습자가 개별적으로 함께 동시에 수행

7. 교사 및 학습자의 역할

- 교사가 중심이 되는 '의사 결정' (교재 사용 지침과 해답지를 교사에게 제공)
- 그러나 교사와 학습자 모두 교재의 지시를 따를 것으로 예상
- 교사 역할: 교실 활동 관리 및 언어 출력 모니터링
- 학습자 역할: 과제 지침 수행

8. 학습에 있어서 학습자의 역할
- 교재 지시에 따라 과제 수행
- 암시적 문법 항목과 어휘의 점진적 축적을 통한 학습

9. 교재 전체의 역할
- 영어와 수업 시간, 교실 상호작용을 구조화
- 영어 교수와 학습의 경로 제공
- 내용 동기 부여(스토리, 교차-교육과정 화제) 및 과제 참여 자원 제공

8.2.3 분석 결과를 어떻게 활용할 수 있는가?

본장의 시작 부분에서 본서의 주된 목적이 바람직한 교재라는 추정으로부터 교재 분석을 분리하는 틀을 개발하는 데 있다고 강조했었다. 필자는 평가 도구들은 그 안에 언어 교수는 **어떠해야** 된다는 설계자의 신념을 담고 있기 때문에 교사분석가가 자신의 관점에서 적절한 것에 대한 견해를 적용한다거나 '중립적인' 기술은 피해야 한다고 제안하였다. 따라서 본장의 후반부에서는 먼저 분석 틀을 이용하여 교재 평가와 의사결정에 도움을 주는 데 활용할 수 있다고 생각하는 방법부터 논의하려고 한다. 하지만 이 틀은 적어도 세 가지 다른 목적, 즉 교사 자신의 전문성 개발, 교재 설계자의 비판적 자기 평가, 그리고 언어 교수에 관한 연구자의 연구와도 관련이 있다.

교재 평가

강조했듯이, 본장의 목적은 교재 분석 수단을 작성하는 것이다. 주장한 것처럼, 이는 특정 문맥에서 사용하기 위해 교재를 평가하려는 모든

바람에 대한 필수적이고 예비적인 단계이다. 세 가지 분석 레벨과 두 가지 교재 꾸러미 분석 명세표를 합치면 교재 꾸러미에 저재하는 기본 특성을 밝힐 수 있는 매우 강력한 수단이 될 수 있다. 또 이 수단들은 교재의 목표와 주장이 얼마나 충족되는지를 평가하기 위한 빈틈없는 기초를 제공하며, 따라서 교재 선택에 관련된 모든 사람에게 도움이 될 것이다 (이 분석틀의 이전 버전을 사용한 예는 Sahragard 외(2009) 참조). 분석틀을 이용하여 많은 것을 확인할 수 있겠지만, 완전한 교재 평가를 위해 다음 단계-다시 말해 제안된 사용 문맥과 관련한 교육적 가치를 결정하는 것-에서는, 원칙적으로는 교재와 평가가 서로 얼마나 관련있거나 일치하는가를 파악하기에 앞서, 교재에 대한 교사/학생/기관의 기대도 똑같이 주의 깊게 분석할 필요가 있을 것이다. 〈그림 8.10〉에 이것이 작동하는 방식에 대한 개요를 간략하게 제시하였다.

〈그림 8.10〉에는 교재 분석(materials analysis), 제안된 목표 사용 상황 분석(analysis of the target situation of use), 일치 및 평가 프로세스(match and evaluation), 실행(action) 간에는 분명한 구분이 있다. 관련한 여러 단계들을 이런 식으로 명확히 구분하면 교재 평가의 각 요소들을 주의 깊게 고려할 수 있다. 본장에서 보았듯이, 내적 특성을 드러내고 동시에 분석가의 주관적 해석을 보다 쉽게 가시화되도록 교재를 분석, 기술할 수 있다. 마찬가지로 교재가 사용될 상황의 성격과 교재에 필요한 사항들도 독립적으로 분석, 기술할 수 있다.

교재가 사용될 교육과정의 언어적 요구를 충족해야 한다는 명백한 필요사항 외에도, 학습에 무엇이 관련되어야 하는가에 대한 견해, 사용 기관의 이미지와 성격, 교사와 학습자의 성격(교사-이전 경험, 훈련, 동기부여, 교육에 관한 신념; 학습자-언어와 교육 수준, 주된 학습 스타일과 동기부여)과 같은 문화적 측면을 확인하는 것도 필요하다.

〈그림 8.10〉 교재 분석, 평가 및 처치를 위한 예비적인 틀

목표 사용 상황 분석	교재 분석
문화적 문맥 기관 교육과정(제안된 목표, 내용, 방법론, 평가 수단) 교사 학습자	**분석**에서(from *analysis*): 1. 교재의 명시적 성질은? 2. 사용자에게 요구되는 것은? 3. 교재 사용에 함의된 것은? **기술**로(to *description*): 설계 측면 출판 측면

일치 및 평가
설계 측면과 **출판 측면**은 사용의 목표 상황에 얼마나 적절한가?

실행
교재의 채택 거부
교재 채택
교재 개작
교재 보충
교재를 비판의 대상으로 삼기

　한편, 교재 분석에 주관적인 해석이 관여하듯이, 사용의 목표 상황 분석에서도 주관적 해석이 관여할 수 있다. 이를 자세히 논하는 것은 본장의 범위를 벗어나는 것이지만, 사용 문맥에 대한 '객관적(objective)' 사실 기술에서 기대와 요구 같은 주관적 분석으로의 이동, 특정 방법론과

298　외국어 교재 개발론

내용의 적절성, 가치에 관한 주관적 추론으로의 이동도 분명히 수반될 것이다.

다음의 일치와 평가에서 평가자는 교재의 어떤 측면이 적절하거나 부적절하며, 왜 그런지를 정확히 제시할 필요가 있다. 여기에는 실제로 교사 집단(그리고 아마 학생도)이 관여한다. 가령 교사 집단은 어떤 교재가 필요한지를 **먼저** 확인하고, 자신들의 이해를 높이는 방편으로 두 개의 명세표(〈그림 8.3〉과 〈그림 8.5〉)를 가지고 거기에 표시된 범주에 대해 '바람직하다(desirable)'고 여기는 것들을 서로 이야기할 수 있다. 그런 다음, 교사/학생의 기대와 교재의 성격 간의 일치 정도를 확인하기 위해 교재를 세세하게 분석할 것이다.

〈그림 8.10〉의 마지막 단계인 '실행'에서는 평가자가 일치와 평가를 고려하여 다음에 무엇을 할지를 결정한다. 여기에는 몇 가지 전통적인 대응들이 나열되어 있지만, 비판을 위해 교재 꾸러미를 채택할 수도 있다. 이 경우 교재는 교사와 학습자로 하여금 비판적 평가에 개방적인 하나의 제안으로 볼 수 있다.

여기에서 주된 추정은 교재 평가(자료 분석 및 사용 목표 상황 분석을 통해)가 예비적으로, 다시 말해 교재 꾸러미를 사용하기로 결정하기에 앞서 수행될 것이라는 것이었다. 하지만 〈그림 8.10〉에 기술된 절차들은 채택한 교재들이 왜 의도된 목표를 달성하지 못하고 있는지, 혹은 왜 교사와/나 학습자가 교재를 바꾸고 싶어하는지 확인하는 데도 도움이 될 것이다. 왜 바꿔야 하는지에 대한 상세한 분석 없이 교재를 채택하거나 포기하는 것이 드문 일은 아니다. 놀랄 것도 없이, 이러한 상황은 비교적 짧은 기간 내에 반복되며, 교재 보관, 교사 훈련, 교육과정의 연속성 측면에서 상당한 비용이 든다.

교재 설계자

교재 설계자가 명세서를 이용하여 개발 중인 교재나 견본(piloting)에 적용해 보는 과정도 유익한 경험이 될 수 있다. '이것이 내가 목표로 하는 것인가?'라는 간단한 질문에 이은 교재 분석은 개발자가 교재의 설계를 다시 한 번 생각해 볼 수 있게 한다. 이와 관련해서 두 가지 예가 떠오른다. 수 년 전 표면상으로는 비판적 교육학에 기초하여 교재 꾸러미를 개발하려고 하는 한 동료와 공동 작업을 한 적이 있었다-이 경우, 교재를 통해서 학습자에게 미디어에 비판적으로 참여할 수 있는 능력을 배양시키고자 하는 목적을 가진다. 이를테면 신문기사를 어떻게 '해체(deconstructed)'하여 그 편견을 밝힐 수 있고, 또 광고가 어떤 방식으로 학생들을 감정적으로 영향을 미칠 수 있는가 등을 보여주고자 하였다. 동료가 주장하기를, 교재를 통해 학습자들이 독립적으로 사고할 수 있게 되기 때문에 '더 많은 자율권이 부여될' 것이라 하였다. 그러나 이 장에서 개발한 버전의 초기 모델로 분석하니까, 교재의 목적(자율성과 비판적 사고)과 정오(OX) 문항이 대부분인 과제 설계, 교재가 제공하는 대화 스크립트, 내용 사이에 직접적인 모순이 있다는 것이 명백해졌다. 이 경우, 교재 분석은 의도한 방법론을 재고하도록 하였다.

교재가 제안하고 있는 방법론과 그것을 뒷받침하고 있는 목표 간의 유사한 갈등도 자율학습센터 개발 프로젝트와 관련해서 명확해졌다. 여기에서, 계획 중이던 센터는 학습에 있어 학습자의 자율성을 개발하고 학습하고 싶은 내용과 방법을 스스로 결정할 수 있는 기회를 제공해 주고자 하였다. 그러나 센터에서 사용할 목적으로 설계된 교재들을 주의 깊게 분석한 결과, 대체로 기존의 교재가 학교 교실에 존재했던 것과 동일한 관계를 재현하는 것임이 밝혀졌다-정오(OX) 문항의 폐쇄적 연습문제(closed exercises), 문법 교수요목과 '항목 수준(item level)'의 학습에 초점을 두고 있었다. 이 경우, 교재 분석은 사용할 교재에 대해 다시

한 번 고민하고 흥미로운 내용에 초점을 둔, 보다 개방적인 교재 설계를 촉발시켰다. (관련 논의는 Littlejohn 1997과 본서 Brian Tomlinson의 17장을 참조하기 바란다.)

교사의 전문성 개발

언어 교육의 주된 '거래 도구(tool of the trade)'로서, 교재 분석은 학습을 '끝냈다'는 것이 어떤 것인지에 대해 상당한 통찰력을 제공해 줄 수 있다. 과제 수준의 분석(여기서 정의한 바와 같이)을 통해 교사는 교수-학습 관련성에 관련하는 것과, 교실에서 어떤 과제는 '실패한' 반면 다른 과제는 '성공적'이었던(어떻게 정의하든) 이유에 대해 더 깊게 이해할 수 있게 된다. 교재 분석은 또 교사들이 자신의 교수 스타일과, 그들이 교재가 제공하는 사용 방식에 따라 왜 특별히 편안해 하거나 특별히 불편함을 느끼는지를 이해하는 데도 도움을 준다.

언어 교수 연구자

교재를 '있는 그대로' 분석하기 위한 세부 틀로서, 명세표는 언어 교수 이론 연구자들에게도 도움이 될 것이다. Guilloteaux(2010)는 이것이 실현되는 방식에 대한 좋은 예를 제공한다. 한국의 교재 분석에서 Guilloteaux는 우선 SLA 이론(주로 Ellis 2005)의 관점에서 교실 활동에 대한 최신의 제안들을 정리한 다음, SLA 이론에 부합하는 '학습 교재의 바람직한 특징'들을 추론하였다. 본장에서 제시한 모델의 이전 버전을 이용하여, Guilloteaux는 교재 설계에서 SLA 이론에서 도출된 특징들을 '조작화(operationalise)'[19]하는 데 명세서를 어떻게 활용할 수 있

---

19) [역자주] 조작화는 관찰될 수 있고 측정될 수 있다는 관점에서 어떤 개념을 정의하는 것을 말한다. 언어 교수 및 언어 평가에서는 많은 언어학적 개념들을 조작화할 필요가 있다. 예를 들어, 언어 능력, 능숙도와 같은 용어는 프로그램 목표와 목적, 테스트 문항 등을 준비할 때 미

는지를 보여주었다.

그러나 교재의 직접적인 분석과는 별도로, 여기에 제시한 모델은 교실 연구에 도움이 될 잠재력도 있다. 세 가지 질문-**학습자가 무엇을 할 것으로 기대하는가, 누구와, 그리고 어떤 문맥에서**-은 교실 활동 목적의 핵심이기 때문에, 교실 관찰, 예를 들어 제안되고 있는 것이 아니라 현재 일어나고 있는 것을 포착하기 위한 데이터 수집 시의 틀을 위한 기본 구조를 제공한다.

8.3 결론

필자는 현 교재의 복잡한 성질과 교재의 사용 범위가 전세계적이며, 교재 '내부'를 조사하여 설계와 사용을 보다 잘 통제할 수 있도록 면밀히 분석할 수 있는 수단이 필요함을 제안하면서 본장을 시작하였다. 이미 언급한 바처럼, 교재는 우리의 주요 '거래 도구' 중 하나이기 때문에 그 본질을 이해하는 것이 중요하다. 현 교재의 상업적 출판이 가진 단점 중 하나는 교사와 학습자가 교재 개발을 거의 통제할 수 없다는 점이다.

이 장의 목적 중 하나는 교재가 닫힌 상자라는 신화를 떨쳐내는 것, 그리고 교재가 작동하는 방식을 '역설계(reverse engineering)' 과정을 통해 밝히려는 것에 있었다. 교재를 해체하는 방법을 제안함으로서 여기에 제시한 모델은 교사분석가가 교재의 내부 특성을 파악하는 데 도움이 된다. 이러한 식으로, 분석 틀은 교사, 학습자, 교육 관리자 및 다른 사람들이 자신의 요구를 말하고 자신이 관련하고 있는 교재를 더 많이 통제할 수 있는 것으로 보일 것이다.

리 조작화되어야 한다.

참고 문헌

Ansary, H. and E. Babaii. 2003. 'Subliminal sexism in current ESL/EFL textbooks'. *Asian EFL Journal*, 5(1). Retrieved 5 November 2009 from www.asian-efl-journal.com/march03. sub1.php

Apple, M. 1985. *Education and Power*. London: Ark.

Aronowitz, S. and H. Giroux. 1987. *Education Under Siege: The Conservative, Liberal and Radical Debate Over Schooling*. London: Routledge Kegan & Paul.

Blumberg, R. L. 2007. *Gender Bias in Textbooks: A Hidden Obstacle on the Road to Gender Equality in Education*. Paris: UNESCO.

Breen, M. P. and C. N. Candlin. 1987. 'Which materials?: a consumer's and designer's guide'. In L. E. Sheldon(ed.), ELT Textbooks and Materials: Problems in Evaluation and Development. *ELT Documents 126*. London: Modern English Publications and The British Council.

Byrd, P. 2001. 'Textbooks: evaluation for selection and analysis for implementation'. In M. Celce-Murcia(ed.), *Teaching English as a Second or Foreign Language*, 3rd edn. Boston, MA: Heinle & Heinle.

Canagarajah, A. S. 1999. *Resisting Linguistic Imperialism in English Teaching*. Oxford: Oxford University Press.

CIEL Language Support Network. 2000. 'Resources for independent language learning: design and use'. Retrieved 31 March 2010 from www.llas.ac.uk/resources/gpg/1405

Cunningsworth, A. 1995. *Choosing your Coursebook*. Oxford: Heinemann.

Ellis, R. 2005. 'Principles of Instructed Language Learning'. *System, 33*: 209-24.

Garinger, D. 2002. 'Textbook selection for the ESL classroom'. Center for Applied Linguistics Digest. Retrieved 2 November, 2009 from www.cal.org/resources/digest/digest_pdfs/0210 garinger.pdf

Guilloteaux, M. J. 2010. 'Korean middle school English textbooks: do they reflect SLA-derived principles?' *Journal of Modern British & American Language & Literature*. Seoul, Korea.

Haig, E. 2006. 'How green are your textbooks? Applying an ecological critical language awareness pedagogy in the EFL classroom'. In S. Mayer and G. Wilson(eds.), *Ecodidactic Perspectives On English Language, Literatures And Cultures*. Trier: Wissenschaftlicher Verlang, pp. 23-44.

Harmer, J. 2007. *The Practice of English Language Teaching*, 4th edn. Harlow: Longman ELT.

Johnson, K. 2003. *Designing Language Teaching Tasks*. Basingstoke: Palgrave Macmillan.

Lesikin, J. 2001a. 'Potential student decision making in academic ESL grammar textbooks'. *Linguistics and Education*, 12(1): 25-49.

_____ 2001b. 'Determining social prominence: a methodology for uncovering gender bias in ESL textbooks'. In D. Hall and A. Hewings(eds.), *Innovation in English Language Teaching: A Reader*. Abingdon: Routledge & Kegan Paul.

Littlejohn, A. 1992. 'Why are English language teaching materials the way they are?' *Unpublished PhD thesis*. Lancaster: Lancaster University. (Also available at www.AndrewLittle john.net)

_____ 1995. 'Language learning in schools: what do students learn?' In D. H. Hill(ed.), Bologna '94: English Language Teaching. Milan: British Council. (Also available at www.AndrewLittlejohn.net)

_____ 1997. 'Self-access work and curriculum ideologies'. In P. Benson and P. Voller(eds.), *Autonomy and Independence in Language Learning*. Harlow: Longman.

_____ 2008. 'Digging deeper: learning strategies and learner disposition'. In G. Cane(ed.), *Strategies in Language Learning and Teaching*. Singapore: RELC.

_____ 2010. 'Real world language teaching'. In A. Ahmed, G. Cane and

M. Hanzala(eds.), *Teaching English in Multilingual Contexts: Current Challenges, Future Directions*. Cambridge: Cambridge Scholars Publishing.

Littlejohn, A. and S. Windeatt. 1989. 'Beyond language learning: perspectives of materials design'. In R. K. Johnson(ed.), *The Second Language Curriculum*. Cambridge: Cambridge University Press.

McGrath, I. 2002. *Materials Evaluation and Design for Language Teaching*. Edinburgh: Edinburgh University Press.

_____ 2004. 'The representation of people in educational materials'. *RELC Journal*, 35(3): 351-8. Sage Publications.

Ndura, E. 2004. 'ESL and cultural bias: an analysis of elementary through high school textbooks in the western United States of America'. *Language, Culture and Curriculum*, 17(2): 143-53.

Nunan, D. 2004. *Task-Based Language Teaching*. Cambridge: Cambridge University Press.

Richards, J. and T. Rodgers. 2001. *Approaches and Methods in Language Teaching*. Cambridge: Cambridge University Press.

Sahragard, R., A. Rahimi and I. Zaremoayeddi. 2009. 'An in-depth evaluation of interchange series', 3rd edn. *Porta Linguarum*, 12: 37-54. Retrieved 31 March 2010 from www.ugr.es/~portalin/articulos/articles-index.htm

Skehan, P. 1996. 'A framework for the implementation of task-based instruction'. *Applied Linguistics*, 17(1): 38-61.

_____ 1998. *A Cognitive Approach to Language Learning*. Oxford: Oxford University Press.

Slimani, A. 2001. 'Evaluation of classroom interaction'. In C. N. Candlin and N. Mercer(eds.), *English Language Teaching in its Social Context*. London: Routledge & Kegan Paul.

Sokolik, M. E. 2007. 'Grammar Texts and Consumerist Subtexts'. *TESL-EJ*, 11(2). Retrieved 10 November 2009 from http://tesl-ej.org/

ej42/a6.html

Wallace, C. 2006. 'The text, dead or alive: expanding textual repertoires in the adult ESOL classroom'. *Linguistics and Education*, 17: 74-90.

Willis, J. 1996. 'A flexible framework for task-based learning'. In J. Willis and D. Willis, *Challenge and Change in Language Teaching*. Oxford: Heinemann.

부록: 과제 측면 – 일부 정의

〈그림 8.11〉의 목록은 초중등 학습자와 성인 학습자를 대상으로 한 교재의 발췌물 분석을 통해 얻은 과제 측면의 예시로 구성되어 있다. 이것이 가능한 모든 과제 측면의 완전한 목록은 아니지만 분석된 교재 꾸러미로부터 발견한 것들을 보여준다(LittleJohn 1992 참조). 교재에 따라 상당히 다른 특징들이 포함될 수 있을 것이다.

〈그림 8.11〉

I. 학습자가 무엇을 할 것으로 기대하는가?		
특징	정의	예
A. 발화 교체	학습자의 담화 역할과 담화 통제	
1. 발화 개시	학습자는 어떤 유의 대본도 없이 자신이 말하고 싶은 바를 표현할 수 있다.	자유 토론
2. 대본 응답	학습자는 좁게 정의된 언어를 이용해 자신을 표현할 수 있다.	유도된 글쓰기
3. 요구 없음	학습자가 발화를 개시하거나 응답하지 않아도 된다.	설명 듣기
B. 초점	학습자가 주의를 집중하는 곳	
4. 언어 체계	규칙이나 패턴에 초점	대체표

5. 의미	사용되고 있는 언어의 메시지에 초점	이해 점검 질문
6. 의미/체계/ 형식 관계	형식과 의미의 관련성에 초점	대용어 찾기
C. 처리	심적 프로세스에 관련하는 것	
7. 동일 반복	학습자는 주어진 것을 정확히 재생한다.	구어 반복
8. 선택적 반복	학습자는 주어진 언어를 반복하기 전에 선택한다.	대화 틀
9. 대치 반복	학습자는 주어진 언어의 기본 패턴을 반복하되 특정 항목을 주어진 다른 항목으로 대체한다.	대체 드릴
10. 변형 반복	학습자는 주어진 언어에 (의식적으로, 또는 무의식적으로) 규칙을 적용하고 그에 따라 그것을 변형시킨다.	진술문을 의문문으로 바꾸기
11. 확대 반복	학습자는 개요를 제공받고 개요를 더 많은 언어를 만들기 위한 틀로 사용한다.	작문 개요짜기
12. 단기 기억/작업 기억으로부터 재생	학습자는 단기 기억/작업 기억으로부터, 즉 몇 초 이내에 언어 항목을 재생한다.	구어 반복
13. 단기기억 으로부터 재생	학습자는 현 차시 이전의 학습 항목을 재생한다.	앞 차시 어휘 재생
14. 항목을 더 큰 단위로 만들기	학습자는 언어 규칙을 의식적, 무의식적으로 적용하여 재생 항목을 완전한 문장 등으로 결합한다.	토의
15. 의미론적/ 명제적 의미 해독	학습자는 주어진 언어의 '표면적' 의미를 해독한다.	의미 이해를 위한 텍스트 읽기

16. 정보 선택	학습자는 주어진 텍스트로부터 정보를 추출한다.	텍스트 읽고 질문에 답하기
17. 계산	학습자는 수학 연산을 한다.	수학 문제 풀기
18. 선택된 정보 분류	학습자는 17을 이용해 선택된 정보를 분석하고 분류한다.	정보를 그룹별로 분류하기
19. 가설 세우기	학습자는 어떤 것을 설명, 기술, 해결, 의미에 대한 가설을 세운다.	문맥에서 의미 추론하기
20. 언어 샘플 비교	학습자는 의미나 형태에 기초하여 둘 이상의 언어 데이터를 비교한다.	동일 사건에 관한 설명 비교하기
21. 언어 형식 분석	학습자는 언어 조각의 구성요소를 조사한다.	단어에서 강세 어절 찾기
22. 언어 규칙 형성	언어 규칙을 가설화한다.	문법 규칙 강구하기
23. 진술된 언어 규칙 적용	학습자는 언어를 변형하거나 산출하기 위해 주어진 언어 규칙을 사용한다.	직접화법을 간접화법으로 바꾸기
24. 일반 지식 적용	학습자는 세상의 '일반적 사실'에 대한 지식을 이끌어 낸다.	다른 나라에 대한 질문에 답하기
25. 협상	학습자는 무언가를 성취하기 위해 타인과 토의하고 결정한다.	집단으로 나누어 지시문 작성하기
26. 자신의 외국어 산출 검토	학습자는 의도한 의미나 형식이 맞는지 자신의 외국어 산출을 점검한다.	쓰기 점검하기

27. 예문/설명 처리	학습자는 무언가를 '알아차린다'.	문법 설명 듣기
28. 조사	수업에서 제공되지 않은 관련 정보를 다른 출처에서 찾는다.	개인 프로젝트 관련 정보 찾기
29. 자신의 생각/정보를 표현	목표 언어를 사용하여 개인적 의견이나 지식, 기타 생각을 표현	복잡한 문제의 해결책 제안

II. 누구와?

30. 교사와 학습자(들)와, 나머지 관찰	교사와 선택된 학습자(들)가 상호 작용한다.	한 학습자는 질문에 답하고 나머지 학습자는 경청
31. 학습자(들)가 전체 학급	선택된 학습자(들)는 교사를 포함한 학급 전체와 상호작용한다.	학습자가 그룹활동에 피드백을 한다.
32. 학급 전체와 동시에	학급 전체와 함께 활동을 수행한다.	코러스 반복
33. 개별적으로, 전체 학급과 동시에	타 학습자와 함께 수행하되 동일한 활동을 하는 다른 학습자의 방식/속도는 고려하지 않는다.	개별적인 쓰기 연습 활동
34. 짝이나 그룹으로, 나머지는 관찰	짝이나 소집단으로 구성된 학습자끼리 상호작용하는 것을 나머지 학습자들이 경청한다.	그룹이 대화를 '실연(acts out)'.
35. 짝이나	학습자는 다른 짝/집단과 짝/그룹으로	집단 토의

그룹으로 동시에	상호작용한다.	
36. 교실 밖에서 개별적으로	학습자는 교재에 의해 공급되지 않는 콘텐츠를 사용하여 혼자 작업하는 것이다.	개인 프로젝트를 위한 정보 수집

III. 어떤 문맥에서?

A. 학습자 입력

a. 형식	학습자에게 제공되는 내용의 형식	
37. 그래픽	그림, 삽화, 사진, 도표 등	세계 지도
38. 단어/구/ 문장: 쓰기	개별적으로 단어/구/문장 쓰기	어휘 항목 목록
39. 단어/구/문장: 말하기	개별적으로 단어/구/문장 말하기	드릴 연습용 프롬프트
40. 확장된 담화: 쓰기	담화 특성을 포함하고 있는, 50 단어 이상으로 된 응집성 있는 텍스트	글로 된 스토리
41. 확장된 담화: 말하기	담화 특성을 포함하고 있는 50 단어 이상으로 된 응집성 있는 텍스트	테이프 녹음 대화
b. 출처	내용을 가져온 곳	
42. 교재	교재가 제공하는 내용(또는 좁게 지정된 화제)	교과서 대화/텍스트
43. 교사	교사가 제공하는 내용(또는 좁게 지정된 화제)	교사의 경험 말하기
44. 학습자	학습자가 제공하는 내용(또는 좁게 지정된 화제)	학습자의 경험 말하기
44. 교육과정/	교실이나 교재를 통해 제공되지 않은	백과사전

수업 외부	내용	
c. 성질	내용의 유형	
46. 메타 언어의 설명	언어 사용이나 구조, 형식, 의미 설명	문법 규칙
47. 언어 항목	특별한 메시지를 전달하지 않는 단어/구/문장	어휘 목록
48. 논픽션	사실적 텍스트/정보	외국 문화에 관한 텍스트
49. 픽션	허구적 텍스트	가상 인물들 간의 대화
50. 개인 정보/의견	학습자의 개인 정보 또는 의견	학습자의 관심 사항
51. 노래	노래 가사	노래

B. 학습자로부터 기대되는 출력

a. 형식	학습자가 산출할 내용의 형식	
52. 그래프	그림, 삽화, 사진, 도표 등	자신의 집 계획
53. 단어/구/문장	개별적으로 단어/구/문장 쓰기	특정 단어를 이용한 문장 쓰기
54. 단어/구/문장: 말하기	개별적으로 단어/구/문장 말하기	드릴 응답
55. 확장된 담화: 쓰기	담화 특징을 포함하는, 50 단어 이상으로 된 응집성 있는 텍스트	스토리 쓰기
56. 확장된 담화: 말하기	담화 특징을 포함하는, 50단어 이상으로 된 응집성 있는 텍스트	사건에 대해 구두 설명

b. 출처	내용을 처음 가져온 곳	
57. 교재	교재가 제공하는 내용(또는 좁게 지정된 화제)	교과서 대화/텍스트
58. 교사	교사가 제공하는 내용(또는 좁게 명시한 주제)	교사가 교재를 직접 작성
59. 학습자(들)	학습자(들)가 제공하는 내용(또는 좁게 지정된 화제)	다른 학습자에게 자신의 경험 말하기
60. 교육과정/ 수업 외부	교실이나 교재를 통해 제공되지 않은 내용	백과사전
c. 성질	내용의 유형	
61. 메타 언어적 설명	언어 사용이나 구조, 형식, 의미 설명	문법 규칙
62. 언어 항목	특별한 메시지를 담고 있지 않은 단어/구/문장	물건에 이름 붙이기
63. 논픽션	사실적인 텍스트/정보	타분야로부터 얻은 지식
64. 픽션	허구적 텍스트	스토리
65. 개인 정보/의견	학습자 자신의 개인 정보나 의견	학습자의 관심 사항
66. 노래	노래 가사	노래

9

과제 중심 교수의
거시적 평가 및 미시적 평가

Rod Ellis

9.1 들어가기

과제 중심 언어 교수(Task-based Language Teaching, 이하 TBLT)[20] 는 의사소통 중심 교수의 강한 형식을 구성한다. 이 교수법은 학습자의 제2 외국어(second language, 이하 L2) 지식과, 학습자를 일련의 의사소통 과제에 참여시켜 의사소통에서 이러한 지식을 사용하는 능력의 개발을 목표로 한다. 그리고 학습자에게 미리 정해진 언어 항목(즉, 어휘와 문법)을 가르치지 않는다는 점에서 여타의 교수법과는 다르다. TBLT는, L2는 학습자가 그 언어를 가지고 의사소통하려는 노력을 통해 가장 잘 학습된다고 주장하는 언어 학습관에 기초한다. TBLT의 이해에 있어 핵심은 '과제'라는 개념이다. 이에 본고에서는 과제의 교육학적 구성개념의 정의부터 시작하려고 한다.

---

20) [역자주] 과제 중심 언어 교수는 의사소통 중심 이론의 원리와 학습 책략, 제2언어 습득 연구에 근거하여 개발된 방법으로 과제를 언어 교육의 핵심으로 사용한다. TBLT는 인도 방갈로레 남부의 한 학교에서 일하고 있던 Probhu의 관점에서 나타났는데, 이는 언어 교육의 계획과 교육의 핵심 단위로서 과제 활용에 기초한 접근법이다(Richard & Radger 2001:223).

9.2 '과제'를 정의하기

'과제'의 다양한 정의가 존재하지만(Ellis 2003:4-5 참조) 대부분의 정의는 '과제'는 언어 교수 활동을 위해 다음 기준을 만족시켜야 함을 나타낸다.

1. 주된 초점은 '의미'에 있어야 한다(즉, 학습자는 발화의 의미론적이고 화용론적 의미 모두를 처리하는 것에 관심이 있어야 함을 의미한다).
2. 일종의 '차이(gap)'가 있어야 한다(즉, 정보를 전달하거나 의견을 표명하거나 의미를 추론할 필요가 있어야 한다).
3. 학습자는 활동을 완수하기 위해 주로 자신이 가진 (언어적, 비언어적) 자원에 의존해야 한다(즉 과제용 자료에는 어떤 언어적 형식을 사용해야 하는지가 명시되어 있지 않다).
4. 언어 사용 이외에는 분명히 정의된 결과물이 있다(즉 목표 언어가 단순히 사용되는 것만으로 끝나는 것이 아니라 결과 달성을 위한 수단의 역할을 한다).

이러한 기준에 근거하여 '과제'와 '상황적 문법 연습'을 구별할 수 있다. 후자는 기준 (2), (3)은 충족하는 반면, 학습자가 활동의 주된 목적이 의미를 위한 메시지 처리가 아니라 정확한 언어를 연습하는 것이라고 알고 있기 때문에 (1)은 충족하지 못하며, 결과가 주로 정확한 언어 사용에 있기 때문에 (4) 역시 충족하지 못한다. 상황적 문법 연습과 과제 간의 구분에 대한 자세한 설명과 예는 Ellis(2010)를 참조하기 바란다.

'과제'와 '상황적 문법 연습' 간의 구별은 '과제 중심'과 '과제 지원 언어 교수(task-supported language teaching)'라는 또 하나의 중요한 구별의 기초가 된다. 전자는 초점화되지 않은 과제(unfocused tasks)[21]로 구성된 교수요목(syllabus)을 요구한다. 즉, 교육 프로그램의 내용이 완수해야 할 과제(Prabhu 1987)와 관련하여 특정된다. 후자에는 구조주의적 교수요목(structural syllabus)[22]과 전형적인 'PPP'(presentation-practice-production)가 포함되며, 최종 단계는 흔히 '과제'라고 부르는, 더 정확히는 '상황적 문법 연습'으로 구성된다.

Widdowson(2003: 119)에 따르면, 과제 지원 언어 교수는 '목적을 가진 사용으로서의 실천보다는 부호화된 용법(encoded usage)'을 초래할 가능성이 있다. 그러나 Widdowson이 줄곧 주장하듯이, 그러한 교수가 '참여(engagement)'를 자극하기만 한다면 묵살해서는 안 된다. 부자연스러움과 언어 나열도 언어 교육에서 그 가치를 지닌다. 그러므로 과제 중심과 과제 지원 언어 교수를 구별할 때 전자는 바람직하고 후자는 바람직하지 않은 것으로 제시할 생각은 없다. 두 가지 모두가 도움이 될 수도 있다.

과제는 다음과 같은 방법으로 구별할 수 있다.

---

21) [역자주] 초점화된 과제(focused tasks)는 특정 언어 자질의 학습을 목표로 한다. 예를 들어 교사들은 조언을 하기 위해 전형적인 문법 구조를 도입할 수 있다. "내가 너라면 'X'를 시도해 볼 것 같다. 나는 'X'가 좋은 생각인 것 같다"와 같은 식이다. 반면 초점화되지 않은 과제(unfocused tasks)는 학습자에게 언어를 사용하여 보다 일반적으로 의사소통할 수 있는 기회를 제공하도록 설계된다. 활동에는 과제를 수행하는 과정에서 학습자간의 협상이 포함될 수 있다.

22) [역자주] 문법 교수요목이라고도 불리며, 문법적 구조에 기초한다. 코스 설계에 사용되는 가장 전통적인 방법 중 하나이며, 전형적으로 문법 번역식 교수법과 청각구두식 교수법의 기초를 형성하였다.

1. 과제는 '초점화되지 않을 수도(unfocused)' 있고 '초점화될 수도 (focused)' 있다. 초점화되지 않은 과제는 일반적으로 학습자에게 언어를 사용할 기회를 제공하도록 설계된 과제이며, 초점화된 과제는 특정 언어 자질(전형적으로는 문법 구조)을 이용하여 의사소통할 기회를 제공하도록 설계된 과제이다. 그러나 초점화된 과제는 여전히 위에서 언급한 네 가지 기준을 충족시켜야 한다. 이러한 이유로 초점화된 과제의 목표 언어 자질은 '숨겨져 있다(hidden)'(즉, 그 자질이 무엇인지 학습자에게 명시적으로 말하지 않는다). 따라서 초점화된 과제는 '상황적 문법 연습'과 구별될 수 있다. 후자의 경우, 학습자가 어떤 자질을 산출해야 하는지 알고 있기 때문이다.

2. 과제는 또 '입력을 제공하거나(input-providing)' '출력을 촉진하는 (output-prompting)' 형식이 될 수 있다. 입력 제공 과제는 학습자를 듣거나 읽기에 관여시키는 반면, 출력 촉진 과제는 학습자를 말하기나 쓰기에 참여시킨다. 따라서 하나의 과제가 네 가지 언어 스킬 중 어느 것으로도 의사소통할 수 있는 기회를 제공할 수 있다. 많은 과제는 통합적이다. 즉, 두 개 이상의 스킬이 관여한다.

3. 과제는 '닫힌(closed)' 결과를 낳을 수도 있고 '열린(open)' 결과를 낳을 수도 있다. 닫힌 과제(폐쇄형 과제)는 하나, 또는 적어도 제한된 수의 가능한 결과를 가져온다. 예를 들어, 만약 두 그림에 유한한 수의 차이가 있다면 다른 그림 찾기 과제(Spot the Difference Task)는 닫힌 과제로 간주할 수 있다. 열린 과제(혹은 개방형 과제)는 가능한 결과가 많이 있고 무엇이 '최선(best)'이냐는 견해의 문제가 되는 과제이다 - 가령 학생들에게 심장 이식이 필요한 환자 4명에 대한 정보를 제공한 후 누가 가장 심장 이식을 받을 자격이 있는지 결정하도록 하는 과제이다. 대개 이러한 구분은 과제들을 구별할 수 있는 또 다른 방법, 즉 정보차 과제와 견해차 과제에 해당한다. 전자는 보통 닫힌 결과를 가지는 반면, 후자는 열린 결과를 가진다.

9.3 TBLT 평가 접근법

TBLT는 연구자들과 교사들의 많은 관심을 끌고 있다. 이러한 언어 교수 접근법-뚜렷한 '교수법(method)'을 구성한다고 말할 수는 없지만 -Crookes and Gass(1993), Ellis(2003), Samuda and Bygate(2008), Schkehan(1998)의 연구에 반영되어 있는 것처럼, L2 습득 연구에서 광범위하게 다루어지고 있다. 그러나 TBLT를 단지 SLA 연구자들만이 지지하는 것은 아니라는 것을 언급할 필요가 있다. Estaire and Zanon(1994), Nunan(1989, 2004), Prabhu(1987), Willis(1996) 등 교사 교육자들 또한 자신의 언어 교수 경험과 일반 교육 이론에 대한 경험을 바탕으로 TBLT의 유효성을 입증하였다. 또 Prabhu(1987)의 의사소통 언어 교수 프로젝트에서 시작해서 보다 최근에는 TBLT의 사례 연구를 보고하는 책(예: Edwards and Willis 2005; Leaver and Willis 2004; Van Den Branden 2006; Van Den Branden, Bygate and Norris 2009)에 이르기까지 실제적인 TBLT의 문서화된 예들도 있다. 이처럼 TBLT는 이론을 넘어 실천으로 발전해 왔다.

그러나 흔히 '새로운' 접근법이 학계에서 이론가와 연구자의 지지를 받을 때는 늘 그렇듯이 저항도 있을 수 있다. TBLT는 (구조주의적 교수 요목에 기초한 접근법에서처럼) 언어를 하나씩 가르치려는 체계적인 시도를 하지 않는다는 점에서 언어 교육의 주류 견해에 도전한다. 따라서 TBLT는 학습에 보다 직접적인 개입이 관련하는 접근법을 선호하는 교사들과 교육자들로부터 집중적인 평가와 비판을 받아왔다(예: Sheen 1994; 2003; Swan 2005; Widdowson 2003). 이러한 비판들은 본질적으로 이론적이다. 그러나 이 장에서 검토하고자 하는 TBLT 평가의 대안적 접근법에는 실행 중인 TBLT를 경험적으로 검토하는 것이 포함된다.

실제로 TBLT를 다양한 교육 환경에 적용하려고 한 시도들을 보고하는 연구들이 다수 있다. 이 연구들은 특히 Butler(2005), Carless (2004), Li(1998) 등이 제기한 질문들, 즉 교사들이 TBLT에 저재하는 철학과는 근본적으로 다른 교육 철학을 고수하고 있는 나라, 그리고 제한된 제2언어 능숙도와 자신의 학생들을 준비시켜야 하는 시험으로부터의 역류(washback)[23] 등 교사들이 직면하게 되는 실제적인 문제들이 존재하는 곳에서도 TBLT가 실용적일 것인가에 관한 질문에 답하려고 하였다.

TBLT에 대한 이러한 경험적 평가는 본질적으로 '거시적(macro)'이었다. 즉, 그들은 과제에 기초하여 전체 과정을 조사해 왔다. 특정 과제의 적용을 연구하는 보다 '미시적(micro)'인 점에 대한 평가도 필요하다. 이 중에서 우선 '거시적' 평가와 '미시적' 평가에 대해 논한 다음, 두 유형의 평가를 다룬 다른 연구들을 검토하고자 한다.

9.4 거시적 평가

거시적 평가(macro-evaluation)는 다음 질문 중 하나, 또는 둘 다에 답하고자 하는 평가로 정의할 수 있다.

1. 목표를 달성하는 데 있어 프로그램/프로젝트가 얼마나 효과적이고 효율적이었나?
2. 어떤 방법으로 프로그램/프로젝트를 개선할 수 있는가?

이 질문들 중 첫 번째 질문은 Weir and Roberts(1994)가 '평가의 설명책임(accountability evaluation)'이라 부른 것과 관련이 있고, 두 번

---

23) [역자주] 보통 역류 효과(washback effect)라 부르는 것으로 평가가 커리큘럼의 설계, 교수 및 학습 행동에 미치는 영향을 말한다.

째 질문은 '개발 평가(development evaluation)'이다. 프로그램/프로젝트의 거시적 평가를 수행하기 위해서 평가자는 다음 중 하나, 혹은 둘 다와 관련한 다양한 종류의 정보를 모아야 한다.

1. 행정상의 문제(즉, 프로그램의 지원 계획 및 재정적인 기초)
2. 커리큘럼상의 문제, 이는 다시 다음 세 가지 고려사항으로 재분류할 수 있다.
    (a) 교재
    (b) 교사
    (c) 학습자

거시적 평가는 교육 자료를 포함하여 프로그램의 다양한 행정 및 커리큘럼 측면 관련 정보를 수집하여 설명책임24)과 개발 목적을 위해 수행되는 평가이다.

대부분의 언어 교수 평가에는 전체 프로그램과 프로젝트의 거시적 평가가 포함되어 있다. Alderson and Beretta(1992), Kiely and Rea-Dickens(2005), Weir and Roberts(1994)의 평가 사례 연구, 그리고 '프로그램 평가를 통한 언어 교육의 이해와 향상'을 테마로 한 *Language Teaching*(Vol. 13.1) 특별호를 잠깐 살펴봐도 거시적 평가에 대해 지대한 관심이 있음을 확인할 수 있다. 예를 들어 Alderson and Beretta가 편집한 논문집에서 Alderson and Scott(1992)은 브라질에서 실시한 ESP 프로젝트 평가를 보고하고 있으며, Lynch(1992)에서는 과달라하라대학의 과학과 기술을 위한 영어 읽기 프로그램의 평가에 대해 논하고 있다. 그리

---

24) [역자주] '개인이나 기관이 자기가 한 일이나 산출에 대해 기꺼이 책임을 지고 입증되거나 알게 된 과오를 수정할 수 있는 정도'를 말한다(교육학용어사전 1994:683).

고 Mitchell(1992)에서는 자신의 스코틀랜드의 이중언어 교육 프로젝트를 요약하고 있다. 이 책에서는 한 논문만이 과제 중심 언어 교수 프로젝트 연구를 보고하고 있다-Beretta(1992)는 인도의 의사소통적 언어 교수 프로젝트에 대한 그의 평가를 보고하였다.

Alderson and Beretta(1992)에 보고된 종류의 거시적 평가는 의심의 여지 없이 필요한 반면, 그러한 평가 접근법은 많은 교사들이 평가와 관련하여 가진 관점과는 일치하지 않는다고 주장할 수도 있다. 교사들은 그들이 목표를 달성하고 있는지, 그리고 프로그램을 바꿀 필요가 있는지에 대해 분명히 관심이 있다. 그러나 교사들의 관심은 전체 프로그램보다는 특정 수업 문맥에서 특정 활동과 기법이 '작동하는가(work)' 여부에 더 초점이 있을지도 모른다. 다시 말해, 교사들이 하는 거시적 평가는 일별, 차시별로 실시되는 일련의 미시적 평가의 결과일 가능성이 높다. 만약 이 주장이 옳다면 교사 중심의 평가 접근법은 미시적 평가를 강조할 것이다.

9.5 미시적 평가

미시적 평가(micro-evaluation)는 커리큘럼이나 프로그램 운영의 특정 측면에 대한 좁은 초점으로 특징지을 수 있다. 위에서 언급한 커리큘럼과 행정적 측면은 미시적 평가가 적합하다. 따라서 교사/교육의 경우라면, 한 차시에서 교사들이 하는 질문 유형에 초점을 맞출 수 있다(Ellis 1994 참조). 학습자의 경우라면, 한 차시에서 학습자가 학습에 능동적으로 참여하는 것에 초점을 둘 수 있다. 그리고 교재의 경우라면, 특정한 과제가 효과적이거나 효율적인지 물을 수 있다. 이러한 질문들은 일반적으로 학습 목표를 달성하는 데 있어서 학습자, 교사, 교재의 효과와 효율성에 대해 말해 주는 정보를 얻고자 하는 욕구에 의해 알 수 있거나(즉, 거시적 평가를 위한 정보를 수집하기 위한 시도를 통해 하향식으로 구체화될 수 있다), 이 정보들은 보다 지엽적이고 즉각적으로 알아차릴 수 있다.

〈그림 9.1〉 언어 교육의 거시적 및 미시적 평가

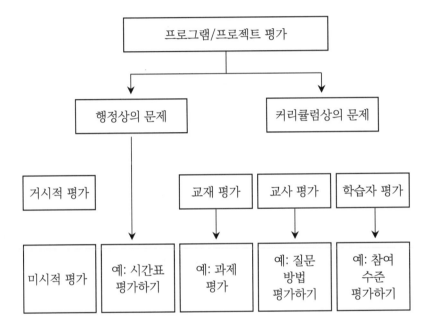

물론, 거시적 평가는 미시적 평가를 반복해서 하면 결국은 상향식으로 확인될 수 있을 것이다. 따라서 〈그림 9.1〉에서 보는 바와 같이 거시적 평가와 미시적 평가는 서로 관련되어 있다. 거시적 평가는 코스/프로그램의 모든 측면(즉, 행정 및 커리큘럼상의 문제)을 다룬다. 과제의 미시적 평가는 사용된 교재, 코스를 운영하는 교사 및 학습자의 성과(및 학습)에 대한 정보를 제공해 주기 때문에 커리큘럼 문제의 거시적 평가에 도움을 줄 수 있다. 그러나 미시적 평가는 특정 과제가 효과가 있는지 여부를 결정하는 근거를 제공하고, 또 교사들의 자기 성찰과 발전의 원천이 되기 때문에 그 자체로서도 가치가 있다고 주장하고 싶다.

다음 장에서는 사용된 자료(즉 '과제')를 중심으로 먼저 과제 중심 교수의 거시적 평가 결과와 방법론을 살펴본 후 미시적 평가 연구를 검토할 것이다.

9.6 과제 중심 교수의 거시적 평가

과제 중심 교수에 대한 최초의 거시적 평가는 Prabhu의 의사소통 언어 교수 프로젝트(Prabhu 1987 참조)로, 과제 중심 교수를 인도 남부의 중등학교 교실에 도입하기 위해 설계된 프로젝트였다. Beretta and Davies(1985)는 프로젝트에 관련된 학습자(실험 집단)의 학습 성과를 구조-구화식 상황적 교수법(structural-oral situational method)[25]을 따른 '전통적' 교실(통제 집단)의 학습 성과와 비교하고자 했다.

평가시의 바이어스(bias)를 피하기 위해 Beretta and Davies는 실험 그룹이 '선호하는' 테스트(예: 과제 중심 테스트), 통제 그룹이 '선호하는'하는 테스트(예: 구조적 테스트), 그리고 세 가지 '중립적인' 테스트(예: 문맥화된 문법, 받아쓰기, 듣기/읽기 이해)를 포함한 일련의 테스트를 고안하였다. 테스트 결과, 과제 중심 교수의 효과가 입증되었다. 중립적인 테스트에서 실험 집단의 결과가 통제 집단의 그것보다 우수하였다. 한편, 집단 편중 테스트(group-biased tests)에서는 실험 집단이 과제 중심 테스트에서 더 좋은 결과를 얻은 반면, 통제 집단은 구조적 테스트에서 더 높은 점수를 얻었다.

---

25) [역자주] 구조-구화식 상황적 교수법은 언어는 기본적으로 말하기이며, 그러므로 모든 구조와 어휘는 읽기와 쓰기로 넘어가기 전에 구두로 연습되어야 한다는 원칙에 기초한다.

Beretta and Davies는 평가 결과가 과제 중심 교수는 기존의 형태 중심 교수와는 상당히 다른 학습을 가져오며, 과제 중심 집단 학습자는 명시적으로 가르치지 않은 구조도 훨씬 잘 습득하며, 배운 것도 더 기꺼이 사용한다는 주장을 뒷받침한다는 결론을 내렸다. 그러나 Beretta and Davies 역시 자신들의 평가에 대해 몇 가지 문제점을 지적하고 있는데, 특히 사후 평가의 계획과 수행에 어려움이 있었다(즉, 프로젝트가 이미 시작된 후 평가를 실시하였다).

Beretta(1990)의 평가에서는 이 프로젝트에 참가한 교사들이 Prabhu가 제안한 방법론적 혁신을 실제로 실행했는지 여부 등 의사소통 교수 프로젝트의 다양한 측면을 다루었다. Beretta는 15명의 교사들로부터 실제적인 내러티브를 수집한 후 그것을 실행 수준에 따라 세 가지로 등급을 매겼다: (1) 방향(orientation)(즉, 교사가 과제 중심 교수에 대한 이해가 부족하고 그것을 제대로 실행하지 못했다), (2) 루틴(routine)(즉, 교사가 프로젝트의 원리를 이해하고 이를 효과적으로 실행하였다), 그리고 (3) 갱신(renewal)(즉, 교사가 프로젝트의 핵심 관점을 채택하였고 그 장단점에 관한 인식이 있었다).

Beretta는 레벨1이 40%, 레벨2가 47%, 레벨3이 13%라는 사실을 발견했다. 그러나 이 프로젝트에 참여한 정규교사와 비정규직 교사를 구분했을 때는 정규교사 4명 중 3명이 레벨 1에 속한다는 사실을 알게 됐다. Beretta는 이 프로젝트에서 실행된 유형의 과제 중심 교수가 인도 남부의 정규 교실에서 쉽게 흡수되지 못했을 수도 있다고 결론지었다. 그는 교사들의 영어 능숙도 부족이 과제 중심 교수의 적용 실패의 한 가지 원인이라고 지적하였다.

그 이후로도 많은 다른 평가들이 있었다. 그중 대표적인 것을 〈표 9.1〉에 요약하였다.

〈표 9.1〉 과제 중심 교수에 대한 거시적 평가 연구 요약

연구	문맥	목적	평가 방법	결과
Li(1998)	전통적으로 문법 교수요목이 사용되어 왔던 한국의 중등학교에 의사소통 중심 교수법(CLT) 도입	CLT 구현에 대한 한국 교사들의 인식을 조사하기 위한 목적. 한국 교사들은 모두 경험이 풍부하고 캐나다 대학의 한국어 교사 교육 프로그램을 수료함.	1. 설문지: 중등학교 EFL 교사 18명을 대상으로 리커드 척도 문항과 개방형 질문이 포함된 파일럿 조사를 설문지 개발 2. 참여자 10명에 대한 심층 반구조적 인터뷰. 데이터의 질적, 양적 분석	교사들은 한국에서 CLT를 사용하는 데 어려움이 있다고 보고 1. 교사에 의해 야기된 어려움: - 구어 영어 능력의 부족 - 전략적, 사회언어학적 능력 부족 - CLT 훈련 부족 - CLT의 재교육 기회 부족 - CLT에 대한 오해 - 교재 개발 시간 부족 2. 학생: - 낮은 영어 능숙도 - 의사소통 능력 개발의 동기 부족 - 수업 참여에 대한 저항감 3. 교육 제도: - 대규모 학급 - 문법 중심 시험 - 재원 부족 - 지원 부족 4. CLT:

	조사한 두 가지 환경 / 연구 환경	연구 문제	데이터	- EFL 교수에 대한 불충분한 설명 - 적절한 평가 도구의 부족
Mitchell and Lee (2003)	조사한 두 가지 환경 1. 프랑스어를 학습하는 영국 중등학교의 11-12세 학생들 2. 영어를 학습하는 한국 초등학교의 10~11세 학생. 이 수업의 교사들(T교사와 K교사)은 여성이고 경험이 많으며 교실에서 L2 수시 언어로 사용	'의사소통식 접근법'이 어떻게 해석되었고, 두 환경에서 '좋은 언어 학습자'의 역할을 어떻게 조작화하고 (operationalized) 있는지를 조사하기 위해. 그리고 두 교실에 있어서 '학급 전체의 상호작용적 교수'의 구성개념이 어떻게 드러나 있는지 검토하기 위해	교실, 교사 인터뷰 녹음 자료 20개와 백열 문서. '중요한 사건'에 초점을 둔 녹음된 수업 분석	1. 두 교사 모두 CLT에 대한 '약한' 해석을 반영하였다. 즉, 교사들은 학습자들에게 창의적인 언어 사용 기회가 거의 없도, 미리 정해진 표현을 가르치려고 했다. 두 교사 모두 명시적 문법 교수는 삼가했다. 2. 두 교사는 학생 활동에 대한 기대 측면에서 차이가 있었다. T교사는 평등주의적이고 차별하지 않는 접근법을 채택한 반면, K교사는 좋은 모델을 제공하기 위해 잘하는 학생들에게 우선권을 주었다. 전체적으로 두 교실 문화는 모두 '교사가 주도하는, 학습 철학 측면에서 신행동주의자'였다.
Carless (2004)	홍콩의 초등학교 교실. 이 교실의 교사 세 세 명은 과제종	연구 문제 1. 교사들의 과제 중심 교수에 대	데이터 수집 1. 교실 관찰(교사당 17개의 수업) – 현장 노트, 강	전체적으로, 과제는 진정한 의사소통이기보다는 언어 연습 활동이었고, 과제가 무엇인지 교사들이 잘 이해하지 못했다.

	심 실러버스에 있어서 의 가까운 '목표 지향적 교육과정(target-oriented curriculum)'26)을 접목하려고 시도하려고 하고 있으 며, 이러한 시도에서 어떤 문 제가 발생하는 가?	한 이해와 태도 는 어떠한가? 2. 교사들은 과제 중심 교수를 어 떻게 적용하려 고 하고 있으 며, 이러한 시 도에서 어떤 문 제가 발생하는 가?	의 녹취록 2. 6개의 반구조적 인터뷰 3. 태도 척도 데이터는 각 교사의 대표적 인 교실 에피소드를 질적으 로 분석하였다.	과제 중심 교수를 실행하는 데 있어 세 가지 중요한 문제 가 확인되었다. 1. 모국어 사용 – 모국어가 상당히 널리 사용되었고, 교 사들이 그것에 대해 우려를 표시했지만, 교사 중 두 명은 모국어를 약간 사용해도 된다고 하였다(예: 활 동을 촉진하기 위해). 2. 규율에 대한 도전 – 학생들이 말할 필요성과 조용히 교 질서 있는 교실을 유지하려는 욕구 사이에 긴장감 이 있었다. 3. 목표 언어 선출 – 과제가 학생의 영어 사용에 대한 교 사의 기대와 다를 때 (예: 학생들이 그림 그리기와 같 은 비언어적 활동에 너무 많은 시간을 소비하는 경우) 긴장감이 조성되었다.
Butler (2005)	한국, 일본, 대만 정부는 구어 의사 소통에 중점을 둘 것이라는 기대를 가지고 교실 영어 교육을 도입하였다.	일본, 한국, 대만에 서 '의사소통 활동' 도입에 관한 조동 학교 교사들의 관 심을 파악하고 교	교사들에게 여러 나라의 수 업을 비디오로 녹화한 장면 들을 보여주는 것을 포함한 다국적 민족지학적 연구	1. 다른 나라의 교사들도 유사한 활동을 했지만 '활동'에 임하는 동기가 달랐다(예: 언어를 모방하기) vs. 실제 적인 의사소통). 2. 교사들은 상급생들에게 발전적으로 적합한 의사소통 활동을 어떻게 개발할 것인가에 대한 관심을 표명하 였다. 3. 수업 조화, 특히 일본의 영어 수업에서 문제가 있어 보였다.

326

| McDonough and Chaikitmongkol (2007) | 태국 치앙마이 대학교 학생들을 위한 혁신적인 과제 중심 코스(4학기 중 첫 번째 학기)로, 이 코스는 전통적인 형태조점 형식의 교육을 대체했고, 프로그램 참여교사에 의해 개발되었다. 이 코스에는 학습 전략 요소가 포함되었고, 자체 제작 교재 외에도 상업용 교재를 사용했다. 이 코스의 핵심은 국제 커뮤니케이션을 위한 영어 사용에 있다. | 연구 문제
1. 과제 중심 EFL 코스에 대한 학생과 교사와 학습자의 반응은 어떠한가?
2. 이들이 코스에 관해 관심이 있어 다른 이 관심을 어떻게 표현하고 있는가? | 1. 과제 평가: 개방형 질문
2. 학생들이 기록한 노트
3. 교사 참가자의 관찰
4. 코스 평가: 개방형 질문
5. 학생 및 교사참가자 인터뷰
6. 현장 노트: 연구자 겸 참가자가 기록한 것
분석: 확인된 6가지 주요 주제 | A. 교사 및 학습자 반응
1. 학습자의 독립성이 향상되었다.
2. 코스 내용: 처음에는 교사와 학습자가 문법 부족을 염려했으나 과정이나 과정이 진행됨에 따라 보다 긍정적이 되었다.
3. 실세계 관련성: 참여자들은 실세계의 학습적 필요성에의 관련성은 인정했지만 학습적 맥락 밖의 필요성은 인정하지 않았다.
B. 참가자의 염려 반영
1. 참가자가 코스에 적응할 수 있도록 개정
2. 학습자에 지원 제공: 학생들이 과제를 이해하는데 도움이 되도록 보조 자료 개발
3. 코스 교재 관리: 각 수업에 대한 자료 및 활동수를 줄임 |

26) [역자주] 목표 지향 교육과정(target-oriented curriculum)은 과거 홍콩의 주요 교육 개혁 중 하나였다. 성과 평가에 대한 강조가 좌우선 사항으로, 보다 실용적인 업무, 에세이, 개방적인 문제, 학생 업무 포트폴리오의 활용을 포함한다.

위의 표에서 '목적'란을 검토해 보면 이러한 평가 연구가 두 가지 일반적인 목표를 가지고 있음을 알 수 있다: (1) 과제 중심 교수에 대한 교사의 인식과 태도를 파악하고, (2) 교사가 다른 교육 환경에서 TBLT를 어떻게 실행했는지 검토하기 위해서이다. 흥미롭게도 어떤 평가도 학습 성과와 관련된 데이터를 가지고 TBLT의 효과를 조사하려고 하지 않았다. 평가 데이터를 수집한 방법은 두 가지 일반적인 목표를 반영하고 있다. 따라서 다양한 유형의 교사 자기 보고서(설문지, 인터뷰, 녹음된 수업 시나리오를 기초한 자극된 재생을 이용하여)는 목표 (1)을 조사하는 데 사용하였고, 실제 수업 관찰을 이용하여 목표 (2)를 조사하였다.

이러한 과제 중심 교수에 대한 평가를 읽으면, 수업에서 사용되는 실제 교수 자료(즉, '과제')에 얼마나 주목하지 않았는지를 알고 놀라게 된다. 하지만 몇 가지 흥미로운 관찰도 그 보고서에 나와 있다. 가령 Butler(2005: 435)는 자신이 조사한 교사들이 '동일한' 의사소통적 활동을 했을 때조차도, 학생들이 참여하는 '실제 활동'은 '교사들이 그러한 활동에 설정한 동기와 목표에 따라' 매우 다른 경우가 많다는 점에 주목했다. Butler의 관찰은 '과제'(예: Coughlan and Duff의 1994 참조)에 대한 사회문화적 관점을 뒷받침하는 데, 이에 따라 '과제'(즉, 활동을 위한 작업 계획을 구성하는 실제 자료)와 '활동'(즉, 과제를 수행할 때 수반하는 학습자 행동)을 명확히 구별할 필요가 있다. Carless(2004)는 그가 조사한 초등학교 교사들은 '과제'의 개념을 혼란스러워하거나 때때로 혼동하기도 했다고 보고했다. 예를 들어 그가 조사한 교사 중 한 명은 과제를 '능동적 참여, 실생활 관련, 해 봄으로써 배움, 사용을 위한 언어 학습과 관련된 활동(2004: 647)'으로 정의하였고, 또 한 명의 교사는 과제를 '주로 목적이 있으며, 그러한 유형의 의사소통을 학생들이 이해하고, 개념화할 수 있는 능력을 연결할 수 있는 활동(2004: 648)'으로 정의하였다. 첫 번째 정의는 필자가 앞서 제시한 것과 상당히 유사한 반면, 후자는 모호하며, Carless가 지적하듯이 '과제'를 다른 유형의 활동들과 구별하지 못한다. McDonough and Chaikitmongkol(2007)은 교재에 관해 가장 많이 다루고 있다. McDonough 외가 확인한 문제점들 중 하나는 자신들이 평가한 대학 레벨 과정을 위해 특별히 개발한 과제 중심 교재와 상업적 교재를 어떻게 연계시킬 것인가에 관한 것이었다. 또 하나 제기되는 문제는 자료의 양이었는데, 일부 교사는 수업에 할당된 모든 과제를 수행하는 데 어려움을 겪고 있었다. McDonough 외는 과제 중심 교육과정에 있어 중요한 쟁점은 '교사가 스스로 교재를 만들 것인지, 상업적인 교재를 쓸 것인가'에 있다고 결론지으며, '교재가 교육과정의 내용을 좌우하도록 하지 않고 교육과정이 교재 사용을 좌우하도록 해야 한다(2007: 125)'고 하였다.

모든 거시적 평가의 주요 관심사는 다른 교육적 문맥에서 과제 중심 교수가 어느 정도까지 구현될 수 있는가에 있었다. 조사한 모든 문맥에서 TBLT는 혁신적인 것으로 여겨졌고, 따라서 채택 여부는 혁신이 뿌리를 내릴 수 있는가 여부에 영향을 미치는 것으로 보이는 다양한 요인에 영향을 받았다(Ellis 1997 참조). 하지만 그러한 거시적 평가는 궁극적으로 TBLT 코스/프로그램의 효과는 대체로 그것을 구성하는 개별 과제들에 의존해야 함에도 불구하고, TBLT의 생존 가능성을 조명하면서도 특정 과제나 과제 유형의 효과에 대한 통찰력은 거의 제공하지 못한다. 이러한 이유 때문에 개별 과제, 특히 교사 자신이 행하는 과제에 대한 미시적 평가가 필요한 것이다.

9.7 과제의 미시적 평가

거시적 평가와 마찬가지로, 과제의 미시적 평가는 '설명책임(accountability)'이나 '개선(improvement)'을 지향할 수 있다. 설명책임의 경우, 평가자는 과제가 설정된 목표를 어느 정도 달성하는지를 조사할 필요가 있을 것이다. '초점화되지 않은 과제'의 경우에는 과제의 산출물(즉, 결과)과 프로세스(즉, 과제의 실제 수행)를 모두 검토해야 한다. 여기에서는 학습자가 과제의 결과를 성취하는 데 있어 성공적이더라도, 그 과제 수행에 수반되는 프로세스가 학습에 가치가 있는 것으로 보여지지 않는다면, 학습자들은 거의 아무것도 얻지 못할 것이라는 점을 언급해 둘 필요가 있다. 어떤 학습이 이루어졌는지 입증하기가 쉽지 않기 때문에 초점화되지 않은 과제를 평가하는 것은 매우 도전적인 과제이다. 이 점에 대해서는 나중에 다시 언급하도록 하겠다. '초점화된 과제'의 경우에는 조사 대상이 과제의 특정 목표인 언어 자질에 중점을 둘 수 있기 때문에 설명책임이 상대적으로 더 쉽다. '개선'을 목적으로 하는 평가의 경우에는 그 목적이 과제의 설계 자질이나 적용이 수행 프로세스, 결과, 학습에 어떻게 영향을 미치는지를 발견하는 것이어야 한다. 가령 과제에 의해 제공되는 입력의 인지적, 혹은 언어적 복잡성이 학습자가 그 과제를 수행하는 데 어느 정도 영향을 미치는지, 또는 과제 수행에 앞서 학습자에게 계획할 기회를 주는 것이 언어수행과 결과, 학습에 유익한 영향을 미치는지 여부를 고려할 수 있을 것이다.

미시적 평가는 다양한 유형의 정보 수집이 포함될 수 있다: (1) 과제에 대한 학습자의 의견과 관련한 정보, (2) 과제가 수행된 방법에 대한 정보, (3) 과제 수행의 결과, 어떤 학습이 이루어졌는가에 관한 정보가 그것이다. 이러한 정보 유형에 부합하는 과제 평가 접근 방식에는 세 가지가 있다: (1) 학생 중심 평가, (2) 반응 중심 평가(과제가 의도한 결과와 수행 프로세스를 이끌어 냈는지를 평가자가 판단하려고 하는 경우), (3) 학습 중심 평가(해당 과제를 통해 어떤 학습이 일어났는가를 평가자가 조사하려는 경우). 이러한 접근법들은 각기 다른 유형의 데이터를 필요로 한다. 학생 중심 평가는 설문지, 인터뷰, 포커스 그룹 토론과 같은 자기 보고서를 이용하여 실시할 수 있다. 반응 중심 평가는 학습자의 과제 수행 관찰/녹음과 과제 수행의 결과로 모든 산출물이 필요하다. 학습 중심 평가는 원칙적으로 학습자의 L2 사용 능력이 언제 변화하였는지를 결정하기 위한 일종의 사전 및 사후 테스트가 필요하다. 물론 학습자의 과제 수행에 대한 상세 분석을 통해서 학습을 시연하는 것도 가능하다.

Ellis(1998:227-31)에서 과제의 미시적 평가 수행을 위한 절차를 개략적으로 설명하였다.

1. 과제의 목적, 과제에 의해 제공되는 입력의 종류(예: 그림 또는 언어), 과제 절차(예: 과제 수행 전에 학생들이 계획할 기회가 있는가), 의도된 결과의 성질에 대한 기술부터 시작한다.
2. 다음 단계에서는 아래 사항들을 결정하여 평가를 계획한다.
   - 목적과 의도(즉, 설명책임 또는 개발)
   - 평가 범위(예: 단순히 의도한 결과를 달성하였는지에 평가의 초점을 둘 것인지, 그렇지 아니면 기대치 않은 효과가 있었는가의 여부에 초점을 둘 것인지)
   - 누가 평가를 수행할 것인가(즉, 교사나 다른 '외부인')
   - 시기(즉, 과제 수행 동안 데이터를 수집하는 형성적 평가인가, 아니면 과제 완수 후에만 데이터를 수집하는가)
   - 수집할 정보의 유형(예: 평가가 학생 중심인가, 반응 중심인가, 학습 중심인가와 관련하여)
   3. 평가를 위한 데이터를 수집한다.
   4. 자료를 분석한다.
   5. 마지막으로, 결론을 내리고 제언을 한다.

이러한 절차는 체계적이며 (아래 예시처럼) 약간의 정보를 줄 수도 있지만, 시간도 많이 소요된다.

과제의 미시적 평가는 거의 발표되지 않는다. 그러나 여러 해 동안 석사과정 학생들에게 앞에서 설명한 절차에 따라 과제의 미시적 평가를 수행해 보도록 해 왔고, 여기에 이 중 몇 가지를 요약하고자 한다. 그런 다음 그들이 채용한 방법론에 대해 논평하고, 그러한 미시적 평가의 여러 용도를 지적할 것이다.

Simons(1997)는 Yule and McDonald(1990)를 부분적으로 반복한 연구에서 닫힌 결과를 가진 초점화되지 않는 정보차 과제27)를 평가하였다. 과제는 2인 1조로 진행되었다. 이 과제에서 학생 B가 지도에 경로를 표시할 수 있도록 학생 A에게 지도에 표시된 경로를 설명하도록 하였다. 두 지도는 동일하지 않았다: 학생 A의 지도에는 학생 B의 지도에서 누락된 정보가 포함되어 있는 관계로 여러 가지 참조 불일치가 발생했다. 학생들에게는 과제를 수행할 때 원하는 방식으로 정보를 제공하거나 요청할 수 있다고 말했다. Simons의 목적은 단순히 그 과제가 '유의미한 의사소통'을 이끌어 내는 데 성공적이었는가를 규명하는 데 있었다. 이를 위해 그는 과제를 수행 중인 두 명의 학생을 녹음하였고, 그 중 낮은 능숙도 학생(학생 A)이 루트가 그려진 지도를 가지고 있었다. 학생들의 발화교체를 통해 행해진 기능들을 분류하는 방식으로 학생들의 수행 결과를 기록, 분석하였다: 말하기, 질문하기, 인정하기, 응답하기, 다양성의 다섯 가지 기능 범주가 확인되었다. 이 범주들은 다시 하위 범주로 세분화되었다. 전체적으로 이 과제는 총 357회의 발화교체가 일어났고, 그 중 학생 A가 180회, 학생 B가 177회이었다. 두 학생이 수행한 기능에는 현

---

27) [역자주] 정보차 과제(information gap task)는 학습자들이 과제를 완료하거나 문제를 해결하는 데 필요한 누락된 정보에 대해 그 공백을 메우기 위해 동료 학습자들과 의사소통해야 하는 언어 교육 기법이다. 이것은 종종 의사소통 언어 교육 및 과제 중심 언어 학습에서 사용된다.

저한 차이가 있었다. 예를 들어, 학생 A는 주로 '말하기'와 '응답하기'를 한 반면, 학생 B는 '질문하기'에 집중했다. Simons는 또한 이 과제가 도전적이었고 재미있었다고 보고한 학생들 덕분에 높은 수준의 관여가 일어났다고 언급했다. 과제 수행에서 가져온 다음 발췌문은 상호작용의 유형과 질을 보여준다.

학생 A: *to the station can you find the station*
학생 B: *station?*
학생 A: *yeah*
학생 B: *what station?*
학생 A: *I don't know*
학생 B: *no* (웃는다)
학생 A: *subway station*
학생 B: *subway station I don't have that here*
학생 A: *do you do you have uh um railroad?*
학생 B: *no*
학생 A: *no?*
학생 B: *no*
학생 A: *mm* (웃는다)
학생 B: (웃으며) *I'm in the shopping center and I'm lost*

위 샘플에서와 같이, 참조 불일치에 직면했을 때, 학생들은 문제에 대한 해결책을 찾기 위해 서로 발화 연쇄를 확장하였다. Simons는 이 정보차 과제가 학습자들이 L2를 의사소통적으로 사용하도록 유도하는 효과적인 장치라고 결론을 내렸다. 또한 핵심 정보를 덜 능숙한 학생에게 주고 참조 불일치를 도입한 것이 웃음소리로 표시된 활발한 상호작용과, 참조 불일치 문제를 기꺼이 해결하려는 의지를 이끌어 냈다고 주장하였다.

두 번째 미시적 평가는 보다 더 정교하다. Freeman(2007)에서는 딕토글로스 과제(dicto-gloss task)[28]를 평가하였다(Wajnryb 1990). 이 과제에서는 비만을 주제로 한 아홉 문장 길이의 듣기 텍스트를 학생들에게 세 번 들려주었다. 첫 번째 듣기에서는 학생들이 텍스트의 일반적인 내용을 이해했는지를 확인하기 위해 설계된 객관식 문항에 답하게 하였다. 두 번째 듣기에서는 학생들에게 핵심 내용어를 필기하게 하였고, 세 번째 듣기에서는 다른 학생들에게 다양한 언어 형식(즉, 관계사절, 동사의 수동태형, 전환 신호[29]) 사용에 집중하고 기록하게 하였다. 그런 다음 학생들은 3인 1조로 텍스트를 재구성하였다.

설명책임(즉, 과제가 목적을 충족하였는지)과 과제 개선 방법에 대한 정보를 얻기 위해 설계된 Freeman의 평가를 이용하였다. 이를 위해 Freeman은 다양한 데이터를 수집하였다-학생들이 세 번째 듣기 시에 작성한 노트(즉, 학생들이 목표 형식을 알아차려서 노트 필기한 정도), 재구성된 텍스트, 과제에 대한 학생들의 의견을 도출하기 위한 설문지, 학생들이 텍스트를 재구성하는 동안 행한 토론을 전사한 것, 수업 참관자가 작성한 노트, 그리고 교사가 작성한 종합적 성찰 보고서. 데이터 분석 결과, 학생들이 목표 구조들을 알아차리고 필기하는 데 성공적이었고, 목표 형식을 재구성된 텍스트에서 사용하려고 하였고, 재구성을 논의할 때 여러 가지 언어 중심 에피소드(대부분 정확한 언어를 사용하였

---

28) 딕토글로스(dicto-gloss task)는 초점화된 과제이다. 즉 학습자가 듣게 되는 텍스트는 특정한 언어 자질에 초점을 두고 설계된다. 학습자가 텍스트를 재생산하는 방법을 논의하기 위해 그룹으로 활동하기 때문에 과제로서 적합하다. 그렇기 때문에 이 과제에서 언어는 말할 화제가 되는 반면, 대화 자체는 학습자가 자신의 언어적 자원을 사용하도록 요구한다.

29) [역자주] 전환 신호(transition signals)는 글의 내적 응집력을 강화하는 단어나 구를 연결하는 것이다. 전환 신호는 글의 부분 사이에서 교량처럼 작용한다.

음)에 참여하였음을 알 수 있었고, 학생들은 딕토글로스 과제로 인해 자유롭게 의사소통할 수 있었고 토론하는 동안 참여했던 상호작용이 문법 학습에 도움이 되었다고 보고하였다.

Freeman은 학생들이 과제 산출(텍스트 재구성)에 있어 대체로 성공적이었고, 과제가 목표 형식을 알아차리는 것을 유도하는 데 성공적이었으며, 언어의 다른 측면에도 학습자가 주의를 기울이게 하였고, (모든 학생들이 다 그런 것은 아니었지만) 학생들의 적극적인 참여를 이끌어 냈다고 결론지었다. 그래서 대체로 과제가 그 목적을 달성했다고 생각하였다. 한편 과제를 개선할 수 있는 몇 가지 방법들도 알게 되었다. 예를 들어 학생들이 필기한 노트를 공유할 수 있었는데 이 절차가 상호작용의 양과 질을 떨어뜨렸기 때문에, 텍스트 재구성에 앞서 학생들의 노트를 치우는 것이 더 나은 절차일 것이라고 제안하였다. 또 재구성된 텍스트의 전사 과제를 가장 숙달도가 낮은 학습자에게 할당하여 그 학생의 참여를 더 많이 유도할 필요가 있다고 제안하였다.

Yuan(1997)에 의해 실시된 세 번째 과제 평가는 두 가지 의사결정 과제(즉, 열린 결과가 있는 초점화되지 않은 과제)를 조사하였다. Yuan은 하나의 실행 변인, 즉 선-과제 계획하기(pre-task planning)의 효과를 조사하는 데 관심이 있었다. 그는 두 명의 고급 언어 학습자(TOEFL 600점)에게 두 가지 과제를 완성하도록 하였다. 첫 번째 과제는 Foster and Skehan(1996년)에 기초하였다-학습자들은 리스트에 있는 범법자들에게 어떤 형기를 적용하는 것이 적당한지를 결정해야 하는 재판관의 역할을 하였다. 두 번째 과제는 Ur(1981)에서 가져왔다-학습자들은 4명의 지원자에게 지급할 장학금의 액수를 결정하였다. 첫 번째 과제에서는 계획 시간이 할당되지 않은 반면, 두 번째 과제에서는 학습자가 무엇을 말할지 계획하는 데 10분의 시간이 주어졌다. Yuan은 학습자의 수행을 녹음하고 전사하였다. 분석은 통사적 복잡성, 통사적 다양성, 어휘 다양성에 초점을 두었다. 통사적 복잡성은 c-units(참조적이거나 화용적 의미를 제공하는 독립적 단위로 정의됨)에 대한 정형절30) 또는 비정형절의 비율에 따라 측정하였다. 통사적 다양성은 사용된 다른 동사 형식의 수로 조작화하였다31).

어휘적 다양성은 두 개의 과제에서 각 학습자가 사용한 다른 내용어 수로 측정하였다. 결과는 표 9.2에 제시하였다. 계획 기회가 학습자의 과제 수행에 똑같은 식으로 영향을 미치지는 않았다는 점이 흥미롭다. 학습자 A는 거의 영향을 받지 않은 반면, 학습자 B는 계획 시간이 주어졌을 때 세 가지 복잡성 값이 모두 증가하여 상당한 효과가 있었다. Yuan은 두 학습자가 과제 1에서는 거의 동일한 양의 대화를 했지만, 두 번째 과제에서는 학습자 B가 학습자 A보다 더 많은 대화를 했다는 점에 주목하였다. 이는 두 학습자가 과제를 서로 다르게 처리했을 수 있음을 시사하는 것으로, 이 사실은 두 학습자가 같은 과제를 수행하고 있었지만 같은 활동에 참여하지는 않았다는 것을 나타낸다.

표 9.3에 세 가지 미시적 평가의 주요 측도값을 요약하였다. 이 표는 미시적 평가 시에 이용할 수 있는 평가 항목의 범위를 보여준다. 세 가지 평가 모두 과제를 설계한 목적을 달성했는지 여부를 결정하는 것과 관계 있지만, 그 중 하나(Freeman)는 과제의 개선 방향에 대해서도 다루고 있다.

---

30) [역자주] be 동사를 예를 들면, am, is, are, was, were는 be 동사의 정형 형태이고, being, been은 비정형 형태이다.

31) 동사 형식으로는 단순 동사(예: 'eat')와 과거시제형식(예: 'ate'), 과거분사 (예: 'eaten'), 다양한 보조형식(예: 'is/was'와 'have'), 조동사(예: 'must') 등이 있다. 사용되는 양식의 범위는 통사적 복잡성의 한 척도로 사용된다.

〈표 9.2〉 계획이 학습자의 과제 수행에 미치는 영향

	과제 1(계획 없음)			과제 2(계획)		
	통사적 복잡성	통사적 다양성	어휘 다양성	통사적 복잡성	통사적 다양성	어휘 다양성
학습자 A	1.23	10	32	1.28	7	39
학습자 B	1.60	8	53	1.81	15	74

〈표 9.3〉 세 가지 미시적 평가의 요약

과제 유형	목적	접근법	수집된 데이터	분석
연구: Simons				
정보차(초점화되지 않은 과제; 닫힌 결과)	설명책임	반응 중심	학생의 과제 수행 전사물	다양한 언어 기능의 빈도
연구: Freeman				
재구성 과제(초점화된 과제; 닫힌 결과)	설명책임 및 개선	반응 중심 및 학생 중심	설문지에 대한 학생 응답; 관찰 노트; 녹음 전사물; 학생 노트; 학생들의 최종 산출물(재구성된 텍스트)	과제에 대한 학생들의 태도; 언어 관련 에피소드에 나타난 목표 자질 사용; 관찰자 의견; 최종 산출물의 정확성
연구: Yuan				
의사결정 과제(초점화되지 않은 과제; 열린 결과)	설명책임	반응 중심	과제의 녹음 전사물	언어 복잡성 측정

의심할 여지없이 교육적 관점에서 미시적 평가는 설명책임을 보여줄 뿐만 아니라 발전적이어야 한다. 세 가지 평가는 모두 반응 중심이었다; 즉, 이 평가들은 학생들이 과제에 의해 생성된 '활동'이 과제 작업 계획에서 의도한 것과 어느 정도 일치하는지 결정하기 위해 과제를 수행할 때 어떤 변화가 있었는지 조사하였다. 대체로 그랬다. 하지만 두 연구 (Simons와 Yuan)에서는 학생들의 과제 수행 능력이 현저하게 다르다는 것을 발견하였다. 따라서 한 과제로부터 어떤 활동이 일어나게 될지 예측하는 것은 가능하지 않다고 한 Seedhouse의 2005년 주장을 뒷받침하지는 않지만, 학생들이 과제 부담에 대응하는 방법은 부분적으로는 과제에 접근하는 방식이 서로 다르기 때문에 상당히 다를 수 있다는 점만은 분명하다.

Freeman의 연구에만 학생 중심 접근법이 포함되어 있다. 학습 기반 접근법을 시도한 연구는 하나도 없었으며, 이는 어떤 과제가 실제로 학습으로 이어지는지를 조사하는 것이 어렵다는 초기 필자의 견해를 반영한다. 실제로는 세 연구 중 Freeman의 초점화된 과제만이 학습 중심 평가에 적합하였다(즉, 학생들이 과제 수행에 앞서 목표 구조를 정확하게 사용할 수 있는 능력을 확인하기 위한 일종의 사전 테스트를 포함할 수 있었을 것이다). 세 가지 평가에서는 다양한 데이터 수집 방법을 채택하였지만, 설명책임을 위해 과제 수행을 통해 산출된 실제 언어를 조사하는 것이 중요하다는 점을 반영하면, 학생들의 과제 수행을 기록하고 전사하는 것은 분명 좋은 방법이었다.

분석 방법들은 각 평가가 가진 특정 초점을 반영하기 위해 선택되었다 (예: Simons는 과제가 의사소통적 언어 사용으로 이어지는가를 검토하기 위한 방법으로 의사소통 기능을 조사하였고, Yuan은 계획하기가 학습자 산출에 어떤 영향을 미치는가를 살피기 위해 복잡성 측도를 이용하였다). Freeman의 연구는 삼요인검증(triangulation)을 하기 위한 노력으로 일환하여 다양한 분석 방법을 채택했다.

　미시적 평가를 수행한 적이 있는 교사들은 거의 한목소리로 이런 연구가 시간이 많이 걸리고 힘들다고 비판한다. 물론 정당한 비판이다. 그럼에도 불구하고 이러한 미시적 평가를 수행한 적 있는 교사들은 미시적 평가가 가치가 있다고 주장한다. 미시적 평가를 한 자신의 경험을 요약한 Chan의 1995년 논문은 필자의 석사과정 학생들이 낸 전형적인 코멘트이다.

> 미시적 과제 평가는 교수 기법과 교재를 평가할 수 있는 좋은 성찰적 기회이다. 이 평가에는 딱 한 가지 단점이 있는데, 그것은 실행하는데 시간이 많이 걸린다는 점이다. 그렇기 때문에 일부 바쁜 교사들의 스케줄에는 적합하지 않을 수도 있다. 하지만 나는 아주 재미있었다.

　미시적 평가를 통해 교사는 과제 설계에 저재하는 추정들과 그것을 실행하는 데 사용되는 절차를 검토할 수 있게 된다. 미시적 평가는 과제가 의도된 방식으로 '작동'하는지, 그리고 미래의 사용을 위해 어떻게 개선할 수 있을 것인지를 교사가 단순히 경험적으로 조사하여 인상 평가하는 것을 벗어나게 해 준다. 사실 과제의 미시적 평가는 교사가 실행 연구를 할 수 있는 한 가지 방법이다. 교사는 경험적 검토를 위해 과제를 선택하는 것이 '문제점'을 확인해야 하는 실행 연구(Nunan 1990년)보다 더 쉽게 시도해 볼 수 있다는 것을 알 수 있게 될 것이다.

　교사가 과제의 미시적 평가를 정기적으로 수행할 수는 없을 테지만, 경우에 따라서는 해야 한다. 가장 간단한 미시적 평가는 학생 중심 평가일 것이다(즉, 과제 완수 후 학생들에게 설문지를 작성하도록 한다). 조금 더 욕심을 낸 미시적 평가로는 과제를 수행하는 학생 한 쌍이나 소집단을 녹음하고 녹음을 전사하고 일어난 상호작용을 분석하는 것일 것이다. 그러한 평가는 교사들에게 학회 발표를 하는 데 필요한 자료가 될 수 있다.

과제의 미시적 평가는 연구에도 큰 도움이 된다. 과제 중심 언어 교수를 조사한 연구의 상당수는 특정한 설계 자질이나 실행 절차가 어떻게 과제 수행에 영향을 미치는지를 살피고자 한 실험 연구이었다. 이러한 연구는 학습자 집단 간을 비교하여 일반화 가능성을 목표로 한다. 그러나 이런 연구들은 특정 학습자가 특정 과제를 해결하려고 노력하는 방법에 대해서는 상세한 정보를 거의 제공해 주지 않는다. 본절에서 보고한 세 가지 미시적 평가는 모두 학습자가 과제 숙달도와 방향과 같은 요인에 따라 다양한 방식으로 반응함을 보여주고 있다. 과제 자질의 일반적인 효과를 확인하려고 하는 것도 분명 중요하지만, 과제에 대한 학습자의 반응에 영향을 미치는 요인을 확인하는 것도 중요하다. 미시적 평가는 이러한 요인들을 조사하는 한 가지 방법이다.

미시적 평가는 과제 중심 교수에 덧씌워진 일부 비판에 대처하는 데도 도움이 된다. 예컨대 Seedhouse(1999)는 학습자가 맥락에 지나치게 의존하고 가용할 수 있는 언어적 자원이 제한적인 결과, 과제 수행이 색인화되고 피진화된 언어로 이루어진다고 주장하였다. 그러나 위에서 보고된 미시적 평가를 통해 얻은 증거를 보면 반드시 그렇지는 않다는 것을 알 수 있다. 과제의 미시적 평가에서 얻은 증거를 이용하여 도전해 볼 만한 또 한 가지 비판은 'TBLT에서 다루어지는 유일한 문법은 의사소통에 문제를 일으키는 것'이다(Sheen 2003). 예를 들어 Freeman의 평가에서는 학습자가 의사소통적인 어려움에 처했을 때만 언어 형태를 처리하는 것은 아니며, 형태들이 문법 형태에만 국한되지도 않는다는 것을 보여 주었다. 미시적 평가가 제공해 주는 상세한 양적, 질적 증거는 과제 중심 교수에 대한 이러한 유의 오해를 제거하는 데 도움이 될 수 있다.

9.8 결론

본장에서는 과제 중심 교수의 거시적 평가와 미시적 평가 모두를 수행하는 경우를 검토하였고, 두 가지 유형의 예를 보고하였다. 지금까지 많은 거시적 평가가 발표되었다. 반대로, 과제의 미시적 평가는 논문집에서 거의 찾아보기 힘들다. 이러한 연구들은 국한적이기도 하고 규모도 아주 작기 때문에 이론적으로는 흥미롭지 않은 것으로 보여지기도 한다. 반대로, 과제를 조사한 발표 논문들은 상당히 많다. 이 연구들은 이론 주도적이다(예: 의미 협상의 관점에서 과제를 조사해 온 수많은 연구들). 이 연구들의 주된 목적은 교육학적 개선보다는 이론적 실험이나 이론적 발전에 있었다. 반대로, 개별 과제들의 평가는 '실행 중인 문제점을 해명할'(Norris 1990:98) 목적이 있다; 다시 말해, '과제'가 작동하는지, 그리고 어떤 방식으로 작동하는지를 규명하기 위해서이다.

과제 중심 교수의 거시적 평가와 미시적 평가는 모두 근거가 확실하다. 과제 중심 교수는 많은 교육 문맥에서 하나의 혁신이며, 모든 혁신들처럼 문맥 안에서 연구되어야 한다. '연구'와 '평가' 간의 본질적 차이는 전자가 일반적으로 문맥 변수를 무시하거나 통제하려고 하는 반면, 후자는 문맥 변수가 교재와 교수의 효율성에 영향을 미치는 방식을 조사하는 것을 목표로 한다는 데 있다. 평가자는 과제는 그것이 사용되는 문맥 안에서만 연구될 수 있다고 생각한다. 오직 이러한 방식으로만 과제가 '작동'하는지, 그렇지 않다면 어떤 요인이 작동을 방해하는지 확인할 수 있다.

'외부'에서 과제 중심 언어 교육을 비판하기는 쉽다. 과제 중심 교수에 대한 모든 중요한 비판가들(Sheen, Swan and Widdowson)은 비판의 근거를 이론이나 자신의 경험에 두고 있음을 알 수 있다. 그들 자신이 과제 평가에 참여한 적도 없고 그러한 연구들을 인용하지도 않았다[32]. 그러나 궁극적으로는 모든 교수 자료와 마찬가지로 과제 중심 교재도 경험적인 검증이 필요하다. 실제 평가의 증거를 가지고서만이 과제 중심 교수가 언어 학습을 촉진할 기회를 만들어 낼 수 있는지, 그리고 어떤 개별적이고 문맥적인 변수가 그 효과를 가능하게 하는지 결정할 수 있을 것이다.

참고 문헌

Alderson, J. and A. Beretta(eds.). 1992. *Evaluating Second Language Education*. Cambridge: Cambridge University Press.

Alderson, J and M. Scott. 1992. 'Insiders, outsiders and participatory evaluation'. In J. Alderson and A. Beretta(eds.), *Evaluating Second Language Education*. Cambridge: Cambridge University Press.

Allwright, D. 2003. 'Exploratory practice: rethinking practitioner research in language teaching'. *Language Teaching Research*, 7: 113-41.

Beretta, A. 1990. 'Implementation of the Bangalore Project'. *Applied Linguistics*, 11: 321-37. 1992. 'Evaluation of language education: an overview'. In J. Alderson and A. Beretta(eds.), *Evaluating Second Language Education*. Cambridge: Cambridge University Press.

Beretta, A. and A. Davies. 1985. 'Evaluation of the Bangalore Project'. *ELT Journal*, 39: 121-7.

Butler, Y. 2005. 'Comparative perspectives towards communicative

---

32) Sheen은 과제 중심 교수와 보다 전통적인 형태의 교수(예: Sheen 2006)를 비교하는 실험 연구를 한 적이 있었다. 하지만 이러한 연구들은 이전의 글로벌 방법 비교(예: Smith 1970)에서 경험했던 것과 동일한 문제로 인해 고생하고 있으며, 확실히 Sheen이 TBLT에 대해 한 구체적인 비판을 지지하지 않는다.

activities among elementary school teachers in South Korea, Japan and Taiwan'. *Language Teaching Research*, 9: 423–46.

Carless, D. 2004. 'Issues in teachers' reinterpretation of a task-based innovation in primary schools'. *TESOL Quarterly*, 38: 639–62.

Chan, S. H. 1995. 'A micro-evaluation-based task evaluation'. Unpublished MA paper, Temple University, Philadelphia.

Coughlan, P. and P. A. Duff. 1994. 'Same task, different activities: analysis of a SLA task from an activity theory perspective'. In J. Lantolf and G. Appel, *Vygotskian Approaches to Second Language Research*. Norwood, NJ: Ablex.

Crookes, G. and S. Gass(eds.). 1993. *Tasks in a Pedagogical Context: Integrating Theory and Practice*. Clevedon, Avon: Multilingual Matters.

Edwards, C. and J. Willis(eds.). 2005. *Teachers Exploring Tasks in English Language Teaching*. Basingstoke: Palgrave Macmillan.

Ellis, R. 1994. 'Second language acquisition research and teacher development: the case of teachers' questions'. In D. Li , D. Mahoney, and J. Richards(eds.), *Exploring Second Language Teacher Development*. Hong Kong: City Polytechnic.

_____ 1997. *SLA Research and Language Teaching*. Oxford: Oxford University Press.

_____ 1998. 'The evaluation of communicative tasks'. In B. Tomlinson(ed.), *Materials Development in Language Teaching*. Cambridge: Cambridge University Press, pp. 217–38.

_____ 2003. *Task-based Language Learning and Teaching*. Oxford: Oxford University Press.

_____ 2010. 'Second language acquisition research and language teaching materials'. In N. Harwood(ed.), *Materials in ELT: Theory and Practice* Cambridge: Cambridge University Press.

Estaire, S. and J. Zanon. 1994. *Planning Classwork: A Task Based Approach*. Oxford: Heinemann.

Foster, P. and P. Skehan. 1996. 'The influence of planning and task type on second language performance'. *Studies in Second Language Acquisition*, 18: 299–323.

Freeman, J. 2007. 'A task evaluation'. Unpublished MA paper, University of Auckland, Auckland.

Kiely, R and P. Rea-Dickens. 2005. *Program Evaluation in Language Education*. Basingstoke: Palgrave Macmillan.

Leaver, B. and Willis, J.(eds.). 2004. *Task-based Instruction in Foreign Language Education*. Washington DC: Georgetown University Press.

Li, D. 1998. 'It's always more difficult than you planned. Teachers' perceived difficulties in introducing the communicative approach in South Korea'. *TESOL Quarterly*, 32: 677–703.

Lynch, B. 1992. 'Evaluating a program inside out'. In J. Alderson and A. Beretta(eds.), *Evaluating Second Language Education*. Cambridge: Cambridge University Press.

McDonough, K. and Chaikitmongkol, W. 2007. 'Teachers' and learners' reactions to a task based EFL course in Thailand'. *TESOL Quarterly*, 41: 107–32.

Mitchell, R. 1992. 'The "independent" evaluation of bilingual primary education: a narrative account'. In Alderson and A. Beretta(eds.), *Evaluating Second Language Education*. Cambridge: Cambridge University Press.

Mitchell, R and J. Lee. 2003. 'Sameness and difference in classroom learning cultures: interpretations of communicative pedagogy in the UK and Korea'. *Language Teaching Research*, 7: 35–63.

Norris, N. 1990. *Understanding Educational Evaluation*. London: Kogan Page.

Nunan, D. 1989. *Designing Tasks for the Communicative Classroom.* Cambridge: Cambridge University Press.

_____ 1990. 'The teacher as researcher'. In C. Brumfit and R. Mitchell(eds.), *Research in the Language Classroom. ELT Documents 133.* Modern English Publications.

_____ 2004. *Task-based Language Teaching.* Cambridge: Cambridge University Press.

Prabhu, N. S. 1987. *Second Language Pedagogy.* Oxford: Oxford University Press.

Samuda, V. and M. Bygate. 2008. *Tasks in Second Language Learning.* Basingstoke: Palgrave MacMillan.

Seedhouse, P. 1999. 'Task-based interaction'. *ELT Journal,* 53: 149–56.

_____ 2005. '"Task" as research construct'. *Language Learning,* 55(3): 533 –70.

Sheen, R. 1994. 'A critical analysis of the advocacy of the task-based syllabus'. *TESOL Quarterly,* 28: 127–57.

_____ 2003. 'Focus-on-form –a myth in the making'. *ELT Journal,* 57: 225 –33.

_____ 2006. 'Focus on forms as a means of improving accurate oral production'. In A. Housen and M. Pierrard(eds.), *Investigations in Instructed Second Language Acquisition.* Berlin: Mouton de Gruyter.

Simons, G. 1997. 'Finding your way communicatively: a micro-evaluation of a task'. Unpublished MA paper, Temple University, Philadelphia.

Skehan, P. 1998. *A Cognitive Approach to Language Learning.* Oxford: Oxford University Press.

Smith, P. 1970. 'A comparison of the audiolingual and cognitive approaches to foreign language instruction: the Pennsylvania Foreign Language Project'. Philadelphia: Center for Curriculum

Development.

Swan, M. 2005. 'Legislating by hypothesis: the case of task-based instruction'. *Applied Linguistics*, 26: 376–401.

Ur, P. 1981. *Discussions that Work*. Cambridge: Cambridge University Press.

Van den Branden, K.(ed.) 2006. *Task-based Language Education: From Theory to Practice*. Cambridge: Cambridge University Press.

Van den Branden, K., M. Bygate and J. Norris. 2009. *Task-based Language Teaching: A Reader*. Amsterdam: John Benjamins.

Wajnryb, R. 1990. *Grammar Dictation*. Oxford: Oxford University Press.

Weir, C. and J. Roberts. 1994. *Evaluation in ELT*. Oxford: Blackwell.

Widdowson, H. 2003. *Defining Issues in English: Language Teaching* (Chapter 9–Pedagogic Design). Oxford: Oxford University Press.

Willis, J. 1996. *A Framework for Task-Based Learning*. Harlow: Longman.

Yuan, F. 1997. 'Planning and complex language production: a micro-evaluation of two tasks'. Unpublished MA paper, Temple University, Philadelphia.

Yule, G. and D. McDonald. 1990. 'Resolving referential conflicts in L2 interaction: the effect of proficiency and interactive role'. *Language Learning*, 40: 539–56.

⑩
교사들이 교재에서
실제로 원하는 것은 무엇인가?

Hitomi Masuhara

10.1 들어가기

지난 30년 동안 일본, 영국, 싱가포르, 오만 등지에서 언어를 가르칠 때 교재에서 무엇을 원하는지 물어봤었더라면 내 대답은 늘 같았을 것이다: '아주 매력적이고 영감을 주며 유연하고 효과적인 교재였으면 좋겠다. 별다른 준비없이 그냥 가르치기만 하면 되니까.' 실제로 나는 교재를 사용할 때마다 개작을 해야 했다. 예를 들어 교육당국이 승인한 교재는 가끔 교수요목이나 교수법, 시험의 제약을 너무 받는 것 같아서 그 교재들을 사용하기가 어렵다는 것을 알게 되었다.

반대로 영어권에서 개발한 범용 교재는 성공을 약속하는 보다 최신의 접근법을 적용하여 인상적으로 보였지만, 내용들이 내 교실에 적용하기에는 지나치게 이질적이었다. 최소한의 개작만을 한 시기는 내가 직접 교재를 만들어서 사용했을 때였다. 내가 일했던 모든 기관의 언어 교사 동료들은 다른 교과목-내용과 접근법이 일관성이 있어 보이고 교재를 개작하거나 보충자료를 만들 필요도 없어 보이는- 교사들에 비해 더 열심히 일해야 하는 것에 대해 불평하였다. 30년이 지난 지금도 이상적인 교재는 내 꿈속에서만 존재하고 내 한탄은 전 세계의 동료들 사이에서도 울려 퍼지는 것 같다. 이제는 교사들의 요구와 필요도 보다 진지하게 받아들여져야 하지 않을까?

1980년대부터 1990년대 초반까지는 학습자 변인이 여러 연구에서 주목을 받았다(Ellis 1994; Larsen-Freeman and Long 1991). 공통어로서의 영어에 대한 필요성이 전 세계적으로 증가한 것도 학습자 중심 교육과정(Johnson 1989; Nunan 1988)과 요구분석(Hutchinson and Waters 1987)의 요구가 높아진 원인이다. 교재는 이러한 변화를 반영했고, 띠지 광고에서는 자신들의 교재가 학습자들의 필요와 관심을 충족하기 위해 설계되었다고 강조하였다.

1990년대 후반부터 2000년대까지 제2언어(이하, L2) 학습자 프로필이 더욱 복잡해짐에 따라 학습자 변인도 더 많은 관심을 끌게 되었다(Doughty and Long 2003; Ellis 2008). 현재의 L2 사용자들의 양상은 믿을 수 없을 정도로 다양하다(Cook 2002; Graddol 1997, 2006). 가령 어떤 학습자는 다양한 사회경제적, 언어적 수준에 있는 이민자일 수 있고, 어떤 학습자들은 자국 내에서 목표 언어로 내용 교과를 공부하는 어린 학습자들일 수도 있고, 또 어떤 학습자들은 직장에서 다양한 수준의 국제 의사소통 스킬을 필요로 할 수도 있다. Long(2005: 1)은 최근 학습자 변인의 복잡성을 인정하고, '환자를 해치는 것에 대한 철저한 진단 전에 어떠한 의학적 개입도 하지 않는 것처럼, 어떠한 언어 교육 프로그램도 철저한 요구분석 없이 설계되어서는 안 된다'고 주장하였다.

염려스러운 점은, 학습자 변인에 대한 연구의 범위, 수와는 대조적으로, 교사 변인에 대한 연구도 진행은 되어 왔지만 여전히 그 수가 적다는 것이다. 예를 들어 전 세계적으로 누가 이러한 다양한 학습자들을 가르치고 있는가? 교사 프로필은 학습자 연구에서 잘 드러나지 않는다. 상당수의 언어 교육 문헌에서 교사는 방법론의 목표와 방법론이 기초하고 있는 학습 이론에 의해 결정된 역할을 유연하게 적응할 것이라고 기대되는 익명의 수동적 존재로 간주되는 것 같다(Larsen-Freeman 2000;

Richards and Rodgers 2001).

　교사 교육에 관한 문헌들도 그러한 견해에 동의하여 교사들의 변화를 돕는 데 초점을 두고 있는 것처럼 보인다. 교사의 필요와 요구와 같은 개인적 측면들이 저널 연구와 교실 관찰을 통해 밝혀질 때조차도, 교사의 필요와 요구가 학습자를 성공으로 이끈 교사 변화의 증거로서만 생각하는 것처럼 보인다(Freeman and Richards 1996; Richards and Nunan 1990).

　Richards(2008)는 과거, 교사 교육이 얼마나 '이론적 지식(knowledge about)'(언어에 대한 지식과 언어 학습과 교수에 대한 지식을 포함)과 '방법론적 지식(knowledge how)'(교수 방법론과 실제적인 교실 관리 스킬이 포함)의 전달에 초점을 둔 경향이 있었는가를 성찰하고 있다. 그는 전통적 교사 교육에서는 교사들이 일단 두 가지 지식 중 하나, 혹은 둘 다를 익히면 잘 가르칠 수 있게 될 것으로 가정하였다고 지적한다. 그런 다음, 교사 교육에서 사회 문화 이론(Lantolf 2000)과 교사 인식 연구(Borg 2006)를 통해 알게 된 보다 최근의 접근법을 설명하고 있다. 그러한 접근법 하에서 교사들은 대화적이고 협력적인 조사를 통해 자신들의 실천의 이면에 있는 자신의 신념과 원리를 알게 되도록 지도 받는다.

> 교사 훈련에 관한 전통적 관점에서는 교사의 과제를 실천에 이론을 적용하는 것으로 보는 경우가 많았지만, 보다 최근의 관점에서는 교사 훈련을 실천의 이론화, 다시 말해 실천자 지식의 본질을 가시화하고 그러한 지식이 정교하고 이해가능하고 검토될 수 있는 수단을 제공하는 것으로 본다.
>
> (Richards, 2008: 164-5)

교사들의 필요와 요구에 대한 연구가 더 많이 필요하다고 강력히 주장하고 싶다. 교사들은 궁극적으로 교실에서 교육과정, 교수요목, 교수법, 교재를 구현하는 이들이기 때문에 언어 교육과 학습에 있어 중요한 위치에 있다. 교사들은 교재 개발에서 중심적인 역할을 한다-왜냐하면 교재를 선택하고(또는 적어도 선택 과정에 약간의 영향력을 미치며), 실제로 교재를 가르치고 교재를 개작하고 개발하는 사람들이기 때문이다. Tomlinson and Masuhara(2004: (ii))는 '교사들은 모두 자기 나름의 언어 학습에 대한 직관적인 이론을 가지고 있기 때문에, 원리적이고 일관적인 방식으로 이 이론들을 개발하고 정교화하도록 도와주면, 그들이 효과적인 언어 학습 교재를 개발하고 사용하는 데 도움을 줄 수 있다'고 주장한다. 학생들이 왔다 가는 것처럼 교재도 마찬가지이지만, 교사들은 그대로 남아 있다.

따라서 Masuhara(1998)의 개정판인 본고에서는 1998년 이후에 출판된 교사 변인에 관한 문헌 리뷰를 업데이트하고 교사 변인 연구를 통해 얻을 수 있는 몇 가지 잠재적 편익을 재평가할 생각이다. 특히 교재에서 교사의 필요와 요구를 어떻게 식별하고 교재 개발 프로세스에서 그것에 부응할 수 있는지에 대해 초점을 두려고 한다.

10.2 필요와 요구분석이란

요구분석은 1980년대 이후 언어 교육 관련 문헌에서 두드러지게 나타난다(예: Hutchinson and Waters 1987; Johnson 1989; Long 2005; Richards 1990; Robinson 1980 and 1990). 그러나 문헌들은 모두 예외 없이 학습자의 요구에 초점을 둔 것 같다. 교사의 요구는 논의되었다 하더라도 언어 프로그램의 일반적인 매개변수 측면에서 상황 분석의 한 부분으로만 다루어졌다.

문헌에서 '요구'는 어떻게 정의되어 있을까? 필요는 (a) 주체(누구의 요구인가?), (b) 유형(어떤 유형의 요구가 확인되었는가?), (c) 출처(요구의 출처는 무엇인가?)의 관점에서 정의되는 듯하다. 문헌에서 식별한 요구를 〈표 10.1〉에 요약하였다.

〈표 10.1〉 요구분석 문헌에서 확인된 '요구' 목록

주체	유형	출처
학습자의 요구	개인적 요구	나이, 성별, 문화적 배경 관심, 학력
	학습 요구	학습 스타일 이전 언어 학습 경험 지식의 관점에서 목표 레벨과 현재 레벨 간의 차이(예: 목표 언어와 목표 문화) 다양한 수행능력 영역(예: 스킬, 전략)에서 목표 능숙도 레벨과 현재의 능숙도 레벨 간의 차이 코스를 위한 학습 목표와 기대
	장래 직업적 요구	언어 사용의 언어 지식 L2 역량에 대한 미래 사업의 요구사항
교사의 요구	개인적 요구	나이, 성별, 문화적 배경 관심, 학력 교사의 언어 능숙도
	직업상의 요구	선호하는 교수 스타일 교사 연수 경험 교수 경험
관리자의 요구	제도상의 요구	사회정치적 필요 시장 원리 교육 정책 제약들(예: 시간, 예산, 자원)

표 10.1처럼 요구를 구분하는 것은 교재 개발에 대한 이전 조사 연구에서 불분명한 영역이었던 일부를 설명하는 데 유용할 것으로 보인다. 학생들의 요구와 관심을 만족시키기 위해 테스트했다고 주장하는 한 교재를 예로 들어보자. 이 주장이 유효하려면 학습자로부터 직접 얻은 데이터여야 하며, 주관적 수단(예를 들어, 학습자 설문지, 인터뷰, 저널 등)뿐만 아니라 객관적 수단(예를 들어, 잠재적인 분야에서의 언어 사용에 대한 말뭉치 연구, 장래 직업 설명서, 수업에서 관찰되거나 진단테스트로 측정된 학습자의 L2 수행에 있어서의 강점과 약점) 등의 관련 문서로부터 데이터를 가져와야 한다. 주관적 데이터도 유익한 정보를 제공해주지만 신뢰성 측면에서 취약하고 가변적인 경향이 있다.

따라서 학습자의 요구를 만족시킨다는 주장이 만약 교사에게 사용 중인 교재가 학습자의 요구를 충족하는지를 물은 설문지에 대체로, 혹은 전적으로 기초하였다면 마땅히 비판받아야 한다. 이러한 설문조사는 학습자 요구에 대한 교사 인식만을 측정하는 것이기 때문에 꼭 실제 학습자의 요구를 대표한다고는 보기 어렵다(이에 대해서는 Masuhara 1994; Tomlinson 1995 참조). 표 10.1에서처럼, 요구를 요약하는 것도 다른 카테고리의 요구가 어떻게 다른 요구에 영향을 주는지를 기술하는 데 필수적이다. 예를 들어, 교재에서 필요한 것은 무엇인지 질문했을 때(이러한 연구 보고서는 Masuhara and Tomlinson 2008; Tomlinson and Masuhara 2008 참조), 교사들의 반응은 다음 사항들에 영향을 받을 수 있다.

1. 행정적 요구에 대한 교사들의 인식
   예를 들어 학교가 자원도 부족하고 교수요목도 매우 엄격하며, 교사들은 이를 따라야 한다.
2. 측정된 학습자의 요구
   예를 들어 교사는 코스 초반에 진단테스트를 실시하였기 때문에 학습자의 의사소통 요구를 인지하고 있다.

3. 학습자의 요구에 대한 교사들의 인식

예를 들어 교사들은 일본 학생들은 조용하고 수줍음이 많기 때문에 특별한 말하기 훈련이 필요하다고 생각한다.

4. 교사들의 요구

예를 들어 최근 ELT 전문가들은 학습자 중심 접근법을 추천하고 있고 언어 센터의 다른 동료들도 이 추세를 따르고 있지만, 이 교사는 어떤 학습자에게는 교사 중심 접근법을 더 선호하고 살짝 신뢰하고 있다.

이러한 혼돈을 피하기 위해서는, 표 10.1에서 교사 **고유의** 필요와 요구만을 따로 추출해서, 조사를 용이하게 해 주는 보다 정제된 틀을 설계하는 것이 필요해 보인다. 〈그림 10.1〉과 〈그림 10.2〉는 이 틀을 교사 고유의 필요와 요구 연구에 적용해 본 것이다.

교사 요구(〈그림 10.1〉 참조)는 두 가지 일반 영역으로 구성될 수 있다: (1) 나이, 성별, 성격, 선호 학습 스타일, 문화적 및 교육적 배경과 같은 개인적 특성에서 가져온 것, (2) 교사의 전문가적 수준, 교육 경험의 기간과 유형과 같은 교사의 직업적 특성에서 얻은 것.

아래에 확인된 방법에 따라 요구를 세 가지 유형으로 분류하였다.

(a) 스스로 인지한 요구- 교사에 의해 보고된 요구로, 교사 스스로가 분명히 표현할 수 있는 것들이다.

(b) 타인이 인지한 요구- 교사 자신은 알지 못해서 분명히 표현하지 못하고, 질적 데이터(예: 수업 관찰, 교사에 대한 인터뷰와 설문조사 응답 경향 분석)의 응답을 분석한 타인(예: 동료, 교사 연수 담당자, 연구자)에 의해 식별되는 교사 요구

(c) 객관적으로 측정된 요구- 정확하고 공정하고 편향되지 않은 제삼자가 양적 데이터를 수집, 분석, 해석하는 객관적인 연구를 통해

확인된 요구(예: 교사에게 특정 과제를 수행하도록 한 다음 훈련된 연구자가 프로세스와 산출물을 분석하는 과제 중심 요구분석).

〈그림 10.1〉 교사 자신의 요구

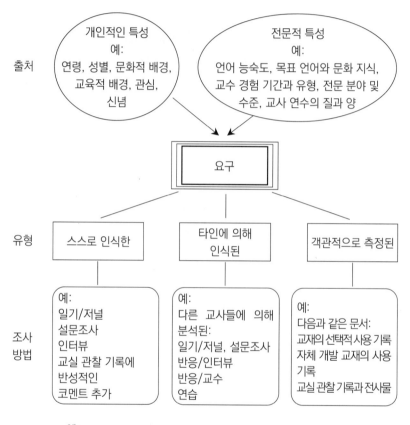

출처

개인적인 특성
예:
연령, 성별, 문화적 배경,
교육적 배경, 관심,
신념

전문적 특성
예:
언어 능숙도, 목표 언어와 문화 지식,
교수 경험 기간과 유형, 전문 분야 및
수준, 교사 연수의 질과 양

요구

유형

스스로 인식한

타인에 의해
인식된

객관적으로 측정된

조사
방법

예:
일기/저널
설문조사
인터뷰
교실 관찰 기록에
반성적인
코멘트 추가

예:
다른 교사들에 의해
분석된:
일기/저널, 설문조사
반응/인터뷰
반응/교수
연습

예:
다음과 같은 문서:
교재의 선택적 사용 기록
자체 개발 교재의 사용
기록
교실 관찰 기록과 전사물

가능한
연구
결과

예:
1. 다음을 제공해 주는 교사의 심리적 요구의 확인:
   a) 변화에 대처하는 데 도움이 되는 교사 개발
   b) 대안(예: 교재의 재설계, 다양한 교재 선택)
2. 교사 개발 교육과정의 새로운 접근법에 대한 통찰력
3. 교사 지침서의 내용, 범위, 포맷에 관한 정보
4. 교재의 개발과 평가를 위한 내용 목록
5. 평가를 위한 교사의 필요에 기초한 기준

만약 스스로 인식된 요구의 주관적인 데이터가 삼요인측정(triangulated)이나 다른 종류의 데이터(즉, 타인이 인지하는 요구, 객관적으로 측정된 요구)로 검증된다면 해당 연구의 타당성과 신뢰성이 높아질 것이다. 가령 어떤 교사가 교실 운영에 자신이 없다고 보고했다고 해 보자. 그의 자신감 부족은 외부인에 의한 일련의 교실 관찰에서 확인되었다. 교사-학습자 상호작용에 관한 양적 연구에서 이 교사는 공개 토론을 촉진하기 위해 그룹을 조정할 때 특히 어려움을 겪는 것 같다는 것이 밝혀졌다. 추가 분석 결과, 교재는 이 교사가 매일 마주하게 되는 수업보다 훨씬 작은 규모의 수업을 전제로 한 것으로 나타났다. 따라서 이 경우의 해결책은 교재에 대처하는 교사 훈련이 아니라 대안 제공(예를 들어 큰 계층 상황에 맞게 적절히 설계된 교재)일 것이다.

교사 요구에 관한 연구는 가령, 교사 지침서 개발을 위한 내용, 범위, 포맷에 대한 유용한 정보를 제공해 줄 수 있을 것이다. 경험이 부족한 교사는 경험이 풍부한 교사에 비해 교사 지침서에 기재된 교수 방법에 대한 보다 상세한 지침과 제안들을 필요로 할 것이며, 이들은 활용할 수 있는 많은 다양한 선택적 활동이나 흥미로운 생자료를 제공해 주는 교사 지침서를 선호할 수도 있다.

요구의 확인은 교사 요구가 교재의 최종적인 선택을 예측하고, 가령 그것을 특정 교재의 인기 지표로서 일반화할 수 있는가를 조사하는 흥미로운 소규모 실행 연구 프로젝트를 할 수도 있을 것이다. 교사 요구 연구는 교재의 개발과 평가 시 내용 범위 목록을 제공할 수도 있을 것이다.

교사 자신과 제삼자에 의해 '요구'로 확인된 것이 사실은 그들의 '필요'인 경우도 많다. 가령 일반 목적의 영어 중급 코스에 학습자의 요구 평가와 관리자의 교육적 결정에 기초하여 1주에 두 번 다독 수업을 포함할 수도 있겠지만, 교사가 이러한 접근법의 가치를 굳게 신뢰해서 다독 접근법을 권장하기 위해서일 수도 있다.

그러나 교사 요구(〈그림 10.2〉 참조)는 필요하거나 의무적이거나 권장되거나 추정되지 않는다는 사실에도 불구하고 선호도가 있을 때 필요와 구별될 수 있다. 예컨대 나는 교사들이 특정 접근법(예: 발견 접근법으로 문법 가르치기)을 채택하고 싶어 한다면, 관리자와 동료들이 그 접근법이 중요하지 않다거나 심지어 적합하지 않다고 여기더라도 그것을 교사 요구라고 부를 것이다. 혹은 교사들이 자신의 구어 수업에서 말하기와 연관이 없음에도 강화를 위해 창조적인 글쓰기 활동을 집어넣으려 할 수도 있다. 이러한 의미에서 교사 요구 연구는 교수의 색다른 측면, 교재 커버 범위의 차이, 교재 개발이나 사용에 있어서 혁신적 접근법의 발견으로 이어질 수도 있다. 교사 요구 연구는 결국 효과적인 언어 학습으로 이어질 수 있는 교재와 방법에 대한 교사들의 선호를 밝혀낼 수 있을 것이다. 〈그림 10.2〉에 교사 요구의 출처와 유형, 그리고 가능한 연구 방법과 결과를 요약하였다.

〈그림 10.1〉과 〈그림 10.2〉가 설명하려고 하는 이론적 틀은 교재의 옹호론자와 회의론자 사이의 타협할 수 없고 반복되는 듯 보이는 논쟁을 해결하는 데 도움이 될 것이다. 교사들이 교재에 대해 가지는 필요와 요구가 논쟁의 양쪽편에서 증거로 사용되기도 하였다. 과거의 고전적 사례를 하나 보자. Sheldon(1988)은 교사들이 이론적, 실질적으로 보다 견실한 교재에 대한 필요와 그러한 교재를 얻지 못하는 것에 대한 좌절감을 상당히 설득력 있게 기술하였다. 그리고 그는 교사들의 현장의, 즉각적인 필요에 의해 개작하고 보충할 수 있는 컴퓨터 프로그램을, '출판된' 미래의 핵심 교재의 하나로 환영했다. 여기에서 웹 저작 프로그램과 멀티미디어의 발전으로 인해 자원이 풍부한 환경에 있는 교사들이 점차 그러한 자유를 누릴 수 있도록 하고 있다는 점을 언급하려고 한다. 반면, Hutchinson and Torres(1994)는 교사의 교실 운영에 있어서의 안정성 요구를 보여주는 Torres의 설문조사 결과를 인용하여, 구조화된 교

재(structured coursebooks)의 이점을 주장하였다. 이 두 논문을 읽어 보면 독자들은 미래의 교재에 대한 교사들의 요구가 정확히 무엇인지를 확신할 수 없을 것이다: 사용자의 수정을 전제로 하는 유연한 교재인가, 아니면 구조화되어 있어 누구나 이용할 수 있을 것으로 보이는 교재인 가? Sheldon이 보고한 교사들의 요구는 Torres가 주장한 것과는 상당히 달라 보인다. 단 한 가지 주장에 근거한 해결책은 다른 주장에 반영된 교사들의 문제점을 해결하지 못할 것이다. 교재를 도구로 여기는 사람들과 그것을 대본으로 여기는 사람들 간의 이 논쟁은 모습만 달리해서 반복되는 것처럼 보인다(Tonbury 2000, 2005; Tomlinson 2008a).

이론적 틀(〈그림 10.1〉 참조)은 각각의 주장을 균형잡힌 시각으로 보는 데 도움이 된다. 틀을 비교해서 살펴보면 양쪽 주장의 힘이 감소하기 시작한다. 첫째, 두 경우 모두 교사 요구를 추정하거나 정의하지 않고 있다. 둘째, 특정 교사 요구를 어떻게 확인하였는가에 대한 출처와 방법이 명시적으로 확인되지 않는다. 예를 들어, Sheldon(1988)은 교사들이 누구인지, 표본 추출이 어떻게 이루어졌는지 명시하지 않은 채 교사요구를 설명하기 위해 일화를 이용하였다. Hutchinson and Torres(1994)의 주장은 설문지 조사에 근거하지만 표본의 비대표성이 주장의 일반화 가능성을 제한하는 것처럼 보인다.

틀(〈그림 10.1〉)은 갈등의 근원이 되는 곳을 찾는 데도 도움이 된다. Sheldon(1988)과 Hutchinson and Torres(1994) 사이의 명백한 모순은 사실 같은 근원에서 파생되는 것처럼 보인다. 이 경우 교사의 자신감과 전문성이 교재로부터 그들이 교재로부터 필요로 하는 것에 대한 인식에 영향을 미쳤다. 그러므로 교사들의 다양한 수준의 교사들의 직업적 능력과 자신감으로부터 비롯된 다양한 요구에 어떻게 부응할 것인가를 탐구할 필요성이 여기에서의 진짜 이슈이다.

〈그림 10.2〉 교사 자신의 요구

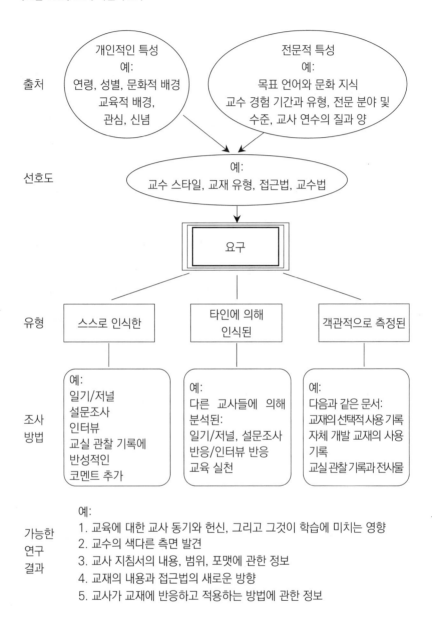

출처

개인적인 특성
예:
연령, 성별, 문화적 배경
교육적 배경,
관심, 신념

전문적 특성
예:
목표 언어와 문화 지식
교수 경험 기간과 유형, 전문 분야 및
수준, 교사 연수의 질과 양

선호도

예:
교수 스타일, 교재 유형, 접근법, 교수법

요구

유형

스스로 인식한

타인에 의해
인식된

객관적으로 측정된

조사
방법

예:
일기/저널
설문조사
인터뷰
교실 관찰 기록에
반성적인
코멘트 추가

예:
다른 교사들에 의해
분석된:
일기/저널, 설문조사
반응/인터뷰 반응
교육 실천

예:
다음과 같은 문서:
교재의 선택적 사용 기록
자체 개발 교재의 사용
기록
교실 관찰 기록과 전사물

가능한
연구
결과

예:
1. 교육에 대한 교사 동기와 헌신, 그리고 그것이 학습에 미치는 영향
2. 교수의 색다른 측면 발견
3. 교사 지침서의 내용, 범위, 포맷에 관한 정보
4. 교재의 내용과 접근법의 새로운 방향
5. 교사가 교재에 반응하고 적용하는 방법에 관한 정보

10.3 교사 - 멸종 위기에 처한 종

교재 생산자(즉 전문적인 교재 개발자와 출판사)와 사용자(즉 교사, 관리자 및 학습자) 간의 역할 분담이 점점 더 명확해짐에 따라 교사 필요와 요구를 탐구하는 것도 더 중요해졌다. 기술의 놀랄만한 발전 덕분에 ESL/EFL 교재가 더욱 정교해지고 확산되었지만, 한편으로 교재 생산자와 교재 사용자들 간에 더 많은 역할 분담이 필요하게 되었다.

최신 교재 제작에 드는 엄청난 시간과 에너지 그리고 다양한 전문지식(Donovan 1998; Amrani-본서 11장)은 자원이 부족한 교육 환경에서 과도한 업무를 담당하고 있는 교사들을 잠재적 교재 작성자로부터 소외시키고 있는 것처럼 보인다. 교사들이 자체 제작한 교재를 효과적인 방법론적 지식을 더해 현장 요구에 맞게 더 정교하게 조정할 수도 있겠지만, 상업용 교재의 화려하고 고급스러운 색상이나 외형이 더 눈길을 끌고 학습자들에게는 안면타당도도 더 높아 보일 수 있다(Zacharias 2005).

생산자와 사용자 간의 구분은 교육과정 개발/교육과정 설계 프로세스의 일관성 있는 나선형적 순서(linear sequence)에도 영향을 끼쳐 숙련되지 않은 교사를 양산할 수 있다는 우려도 낳고 있다.

전통적으로 교육과정 설계 프로세스(예: Dubin and Olshtain 1994; Johnson 1989; Richards 1990)에서는 교재 설계나 교재 선택이 프로세스의 후반 단계에 와야 한다고 제안한다. 이 분야의 전문가가 권장하는 교육과정 설계 순서는 〈그림 10.3〉의 나선형 모델 X로 요약할 수 있다.

〈그림 10.3〉 모델 X – 코스 설계 절차

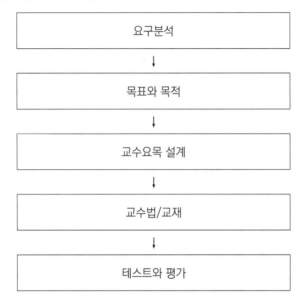

이 모델 X는 교수 문맥과 학습자 요구에 따라 목표와 목적의 틀이 어떻게 달라지는지를 보여준 다음, 목표와 목적에 따라 최선의 교수법과 교재가 결정되는 방식을 보여준다. 교사들이 교육과정 개발팀의 멤버로 참여하여 전체 순서가 일관성 있도록 하는 것이 이상적이다(Carl 2009). 최근 모델들은 복잡하기도 하고 비선형적으로 보이기도 하지만, 기본 원칙은 학습자 프로파일링과 목표 설정 작업을 초기 단계에서 하고 교재 선택은 마지막 부분에서 하는 것으로 보인다(Gustafson and Branch 2002; Wiles and Bondi 2010).

한편 교사들은 이 이론적 모델 X가 그들이 전 세계 ELT 기관에서 경험하는 실제적인 순서를 대표하지는 않는다고 생각할 수 있다. 대신 더 익숙한 순서는 다음과 같은 방법으로 설명할 수 있다.

첫째, 교사와 관리자가 특정 수업과 학습자들에 대한 매우 일반적인 프로필을 작성한다. 이 프로필에서 학습자의 특성들은 학습자의 코스 선호도, 코스 시작 시 치른 시험 결과에 기초한 능숙도 수준으로 정의된다. 교수 목표는 대개 코스의 명칭(예: 1급 자격증 준비 코스, 구어 커뮤니케이션I)으로 표현된다.

교재 선정은 코스 설계 순서의 두 번째 단계에서 중요한 위치를 차지한다; 교사와 관리자는 상업적으로 출판된 교재 중에서 초급 단계로 규정된 수업에 맞는 교재 하나를 선택한다. 교재 선정 전에, 모델 X가 추정하는 요구분석, 목표 명세, 교수요목 설계, 교수법 선정과 같은 단계는 생산자(예: 교재 저자와 출판사)가 담당하는 것으로 가정한다. 실제로 생산자들은 목표 학습자, 목적, 교수법에 관한 정보를 광고나 책 서문을 통해 잠정적인 선택자(예: 관리자와 교사)에게 제공한다. 또 단원들이 코스에 일관성 있고 유기적으로 통합되어 있다는 것을 보여주는 교재 구성표를 제공하기도 한다. 위에서 소개한 코스 설계 순서는 모델 Y((그림 10.4) 참조)로 요약할 수 있다. 모델 Y와 모델 X를 대조해 보면, 코스 설계의 주요 단계가 어떻게 교사와 관리자의 손에서 교재 생산자의 손으로 이동해 왔는지가 분명해진다. 전문가들이 모델 X의 전제조건으로 추천한 학습과 교수 상황의 신중하고 철저한 분석 (Long 2005)은 모델 Y에서 제시된 시스템에서 활동하는 교사와 관리자에게는 적합하지 않은 것처럼 보일 수 있다; 학습자 수준과 목적을 느슨하게 규정하고 있지만 이용가능한 기설계된 교재가 제한적임에도 충분히 교재를 선택할 수 있다.

교재 저자와 출판사는 요구분석, 목표와 목적 상세, 교수요목 설계와 교수법 선정 단계를 거쳤을 수도 있고 그렇지 않을 수도 있겠지만(본서 11장의 Amrani, 6장의 Bell and Gower; Donovan 1998; 본서 7장의 Prowse 참조), 교사와 관리자는 교재의 선정과 융통성 있는 사용을 통해서만 이러한 프로세스들을 감독할 수 있다.

〈그림 10.4〉 모델 Y - 실제 코스 설계 절차

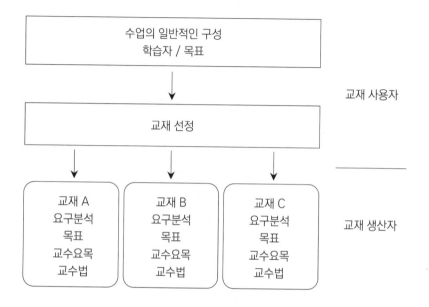

이러한 경우, 교재 저자와 교재를 만드는 출판사는 교사보다 코스 설계 프로세스에 더 직접적인 통제력을 가진다고 할 수 있다. 지배력의 정도는 교사가 교재를 얼마나 많이, 얼마나 가깝게 따르는지, 혹은 교재를 융통성 있게 사용하는 데 교사가 얼마나 많은 주도권을 가지느냐에 달려 있다. 교사가 교재를 어떻게 자원으로 사용하는지를 보여주는 최근의 연구들도 일부 있지만(예: Gray 2002; Lee and Bathmaker 2007), 나머지 연구들은 교사들이 출판 교재들을 얼마나 숭배하고 그것들을 대본으로 얼마나 엄격하게 사용하는지 보여준다(예: Bacha 외 2008; Ghosn 2003; Zacharias 2005).

사실 교재가 교사들을 교재에 전적으로 의존하게 만들 수 있는지에 관한 논쟁에서 이러한 현상은 교사들의 입장을 축소시킬 가능성이 있다.

Hutchinson and Torres(1994: 315)에 보고된, Littlejohn(1992: 845) 은 자신의 박사학위 논문에서 '교재가 제공하는 정확한 지침은 교사의 역할을 미리 계획된 교실에서 일어나는 일을 관리하거나 감독하는 수준으로 축소시킨다'고 하며 그러한 우려를 표명했다. 교재로부터 교사의 독립을 지지하는 Thornbury의 Dogme[33] 논쟁에서도 유사한 논쟁이 반복된다(Thornbury 2000, 2005; Meddings and Thornbury 2009).

이러한 논쟁들은 위의 모델 Y에 묘사된 체계에 내재하는 갈등의 부정적인 측면을 증명하고 있는 것처럼 보인다. 최근 학습자와 교수 환경이 다변화함에 따라 사용자들의 필요와 요구를 충족시키는 일은 교재 제작자들에게 있어 엄청난 도전이 될 수 있다. 모델 Y에 제시된, 이처럼 널리 행해진 절차가 교육과정 개발에서 적용되지 않은 것으로 보이는 것은 놀라운 일이다. 부정적인 효과를 내지 않고 이 절차를 어떻게 가장 잘 활용할 수 있는지에 대한 논의도 말할 것도 없다.

Tomlinson and Masuhara(2010)에는 사용자가 생산자가 되어 교재 개발, 사정, 평가를 통해 코스 설계에서 완전한 통제력을 되찾기로 결정한 후 개발한 자체 교재 및 현지 교재 개발을 다룬 10가지 사례 연구가 포함되어 있다. 가령 Al-Busaidi and Tindle(2010)은 교육기관 기반 교재 개발 프로젝트의 전 과정과 그것이 교사와 학생들에게 미친 영향을 보고한다. 이러한 Tomlinson and Masuhara(2010년)의 연구들은 자체 제작 교재는 부실할 것이며 이론적, 교육적으로 근거가 없을 것이며, 학생들의 눈에는 안면타당도가 결여될 것이라는 과거에 언급한 우려들을 반증하는 것 같다(Hutchinson and Waters 1987; Sheldon 1988). 그러나 대다수 교사들은 그러한 제도적 지원을 받지 못할 수도 있고, 기

---

33) [역자주] Dogme는 출판한 교재가 없는 교사를 장려하고 대신 학습자와 교사 사이의 대화 소통에 초점을 맞추는 언어 교육에 대한 의사소통 방식이다.

성 교재의 사용자로 남는 것이 오히려 행복할 수도 있을 것이다.

긍정적인 점을 하나 더 언급하자면, 교재에 교사의 요구와 필요가 반영되고, 개발자들은 이론적 타당성을 추구하며, 교사들은 교수에 있어서 전반적 통제권을 갖는다면, 교재 생산자와 사용자 간의 이러한 역할 분담은 오히려 합리적이고 현실적인 것으로 보일 수도 있다. 중요한 문제는 교사의 필요와 요구를 어떻게 교재 개발 프로세스에 활용하고 제공할 수 있는가 하는 점에 있다. 역할 분담과 코스 설계 순서의 전환이라는 두 가지 현대적 현상이 그대로 유지되고, 성공적인 교수의 최종 책임이 여전히 교사들에게 귀속된다면, 교사들에게 힘을 실어줄 수 있는 효율적이고 효과적인 시스템이 구축되어야 할 것이다.

10.4 교사의 자율권/권한

10.4.1 출판 교재의 품질에 대한 객관적 측정의 필요성

제안

Sheldon(1988)은 객관적 측정을 달성하는 몇 가지 방법을 옹호했다.
- ELT 교재용 *Which?* 잡지[34] 도입의 중요성(Brumfit 1980: 30).
- 교사와 학습자의 협동 리뷰와 같이, 타당성, 유용성, 가능성을 향상시키기 위해 ELTJ(ELT *journal*) 리뷰의 개선과 혁신.

개발
- ELT 교재용 *Which?*는 사용자와 문맥 다양성의 증가로 인해 단순 비교가 쉽지 않기 때문에 구체화되지 않았다. 그러나 요즘, 최근 교재

---

34) [역자주] Which?는 영국에서 발행되는 상업 잡지로, 독립적인 평가자가 다양한 상품과 서비스를 비교하여 점수를 매기는 시스템을 채용하고 있다.

평가를 다룬 연구 기반 보고서는 훨씬 더 많이 출판되고 있는 것 같다(Bao 2006; Mukundan 2006; Tomlinson 2008 b; Tomlinson and Masuhara 2010, Truong and Pan 2009)).

- ELT *Journal* 리뷰의 개선, 혁신이 자리를 잡았으며 제대로 작동하는 것 같다. 전문가에 의한 전통적인 인상적 사용 전 리뷰와 더불어, 협력적이고 체계적인 사용 전 리뷰(예: Masuhara 외 2008 ; Tomlinson 외 2001)도 정기적으로 교재의 횡적, 종적 평가를 제공하는 것으로 보인다.
- 요즘은 온라인 서적 리뷰도 사용가능해지고 있다. 일부 제공자(예: Google Book)는 학술지에 게재된 리뷰의 링크를 제공하기도 한다.

10.4.2 보다 엄격하고 보다 체계적인 교재 선택 절차

제안

1998년 버전에서는 평가 체크리스트들을 비교하는 체계적인 리뷰가 유용하며, 학습자/교사 요구에 관한 경험적 연구가 데이터에 기초한 평가 기준 개발을 촉진할 수 있을 것이라고 했었다.

개발

- 이제는 교재의 체계적 선택에 훨씬 더 많은 체크리스트와 틀을 이용할 수 있게 되었다(예: Breen and Candlin 1987; Cunningsworth 1984; Hutchinson and Waters 1987; Masuhara 외. 2008; McDonough and Shaw 2003; McDonough, Shaw and Masuhara 2011; Sheldon 1987; Skierso 1991; Tomlinson 외. 2001; Tomlinson 2003; Tomlinson and Masuhara 2004).
- 영어가 기본 스킬의 하나가 되어가고 있는 축소된 세상에서, 평가 체크리스트의 확산을 통해 입증된 것처럼 ELT 교재의 설명가능성에 대한

요구도 증가하고 있다. Mukundan and Ahour(2011)에서는 1970년대부터 2007년까지의 평가 체크리스트의 평가를 시도하였다.

- *Folio*(MATSDA 저널)에 전 세계의 교재 개발 프로젝트 보고서가 증가하고 있다는 것은 기관 및 국가 차원의 이용자들이 교재의 평가, 선정, 개발에 주도권을 쥐고 있음을 입증하는 듯하다(Al-Busaidi and Tindle 2010; Tomlinson and Masuhara 2010 참고).

- Tomlinson(2003)은 교사들이 고유의 평가 기준을 개발하는 과정에서 암묵적 이론(implicit theories)을 정교화하는 데 도움을 받는 절차를 개발했다. 그는 평가 기준 작성은 교사 자신이 속한 문맥에서 자신의 실천을 반성하고 전문가들이 열거한 기준들을 비판적으로 평가할 기회를 제공한다고 주장한다.

체크리스트 개발에 대한 그의 접근방식에서 구별되는 것은 보편적 기준(모든 학습 상황에 적용가능한 기준)과 지역 기준(특정 맥락에 특화된 기준)을 분리하였다는 점, 그리고 그 기준을 외부 출처에서 가져오지 않았다는 점이다. 그 대신, 평가 기준을 교사 스스로 개발하였기 때문에 자신들의 필요와 요구를 구체화하였고, 학습자의 필요, 요구, 자격 요건(requirements)에 대한 인식을 교수 문맥에서 반영하였다. Tomlinson(2003)은 적절한 이론에 반하는 자신의 실천을 비판적으로 검증할 수 있도록 교사들에게 언어 학습 원리(Tomlinson 1998; 본서 1장 Tomlinson)를 참조할 것을 권장한다. Tomlinson and Masuhara(2004)는 정교하고 원리에 기반한 평가 기준이 교재의 선택, 개작, 개발에 어떻게 도움을 줄 수 있는지에 대한 실제적인 설명을 제공한다.

10.4.3 사용자 평가 방법과 피드백 경로의 설정

제안

Rea-Dickins(1994)에서는 세 가지 종류의 평가를 요약하고 있다.

- 교재 사용 전에 행할 수 있는 사용 전 평가(구성 타당도[35] 확인과 요구와의 일치도를 체크하기 위한 목적으로 실시)
- 사용 중 평가
- 학습자 수행과 관련하여 측정된 사용 후 평가

Rea-Dickins and Germaine(1992), McGrath(2002)는 사용 중 및 사용 후 평가에 더 많은 관심을 가져야 한다고 주장한다(평가 방법에 대해서는 본서 9장의 Rod Ellis 참고).

생산자와 사용자의 분업이 일관성을 가지기 위해서는 출판 교재에 대한 체계적인 사용 중, 사용 후 평가 결과를 미래 출판에 반영할 수 있도록 교재 개발자에게 피드백하는 것이 필수적이다. 또 사용 중, 사용 후 평가가 더 많이 발표되어야 한다고 믿는다. 이러한 의미에서 학술지 *Modern English Teacher*에 실린 사용 후 평가는 그 선구자적인 노력에 대해 인정받아야 한다.

개발

- 점점 더 많은 대학원생들이 사용 중, 사용 후 평가를 포함하는 교재 개발 연구에 참여하고 있는 것으로 보인다(Tomlinson and Masuhara 2010 참조). MATSDA는 *Folio*에서 해외 교재 개발 프로

---

35) [역자주] 검사 도구가 측정하고자 하는 구성 개념을 실제로 적정하게 측정했는지의 정도를 나타내는 타당도

젝트에 관한 보고서를 지속적으로 발행하고 있으며, 또 매년 포럼을 열어 이러한 프로젝트에 대한 보고와 교사, 교사 연수 담당자, 출판사, 교재 개발자와 연구자를 위한 교재 개선 방안을 제안하고 있다.

• 일부 저자와 출판사는 시용을 통해 사용 중, 사용 후 피드백을 자신의 교재에 통합하려고 한다(Donovan 1998; 본서 6장의 Bell and Gower 참조). 그러나 Amrani(본서 11장; McCullagh (2010), Watkins(2010)) 등의 출판사가 발행한 최근 보고서에서는 출판 속도와 다양성이 증가함에 따라 이러한 피드백을 얻고 이용하기가 얼마나 어려운지에 대해 설명하고 있다.

10.4.4 개발 과정에 교사 요구와 필요를 반영하는 시스템 구축

자세한 내용은 5장(10.5), 변화를 위한 기회를 참조하라.

10.4.5 교사 개발의 보다 넓은 관점

제안

1998년 버전에서는 교재 평가, 개작, 쓰기 등의 구성 요소 개발 수업을 교육과정에 포함시키고, 또한 TEFL/TESL, 응용 언어학과의 대학원 과정에 연구 방법론 교육을 포함시킬 것을 제안하였다.

개발

영국과 한국에는 교재 개발 석사 과정 전공이 있으며, 현재 전 세계 많은 대학들이 TEFL이나 응용 언어학 대학원 과정에 교재 개발 교과목을 제공하고 있다. 현재 영국 고등교육기금협의회(Higher Education Funding Council)는 대학원 과정에 연구 방법론 강좌를 포함하도록 하고 있다.

10.4.6 교사의 비교육 전문지식과 업무량에 대한 추가적인 인정

〈표 10.2〉에 요약한 Johnson(1989)에서는 교육과정 개발에서 의사 결정 역할과 산출물을 단계화하고 있다.

〈표 10.2〉

발달 단계	의사 결정 역할	산출물
1. 교육과정 계획하기	정책 입안자	정책 문서
2. 명세: 목표 수단	요구 분석가	교수요목
	교수방법론자	
3. 프로그램 적용	교재 개발자	교수 자료
	교사 교육 담당자	교사 양성 프로그램
4. 교실 적용	교사	교수 행동
	학습자	학습 행동

그러나 현실적으로 이러한 '전문가들'의 집단 협력은 매우 특혜적인 상황을 제외하면 거의 일어나지 않을 수도 있다. 사실 교사는 교육과정 설계자, 요구 분석가, 교수방법론자, 교재 개발자의 역할을 할 것으로 기대된다. 이러한 비-교수 활동은 교사에게 별로 고마워하지도, 인정도 하지 않으며, 이런 활동을 효과적으로 수행하도록 하는 훈련도 제공하지 않으면서 단지 교사 의무의 일부로 간주되기도 한다. 교사들에게 시간과 장소를 제공하고 그들을 격려한다면 보다 체계적 교재 선정이 가능할 수도 있다. 또 교육기관이 직원 회의를 보다 적극적으로 활용하여 교사 개발을 위한 기회를 제공할 수 있을 것이라고 생각한다(보다 자세한 논의는 10.5 참조). 따라서 위의 모든 제안들을 현실화되도록 하기 위해서는

제도적 지원을 장려하는 것이 필수적으로 보인다.

10.5 변화를 위한 기회

'교재에 대한 찬반 논쟁'이 되풀이되고 지속되고 있는 것으로 보건대, 교재 생산자와 사용자 간의 정기적이고 성공적인 의사소통이 이루어지고 있지 않은 것 같다. 그래서 교사의 필요와 요구를 반영하기 위해서는 현재의 관행을 인정하고 새로운 시각을 제시하면서 교재 개발과 사용 프로세스를 밀고 나갈 생각이다.

현재의 관행에 관한 보다 상세한 사항들을 알기 위해 독자들은 출판사가 출판한 요구분석, 시장 조사, 교재의 시범적 사용에 관한 자료들을 참조하고 싶을 것이다. 그러나 그러한 문헌을 찾으려고 한 필자의 노력은 늘 많은 어려움에 부딪혔다. 이전 연구의 관련자들을 개인적으로 만나 출판사들이 수행한 연구가 상당히 많다는 것은 알게 됐지만, 실제 보고서는 기밀로 유지되는 경우가 많다. Amrani(본서 11장), Donovan(1998), Singapore Wala(2003a, 2003b) 등의 교재 생산자들이 더 많은 논문을 쓰면 생산자와 사용자 간의 허심탄회하고 효과적인 의사소통을 촉진하는 데 큰 일보가 될 것이다.

필자와의 사적 대화에서 주요 출판사 대표들은 (a) 교사는 의견이 많아 보이지 않고, (b) 말하는 대로 하지 않으며, (c) 질문지 회수에 비협조적이라는 점에서 설문 조사의 가치에 대한 의구심과 회의론을 표현하였다는 점은 언급할 필요가 있다.

〈표 10.3〉 교사들의 필요와 요구 반영을 위한 기회 – 출판 단계

출판의 단계	주체	조사 유형	방법
1. 계획하기	출판사 교육 기관 내부 연구자	요구분석 시장 조사	설문지 인터뷰
	교재 저자 외부 조사자		교실 관찰
2. 초고 단계	교재 저자 출판사	–	–
3. 평가	출판사가 선택한 '리뷰어'	교재 읽기	준거 참조 테스트
4. 시용	출판사 교사 학습자	출판 전 시험하기	설문지 인터뷰 교실 관찰 테스트
5. 출판	교재 저자(들) 출판사 디자이너	협의	–
6. 출판 후	리뷰어 연구원 분석가	서평 판매량	평가 데이터 분석

필자는 연구 방법론 문헌이 설문지 조사(그리고 그 문제에 대한 다른 연구 방법)의 강점과 한계를 보다 자세히, 그리고 사용자 친화적인 설명을 제공할 수도 있다고 생각한다. 조사에는 설문지를 사용하는 것이 분명한 방법인 것처럼 보인다: 비용, 시간, 인력, 그리고 평가 척도 관리의 용이성 측면에서 상대적으로 경제적이다. 설문 조사는 잘만 사용하면 잠재적으로 유용한 정보를 얻을 수도 있다. 그러나 설문지로부터 일반화 가능한 결과를 얻기 위해서는 매우 신중하고 체계적인 사고와 모니터링이 필요하다는 사실에 대해서는 이해가 부족하다. 연구 방법론 책(예를

들어 Dörnyi 2007)에서는 설문지의 구성, 배포, 관리, 수집, 분석에서부터 결과 해석에 이르기까지 각 단계에서 전문가적 지식이 요구된다고 경고하고 있다.

예를 들어, 구성 단계에서 설계자는 명확한 목표를 가지고 유용한 반응을 끌어낼 정확하고 구체적인 질문을 작성하기 위해 노력해야 한다. '교사용 도서의 형식에 대해 어떻게 생각하십니까?'와 같은 모호한 질문은 아무런 정보가 없는 모호한 대답만을 가져올 것이다. 혹은 '교재에 학습자 훈련 교수요목의 체계적인 범위를 포함하기를 원합니까?'와 같은 질문은 '학습자 훈련 교수요목'이 무엇인지 잘 모르는 응답자들을 어리둥절하게 할 수 있다. 응답자가 학습자 훈련에 대한 일반적인 지식을 가지고 있다 하더라도 '체계적 범위'가 무엇을 의미하는지 모를 수도 있다.

설문지 조사에서 가장 어려운 부분은 실은 충분한 수의 대표성 있는 응답을 얻는 것이다. 만일 교사와 이해관계가 없다면, 설문지 응답은 기껏해야 쥐꼬리만한 보상만 있고, 따라서 긴 작업의 우선순위 목록에서 순위가 상당히 낮은, 지루한 추가 업무로 인식되기도 한다. 설문지가 근본적인 이슈에 대한 교사의 견해를 얻기 위해 설계된 것이라면, 그러한 질문에 답하기 위해서 응답자는 복잡한 생각들을 정교화해서 전달하기 위해 노력을 많이 해야 한다. 이것은 그 자체로도 부담인데, 만약 질문 항목을 보고 나서 즉각 대답해야 할 때는 훨씬 더 그렇다. 앞으로의 교재에 혁신적인 아이디어를 제공하는 것이라면, 특히 그 아이디어를 제안한 이에게 그 아이디어가 귀속된다거나 가까운 미래에 실현된다는 보장이 없다면, 그 과제는 너무 커 보일 수 있다. 이러한 의미에서 만약 교사 요구와 필요, 교재의 향후 방향 등의 민감한 문제에 대한 피드백이 필요하다면, 설문지가 최선의 수단이 아닐 수도 있다.

필자가 보기에 교사 요구와 필요 조사가 새로운 방향을 찾는데 중요한 일임이 틀림없다는 인식이 지금까지 부족했던 것 같다. 그리고 이는 보다 창의적인 사고와 새로운 접근법을 필요로 한다; 교사들을 보다 적극적으로 참여시키기 위해서는 절차 자체가 본질적으로 교사들에게 보상되는 방식이어야 한다. 지금까지 피드백과 시용은 약간은 좋은 뜻으로 해 온 것 같고, 따라서 부담이 적을수록 더 좋다는 태도를 취해 오지는 않았나 하는 의심이 든다. 다음 절에서는 가능한 대안이나 유용한 추가적인 활동들을 제시하려고 한다.

10.6 새로운 기회: 출판사 주관의 교사 포럼

10.6.1 예 A: 평가 회의

대표성 있는 교사 몇 명을 점심이나 커피 모임에 초대하고, 가능하다면 약간의 경비도 출판사가 지불한다.

(a) 상업적으로 판매하고 있는 최신 교재를 제시한다(가상 교실 상황에 전시되어 있으면 더 좋다).

(b) 교사들이 유용하고 좋은 활동으로 여기는 것을 확인한다.

(c) 위 (b)에서 본 활동들이 유용한 이유에 대해 세션을 주최한 감독자, 사회자(예: 교재 저자)와 토론한다.

목적에 따라 이러한 유형의 여러 변이형도 가능하다. 가령 교재 한 권을 가지고 교사들에게 책에서 유용한 활동을 선택하도록 할 수 있다. 그런 다음 이 활동들은 왜 유용한 것으로 생각하는지에 대해 토론할 수도 있다. 혹은 교사들이 이 활동들을 자신의 필요와 요구에 맞게 개선할 수 있는 방법을 제안하는 데 초점을 둘 수도 있다. 이것은 특히 교재 제작 초기 단계에서 교재 작성자에게 어떤 유의 교재와 접근법이 필요한지 지시하는 데 적합할 것이다. 온라인 토론도 가능하겠지만 아이디어를 떠올리고 바로 협의하는 데는 면대면 회의가 최선의 방법일 것이다. 교사들이 서로 다른 견해를 가지고 있을 수도 있겠지만 협의를 통해 일치된 요구와 필요가 나타날 가능성이 높다. 한편 비일치된 부분은 흥미로운 추가적인 탐구거리를 제공해 줄 것이다.

10.6.2 예 B: 샘플 '고르기' 모임

교재 저자는 선택 시 논쟁이 될만한 포인트가 몇 가지 구체화되어 있는 세 가지 유형의 미니 교재(가령 몇 과 정도의 복사본이면 충분하다)를 제작한다. 예컨대 미니 교재 세 권은 모두 동일한 텍스트로 구성된 텍스트 중심 교재이지만 적용한 접근법이 서로 다르다; 첫 번째 교재는 구조 중심적이고, 두 번째는 명시적 전략 훈련 지향적이며, 세 번째는 처음에는 포괄적인 이해를 목표로 한 다음 언어 인식 활동을 하는 과제를 통한 암시적 전략 훈련을 목표로 한다.

10.6.3 예 C: 사용자와 미래의 생산자가 만남

Tomlinson(1995)에서는 교사와 출판사가 협력하여 전국 수준의 교재를 개발한 Namibia의 흥미로운 사례를 보고하고 있다. 출판사 대표와 추천 교사들이 짧은 기간 동안 만난다. 이 기간 동안 그들이 필요로 하는 교재 유형, 교수요목 설계, 생자료 검색, 쓰기 단원에 대한 브레인스토밍, 다른 참가자와 조력자로부터 받은 피드백과 편집을 사회자의 감독 하에 수행한다. 그런 다음 이 교재들을 교사들이 학교로 가져가서 시험해 보고 그 결과를 수정 프로세스에 반영한다. 이 선택지는 여러 의미에서 다른 제안들보다 바람직해 보인다.

(a) 이 방식은 역할 분담으로 인해 야기되는 문제들에 대한 해결책을

제공한다(예: 지역적 요구를 충족시키지 못하는 교재, 교재 작성자의 접근법을 이해하지 못하는 교사).

(b) 교재에서는 교사 요구와 필요, 그리고 그것들을 충족시킬 수 있는 방법들을 언급하고 있으나, 실제로는 그것들을 확인하는 데 필요한 복잡한 연구 절차를 거치지 않는다.

(c) 교실에서 교재를 사용해 본 후 수정할 수 있다.

이 선택지에 관심이 있는 이들을 위해 이 시스템이 성공적으로 실현될 수 있는 방법을 제안한 Tomlinson(1995)을 추천한다. Tomlinson and Masuhara(2010)에서는 교육기관과 개인이 수행한 보다 최근의 사례들을 제공하고 있다.

교사와 함께 한 위의 세 가지 사례에서 성공을 위한 기준은 다음과 같을 것이다.

• 교사 업무를 인정하고 시간, 장소, 보상을 적절하게 제공한다.
• 가까운 시기에 교사들의 노력이 그들이 원하는 종류의 교재를 갖지 못한 것에 대한 좌절감을 줄여 줄 것이라는 상당한 전망이 있다.
• 이 모임이 다른 교사들과 만나서 자기 개발에 관련있고 도움이 될 이슈들을 토론할 기회를 준다.
• 토론은 절대 실망시키지 않는다; 일상적인 교수와 직접 관련이 있거나 미래의 자기 발전에 아이디어를 주는 흥미롭고 유용한 자극이 있다.
• 질문을 받았을 때 교사들 앞에는 반응할 수 있는 구체적인 예들이 있다.
• 선택하기 전에 미리 선택지가 제공되고 시연된다.
• 승진이나 사회적 인정을 받을 가능성이 있다.
• 선택 이유를 분석하는 토론이 교사들이 선택한 後에 열린다. 이 사실은 매우 중요하다; 사회자 자신은 교사들이 인식하는, 그리고 정교

화되지 않은 요구와 필요를 조사해야 한다는 것을 알고 있어야 한다. 게다가 그러한 회의가 여러 번 열린다고 가정할 때, 교사가 선택한 책의 종류나 활동의 종류들을 집계함으로써 인기 있는 원리나 접근법의 특징들이 나타날 수 있고, 그 결과 보다 객관적인 데이터를 가지고 연구를 실증할 수 있다.

그렇다면 교재 사용 단계를 통해 교사 요구와 필요를 반영할 수 있는 기회에는 어떤 것들이 있을까? 〈표 10.4〉는 교사 요구와 필요를 반영하기 위한 단계들과 다양한 가능성을 보여준다.

〈표 10.4〉 교사 요구와 필요를 반영할 수 있는 기회 - 사용 단계

사용 단계	주체	조사 유형	방법
사용 전 (교재 선택)	연구 책임 교사	책에 관한 정보 수집하기	• ELT 리뷰 • 평판 • 사용 경험을 토대로 한 동료들의 의견
		사용 전 인상 평가	교재를 다음 목적으로 한 번 훑어 본다: • 전체적 인상 • 교수요목 • 화제/주제 • 일러스트
		체계적인 사용 전 평가	(a) 자기가 만든 기준 활용 (b) 전문가의 체크리스트 활용
사용 중	연구 책임 교사 출판사	교사와 타인에 의한 주관적 데이터 분석	교사 일지/저널/인터뷰/포럼
		양적, 질적 분석	교실 관찰 데이터
		객관적인 데이터 분석	다음을 기록한다: (a) 단원이나 단원 일부를 선택적으로

			사용
			(b) 자체 제작 교재의 보충적 사용
			(c) 교재의 개작
사용 후	연구 책임 교사 출판사	사용 후 인상 평가	설문지 인터뷰 일지/저널
		사용 후 체계적 평가	평가시트를 이용한 평가 사용 전 평가 기록의 타당성

앞에서 몇 가지 새로운 접근법을 제안하고 현재 실행되고 있는 접근법을 열거하고자 하였다. 이제 이 새로운 접근법 중 일부를 좀 더 자세히 살펴볼 것이다.

10.6.4 새로운 기회: 교육기관 기반 평가

예 A: 수업 시간표에 직원 회의로 지정된 교재의 사용 전 평가

교재 선택과 교재 평가는 훨씬 더 중요성이 강조되어야 하고 제도적 지원을 통해 시스템이 구축되어야 한다. 예를 들어 교재 선정의 경우, 직원 회의를 열어서 특정 코스를 담당하게 될 교사나 과거에 참여한 적이 있는 교사들이 그룹을 짤 수 있다. 먼저, 각 그룹의 멤버들은 향후의 코스에 자신들이 중요하다고 생각하는 기준을 생각해 낸 후 나열한다. 교사들은 요구 식별에 세 가지 단계를 취하는 것이 도움이 된다는 것을 알게 될 것이다: 첫째, 요구와 필요를 단순히 나열하기, 둘째, 그것들을 분류하기(예: 행정적 요구, 학습자의 요구와 교사의 요구, 필요), 그리고 그것들의 우선순위 정하기이다. 그런 다음, 기준들을 모아서 비교한다-처음에는 이슈와 문제점 논의를 위해 각 그룹 안에서, 그런 다음 각 그룹이 추가적 논의를 위해 가장 중요한 이슈들을 전체 그룹에 보고한다. 마지막으로 전체 그룹이 교재와 새 샘플본에서 몇 권을 뽑아 기준에 따라 평가를 시작한다. 새로 만든 기준 목록은 사용 후 평가의 기준뿐만 아니라 직원 회의에서 다음 교재를 선택할 때 활용하기 위해 정리해서 보존해 둔다.

예 B: 사용 기록 보관

교재의 어떤 부분을 사용하였고 어떤 부분을 사용하지 않았는지를 기록하는 것도 매우 흥미로운 연구가 될 수 있다. 기록은 교사에게 사용한 부분을 (가능하다면 짧은 코멘트와 함께) 체크하게만 하면 되기 때문에 매우 간단하다. 수정한 것을 수정할 수 있는 온라인 시스템이 있다면, 기록은 통찰을 끌어내는 흥미로운 데이터가 될 것이다. 같은 책의 어떤 부분은 사용하고 어떤 부분은 사용하지 않은 이유를 반성하고 분석하기 위해 교사 회의를 개최할 수도 있다. 이러한 연구는 교사들의 감춰진 요구와 필요를 드러내 줄 가능성이 높다. 이 연습은 객관적 데이터에 기초한 시용에 새로운 시각을 제공해 줄 것이다.

같은 식으로, 자체 제작 보충 교재의 개발과 사용에 관한 연구도 향후 교재에 대한 통찰력을 제공하고 새로운 방향을 제안해 줄 수 있을 것이다. 자체 교재 상단에 표시 메모를 붙여도 된다. 메모를 붙여 놓으면 목표 학습자와 주 교재와의 관계를 특정해서 파일에 보관할 수 있다. 그러한 수집물은 나중에 교사가 언제, 왜, 어떻게 주 교재를 보충하였는가는 관점에서 분석할 수 있다. 또 다른 옵션으로는 교사들의 교재 활용 방법에 기록일 것이다.

예 C: 사용 후 – 직원 회의에서 선정 기준 검증하기

사용 후 평가 회의 개최는 매우 생산적으로 보인다. 이러한 미팅에서 코스 시작 전에 개발된 사용 전 선택 기준을 검증할 수 있다. 교재의 재평가는 나중에 다시 사용하거나 영어 교육 논문집에 공동으로 사용 후 리뷰 발표의 재료로 교재 뒤에 붙여놓을 수도 있다.

출판사는 이러한 유의 교재 사후 평가가 교재 개발자와 편집자에게 피드백되도록 하는 시스템을 몇 개 구축해 두면 도움이 된다.

위 세 가지 예에서 성공 기준은 다음과 같다.

- 교재 선택과 평가는 교사와 교사 개발의 중요한 측면으로 인정된다. 그렇기 때문에 시간과 장소는 수업 시간 내에 적절히 확보된다.
- 교사들은 동료들과 이슈들을 토론하고 경험과 전문 지식을 공유하고, 협력하여 교사의 자원을 구축할 기회를 갖게 되기 때문에 개인 업무 양이 줄어든다.
- 교사들이 앞으로 얻게 될 이익의 실질적인 전망은 다음과 같다.
  (a) 독단적 결정으로 말미암아 잘못된 교재를 선택함으로써 발생하는 문제점이 감소한다.
  (b) 체계적인 그룹 평가를 통해 보다 심층적인 결과를 얻을 수 있고, 교재 평가와 리뷰 출간으로 경력을 추가할 수 있다.
  (c) 나중에 참조할 수 있는 우수하고 접근성이 뛰어나며 사용자 친화적인 평가 코멘트를 가질 수 있다.

만약 교육기관이 위에 있는 활동들을 인정하고 지원한다면, 제대로 분석된 교재와 자체 개발 교재를 가졌다는 점, 출판사와 더 자주 접촉할 수 있게 되었다는 점, 그리고 기관의 이름이 대중적으로 알려져 국제적인 출판사에서도 인정 받게 된다는 이점이 있다.

10.6.5 새로운 기회: 교재의 평가, 개작, 개발을 통한 교사 전문성 개발

Masuhara(2006)는 교재 개발이 교사 발전에 가장 효과적인 방법 중 하나이며, 교사들이 자신의 수업에 대해 더 잘 알고, 능숙하고, 비판적이고, 창의적이고, 효과적이 되는 데 도움이 된다고 주장한다. 이 연구에서는 교재 개작 프로세스의 예를 통해 주장하고자 하는 점을 설명하고 있다. Canniveng and Martinez(2003)에서는 일반 교사 연수 과정을 평가하면서 교사 연수 과정을 통하기 보다 교재 평가와 개발을 통해 더 높고 더 특수한 전문성을 개발할 수 있다고 주장한다. Tan(2006)은 교사 교육 프로그램의 일환인 교재 개발 프로젝트를 통해 교생들이 어떻게 스스로를 개발하였는지를 설명한다. Masuhara(2006: 35)가 지적하듯, '교사 연수 과정 후 교사들은 지식과 스킬을 갖추게 된다. 교재 개발 코스 후 교사들은 지식과 스킬뿐 아니라 내일 사용할 수 있는 교재도 가지게 된다.'

Al-Busaidi and Tindle(2010)에서는 오만의 술탄 카부스 대학(Sultan Qaboos University) 언어 센터에서 자체 교재 개발과 학부생을 대상으로 한 효과 측정 프로세스를 보고하고 있다. 수년간 여러 교재를 사용해 봐도 성공적이지 못하자 언어 센터는 자체 교재를 개발하기로 하였다. 직원들의 전문성 개발의 일환으로 전문가도 초빙하였고 교재 개발 코스도 제공하였다. 직원 중에서 교재 개발자를 뽑았고 전문가들을 고문으로 하여 집필, 편집, 출판 팀을 꾸렸다. Al-Busaidi and Tindle은 교재의 사용 중, 사용 후 조사 결과와 평가 결과를 제공하고 있다. 나미비아 교재 프로젝트(Tomlinson 1995)의 경우에는 교육부와 출판사가 국가 수준의 교재 작성에 관여하였다.

많은 교육 상황에서 교재 사용자들은 '한 사이즈가 모든 것을 충족시키지 못한다'는 것을 인식하고 있다. 이러한 추세는 상업용 교재를 대체하기 위해 현지에서 교재를 개발하는 국가 또는 지역 프로젝트 수가 증가한 것을 보면 알 수 있다. 필자는 중국, 불가리아, 에티오피아, 모로코, 나미비아, 그리고 사하라에서 그러한 프로젝트들에 관여해 왔고, 조지

아, 러시아, 루마니아, 베네수엘라의 프로젝트에 대해서도 알고 있다 (Bolitho 2008; Popovici and Bolitho 2003 참조). 이러한 유의, 교재의 협력적 개발은 전문성 개발과 함께 매우 기대가 된다.

10.7 결론

그래서 교사들이 교재로부터 진정으로 원하는 것은 무엇인가? 교사들이 분명히 대답할 수도 있고 그렇지 않을 수도 있을 것이다. 스스로 모순될 수도 있을 것이다. 교사 간에 관점과 견해가 서로 다를 수도 있을 것이다. 본장에서는 왜 이것이 그렇게 되는지 검토하고자 하였고 교사들이 제공하는 귀중한 자원을 활용하는 방법을 탐색해 봤다.

본장에서는 또 전통적인 교육과정 개발 모델에서 확인된 대부분의 단계를 요즘은 교재 생산자(즉, 교재 저자, 출판사)도 따르고 있는 것처럼 보이고, 사용자(즉, 관리자, 교사, 학습자)는 그들이 사용하는 교재에서 자신의 요구와 필요가 실현되는 방식에 대한 통제권이 거의 없다는 사실에 주목하였다. 이러한 의미에서 생산자와 사용자 간의 협력적인 교재 개발이라는 새로운 트렌드는 매우 기대가 된다(Tomlinson and Masuhara 2011 참조).

사용자와 교재 저자 간 의사소통을 향상시킬 수 있는 제안들이 많이 있어 왔다. 본장의 이전 버전(Masuhara 1998)에서 제기한 몇 가지 제안이 점차 실현되고 있는 것 같다는 것을 알게 되어 기쁘다(예를 들어, Frances Amrani 11장 참조). 그러나 걱정스러운 경향도 있다. 교재 리뷰(Masuhara 외 2008; Tomlinson 2008b)는 출판사들이 '골라서 섞거나 (pick and mix)' '원하는 것을 손에 넣는(take what you want)' 접근법을 통해 사용자 필요의 다양성에 대처하는 것처럼 보인다. 상호작용 테스트, 웹 기반 교재 및 DVD 교재와 같은 다중 구성 요소(multi-compo nents)의 추세는 매력적으로 들릴 수 있지만, 이는 가격과 집중력 및 일관성의 상실을 의미할 수 있다. Masuhara 외 (2008: 311)는 '교사들이 원하는 것은 처방전이 아니라, 교재, 활동, 조언, 제안에 참여하여 다양한 문맥에 있는 자신의 특정한 학습자들에 맞게 범용 교재를 개인화하고, 지역화하고, 개작할 수 있도록 하는 것'이라고 주장한다.

참고 문헌

Al-Busaidi, S. and K. Tindle. 2010. 'Evaluating the impact of in-house materials on language learning'. In B. Tomlinson and H. Masuhara(eds.), *Research for Materials Development in Language Learning —Evidence for Best Practice*. London: Continuum.

Bacha, N., I-K. Ghosn and N. McBeath. 2008. 'The textbook, the teacher and the learner: a Middle East perspective'. In B. Tomlinson(ed.), *English Language Learning Materials – A Critical Review*. London: Continuum.

Bao, D. 2006. 'Breaking stereotypes in coursebooks'. In J. Mukundan(ed.), *Readings on ELT Materials II*. Petaling Jaya: Pearson Malaysia.

Bolitho, R. 2008. 'Materials used in Central and Eastern Europe and the former Soviet Union'. In B. Tomlinson(ed.), *English Language Learning Materials —A Critical Review*. London: Continuum.

Borg, S. 2006. *Teacher Cognition and Language Education*. London: Continuum.

Breen, M. P. and C. N. Candlin. 1987. 'Which materials?: a consumer's and designer's guide'. In L. E. Sheldon(ed.), 1987. *ELT Textbooks and Materials: Problems in Evaluation and Development*. ELT Documents 126. London: Modern English Publications and The British Council.

Brumfit, C. J. 1980. 'Seven last slogans'. *Modern English Teacher*, 7(1): 30-1.

Canniveng, C. and M. Martinez. 2003. 'Materials development and teacher training'. In B. Tomlinson(ed.), *Developing Materials for Language Teaching*. London: Continuum.

Carl, A. E. 2009. *Teacher Empowerment through Curriculum Development: Theory into Practice* , 3rd edn. Cape Town: Juta and Company Ltd.

Cook, V.(ed.). 2002. *Portraits of the L2 User*. Clevedon: Multilingual Matters.

Cunningsworth, A. 1984. *Evaluating and Selecting ELT Materials*. London: Heinemann.

Dornyei, Z. 2007. *Research Methods in Applied Linguistics*. Oxford: Oxford University Press.

Donovan, P. 1998. 'Piloting - a publisher's view'. In B. Tomlinson(ed.), *Materials Development in Language Teaching*. Cambridge: Cambridge University Press.

Doughty, C. J. and M. H. Long.(eds.). 2003. *The Handbook of Second Language Acquisition*. Oxford: Blackwell Publishing.

Dubin, F. and E. Olshtain. 1994. *Course Design*, 7th edn. Cambridge: Cambridge University Press.

Ellis, R. 1994. *The Study of Second Language Acquisition*. Oxford: Oxford University Press.

_____ 2008. *The Study of Second Language Acquisition* , 2nd edn. Oxford: Oxford University Press.

Freeman, D. and J. C. Richards(eds.). 1996. *Teacher Learning in Language Teaching*. Cambridge: Cambridge University Press.

Ghosn, I-K. 2003. 'Talking like texts and talking about texts: how some primary school coursebook tasks are realized in the classroom'. In B. Tomlinson(ed.), *Developing Materials for Language Teaching*. London: Continuum Press.

Graddol, D. 1997. *The Future of English? A Guide to Forecasting the*

Popularity of the English Language in the 21st Century. London: British Council. 2006. *English Next* . London: British Council.

Gray, F. 2002. 'The global coursebook in English language teaching'. In D. Block and D. Cameron(eds.), *Globalization and Language Teaching*. London: Routledge.

Gustafson, K. L. and R. M. Branch. 2002. *Survey of Instructional Development Models*, 4th edn. Syracuse, NY: ERIC Clearinghouse on Information & Technology.

Hutchinson, T. and E. Torres. 1994. ' The textbook as agent of change'. *ELT Journal*, 48(4): 315–28. Oxford: Oxford University Press.

Hutchinson, T. and A. Waters. 1987. *English for Specific Purposes*. Cambridge: Cambridge University Press.

Johnson, R. K.(ed.). 1989. *The Second Language Curriculum*. Cambridge: Cambridge University Press.

Lantolf, J.(ed.). 2000. *Sociocultural Theory and Second Language Learning*. Oxford: Oxford University Press.

Larsen-Freeman, D. 2000. *Techniques and Principles in Language Teaching*, 2nd edn. Oxford: Oxford University Press.

Larsen-Freeman, D. and M. Long. 1991. *An Introduction to Second Language Acquisition Research*. London: Longman.

Lee, R., and A. Bathmaker. 2007. ' The use of English textbooks for teaching English to "vocational" students in Singapore secondary schools: a survey of teachers' beliefs'. *RELC Journal*, 38 (3): 350–74.

Littlejohn, A. P. 1992. 'Why are ELT materials the way they are?' Unpublished PhD thesis. Lancaster: Lancaster University.

Long, M.(ed.). 2005. *Second Language Needs Analysis*. Cambridge: Cambridge University Press.

Masuhara, H. 1994. 'But that's what the teachers want!' *Folio*, 1 (1): 12–13.

_____ 1998. 'What do teachers really want from coursebooks?' In B.

Tomlinson(ed.), *Materials Development in Language Teaching* . Cambridge: Cambridge University Press.

_____ 2006. 'Materials as a teacher development tool'. In J. Mukundan(ed.), *Readings on ELT Materials II*. Petaling Jaya: Pearson Malaysia.

Masuhara, H. and B. Tomlinson. 2008. 'Materials for general English'. In B. Tomlinson(ed.), *English Language Teaching Materials – A Critical Review*. London: Continuum.

Masuhara, H., N. Hann, Y. Yi and B. Tomlinson. 2008. 'Adult EFL courses'. *ELT Journal*, 62(3) 294–312.

McCullagh, M. 2011. 'An initial evaluation of the effectiveness of a set of published materials for Medical English'. In B. Tomlinson and H. Masuhara(eds.), *Research for Materials Development for Language Learning –Evidence for Best Practice*. London: Continuum.

McDonough, J. and C. Shaw. 2003. *Materials and Methods in ELT*, 2nd edn. Oxford: Blackwell Publishing.

McDonough, J., C. Shaw, and H. Masuhara. In press. *Materials and Methods in ELT*, 3rd edn. Oxford: Blackwell Publishing.

McGrath, I. 2002. *Materials Evaluation and Design for Language Teaching*. Edinburgh: Edinburgh University Press.

Meddings, L. and S. Thornbury. 2009. *Teaching Unplugged: Dogme in English Language Teaching*, 8–0. Peaslake, Surrey: Delta.

Mukundan, J. 2006. 'Are there new ways of evaluating ELT coursebooks?' In J. Mukundan(ed.), *Readings on ELT Materials II* . Petaling Jaya: Pearson Malaysia.

Mukundan, J. and T. Ahour. 2011. 'A review of textbook evaluation checklists across four decades (1970–007)'. In B. Tomlinson and H. Masuhara(eds.), *Research for Materials Development in Language Learning –Evidence for Best Practice*. London: Continuum.

Nunan, D. 1988. *The Learner-Centred Curriculum*. Cambridge:

Cambridge University Press.

Popovici, R. and R. Bolitho. 2003. 'Personal and professional development through writing: The Romanian Textbook Project'. In B. Tomlinson(ed.), *Developing Materials for Language Teaching*. London: Continuum.

Rea-Dickins, P. 1994. 'Evaluation and English language teaching'. *Language Teaching*, 27: 71–91. Cambridge: Cambridge University Press.

Rea-Dickens, P. and K. Germaine. 1992. *Evaluation*. Oxford: Oxford University Press.

Richards, J. C. 1990. *The Language Teaching Matrix*. Cambridge: Cambridge University Press.

_____ 2008. 'Second language teacher education today'. *RELC Journal*, 39(2): 158–77.

Richards, J. C. and D. Nunan. 1990. *Second Language Teacher Education*. Cambridge: Cambridge University Press.

Richards, J. C. and T. Rodgers, 2001. *Approaches and Methods in Language Teaching*, 2nd edn. Cambridge: Cambridge University Press.

Robinson, P. 1980. *English for Specifi c Purposes* . Oxford: Pergamon.

_____ 1990. *ESP Today*. Hemel Hempstead: Prentice Hall.

Sheldon, L. E.(ed.). 1987. 'ELT textbooks and materials: problems in evaluation and development'. *ELT Documents* 126. London: Modern English Publications and The British Council.

Sheldon, L. 1988. 'Evaluating ELT textbooks and materials'. *ELT Journal*, 42(4): 237–46.

Singapore Wala, D. A. 2003a. 'A coursebook is what it is because of what it has to do: an editor's perspective'. In B. Tomlinson(ed.), *Developing Materials for Language Teaching*. London: Continuum.

_____ 2003b. 'Publishing a coursebook: completing the materials development circle'. In B. Tomlinson(ed.), *Developing Materials for Language Teaching*. London: Continuum.

Skierso, A. 1991 . 'Textbook selection and evaluation'. In M. Celce-Murcia(ed.), *Teaching English as a Second or Foreign Language*. Boston: Heinle and Heinle.

Tan, B. T. 2006. 'Student-teacher-made language teaching materials: a developmental approach to materials development'. In J. Mukundan(ed.), *Focus on ELT Materials*. Petaling Jaya: Pearson Malaysia.

Thornbury, S. 2000. 'A Dogma for EFL'. *IATEFL Issues*, 153:2.

_____ 2005. 'Dogme: dancing in the dark?' *Folio*, 9(2): 3-5.

Tomlinson, B. 1995. 'Work in progress: textbook projects'. *Folio*, 2(2): 26-31.

_____ 1998. 'Introduction'. In B. Tomlinson(ed.), *Materials Development in Language Teaching*. Cambridge: Cambridge University Press.

_____ 2003. 'Materials evaluation'. In B. Tomlinson(ed.), *Developing Materials for Language Teaching*. London: Continuum.

_____ 2008a. 'Humanising an EAP Textbook'. *Humanising Language Teaching Magazine*, April 2008, short article.

Tomlinson, B.(ed.) 2008b. *English Language Learning Materials - A Critical Review*. London: Continuum.

Tomlinson, B. and H. Masuhara. 2004. *Developing Language Course Materials*. Singapore: RELC.

_____ 2008. 'Materials used in the U.K.' In B. Tomlinson(ed.), *English Language Teaching Materials – A Critical Review*. London: Continuum.

_____ 2010. *Research for Materials Development in Language Learning – Evidence for Best Practice*. London: Continuum.

Tomlinson, B., B. Dat, H. Masuhara and R. Rubdy. 2001. 'ELT courses for adults'. *ELT Journal*, 55(1): 80-101.

Truong, B. L. and L. H. Phan. 2009. 'Examining the foreignness of EFL global textbooks: issues and proposals from the Vietnamese classroom'. In J. Mukundan(ed.), *Readings on ELT Materials III*. Petaling Jaya: Pearson Malaysia.

Watkins, P. 2010. 'Evaluating the effectiveness of *Learning to Teach English* as an introduction to ELT'. In B. Tomlinson and H. Masuhara(eds.), *Research for Materials Development – Evidence for Best Practice*. London: Continuum.

Wiles, J. W. and J. C. Bondi. 2010. *Curriculum Development: A Guide to Practice*. Upper Saddle River, NJ: Merrill/Prentice Hall.

Zacharias, N. 2005. 'Teachers' beliefs about internationally- published materials: a survey of tertiary English teachers in Indonesia'. *RELC Journal*, 36(1): 23-37.

11

평가 프로세스:
출판사 시점

Frances Amrani

11.1 들어가기

본서의 초기 버전에서 Peter Donovan(Donovan 1998)은 출판사가 교재를 평가하는 방법인 시용을 검토한 적이 있다. 시용이 교재를 평가하는 방법들 중의 하나로 남아 있지만, 이는 더 이상 출판사가 교재 평가를 할 때 이용하는 주된 방식은 아니다. 본장에서 필자는 대부분의 ELT 출판사에게 있어서 교재 평가와 설계에 영향을 미치는 현재의 방식이 무엇인지 좀 더 광범위하게 다루고자 노력하였다. 이 장에 포함된 코멘트들은 ELT 및 ELT 출판계에서 20년이 넘는 세월을 바탕으로 한 개인적인 코멘트로 간주했으면 한다. 필자는 최근에는 대부분 케임브리지 대학 출판사에서 일했지만, 코멘트들은 다른 ELT 출판사에도 똑같이 적용될 것이다.

1998년, 본서의 초판이 나왔을 때 ELT 세계, 특히 ELT 출판 세계는 지금과는 상당히 달랐다. 우리는 단지 과제 중심 학습의 즐거움을 발견하고, 의사소통적 접근법이 제공하는 비교적 새로운 교수 절차를 사용하고 있었다. ELT에서는 인터넷으로 인해 이전보다 더 많은 정보와 자원에 접근할 수 있게 되면서 교사들은 다양한 아이디어를 더 많이 접할 수 있게 되었다. 이제 교사들은 자신의 교육 환경에서 어떤 방법이 기대한 결과를 얻는 데 효과적인지 안다; 이는 학생이 특정 유형의 과제를 수행하면서 적절한 사용역 안에서 정확하거나 유창한 언어를 산출할 수 있다거나, 유의미한 문맥에서 제시된 언어를 사용하여 문법 규칙을 내재화할 수 있다 등이 될 수 있을 것이다. 교사들이 무엇이 좋은 아이디어로 보이는지 알고는 있지만 자신의 수업에서는 원하는 결과를 얻지 못할 가능성도 있다. 아직 기본적인 지도가 필요한 경험 없는 교사들도 있고 자신의 신념에 도전 받고 있는 경험 많은 교사들도 많다는 것도 사실이고, 그 어느 때보다 더 많은 정보를 얻을 수 있다는 것도 사실이다; ELT의 전문 잡지, 국제 영어 교사 협회(IATEFL)와 같은 전문적인 학회, TESOL, 영국 의회 학회(British Council conferences), ELT 웹사이트 등. 이 모든 것들은 교사에게 다른 아이디어와 접근법들에 대해 토론할 수 있는 정보와 기회를 제공한다. 이 새로운 풍경은 교사들이 접근법, 방법론, 교재에 대해 서로 다르고 정보를 가진 의견을 가지고 있다는 것을 의미하며 출판업자들에게 이 모든 것을 만족시키는 것은 훨씬 더 큰 도전이다.

집필 당시 ELT의 '핫한 화제(hot topics)'는 내용 중심 언어 학습(CLIL)36)-언어를 매개로 하여 학습자가 관심 있어 하는 교과목이나 화제, 스킬을 가르치는 것-, 세계어로서의 영어(ELF), 그리고 디지털 구성 요소와 결합한 블렌디드 러닝(blended learning)이었다. 이는 디지털 구성 요소가 코스의 핵심적 특징이며, 인쇄된 교재를 실제로 대체할 수도 있으며, 몇 가지 추가적인 연습 활동보다는 전체 교수요목에 포함된다는 뜻이다. 오늘날 ELT 출판사가 직면한 도전은 메인 코스 개발을 위한 기본 교재 설계를 수정하는 것과 관련이 적고, 주제나 형식을 이미 존

---

36) [역자주] 비영어 과목도 영어로 수업하는 일종의 몰입 교육으로 유럽 국가의 공교육에서 영어 교과목으로 채택하여 사용하고 있다. 콘텐츠(Content)와 언어(Language)가 통합된 외국어 학습법으로 가령, '여행 계획을 짜서 영어로 프레젠테이션 하기' 같은 조별 과제를 수행하는 식이다. 학습자들은 다양하고 새로운 지식을 배우면서 영어를 배우는 강한 동기 부여가 된다.

재하는 잘 확립된 핵심 코스 내용으로 혼합하고 결합하는 방법과 관련이 더 있다.

코스 내용, 접근법, 과제 설계는 유럽언어 공동 참조기준(Common European Framework; 이하 CEFR)37)과 같은 시험 평가 지침이나 표준에 의해 미리 확립되어 있는 경우가 많다. 이는 출판사들이 코스에 채택되기 위해 내부에서 일해야 할 필요가 있는 국제 시장의 기대가 명확하게 정의되어 있기 때문에 이전보다 자유롭지 못하다는 것을 의미한다. 보다 엄격한 매개변수를 갖는 것 외에도, 이 새로운 코스 교재 개발의 많은 부분에서 현저한 차이점은 시간이 이전보다 훨씬 짧다는 것이다. 예를 들어 이전에 4년이었을 지도 모르겠지만 지금은 2년이다. 또한, 디지털 교재를 테스트하기 위해서는 출판사가 거의 최종 단계에 있어야 하는데, 그 중 다수가 상호 작용하기 때문에 최종 디지털 형식이 아니면 제대로 테스트할 수 없기 때문이다. 이것은 그들이 시험할 준비가 되었을 때는 너무 늦고 큰 변화를 시행하기에는 비용이 많이 든다는 것을 의미한다.

11.2 선택과 도전

본서 초판에서는 Peter Donovan도 교재 개발 주기가 점점 짧아지고 있다는 사실을 암시했고 점점 더 사실인 것으로 판명되었다. 대부분의 ELT 출판사는 매년 새로운 교재를 개발하고 있다. 1990년대 초에는 개념에서 착수에 이르는 코스 개발 기간이 7년이었던 것에 반해, 대부분의

---

37) [역자주] 국제적으로 통용되는 언어능력기준으로 의사소통 실력으로 단계를 나누며 총 6단계로 이루어져 있다. 단계는 A1(Starter), A2(Elementary), B1(Intermediate), B2(Upper intermediate), C1(Expert), C2(Mastery)로 나뉜다.

출판사들은 현재 2, 3년을 개발 주기로 하고 있다. 이것은 시용을 위한 시간이 거의 없다는 것을 의미한다-표준화된 결과를 얻기 위해서 같은 학년을 대상으로 순서와 전체 범위를 테스트하는 데 거의 1년이 걸린다. 그래서 거의 어떤 출판사들도 교재 개발 시에 시용에만 의존하지 않는다는 것은 놀랄 일이 아니다.

출판사는 단지 판매처를 확보하기 위해서 시장의 입맛에 맞는 제품을 개발하기 위해서가 아니라 잠재적 최종 사용자의 피드백을 원하고 필요로 한다. 출판사는 또 언어 학습자들을 효과적으로 가르칠 고품질의 교재를 만들어야 할 책임이 있다는 것을 알고 있고, 그 결과 교재 개발 전문가로서의 평판을 유지할 수 있다. 이를 달성하기 위해서는 교재의 시장 조사와 교사와의 대화가 더 중요해졌다.

1980년대에는 복수의 학교에서 처음부터 끝까지 전 과정을 테스트해 보는 것이 드물지 않았다. 간단한 코스 시용판(pilot editions)을 준비하였고, 편집도 거칠어서 수업에서 겨우 사용할 수 있을 정도로 형편이 없었다. 1990년대 후반에는 시용 주기가 더 짧아져서, 한 학교에서 전체 코스를 테스트하지 않고 단원을 여러 개로 나누어 여러 학교에서 시용하였다. 이를 통해 더 짧은 시간 내에 더 많은 자료를 평가할 수 있게 되었다. 시용판 교재를 준비할 때는 학문적, 혹은 경험 많은 교사로서의 전문 지식을 바탕으로 교재를 검토하게 하는 것이 실용적이다. 그들에게는 교재가 SLA 이론을 반영하고 있는지, 또는 자신들이 가르치고 있는 교실 환경에서 해당 교재를 사용하면 어떤 것을 상상되는지 등을 평가하도록 하였다. 축소판 교재 꾸러미도 디자인과 같은 측면을 보다 철저하게 검토할 수 있는 포커스 그룹 조사에 적합하다.

1990년대 초에는 출판사가 평가용으로 완성에 가까운 교재를 인쇄된 자료의 형태로 시용판 담당자에게 보내곤 했다. 요즘 출판사는 PDF나 워드 디지털 파일 형식의 교재 이외에는 거의 발송하지 않는다. 이것은 피드백을 출판사에 보내는 방법이기도 하다. 이 방법은 특히 브라질과 같이 멀리 떨어진 시장에서 시용을 할 때 시간적으로 도움이 된다. 예전 같으면 도착하는 데 2-3주, 환송하는 데 2-3주 정도 걸렸을 소포가 몇 초 만에 발송되기 때문에 시용/검토 과정에서 약 6주 정도의 시간을 절약할 수 있다.

시용판이 외부 출시 전 홍보에 도움이 되고, 고품질의 데스크톱 출판이 더 보편화됨에 따라, 출판사는 시용판이 완성품에 더 가까워야 한다는 것을 깨달았다. 그렇지 않으면 그 교재들은 원시 상태에서 평가되어 긍정적인 인상을 심어주기 보다는 시용판을 근거로 섣불리 판단될 위험을 무릅쓰게 되고 결국 채택되지 않을 수도 있다. 이는 과거에 비해 교재의 시용이 줄어들고 직접 검토가 더 보편화되었다는 것을 의미한다.

출판사는 출판 후 피드백과 출간 도서 목록에 있는 기존 강좌의 온라인 리뷰를 조사하기도 한다(10장의 Hitomi Masuhara 참조). 이 리뷰는 중요한 시장에서 나온 일회적 평가이거나 고객 의견, 불평일 수도 있다. 출판사는 출판물에 대해 긍정적, 부정적 평가 둘 다를 받는 것을 좋아한다. 또 설문지와 포커스 그룹의 형태의 보다 구조적인 분석 형태를 취할 수도 있다. 이 데이터로부터 출판사는 다음에는 무엇을 다르게 할지에 대한 결정을 한다.

그 외 중요한 평가 출처로는 저자에 의한 지속적인 절대 기준 평가와 편집팀의 지속적인 절대 기준 평가가 있다. 이 평가는 보통 교재 작성을 시작하기 전에 저자들에게 주는 개요에 기초한다. 프로젝트 개요는 요구 분석이나 출판사가 일반적으로 '꼭 가져야 하는 목록(must haves lists)'이라고 부르는 것에 기초한다. 이것은 교재의 초안 이전에 보편적 및 지역적 기준을 반영한다. 과정에 대한 제작 투자 담당자가 사용하는 '꼭 가져야 하는 목록'은 일반적으로 지속적으로 발전하고 있는 일반 목록에서 생성된다. '꼭 가져야 하는 목록'은 매번 처음부터 다시 시작하는 것이 아니라 각각의 개별 프로젝트에 맞춰져 있다.

11.3 교사 관점과 출판사 관점 간의 차이

교재 평가가 교사들에게는 새로운 것이 아니다. 새 책을 고르기 위해 서점을 무심코 돌아다니거나, 회의 발표나 동료로부터 새로운 아이디어를 빌리는 것에서부터 새 교재를 모으기 위해 인터넷 토론 사이트와 자원 사이트를 검색하는 것까지 교사들이 늘상 하는 일들이다. 교사의 교재 평가는 아마도 연속적으로 전체 학령기에 필요한 교재 선택에서부터 재미없는 수업에서 준비 활동으로 사용하기 위한 교재 선택에 이르기까지 다양할 것이다. 이러한 유형의 인상적 평가가 타당성이 없거나 교육학적으로 신뢰하지 못할 수도 있지만 많은 교사들이 취하는 일반적인 행동이기도 하다. 또 학생들과 광범위한 오류 분석을 하고 학생들의 언어 능력과 학습을 향상시키기 위해 어떤 추가적인 자료와 전략이 필요한지 파악하기 위해 현재 교재의 수행을 깊이 있게 살펴보는 교사들도 있다.

교사들은 교재가 자신들이 잘 알고 있고 서로 합의된 기대를 가지고 익숙한 환경에서 공부하는 학생들과 어떻게 작동할지 상상하면서 가르치기 전에 교재를 평가한다. 요컨대, 교사는 이미 많이 알려진 정보를 가지고 있는데 거기에는 학생들이 기호, 이전 교육 경험에 대한 개인적인 지식도 포함되어 있다. 수업을 할 때마다 교사들은 다음 시간에 공부할 내용을 검토하고 다듬을 기회를 갖게 되는데, 완전히 새로 작성하든 단순히 머릿속으로만 생각하든 수업 계획을 수정한다. 또 무엇이 잘 되었고 무엇이 형편없었고 무엇이 시간이 많이 걸렸고 무엇이 쉬웠고 무엇이 너무 어려웠고 무엇이 누락되었는지 반성할 수 있다.

교사들은 보통 다음 수업이나 다른 반 수업에서, 혹은 다음 학기에 이러한 변화들을 적용할 수 있는 위치에 있다. 만약 교재가 효과가 없다면,

교사는 하루 정도 불행한 수업을 감수하고, 보통 다음 수업에서는 상황을 해결할 수 있다.

출판사는 보통 불특정 학생들의 수업을 위한 교재를 준비하고 있다(Alan Maley의 15장 참조). 사실 이 수업들은 다른 기대, 다양한 언어, 문화, 기술에 대한 사전 지식을 가진 다양한 종류의 수업일 것이다. 교재는 교사가 앞에서 끌고 가는 문맥에서부터 학생 중심적이고 학생 자율을 장려하는 접근법에 이르기까지 다양한 교육 문맥에서 사용될 것이다. 출판사는 학습 문맥, 교실 사이즈, 교수요목에 대한 정보에 접근할 수 있고, 교육부, 시험 위원회, 지역 교사 양성 대학, 그리고 오랫동안 시장 프로파일을 구축해 온 지역 영업점으로부터 확실한 정보를 얻을 수 있다. 그렇지만 개별 학생들에 대한 정보는 그 정도로 가지고 있지 못하다. 작은 국가의 특정한 좁은 시장을 위해 교재를 평가할 때조차도 학생들은 여전히 익명의 최종 사용자를 대표한다. 출판사는 학생들의 기호에 관해 교육적인 추측만 할 수 있다. 특히 특정 연령에 맞게 개발된 교재는 이것이 매우 복잡한 분야일 수 있다. 한 나라에서 14살짜리 아이와 함께 작업하는 것이 다른 나라에서는 효과가 없을 수도 있다. 언어적 목표와 과제가 잘못되었기 때문이 아니라, 단순히 읽고 쓸 줄 아는 능력이나 기술 발달에 대한 지역 문화의 접근 방식이 다르게 평가될 수도 있기 때문이며, 삽화가 너무 어른스럽거나 유치하다고 여길 수도 있기 때문이다. 이것은 학생들의 동기 부여와 교재에 영향을 미칠 수 있다.

이미 사용 중인 교재를 점진적으로 검토하고 다시 다듬을 수 있는 실질적인 기회는 없다. (이에 대한 예외는 디지털 온라인 활동의 증가와 함께 이러한 활동들을 매우 빠르게 수정하거나 변경할 수 있게 되었다는 것이다). 일단 인쇄되면 그 교재는 몇 년 동안은 수정할 수 없고, 개정판이 나올 때에라야 현실적으로 변경할 수 있다. 이것은 시간과 비용도 많이 든다. 일단 출판되어서 만약 어떤 단점이 명백히 있더라도 그 교재들은 문자 그대로 수십만 명의 학생과 교사들에게 유통된다. 더 심각한 문제는 채택도 안 되고 결과적으로 돈도 잃게 된다는 점이다. 교사에게 실수는 일시적 체면을 잃는 것이지만 출판사의 경우 그것은 상당한 수입 손실과 잠재적으로 일자리를 잃게 될 가능성이 더 높다.

11.4 출판사는 왜 교재를 평가하는가?

출판사는 교사와 학과장, 정부당국과 거의 같은 이유로 교재를 평가한다. 출판사는 교재가 효과적인가, 레벨이 일관성 있게 적절한가(예: CEFR A1과 같은 합의된 표준), 지시가 이해하기 쉬운가, 과제의 준비가 용이한가, 한 권을 끝내는 데 소요되는 시간이 현실적인가, 교재가 원하는 결과를 제공하는가 등을 확실히 하고자 한다.

대부분의 ELT 출판사와 편집자들은 적어도 CELTA[38) 자격을 갖춘 교수 경력을 가지고 있으며, 최소 3년 동안 2, 3개 국가에서 근무한 적이 있었을 것이다. 이들은 실질적으로 많은 교실 경험을 가지고 있고, 교육학 석사나 ELT 석사를 가진 편집자도 꽤 많다. 즉 출판사가 교사의 시각으로 교재를 보는 데 익숙하다는 뜻이다. 그러나 출판사로서의 역할에는 다른 고려사항들도 있다. 교육학적 효과 외에도, 출판사는 교재의 상업적 매력과 그것을 개발하는 데 드는 비용을 평가할 필요도 있다. 출판사는 고객처럼 목록에서 무엇을 살 것인지 결정하지 않고, 자신의 이름을 걸고 무엇을 판매할 것인지를 결정한다. 고객에게 가장 중요한 것은 이 교재가 학생들에게 효과가 있을까 하는 것이지만, 출판사는 교재가 어떻게 그들의 평판을 반영하는지 시장에서 그들의 기존 출판물 곁에서 지켜

---

38) [역자주] Certificate in English Language Teaching to Adults의 두문자어로, 영국 케임브리지 대학이 발급하는 외국어로서의 영어 교사 자격증을 말한다.

봐야 한다.

교재는 일반적으로 세 가지 방법으로 검토된다.

- 첫째, 출판사가 구조, 배치, 예술품 및 시기에 대한 국제 시장 요건에 관한 일반적인 질문을 평가하는 데 도움이 되는 무작위 자료 모음이다. 이는 일반적으로 특정 과정 또는 간행물의 전형적인 단위 또는 교과목 단위인 한 특정 교재를 요구하지 않는다. 여기서 목표는 교재 유형에 대한 고객의 기대나 태도를 확인하는 것이다. 예를 들어 일부 시장은 문법에 대한 언급에 부정적인 반응을 보이는 반면, 다른 시장은 문법 번역 접근법을 필요로 한다. 전 세계적으로 이러한 태도는 정부 기관의 추천, 지역 전문가 회의의 기조 연설자, 내부 정치 변화, 그리고 새로운 비정통적인 생각에 개방적인 새로운 세대의 교사들과 같은 영향 때문에 변동한다. 이것은 특히 디지털에 익숙한 젊은 교사들이 교직에 진출하기 시작하면서 디지털 제품에 대한 태도가 급격히 변화하고 있다는 점에서 명백하다. 출판사들은 시장 동향의 일반적인 변화를 계속 인식해야 하며, 이를 염두에 두고 모든 교재를 개발할 수 있다.
- 둘째, 교재는 매우 특정한 이유로 검토될 수 있다. 예를 들어 시험 요강과 어느 정도 일치하는지를 평가하거나 특정 섹션이 코스의 시험과 같은 진정한 목적을 달성하는지를 평가하기 위해서이다.
- 셋째, 평가용 교재를 선택하여 더 완전한 강의 관점에서 범위와 순서 (Scope and sequencing)39)가 어떻게 작용하는지 확인할 수 있다. 이를 위해서는 최소한 서너 개의 단원이 있는 교재를 선택하고 제안된 콘

---

39) 범위와 순서(Scope and sequencing)는 ELT 출판물에서 과정 강의 계획과 어떤 순서로 항목이 제시되는지를 의미하기 위해 사용되는 용어다. 일반적으로 문법적 측면, 어휘적 항목 및 하위 훈련을 포함하지만 검토 및 시험 교재가 위치한 위치도 표시한다.

텐츠의 전체 목록이 필요하다. 검토자들은 단일 과제나 단위의 효과뿐만 아니라, 그 교수요목 구조 그 자체와 단원이 논리적인 순서로 제시되는지 여부에 대해 평가할 것으로 예상된다.

또한 출판사는 교재가 얼마나 상업적일지 고려해야 한다. 일부 교재는 아주 작은 틈새시장에 이상적일 수 있지만, 투자를 회수할 가능성이 낮기 때문에 그렇게 해야 할 또 다른 사업상의 이유가 없는 한 좁은 시장을 위해 출판하는 것을 고려하는 출판사는 거의 없을 것이다. 간단히 말해서 출판사를 위한 교재들은 광범위한 최종 사용자들을 만족시킬 수 있어야 한다. 이것은 교재가 매우 특정한 학습자에게 이상적인지 여부를 평가하는 대신에 출판사는 종종 교재가 가능한 가장 광범위한 사용자들에게 적합한지, 또는 쉽게 적응할 수 있을 만큼 가장 다재다능한지에 대해 평가하고 있다는 것을 의미한다. 그것은 필수적인 최소 고객 기대치를 훼손하지 않고 가능한 최고의 투자 수익을 제공하는 교재를 개발하는 것에 관한 것이다. ELT 출판사들은 그들의 교육적 배경 때문에 품질에 관해서도 높은 기대를 가지고 있다. 그러나 그들은 또한 교재의 재정적 잠재력 또한 평가할 필요가 있다. 이러한 측면은 개발 주기의 단축과 함께 교재의 일반적인 유연성을 평가하는 것은 완전한 파일럿이 더 이상 출판업자들에게 선택되는 주요 연구 방법이 아니라는 것을 의미한다. 그러나 예를 들어 인기 있는 교과서의 현지 버전을 의뢰할 때 특정한 연구를 위해 여전히 작은 규모로 파일럿이 사용된다.

이 책의 10장의 Hitomi Masuhara는 본인이 인식하는 요구, 타인이 인식하는 요구, 객관적으로 측정된 요구 등 세 가지 다른 요구에 대해 언급하고 있다. 출판사는 교재의 판매가 종종 다음 세 가지에 의존하기 때문에 이 세 가지 모두에 관심이 있다.

1. 본인이 인식하는 요구 – 예를 들어 나는 내 발음에 대한 추가 작업이 필요해서 자율 학습이 가능한 발음 책을 살 것이다.
2. 타인이 인식 하는 요구 – 예를 들어 정부 기관의 권고사항, 즉 우리는 모든 학생들이 우리의 관광 산업을 지원하거나 콜 센터를 지원하기 위해 전화상으로 미국식 영어를 사용할 수 있어야 한다. 그래서 미국식 듣기와 말하기 기술에 더 집중할 필요가 있다.
3. 학습자나 교사가 알지 못하는 요구를 해결하려는 객관적 연구

11.5 어떤 다른 연구방법을 사용하는가?

출판사들은 시장 조사 요건에 대해 여러 가지 다른 방법에 의존한다. 마법의 단어는 '삼각 측량(triangulation)'이다. 즉, 동일한 물질이나 형상을 평가하기 위해 적어도 세 가지 다른 방법을 사용하고 그 결과를 상호 참조하여 핵심 포인트나 이슈를 설정한다. 만약 한 가지 방법만 사용한다면, 이것은 한 가지 관점, 예를 들어 개별 교사들의 결과에만 지나치게 의존하게 될 수 있다. 만약 두 가지 방법만 사용한다면, 두 가지 대조적인 결과가 나올 가능성이 있고, 출판사는 어떤 것이 더 중요한지 명확하지 않다. 시장조사에서 적어도 세 가지 방법을 사용하면 출판사가 세 가지 방법 중 적어도 두 가지 방법이 강조하는 반복적인 이슈를 규명하는 데 도움이 된다. 그것은 출판사가 가중된 결과에 접근할 수 있고 시장 조사에 의해 제기된 이슈의 우선순위를 결정할 수 있다는 것을 의미한다.

11.5.1 시용(Piloting)
출판사가 시용을 통해 교재를 평가하는 이유는 크게 4가지다.

1. 가장 분명한 것은 실제 교실에서 그 결과를 바탕으로 교재를 적응시

키기 위한 목적으로 실제로 시험해 보는 것이다. ELT 출판사는 자사의 제품이 의도한 고객에게 적합한지 확인하여 확고히 하는 데 수년이 걸렸고 보호해야 할 명성을 가지고 있다.

2. 다른 이유는 영업팀과 함께 개발 중인 제품의 프로필을 올리고 모든 관련 직원이 이를 인지하도록 하기 위함이다. 기본적으로 영업 팀에 절묘한 메시지를 보낼 수 있는 기회다. **– 주의 – 이 신제품은 개발 중임. 당신의 시장에서 누가 구매에 관심이 있는지 생각해 보십시오. – 이 시용에 참여하여 제대로 된 고객을 대상으로 하는지를 확인해 보는 것이 어떨까요?** 이는 또한 편집 팀이 최종 사용자가 출판 전에 누가 될 가능성이 높은지를 보다 정확하게 파악하고, 결과적으로 그들의 요구사항을 염두에 두고 교재를 개발하고 조정할 수 있도록 하는 중요한 추가적인 이점을 가지고 있다.

3. 시장에서 교재를 평가하는 또 다른 이유는 제품의 프로필을 외부에서 올리고 시장에서 유행의 선도자라고 보여지기 때문에 자주 선택되는 핵심 시용 담당자/검토자(piloters/reviewers)를 통해 고객 기반을 구축하기 위함이다. 만약 누군가가 제품의 테스트에 관여했다면, 그들은 제품의 출시에 관심을 가지고 ELT 커뮤니티 내에서 강력한 마케팅 도구인 입소문을 낼 가능성이 높다.

4. 대부분의 과정에는 감사의 말에 시용 담당자 목록이 있으며, 종종 구체적인 시장의 이름(예를 들어 폴란드 시용 담당자 혹은 스페인 시용 담당자)을 포함한다. 이것은 교사들에 의해 시도되고 시험되어서 교사들에게 꼭 필요한 것이어야 한다는 메시지를 전달하기 때문에, 알려지지 않은 새로운 제품에 대한 고객들의 신뢰를 더하는 데 도움이 될 수 있다.

시용 담당자들은 보통 그들의 일반적인 교육 프로그램에 쉽게 통합될 수 있는 짧은 교재들을 받는다. 그들은 보통 별도의 학습 일지를 작성하고 각 과의 페이지에 주석을 달도록 요청받는다. 그리고 그들은 잘 된 것(예: 과제 마지막까지 학생들이 'th'를 정확히 발음한 것), 무엇이 잘못되었는지(예: 과제가 제시된 시간의 2배 이상 소요됨), 그리고 지시문의 명확성, 활동의 순서, 학습 목표가 달성되었는지 여부, 무엇이 누락되었는지, 학생들의 질문, 타이밍이 적절한지 여부 등과 같은 다른 특징들에 대한 평가도 요청 받는다.

일단 피드백이 접수되면, 문제 별로 나열된 각 단원으로 검색 가능한 단일 시용 보고서로 수집된다. 편집자는 시용의 데이터를 분석하여 둘 이상의 시용이 같은 점을 언급했는지 여부를 확인할 것이다. 만약 단지 하나만 언급된다면, 편집자는 피드백 보고서에 그 의견을 포함시킬지 여부를 결정할 것이다. 시용의 원시 데이터가 특정 방향으로 작성 팀을 인도하는 데 특별히 도움이 될 것 같지 않기 때문에 이 보고서는 편집팀의 의견으로 통합할 것이다. 시용 피드백은 실제 정보나 지침으로 번역되기 전에 다른 형태의 평가에 대한 해석과 상호 참조가 필요하다.

시용은 효과적이기 위해서 광범위하고 명료해야 한다. PLS(private language schools-사설 언어 학교)에서 사용하기 위한 교재는 교실 크기, 언어 집중력, 시험 개요 또는 학생과 부모의 기대치가 다르기 때문에 대부분의 공립학교와 다를 것이다. 많은 시장에서는 공립학교를 위한 교재들이 정부 기관의 요구조건을 따르도록 요구되며, 종종 지역 시험에 대비해야 하고 정확성에 더 중점을 두어야 하는 반면, PLS 수업은 정규 학교 수업 외에 추가로 영어에 대한 노출을 늘리고 유창성을 향상시킬 수 있는 추가적인 기회를 제공하는 것으로 간주되는 경향이 있다.

시용 담당자들은 실제 최종 사용자들을 반영할 필요가 있지만, 그들은 비싸고 설정하는 데 복잡하고 시간이 많이 걸린다. 시용에 참여하는 것은 매우 의욕적이고 경험이 풍부한 교사들이며, 이것은 경험이 적은 교사들과는 다른 시용의 결과가 될 수 있다는 의미가 된다. 만약 이 교재들이 매우 숙련된 교사들을 위해서만 개발된다면, 이것은 괜찮을지도 모르지만, 점점 더 많은 출판사들이 다른 배경을 가진 교사들을 지원할 교재를 개발하려고 하고 있는데, 그들 중 많은 사람들은 실제로 높은 수준의 지원과 지시를 필요로 한다. 이러한 종류의 교사들은 두 개의 직업을 유지하고 있고 너무 바쁘기 때문에 시용에 참여할 의향이 있거나 참여할 수 없을 것 같다(Hitomi Masuhara 10장 참조).

11.5.2 검토

기술과 같은 요인에 의해 리드 타임(lead times)[40]이 짧아지고, 시장의 기대가 높아짐에 따라, 대부분의 출판사들은 위에서 언급한 교사들처럼, 이 교재들을 친숙한 실제 상황 및 학생들과 연관시킬 수 있는 숙련된 교사들의 광범위한 교재 검토에 의존한다. 그 자체로 어떤 것이 어떻게 작동할지 상상해 보라. 검토자들은 또한 최근의 교육학 이론과 연구를 이해하고 보다 객관적인 관점에서 교재를 볼 수 있는 학자나 다른 전문가들을 포함한다.

영업소에 의해 검토자가 설치되는 데 내재된 문제 중 하나는 넓은 지리적 확산을 달성하더라도, 일반적으로 기존 고객이라는 것인데, 이는 이러한 검토에서 나온 모든 정보를 이미 출판사의 제품으로 채택하기로 결정했고 이미 상당히 만족하고 있는 사람들로부터 나온다는 것을 의미한다. 그러한 제품에 익숙하지 않은 검토자들은 훨씬 더 어렵다. 이는 출판사가 현재의 고객 기반을 확장하거나 새로운 영역으로 이전하려는 경우에 특히 중요하다.

---

40) [역자주] 상품 생산 시작부터 완성까지 걸리는 시간

검토자에게는 일반적으로 시험이나 워크북 연습과 같은 몇 개의 과 (units), 내용 목록, 과정 이론 및 일부 최종 문제 등 과정으로부터 소규모의 선발된 교재가 보내진다. 그런 다음 리뷰 시트의 형식으로 답변할 구체적인 질문 목록을 보낸다.

Messages Student's Book 레벨 1, 1과(Goodey and Goodey 2005) 의 리뷰 시트의 예는 다음과 같다.

〈그림 11.1〉 1과 리뷰 시트(Messages Student's Book 레벨 1)(Goodey and Goodey 2005)

Unit 1 What can you remember?

Please look through the exercises in this unit. Then, assess each exercise using the following tick system:

✓ ✓ ✓ *Excellent*
✓ ✓ *Good*
✓ *Satisfactory*

Put the appropriate number of ticks immediately after the exercise heading. Then write your comments after the ticks.

You might like to consider the following checklist when writing your responses:
Level: Is the exercise at the appropriate level, not too easy or difficult for the intended students?
Clarity: Are the instructions clear? Do you understand what to do?
Interest: Is the exercise interesting, relevant, enjoyable for students of this age?

Please feel free to write as much as you like about each activity.

Step 1
Practise what you know

What can you say

Use what you know

Song

Punctuation

Greetings and goodbyes

Step 2

Learning English

Reading

Meet Joe, Sadie, Sam and Jack!

Use what you know

Step 3

Letters and sounds

Test a friend

Numbers

Test a friend

Dates

On the telephone

Role play

Ask and answer

Use what you know

Overall comments on the unit:

Would this approach be suitable for your students and the way you teach?

Do you have any comments specifically on the way the author treats grammar, vocabulary and pronunciation?

How do you feel about the balance of skills?

How interesting do you think the content will be for your students?

What do you think about the balance of real world content and invented/imaginary content?

Unit aims and headings – how helpful are they? Is it clear what is being taught and where?

Thank you

〈그림 11.2〉 1과 단위 스크립트(Messages Student's Book, Level 1) (Goodey and Goodey 2005)

Unit 1 What can you remember?

STEP 1

In Step 1 you revise
* words that you know in English
* greetings and goodbyes
so that you can
* make sentences in English
* tell the class about yourself
* begin and end your lessons in English.

music	like	I'm
a	computer	animals
bike	fine	computers
Live in	twelve	pizza
I	camera	sport
thirteen	I've got	

Practise what you know

☺ 1 **Write the alphabet** (A, B, C ...) **in your notebook. Try to find an English word for each letter. You've got 3 minutes!**

Animal
Bag
Cat
Desk

Work with a friend and compare your lists.

2 **Work with your teacher. Use words from your list and make groups of words on the board.**

Animals	Days	Food	Things in the classroom
elephant	Monday	pizza	bag
cat	Tuesday	apple	desk

What can you say?
3 **Look at the words in the balloons. How many sentences can you make?**

I've got a bike.

Now write at least two sentences. Are the sentences true for you? Write T (true) or F (false).

Use what you know
4 **Introduce yourself!**

Hi! My name's Roberto.
I like sport and computers.

Hello! I'm Maria.
I'm twelve

(이어서)

그림 11.2(계속)

Punctuation

. full stop	, comma	? question mark
! exclamation mark		**B** capital letter

We use a ... at the beginning of a sentence. We use a ..., a ... or an ... at the end. We use a ... in the middle of a sentence.

**6 Complete the sentences in the box.
Then check your sentences in Activity 5. Is your punctuation correct?**

**Greetings and Goodbyes
7 At the end of the lesson, tell your teacher:**

**5 Before you listen, look at the letters in the sea and make three words from the song.
What do you think the song is about?**

Goodbye. See you tomorrow / on Monday / on Tuesday, etc.

🔊 **Now listen to the song. Then put the words in the right order and make four sentences from the song.**

At the beginning of the next lesson, greet your friends in English:

1 it / what / is
2 sea / a / in / it's / the / bottle / in /message / a
3 in / it's / English
4 you / do / understand
Listen again and check.

Hi! How are you?   I'm O.K., thanks.

Fine, thank you.

Think of a title for the song.

(이어서)

그림 11.2(계속)

그림 11.2(계속)

Step 2

In Step 2 you revise
• classroom language: *I don't understand.*
What does it mean? Ask the teacher.
so that you can
• ask for help
• understand a letter in English, and answer
the questions in the letter.

Reading
**2 Read the message and use the ideas in the Key
Skills box. Some of the words aren't clear, for
example: XXland**

Can you guess what they are?

> **25 Maple Road
> Exeter EX11 4NP
> U.K.**
>
> **30th August**
>
> **Hi!**
> **This is a letter from a XX in the U.XX. I live in
> Exeter, in the south-west of Xxland. I'm twXX. I
> like mXX and I'm interested in cXXters.
> I've got a brXXer and a sXXer. We've got XX dXX
> called Sam and a tortoise XX Lightning.
> What about you? Where do you live? What
> natXXlity are you? How old are you? WXXt's your
> Xxme? Please write to me.
> With best wishes from XX.**

**Learning English
1 What can you do when you don't
understand? Here are some suggestions.**

*Guess!   Say 'I don't   Don't
            understand'.   panic!*

**3 Find something in the letter that you don't
understand and ask for help.**

A *What does 'best wishes' mean?*
B *I don't know. Ask C.*
C *I think it means ... , but I'm not sure. Ask the
  teacher.*

**Have you got any other ideas? Tell the class, then
check in the Key Skills box.**

Key skills

When you don't understand?
• Ask the teacher
• Ask a friend
• Use a dictionary
• Try to guess
• Look at the word list
• Say: I don't understand
  Pardon? Can you say that again?
  What does ? mean?
  Can you help me?
• Don't panic!

(이어서)

그림 11.2(계속)

Meet Joe, Sadie, Sam and Jack!

4   The message is from one of these three people. Can you guess who it is?
🔊   **Close your book and listen to Joe, Sadie and Jack.**

Hello! I'm Joe. I live in
Exeter, at number twenty-five
Maple Road. I like music and
I'm in a band. This is my
sister. Her name's Sadie.

Hi! I'm Sadie, and this is our
dog Sam. I'm twelve. My brother's
fifteen and my sister Kate's eighteen.
She's at university.

Hi! My name's Jack. I live
next door to Sadie, at number
twenty-seven. I'm interested
in computers and I like animals.

Listen again and read the three descriptions.
Who's the message from?

5 Complete the information:
The message is from ... because he/she is ... *(age)*.
He/She has got ...   His/Her address is ...

🔊   **Close your books and listen to the message in a bottle.**

Use what you know
What about you ?

6 Look at the four questions at the end of the letter.
Work in pairs and ask and answer the questions.

What nationality are you?   *I'm ...*

Write your answers.

(이어서)

그림 11.2(계속)

Step 3

In Step 3 you revise
● the alphabet and numbers
● classroom language: *How do you spell ...? How do you say ...?*
  so that you can
● spell words in English
● understand and use numbers
● ask how to say things in English.

Kate - a h k

Mike - I

Joe - o

Lee - b c e p t v

Mel - f l m n x

Sue - q w

Mark - r

Letters and sounds

1 Say the letters on the T-shirts.

What are the 7 missing letters? Put them in the right group: *J rhymes with Kate.*
🔊 **Listen and check.**

Say the alphabet in English.

2 Dictation
Listen to your teacher. Write the letters, then say the words.

Test a friend
Think of a word. Dictate the letters to a friend. Check his/her answer. Is it right or wrong?

Numbers

3 Say the numbers, then say the next number in the series.
a. 1 3 5 7 ...   b. 2 4 6 8 ...
c. 11 12 13 ...   d. 20 30 ...
e. 65 70 75 ...   f. 21 28 35 ...
🔊 **Listen and check.**

Test a friend
Write another series of numbers. Read the numbers to a friend. Can he/she say the next number?

Dates

My birthday's on the twenty-fifth of September. What about you?

4 When's your birthday? (It's on the ... of ...)
What's the date today? (It's the ... of ...)

We write: 25th September
We say: the twenty-fifth of September

(이어서)

그림 11.2(계속)

On the telephone
5 What can you say about the photos?

🔊 Close your book and listen. What homework
has Jack got?

WOMAN Hello.

JACK Hi! It's Jack.

WOMAN Pardon?

JACK Is that 802465?

WOMAN No, it's 802467.

JACK Sorry! I've got the wrong number.

....

SADIE Hello. 802465.

JACK Hi, Sadie. It's Jack. How are you?

SADIE All right, thanks.

JACK Sadie, can you help me with my homework?

SADIE Sure.

JACK How do you say 'It's great' in French?

SADIE *C'est chouette.*

JACK How do you spell it?

SADIE I think it's C - apostrophe - E - S - T
C - H - O - U - E - double T - E.

JACK Thanks, Sadie.

SADIE You're welcome. See you tomorrow, Jack.
Bye!

🔊 Listen again and follow in your book.

6
1 Say the right telephone number.
2 Write the wrong number. (*Eight 0 .... *)
3 How do you say 'It's great' in your language?
4 How do you spell 'apostrophe'?

Role play
**7 a) Act the conversation between Jack and the
woman. Change the name and telephone numbers.**
OR
**b) Make another dialogue like the one between
Jack and Sadie.**

Ask and answer

Name	Telephone number
RIVERA Maria	01782 365924

**8 Talk to your friends and write their
names and telephone numbers.**
A *Maria, how do you spell your surname?*
B *R - I - V - E - R - A.*
A *What's your telephone number?*
B *It's 01782 365924.*
A *Thanks very much.*
B *You're welcome.*

Use what you know
Write a letter to Sadie

**9 Look at the letter on page 00, then write a reply.
Use words from Steps 1 and 2.**

> Your address
> The date.
>
> Dear Sadie,
> I've got your message! My name's.... . I live in ....
> I ....
>
> With best wishes from ...

If you aren't sure, ask your teacher:
How do you spell ... ?
How do you say ... in English?

〈그림 11.3〉 1과: 발행 페이지(Messages Student's Book, 레벨 1) (Goodey and Goodey 2005)

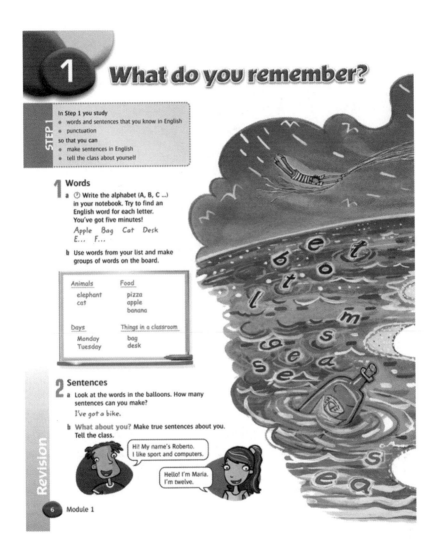

그림 11.3(이어서)

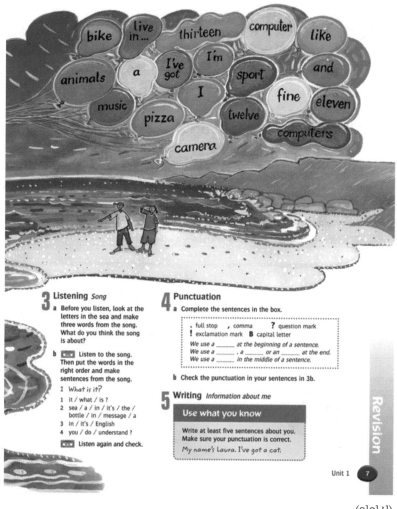

3 Listening *Song*

a Before you listen, look at the letters in the sea and make three words from the song. What do you think the song is about?

b 🔊 Listen to the song. Then put the words in the right order and make sentences from the song.

1 *What is it?*
1 it / what / is ?
2 sea / a / in / it's / the / bottle / in / message / a
3 in / it's / English
4 you / do / understand ?

🔊 Listen again and check.

4 Punctuation

a Complete the sentences in the box.

> **.** full stop   **,** comma   **?** question mark
> **!** exclamation mark   **B** capital letter
>
> We use a _____ at the beginning of a sentence.
> We use a _____ , a _____ or an _____ at the end.
> We use a _____ in the middle of a sentence.

b Check the punctuation in your sentences in 3b.

5 Writing *Information about me*

Use what you know

Write at least five sentences about you. Make sure your punctuation is correct.

My name's Laura. I've got a cat.

Unit 1   **7**

Revision

(이어서)

그림 11.3(이어서)

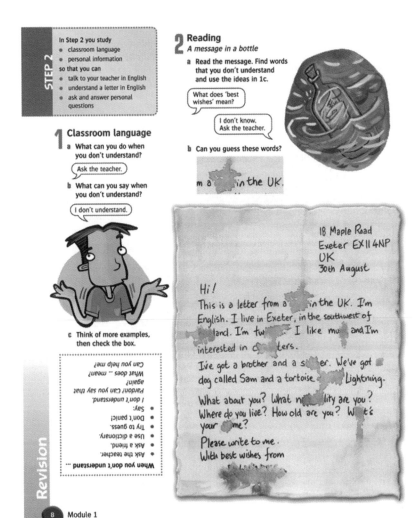

그림 11.3(이어서)

In Step 2 you study
● classroom language
● personal information
so that you can
● talk to your teacher in English
● understand a letter in English
● ask and answer personal questions

STEP 2

1 Classroom language
a What can you do when you don't understand?
(Ask the teacher.)

b What can you say when you don't understand?
(I don't understand.)

c Think of more examples, then check the box.

Revision

When you don't understand ...
● Ask the teacher.
● Ask a friend.
● Use a dictionary.
● Try to guess.
● Don't panic!
● Say:
  I don't understand.
  Pardon? Can you say that again?
  What does ... mean?
  Can you help me?

2 Reading
A message in a bottle
a Read the message. Find words that you don't understand and use the ideas in 1c.

What does 'best wishes' mean?

I don't know. Ask the teacher.

b Can you guess these words?

m a ... in the UK.

18 Maple Road
Exeter EX11 4NP
UK
30th August

Hi!
This is a letter from a ... in the UK. I'm English. I live in Exeter, in the southwest of ... land. I'm tw... I like mu... and I'm interested in c... ters.
I've got a brother and a s...er. We've got ... dog called Sam and a tortoise ... Lightning.
What about you? What n...lity are you? Where do you live? How old are you? W...t's your ...me?
Please write to me.
With best wishes from

8 Module 1

(이어서)

그림 11.3(이어서)

3 Meet Joe, Sadie, Sam and Jack!

a 🔲 Close your book and listen to Joe, Sadie and Jack. Who is the message in the bottle from?

> Hello! I'm Joe. I live in Exeter, at number eighteen Maple Road. I like music and I'm in a band. This is my sister. Her name's Sadie.

> Hi! My name's Jack. I live next door to Sadie, at number twenty. I'm interested in computers and I like animals.

> Hi! I'm Sadie, and this is our dog Sam. I'm twelve. My brother's fourteen and my sister Kate's eighteen. She's at university.

b 🔲 Listen again and follow in your book. Then complete the information.

The message is from _____ because he/she is _____ years old.
He/She has got _____ .
His/Her address is _____ .

c 🔲 Close your book and listen to the message in the bottle.

Remember!

Her name's Sadie. **She's** twelve.
His name's Joe. **He's** fourteen.

4 Writing and speaking *More about me*

Use what you know

Look at the questions at the end of the letter in 2b and write your answers. Then work with a friend and ask and answer.

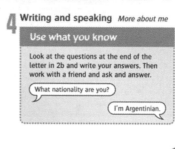

> What nationality are you?

> I'm Argentinian.

Revision

Unit 1 9

(이어서)

그림 11.3(이어서)

In Step 3 you study   so that you can
● numbers and dates   ● understand and use numbers   ● spell words in English
● the alphabet   ● say the date   ● ask for permission and help
● classroom language

1 Numbers

a Say the numbers, then say the next number in the series.

1 1   3   5   7   _9_
2 2   4   6   8   ....
3 11 12 13   ....
4 20 30   ....
5 65 70 75   ....
6 21 28 35   ....

▣ Listen and check.

b Test a friend

Write another series of numbers. Read the numbers to a friend. Can your friend say the next number?

4, 8, 12 ...

2 Dates

Answer the questions.

SEPTEMBER

25

(It's the twenty-fifth of September.)

1 What's the date today?
2 When's your national day?

Remember!

We write: 25th September
We say: the twenty-fifth of September

See page 143 for dates and months.

3 The alphabet

a Say the letters in each group.

Kate /eɪ/
A H K

Lee /iː/
B C E
P T V

Mel /e/
F L M
X Z

Mike /aɪ/
I

Joe /əʊ/
O

Sue /uː/
Q W

Mark /ɑː/
R

b Now put these letters in the right group. *D — Lee*
D G J N S U Y

▣ Listen and check.

4 Things in the classroom

a Say the names of at least two things in the classroom.

(Window, dictionary.)

b ▣ Listen and write the letters. *1 R-U-L-E-R*

Now say the words.

(Ruler ...)

(이어서)

그림 11.3(이어서)

5 Asking for permission

a Match the questions with the pictures.

1 Can I use your ruler, please?
2 Can I look at your dictionary, please?
3 Can I close the window, please?

b Ask and answer the questions in 5a.

> Can I look at your dictionary, please?

> Yes, of course. / No, sorry.

c If you have time, make more questions:

Can I use your rubber, please?

6 Asking for help

a What can you say about the photos?

b [cassette] Close your book and listen. What homework has Jack got?

SADIE: Hello. 802465.
JACK: Hi, Sadie. It's Jack. How are you?
SADIE: All right, thanks.
JACK: Sadie, can you help me with my homework?
SADIE: Sure.
JACK: How do you say 'It's great' in French?
SADIE: *C'est chouette.*
JACK: How do you spell it?
SADIE: I think it's C - apostrophe - E - S - T, C - H - O - U - E - double T - E.
JACK: Thanks, Sadie.
SADIE: That's OK. See you tomorrow, Jack. Bye!

c [cassette] Listen again and follow in your book. Then put the words in the right order. Ask and answer the questions.

1 say / language / do / how / in / you / 'It's great' / your ?
2 you / 'great' / how / do / spell ?

d Role play If you have time, act the conversation between Jack and Sadie. Change some details if you like.

7 Writing *A letter to Sadie*

Use what you know

Look at the letter on page 8, then write a reply.
Use words from Steps 1 and 2.

> (Your address)
> (The date)
>
> Dear Sadie,
> I've got your message! My name's .... I live in .... I ....
> With best wishes from ....

If you aren't sure, ask your teacher.

> How do you spell 'hamster' ? How do you say ... in English?

Revision

Unit 1   11

11.5.3 포커스 그룹

포커스 그룹(Focus groups)은 출판사가 실제 세계에서 교재를 어떻게 전달될 지 예상해 볼 수 있는 또 다른 방법이다. 포커스 그룹은 본질적으로 특정 프로필과 일치하고 조력자와 대면하여 결합되는 소수의 선택된 사람들이다. ELT 출판의 포커스 그룹에서 조력자는 일반적으로 시장 조사 전문가 또는 숙련된 편집자가 될 수 있다. 조력자가 사용하는 기법은 토론을 시작하고 질문을 탐구하여 더 깊이 있는 믿음과 반응을 탐구하기 위한 신속한 질문이다. 일반적인 상황은 다음과 같은 일반적인 신속한 질문일 것이다. **'이 단원들 중 어떤 것이 좋으십니까?' '3과'.** 그런 다음 '무엇, 왜, 언제(wh-type)'에 대한 질문이 있는데, 예를 들어 **'그것에 대해 구체적으로 무엇이 좋습니까?' '구조화된 방식' '왜 그 구조가 좋습니까?' '명확한 준비 활동, 발표 활동, 문법 활동, 어휘 섹션, 기술 활동과 리뷰 그리고 멋진 워크북 활동이 있기 때문입니다.' '언제 워크북 활동을 하겠습니까?' '숙제로' '왜 다른 두 단원은 마음에 들지 않으십니까?'** … 이 과정은 그룹이 할 말이 다 떨어질 때까지 계속된다. 각각의 새로운 정보는 연구자가 이전에 검토하지 않았던 것조차도 가능한 한 많은 측면을 고려하도록 충분히 탐구된다. 또한 포커스 그룹의 참여자들이 말하는 것보다 실제로 어떤 일이 일어나는 지를 연구자가 관찰할 수 있는 과제 중심 관찰(task-based observation)을 허용한다는 점에서 포커스 그룹에는 추가적인 이점이 있다.

이것의 한 예로 최근 캠브리지 언어 교사용 핸드북 시리즈에 대한 포커스 그룹이 있는데, 이 그룹은 교사들에게 활동과 함께 핸드북을 선택하게 하고 포커스 그룹의 교사들에게 다음 날 동료의 수업을 담당하도록 요청받은 상황을 상상하라고 말했다. 그들은 30분 동안 수업을 계획했다. 그들은 해당 교실의 수준, 크기, 나이, 국적에 대한 정보를 받았다. 관찰자들은 교사들이 색인과 내용 페이지를 어떻게 사용했는지, 그리고 일반적으로 어떻게 책을 다루었는지 기록했고, 시간도 기록했다. 또한 활동 제목이나 검토, 선택 및 거부된 활동에 영향을 미치는 것으로 보이는 다른 측면을 언급할 경우, 활동 요약 설명을 검토했는지 여부에 대한 언급도 있었다. 그 후 교사들은 수업 계획을 제시하고 왜 그러한 활동을 선택했는지, 어떻게 책을 다루었는지, 어떤 측면이 그들의 결정에 영향을 미쳤는지를 설명하도록 요청받았다. 이것에 대해 가장 놀라운 것은 많은 교사들이 그들이 어떻게 색인을 사용했는지 혹은 그들이 수업 프로필이나 문법적 기능에 기초하여 선택했는지 기억할 수 없다는 것이었다. 그것은 사람들이 그들이 하는 말과 실제로 하는 일이 다른 경우가 많고, 출판사들이 교사들에게 수업 교재를 어떻게 탐색하는지 물어보는 것 외에 교사들이 실제로 어떻게 그것을 하는지 관찰할 필요가 있고, 단지 하나의 정보원에 의존하지 않아도 된다.

포커스 그룹의 장점은 양방향의 즉각적인 상호작용을 허용하고 출판사가 후속 질문을 통해 보다 상세하게 제기되는 특정 문제를 조사할 수 있는 기회를 제공한다는 것이다. 또한 참가자들 간의 토론을 허용한다. 이것은 종종 한 사람의 간단한 언급이 모든 참가자들 사이의 중요한 문제에 대한 풍부한 토론을 열 수 있다는 것을 의미한다. 만약 연구가 파일럿이나 리뷰로만 행해졌더라면, 이러한 논의의 논평은 잠잠했을 것이다. 포커스 그룹의 한계는 그들이 일반적으로 한 국가에서 소수의 사람들만이 할 수 있다는 것이다. 이것은 그들이 지역 버전을 연구하는 출판사에게는 이상적이지만 좀 더 일반적으로 쓰이기 위해 몇몇 다른 시장에서 반복되어야 한다는 것을 의미한다.

이와 같은 집단에서 일하는 것에는 다른 내재적인 문제들이 있다. 때때로 교사들은 그들이 진정으로 무엇을 생각하는지 말하지 않고, 오히려 그들이 다른 사람들이 듣고 싶어 하는 것을 말한다. 예를 들어 그들이 낯선 사람들이 있는 혹은 (때로는 더 심한 경우의) 동료 그룹에 속해 있다면, 발음을 가르치는 것이 힘들다고 생각하고 음운 기호를 이해하지 못한다고 해도 정말로 이것을 말할 수 있는 사람이 있을까? 아니면 몇 년 동안 교편을 잡고 있으면서 미숙한 것으로 보이고 싶지 않다면 지시사항에서 분명하지 않은 정보차 활동을 어떻게 설정할 것인지에 대한 조언을 구할 수 있을까?

또 다른 문제는 '집단적 사고(group think)[41]'이다. 환언하자면, 집단의 지배적인 한 구성원이 의견을 표현하는 순간, 집단의 다른 구성원들에 의해 받아들여진다. 이와 반대로, 어떤 그룹에는 인상을 남기고 싶어 하고, 다른 그룹 구성원들이 제기한 모든 의견에 반대할 참가자가 있을 수 있다. 조력자(facilitator)는 집단의 역학 관계를 통제할 필요가 있고, 때로는 집단의 실제 견해를 시험하기 위해 반론을 세울 필요가 있다. 비록 집단이 제공하는 역학 관계에서 얻을 수 있는 명백한 이점이 있지만, 그 결과는 신중하게 분석될 필요가 있다. 어떤 출판사도 하나의 포커스 그룹에 근거하여 바꾸지 않을 것이다. 그것은 동일한 의견이 계속해서 올라오는 여러 포커스 그룹을 보유함으로써 얻은 정보의 계층화로서, 또한 출판사의 결정을 알리는 전문가 의견이나 설문지 데이터와 같은 다른 출처에 의해 뒷받침된다.

11.5.4 설문지

설문지는 아마도 출판사가 사용하는 가장 쉬운 방법일 것이다. 설문지는 제한된 시간과 경비로 많은 분야를 커버할 수 있게 해준다. 효과적인 설문지를 작성하려면, 설문지는 짧고 명확해야 한다. 보통 Survey Monkey.com과 같은 시스템을 사용하여 온라인으로 완성된다. 여기서

---

41) [역자주] 너무 많은 사람들이 관여함으로 생기는 개인의 창의성이나 책임감의 결여를 가리킨다.

단점은 설문지가 유용하게 사용되기 위해서는 출판사가 정확히 무엇을 알고 싶은지를 정확히 질문해야 한다는 것이다. 이것은 전형적으로 교육 환경과 이용 가능한 기술과 관련된 것이다. 예를 들어 이 정보는 출판사가 교사들이 실제로 교실에서 DVD를 사용할 수 있는지 여부를 평가하는 데 도움이 될 것이다. 그것은 또한 상업적으로 생산된 다른 교재들이 어떤 것이 있는지 그리고 어떻게 사용되는지를 알아내는 데 도움이 된다.

11.5.5 전문가 패널

일부 출판사는 교재를 검토하고 동향을 조언하기 위해 특별히 선정된 전문가 패널을 임명한다. 그들은 아마도 일 년에 한 번 또는 두 번, 미니 토론회를 위해 정기적으로 만날 수 있다. 패널 전문가는 일반적으로 특정 목록 영역(list area)42)의 중요성과 경험뿐만 아니라 광범위한 지리적 영역이 대표되도록 선정된다. 패널 수는 네다섯 명보다 훨씬 더 많을 수 있다. 패널이 있다는 것은 출판사가 교재를 실제로 의뢰하기 전에 잠재적인 저자들을 위한 매우 구체적인 지침서를 개발할 수 있다는 것을 의미한다. 점점 더 많은 출판업자들은 잠재적 저자들에 의해 요청되지 않은 방식으로 제출되는 교재에 반응하기 보다는 출판에 대한 접근에 적극적이다. 대부분의 출판업자들은 이제 그들이 찾고 있는 것이 무엇인지 미리 정확하게 알고 있으며, 일반적으로 잠재적인 작가 팀들이 교재 설계에 대한 요약서가 이미 충분히 입증된 경쟁 입찰 과정에 참여하도록 초대될 것이다. 20년 전에는 예비 저자들이 출판사에 제출한 아이디어,

---

42) 목록 영역(list area)은 출판사가 출판물을 전문가 영역으로 나누는 방식이다. 따라서 전형적으로 ELT 출판사는 문법 목록 영역, 시험 목록 영역, 성인 목록 영역 및 1차 목록 영역 등을 가질 것이다.

제안서, 그리고 전체 원고를 갖는 것이 일반적이었던 반면에, ELT 출판은 이제 훨씬 더 엄격하게 통제되고 계획적인 환경이고 이것이 시용이 감소하는 또 다른 이유다.

11.5.6 연구 프로젝트에 대한 학계 및 교재 개발자와의 협력

출판사는 앞에서 언급한 전문 패널 외에도 연구 프로젝트에서 학자나 교재 개발자와 협력하여 작업하기도 한다. 예를 들어 케임브리지 대학 출판부는 최근 맨체스터 대학 교육부와 함께 성인 수업에서 ELT 교재를 사용한 기술 사용에 관한 연구 프로젝트에 참여하였다. English Profile 프로젝트는 CEFR와 연계된 영어의 레벨 설명을 제공하는 것을 목적으로 학계, 교사, 출판계, 교재 개발자 및 언어 테스터(language testers) 간의 장기적인 협력적 연구 프로젝트의 좋은 예다(www.english.profile. org).

11.5.7 편집자 방문 및 교실 관찰

출판사는 전 세계에 편집자를 보내 서로 다른 교실에서 자신의 교실과 경쟁자 교재를 모두 사용하여 학생들을 관찰한다(10장 Hitomi Masuhara 참조). 시범을 보이는 농안 교실 관찰도 가끔 이루어진다. 관찰자의 존재는 교사가 교재를 사용하는 방식에 영향을 미칠 수 있으므로, 관찰자가 가능한 한 눈에 띄지 않는 것을 고려하여 최소화할 필요가 있다. Ruth Wajnryb(1993)의 **교실 관찰 과제**와 같이 교사 훈련에 사용되는 방법과 유사한 많은 방법들이 있지만, 교재의 설계가 계획한 대로 실행되는지 여부에 훨씬 더 초점을 맞춘다. 만약 교사들이 그것들을 대체적인 방법으로 사용하고 있다면, 이것의 이면에 있는 이유는 무엇인가? 출판사들은 교사들이 교재를 어떻게 적응하는지 어떤 방식으로 적응하는지에 관심이 있다. 그들은 그것이 근본적인 변화를 필요로 하는 출판 교재들과 관련이 있는지, 그것이 결핍을 나타내면 잠재적으로 심각한 것인지, 아니면 단지 교사들이 그들의 정체성과 개인적인 교육 스타일로 활동하기를 원하는 것인지 알 필요가 있다.

11.5.8 데스크 조사(Desk research) 및 경쟁사 분석

출판사들은 무엇이 새로운지 보기 위해 정기적으로 인터넷을 방문한다. 특히 그들은 다른 출판사의 웹사이트를 살펴보고 경쟁의 장단점을 분석할 것이다. 출판사는 또한 전문 사이트에 접속하여 다음과 같은 교육 및 교재 개발 측면에서 새로운 것이 무엇인지 모니터링하는 것을 좋아한다. 사이트는 아래와 같다.

> The British Council: www.britishcouncil.org/learning-learn-english.htm
> JALT: http://jalt.org
> IATEFL: www.iatefl.org
> TESOL: www.tesol.org/s_tesol/index.asp
> MATSDA: www.matsda.org.uk
> ELT Journal: http://eltj.oxfordjournals.org

11.6 혜택: 출판사를 위한 교재 평가에서 얻는 것은?

시용 담당자와 학교는 시험과 검토에 관련된 수수료를 얻는 재정적 이익이 있고 주요 출판사와의 관계와 관련된 영광(kudos)도 있다. 무료 도서는 참여 학교에 더 잘 갖추어진 도서관을 제공하는 데 도움이 될 수 있고, 일부 시범 학교는 대화형 화이트보드를 위한 프로젝터와 같은 지불에서 이익을 얻을 수 있다. 그러나 아마도 더 중요한 것은 교사들과 학교들이 그들의 요구를 고려하고 상업적으로 생산된 교재들이 그들의 교수 요건에 사용 가능하다는 것을 확실히 하는데 도움이 될 것이다.

출판사의 교재 평가는 시장 신뢰성의 명백한 이익과 주요 금융 투자가 건전한 연구에 바탕을 둔다는 확신을 제공할 뿐만 아니라, 미래 저자를 공급하는 부가적인 이익도 가지고 있다. 설문지에 답하거나 시용하는 것으로 시작하는 많은 교사들과 학자들은 계속해서 정기적인 검토자가 된다. 글쓰기 스타일이 좋고 ELT에 대한 포괄적인 이해와 ELT에 대한 특정 측면이나 시장의 이해를 보여준 검증된 검토자들은 종종 웹 자료나 교사의 책 또는 보충 자료를 작성하기 위해 접근한다. 만약 그들이 성공적으로 한다면, 그들은 더 큰 프로젝트를 위해 작가로서 요청받을 수도 있다. 교재의 객관적 비판적 분석을 보여주고 개선될 수 있는 사항들을 지적할 준비가 되어 있는 검토자들이 접근하기 쉽다는 점을 지적해야 한다. 교재 평가는 출판사들이 새로운 예비 저자들을 찾고 새로운 아이디어에 주의를 기울이는 주요 원천 중 하나이다.

11.7 무엇이 잘못될 수 있는가?

교재를 평가할 때 잘못될 수 있는 경우가 분명히 있다. 예를 들어 아래와 같다.

1. 일부 검토자나 시용 담당자는 최소한의 조치를 취하고 유용한 정보를 제공하지 않거나 제기된 질문에 답하지 않는다.
2. 어떤 평론가나 시용 담당자들은 출판사가 듣고 싶어 하는 것을 출판사에 말한다. 예를 들어, '이 교재는 현재 상태로는 훌륭하고 변경이나 추가가 필요 없다'. 이것은 출판사가 실제 교실에서 새로운 경향으로 계속 앞서 나가는 데 도움이 되지 않기 때문에 특히 좌절감을 줄 수 있다.

3. 어떤 시용 담당자들은 문제가 무엇인지, 어떻게 해결할 수 있는지를 제대로 파악하지 못한 채 교재를 비판한다. 출판사가 교재 개선을 위해 해야 할 일을 평가하기 어렵다는 뜻이다.

4. 미발표 아이디어를 시험적으로 내놓는 데 위험이 따른다. 참여자가 많을수록 경쟁자는 당신이 개발하고 있는 것에 대해 더 많이 알게 될 것이다. 일반적으로 검토자와 시용 담당자는 기밀조항에 서명해야 한다.

5. 다양한 대표 시범운영센터를 얻는 것은 종종 어려울 수 있다. 신중한 계획에도 불구하고, 일부 센터들은 그들이 시험에서 손을 떼야만 한다는 사실을 발견할 수 있고, 이것은 특정 국가나 부문의 대표성의 불균형을 초래할 수 있다.

11.8 앞으로의 평가

교재는 개발 전반에 걸쳐 다양한 단계에서 평가된다. 역사적으로 그것은 단지 사전 출판일 뿐이지만, 지금은 특히 신판이나 이와 유사한 제품이 미래 발전을 위해 고려되고 있는 경우, 마찬가지로 사후 발표 검토를 하는 것이 일반적이다. 온라인 강좌가 제공됨에 따라, 같은 방법으로 데이터를 수집할 수 있는 기회도 더 많아질 것이다. 이것은 또한 웹캠을 사용하여 가상 포커스 그룹과 수업 관찰로 확장될 수 있다.

출판 후 검토는 점차 미래의 교재 개발에 대한 정보를 제공할 것이다. 저자가 종이에 펜으로 쓰기 훨씬 전에 특정한 접근법이나 필요한 제품의 종류에 대한 충분한 시장 증거가 없다면, 저자들은 프로젝트에 입찰할 기회조차 가질 수 없다. 이것은 개발 전에 완전히 특정되어야 하는 디지털 교재에도 똑같이 적용된다. 모든 가능성 평가는 출판 전에 명확하지 않은 단계가 될 것이며, 제품의 수명 동안 교재를 정제하고 심지어 변경되는 진행 중인 과정에 더 가까울 것이다.

참고 문헌

Donovan, P. 1998. 'Piloting-a publisher's view'. In B.Tomlinson (ed.), *Materials Development in Language Teaching*, 1st edn. Cambridge: Cambridge University Press.

Goodey, D. and N. Goodey. 2005. *Messages*. Cambridge: Cambridge University Press.

Wajnryb, R. 1993. *Classroom Observation Tasks*. Cambridge: Cambridge University Press.

Comments on Part C

Brian Tomlinson

파트C의 각 장들 간에는 교재 사용자에서 교재 생산자에 이르기까지 더 많은 피드백(그리고 더 체계적인 피드백)이 필요하다는 분명한 연결고리가 있다. 사용자의 필요와 요구, 그리고 교실에서의 '작업(works)'에 대한 추정에 근거하여 내용, 접근법, 절차와 학습 교재의 디자인에 대한 중요한 결정이 이루어지는 경우가 많다. 이러한 추정과 인상은 허황되거나 잘못 알려지거나 대표적이지 않으며, 만족스럽지 않거나 실패를 야기하기도 한다.

늘 놀라게 하는 것 중 하나는, 세계를 여행하면서 학회와 워크숍에서 교사들을 만나서 알게 된 사실인데, 내가 받은 인상은 대부분의 교사들은 자신들이 사용하는 교재를 만족스러워하지 않는다는 것이다. 그러나 출판사나 교육부는 교사들이 기본적으로는 이런 교재들에 만족하고 있다고 말한다. 필자는 두 의견 모두 잘못되었다고 생각한다. 왜냐하면 그것들이 대표성이 없는 교사 표본에 바탕을 두고 있고, 그러한 인상을 받은 방식들 때문이다. 학회와 워크숍에 참가하는 많은 교사들은 박식하고 열정적이며 통찰력이 있어서 비전형적이다.

출판사나 교육당국을 대표하지 않는, 그리고 혁신적 교재 개발에 힘을 쏟는 나 같은 사람에게 그들이 자신의 견해를 말할 수 있는 기회가 주어진다면, 교재에 대해 마음에 드는 것보다는 마음에 들지 않는 것을 말할 듯싶다. 반면, 교사들이 출판사나 관계자들과 인터뷰를 할 때는(혹은 설문지에 응답할 때에도) 더 정중하고 신중할 것이고, 반응 역시 긍정적인 방향으로 더 기울어질 것 같다(11장의 Frances Amrani and Singapore Wala 2003a, 2003b 참조). 필자의 인상과 '교육당국(authorities)'의 인상도 가끔 오해의 소지가 있고 또 너무 조잡해서 별 정보가 없을 때도 있다. 우리에게 필요한 것은 교사와 학습자가 실제로 무엇을 했고, 한 것에 대해서 무엇을 느꼈고, 한 결과 무엇을 얻었는지 등에 대한 세부적인 정보이다.

파트C의 모든 장에서 지적하고 있듯이, 사용 중, 사용 후 평가는 매우 가치 있을 수 있지만, 전문 지식뿐만 아니라 막대한 교사의 에너지와 시간의 투자를 필요로 하기 때문에 수행하기가 어렵다. 사용 중인 교재를 관찰할 수도 있고, 교재 사용 전후의 학습자를 테스트할 수도 있으며, 교재 사용자에게 설문을 할 수도 있다. 하지만 가장 많은 것을 말해줄 수 있는 것은 교사들일 것이다. 그들은 매일 교재를 사용하고 있고, 그래서 사용 중인 교재에 대한 집중적이고 종적인 연구에 참여할 수 있을 것이다. 그러나 그들이 가치있는 정보원이 되기 위해서는 훈련과 보상을 받아야할 것이고 타당하고 신뢰할 수 있는 평가 도구의 지원이 있어야 한다. 이는 출판사, 교육 기관, 대학의 응용언어학과가 컨소시엄을 구성하여 특정 학습 교재의 실제 결과를 기록하는 것을 목표로 하는 연구 프로젝트에 자금을 지원하고 개발한다면 성취될 수 있을 것이다.

MATSDA는 컨소시엄 설립을 기꺼이 도울 것이며, 작은 첫걸음으로 참가자들을 도와 사용 중, 사용 후 평가를 위한 도구를 개발하여 이 도구를 그들이 사용 중인 교재의 종적 연구에 사용할 수 있는 교재 평가 워크숍을 개최하려고 한다. 이러한 연구의 결과는 MATSDA 저널인 *Folio*에 보고할 것이며, 위에서 제안된 바와 같이 더 깊이, 더 확장된 연구의 기초를 형성할 수 있을 것이다.

사용자 피드백의 가장 큰 문제 중 하나는 보통 사용자에게는 고려할 선택권이 제공되지 않는다는 것이다. 사용자들은 특정한 교재 꾸러미에 한해서만 대답해야 하기 때문에 해당 교재의 유효성에 대한 정보만을 제공할 수 있고 교재의 효율성에 대한 정보는 제공할 수 없다(9장의 Rod Ellis 참조). 다시 말해 그들은 그들의 목표와 경험에 관련된 그 교재들에 대한 평가만을 우리에게 말해 줄 수 있을 뿐이다; 다른 종류, 혹은 다른 꾸러미의 교재와 비교한 해당 교재의 상대적 가치에 대해서는 말해주지 않는다. 또 교사들은 자신들이 경험해 온 것과 관련한 요구와 필요만을 표현할 수 있다. 요구와 필요를 충족시킬 수 있는 모든 교재 선택사항들을 교사가 알고 있으리라 기대할 수 없다.

10장에서 Hitomi Masuhara가 기본은 동일한 교재의 대체 버전들에 대한 반응을 제공해 주는 교사 모임을 제안한 것을 발전시켰으면 좋겠다. 또 교사들에게 사용 전 평가를 위한 여러 권의 대체 교재들을 제시해 주었으면 한다. 각 교사가 대체 버전에서 두 권을 선택하고 그 교재로 동등한 두 개의 수업에서 가르친 후 해당 교재의 사용 중, 사용 후 평가를 한다. 그러면 교사들은 두 가지 버전의 교재를 비교하여 효과적인 평가를 내릴 수 있다. 이러한 프로젝트는 교사들이 보상을 받는다거나 평가가 대학원 학위의 연구 구성요소의 일부로 수행되는 경우에만 실현 가능할 것이다.

이러한 프로젝트 개발에 박사논문 지원자들이 속한 대학들이 함께 협력하는 것은 어떨까? 아니면 그러한 연구를 촉진하기 위해 (Leeds Metropolitan University가 하고 있는 것처럼) 응용언어학/TEFL 코스 석사 과정에 교육 실습을 포함하고 있는 대학은 어떨까? MATSDA에서는 앞에서 언급한 MATSDA 교재 평가 워크숍 분과에 비교 평가를 포함시켜 기여하고자 한다. 그러면 학회 후에 참가자가 비교 대상 교재의 사용 중, 사용 후 효율성 평가를 실시할 수 있도록 도와서 이 문제를 해결할 수 있을지도 모른다. 교재 평가 수행 방법은 McDonough, Shaw and Masuhara(2011), McGrath(2002), Rubdy(2003), Tomlinson(2003)

을 참조하고, 평가 체크리스트 평가는 Mukundan and Ahour(2010)를 참조하기 바란다.

파트 C의 각 장들 간의 또 다른 연결고리는 평가에 대한 교사와 학습자의 반응보다는 교재 사용의 결과 실제로 일어나는 일에 초점을 두라는 의견이다. 교재 판단의 기준을 관심과 재미에 두는 경우가 너무 많다. 이 요소들이 학습자 참여를 이끄는 데는 중요한 것들이지만, 학습자가 교재로부터 많은 것을 배우지 않고서도 교재 사용을 즐길 수 있고, 특별히 흥미롭거나 사용하기에 재미있지도 않은 교재로부터 많은 것을 배울 수도 있다.

우리가 알아야 할 것은 교사와 학습자는 교재의 의도대로 했는가, 학습 목표가 달성되었는가, 그리고 의도하지 않은 학습도 일어났는가?는 점이다. 관찰 가능한 행동 결과를 기술한 내러티브만으로도 충분하다(예를 들어 일상적으로 수업을 녹화한다); 수업 중의 정신적 활동에 대한 내러티브를 작성할 수도 있다(예를 들어 생각난 것 소리내어 말하기 프로토콜, 반성적 과제, 설문지, 인터뷰를 통해); 단기 학습량에 대한 정보를 얻는 것은 가능하지만(사용 전, 사용 후 테스트를 통해), 우리가 실제로 알고 싶은, 교재에서 기인했을 법한 장기 학습량에 대해서는 알아내기가 매우 어렵다. 이것은 수준과 동기 면에서 동등하고 교실 밖에서 목표 언어와의 접촉이 없는 수업을 한 명의 교사가 가르치는 두 개의 수업을 찾아(더 좋은 것은 조직하여) 거시적인 규모로 행해야만 한다.

두 수업을 대상으로 비슷하지만 다른 두 교재의 수행 목표에 초점을 둔 일련의 사전 테스트를 실시할 수 있다. 그런 다음 비교가능하지만 본질적으로는 다른 교재 꾸러미를 사용하여 두 교실을 가르친다. 코스 후반부(또는 가능하면 종료 후)에 사후 테스트를 실시하여 두 수업 간의 발전 차이를 측정할 수 있다. Barnard(2007)는 인도네시아 Bahasa의 젊은 성인 학습자가 관련한 그러한 실험을 보고하고 있는데, 그는 동일한 언어 교수 항목이지만 한 교재는 언어 산출 접근법을 채택하였고 다른 교재는 언어 이해 접근법을 채택한 두 가지 교재를 설계하였다.

하나 더, 해 볼만한 절차는 서로 다른 교재를 사용하는 두 비교 수업 집단이 만든 매우 구체적이고 측정 가능한 목표를 향하여 비교 진행에 초점을 맞추는 것이다. 이 절차는 만약 두 수업의 학생들이 교실 밖에서 동일한 경험을 한다면(혹은 이용할 수 없는 관련 경험이 없다면) 목표 언어권 문화에서 생활하는 학습자를 가지고서도 수행할 수 있다. 초점 영역은 대화에서 평균 발화 길이, 스토리텔링 쓰기에서 어휘의 범위, 특정 기능 구성요소의 범위와 적절성, 계획되지 않은 담화에서 시제 사용 범위와 적절성 등으로 증가할 수 있다. 최근 Tomlinson and Masuhara는 말레이시아의 두 교육기관을 대상으로 이 같은 연구를 수행하였다: 처치하지 않은 통제 집단, 목표 어휘가 포함되어 있고 반복되는 다독 수업 집단, 어휘를 명시적으로 가르치는 집단 간 특정 어휘 항목의 학습을 비교하였다.

또 다른 절차는 학생들의 학습 경험에 새로운 요소를 추가하고 추가한 결과를 측정하기 위한 시도일 것이다. Dat(2003)은 베트남에서 학생들과 이 작업을 하고 있다고 보고하며, 특히 영어 말하기를 꺼리는 학생들의 태도에 영향을 준 처치 상의 변화의 효과에 초점을 두고 있다. Barker(2010)는 구조화되지 않고 모니터링되지 않은 학생들의 상호작용 기회 제공이 일본에서 영어를 배우는 대학생들의 유창함과 정확성에 영향을 주었다고 보고한다. 그리고 Al-Busaidi and Tindle(2010)은 오만의 술탄 카부스 대학교에서 1학년 학생들을 위한 영어 과정에 경험적이고 과정 중심 쓰기 접근법을 추가한 효과에 대해 보고한다.

요컨대, 만약 우리가 매력적이고 인상적일 뿐만 아니라 실제로 학습을 용이하게 하는 교재의 개발에 기여하기 위해서는 교재의 종류에 대한 훨씬 더 많은 연구가 필요하다. 이러한 연구는 실제 상황에서 실시간으로 학습되는 실제 수업으로는 변수를 통제하기 어렵기 때문에 쉽지 않고 실제로 결정적인 것이 될 수 없다. 그러나 분명히 시도해 볼 가치가 있으며, Tomlinson and Masuhara(2010)에는 전 세계 여러 나라에서 그러한 평가를 보고하는 각 장들이 있다.

참고 문헌

Al-Busaidi, S. and K. Tindle. 2010. 'Evaluating the impact of in-house materials on language learning'. In B. Tomlinson and H. Masuhara(eds.), *Research in Materials Development for Language Learning: Evidence for Best Practice*. London: Continuum.

Barker, D. 2010. 'The potential role of unstructured learner interaction'. In 'Acquiring a foreign language'. Unpublished PhD thesis. Leeds Metropolitan University.

Barnard, E. S. 2007. 'The value of comprehension in the early stages of the acquisition and development of Bahasa Indonesia by non-native speakers'. In B. Tomlinson(ed.), *Language Acquisition and Development: Studies of Learners of First and Other Languages*. London: Continuum.

Dat, B. 2003. 'Materials for developing speaking skills'. In B. Tomlinson(ed.), *Developing Materials for Language Teaching*. London: Continuum.

McDonough, J., C. Shaw. and H. Masuhara. 2011. *Materials and Methods in ELT: A Teachers' Guide*, 3rd edn. Oxford: Blackwell.

McGrath, I. 2002. *Materials Evaluation and Design for Language Teaching*. Edinburgh: University of Edinburgh Press.

Mukundan, J. and T. Ahour. 2010. 'A review of textbook evaluation checklists across four decades (1970–007)'. In B. Tomlinson and H. Masuhara(eds.), *Research in Materials Development for Language Learning: Evidence for Best Practice*. London: Continuum.

Rubdy, R. 2003. 'Selection of materials'. In B. Tomlinson(ed.), *Developing Materials for Language Teaching*. London: Continuum. Singapore.

Wala, D. A. 2003a. 'A coursebook is what it is because of what it has to do: an editor's perspective'. In B. Tomlinson(ed.), *Developing Materials for Language Teaching*. London: Continuum.

_____ 2003b. 'Publishing a coursebook: completing the materials development circle'. In B. Tomlinson(ed.), *Developing Materials for Language Teaching*. London: Continuum.

Tomlinson, B. 2003. 'Materials evaluation'. In B. Tomlinson(ed.), *Developing Materials for Language Teaching*. London: Continuum.

Tomlinson, B. and H. Masuhara. 2010. *Research in Materials Development for Language Learning: Evidence for Best Practice*. London: Continuum.

교재의 전자적 전달

12 기술을 활용한 언어 학습 교재 개발

Gary Motteram

12.1 들어가기

본장에서는 디지털 기술의 장점을 십분 활용한 언어 학습 교재를 만드는 방법을 살펴볼 것이다. 아울러 1998년 Warschauer와 Healey가 주장한 다중 문해력(multi-literacies)[43])을 개발하기 위해 언어 교사로서 우리의 책임과 현재의 언어 학습, 기술, 일반 교육 분야의 공통 주제(Pegrum 2009)도 충분히 고려할 것이다. 또한 교사들이 교실에 전형적으로 들고 들어가는 자원과 출판사가 제공하는, 이용 범위가 확대되고 있는 기술, 그리고 인터넷에서 찾을 수 있는 수많은 웹 2.0[44]) 기술을 서로 어떻게 혼합할 수 있는지 보여줄 것이다. 또 많은 교사들이 해볼 만한 아이디어들을 고찰하는 것에도 초점을 둘 것이다. 한편 본장의 마지막 부분에서는 범위를 조금 좁혀 현재 일부 교사들만이 이용할 수 있는 한

---

43) [역자주] 영어의 'literacy'를 번역한 용어로는 '문해력(文解力)'과 '문식성(文識性)'이 자주 사용되는데, 본고에서는 '문해력'으로 번역하겠다. '다중 문해력'은 전통적인 단수 형태의 문해력을 넘어서는 개념으로 다양한 문해 상황들에서 일어나는 중층적인 의미 구성 과정을 기술하기 위한 능력이다.

44) [역자주] 데이터의 소유자나 독점자 없이 누구나 손쉽게 데이터를 생산하고 인터넷에서 공유할 수 있도록 한 사용자 참여 중심의 인터넷 환경이다. 블로그, 위키피디아 등이 이에 해당된다.

두 가지 기술을 소개하려고 한다.

12.2 기술과 언어 학습

대부분의 교실 활동의 동인은 시험과 교육과정이며, 교재와 교수법은 그것을 반영한다. 예컨대 세계의 여러 지역에 존재하는 구어는 조사되지 않기 때문에, 설령 구어가 교육과정 상에 나타나더라도 가르치지 않는다. 그렇기 때문에 교사가 학습자에게 의사소통할 기회를 더 많이 주고 싶다면 창의적이 될 필요가 있다. 교사들은 전형적인 언어 수업에서 실제적인 언어를 사용할 시간이 거의 없다고 믿기 때문에 언어 수업을 보충하는 수단으로 기술을 활용하려고 애쓴다. 교사들은 또 학습자들이 언어를 공부해야 하는 이유를 모두가 알고 있는 것은 아니라는 것을 의식하고, 자신의 학습자들이 참여하도록 격려하기 위해 의미 있고 실제적인 학습을 위해 최선을 다한다. 많은 어린 학습자들은 자신의 일상생활과 거의 관련이 없어 보이는 언어를 왜 배우고 있는지 이해하지 못한다. 단순히 교육과정의 일부이기 때문에, 그리고 시간표에 있기 때문에 배운다고 생각한다. 이 부분은 교사가 실제 과제 해결을 위해 언어가 사용되고 있는 외부세계와 학습자를 연결해 줌으로써 해결할 수 있다.

12.2.1 새로운 기술에 의해 제시된 기회는 무엇인가?

이 글을 쓰고 있는 지금, 우리는 과도기에 있다. 근본적인 변화는 아날로그에서 디지털로의 이동이 주였지만, 인터넷에서도 현재 웹 1.0[45])에

---

45) [역자주] 웹 2.0이 유행하기 전의 월드와이드웹 상태를 말하며, 기본적인 개념은 디렉터리 검색이다. 모든 자료는 체계적으로 분류되어 있으며, 사용자들은 해당 카테고리를 통해 자료를 검색한다.

서 웹 2.0으로의 변환이 있었다. 웹 2.0 덕분에 더 많은 사람들이 디지털 기술을 활용하여 창의력을 발휘할 수 있게 되었다. 가령 나는 내 컴퓨터 앞에 앉아서 모니터에 내장된 카메라를 이용하여 비디오를 녹화할 수 있다. 아니면 이것을 인터넷에서 바로 작업해서 블로그나 위키피디아46), 또는 내가 소속된 기관의 가상학습환경(VLE)47)에 직접 연결할 수도 있다. 이는 다양한 언어 학습 자료의 개작과 창작의 가능성을 교사에게 준다는 의미일 뿐만 아니라, 학습자가 할 수도 있다는 뜻이기도 하다. 웹 2.0 덕분에 사진과 텍스트 제작을 훨씬 더 쉽게 할 수 있게 되어, 이제 교사와 학습자가 오디오와 비디오의 로컬화(localisation)나 제작을 할 수 있게 되었다.

언어 교육에 있어서의 기술 사용을 다룬 책들은 대부분 웹 1.0의 시기에 써진 것들이다. 이 시기는 출판사나 개인의 소규모 개발자만이 자료들을 만들었고, 만들어진 그대로를 사용할 수밖에 없었다. 교사들은 지금이라면 아마 '리믹스(re-mixing)'라고 불릴 것 같은(Pegrum2009), 자료를 개작할 수 있기를 원했다. 학습자들도 마찬가지였다. 로컬적인 학습 요구를 충족시키기 위해서는 교사가 '리믹스할' 필요가 있다. 자료는 각색할 필요가 있고, Web 2.0에서는 이것이 더 잘 구현될 수 있다. 가령 아래에 제시한 비디오 활용 예를 참고해 보라. 우리는 매력적이고 적절한 입력 자료를 구할 수도 있고 그것을 중심으로 교실 활동을 작성할 수도 있다.

지금까지 언급한 것들은 모두 인터넷에 접근할 수 있어야 한다는 것을 암시하고 있지만, 교실 밖에서는 인터넷을 사용할 수 있더라도 교실 내

---

46) [역자주] 인터넷 사용자들이 내용을 수정이나 편집할 수 있는 웹사이트로, 누구나 자유롭게 쓸 수 있는 다언어 인터넷 백과사전

47) [역자주] 컴퓨터 응용 프로그램을 이용하여 캠퍼스나 그 밖의 장소에서 온라인 학습을 도와주거나 촉진할 수 있도록 만들어진 환경

에서 인터넷 접속을 할 수 없는 경우도 많다. 이러한 환경에서는 교과서에 딸린 CD나 DVD 같은 자료를 쓸 수 있는 곳이 필요하거나, 수업에서 사용하기 위해 교사와 학습자가 어딘가에서 다운로드한 자료들을 직접 가져와야 한다. 이러한 자료는 적절한 플레이어가 있는 곳이라면 어디서나 사용할 수 있으며 직접적인 인터넷 연결이 필요하지도 않다.

교사는 교과서와 함께 제공되는 자료들을 다양한 방식으로 보완하여 현재의 학습자에게 더 어울리는 내용으로 만들 수 있다. 교재는 금방 시대에 뒤쳐지지만, 인터넷에서 최신 자료를 가져옴으로써 문화 측면에 대한 설명이 즉시 업데이트될 수 있다. 학습자들이 이러한 자료에 스스로 접근할 수 있다면 더할 나위 없이 좋겠지만, 그렇지 않다면 교사는 관련 자료들을 찾아서 수업 시간에 가져올 수도 있다.

12.2.2 과제와 연습

이 절에서는 Ellis(2003: 3, 본서 9장)의 과제(task)와 연습(exercise) 간의 구분-'"과제"는 의미 중심의 언어 사용을 주로 요구하는 활동이다. 반면 "연습"은 형태 중심의 언어 사용을 주로 요구하는 활동이다.'-을 이용하여 기술에 따른 효율적 사용 방법과 수행하는 역할의 차이를 설명하려고 한다.

연습의 예로는, 빈칸 채우기, 다선택항, 단어 게임 등이 있다. 이 연습 유형들은 언어 교육에서 컴퓨터를 이용하려는 가장 초기부터 사용되어 왔으며, Higgins and Johns(1984)는 그러한 소프트웨어를 처음 개발하였다. 매우 흔하고 자유롭게 사용할 수 있으며 오래 애용되어 온 소프트웨어는 핫 포테이토(Hot Potatoes: http://hotpot.uvic.ca)로, 웹에서 다운로드할 수 있다. 여기에서는 교사들이 문법이나 어휘 발달의 분리된 측면들을 연습할 수 있는 연습문제를 간단히 만들 수 있다. 약간 더 수고를 하면, 연습문제 듣기나 읽기 텍스트와 연계시켜 이해 연습을 할 수도 있다. 또 피드백도 추가할 수 있고, 학습자들이 따로, 혹은 수업 중에 함께 연습을 할 수도 있다.

이 소프트웨어 덕분에 교사들은 직접적인 교사 개입이 필요한 교육과정의 부분들에 더 많이 개입할 수 있게 되었다. 많은 평가 시스템이 이러한 연습 유형으로 되어 있고, 개인이나 집단에 의해서 빠르고 쉽게 작성될 수 있다. 또 재빨리 조정하고 수정해서 최신의 상태를 유지할 수도 있다. 학습자들이 웹 기반 시험을 봐야 할 기회가 증가함에 따라, 과제 유형으로서의 웹 연습문제가 학습자들이 새로운 시험 모드에 적응하는 데 필요한 디지털 문해력(digital literacy) 스킬을 제공할 수 있다. 이러한 연습문제 유형이 디지털 학습자들을 디지털 능력을 강화하지는 못하겠지만, 적어도 시험에 있어서는 유용한 연습을 제공하는 것으로 보일 수도 있고, 컴퓨터를 사용하는 것이 언어 발달에 도움이 될 수 있다고 학습자를 설득할 수도 있을 것이다. 또 CD와 MultiRom뿐만 아니라 출판사가 운영하는 온라인에서도 이러한 연습 유형을 찾을 수 있다. 예를 들어 Macmillan에서도 핫 포테이토 사이트의 일반적 원리를 반영한 다양한 게임과 활동들(《그림 12.1》)을 제공하고 있지만, 오히려 학습자에게 더 매력적으로 보이고 더 쉽게 이용할 수 있다는 장점이 있다. 반면 핫 포테이토를 이용하면 교사가 자료를 직접 작성해야 한다.

핫 포테이토를 이용하기 위해서는 플래시(Flash)[48]와 같은 저작도구를 이용하여 자료를 만들어야 하는데, 그래픽 사양이 좋아야 하기 때문에 일반 교사가 그렇게 하기가 쉽지는 않다. 게다가 출판사가 운영하는 일부 사이트의 경우에는 비용을 지불해야 하는 자료도 있다.

---

48) [역자주] 어도비 시스템즈사(Adobe Systems Corp.)가 개발한 동영상 파일 포맷

〈그림 12.1〉 출판사가 온라인으로 제공하는 연습문제의 예(출처:
www.digitaltaj.com/sample/mlg005082/mlg005082.htm)

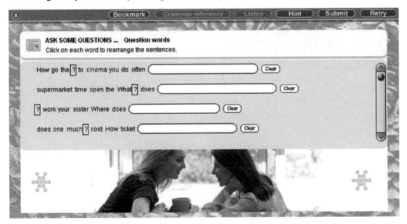

옥스포드대학출판과 같은 다른 출판사들도 유사한 자료를 제공하는
데(〈그림 12.2〉), 이 자료들은 자유롭게 이용할 수 있다. 이 자료들 중 일
부는 컴퓨터나 인터넷 연결 없이도 프린트할 수도 있다.

〈그림 12.2〉의 예는 교재 *English Result*에 기반한 문법 연습문제이다.
왼쪽에 있는 메뉴에서 보이는 것처럼 다양한 언어 영역의 연습문제가 있
다. 이 자료들은 언어 학습 초기 단계에 집중적이고 유용한 연습을 제공
할 수 있고, 학습자는 시험에서 만나게 될 형식들을 미리 경험해 볼 수
있다.

〈그림 12.2〉 옥스퍼드대학출판사 웹사이트가 제공하는 연습문제(출처: www.oup.com/elt/global/products/result/engpreint/a_grammar/unit01/1c_1/)

이러한 자료들은 인터넷 상에서 쉽게 찾아볼 수 있는데, 보통은 자신의 수업을 위해서 시작하였지만 최종적으로는 더 많은 사람들의 필요에 답하기 위해 노력하는 사람들이 만든 것들이다.

12.2.3 실제적 텍스트

인터넷은 출판사나 다른 교사들이 만든 연습에 접근하는 수단일 뿐만 아니라, 모든 유의 실제적 텍스트(authentic texts), 다시 말해 언어 학습을 위해 작성된 텍스트가 아니며, 전달 시점에서는 대부분 무료인 텍스트를 제공해 준다. 실제적 텍스트의 가장 분명한 예는 위키피디아(Wikipedia)나 유튜브(YouTube)와 같은 사이트이다.

위키피디아는 아주 많은 주제에 대해 관련 사진이 딸린 온라인 백과사전과 같다. 이 텍스트는 수업의 기초 자료로 사용될 수 있다. 유튜브는 매우 넓은 범위의 주제에 대해 짧은 동영상(10분 이내)을 찾을 수 있는 온라인 동영상 사이트다. 교실에서 인터넷에 접속하지 못하는 상황이라고 하더라도 동영상을 다운로드하여 개인 컴퓨터로 시청할 수 있다. 실제적 텍스트는 그 자체로, 탐구할 자극적인 화제를 찾는 상위 레벨에서 특히 유용하며, 교실에서의 필요에 따라 연습문제나 과제와 결합될 수도 있다. 12.4.1의 분홍 돌고래에 대한 예를 참조하라.

12.2.4 실제적 과제

현실 세계의 과업들도 실제적 과제로 설정할 수 있다. 가령 학습자들은 목적지에 가는 방법, 휴일 여행지 고르기, 가족이나 친구를 위한 선물 고르기, 관심 주제에 대해 탐구하기 등과 같은 활동에 참여할 수도 있다. 이러한 활동은 인쇄하거나 웹사이트의 일부를 다운로드하여 로컬저장소(local storage)나 이동식 저장소에 저장하여 오프라인으로 구축할 수 있다.

이제 우리는 언어를 사용하는 것이 효과적으로 의사소통할 수 있는 능력을 개발하는 데 있어 핵심이라는 것을 인식하고 있다. 언어 교실에서 시간은 부족하기 십상이고 산출 기술은 늘 습득하기가 쉽지 않다. 하지만 다양한 유의 기술적 도구들은 현재 교실에서 행해지고 있는 것들을 사용한 방식으로 사회적이게 해 줄 수 있다. 웹 2.0의 두드러진, 협력적이면서 상호작용적인 측면은 교사가 학습자의 산출을 도울 수 있는 큰 잠재력을 가지고 있다. 웹상에서 텍스트의 산출은 최근 수년 동안 기하급수적으로 증가했다. 언어 학습에서 블로그와 위키피디아(Ducate와 Lomicka 2005; Godwin-Jones 2003)와, 구글 독스(Google Docs)와 같은 협업적인 쓰기 소프트웨어뿐만 아니라, 언어 산출에 기여할 수 있는 마이크로소프트의 메신저 소프트웨어(MSN), 구글 토크(Google Talk)와 같은 보다 전통적인 텍스트 채팅 도구들의 사용이 극적으로 증가하였음을 봐왔다.

이 도구들은 모두 학습자가 다양한 형식으로 언어를 산출할 수 있게 해 준다: 블로그와 위키피디아는 전통적인 문어 텍스트를 선호하는 반면, 채팅 도구는 쓰는 형식이긴 하지만 대화 관습을 허용한다. 학습자들은 서로 협력하여 언어를 산출하고 다른 사람들이 볼 수 있도록 언어를 드러내 보일 수 있다. 교사로부터 피드백을 받을 수도 있지만, 다른 학생들이 쓴 것을 보고 의견을 말할 수도 있다.

12.2.5 구어

과거에 비해 전 세계의 다른 개인이나 학습자 집단과 그룹을 조직하여 구어를 연습하기가 훨씬 쉬워졌다. 온라인상에서 대화할 수 있는 도구들도 상당히 늘어났다. 예를 들어 스카이프(Skype)와 같은 인터넷 전화(VOIP) 덕분에 타인과 더욱 손쉽게 통신할 수 있게 되었고, 가상학습환경(VLE)이나 가상교실(VC) 소프트웨어에 들어 있는 동기식(同期式) 통신 도구들도 있다.

과거, 비동기식 포럼이나 텍스트 채팅에서 텍스트만으로 의사소통하던 전형적인 가상학습환경도 이제는 음성 도구나 비디오 회의 기능이 포함되어 있다. 가상교실은 일반적으로 전자식 화이트보드와 웹 페이지를 보여주는 기능과 그 외의 다른 관련 도구들로 구성된 면대면 강의의 온라인 버전이다. 이 도구들은 학습자와 교사가 지리적으로 떨어져 있는 경우에도 충분히 효과적이지만, 학습 전달의 중심이 아닌 상황, 가령 블렌디드 코스(blended courses)라고 부르는 상황에서는 이 유형의 도구들을 수업 외에 활용하여 학습자가 짝이나 그룹으로 숙제를 하거나 수업 준비를 하게 할 수도 있다.

스카이프(www.skype.com)나 Wiffa Voice Tools(www.wimba.com), WizIQ(www.wiziq.com)와 같은 도구도 상호작용을 기록할 수 있기 때문에 그러한 사용 증거들을 학습 포트폴리오에 추가할 수 있다. 연습문제나 과제를 제공하기 위해 함께 작업하는 교사 집단이 언어 학습을 위한 자원 개발에 가상학습환경을 활용할 수도 있고, 원격 언어 학습의 기초로도 활용할 수 있다(White 2003). 음성 통신을 허용하는 도구들은 점점 더 비디오 연결만으로도 자신이 통신하고 있는 상대방을 볼 수 있게 해 주고 있다. 비디오 추가로 인해 사람들이 수업에 더 많이 관련되어 있고 참여하고 있다고 느끼게 되었고, 그 결과 학습자 동기도 증가한다.

실시간 의사소통이 가능한 도구 외에도 웹상에서 사용할 수 있는 녹음된 라이브 오디오와 비디오의 증가도 목도하고 있다. 온라인 오디오 자료는 팟캐스트(podcast), 비디오 자료들은 보드캐스트(vodcasts)나 비드캐스트(vidcasts)라고 부른다. 유튜브에 대해서는 앞에서도 언급하였지만 오디오와 동영상을 찾을 수 있는 곳은 많다. 웹 2.0의 등장으로 학습자와 교사가 자료들을 웹에 상대적으로 쉽게 추가할 수 있게 되었다. 예컨대 학교는 모두가 보고 코멘트할 수 있도록 웹에 프로젝트를 추가하여 학습자들이 참여하도록 할 수 있다.

12.2.6 디지털 문해력

위키피디아와 같은 온라인 도구를 디지털 문해력(Digital literacies)49) 수업의 기초로 활용할 수 있다. 최근 위키피디아와 같은 오픈소스 도구의 정확성에 대한 논쟁이 있어 왔는데(예를 들어 Chesney 2006),

---

49) [역자주] '디지털 리터러시'라고도 불린다. '디지털 문해력'은 디지털 시대에 필수적으로 요구되는 정보 이해 및 표현 능력을 가리킨다.

상급 학습자에게 서로 다른 웹사이트에서 제공하는 정보를 비교하는 과제를 요구할 수도 있을 것이다. 학습자에게 다른 사이트보다 특정 사이트를 신뢰하는 이유를 생각해 보게 한다. 학습자가 가령 경제학자나 공학자와 같은 학과목의 전문가라면, 주제 분야에 대해 그들이 알고 있는 것과 인터넷에서 찾은 내용을 비교해 볼 수 있다. 인터넷이나 다른 자원을 이용할 때는 저작권에 대해서도 알고 있어야 하며(Cha 외 2007), 그러한 수업의 일부로 이용해도 된다고 하더라도 만약 그 자료가 출판물의 일부라면 허가를 구하는 것이 중요하다.

12.3 새로운 기술을 활용하여 어떻게 교재를 설계할 수 있을까

기술을 활용하여 교재를 설계할 때는 시간을 투자하고 적용에 힘을 쓰기에 앞서 활동의 잠재적 가치를 판단할 수 있는 틀이 있으면 도움이 된다. 언어 교수 분야는 아니지만, Bates는 방송대학에서의 오랜 경력 기간 동안 학습 지원을 위한 기술 사용을 매우 옹호하였다. 그의 ACTIONS 모델(1995)은 교사들이 특정 기술을 테스트해야 할지를 분석할 때 도움이 되는 매우 유용한 도구다.

- 접근(Access): 특정 기술이 학습자에게 얼마나 접근 가능한가? 특정 목표 그룹에 대해 얼마나 유연한가?
- 비용(Costs): 각 기술의 비용 구조는 어떠한가? 학생 한 명당 드는 비용은 얼마인가?
- 교수와 학습(Teaching and Learning): 어떤 종류의 학습이 요구되는가? 어떤 교육적 접근법이 이러한 요구들을 가장 잘 충족시킬 것인가? 이러한 교육 및 학습을 지원하는 가장 좋은 기술은 무엇인가?
- 상호작용성과 사용자 친화성(Interactivity and user-friendliness):

이 기술로 어떤 상호작용을 할 수 있는가? 사용하기 쉬운가?

- 교육기관의 문제(Organisational issues): 이 기술을 성공적으로 사용하기 전에 극복해야 할 교육기관의 요구 사항과 제거해야 할 장벽에는 어떤 것이 있는가? 교육기관에는 어떤 변화가 필요한가?
- 참신성(Novelty): 이 기술이 얼마나 새로운가?
- 속도(Speed): 이 기술로 교육과정이 얼마나 빨리 바뀔 수 있는가? 교재를 얼마나 빨리 바꿀 수 있는가?

본고에서는 이 모델을 이용하여 다음에 논의된 교재 개발의 다양한 예를 분석할 것이다.

12.4 작업 예시: 단순한 교재부터 시작하기

단순한 교재를 가지고 시작한다는 것은 일부 기술 기반 인프라가 이미 마련되어 있어 비용이 많이 들지 않기 때문에 학습자와 교사, 그리고 교육 현장에 더 집중할 수 있다는 것을 의미한다. 본절에서는 우선 교사가 자신의 컴퓨터나 강사실, 교사 지원 센터에 있는 컴퓨터를 사용할 수 있다는 가정 하에 논의를 시작하고자 한다.

12.4.1 홍콩의 예

홍콩의 예에서는 그동안 여러 강의에서 다루어 온 환경이라는 주제를 가져와서 그것을 지역적 맥락과 연관시킨다. 홍콩에서 온 교사들을 대상으로 한 교사 연수에서 우리는 분홍돌고래에 관심이 있는 환경 보호론자들의 활동을 보고하는 웹사이트를 함께 둘러보았다. 구글을 이용한 빠른 검색을 통해 환경 문제가 여전히 그 지역에서 당면 이슈임을 보여주는 웹사이트(www.hkdolphinwatch.com)를 발견했다. 이 웹사이트에는 텍스트와 사진뿐만 아니라 여행, 토산품, 다른 웹사이트의 링크 정보도 있었다. 웹사이트에서는 이 자료들을 사용할 수 있다고 밝히고 있었지만 허가를 구할 필요가 있었다.

12.4.2 일부 옵션

교사들이 돌고래 사진을 몇 장 출력해서 흥미 유발을 위해 수업에 가져갈 수 있다. 이 지역에 사는 돌고래의 특징을 설명하기 위해 이 사이트의 텍스트를 인쇄해서 다른 사이트에서 가져온 텍스트와 함께 사용해도 된다. 가령 위키피디아의 돌고래 관련 텍스트에 따르면 분홍색돌고래는 1637년 Peter Mundy가 '발견하였다.'고 한다. 좀 더 레벨이 높은 수업에서는 이 발견의 개념에 대해 코멘트하도록 해서 학생들의 디지털 문해력 스킬을 향상시킬 수도 있다.

교사가 수업 중에 컴퓨터나 디지털 프로젝터에는 접속할 수 있지만 인터넷은 사용할 수 없는 경우에는 USB 드라이브와 같은 저장 장치에 페이지를 다운로드하여 수업에 가져갈 수 있다. 〈그림 12.3〉에 위키피디아에서 가져온 텍스트를 제시하였다.

휴대용 USB 저장 장치(혹은 펜드라이브나 플래시 드라이브)는 현재 가격도 저렴하고 웹 페이지와 텍스트뿐만 아니라 사운드나 비디오 파일을 저장할 수도 있다.

〈그림 12.3〉 중국 백색/분홍 돌고래에 관한 텍스트
(출처: http://en.wikipedia.org/wiki/Chinese_White_Dolphin)

Chinese White Dolphin
From Wikipedia, the free encyclopedia

Not to be confused with the Baiji (Chinese River Dolphin).

This article does not cite any references or sources.
Please help improve this article by adding citations to reliable sources. Unsourced material may be challenged and removed.
(August 2007)

The **Chinese White Dolphin** (*Sousa chinensis chinensis*; traditional Chinese: 中華白海豚; pinyin: Zhōnghuá bái hǎitún), also called **Indo-Pacific Humpback Dolphin**, is a species of the Humpback dolphin and is one of eighty cetacean species. The adult dolphin is usually white or grey in colour. The population along the Chinese coast is unique in that they exhibit a pink-coloured skin.[2] This colour of the skin is not a result of colour pigmentation, but is actually from blood vessels used for thermoregulation to prevent overheating during exertion. The adult's body length is about 200 - 350 centimetres and the infant's body length is about 1 metre. The average weight of an adult is around 150 to 230 kilograms.

The Indo-Pacific dolphins can be found throughout Southeast Asia, and they breed from South Africa to Australia. There are two subspecies, with Sumatra, one of the Indonesian islands, as the dividing line between the Chinese and the Western subspecies, *Sousa chinensis plumbea*.

The two subspecies differ in color and size of their dorsal fin. There is also a pink dolphin.

The subspecies found in Southeast Asia has pinkish white skin and a larger dorsal fin but lacks the fatty hump of its South African and Australian counterparts.

Chinese White Dolphin

Conservation status

Extinct — Threatened — Least Concern
(EX) (EW) (CR) (EN) (VU) (NT) (LC)

영어로 된, 분홍 돌고래에 관한 짧은 유튜브 영상은 쉽게 찾아 이것을 다운로드 받아 휴대용 저장 장치에 저장할 수 있었다. 비디오(www.youtube.com/watch?v=CL_xK2c5Zqg)에서 우리는 영국인 인터뷰 진행자가 '흰돌고래'라고 하다가 나중에 '버블검 핑크'라고 부른, 돌고래에 대해 이야기하는 것을 들었다. 그는 또 여행 가이드 중 한 명과 영어로 인터뷰를 하면서 학습자들에게 그들의 미래를 위한 영어의 가치를 보여준다. 동영상에서는 돌고래 관람 경험을 즐기고 있는 아이들을 볼 수 있고, 〈그림 12.4〉에서는 그 날에 대한 아이들의 반응을 볼 수 있다. 여러분이 가르치는 수업의 아이들에게도 같은 방식으로 반응하거나 자신들의 경험을 중심으로 다양한 유형의 교과서를 만들게 할 수 있다. 아이들이 컴퓨터를 사용할 수 없는 환경에 있다면 기술에 대한 아이들의 반응이 최첨단일 필요는 없다.

〈그림 12.4〉 분홍 돌고래를 관람한 사람들의 감사 편지
(출처: www.hkdolphinwatch.com/)

The world's pinkest dolphins in the world's busiest harbour. Come and see them for an unforgettable experience.

hank you!

Hong Kong Dolphinwatch   1526A Star House, Tsimshatsui, Kowloon, Hong Kong   Tel: (852) 2984-1414   Fax: (852) 2984-7799
Web: http://www.hkdolphinwatch.com   E-mail: dolphins@hkdolphinwatch.com

Dear, Whoever:
Thank you for the Dolphin watch.
Hudson

The world's pinkest dolphins in the world's busiest harbour. Come and see them for an unforgettable experience.

Dear Dolphin watch people,
    I'm Clarice! Thank you for replying to my e-mail! Since then, I've written a report, gathered some petitions and collected some information on the pink dolphins! which we're sending to the Chief Executive! Bye!!!

Dolphin Watch Hong Kong
1528A Starhouse,
Tsimshatsui,
Kowloon, Hong Kong SAR

Hong Kong Dolphinwatch   1528A Star House, Tsimshatsui, Kowloon, Hong Kong   Tel: (852) 2984-1414   Fax: (852) 2984-7799
Web: http://www.hkdolphinwatch.com   E-mail: dolphins@hkdolphinwatch.com

12.4.3 스리랑카의 예

만약 지역에서도 아이들이 기술을 이용할 수 있다면, 이 아이디어를 더 발전시킬 수 있다. 영국 의회와 세이브더칠드런(Save the Children Fund)에서 일하면서, 스리랑카의 여러 공동체에서 온 작은 그룹의 아이들에게 디지털 자료를 만드는 것을 가르친 적이 있다. 이 프로젝트는 커뮤니티를 하나로 모으기 위한 계획의 일부였다. 아이들은 지역의 방과 후 학습모임에서 일하는 성인 도우미들과 콜롬보에서 만났다. 최종 산출물은 〈그림 12.5〉에서 볼 수 있는 웹사이트였다.

〈그림 12.5〉 Kids in Touch 홈페이지(현재 온라인에서 사용할 수 없음)

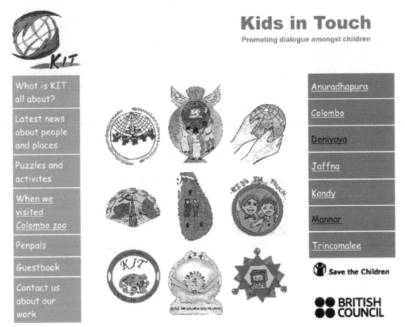

이 웹사이트 제작 준비를 하면서 아이들은 지역 커뮤니티에서 자원을 수집한 후 콜롬보에 모여 함께 웹 작성 도구를 이용하여 웹사이트를 만

드는 방법을 배웠다. 수업의 일환으로 아이들은 지역 동물원을 방문하여 방문객들과 근무자들을 인터뷰했다(〈그림 12.6〉).

〈그림 12.6〉 동물원 사육사를 인터뷰하고 있는 아이들(사진: Gary Motteram)

아이들은 팀을 짜서 웹사이트 구조 모형을 만드는 작업을 했다. 〈그림 12.7〉은 이를 월차트(wallchart) 형식으로 보인 예이다. 이 웹사이트의 첫 페이지(〈그림 12.5〉)에서 할 수 있듯이, 다양한 팀으로부터 직접 그린 로고를 받아서 스캔했다. 활동의 일환으로 가장 멋진 로고를 선정하는 시합도 하였다.

〈그림 12.7〉 웹 사이트가 어떻게 보일지 보여주는 월차트(wallchart)

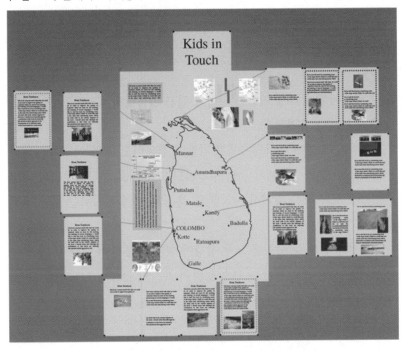

아주 단순하게, 인터넷에서 다양한 종류의 정보를 찾아 수업으로 가져오는 것부터 시작할 수도 있다. 이렇게 하면 학습자가 중요한 디지털 기술을 매우 빠르게 개발할 수도 있고, 활동을 수행하기 위해 언어를 사용하게 할 수도 있다. 동물원 직원들과의 인터뷰가 영어로 진행되지는 않았지만, 학습자로부터 얻은 결과물이 있었다. 문맥이 아이들로 하여금 언어를 산출하게 하였다. 이러한 아이들의 디지털 기술을 개발해야 한다고 주장하는 것은 아니지만, 여전히 나는 페이스북을 통해 그들 중 일부와 연락하고 있다는 사실은, 아이들이 계속해서 이 기술들을 사용하고 있고 다른 사람들과 의사소통을 하기 위해 영어를 매우 효과적으로 사용하고 있음을 보여준다.

12.4.4 활동 평가

Bates의 ACTIONS 모델은 이러한 활동들이 왜 효과가 있는지 알아내는 데 도움이 될 수 있다.

접근: 학습자에게 특정 기술이 얼마나 접근 가능할까? 그리고 대상 그룹에 따라 얼마나 유연할까?

스리랑카의 예에서 학습자에게 기술에 접근하도록 하는 것이 아니라 단순히 교사와 학습자에게 그들이 가지고 있는 자료들을 아무거나 수업에 가져오도록 하는 것에서 시작했다. 홍콩의 예에서 자료는 웹에서 구할 필요가 있었다.

앞에서 설명한 두 활동은 모두 상황에 맞게 충분히 유연하고, 이를 통해 필자는 기술의 이용가능 수준에 맞춰 유사한 활동을 다양화할 수 있는지를 보여 주었다.

비용: 각 기술의 비용 구조는? 학생 1인당 단가는?

비용은 매우 낮게 유지될 수 있다. 물론 모든 학생이 자신의 컴퓨터에 접속하는 상황이라면 1인당 비용이 매우 높다. 홍콩의 예에서 교사는 (강사실에서 다른 교사들과 공유하는) 컴퓨터, 프린터, 인터넷 연결, USB가 있었다. 만약 교사가 다른 과목에서도 비슷한 방식으로 한다면 비용이 낮게 유지될 수 있다.

교수와 학습: 어떤 유의 학습이 필요한가? 어떤 교육적 접근 방식이 이러한 요구들을 가장 잘 충족시킬 것인가? 이러한 교육 및 학습을 지원하는 가장 좋은 기술은 무엇인가?

이 활동들은 앞에서 본 것처럼 문맥의 요구에 맞게 조정할 수 있다. 여기서의 교육적 접근 방식은 상당히 활동적이며, 상당히 낮은 수준에서 실세계 과제에 학습자의 참여를 장려한다. 예시된 바와 같이, 다양한 기술들을 활용할 수 있다.

상호 작용성과 사용자 친화성: 이 기술로 어떤 상호 작용을 할 수 있는가? 얼마나 쉽게 사용할 수 있을까?

기술들은 매우 사용하기 쉽고 상호작용성을 상당히 허용한다. 콜롬보에서 했던 프로젝트의 연장선에서 필자는 채팅으로 아이들을 맨체스터에 있는 내 딸과 연결시켰다. 내가 스리랑카를 처음 방문했을 때 장난감 코끼리를 사서 내 딸에게 주었다. 두 번째 방문에서는 아이들은 영국의 학교생활에 대해 질문하기 위해 '코끼리'에게 연락했다. 이 방법은 어린 언어 학습자의 동기 부여를 위해 널리 이용되어 온 테디베어 여행과 유사하다.

교육기관의 문제: 이 기술을 성공적으로 사용하기 전에 극복해야 할 교육기관의 요구 사항과 제거해야 할 장벽은 무엇인가? 교육기관에는 어떤 변화가 필요한가?

만약 학교나 대학에 컴퓨터가 없어도 교사가 집이나 지원 센터에 있는 컴퓨터를 사용해서 이 활동들을 할 수 있다. 그렇게 적극적으로 하면 조직도 알아차리게 되어 기술이 기관의 유용한 자산이 될 것이라고 생각하기 시작할 것이다.

참신성: 이 기술은 얼마나 새로운가?

이것들이 새로운 기술은 아니기 때문에 세계의 많은 교실에서 쉽게 이용할 수 있고 복제할 수 있어야 한다.

속도: 이 기술로 교육과정이 얼마나 빨리 바뀔 수 있는가? 교재를 얼마나

빨리 바꿀 수 있는가?

그런 교재를 개발하는 데는 시간이 전혀 걸리지 않으며 일단 만들기만 하면, 다양한 레벨에서 사용할 수 있다.

12.5 기술 개발

일단 언어 학습 지원을 위한 디지털 기술 사용의 첫발을 떼게 되기만 하면, 교사들이 자신의 스킬을 개발할 수 있는 방법이 더 많이 생긴다. 많은 교사들이 추가적인 스킬 개발을 통해 학습을 보충하거나 지원할 수 있는 방법을 찾고 있고, 또 기관들은 커리큘럼의 모든 측면을 지원하기 위해 가상학습환경을 활용하고 있다. 대화형 화이트보드는 교실에서 다양한 방식으로 커리큘럼 자료를 전달하는 데 사용되고 있다. 대화형 화이트보드는 활동의 관리를 돕고 상호작용적 연습문제를 예시하기 위해 사용되기도 한다. 휴대전화는 아직 수업에서 큰 기능을 발휘하지 못하고 있지만(휴대전화는 종종 금지되기도 한다), 교육 목적을 위해 사용이 더 보편화되고 있다. 휴대전화는 텍스트, 오디오, 비디오를 포함한 다양한 종류의 자료를 제시하고 상호작용하는 데 사용될 수 있는 사실상의 작은 휴대용 컴퓨터라고 볼 수 있다. 가상학습환경과 대화형 화이트보드와 휴대전화 사용에 대해서는 이 장의 12.7, 12.8, 12.9, Lisa Kervin과 Beverly Derewianka의 13장, Reinders와 White(2010)를 참조하기 바란다.

12.6 블로그 만들기

언어 교사들은 한동안 블로그를 사용해 왔으나(Ward 2004), 이제는 텍스트 기반의 웹다이어리(web diaries)에서 본격적인 멀티미디어 도구로 발전했다. 그래서 텍스트뿐만 아니라 사진, 소리, 비디오, 양방향 게임(interactive games) 등 현재의 많은 인터넷 도구들을 함께 추가할 수 있게 되었다.

블로그는 많은 교사들에게 좋은 출발점이며 다양한 용도로 사용할 수 있다. 영국 맨체스터 대학의 교육 기술 석사 과정과 TESOL 과정에서 현재 학생들에게 웹페이지의 대안으로, 블로그를 콘텐츠 관리 시스템 (CMS)으로 활용하는 방법을 가르치고 있다. 이 코스에서 전통적인 웹페이지 디자인도 다루지만, 블로그를 이용하면 보다 정교한 자료를 더 빨리 개발할 수 있다. 이 코스에서 사용하는 자료들은 다음 주소에서 찾을 수 있다(http://blogs.humanities.manchester.ac.uk/mewssgjm).

나는 계속해서 환경 문제를 주제로 하여 효과적인 교실 지원 자료를 만드는 방법을 석사 과정 학생의 블로그 중 하나를 통해 설명할 것이다. 이 블로그 공간을 만들 당시 Diana는 말레이시아 학교에서 당해연도의 표준 교과서에 맞춰 중등학생(English Form 5)을 가르치고 있었다. 주제는 삼림 벌채다. 블로그의 첫 페이지에서는 과제가 설명되어 있고 학습 성과가 설정되어 있다. 두 번째 페이지에는 비디오와 그에 따른 과제로 되어 있다(〈그림 12.8〉). 이 페이지는 정규 수업의 첫 번째 예로 사용되며, 학습자가 원할 경우 집에서 자료를 다시 볼 수 있다. 학습자들은 비디오를 시청한 후 내용에 대한 의견을 제시해야 한다.

이 과제가 앞의 예와 크게 다르지는 않지만, 교실 안팎에서 모두 사용할 수 있는 영구적인 자원이 되도록 만들어졌다는 점에 유의하기 바란다. 이것을 가상학습환경에 탑재할 수도 있겠지만, 블로그가 교사에게 더 많은 통제권을 줄 수 있다. 블로그에서 과제는 교육적 문맥이 반영되도록 세심하게 가공된다(즉, 4명 그룹). 대규모 그룹에서는 한 학습자에게 헤드셋을 주고 다른 학습자에게 질문을 하게 하거나, 번갈아 듣고 비디오의 내용에 대해 서로 질문하게 할 수도 있지만, 40명이나 50명의 학습자가 동시에 클립을 볼 때에는 약간 문제가 있을 수 있다. 스크린 상의 질문 수준이 약간 높을지도 모르지만, 아주 흥미로운 과제이며 이어지는 읽기 텍스트 과제와도 잘 연결되어 있다.

〈그림 12.8〉 블로그 기반 사전 읽기 연습
(출처: http://blogshumanities.manchester.ac.uk/mewxhda2/)

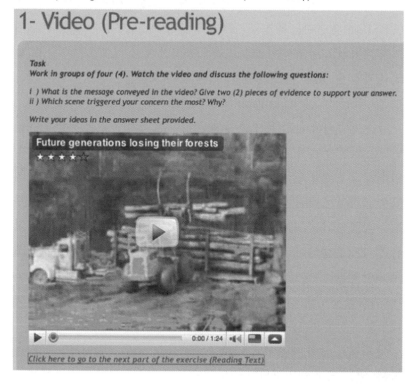

학생들이 교사가 나눠준 과제시트에 질문에 대한 답을 기록해야 한다는 점에 주목하라. 이 요소들 모두 학습자들이 의미 있는 방식으로 언어 학습에 참여하도록 하기 때문에 아이디어는 지역 언어로 논의하더라도 뭔가를 쓸 때는 영어로 해야 한다.

블로그에서 다양한 방식으로 과제를 제시할 수는 있지만 각 페이지 끝에 다음 페이지로 넘어가는 링크가 있어 학습자가 사이버 공간에서 길을 잃지 않도록 해야 한다(Cousin 2005). 이 교재의 다음 페이지(《그림 12.9》)에는 읽기 텍스트 링크와 텍스트의 이해를 돕는 그림이 실려 있다(Clark and Mayer 2007).

〈그림 12.9〉 블로그 기반 읽기 연습
(출처: http://blogshumanities.manchester.ac.uk/mewxhda2/)

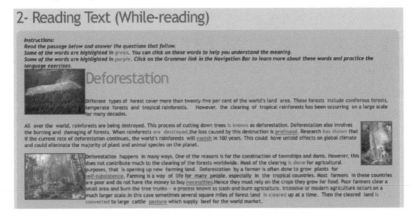

링크들은 이해를 돕기 위해서도 필요하다. 녹색 밑줄이 쳐진 단어를 클릭하면 바로 위에 의미가 제시된다. 보라색 단어들은 해당 차시에서 목표 문법이 무엇인지를 강조하고, 블로그에 이 문법 항목의 설명으로 연결되는 링크가 있다. 페이지를 조금 더 내려가 보면 학습자가 자신이 읽은 것에 대해 생각하는 데 도움이 되는, 주의 깊게 작성한 연습 문제가 있다(《그림 12.10》).

〈그림 12.10〉 읽기 과정에 도움이 되는 연습 문제
(출처: http://blogs.humanities.manchester.ac.uk/mewxhda2/)

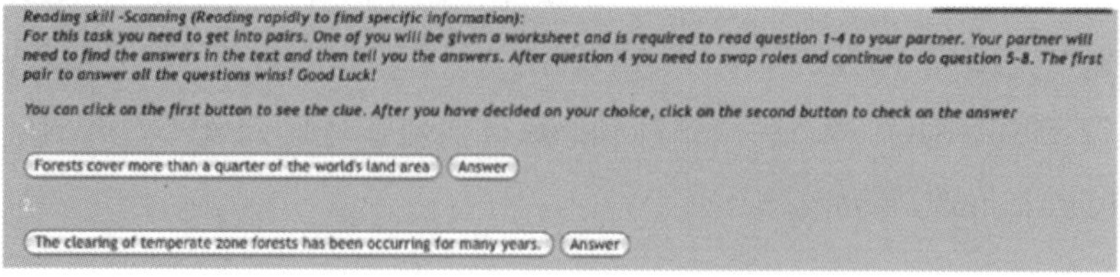

Reading skill -Scanning (Reading rapidly to find specific information):
For this task you need to get into pairs. One of you will be given a worksheet and is required to read question 1-4 to your partner. Your partner will need to find the answers in the text and then tell you the answers. After question 4 you need to swap roles and continue to do question 5-8. The first pair to answer all the questions wins! Good Luck!

You can click on the first button to see the clue. After you have decided on your choice, click on the second button to check on the answer

Forests cover more than a quarter of the world's land area   Answer

The clearing of temperate zone forests has been occurring for many years.   Answer

이것은 교육학적 관점에서도 충분히 좋은 생각이지만, 동시에 학습자가 답을 생각하는 데 도움을 주기 위해 기술을 사용할 수 있다. 버튼들은 팝업 창의 형태로 논의 중인 주제에 관한 정보를 보여준다.

수업이 진행될수록 학생들은 교사가 제공한 인쇄물의 수도 늘어난다. 이 인쇄물은 학습자의 영구적 기록물이기도 하지만, 다루어야 할 문제가 없는지 교사가 확인하는 데도 사용할 수 있다. 텍스트와 관련된 이러한 읽기 연습문제뿐만 아니라, 핫 포테이토에서 만든 선택식 문항과 빈칸 채우기 연습문제도 있다. 이 자료들은 수업 시간이나 보충 수업, 복습 시에도 사용할 수 있다. 이처럼 블로그를 이용하면 블로그가 교실 밖 학생 자신이 속한 디지털 현실의 일부로 인식되기 때문에 학생들이 동기화될 수 있다. 교사가 내용을 추가하거나, 학교나 대학의 다른 교사에게 공간을 줘서 더 많은 수업을 만들 수 있게 할 수 있기 때문에 자료를 늘리는 것은 어렵지 않다.

이 블로그 자료에는 이 장의 들어가기에서 설명한 기본 요소들이 포함되어 있다: 교과서와 관련되지만, 학습자가 더 많은 자율성을 가지고 활동할 수 있도록 실제적 비디오와 다른 지원, 활동들을 추가하였다. 교사의 역할은 학습자를 지원하고 학생 한 명 한 명이 효율적으로 발전해 나가게끔 하는 것이다.

12.7 가상학습환경

가상학습환경(VLE)은 많은 다양한 도구들을 한 곳에 모아 놓은 것으로, 교사의 디지털 스킬 구축에 있어서 한층 더 발전된 것으로 볼 수 있다. 가상학습환경은 교육 기관이 상당한 비용을 들여 구입하는 경우가 많으며, 교사들이 디지털 기술을 사용하여 학생들을 가르치도록 하는 방편으로 이용되기도 한다. 적절한 세심하게, 그리고 협의를 통해 도입된다면 기관의 유용한 자원을 효과적으로 전달하는 데 사용할 수 있다.

여기에서는 오픈 소스 가상학습환경(Open Source VLE)인 무들(Moodle)[50]을 살펴보고, 이번에는 Cambridge ESOL(English for speakers of other languages)이 제공하는 특별한 시험인 BEC(Business English Certificate) Higher[51]가 구축한 샘플 하나를 예로 들겠다.

블로그는 댓글 기능을 통해 교실 밖에서 토론을 할 수 있고, 다양한 유형의 피드백을 제공하기 위해 추가 도구를 포함할 수 있는 반면, 가상학습환경은 의사소통을 위한 특별한 도구를 내장하고 있다. 스크린샷의 왼쪽 상단 모서리 Activities 아래(〈그림 12.11〉)에서 이 무들 코스가 작성해서 업로드한 퀴즈(선택형), 토론 포럼, 용어집 파일과 위키피디아를 활용하고 있음을 알 수 있다. 게다가 오른쪽에는 캠브리지 온라인 사전이 링크되어 있고, 맨 아래에는 BBC 방송국의 비즈니스 영어에 관한 뉴스 피드가 포함되어 있다. 그리고 가운데 부분에는 코스 자체가 포함되어 있다. 이 코스의 첫 번째 파트는 시험을 통해 듣기 능력을 개발하는 방법

---

50) [역자주] 무들을 통해 교사는 학습자에게 전달해야 하는 사항들, 즉 숙제나 유인물을 링크로 올릴 수 있고, 추가적인 설명을 위해 학생들이 참고해야 하는 영상, 파워포인트를 올릴 수도 있고, 숙제를 제출할 수도 있다.

51) [역자주] 'BEC Higher'는 캠브리지 영어 자격 중 하나이다. 국제 비즈니스에서 학습자가 효과적으로 일하기 위해 필요한 실용적인 언어 기술을 얻는 것을 돕는다.

에 초점을 두고 있다. 이 코스 자체로 디지털 오디오와 다운로드 가능한 텍스트를 포함한 많고 다양한 자원들을 담고 있다.

〈그림 12.11〉 BEC 테스트를 지원하기 위한 맨체스터대학의 무들 코스

교사들이 이 코스를 개발하고 가르치기 위해서는 몇 가지 추가적인 스킬과 다양한 디지털 자원을 만들거나 얻기 위한 능력이 필요할 것이다. 또 포럼 활동을 위한 과제 생성 관리 스킬, 그리고 학습자들이 포럼에 댓글을 달았을 때 학습자의 반응을 최대한 끌어낼 수 있는 스킬도 필요하다.

교사가 원한다면, 자신의 서버 공간에 무들을 설치하여 실행할 수도 있다. 복잡할 거라 생각할지 모르지만, 실제로는 화면상의 지시를 따르기만 하면 되는 문제이며, 온라인상의 무들을 한번 찾아보기만 해도 얼마나 많은 사람들이 이미 그것을 이용하고 있는지 알 수 있다.

12.8 대화형 화이트보드

세계의 일부 지역에서는 대화형 화이트보드(IWBs)가 상당한 영향력을 미치고 있다. 예를 들어 영국의 학교들이 여기에 상당히 많이 투자해 왔는데, 특히 초등 부문에 그러했고, 전 세계의 많은 대형 사립 언어 학교들도 이미 무들을 도입하고 있다.

다수의 출판사들이 대화형 화이트보드와 연동하는 교과서 제작에 투자해 왔다. 케임브리지대학 출판부도 그러한 회사 중 하나이며, '대화형 화이트보드 사용법'이라는 대화형 화이트보드의 기본 기능을 설명하는 상당히 좋은 비디오 사용지침서를 내놓았으며, 케임브리지대학 출판 웹사이트에서 볼 수 있다.

대화형 화이트보드는 그 이름에서도 알 수 있듯이, 전자펜이나 손가락을 사용하여 보드 상에서 직접 자료를 조작할 수 있다. 모든 보드에는 수업을 제작할 수 있는 '플립차트 소프트웨어(flipchart software)'라는 소프트웨어가 딸려 있지만, 대화형 화이트보드에 연결된 컴퓨터의 어떤 소프트웨어라도 이용할 수 있다. 플립차트 소프트웨어를 사용하면 쉽게 수업을 만들거나 다른 자료를 보여주거나 시연할 수 있다. 투표 시스템(Cutrim 2008)이나 학습자의 책상에 놓인 휴대용 태블릿을 사용하면 대화형 화이트보드를 확장할 수도 있다. 이러한 도구를 좋아하는 교사들도 있지만, 주로 대화형 화이트보드가 교사 중심의 교육을 장려한다는 점에 치중하여 비판하는 교사들도 있다(Or 2008).

이제 Bates의 모델을 이용하여 블로그와 가상 학습 공간의 사용을 분석해 보자.

12.8.1 접근: 학습자에게 특정 기술이 얼마나 접근 가능할까? 그리고 대상 그룹에 따라 얼마나 유연할까?

블로그와 가상학습환경을 사용한다는 것은 학교나 대학이 실험실의 컴퓨터에 접근할 수 있거나 학습자가 집이나 인터넷 카페를 통해 접근할 수 있음을 의미한다. 두 도구 모두 거의 언제 어디서나, 수업 중이나 수업 중 어느 곳에서든 유연하게 접근할 수 있다. 블로그와 무들 가상학습환경도 모바일 기기에서 사용할 수 있다.

대화형 화이트보드는 교실 안에 고정되어 있는 것이 보통이지만 이동이 가능한 것도 있으며, 어떤 타입은 반짝이는 표면이라면 어디에나 붙도록 설계되어 있기도 하다. 대화형 화이트보드를 이동해서 사용할 경우에는 강의 시간 전에 재설정해 놓아야 한다.

12.8.2 비용: 각 기술의 비용 구조는? 학생 1인당 단가는?

기존 서버에 블로그나 무들을 설치, 운영하는 것은 비용이 많이 들지 않으나, 교육기관의 학습자가 사용한다는 것은 여러 대의 컴퓨터가 액세스한다는 것을 의미한다.

대화형 화이트보드는 비싸다. 보드 자체도 필요하고 컴퓨터와 프로젝터도 필요하다. 학교 전체에 이러한 시설을 갖추는 것은 상당한 투자라고 볼 수 있다.

12.8.3 교수와 학습: 어떤 유의 학습이 필요한가? 어떤 교육적 접근 방식이 이러한 요구들을 가장 잘 충족시킬 것인가? 이러한 교육 및 학습을 지원하는 가장 좋은 기술은 무엇인가?

본고에서 필자는 기술이 어떻게 수업을 확대하고 또 교육과정의 필요를 충족시킬 수 있는지를 보여주면서 정규 수업과 관련이 있는 교재들에 초점을 맞추어 왔다. 많은 교사들은 단순히 시간이 없기 때문에, 혹은 시험의 제약을 받기 때문에 자신의 학생들과 해 보고 싶은 것을 하기가 어렵다고 생각한다. 이러한 기술들을 사용함으로써 학습자의 언어 경험을 늘릴 수 있는 공간을 확보할 수 있고 동시에 흥미를 유발시킬 수 있다.

대화형 화이트보드가 교사 중심의 교실을 장려하는가에 대해서는 상당한 논의가 있고, 많은 교사들은 대화형 화이트보드가 학습자 커뮤니케이션을 촉진하려는 시도에 부정적 영향을 끼친다고 생각한다. 왜냐하면 대화형 화이트보드로 인해 교사가 중앙무대에 서서 교실을 관리하고 조율하는 것처럼 보이게 되기 때문이다.

12.8.4 상호 작용성과 사용자 친화성: 이 기술로 어떤 상호 작용을 할 수 있는가? 얼마나 쉽게 사용할 수 있을까?

도구들은 사용하기 쉽고 상호작용성의 수준은 교사가 교재에 무엇을 포함시키고자 하는가에 따라 다르다.

정확하게 설정하고 보정한다면, 대화형 화이트보드를 매우 효과적으로 사용하여 언어 자료를 보이고 시연할 수 있다.

12.8.5 교육기관의 문제: 이 기술을 성공적으로 사용하기 전에 극복해야 할 교육기관의 요구 사항과 제거해야 할 장벽은 무엇인가? 교육기관에는 어떤 변화가 필요한가?

블로그와 무들은 교육기관 서버에 설치하거나 외부 서버에 탑재할 수 있다. 교사들은 큰 어려움 없이 사용 방법을 익힐 수 있다.

모든 교실에 대화형 화이트보드 설비를 갖추는 것은 큰 투자임이 분명하다. 교사들 또한 그것을 사용하기 위해서는 훈련을 받을 필요가 있다. 일부 교실에만 대화형 화이트보드가 설치되어 있다면, 예약 시스템을 갖추고 이동 수업을 할 필요가 있을 것이다.

12.8.6 참신성: 이 기술은 얼마나 새로운가?

이 기술들은 모두 오랫동안 우리 주변에 존재해 왔기 때문에 유사한 일을 하는 사용자 기반을 가지고 있다.

12.8.7 속도: 이 기술로 교육과정이 얼마나 빨리 바뀔 수 있는가? 교재를 얼마나 빨리 바꿀 수 있는가?

이러한 교재는 첫 번째 섹션에서 설명한 것보다 제작 시간이 더 걸리지만, 스킬은 이전 제작 때보다 더 발달이 된다. 그래서 교재들을 매우 빠르게 수정하고 업데이트할 수 있다.

본절에서는 블로그와 가상학습환경을 사용하고자 하는 교사들이 작은 단계에서 어떻게 교재 개발 스킬을 구축하고 발전시켜 디지털 세계의 소비자에서 학습자와 함께 기여자가 될 수 있는지를 보여 주었다. 대화형 화이트보드는 또 교재 개발에서 교사의 기본 스킬을 확장할 수 있도록 하며, 교사는 교재와 함께 제공되는 기존의 소프트웨어를 사용하거나 플립차트 소프트웨어를 사용하여 초보 수준에서 하던 것을 확장할 수 있다.

12.9 미래로 나아가기 위해

교사들의 교실 작업을 향상시키는데 도움이 되는 도구들이 많이 있다. 앞에서 설명한 자료들은 모두 플래시 등의 소프트웨어 도구로 생산할 수 있다: 플래시는 애니메이션 교재 개발을 가능하게 하는 프로그래밍 환경이다. 규모가 큰 교육기관에서는 플래시를 사용할 수도 있고 교재 개발을 위해 부탁할 수 있는 직원도 있을 것이다. CD-ROM으로 제작해서 판매하거나 인터넷에서 볼 수 있는 많은 양방향 연습(interactive exercises)은 이 소프트웨어를 이용하여 제작된다. 교사는 블로그를 더 많이 활용할 수도 있고, 더 전통적인 도구를 이용하여 웹사이트를 만드는 방법을 배울 수도 있다. 만약 교사가 학습자들과 더 많은 사회적 상호 작용을 개발하기를 원한다면, 다른 유형의 소셜 네트워킹 소프트웨어를 시험해 볼 수도 있고, 가상 세계로 모험할 수도 있을 것이다.

여기서 논의한 기본적인 교재 개발 기술을 기반으로 확장형을 만들 수도 있을 것이다. 가령 세컨드 라이프(Second Life)[52]와 같은 가상 세계를 약속 장소로 이용하거나, 학교나 대학이 그들만의 섬을 임대하여(사실 영국은 그렇게 한다) 다양한 활동에 사용할 수 있는 가상공간을 만들 수도 있다(13장 13.2.2 참조). 교사들은 가상세계를 구축하고 대본을 작성하는 방법을 배울 수 있다.

또 다른 분야는 모바일 기술 분야다. 우리들 중에는 강력한 교수 도구를 주머니에 넣고 다니는 사람이 많다. 휴대전화는 아직 언어 교육에서 널리 활용되고는 있지 않지만, 우리 학습자들이 잘 알고 있는 기술이고 다른 모바일 기기와 함께 더 많은 것을 할 수 있는 도구이다.

필자는 교사들이 디지털 기술에 관여해야 한다고 주장해 왔다. 디지털 기술은 이제 우리의 일상생활에서 중요한 부분이 되었고 교육적인 맥락에서 봐야 한다. 디지털 기술을 이용하지 않는 것은 교육을 피폐하게 하는 것이다. 그래서 이 장에서 선보인 새로운 기술을 이용하여 교재 개발을 시작하는 방법과 더 흥미롭고 가치 있는 교재를 만드는 방법을 볼 수 있게 되기를 기대한다.

---

52) [역자주] 미국의 Linden Lab에서 개발한 온라인 가상현실 공간

참고 문헌

Bates, A. 1995. *Technology, Open Learning and Distance Education.* London: Routledge.

Cha, M., H. Kwak, P. Rodriguez, Y. Y. Ahn, and S. Moon. 2007. 'I tube, you tube, everybody tubes: analyzing the world's largest user generated content video system'. *Proceedings of the 7th ACM SIGCOMM Conference on Internet Measurement* . San Diego, California, USA.

Chesney, T. 2006. 'An empirical examination of Wikipedia's credibility'. *First Monday*, 11(11). Online: http://firstmonday. org

Clark, R. C and R. E. Mayer. 2007. *e-Learning and the Science of Instruction: Proven Guidelines for Consumers and Designers of Multimedia Learning.* San Francisco: Josey Bass.

Cousin, G. 2005. 'Learning from cyberspace'. In R. Land, R. Bayne and S. Bayne(eds.), *Education in Cyberspace* . Abingdon: RoutledgeFalmer.

Cutrim, E. S. 2008. 'Using a voting system in conjunction with interactive whiteboard technology to enhance learning in the English language classroom'. *Computers and Education*, 50(1): 338–6.

Ducate, L. C. and L. L. Lomicka. 2005. 'Exploring the Blogosphere: Use of Web Logs in the Foreign Language Classroom'. *Foreign Language Annals*, 38(3): 410–1.

Ellis, R. 2003. *Task-Based Language Learning and Teaching.* Oxford: Oxford University Press.

Godwin-Jones, R. 2003. 'Emerging technologies: blogs and wikis: environments for on-line collaboration'. *Language Learning & Technology*, 7(2).

Higgins, J. and T. Johns. 1984. *Computers in Language Learning.* Collins ELT.

Orr, M. 2008. 'Learner perceptions of interactive whiteboards in EFL classrooms'. *CALL-EJ Online*, 9(2). Online: www.tell.is.ritsumei.ac. jp/callejonline/journal/9–/orr.html

Pegrum, M. 2009. *From Blogs to Bombs*. Crawley, Western Australia: University of Western Australia Press.

Reinders, H. and C. White. 2010. 'The theory and practice of technology in materials development and task design'. In N. Harwood(ed.), *English Language Teaching Materials; Theory and Practice*. Cambridge: Cambridge University Press.

Ward, J. M. 2004. 'Blog assisted language learning: push button publishing for pupils'. Online: www.teflweb-j.org/v3n1/blog_ward. pdf

Warschauer, M. and D. Healey. 1998. 'Computers and language learning: an overview'. *Language Teaching*, 31: 57–1.

White, C. 2003. *Language Learning in Distance Education*. Cambridge: Cambridge University Press.

언어 학습을 지원하는 새로운 기술

Lisa Kervin and Beverly Derewianka

13.1 들어가기

언어 교실에서는 칠판에서부터 언어 랩에 이르기까지 늘 다양한 종류의 기술(technology)을 이용해 왔다. 그러나 최근 수십 년 간 교사가 이용할 수 있는 리소스가 폭발적으로 증가하여 많은 이들이 압도당했다고 느끼기에 이르렀다. 그렇기에 본 장에서는 '최첨단' 기술에 대한 리뷰를 포괄적으로 다루지는 않을 것이다-환경이 너무 급격히 변해서 어떤 노력도 금방 시대에 뒤떨어지게 되기 때문이다. 대신, 본장에서는 기술 혁신에는 관심이 없지만 학습자의 학습을 촉진하는 데 필요한 기술의 진보에 관심이 있는 독자를 염두에 두었다.

전자 학습 자료와 관련해서는 하드웨어, 소프트웨어뿐만 아니라 그러한 자원을 이용할 때 필요한 실제 콘텐츠와 적절한 방법론을 함께 고려해야 한다. 궁극적으로는, 이러한 자원을 사용한 결과 얻게 되는 학습의 질과 자원 사용이 학습 이론을 어느 정도 반영하는가에 관심이 있다.

- 입력이 적절하고 정확하고 접근가능하며 풍부한가?
- 어떤 종류의 상호작용을 장려하는가?
- 어느 정도의 지원을 제공하며 학습자의 자율성을 어떻게 장려하는가?

- 피드백을 어떻게 제공하고 있는가?
- 동기를 자극하는가?

Blake(2008)은 학생 중심의, 주의 깊게 계획되고, 기술적 지원이 원활하며, 가장 중요하게는 교육적으로 잘 구성된 성공적인 기술 기반(technical-enhanced) 외국어 교육 커리큘럼에 대해 설명하고 있다.

본 장에서는 다양한 디지털 자료를 통합하여 매크로 스킬(듣기, 말하기, 읽기, 쓰기)을 향상시킬 수 있는 방법에 대해 살펴볼 것이다. 이를 위해 각 절에서는, 언어 학습에 있어서 교사가 학생들의 언어 개발에 도움이 될 것이라고 판단한 신기술의 사용법을 설명하기 위해 리소스의 구체적 예를 제공할 것이다. 그리고 마지막으로, 다양한 교육학적 함의를 살펴보고 향후의 발전에 대해 추측해 보려고 한다.

학습에 있어 다양한 기술의 역할을 조사할 때는, 언어 사용을 '거의 구어적인(most spoken)'(공유된 물리적 환경에서 행해지는 구어 상호작용) 모드에서 '거의 문어적인(most written)'(공유된 경험과는 별도로, 시공간적으로 떨어져 있는 다른 사람들을 이해시키는 데 필요한 텍스트) 모드까지의 연속체로 보는 것이 유용하다는 것을 알게 되었다. 그리고 이 모드 연속체를 따라 이동해 보면, 의미가 협력적으로 구성되는, 보다 즉흥적이고 계획되지 않은 담화에서 보다 고도로 가공되고 지속적이며 계획된 독백으로 이어진다.

연속체 상의 보다 '구어적인' 부분의 끝 지점에서의 학습에는 공유된 지식을 가정하는 상호작용적이고 '초안(first draft)'의, 탐색적 언어가 관련되는 경향이 있다. 구어 활동의 가치는, 즉시적 문맥이 제공하는 지원과 상호작용자가 입력을 정교화하고 반복하고 조정하고 피드백을 제공하고 관련 어휘를 제공하는 등을 이용해 서로를 지원하는 의미의 공동 구축에 있다. 연속체 상의 '보다 문어적인' 쪽으로 가 보면 학습의 잠재성이 바뀐다. 느린 속도로의 전환과 함께 언어 사용을 되짚어 볼 여유가 생긴다. 이 모드에서는 생각하고 통합하고 낯선 부분을 탐색하고 지속적으로 주장을 전개하고 청중의 요구를 고려하고 확장된 텍스트의 구성을 관리할 수 있는 시간이 있다. 그리고 독자로서, 읽고 다시 읽고 연결하고 모호한 의미를 찾아내고, 이미지가 섞인 텍스트라면 시각 요소의 구성을 검토하고, 이미지와 이미지가 수반하고 있는 텍스트 간의 관계를 검토할 시간이 있다.

〈그림 13.1〉은 모드 연속체 상의 스킬 사용을 시각화한 것이다. 매체와 모드 사이에는 물론 엄격한 상관성이 없다. 예를 들어, 이메일은 상당히 '구어-같은(spoken-like)' 것일 수 있다. 그러나 이 그림은 연속체 상의 위치에 따라 각각의 스킬이 다양한 종류의 학습에 어떻게 기여할 수 있는지를 보여준다.

〈그림 13.1〉 모드 연속체

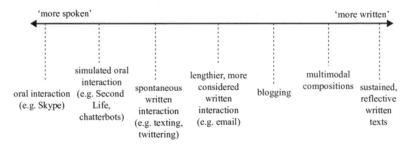

13.2 상호작용을 가능하게 하기

연속체 상의 '가장 구어적인' 극단에는 구어 상호작용(oral interaction)이 있다. 현재 언어 학습 이론에서는, 언어 학습에 있어서 협력 대화의 역할을 강조하고 있다(Gass 1997; Swain 2000). 전통적으로 구어 상호작용은 면대면 구두 교환을 의미했다. 구어 상호작용은 시간의 제약과 대화상 대자로서 능숙한 화자의 이용가능성이라는 면에서 많은 교실에서 딜레마가 있었다. 그러나 최근 기술의 발전을 통해 이러한 생각이 바뀌게 되었다. 비록 말을 한다는 물리적 행위를 수반하지는 않을지라도 이제 연속체 상의 구어 극단에 있는 다양한 모드와 매체를 이용하여 상호작용할 수 있게 되었다. 다음에서는 상호작용을 위한 몇 가지 매체를 살펴볼 것이다.

13.2.1 구어 상호작용

디지털 활동의 설계는 교실에서의 문제 해결 과제를 둘러싼 면대면의 상호작용성 문제를 야기한다. 학습자들은 일반적으로 목표 달성에 지나치게 몰두하는 나머지 정확한 문장을 산출하는 것은 제쳐두고 우선 이해하려는 시도에 집착한다.

그러나 현대 기술은 또한 Skype, Tokbox videochat, ooVoo, Polycom 시스템과 같은 VoIP(Voice over Internet Protocol: 음성 인터넷 프로토콜) 애플리케이션을 사용할 때처럼 얼굴을 마주보지 않고도 구어 상호작용을 가능하도록 한다. 이 기술들은 광대역 연결과 마이크, 웹 카메라가 달려 있는 컴퓨터를 이용하여 인터넷을 통해 음성 통신을 전송할 수 있게 한다. 이전의 전화 통화와 화상 회의는 엄청나게 비싸고 비현실적이었던 반면에, VoIP와 Skype는 개인이나 그룹 간에 값싼 (혹은 무료) 지역적, 국제적 상호작용을 가능하게 한다. 전체 학급을 대상으로 이미지를 전체 화면으로 투사하고, 각 개인이 초대 손님과 대화할 수 있도록 마이크를 건넬 수도 있다. 해커에 취약하다는 보안상의 문제와 시각적 품질 측면에서 기술이 여전히 초기에 머문다는 사실에도 불구하고, 교사들은 상호작용을 촉진하기 위해 다양한 혁신적인 방법으로 이러한 기술들을 활용하고 있다.

- 온라인 개인 교습 및 동료 교습
- 다른 학교 학생과의 프로젝트
- 숙제 상담 전화
- 이메일 친구와의 모임
- 공동 축제나 방학 캠프, 상호 방문을 준비하는 타 학교 학생들과의 연락
- 문화 교류 활동에 참여하는 학생 참가자 그룹, 예를 들어 점심으로 무엇을 먹는지, 또는 자신이 준비한 예술 작품이나 극작품에 대해 이야기하기
- 학생을 해당 분야의 전문가와 연결하기(예: 의대생 인터뷰하기, 작가 인터뷰하기)

다음 일화는 Skype가 교실에서 어떻게 사용되고 있는지에 대한 아이디어를 제공한다.

복도를 걸어가고 있을 때 짚이 든 상자를 들고 있는 아홉 살짜리 소년을 만났다. 그 아이가 가지고 있는 것을 보니까 푸른혀도마뱀이었다. 그때 나는 한국의 의정부 과학고등학교와 skype를 하려던 참이었기 때문에 그 아이에게 10분 정도 수업을 뺄 수 있는지 물어보았다. 로그인을 했을 때 Nat이 도마뱀을 가지고 들어왔다. 덕분에 호주 동물인 도마뱀을 웹캠에 올려 한국 친구들에게 보여줄 수 있었다. 한국 학생들은 작고 파란 혀가 낼름거리는 것을 실제로 볼 수 있었다. 그런 다음 학생들에게 오늘 날씨가 어떤지 물었고, 학생들은 눈이 오고 있다고 대답하였다. 놀랍게도, 학생들은 카메라를 창가로 가져가 준 덕분에 우리는 막대 빗자루로 눈을 쓸고 있는 한국 사람과 아름다운 눈이 쌓인 학교 운동장을 볼 수 있었다. 정말 멋있었다!!! Hawkesdale에는 눈이 오지 않는다.

또 한 가지 질문은 '우리가 크리켓 경기를 하는가'이었다. 크리켓이라 고!!!! 어떡하지! 물론 우리는 크리켓을 한다. 학생 중 한 명이 경기를 설명하려고 했지만 어려워서 결국 크리켓 공과 방망이를 가지고 와서 크리켓 경기를 보여주었다. 곧바로 '공이 부드러워요, 아님 무거워 요?' 등의 질문이 쏟아졌다. 학생들은 서로에 대한 긴장감을 잊어버리 고 스스로 활성화한 교육으로 빠져들었다. 물론, 우리는 또 우리가 가 장 좋아하는 음식 중 하나인 고기 파이를 가져와서 카메라 앞에서 보 여 줘야 했다. 음식은 말로는 설명하기 어렵지만 눈으로 보면 분명해 진다(최소한 생김새, 모양 등). '그거 달아요?'라고 한 학생이 물었다. 그런 다음 한국 학생들은 휴대폰을 보여주었다. 그러고는 카메라 앞 에 줄지어 서서는 멋지게 맞춘 여름 교복을 보여 주었다.

(http://murch.globalteacher.org.au/2007/12/07/blue-tongue -lizardvegemite-and-cricket-what-the/)

Skype 프로젝트의 또 다른 예는 플로리다주 잭슨빌에 있는 한 초등학 교에서 시작되어 다른 나라와 대륙의 최소 80개 학교가 참여하고 있는 Around the World이다[53].

그 외 유용한 사이트[54]로,

http://skypeinschools.pbworks.com/

http://theedublogger.edublogs.org/want-to-connect-with-ot herclassrooms/

등이 있다.

---

53) http://aroundtheworld with80schools.wikispaces.com/
54) [역자주] 본 장 전체에 걸쳐 예를 보이기 위해 다양한 사이트의 URL을 포함하고 있다. 그러나 인터넷 환경이 급격하게 변하는 관계로 현재 시점에서 해당 사이트가 폐쇄되었을 가능성도 있다. 이 경우 Google과 같은 검색 엔진을 이용해 관심 분야의 유사한 사이트를 찾을 수 있다.

13.2.2 가상 환경에서의 상호 작용

Second Life와 같은 가상 세계(인터넷을 통해 접속하는 '사회')는 새로운 아이덴티티를 채용하여 대안적 존재를 창조하는 다양한 거주자들로 채워진 3차원 공간에서 상호작용의 기회를 제공한다. 언어 학습 리소스로 특별히 설계되지는 않았지만, 그럼에도 불구하고 의미를 구성하고자 하는 학습자를 지원할 수 있는 현실적이고, 사회적이고, 몰입적인 환경 내에서 상호작용할 수 있게 한다. 예를 들어 British Council은 Teen Second Life(2019년 현재 Teens in Second Life) 안에 최신 기술에 익숙한 젊은이들에게 어필할 수 있는 환경에서 스스로 영어 학습을 할 수 있는 사이트를 구축하였다. 여기에서는 가상으로 영국을 방문해서 상호작용적 학습 활동, 게임, 보물찾기, 그리고 영국 문화에 기반을 둔 탐구 활동을 할 수 있다. 이 환경에서 학생들은 개별 활동과 그룹 활동에 참여하고 다른 학습자들을 만날 수 있다.

온라인 언어 학교 Avatar English(2019년 현재 운영 중단)에서는 Second Life와 Skype, 그리고 다른 온라인 교육 도구를 결합하여 동일한 활동을 교사와 학습자가 협업할 수 있게 하였다. 수업은 공항, 시장, 은행, 영화관과 같은 주제를 반영한 맞춤형 가상 교실에서 행해진다. LanguageLab과 같은 사이트에서는 언어 학습자가 공항에서 체크인을 하거나 미술관이나 비즈니스 센터를 방문하여 프리젠테이션하기와 같은 활동을 할 수 있는 가상공간을 만들었다.

〈그림 13.2〉 British Council이 Teen Second Life(http://teen.secondlife.com) 상에 구축한 사이트의 시각 자료

〈그림 13.3〉 Languagelab 상에 구축된 가상 대화
(출처: www.Languagelab.com/en/)

13.2.3 글쓰기를 통한 상호작용

모드 연속체를 따라 오른쪽으로 이동하면 구두 대화를 모방하지만 SMS나 ICQ[55], Twitter, Google Talk와 같은 인스턴트 메시지 서비스 애플리케이션을 이용하여 문어 모드를 사용하는 상호작용이 있다. 이 애플리케이션을 이용하면 짧게 타이핑한 메시지를 전송할 수 있다: SMS는 모바일 기기(휴대전화 등) 간에 메시지를 공유할 수 있고, 인터넷에서는 ICQ, Google Talk와 같은 애플리케이션을 통해 인스턴트 메시징을 할 수 있으며, Twitter는 '트윗(tweets)'이라 불리는, 메시지를 주고받을 수 있는 소셜 네트워크 서비스이다. 상호작용이 문어로 이루어지긴 하지만 이 애플리케이션들은 연속체 상에서 상대적으로 구어적인 언어 특성을 가지고 있다. 상호작용은 전형적으로 즉시적이고 양방 간에 이루어지며, '지금 여기에서(here and now)'에 위치한다. 그러나 상호작용자가 동일한 물리적 공간에 있지 않고, 억양이나 얼굴 표정과 같은 구어적 단서를 얻지 못한다는 점에서 차이가 있다. 그래서 제2언어 학습자가 문맥으로부터 도움을 받지 못하기 때문에 추가적 부담이 생긴다-그러나 한편으로는 긴장하지도 않고 익명성도 보호 받을 수 있다.

문자메시지는 개인 간의 짧은 사적 메시지를 실시간으로 보내는 것인 반면, Twitter는 140자 미만의 메시지를 공개적으로 공유하는 마이크로블로깅[56] 서비스이다. 언어 교사들은 〈그림 13.4〉의, 미국과 이탈리아에서 각각 영어와 이탈리아어를 배우는 학생들의 언어교환과 같이 '쌍둥이(twinned)' 관계에 있는 자매기관 간에 여러 언어로 트윗을 교환하는

---

55) 친구, 동료, 동호인 등 온라인상에서 서로 호출·대화할 수 있도록 하는 시스템. 가장 많이 사용하는 방법은 인스턴트 메시지이다. 채팅, 이메일 전송, 짧은 메시지 서비스(SMS), 파일 및 URL 전송, 인터넷 전화, 화상 회의, 게임이 가능하다.

56) 짤막한 메시지나 영상 등을 인터넷에 정기적으로 올리는 활동

e-twinning 프로젝트와 같은 리소스를 빠르게 흡수, 접목하였다.

〈그림 13.4〉 Twitter를 이용한 상호작용의 예
(출처: http://martini.wetpaint.com/page/E-twinning)

언어 학습을 위한 인스턴트 메시지의 가치는 상호작용의 신속성과
양, 실제성에 있다. 그러나 메시지의 반복적 특성과 초보적 구조, 어휘의
사용은 상급 학습자에게는 사용하기 힘들다는 한계가 있다.

채팅방에서는 좀 더 많은 대화가 가능하다. 채팅방은 여러 참여자들
이 공통의 관심사를 중심으로 사회적 상호작용을 하거나 게임을 하는,
사회적 공간이다. 언어 교사들은 채팅을 효과적인 의사소통 도구로 활용
해 왔다. 채팅 속도는 짧고 즉시적인 발화 교체의 기회를 제공한다.

AOL Instant Messenger나 MSN Messenger와 같은 시스템은 '버디
목록(buddy lists)'-즉, 다른 나라의 참가자 그룹이나 실시간으로 자주
상호작용하는 그룹-을 만들 수도 있다. 의사소통을 위한 음성 및 비디오
옵션도 추가할 수 있기 때문에 언어 학습자를 지원하기 위한 인스턴트
메시지의 가능성도 높아진다. 트윗이나 문자 메시지, 채팅과 비교했을
때 이메일이나 리스트서브(listservs)[57]와 같은 도구는 다소 지루하고

---

57) [역자주] 특정 그룹 전원에게 메시지를 전자 우편으로 자동 전송하는 시스템

어설퍼 보일 수 있다. 상호작용은 일반적으로 덜 즉시적인 반면, 모드 연속체 상의 중간 정도-상호작용성은 어느 정도 있지만 텍스트가 (늘 그렇지는 않지만) 길고 더 반향적이다-에서 볼 수 있는, 내용이 더 길고 심사숙고한 후 반응하는 데 적합하다. 보다 반응을 세심하게 구조화하고, 보다 정교한 문장을 사용하고, 사전과 유의어 사전 등을 사용해서 어휘를 확장하고, 대인 관계에 있어 보다 세심한 주의를 기울이면서 상호작용할 수 있다는 점에서 이메일 등도 여전히 언어 학습에 기여할 수 있다.

13.2.4 인간 이외의 파트너와 상호작용하기

실제적 문맥에서의 자연스러운 상호작용이 언어 학습에서 선호되는 선택지이긴 하지만, 학습을 강화하는 데 필요한 집중적이고 지속적인 연습을 제공하지 못하는 경우가 있다. 이를 위해 자동음성인식(ASR)을 활용한 적응형/대응형 iCALL(지능형 CALL) 프로그램을 개발하기 위한 인공지능 연구가 광범위하게 진행되어 왔다.

일부 프로그램은 단순히 발음과 구문에 대한 피드백만을 제공하지만, Jabberwacky[58]와 같은 자기주도형 학습 프로그램은 '참을성 있는 가정교사(patient tutor)'와 상호작용을 할 수 있다. 그러한 리소스 중 하나가 '채터봇(chatterbot)'('bot'은 'robot'의 줄임말이다)으로, 타이핑된 입력과 합성된 말투를 통해 인간 유저(user)와 지능적인 대화가 모방 가능하도록 설계되었다. 채터봇의 장점은 언제 어디서나 이용할 수 있고, 보통 공짜이거나 가격이 싸며, 자신감을 가지게 해 주고, 광범위한 주제에 대해 '대화를 나눌 수 있고', 길게 상호작용을 할 수 있으며, '인격(personalities)'을 갖추고 있고, 상호작용을 하면서 배워 간다는 점이

---

58) [역자주] Jabberwacky은 영국의 프로그래머 Rollo Carpenter가 개발한 잡담 로봇으로, 인간과의 상호작용에 주안점을 둔 인공지능이다(http://www.jabberwacky.com/).

다. 예를 들어 Jabberwacky는, 상호작용을 통해 학습하고 그것을 대화 상대자에 적용하기도 한다. 대화의 전사도 가능해서 학습자가 대화 세션으로 되돌아가 자기 평가를 할 수도 있다. 그러나 아직 기술이 초보 단계라 신기하다는 점, 고급 학습자에게만 유용할 수 있다는 점, 교사들이 학습자들에게 제공하는 스캐폴딩(scaffolding)[59]을 제공할 수 없다는 한계가 있다.

〈그림 13.5〉 Jabberwacky 채터봇(www.jabberwacky.com)과의 대화 예

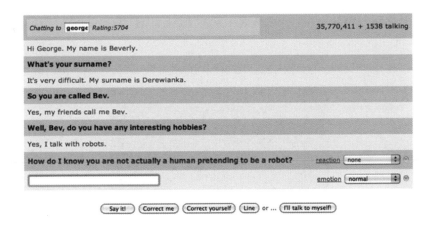

---

59) [역자주] 학습자에게 적절한 인지적 도움과 안내를 제공하여 학습을 촉진시키는 전략을 의미한다. 최근에는 Vygotsky를 비롯한 사회적 구성주의자들이 소개한 개념인 학습자의 근접발달영역(Zone of Proximal Development : ZPD) 내에서 효과적인 교수적 도움을 제공하는 스캐폴딩 전략이 강조되고 있다. 일반 교실 수업에서 유능한 동료, 교수자, 전문가 등이 학습자에게 적절한 스캐폴딩을 직접 제공하는 것 뿐 아니라, 이러닝 상황에서도 학습자에게 다양한 도움이나 단서정보를 제시하거나 인지적 점검을 유도하는 등의 전략을 제공한다.

13.3 말하기와 발음

　말하기 능력을 향상하고자 하는 학습자를 위해 특정 소리와 억양 패턴을 반복적으로 연습할 수 있는 소프트웨어 애플리케이션과 프로그램도 수없이 많이 있다. GarageBand와 같은 애플리케이션은 목소리를 녹음하고 파형을 분석할 수 있다. 예를 들어, 교사(또는 능숙한 언어 사용자)가 첫 번째 트랙에 자신의 목소리를 녹음하고, 학생들은 첫 번째 트랙에 있는 구어 모델을 반복하고 모방하면서 다른 트랙에 자신의 목소리를 녹음한다. 그런 다음, 학습자는 '오디오 영역' 기능을 통해 두 트랙 간의 유사성과 차이점을 시각적으로 분석할 수 있다(〈그림 13.6〉 참조).

〈그림 13.6〉 GarageBand를 사용한 학생 기록과 마스터 트랙 비교

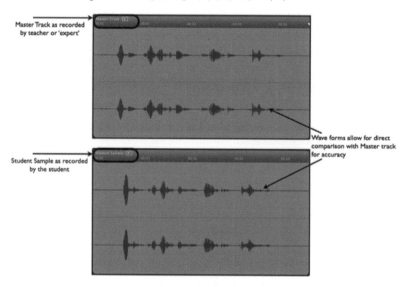

　Cambridge University Press 웹사이트(〈그림 13.7〉)에서는 개별 음소와 소리 패턴을 강화하기 위해 재미있는 애니메이션을 제공한다. 예를

들어, Word Stress 버튼을 클릭하면 해당 단어가 발음되는 동안 단어의 강세 음절에 해당하는 문자가 굵어지고 또 확대된다. 문장을 소리 내어 읽으면 인토네이션의 높낮이에 따라 문장이 올라갔다 내려갔다 한다. 그리고 애니메이션은 특정 소리를 묘사한다.

〈그림 13.7〉 이중모음 발음을 제시하는 애니메이션 만화
(자료: www.cambridge.org/elt/resources/skills/interactive/pron_animations/index.htm)

아이오아대학에서 설계한 웹사이트에서는 음소의 조음 방법, 조음 장소, 음질에 따라 소리를 선택할 수 있다. 특정 소리 하나를 선택하면, 실제로 발음을 보여주는 비디오와 함께 그 소리가 어떻게 만들어지는지를 보여 주는 입 모양이 애니메이션으로 제공된다(〈그림 13.8〉 참조).

〈그림 13.8〉 영어 소리의 산출을 시각화한 애니메이션
(www.uiowa.edu/~acadtech/phonetics/english/frameset.html)

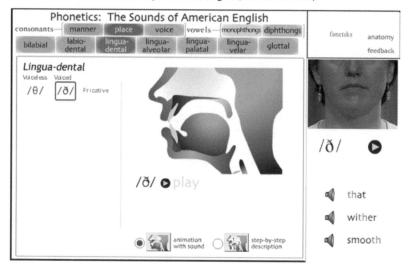

상호작용적 교환(interactive exchange)의 일환으로 듣기의 역할을 인식하면서, 학생들에게 구어 입력에 의도적 주의를 기울이는 연습을 제공하여 듣기를 하나의 분리된 스킬로 다루는 것이 유용할 때가 있다. 집중적 듣기는 종종 상대적으로 소홀히 다루어진 영역이었다. 그러나 현재 온라인 듣기 자료가 풍부해짐에 따라 점차 주목을 받기 시작했다. 전자적으로 이용할 수 있는 자원에는 구두 입력과 다매체 입력(오디오 및 시각 자료 포함) 등이 있다.

들기 자료는 팟캐스트(podcasting)-인터넷을 통해 콘텐츠를 개인 컴퓨터나 모바일 기기에 전달하는 프로세스-로 만들어 이용할 수 있다. 팟캐스트60)는 다음 중 하나의 형태를 취할 수 있다.

---

60) [역자주] 'broadcasting(방송)'과 'iPod'의 합성어. 팟캐스팅을 통해 인터넷으로 프로그램을 시청하거나 음악을 들을 수 있고, iPod 등 휴대용 디지털 기기에 해당 프로그램을 상시 다운

1. 오디오 기반 콘텐츠(음향 파일)
2. 향상된 콘텐츠(오디오, 시각자료, 텍스트가 포함)
3. 비디오(흔히 보드캐스트라고도 함)

〈그림 13.9〉 팟캐스트의 예

팟캐스팅 현상은 현대 사회에서 빠르게 강력한 도구가 되었다. 교육용 팟캐스트 중에서는 언어 중심의 팟캐스트가 가장 인기가 있다 (Apple.com/iTunes, 2009년 7월). 이러한 무료 팟캐스트는 학습자에게 듣기를 경험할 수 있는 다양한 기회를 준다. 팟캐스트 라이브러리를 소싱하여 구독 신청을 하면 새 콘텐츠가 라이브러리에 추가될 때마다 RSS(Really Simple Syndication)가 새 콘텐츠가 라이브러리에 추가될 때마다 컴퓨터나 모바일 기기로 업데이트해 준다.

오디오 파일로 제공되는 구어 입력은 언어 학습자가 사운드스트림 (sound stream)을 처리하는 데 집중할 수 있게 한다. 오디오 요소와 시

로드할 수 있다.

각적 요소(예: 스틸 이미지나 비디오 클립)를 함께 제공하면 학습자가 상황적 단서를 이용할 수 있기 때문에 이해에도 도움이 된다. 이러한 텍스트를 만들거나 액세스해 봄으로써 언어 학습자는 잠재적으로 풍부한 학습 경험을 할 수 있다.

YouTube, MySpace, Google Video 등에서 사용되는 Web 2.0 애플리케이션의 등장과 함께 비디오 클립의 접근가능성은 엄청나게 높아졌으며, 디지털 카메라를 이용하여 녹화한 비디오 자료를 업로드하기가 쉽기 때문에 PDA(개인정보단말기: Personal Digital Assistant, 일명 팜탑 컴퓨터[61])라고도 함)의 웹캠이나 휴대폰에서도 이용가능해졌다.

교사가 권하지 않았음에도 학습자들은 다양한 범위의 실제적 주제를 다루는 비디오에 몰두하며 시간을 보내고 있다. 학습자들은 동영상과 상호작용을 하며, 댓글창에 반응을 짧게 올리기도 한다. YouTube나 이와 유사한 사이트에서 볼 수 있는 비디오 클립 외에도, 이제 텔레비전 프로그램의 스트리밍 비디오-훨씬 더 예측가능하고 전문적인 비디오 자료-도 자유롭게 이용할 수 있다. 예를 들어, SCOLA 웹사이트(http://www.scola.org/)는 세계 95개의 언어로 된 100편 이상의 편집된 텔레비전 프로그램을 스크립트, 영어 번역과 함께 제공하고 있다.

학습자가 인터넷에서 쉽게 구할 수 있는 '가공하지 않은' 상태의 오디오 및 비디오 자료 외에도, 언어 학습자를 위해 특별히 구조화한 듣기 자료, 즉 실제적이거나 준-실제적인(즉, 수정되거나 단순화된), 혹은 맞춤 제작된 시청각 콘텐츠가 사용되기도 한다.

일부 교사들은 예를 들어, Jumpcut이나 Videoegg(Windows), iMovie(Macintosh) 등의 비디오 편집 도구를 이용하여 특정 주제에 대한 비디오 활동을 만들어 학생들과 공유하기도 한다. 학생들이 정상 속

---

61) [역자주] 한 손바닥에 올려놓을 수 있는 초소형 컴퓨터

도로 상호작용하는 원어민 화자의 이야기를 듣거나, 실제적 언어를 사용하여 대화할 수 있도록 자막이나 어휘 활동, 주석, 대본을 제공할 수도 있다. 예를 들어, Purdue 대학의 Victory Author는 상호작용 연습을 포함하는 비디오 기반 수업을 만들 수 있는 템플릿을 제공한다. 학생들이 다른 사람들과 공유할 수 있는 자신만의 비디오를 만들 수도 있다. 여기에는 학생들이 완수한 프로젝트나 음악 아이템, 대본이 포함될 수 있다.

영상물 준비가 시간이 너무 많이 걸린다고 생각하는 사람들은 뮤직비디오, 드라마, 인터뷰, 여행 비디오를 제공하는 Yabla를 이용할 수도 있다. 이 사이트에서는 영상을 천천히 플레이하면서 사전, 듣기 게임, 이중 언어 자막을 사용할 수 있다.

〈그림 13.10〉 Yabla의 비디오 클립과 관련 활동의 예

Virtex 프로젝트(www.worldenough.net/virtex/)에서는 외국인 유학생에게 호텔 업무 실습을 위해 실생활 시나리오를 찍은 디지털 비디오 클립을 활용하고 있다. 학생들은 대화 교체나 직장 내 상호작용을 반복하

여 시청한다. 비디오를 본 후 학생들은 배경 정보, 대본, 학습 요령, 개별 오디오 재생, 문화 노트, 관용 표현 목록을 참고할 수 있다. 그런 다음 학생들은 비디오의 특정 정보와 관련된 질문에 답해야 한다.

BBC 웹사이트 또한 아카이브이지만 언어 학습자와 교사용으로 특별히 제작한 비디오 자료를 풍부하게 제공한다. Six Minute English라고 불리는 시리즈는 영어 학습자를 위해 방송 중인 뉴스를 재작업해서 보여주는데, 여기에는 이해 활동과 더불어 시간이 날 때 들을 수 있는 오디오 팟캐스트도 포함되어 있다. 또 강의를 듣는 데 필요한 기술을 학생들에게 소개하는 Academic Listening 시리즈도 있다.

Robin(2007)은 위에서 언급한 '기-가공된(pre-packaged)' 자료 유형(교사나 회사에서 개발한 시청각 자료)과 YouTube 같은 사이트를 통해 쉽게 구할 수 있는 '가공되지 않은(unpackaged)' 자료 간의 차이를 구별하였다. Robin은 학생들을 미리 가공된 자료로 제한하기보다는 오디오/비디오를 반복적으로 전달하기, 속도 늦추기, 관련 텍스트와 이미지에 링크하기, 덩이화하기, 텍스트와 이미지 주석 달기, 캡션 달기, 스크립트와 번역봇(인터넷 상에서 특수한 과제를 수행하는 '웹 로봇')과 같이 듣기와 보기를 지원하는 사용자 제어 기술 장치를 효율적으로 사용하는 법을 배워 가공되지 않은 자료도 활용할 수 있도록 가르쳐야 한다고 주장한다.

13.4 읽기

인터넷이 언어 교사에게 제공하는 가장 분명한 혜택 중 하나는 신문 보도, 스토리, 요리법, 공예 활동, 지리 정보 및 저널 기사와 같은 실제적인 읽기 자료에 무한정 접근할 수 있다는 것이다. 이러한 자료들은 매력적이고 동기 부여가 될 수 있는 반면, 언어 학습자, 특히 모드 연속체 상에서 문어체의 극단에 있는, 밀도가 높고 추상적인 텍스트를 이해하는 데에는 문제가 있을 수 있다.

읽기 이해의 주요 장애물은 모르는 어휘를 만나는 것이다. 그러나 새로운 기술의 발달로 읽기를 하는 동안 이전에는 쉽게 이용할 수 없었던 다양한 지원들을 독자들에게 제공할 수 있게 되었다. 온라인 프로그램, 예를 들어 WordChamp를 이용하면 텍스트 상자 안에 읽기물(또는 URL)를 삽입한 다음 모든 단어에 커서를 롤업하여 선택한 언어로 해당 단어의 정의와 단어를 발음해 주는 오디오 클립을 활성화할 수 있다. 검색 기능을 사용하면 참고 텍스트에서 사용 중인 단어의 예도 확인할 수 있다. 마찬가지로, Academic Word List Highlighter는 텍스트를 입력하면, 일반적인 학술 단어는 모두 굵게 표시해 주기 때문에 독자들이 학문적 문맥에서 자주 접하는 단어들에 집중할 수 있게 해 준다.

다매체 텍스트에 포함된 시각적 요소는 독자가 구어 텍스트를 이해하는 데에 많은 도움을 준다. 다양한 종류의 사진, 삽화, 지도, 도표가 시각적 단서를 제공해 주기 때문에 독자들은 이러한 정보에 입각하여 모르는 단어의 의미를 추측할 수 있다. 이 요소들은 문화적으로 내포된 개념과 관습에 대한 풍부한 정보원이 되기도 한다.

소프트웨어 프로그램을 이용하여 청각적 단서들을 삽입할 수 있다. 독자는 작성한 텍스트와 함께 사용할 사운드 트랙을 선택할 수 있다. 이 사운드 트랙은 어느 지점에서든지 멈추거나 반복하거나 속도를 늦출 수 있다. 사운드 클립이 재생될 때 발화 시간에 맞춰 텍스트에 강조 표시를 하는 경우도 있다.

독자들이 복잡한 이미지와 도표를 읽을 때 도움이 필요한 경우가 가끔 있다. 이런 경우에는 애니메이션을 시각 정보로 활용할 수 있다. 예를 들어, 도표의 여러 부분이 서로 어떻게 관련되어 있는가를 독자가 이해할 수 있도록 작성할 수 있다. 특정한 자질을 강조하기 위해 확대하거나 축소할 수도 있다. 일련의 사건을 표시하기 위해 타임라인을 펼칠 수도 있다. 애니메이션화된 과정들은 어떤 것이 어떻게 작용하는지를 설명해 줄 수 있다.

교과서에 보다 쉽게 접근하게 하는 것 외에도, 기술은 학습자가 더 독립적인 독자가 되고 더 깊은 처리에 참여할 수 있게 하기 때문에 학생들에게 이해를 위한 전략을 가르치는 데 사용할 수도 있다. 예컨대 중요한 포인트가 되는 텍스트에 롤오버 프롬프트(roll-over prompt)를 삽입할 수 있다-예를 들어, 독자가 예측하거나 문맥으로부터 추론하거나 훑어 읽기나 뜯어읽기 스킬을 사용하거나 주제 문장에 주의를 기울이거나 관련 이미지를 참조하거나 하도록 할 수 있다. 이러한 도구를 사용하면 학생들이 정보를 깊게 처리하는 데 도움을 준다. 마찬가지로, '이 단어를 사용하면 이 이슈에 대한 여러분의 인식에 어떤 영향을 미치는가?', '작가가 여기서 *perhaps*를 사용한 이유는 무엇인가?', '이 시점에서 누구의 관점이 특권화되고 있는가?', '누가 이 이미지에서 배제되고 있는가?'라는 질문을 본문에 삽입할 수도 있다. 이러한 롤오버 프롬프트의 장점은 즉시성과 학습자들이 스스로에게 자문할 수도 있는 종류의 질문들을 문맥에 삽입할 수 있다는 점에 있다.

13.5 쓰기와 작문

모드 연속체 상 구어체에 가까운 문자 메시지 보내기와 트윗하기를 넘어서 보다 '문어적인' 쪽으로 이동하면, 좀 더 일관되고 반성적인 성격의 글쓰기가 나타나는데, 이 모드에서는 작문 프로세스에 더 많은 주의의 초점이 놓인다.

연속체 상의 중간 지점에는 학습자들이 동료, 선생님과 유의미하게 의사소통할 수 있는 토론 포럼이 있다. 토론 포럼에서는 비동시적으로 발화 교체를 할 수 있고, 발화 교체된 메시지들은 모두 자동으로 엮어져 계층 구조의 형태로 기록된다. 온라인 토론 포럼에 이용할 수 있는 소프트웨어 응용 프로그램으로는 WWWBoard, WebCT, Blackboard, WebCrossing 등이 있다.

비슷한 도구로, 최근에는 블로그(blogs)가 유행하고 있다. 블로그(또는 웹 로그)는 원래는 온라인 저널이다. 웹페이지에서는 하이퍼텍스트를 이용하여 자신이 작성한 글이나 다른 사람이 작성한 글, 또는 웹상의 리소스를 연결할 수 있다. 댓글 버튼을 눌러 블로그 항목에 자신들의 반응을 작성할 수 있다. 이 반응들은 다른 댓글과 함께 기록되고 링크된다. 블로그는 대부분 개인이 만들고 관리하지만, 블로그를 링크하거나 교차 링크를 해서 더 큰 온라인 커뮤니티인 그룹 블로그를 만들 수도 있다. 반드시 그런 것은 아니지만, 블로그는 한 가지 이슈를 길게 다룰 수 있기 때문에 조금 더 심사숙고하는 관점을 제공하는 경향이 있으며, 작가들은 자신의 견해를 어떻게 제시하고 잠재적인 응답자와 어떻게 소통할 것인가를 생각하는 데 시간을 보내는 경향이 있다.

블로그는 여러 명의 상호작용자들이 작성할 수 있는 권리가 있기 때문에 모두 자유롭게 문장을 작성할 수 있는 협동적 프로세스이다. 언어 학습자에게 블로그에 댓글을 다는 행위는 전체 텍스트를 독립적으로 작성해야 하는 부담 없이 작문 과정에 참여할 수 있게 되었다. 언어 학습자는 코스와 연계된 개인 블로그를 전자 포트폴리오로 활용하여 시간 경과에 따른 발전 과정을 보일 수도 있게 되었다. Sun(2009)는 학생들이 블로그를 학습, 자기표현, 정보 교환, 소셜 네트워크 수단으로 인식하고, 블로그를 통해 다양한 연습과 학습 동기 부여, 학습 전략 개발을 한다는 것을 발견했다. 다음 사이트는 블로그의 좋은 예를 보여준다.

www.blogs.com/topten/top-10-language-learning-blogs/

www.transparent.com/arabic/

http://chinesequest.blogspot.com/index.html

www.transparent.com/irish/

위키(wikis: 손쉽게 편집할 수 있는 연동된 페이지가 있는 웹사이트)에서는 복수의 작가가 텍스트를 작성할 수 있다. 위키는 블로그처럼 제기된 이슈에 대응하는 것이 아니라, 특정 관심 분야에 대한 정보를 제공하는 텍스트를 공동으로 구축해 간다는 특징이 있다. 위키 내에서 글을 쓰기 때문에 작가들이 상호연결된 일련의 웹 페이지에 텍스트를 만들어서 공유하고 편집도 할 수 있다.

위키는 느슨하게 구조화된 페이지들의 집합을 특징으로 하며, 페이지와 페이지 간, 그리고 인터넷 리소스와 다양한 방식으로 링크된다. 개방형 편집 시스템을 채용하고 있기 때문에 누구든지 간단한 포맷 명령어(워드프로세서와 유사하다)를 사용하여 페이지를 편집할 수 있다. 위키 사이트의 목표는 지식 기반을 확장하는 동시에 시간의 경과에 따라 더 많은 지식을 공유하는 저장소가 되는 것이다. 예를 들어, Wikipedia에서는 누구라도 특정 주제에 관한 텍스트를 먼저 작성할 수 있다. 그러면 다른 사람들이 텍스트의 세부사항을 수정하거나 정보를 추가한다. 다시 말해, 작가 한 명 한 명이 전체 텍스트에 대해 책임감을 가질 필요는 없지만, 정보를 검색하고 정보를 가장 잘 전달할 수 있는 방법을 생각하고 적절한 어휘를 선택하고 독자와 목적에 대해 생각하는 등, 글쓰기 프로세스에 관련된 것들을 경험할 수 있다.

유용하게 활용할 수 있는 위키 사이트에는 다음이 있다.

Wikispaces - www.wikispaces.com

PB wiki - http://pbwiki.com

WetPaint - www.wetpaint.com

Stikipad - http://stikipad.com
OttoWiki - www.ottowiki.com

원격 협업을 위한 환경에서는 웹퀘스트(webquests)[62]나 설문지향적인 과제를 수행할 수 있다. 여기에서 학습자는 고급 워드 프로세싱 기술, 데스크톱 출판, 웹 페이지 작성, 템플릿의 생성 및 사용, 비디오 제작과 관련한 온라인 작업을 수행하며, 온라인상에서 동료, 부모, 평가자, 일반 대중과 공유할 수 있는 멀티미디어 작문을 작성한다.

Flat Classrooms Project가 그러한 이니셔티브 중 하나로 미국, 카타르, 오만, 스페인, 호주 학생들이 The New Age of Connectivity, The Changing Shape of Information, Google Takes Over the World, and Social Networking과 같은 주제를 포함한 프로젝트에 참여하였다 (http://flatclassroom project2008.wikispaces.com/Topics). 위키와 비디오를 사용하여, 다양한 학교의 학생들이 다음 질문에 답하기 위해 서로 협업하였다: 이러한 트렌드는 과연 우리를 어디로 데려갈 것인가? 우리의 미래는 어떤 모습일까? 이런 트렌드가 다른 트렌드로 대체될 것으로 보는가? 이러한 트렌드로 인해 어떤 발명품이 필요한가? 협업 프로젝트는 실질적인 내용을 깊이 학습하는 데 상당한 도움이 되지만, 많은 조직과 관리를 필요로 한다. 그리고 도구 사용법을 배우고 다매체 요소 구성에 소요되는 시간이 언어 학습 결과보다 클 수 있다는 위험이 있다.

새로운 기술 덕분에 텍스트의 공동 작성, 모드 간의 상호작용성은 향상된 반면('쓰기를 위한 읽기와 읽기를 위한 쓰기'), 모드 연속체 상 극단에 놓인, '매우 문어적인', 학문적 문맥에서 요구되는, 내용이 긴 텍스트

---

62) webquest에 대한 사항은 http://webquest.org/index.php를 참고할 수 있다.

를 혼자 힘으로 작성하는 것이 언어 학습자들에게 가장 큰 도전이 되었다. 문어 텍스트의 구성은 전적으로 혼자만의 사적 활동이긴 하지만 디지털 기술이 다양한 방식으로 도움을 줄 수 있다. 철자와 문법 체크, 온라인 시소러스를 이용할 수 있어 쓰기 과정이 훨씬 더 효율적이 되었다. 그러나 이러한 도구가 의미 구성, 텍스트의 전체 조직, 적절한 격식 (register)의 선택과 관련한 문제까지는 다루지 못한다.

여기서는 교사와 동료들이 '변경 이력(track changes)'과 '코멘트 삽입(insert comments)'과 같은 도구들을 사용하여 전자 형식으로 그러한 문제들에 대해 적절하고 시기적절한 피드백을 줄 수 있는 곳이다. 다른 방법으로, 학습자에게 모델 텍스트가 목적 달성을 위해 어떻게 구성되는지를 보여주는 애니메이션과, 장르 특징적인 언어 자질들이 강조된 모델 텍스트의 보관함(repositories)을 제공할 수도 있다.

13.6 문법과 어휘

인터넷 상에 문법과 어휘 연습을 위한 공간도 있지만 형편없이 설계된 자료들이 많이 있기 때문에 교사와 학생들도 주의할 필요가 있다. 웹 리소스를 선택할 때는 다음 사항들을 고려하는 것이 좋다.

- 리소스를 누가 작성하였나?
- 누구를 대상으로 한 리소스인가?
- 기저에 있는 문법 이론은 무엇인가?
- 팁으로 제공된 요점들이 얼마나 정확한가?

대부분의 자료는 교과서 드릴을 단순히 온라인으로 옮긴 것뿐인 경우가 많다. Chapelle and Jamieson(2008: 41)은 웹사이트에 제시된 문법 활동은 '문맥이 문장 수준에 머문 경우가 많고 연습은 [유의미한 산출 대신에] 인식하는 정도에 머무는 경우가 많기 때문에 상당히 제한적이다'라고 경고한다.

그러나 디지털 기술의 잠재성을 어느 정도 활용하는 활동도 있다. 예를 들어, Scootle(www.scootle.edu.au/ec/p/home. 호주에서만 이용가능)은 8,000여개의 디지털 학습 리소스를 관리하고 있는데 그 중 다수가 언어 학습을 위한 것이다. 한 학습 객체(object)에서 학습자는 애니메이션 스토리를 시청한 후 뒤섞인 문장을 재배열하고 동시에 관련된 문법 범주를 학습한 후 텍스트를 재생성하는 과제를 수행한다. 그런 다음, 학습자는 간단한 '끌어놓기(drag and drop)' 기법을 이용하여 단어 뱅크에서 어휘 항목을 선택, 빈칸을 채운다(〈그림 13.11〉 참조).

〈그림 13.11〉 Scootle의 문법 활동(www.scootle.edu.au/ec/p/home)

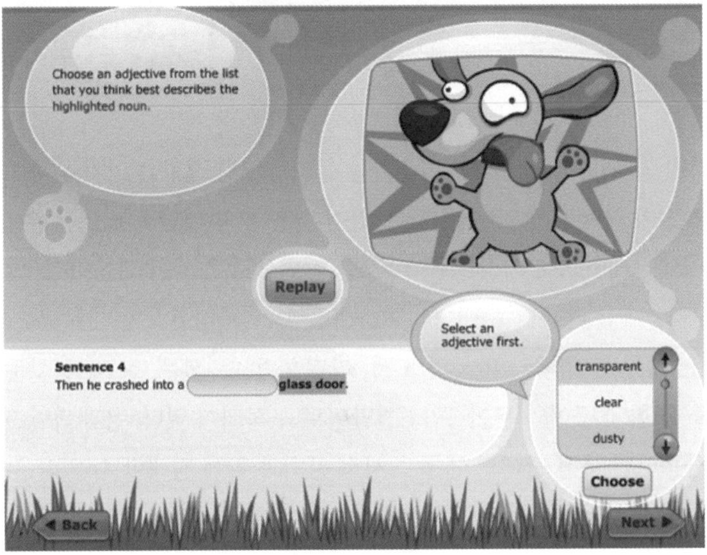

BBC 뉴스 웹사이트에서는 방송 중인 뉴스 스토리를 바탕으로 한 다양한 어휘 활동을 할 수 있다(〈그림 13.12〉참조).

〈그림 13.12〉 BBC 뉴스 사이트의 어휘 활동

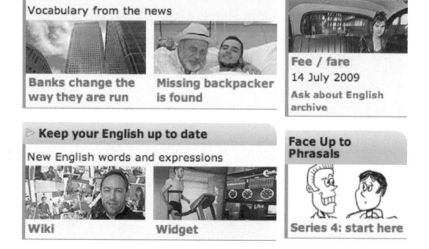

어휘 및 구문과 관련하여 이전에는 불가능했던 결과를 얻기 위해 디지털 기술이 사용된 영역 중 하나는 언어 말뭉치-방대한 텍스트를 수집하여 데이터베이스에 저장한 후 다양한 방법으로 검색이 가능하다-의 개발이다. 예를 들어, Collins Wordbanks Online English corpus sampler[63]는 영국과 미국의 도서, 라디오 방송, 신문, 잡지, 연설문 전사물 등 현대 구어와 문어 5억 6천만어로 구성되어 있다. 용례색인 도구를 사용하면 특정 단어의 예를 즉시적 문맥과 함께 검색할 수 있다. 예를 들어, *anxious*가 전형적으로 선행하는지 후행하는지를 알고 싶다면 〈그

---

63) www.collins. co.uk/Corpus/CorpusSearch.aspx

린 13.13〉의 예와 함께 제시된다.

〈그림 13.13〉 용례색인에서 'anxious'를 검색한 결과

```
in the city have [ZF0] in the city has become anxious about are very seriously thinking of the
family and is very good if for example you get anxious about talking like on the way here I [ZGY]
lot this weekend [M01] Yeah. [M06] and I'll be anxious to see what they're like. Erm beautiful
written material with the spoken [ZGY] really anxious to get [ZF1] the [ZF0] the new corpus on the
MX is now at one of the colleges there and is anxious to continue his association with us. I think
Certainly when I was in Italy I had a fairly anxious B B C man erm [M0X] Oh aye. [F0X] talking to
appendicitis you see. The mother's still a bit anxious because he also has this sore throat so she
to the solicitor about this because he was anxious to know what where we were on the roof and
Angry. [M0X] [ZF1] Sh [ZF0] She is really anxious and angry. [ZF1] You can't [ZF0] you can't
her first language etcetera and she was very anxious really not to er you know she didn't feel
were a lot of young married women only too anxious to work in the Birmingham factories who were
on that but they weren't act they were quite anxious to avoid the war. [M01] Mm. [F01] And of
Yeah. [M02] really apart from the sort of anxious good wishes of my mother and so on 'cos you
er anxious to return to this side. [M01] Er anxious to? [M02] Return to this side. [M01] She
that I told the secretary that I was very anxious to have a word with er er MX [tc text=pause]
people in the Conservative Party who were very anxious to tell us that erm universities dealt with
t remember w At about this time the government anxious about the shortage of houses er er in the
The Ministry the then Ministry of Health was anxious to put money into [tc text=pause] er the
to write letters. And I used to be absolutely anxious and humiliated if I had to take a letter to
[F02] And many people when they feel a bit anxious about talking about something painful want
I was at great pains not to be I was very anxious not to be erm regarded as somebody who
er [ZF1] I was er [ZF0] I was sort of really anxious that I hope there are some girls on the
```

용례색인을 이용하면, 학습자는 *anxious*가 *become, get, be anxious*될 수 있고, *really, fairly, a bit, very, too, quite, sort of, absolutely*를 이용하여 *anxious*의 정도를 가리킬 수 있으며, *anxious*의 뒤에는 *about, to, that*이 올 수 있다는 것을 알 수 있다. 용례검색기는 교사에게 전형적으로 관련된 단어나 구조와 함께 문맥에서 사용되는 실제적 어휘의 예를 풍부하게 제공하며, 원어민들이 실제로 언어를 어떻게 사용하는지를 조사하는, 탐구적이고 구성주의적인 학습 활동의 기초를 제공한다. Lextutor[64]도 비슷한 색인을 제공하며, 사전, 클로즈 텍스트 작성 도구, 하이퍼텍스트 링크, 상호작용형 자가 퀴즈 생성(selfquizzing) 기능이 있는 데이터베이스도 포함하고 있다.

용례색인에 관한 보다 자세한 내용은 본서 2장의 Randi Reppen, 3 장의 Jane Willis을 참고할 수 있다[65].

---

64) www.lextutor.ca/concordancers/concord_e.html

65) www.ecml.at/projects/voll/our_resources/graz_2002/ddrivenlrning/concor
    dancing/concordancing.htm

13.7 통합학습환경

지금까지는 매크로스킬과 다양한 디지털 리소스를 상대적으로 독립적이고 별개의 현상으로 다루어 왔다. 그러나 이 리소스와 스킬들을 하나의 온라인 문맥에서 결합하는 방법도 언급할 필요가 있다.

소셜 네트워크, 예를 들어 Facebook, MySpace 등의 사이트는 사용자에게 동기를 부여하고, 실제적 상호작용을 할 수 있는 기회를 제공해 주며, 다양한 매체(비디오, 사진, 오디오)를 통해 입력을 제공한다. 이러한 사이트들은 그러나 실질적인 콘텐츠 제공이라는 측면에서는 한계가 있기 때문에 언어 학습용으로 특별히 설계된 사이트들이 개발되어 왔다. 이 사이트들은 통합 학습 관리 시스템(또는 개인 학습 환경)을 이용하는데, 이 시스템은 학습자들에게 다양한 수준의 유연성과 독립성을 가지고 활용할 수 있는 다양한 도구, 애플리케이션, 활동을 하나의 문맥 안에서 제공하기 때문에 보다 풍부한 언어 학습 경험을 할 수 있다.

Moodle(상호학습, 포럼, Wikis, 데이터베이스, 퀴즈 등에 매우 협력적으로 참가할 수 있는 가상 학습 환경)이나 Livemocha(약 300만 회원이 가입해 있는 소셜 네트워크 서비스로, 동료 튜터링을 통해 보다 체계적으로 읽기와 듣기, 쓰기, 말하기 연습을 지원할 수 있는 글로벌 언어 커뮤니티를 구축하려고 애쓰고 있다)가 대표적인 예이다. 학습자가 폐쇄된 소셜 네트워크 사이트 상에서 상호작용하는 것을 더 선호하는 교사들은 Ning(회원들만이 토론 항목, 블로그, 사진, 동영상을 올릴 수 있는 맞춤형 소셜 네트워크 사이트)과 같은 애플리케이션을 이용할 수 있다. '기-구축된' 소셜 네트워킹 사이트 상의 카테고리에 제한 받는 대신, 교사와 학생이 특정 학습 커뮤니티의 관심사에 기초하여 자체 사이트를 만들 수도 있다.

13.8 교육적 고려사항

전자 자료 사용과 학습 환경을 고려할 때 교사들은 다음을 명심해야 한다.

- 전자 자료를 목표, 결과, 학습 경험의 목적과 어떻게 통합할 것인가
- 이 자료를 이용하는 이유는 무엇인가
- 전자 자료와 커리큘럼 기대 사이를 어떻게 연결할 것인가
- 전자 자료와 학습 이론 간의 결합
- 언어 학습에 대한 자신의 신념과 리소스가 어떻게 부합하는가
- 전자 자료와 학생들의 학습 요구 간의 결합
- 학생들이 어떻게 리소스에 관여할 것인가
- 확인된 학습 요구를 어떻게 지원할 것인가
- 언어 교육 및 학습 경험 중에 전자 자료의 사용을 지원하는 데 필요한 구체적인 교육적 실행
- 학생들이 이 자료를 활용하는 데 있어서 어떤 정보나 기술, 전략이 필요한가
- 모델과 스캐폴드를 명시적으로 제공해야 하는 지식과 기술, 전략은 무엇인가
- 전자 자료를 통해 제공한 입력을 어떻게 분석하고 해석하고 통합하고 평가할 수 있는가

언어 교육을 지원하는 데 활용할 수 있는 전자 자료들은 앞으로도 계속 변화하고 확장될 것이다. 그러나 중요한 것은 어떤 자료를 교수와 학습 경험 내에서 사용할 때는 명확한 사용 근거를 가지고 있어야 한다는 점이다.

13.9 교육 및 학습을 혁신할 수 있는 전자 자료의 잠재력

앞에서 언어 교사들과 학습자들이 이용할 수 있는 디지털 자원이 수없이 많다는 것을 살펴보았다. 주지하듯 본 장에서는 언어 프로그램에 통합할 수 있는 방법과 관련하여 이 자원 중 일부만을 예시해 보았다. 디지털 자원을 '부수적인 것(add-ons)'으로 보는 것이 아니라, 이 자원들이 교수와 학습의 본질 그 자체를 근본적으로 어떻게 변화시키는지를 이해하는 것이 중요하다.

Kress(2003: 16)은 이러한 새로운 경향을 '문자 형식의 깊은 의미뿐만 아니라 아이디어와 개념적 배열의 구조, 그리고 지식의 구조까지 변화시키는 선명한 논리에 의해 지배된다'고 본다. 얼마 전까지만 해도 언어 교사들은 예를 들어, 언어 랩, 컴퓨터, 디지털 카메라, 캠코더, CD 라이브러리, 라디오, 텔레비전, 녹음기, 마이크, 음향 시스템, 전화, 교과서, 사전, 게임 활동을 수용할 수 있는 공간이 필요했을 것이다. 이러한 것들은 이제 우리 학생들이 손에서 내려놓을 수 없는 단일 모바일 기기로 수렴되어 '언제 어디서나' 언어 학습을 할 수 있게 해 준다(Chinnery 2006 및 Godwin-Jones 2008 참조).

매개한 학습과 매개하지 않은 학습 간의 경계가 그렇듯이, 일상 활동과 학교 간의 경계도 점차 모호해지고 있다. 문해력 실천은 디지털 기술의 출현으로 급속한 변화를 겪어 왔고, 작가, 권위, 관객, 텍스트 장르에 대한 개념을 혼란하게 하였다(Warschauer 2004). Jewitt(2003)는 신기술의 출현과 더불어, 새로운 종류의 텍스트가 등장함에 따라 문식력이라는 것이 무엇을 의미하는지에 대한 의문이 제기된다고 주장한 한편, Lankshhear와 Knobel(2006)은 새로운 기술이 가져온 다양한 사회적 문화적 관계의 출현을 예측한다고 주장한다. 이는 우리가 이러한 기술의 잠재력에 대해 항상 열린 자세를 취하면서 그것들이 주는 교육적 편익을 비판적으로 평가할 것을 요구한다.

참고 문헌

Blake, R. 2008. *Brave New Digital Classroom: Technology and Foreign Language Learning*. Washington, DC: Georgetown University Press.

Brown, A. 2005. 'Self-assessment of writing in independent language learning programs: the value of annotated samples'. *Assessing Writing*, 10(3): 174–91.

Chapelle, C. and J. Jamieson. 2008. *Tips for Teaching with CALL: Practical Approaches to Computer-Assisted Language Learning*. White Plains, NY: Pearson-Longman.

Chinnery, G. 2006. 'Going to the MALL: Mobile Assisted Language Learning'. *Language Learning & Technology*, 10(1): 9-16.

Gass, S. M. 1997. *Input, Interaction, and the Second Language Learner*. Mahwah, NJ: Lawrence Erlbaum Associates.

Godwin-Jones, R. 2008. 'Mobile-computing trends: lighter, faster, smarter'. *Language Learning & Technology*, 12(3): 3-9.

Jewitt, C. 2003. 'Multimodality, literacy and computer-mediated learning'. *Assessment in Education*, 10(1): 83-102.

Kress, G. 2003. *Literacy in the New Media Age*. New York: Routledge.

Lankshear, C. and M. Knobel. 2006. *New Literacies: Everyday Practices and Classroom Learning*, 2nd edn. Maidenhead and New York: Open University Press.

Robin, R. 2007. 'Learner-based listening and technological authenticity'. *Language Learning and Technology*, 11(1): 109–15.

Sun, Y. 2009. 'Voice blog: an exploratory study of language learning'. *Language Learning and Technology*, 13(2): 88-103. http://llt.msu.

edu/vol13num2/sun.pdf.

Swain, M. 2000. 'Mediating acquisition through collaborative dialogue'. In J. Lantolf(ed.), *Sociocultural Theory and Second Language Learning.* Oxford: Oxford University Press.

Warschauer, M. 2004. 'Technology and writing'. In C. Davidson and J. Cummins(eds.), *Handbook of English Language Teaching.* Dordrecht: Kluwer.

Comments on Part D

Brian Tomlinson

본 섹션의 각 장들은 블로그, 채팅, 대화형 화이트보드, Facebook, 휴대전화, YouTube, Wiki와 같은 신기술이 교재 개발자와 교사들에게 제공하는 새로운 가능성에 초점을 두고 있다. 필자는 유럽이나 홍콩, 말레이시아, 싱가포르 등에서 이 신기술들을 인상적으로 본 적이 있다. 이 기술들을 통해 사용 중인 언어에 대한 노출을 증가시키고 교사-학생, 학생-학생, 그리고 학생-텍스트 간의 상호작용을 증가시켜 학생들의 학습 경험을 향상시킨 케이스가 많았다. 필자가 본 신기술을 통해 도출된 언어 사용의 가장 생산적 특징은 관련된 영어 샘플을 면대면 방식으로 다양하게 제공한다는 점, 경우에 따라서는 학습자를 그러한 행위 자체에 참여시키는 기능이었다.

반면 신기술이 빈칸채우기, 듣고 따라하기, 선다형 문항과 같은 낡은 유형의 연습 문제를 단지 비싸게 전달하는 수단으로 사용되는 경우도 있었다. 그런 경우, 신기술이 잠재적으로 더 유용할 수도 있는 리소스를 활용할 기회를 오히려 방해할 수도 있고, 제대로 전달하지 않으면서 많은 것을 약속하여 학습자를 낙담시킬 수도 있고, 새로운 기술을 원치 않는 교사들에게 적대감을 줄 수도 있다.

최근에는 컴퓨터를 이용할 수 없다거나 인터넷에 접속할 수 없다거나 전기가 없어서 이러한 신기술들을 이용할 수 없는 기관을 방문하기도 하였다. 이런 곳에서도 학생들 대부분이 휴대전화를 가지고 있지만 주의가 분산될 수 있다는 우려 때문에 수업 중에 휴대폰을 사용하는 것을 금하고 있었다. 그러나 약간의 훈련과 자극만으로도 교사와 자료 개발자들은 휴대폰을 매우 생산적으로 사용할 수 있다. 휴대전화를 활용한 몇 가지 가능한 활동은 다음과 같다.

- 적어도 휴대전화 한 대는 있는 쌍/그룹을 만든다. 학생들은 교사가 게재한 텍스트나 사진, 비디오와 관련한 과제를 함께 수행한 다음, 다른 한 쌍/그룹(다른 학급이나 다른 학교도 가능하다)에 전화를 걸어 과제 완성도를 비교한다. 그런 다음 교사나 능숙한 영어 화자에게 전화를 걸어 그들이 과제를 어떻게 수행하는지 듣거나, 함께 과제를 수행하는 능숙한 화자의 녹음을 듣는다.
- 학습자는 모바일 '학교(school)'에 가입하여 매일 '교사(teacher)'로부터 수업을 듣는다. '교사'가 정한 활동을 마친 후 반장에게 전화를 걸어 활동에 대한 반응을 토의한다. 반장은 조언을 한 다음 학습자가 활동을 수행할 때 도출된 문제와 관련한 교정 수업을 녹음하여 보낸다.
- 학습자는 휴대전화에 있는 회의 기능을 이용하여 가상 스터디 그룹을 만든다. 학습자들은 동일 텍스트 및/또는 과제를 동시에 받은 다음 서로 협력하여 과제를 수행한다. 과제를 수행하는 동안 반장은 듣고 있다가 과제가 완료되면 피드백을 제공한다.
- 학습자는 휴대전화의 회의 기능을 이용하여 가상 스터디 그룹을 만든다. 대화를 시작한 후 만약 영어로 자신을 표현하는 데 문제가 생기면 무엇을 말하고 싶은지를 두 개 언어를 사용하는 '사람(knower)'에게 질문한다. 대화(조언은 아니다)는 두 개 언어 사용자가 녹음하여 학습자에게 재생하거나 피드백과 조언을 할 수도 있다. 이 방식은 오래 전에 제안된 공동체 언어 학습(Community Language Learning)(Curran 1976)을 적용한 것이다.

교실에서는 거의 달성하기 어렵고 휴대전화 없이는 거의 불가능한, 모니터링된 상호작용을 위해 휴대전화의 기능을 이용할 가능성은 무궁무진하다. 필요한 것은 모험심과 투자뿐이며, 머지않아 학습자들은 서로 간, 그리고 인도의 시골, 칼리만탄의 숲이나 페루의 산에 사는 능숙한 영어 화자와 의사소통할 수 있게 될 것이다.

필요한 것은 자료 개발자들이 함께 모여 신기술들이 교육적으로 무엇을 제공해 줄 수 있는지 브레인스토밍한 다음, 어떻게 하면 효과적으로, 경제적으로 달성될 수 있는지를 기술자들과 논의하는 것이다. 신기술의 교육학적 잠재력에 대한 몇 가지 제안은 McDonough, Shaw and Masuhara(2011), Reinders and White(2010)을 참고할 수 있다.

참고 문헌

Curran, C. A. 1976. *Counseling Learning in Second Languages*. Apple River, IL.: Apple River Press.

McDonough, J., C. Shaw and H. Masuhara. 2011. *Materials and Methods in ELT: A Teachers' Guide*. London: Blackwell.

Reinders, H. and C. White. 2010. 'The theory and practice of technology in materials development and task design'. In N. Harwood(ed.), *English Language Teaching Materials*. Cambridge: Cambridge University Press.

Part E

교재 개발을 위한 아이디어

(14)
의미 살피기:
L2 독자들에게 시각화 지원하기

Brian Tomlinson

14.1 소개

현재 출판된 교재에서 학습자가 해야 하는 것과 언어 사용의 실제와의 불일치에 대해 많은 우려가 있다. 예를 들어 Masuhara 외(2008), Tomlinson(2008)과 Tomlinson 외(2001), Jane Willis와 Ronald Carter, Rebecca Hughes와 Michael McCarthy가 쓴 이 책의 Part A 에 있는 장들을 살펴보면 그렇다. 많은 사람들은 현재 교재의 교육과정 중 일부와 제2언어 습득 연구자가 제1언어 또는 제2언어를 배우는 과정 에 대해 발견한 것과 일치하지 않는다고 생각하다(예를 들어, Brian Tomlinson 1장과 Andrew Littlejohn 8장을 참고). 그러한 불일치에 대한 비판에서 크게 면제되는 것으로 보이는 교재의 한 유형은 학습자가 제2언어에서 읽기 기술을 개발하도록 돕는 데 초점을 맞춘 것이다.

읽기 능력을 개발하기 위해 고안된 현재의 교재 활동은 실제 텍스트를 읽는 실제 과정을 대부분 반영하고 있다. 이러한 활동은 세계 지식을 텍스트의 정보와 연관시키는 독자의 능동적인 역할, 단어의 하위 단계 디코딩(decoding)66)과 개념의 상위 단계 처리 및 방법 간의 평행적 상호

---

66) [역자주] 디코딩(decoding)은 문자 패턴에 대한 지식을 포함한 문자와 소리의 관계에 대한 지식을 적용하여 쓰여진 단어를 정확하게 발음할 수 있는 능력이다. 해독은 독서에 필수적인

작용을 강조하는 읽기 과정에서 일반적으로 인정된 모델을 기반으로 하고 효율적인 독자는 읽기 목적에 따라 그들의 읽기 기술을 변화시킨다. 그러나 1990년대에 출판된 EFL 교재와 일반 EFL 교재에서 모두 거의 무시된 중요한 읽기 전략이 있다는 것은 논쟁의 여지가 있다. 1990년대에 출판된 EFL 교재 분석에서 L2 학습자가 *Openings*(Tomlinson 1994) 및 *Use Your English*(Tomlinson & Masuhara 1994)를 제외한 시각화 기술을 개발하는 데 도움이 되는 체계적인 시도에 대한 어떠한 연구도 발견하지 못했다. 그리고 지난 10년 동안 EFL 교재를 검토했을 때(예를 들면 Masuhara 외 2008, Tomlinson 외 2001) 나는 L2 독자가 텍스트 읽기의 시각적 이미징(visual imaging)을 달성하는 데 도움이 되는 시도를 찾지 못했다.

다음 장에서는 교실 경험, 정보에 근거한 직관 및 연구의 결합이 학습자가 더 많은 것을 배우도록 도울 수 있는 혁신적인 교재 개발로 이어질 수 있는 예로 도외시된 읽기 시각화 전략(예: 신중한 시각 영상)에 중점을 둔다. 그것은 시각화에 대한 연구 수행, 일련의 실험 수행, L2 읽기에서 시각화를 촉진시키기 위한 교재 개발을 함으로써 도외시된 L2 읽기 전략과 L1 읽기에서의 시각적 이미지의 현저함에 대한 직관을 어떻게 따라 왔는지에 대한 보고이다.

데 학습자들 자신이 들어본 적은 있지만 인쇄된 적은 없는 대부분의 단어들을 알아낼 수 있을 뿐만 아니라 그들이 익숙하지 않은 단어들도 알아 낼 수 있게 해준다. 해독능력은 다른 읽기에 구축되는 기반이다.

14.2 L1 독자들은 보통 시각적 이미징을 이용하는가?

읽기에서 시각적 이미징을 조사하기 위해 수행한 실험에서 총 100명이 넘는 능숙한 독자에게 설명적 또는 서술적 텍스트를 읽도록 요청하였다. 일부는 시(Sheldon Flory(1990)의 *River Station Plaza*)를 읽도록 요청 받았고, 일부는 Joseph Heller(1994)의 *Closing Time*에서 발췌한 것을 읽고 일부는 John Updike(1994)가 쓴 *Brazil*의 첫 페이지와 반을 읽었다. 이들 중 96퍼센트는 그들이 텍스트를 읽을 때 텍스트의 내용을 시각적으로 상상했다고 보고했으며 루턴 대학교(University of Luton)에서 23명의 실력이 있는 독자가 브라질의 개회사를 읽는 동안 마음 속에서 그림을 그려 보았다고 주장했다.

Stevick는 L1 청취자 및 독자들을 대상으로 한 실험에서 95%가 시각적인 상상력을 발휘하였음을 보고하고 있다. '읽기나 듣기에서 머리로 들어온 단어는 우리의 마음속에 그림, 소리, 감정을 남긴다(1996).' 다른 연구자들은 L1을 읽는 동안의 시각화 현상에 대해 비슷한 결론을 내렸다. 예를 들면, Brewer (1998)은 독자들에게 '평온한 경험과 사전 읽기', 그리고 '서술 텍스트 … 읽기를 수행하는 동안 이미지를 생성하는 경향이 있음'을 보여 주었다. Arnold(1999), Alvia(2005), Bugelski(1969), Esrock(1994), Mowrer(1977), Paivio(1979), Pyslyshyn(1973) 등이 시각적 읽기를 L1 읽기 전략으로 사용한 것에 대한 유사한 주장을 제기했다.

대부분의 사람들은 L1 읽기에서 시각 이미지를 사용하는 것으로 보이지만, 모든 사람들이 시각적 이미지를 동일하게 생생하고 빈번하게, 그리고 효과적으로 사용하는 것은 아니다. 매우 낮은 이미지에서부터 매우 높은 (또는 직관적인) 이미지까지 놓일 수 있다. 예를 들어, *Brazzaville Beach*(Boyd, 1990)[67]의 발췌물에 대한 독자의 설문에서 L1 응답자의

95퍼센트가 시각적 이미징을 활용하여 읽기를 하였으며, Brazil의 첫 페이지와 반을 읽은 우수한 독자들은 100%라고 응답하였다. 그러나 두 가지 실험에서 응답자 중 일부는 부분적인, 다소 모호한 시각적 이미징만을 보고하고 다른 일부는 세부적인 정도와 선명도를 보고했다.

예를 들면, *Brazzaville Beach*에서 추출한 내용을 읽은 일부 사람들은 화자(narrator)(본문에 설명되어 있지 않은)를 보았다. 좀 더 세부적으로, 일부는 화자를 막연하게 보았고, 일부는 화자를 전혀 보지 못했다. 또 다른 실험에서 *Closing Time*의 발췌문에 대한 설문 조사 응답자의 100퍼센트가 시각적 이미징을 보였으나 약 25퍼센트만이 부분적인 이미징을 보고했다. 또한, 시각화는 상황에 따라 다양한 텍스트에 반응하는 방식이 다양하고 시각 효과의 선명도를 결정하는 요소 중 일부는 동기 부여, 주제 친숙도, 이전 경험에 대한 주제 관련성 및 텍스트 언어에 대한 친숙성과 같은 것으로 보인다. 예를 들면 *Closing Time*의 발췌물에 대해 시각화한 응답자들 중 일부는 텍스트에 대한 관심이 부족하다고 보고했으며 많은 응답자는 자신의 관심사 및 경험과 일치하는 발췌 부분을 가장 생생하게 시각화했다. 또 다른 중요한 요소는 특정한 시간에 특정 텍스트를 읽는 전략으로 시각화와의 관련성을 인식한 것이고, 시각화가 사용된 경우는 일반적으로 보람이 있는 것으로 인식되기 때문이다.

놀랍게도 L1 읽기(특히 서술 및 설명 텍스트 읽기)의 시각적 이미징이 널리 확산되고 있음을 확인하는 대량의 데이터에도 불구하고 읽기 처리에 대한 대부분의 서적은 L1 독자가 일반적으로 책을 읽는 동안, 그리고 읽은 후에 시각화한다는 사실을 거의 또는 전혀 언급하지 않는다. Barnett(1998), Carr와 Levy(1990), Grellet(1982) 및 Nuttall (1995)

---

67) [역자주] Brazzaville Beach는 William Boyd가 쓴 소설로 Hope Clearwater라는 여성의 이야기이다.

는 읽기 시각화 전략을 전혀 다루지 않는 읽기 과정에 대한 인기 도서의
예이다. 그러나 Tomlinson(2000c)과 Masuhara(2003)은 시각적 이미
징을 실험 읽기의 중요한 도구 중 하나로 묘사하고 있다.

대부분의 L1 독자는 설명적 또는 서술적인 텍스트를 읽을 때 일반적
으로 시각적 이미징을 사용하지만 다른 정도의 선명도를 사용하는 것처
럼 보이다. 또한, 이 현상은 읽기 처리에 대한 책에서 중요하지 않다고
여겨진다.

14.3 시각적 이미징은 L1 읽기에 도움이 되는가?

Eysenk와 Keane(1990)은 시각적 이미지가 '기능적 의미'인지 '단순한 현
상'인지에 대해 질문하였다. 직관, 자기 성찰 및 연구를 통해 Esrock의 말
에 동의하게 된다. '독자의 시각적 이미지가 독자의 경험을 높이는 고유의
인지적 및 정서적 결과를 가질 수 있다고 주장한다(1994)'. L1 읽기에서
시각적 이미징의 기능적 중요성에 대한 많은 주장이 제기되었다. 예를 들
어 L1 읽기의 시각적 이미징은 다음과 같은 이점을 제공한다.

- 10초 이상 기억에 남을 수 있는 단어로 원래 표현된 개념과 명제를
  읽는 동안 (Swaffer 1988)
- 텍스트 내용을 읽은 후 기억(Kulhavy & Swenson 1975)
- '학습자에게 학습된 자료의 의미 있는 표현을 제공함으로써 기억'
  (Kulhavy & Swenson 1975. 또한, Thompson 1987에서는 '높은
  이미지 능력을 가진 사람이 낮은 이미지 능력을 가진 사람보다 텍스
  트로부터 기억을 잘할 수 있다는 증거가 있음)
- 텍스트의 이해력을 증가시킴(Anderson & Kulhavy 1972, Knight,
  Padron & Waxman 1985).

- 오래된 정보(독자의 스키마 또는 세계적인 지식에 의해 활성화된 이미지로 표현됨)와 새로운 정보(텍스트의 데이터로부터 예시된) 사이의 상호 작용을 달성(Enkvist 1981)
- Eysenck와 Keane(1990)이 '저자의 논리적, 화용적 영향'이라고 부르는 것에 의해 만들어진 차이를 완성하는 데 필요한 기본값 추론을 달성
- '집중'을 통한 문학 작품의 미적 경험을 얻기 위해서는 '허구적 표상을 완성하기 위해 텍스트를 완성'(Ingarden 1973)
- 독자가 텍스트에서 새로운 정보를 이용 가능해질 때까지 확인하거나 수정할 때까지 시각적으로 유지 될 수 있는 가설을 세울 수 있게 함으로써 모호함의 용인을 달성(Tomlinson 1993)
- '단락, 장, 또는 일반적인 주제와 같은 보다 상위 수준의 담론을 표현할 수 있는 묘사력이 부여된 이미지를 창조'(Esrock 1994)
- 정서적 영향을 얻음(Esrock 1994).
- 텍스트를 개인화하여 독자와 관련있게 만듦(Tomlinson 1993, Sadoski 1985, 이미지 정교화는 '문학을 개인화함과 동시에 공유된 의미의 핵심을 유지하는 수단이다')
- Tierney와 Cunningham(1984)가 읽기의 '경이감(wonder)'이라고 부르는 것에 대한 접근을 독자에게 제공하는 쾌활하고 쾌락주의적인 읽기 경험을 달성(Denis 1982를 또한 참조)
- 정보의 이해뿐만 아니라 텍스트의 '경험하기(experiencing)'를 달성(Esrock 1994)
- 본문의 두드러진 부분에 대한 '심층 처리 방식(deep processing)'에 기여함으로써 장기 기억 속에서 '더 정교하고 오래 지속되며 더 강한 흔적'(Claik & Lockhart 1972)을 이룸.

시각적 이미징의 다른 기능은 Tomlinson과 Avila(2007a)을 참조하라. L1 읽기에서의 시각적 이미징이 기능적으로 중요하다는 것은 거의 의심할 여지가 없으므로 L2 읽기에서도 유익한 역할을 할 수 있는 가능성이 있다.

14.4 L1 독자들이 시각적 이미징을 사용할 때 또 무엇을 하는가?

'모국어로 배우고 사용하는 말의 의미는 일반적으로 심성 속에 다차원적으로 표현된다(Masuhara 2005, Tomlinson 2000b, 2001a). 시각적 이미징은 이해, 해석, 표현, 언어 경험의 기억과 회상을 달성하는 주요 수단 중 하나이다(Tomlinson & Avila 2007a: 61).' 동시에 제1 언어 사용자는 일반적으로 자신이 본 것을 자신의 삶에 연결하고 자신의 중요성을 평가하며 내적 언어(inner speech)를 사용하여 경험에 대해 이야기한다.

예를 들어, John Hegley의 시(Hegley 1997: 12) 암스테르담에서 '나는 전차를 보았다'라고 읽는 동안 암스테르담에 있는 역 밖에 있는 기차와 블랙풀(Blackpool)[68]에 있는 산책로에서 트램을 보았다. 또한 그 시구를 마음속으로 낭송하고 그 시에 대해서 스스로에게 이야기했다(예를 들면 '유치한 시는 … 그것을 사용할 수 있었지만 … 비슷한 시를 쓰게 한다'). 나중에 내가 시를 다시 떠올릴 때, 역의 이미지 밖에 있는 트램이 지배적이었고 그 후에 그 말은 심성 속으로 돌아왔다.

L1 독자들과 청취자들에 의한 내적 목소리(inner voice)(우리의 머릿속에 있는 내적 목소리)의 사용에 관한 실질적인 문헌이 있다. 많은 연구

---

68) [역사주] 잉글랜드 북서부 Lancashire에 있으며 Irish 해(海)에 면한 해안 보양지, 에펠탑을 모방한 탑과 야경으로 유명하다.

원들이 그 특성을 상세히 설명했다. 예를 들어, Korba(1986, 1990)은 얼마나 빠른가에 초점을 두었으며(최소한 외적 목소리보다 10분은 더 빠름), Chautauga(1992)는 재귀적이고 내재적인 방법을 보여 주었으며, Tomlinson(2000a)는 생략된 성분을 강조하며, de Guerro(1994), Centeno-Cortes와 Jimenez(2004), Tomlinson(2000a)은 그것이 얼마나 좁고 경제적이면서도 의미적으로 풍부한지에 대해 관심을 기울였고, Sokolov(1972)는 얼마나 자기중심적이고 관련성이 있는지 실례를 보여 주었으며, Lantolf와 Pavlenko(1995)는 그것이 얼마나 일관성이 있는지 설명했다.

내적 언어의 특징에 대한 더 자세한 정보는 Centeno-Cortes와 Jimenez (2004), Tomlinson과 Avila(2007a)에서 볼 수 있다. 이 정보는 재귀(reiteration)(Klein 1981), 심적 표상(mental representation) (Jenkin외 1993), 연결주의, 기억(retention)(Sadoski & Paivio 1994, Paivio 2007), 회상(Tomlinson 2000a), 계획, 확신 및 자가 평가로 내적 언어의 기능에 대한 것이다. L1 내적 언어에 대한 문헌을 보려면 Archer(2003)을 참고하기 바란다.

시각적 이미징에 관한 문헌과 내적 언어 사용에 관한 문헌의 대부분은 읽기와 듣기에 초점을 두지만, 일부 연구자는 말하기와 쓰기에서 두 가지 현상을 고려했다. 예를 들어 Tomlinson과 Avila(2007a: 61)에서는 '원어민 강사의 말하기, 쓰기 활동 중에 일반적으로 말하고 싶은 것을 부분적으로 나타내는 이미지를 보고, 말하고자 하는 내용에 대해 이야기하고, 때로는 마음속에서 다양한 선택으로 시도하며, 종종 산출하기 전에 속으로 리허설 발화를 해 본다.' Korba(1986)은 모든 언어적 상호 작용이 내적 언어를 사용하여 자신과 이야기하고 다른 사람들과 이야기하는 것을 이해할 필요가 있음을 강조한다. Steels(2003)은 내적 언어의 자가 모니터링이 효과적인 외적 언어를 용이하게 할뿐만 아니라 언어 습득에서 필수적인 역할을 수행한다는 신경생리학적 증거를 언급한다. De Bleser와 Marshall(2005)는 내적 언어 손상으로 외부 의사소통이 실패하게 된다는 것을 밝혀냈다. Yi는 서사적 쓰기에서 시각적 이미징의 사용에 중점을 두고 L1 작가들에게 그 중요성을 보여준다.

시각적 이미징에 관한 문헌과 내적 언어 사용에 관한 문헌은 대부분 하나의 현상에 한정되어 있지만 두 현상을 결합한 일부 연구자가 있다. 예를 들어 Leontiev와 Ryabova(1981)은 Herrmann(1998)과 Von Oech(1998)의 시각 이미징과 내적 언어의 전환에서 두 현상의 역할에 대해 논의하였다. Tomlinson과 Avila(2007a)은 심적 표상을 나타내기 위해 두 현상을 (동시에 또는 순차적으로) 함께 사용하는 방법에 대해 언급하였다.

14.5 L2 독자들은 시각화를 하는가?

1985년 Knight, Padron 및 Waxman은 ESL 및 단일 언어 학생이 보고한 독해 전략을 조사했다. 그들은 L1 읽기에 대해 '이미징의 중요성'을 발견했으나 L2 읽기에서는 전혀 언급하지 않았으며 '하위 디코딩 기술에 주된 관심이 있었다.' 1989년에 Barnett은 '당신은 읽을 때 무엇을 하는가?'라는 설문지를 고안했으며, L2 독자들에게 이 책자를 제공하였으나 보고서에서는 시각화에 대해 전혀 언급하지 않았다.

L2 학습자들이 일반적으로 시각적 이미징을 사용하지 않는다는 말은 Stevick에서 언급한 사람에 의해 지지를 받는다. 예를 들어 '자신의 모국어로 된 단어로 사진을 찍으려는 여성을 언급하지만 매우 효과적으로 구사한 외국어는 아니었다(Stevick 1986)'. 또한 나 자신의 실험은 대부분의 L2 독자가 읽기 과정 중에 시각적 이미징을 사용하지 않는 것 같다고 제안한다. 고베 대학과 나고야 여자 대학교에서 진행된 19개 실험에

참여한 중하중상급 학생들은 시각적 이미지 또는 심적 이미지에 대해 언급하지 않았다.

예를 들어 한 실험에서 *River Staion Plaza* 시를 이해하는 것을 시도하기 위해 시각화를 활용하였는가에 대한 물음에 41명의 학생 중 단지 7명의 학습자만이 시각화를 보고했다. 다른 사람들에 의해 보고된 주요 전략들은 어려운 단어를 찾고, 시를 번역하고, 시를 반복해서 읽고, 시를 기억하려 하고, '포기'하는 것이었다. 다른 실험에서는 16명의 학생 중 3명만이 *The Bonfire of the Vanities* (Wolfe 1988)의 발췌문을 읽고 다음 장면을 예측하도록 요청 받았다. 마찬가지로 *River Station Plaza* 시를 읽고 다른 학생들에게 읽는 과정을 보여주도록 요청 받은 19명의 학습자 중 4명이 시를 이해하고자 하는 데에 직면한 어려움을 극복할 수 있도록 도움을 주는 전략으로 시각화를 보고했다.

흥미로운 점은 이 4명의 학습자들이 시에 나온 단어를 불러내어 요약하기 위해 간격을 두고 질문할 때 다른 학습자들보다 더 잘 수행하였다는 것이다. Loton 대학의 EFL 학습자들에게 주어진 설문지에서 L2 읽기에서 시각적 이미징을 사용하지 않는 비슷한 경향이 나타났으며, *A Pale View of Hills*(Ishiguro 1982), *No Other Life*(Moore 1993) 그리고 *Remembering Babylon*(Malouf 1993)의 첫 번째 페이지를 읽는 방법에 대해 보고하도록 요청했다. Avila(2005)는 L2 학생이 일반적으로 읽기에서 시각적 이미지를 활용하지 않았으며, 그리고 심적 이미지를 생성할 수 있는 능력이 텍스트의 각 단어를 디코딩하는 인지 능력이 고갈되어 보지 못하는 것으로 나타났다.

모든 실험에서 시각적 이미지를 사용한다고 보고한 몇몇 학생은 그렇지 않은 학생보다 이해력과 기억이 뛰어났다. 이것은 Padron과 Waxman이 82명의 히스패닉 ESL 학생들에게 읽기 전략 설문지를 작성한 경우에도 성공한 학생들이 가장 자주 인용한 전략 중 하나가 '마음속에서 이야기를 묘사하거나 그려내는 것'이었다(Pardon & Waxman 1988). 물론 시각화와 성공적인 L2 이해 및 회상 사이의 이 방정식은 이미지가 '읽기 기술의 기여자가 아닌 읽기 기술의 결과물'(개인적인 편지)인지 그 여부에 대한 질문을 제기한다. 나의 견해(Tomlinson 1993에서 개발됨)는 시각화할 수 있는 L2 독자의 능력을 향상시키면 텍스트와의 긍정적인 관계를 촉진할 수 있고 읽은 내용을 이해하고 유지할 독자의 능력을 향상시킬 수 있다는 것이다.

이것은 차례로 L2에서 시각화하는 능력을 더 증가시킬 수 있다. 개인 실험에서 나는 고급 프랑스 책 한 페이지를 읽고 한 단어를 읽을 때마다 해석하는 것을 발견했다. 마음속으로 번역해 보니 매우 드물게 시각적 이미지가 생성되지 않았다. 한 페이지 끝에서 나는 지쳐서 내가 읽은 것을 기억하지 못했다. 나는 또 다른 페이지를 읽고 번역을 중단했다. 이번에 나는 덩어리로 읽었고 가능한 한 최선을 다해 시각화했다. 또한, 나는 각 단락의 끝과 페이지 끝 부분에서 심적 시각적 요약(mental visual summaries)을 했다. 나는 내가 읽었던 것에 대해 긍정적으로 느껴졌고, 내가 읽은 것을 즉시 그리고 수년 후에 기억할 수 있었다.

L2 학습자에게는 학습자에게 직면한 새로운 어휘 항목에 대한 지시 대상을 시각화하도록 권장하면 어휘를 더 잘 기억할 수 있다는 상당한 증거가 있다. 예를 들어, 이중 부호화 이론(Dual Coding Theory)[69] (Paivio 1971, 2007, Sadoski & Paivio 1994)은 두 개의 독립적인 기억 코드가 단어 처리와 관련되어 있다는 실험적 증거를 활용한다. 이미지 코드 (imagery codes)는 단어를 나타내는 시각적 이미지를 만들고 언어 코드 (verbal codes)는 언어학적으로 나타낸다. 이미지 코드와 언어 코드를

---

69) [역자주] 한 항목을 표상하는 두 개의 기억 부호를 가지면 하나의 기억 부호를 갖는 것보다 그 항목을 재생할 확률이 증가한다는 것이다.

모두 사용하여 새로운 단어를 인코딩하면 단일 코드를 사용하는 것보다 해당 항목을 기억할 가능성이 높아진다. 단어 학습에서 이미지 코드 사용의 발전에 대한 증거는 Boers, Eyckmans과 Stengers(2007), Levy-Drori와 Henik(2006) 및 Mazoyer 외(2002)를 참고할 수 있다.

L2 학습자는 일반적으로 제2 언어에서 읽기를 할 때 시각화하지 않는다. 이 말은 시각화하는 사람들은 L2 독자가 더 많은 것을 시각화할 수 있도록 해야 한다고 제안하지 않는 사람들보다 더 큰 이해력과 기억력을 얻는 경향이 있다는 것이다. 유사한 결론은 L2 학습자의 내적 언어 사용과 관련하여 도출될 수 있다. 그것은 수업 시간에 학습자에게 주어진 생각할 시간의 부족과 대부분의 L2 초급 과정에서 초기 주장에 의한 인코딩 및 디코딩에 초점을 맞추지 못하는 것 같다. 그러나 내적 목소리를 사용하는 데 도움을 준 L2 학습자는 그렇지 않은 사람들보다 유리한 점이 있다. L2 학습에서 내적 목소리의 역할에 대한 자세한 내용은 Appel과 Lantolf(1994), de Duerro(1994, 2004, 2005), Masuhara(1998), McCaffery(1994a, 1994b, 1998), Tomlinson(2000a, 2001b, 2003a) 및 Tomlinson과 Avil(2007a, 2007b)을 참고할 수 있다.

14.6 L2 시각화의 특징은 무엇인가?

Anderson과 Pearson(1984)는 더 어린 아이들은 추론을 자연스럽게 이끌어 낼 수 없다고 지적하며, 다섯 살 아이들이 'The man dug a hole'이라는 문장을 읽을 때 8살 아이들보다 매개체를 더 잘 추론할 수 없다는 예를 제시한다. L2 학습자에 대한 나의 경험은 L2 독자가 시각화할 때 L1 독자보다 기본 추론을 할 가능성이 적기 때문에 어린 L1 아이들처럼 대부분 시각화된 정보를 제공하는 저자에게 의존한다는 것이다. 예를 들어 *River Station Plaza* 시를 시각화하라는 질문을 받았을 때 대부분의 일본인 학습자 집단은 황색 불빛이 광장에서 반짝거리는 것으로 보았으나 동일한 과제를 받은 L1 독자와는 달리 자료에서 묘사되지 않은 그것을 시각화하지는 않았다.

그러나 이 읽기 상태는 읽기 교실에서 시각화 활동을 하는 데 익숙해진 L2 학습자 집단이 실제로 설명되지 않은 것을 쉽게 볼 수 있게 됨에 따라 필연적인 것이 아니라 전형적으로 보여진다. 따라서 루턴 대학교 (University of Luton)의 다국적 EFL 수업은 *River Station Plaza* 시의 햇빛, 자동차 헤드라이트 및 상점 창을 빛의 근원으로 보았다. L2 학습자가 시각화하도록 장려한 나의 모든 실험에서, 학습자들이 창조한 심상에 변함없이 공백이 있었다. 따라서 Brazzaville 해변의 처음 두 페이지를 읽는 동안 보았던 것을 그릴 때 한 일본인 학습자 집단에서는 상반신을 드러낸 일광욕이나 일하는 어부(일본 해변에서는 볼 수 없는 광경)를 그리지 않았으며 노숙자와 청소부를 그리지 않았다(그들이 모르는 단어). 그러나 대부분은 배구 선수를 그렸다(비치 발리볼은 일본 TV에서 인기가 있다).

학생들 중 일부는 다른 활동을 해야 한다는 것을 알게 된 사진에 여백을 남기고 배구 게임을 생생한 세부 묘사로 보충하고 다른 사람들은 텍스트에 전혀 설명되지 않은 이미징의 세부 사항(예: 하늘, 새, 배)을 보완했다. 텍스트가 무엇을 나타내는지에 대한 심적 이미지에서 많은 여백을 남기려고 하는 L2 독자는 텍스트의 이해를 가장 적게 하는 사람들인 것처럼 보이지만, 그림을 채우려고 시도하는 사람 가령, 시각적 도식을 통해 그림을 보완하려는 사람들이 더 많은 것을 이해하는 것 같다. 이 예시에서 나온 L2 시각화의 또 다른 전형적인 특징은 주요 단어에 의해 제안된 원형적 (prototypical) 또는 전형적(stereotypical)인 고정 관념의 이미지만 보고 텍스트의 추가 증거의 강도에 대한 예시된 이미지로 발전시키지 않으려는 경향이었다. '특정 스키마에 대한 이른 시기의 몰두'(Rumelhart 1980)

의 '감소 효과'는 고베 대학의 한 반이 자신들이 읽은 내용들 중 일부를 뽑아 거기에서 하는 파티를 하도록 요청한 활동에서 가장 많이 나타났다. 그 책은 *Harold Pinter의 Birthday Party*(1976)이었다. 모든 학생들은 캐릭터가 성인이고 파티에서 '술 취한' 성인이라는 사실이 밝혀졌음에도 불구하고 어린 소년들이 음료수를 마시는(일반적으로 생일 파티를 하지 않는 나라에서 어른들이 하는 생일 파티의 진부한 이미지) 모습을 그렸다.

같은 방식으로 고베 대학의 다른 반을 대상으로 *Brazzaville Beach*를 읽은 다음 'Clovis[70]를 그릴 것'을 요청 받았을 때 *Brazzaville Beach* 속에서 '어리석은' 사람으로 묘사되었기 때문에 모두 작은 소년을 그렸다. 다시 읽고 Clovis를 그려 보라고 요청 받았을 때, *Brazzaville Beach*에서 코에 손가락을 대는 것을 묘사했기 때문에 모두 소년을 다시 그렸다. 계속해서 읽으라고 요청 받았을 때 Clovis를 다시 그렸다. 그러나 이제는 Clovis가 나무를 빠져 나가는 일종의 원숭이였음이 분명해졌다. 루턴 대학교의 다국적 교실(시각화 활동에 대한 몇 가지 사전 경험을 가졌음)은 모두 처음으로 두 번이나 소년을 그렸지만 그들 중 몇몇은 개와 고양이를 그렸으며 세 번째로는 그 중 한 명이 원숭이를 그렸다. 원어민 화자는 처음과 두 번째 발췌문에서 성인 남자와 어린 남자를 뽑았으나, 그들 모두 세 번째 발췌문을 읽은 후 Clovis를 원숭이로 바꿨다.

시각화를 하는 많은 L2 독자들은 텍스트의 모순된 증거에도 불구하고 부분적인 시각화를 달성하고 원본 이미지를 고수하는 경향이 있다.

---

70) [역자주] Brazzaville Beach에 등장하는 이름

14.7 더 자주 효과적으로 시각화하도록 L2 독자를 도울 수 있는가?

L2 독자가 일반적으로 시각화를 사용하지 않거나 오용하는 데에는 여러 가지 이유가 있다. 주된 이유는 초급 단계에서부터 단어 처리의 하위단계인 디코딩에 집중한 상향식 전략을 사용하여 읽도록 조건화되어 있는 것으로 보인다. 단어가 부족하다는 점을 감안할 때 앞서의 이유는 피할 수 없다. 하지만 이는 많은 교재와 교사들의 언어 교수 초점과 이해력테스트 방향에 의해 강화된다.

모든 단어를 이해한다는 이러한 주장은 추론, 연결, 내적 언어 및 시각적 이미징을 사용하는 것과 같은 고급 기술에 대한 처리 능력이 거의 없다. 따라서 패턴은 제2 언어에서 읽기를 위한 낮은 단계의 기술에 의존하는 많은 학습자들에 의해 설정되며 글로벌 또는 상호작용적 시각적 이미징에 대한 격려는 거의 없다. 학습자가 언어 임계치 수준(threshold level)에 도달할 때까지 읽기 교육을 지연시키면 학습자가 L1에서 시각화 기술을 L2로 전이하는 데에 도움이 될 수 있다. 특히 초기 목표가 짧은 텍스트에 있는 각 단어들을 모두 이해하는 것에 목표를 두는 것이 아닌 전체 맥락을 이해하는 것에 목표를 두는 상위 단계의 전략을 사용하는 것이라면 그 경우에는 유용할 것이다(L2 읽기 교육 접근법에 대한 자세한 내용은 Tomlinson 1998, 2000c 참고).

Stanovich(1980)의 '상호 보완 모델(interactive compensatory model)'의 개요를 살펴보면 하나의 전략을 강하게 사용하면 다른 전략의 약점을 보완할 수 있다고 주장한다. 나는 이 모델이 L2 학습자가 언어지식의 약점을 보완하는 데에 시각화를 사용하고 연결, 추론, 기억 및 회상에 도움이 되도록 격려하는 것과 관련된다는 사실을 발견했다. 그러나 대부분의 다른 읽기 전략과 마찬가지로 이것이 읽는 사람(독자)의 처리능력에 과부하를 주기보다 인지 활동으로 대체한다면, 학습자가 '불확실성을 적절하게 허용해야 한다는 것을 수용하는 것이 좋은 독자의 필수적인 부분'(Brumfit 1986)임을 알아차린다면, 잘 수행해 나갈 것이다. 개인적인 경험으로 L2 독자들은 '부정확성에 대한 관용, 기회를 잡으려는 마음, 읽기를 하기 전에 가설을 세우고 읽기를 확인하고 수정하고 거절'함으로써 독창적이고 효과적으로 시각화하는 데에 도움을 줄 수 있다(Clarke 1980). 또한 시각화 전략 교육과 시각화 전략 활동을 결합한 자료로 시각화하는 데 도움을 줄 수 있다.

600명 이상의 L2 학생들이 실시한 19건의 실험에서 시각화한 학생(주로 교육을 받거나 그렇게 하도록 유도한 결과)은 시각화하지 않은 학생보다 조금 더 많은 텍스트를 이해하고 회상할 수 있었다. 따라서 예를 들어 절반은 텍스트를 시각화하도록 유도된 반면 다른 절반의 수업은 텍스트를 학습한 실험에서 그림을 시각화하는 학생들은 회상 및 독해력 테스트에서 더 뛰어났다. 예를 들어, 고베 대학교의 2학년 수업에서 시각화한 학생들은 평균 44퍼센트의 점수를 받았지만 반면에 다른 수강생은 평균 38 퍼센트의 점수를 받았다.

이 실험에서 평균 10명 중 7명은 그림을 상상하는 학습자들이었고, 10명 중 나머지는 그렇지 않은 학습자였다(이 실험에 대한 자세한 내용은 Tomlinson 1997 참고). 일부 실험에서 초기에 그림을 상상하는 학습자들은 단편 소설을, 기존 학생들에게는 소설을 시각화하도록 하였다. 두 번째 활동에서 두 그룹 모두의 이해력 및 회상 점수는 모든 실험에서 매우 유사했다(초기에 그림을 상상하는 학습자가 공부를 할 때 지속적으로 시각화하였음을 나타냄). 어떤 실험에서도 그림을 상상하는 학습자와 그렇지 않은 학습자의 점수 사이에 통계적으로 유의미한 차이가 없었지만 시각화 교육과 시각화 유도가 학생들이 단일 과제의 읽기 수행을 향상시키는 데 조금이나마 도움이 되었다는 징후가 있었다. 이 실험에 참여한 수업 중 일부는 다양한 장르의 텍스트를 읽을 때 효과적인 시각화를 달성할 수 있는 능력이 개발된다는 것을 강조한 읽기 수업을 따랐다. 이 수업의 대부분의 학생들은 읽기 자신감과 읽기 독해 능력을 크게 향상시켰으며, 학기 말까지 일본어를 읽는 방식에 훨씬 더 가까운 방식으로 영어로 읽을 수 있었다. 물론 이 수업은 실험 조건 하에 수행되지도 않았으며, 성취도를 비교할 수 있는 통제 집단이 없었으며 읽기 성취도를 향상시킬 수 있는 통제되지 않은 많은 변수가 있었다(예를 들어 교사와의 관계, 읽기 양의 증가, 언어 습득의 향상).

그러나 읽기 능력의 향상에 있어서 시각적 요소의 사용이 증가한 징후는 읽기 기술 교재에 시각화 활동을 포함할 수 있을 만큼 강력했으며, *Use your English*에서 시각화 기능 개발의 목표에 중점을 두었다 (Tomlinson & Masuhara 1994). 또한 그것들은 많은 EFL 학습자의 대규모 표본 집단을 대상으로 한 통제된 종적 연구 아이디어를 정당화할 만큼 충분히 강했는데, 실험 집단이 시각화 기술을 개발하도록 설계된 자료를 사용한 반면 통제 집단은 판독 스킬로서 시각화를 촉진하기 위한 체계적인 시도가 전혀 없는 기존의 읽기 기술 자료를 사용했다.

그러한 실험은 세빌라 대학에서 수행되었다(Avila 2005). 그는 학습자가 시각화하도록 돕는 것이 시각적 이미징 증가, 읽기 활동에 대한 더 큰 관심과 개입 및 읽기 능력 향상으로 이어지는 중요한 증거를 발견했다. 이와 유사한 실험으로 중국 대학교 쓰기 수업 학생들을 대상으로 한 실험에서 Yi(언론에서)는 통제된 수업에서 동급생과 비교하여 이야기 구성하기 작문을 수행하는 동안 이전에 시각화하는 것이 도움이 된 학생을 찾았다.

고베 대학과 루턴 대학교의 학생들은 다음과 같이 효과적으로 시각화를 활용할 수 있는 자료를 제공했다.

14.7.1 시각화 지도

1. 학생들은 텍스트를 읽기 전에 텍스트를 공부하거나 번역하지 않고 읽은 그림을 상상해 본 다음 텍스트의 추가 정보가 있는 그림을 수정했다.
2. 또한 학습자들은 때로는 텍스트에 익숙한 이미지에 초점을 맞추고 이 이미지를 사용하여 텍스트의 새로운 것을 해결하는 데에 도움을 받는다.
3. 이 외에 자주 제시하는 지시 사항은 텍스트를 읽은 직후에 텍스트의 각 섹션의 요약을 그림으로 그리는 것이었으며, 텍스트 읽기를 끝낸 직후에 그림 요약을 시도하는 것이었다.
4. 학생들은 때로는 텍스트 바로 앞이나 텍스트 안의 여백에 명시적인 시각화 지침이 포함된 텍스트를 읽게 되었다. 종종 이것은 텍스트의 다른 부분들 사이를 해석하는 연결을 용이하게 해주는 상호작용적 이미징을 할 수 있도록 돕기 위한 지침이었다(예를 들어: 'Nanga의 얼굴을 마음속에 그려 보십시오. 당신이 상상한 Nanga의 얼굴과 교재 17쪽에 있는 Nanga의 얼굴을 비교해 보십시오').
5. 때때로 시각화 지침이 이해 질문에 삽입되어 학생들의 연결을 돕는다(예를 들어: '여자를 향한 남자의 태도에 대해 Hannah가 이야기하는 내레이터 설명은 무엇인가? 이 질문에 답하기 전에 영화의 로비에서 Hannah와 내레이터의 아버지에 대해 그림을 그려보라').

14.7.2 시각화 활동

나는 명백한 시각화 지침을 통해 묘사하기와 서술하기가 텍스트의 이해를 돕는 데 유익한 효과를 얻었지만 Van Dijk과 Kintsch는 다음과 같이 동의했다.

"의식적으로 적용되어야 하는 이해 전략은 유용성이 제한적이다. 왜냐하면 많은 실제 이해력 상황에서는 그러한 전략을 적용하기에 충분하지 않은 자원을 사용할 수 있기 때문이다.(1983)"

따라서 실험 방식으로 묘사하기와 서술하기 텍스트를 읽을 때 학생이 습관적으로 무언가를 하는 것처럼 시각적 이미징을 재구성하려는 의도로, 시각적 이미지를 무의식적으로 유도하도록 디자인된 활동을 소재로 한 교재도 고안했다. 이러한 활동에는 다음과 같은 내용이 포함된다.

그림 그리기

읽기 전 그림을 그려보는 활동이 학생들이 텍스트를 읽기 시작할 때 학생들의 마음속에 관련 이미지를 가지고 있는지 확인하는 데에 도움이 된다는 것을 알게 되었다. 이러한 이미지는 스키마의 활성화 또는 세계 지식이다. 그들은 텍스트 자료에 처음부터 관련이 있고 단어에 의존하는 데에 위험을 무릅쓰기보다는 상호작용적으로 즉각적으로 읽을 수 있다. 이러한 활동은 종종 캐릭터를 예측하는 데에 그림을 그리거나 책의 소개문, 앞표지, 안내문, 제목이나 책의 샘플링으로부터 설정 또는 묘사하는 것과 관련된다. 책의 제목이나 앞표지와 연결된 학생들의 삶의 장면을 그리는 것도 포함된다.

그러한 활동 중 하나는 학생들이 괴짜 선생님에 집중한 Achebe의 *Girls at War*(1972)의 한 장면을 읽기 전에 그들이 알았던 이상한 교사를 그린 것과 연관된다. 다른 이들은 Roger McGough의 시 "First Day At School"(1979)를 읽기 전에 그림을 그리도록 요청 받았다.

또한 상호작용적 읽기를 용이하게 하기 위해 읽고 그림 그리는 활동을 자주 하였으며, 이는 학생들이 텍스트로부터 자신의 세계 지식에 이르는 자료를 연결시키도록 하는 데에 도움을 준다. Achebe의 *A Man of the People*(1988)의 첫 번째 장을 읽으면서 Nanga 수석의 그림을 그려달라고 요청하면 학생들은 Nanga를 시각화하여 삶을 가져올 뿐만 아니라 그의 성격을 이해하는 것을 발전시키고 유지하기 시작한다. 마찬가지로 Wole Soyinka의 시 'Telephone Conversation'(1963)에 나오는 두 사람에 대해 읽고 그림을 그리도록 하는 것이 그 책을 읽을 때 런던 삶에 적응하기 위해 노력하는 흑인 학생의 고충을 인식하여 무엇인지 집주인에게 알리도록 하는 데에 도움을 준다.

읽기 후 그림을 그려 보는 것 또한 학생들이 텍스트를 읽기 전에 무엇을 그리도록 요청 받았는지를 말하면 시각적이고 상호작용적으로 책을 읽는 데에 도움이 되었다. 따라서 학생들이 "학교에서의 첫 날(First Day At School)"에 대해 이해한 것을 보여주기 위해 그림을 그리도록 요청 받았다는 말을 듣고 학생들은 자신들이 이해하고 볼 수 있는 것에 초점을 맞춤으로써 시에 접근할 수 있었다. 그것은 또한 학생들에게 폭넓은 이해와 함께 시를 다시 읽을 수 있도록 학생들의 마음속에 있는 그림을 사용하는 데에 도움이 되었다. 다시 말해 예를 들어, 학생들 중 처음에는 다음과 같은 행에서 '난간(railings)'이라는 단어를 이해하지 못했다.

And the railings.
All around, the railings.
Are they to keep out wolves and monsters?

그러나 학교 주변에 있을 수 있는 것들을 시각화하도록 독려했을 때, 그들은 모두 그 단어의 의미를 모른 채 난간을 그리기 시작했다. 비슷한 방식으로 학생들은 Nadine Gordimer의 *My Son's Story*(1991)의 시작 부분에서 아들이 아버지가 여자와 함께 있는 것을 발견한 장면을 그려 보도록 요청 받았을 때 성격이 어때 보이는지, 무엇을 읽고 있었는지에 대해 그려 보라고 했을 때 더 잘 이해하였다.

그림을 그리는 활동을 특징으로 하는 시각화 교재를 만드는 것 외에도 수업에서 출판된 교재를 사용할 때 그림 그리는 활동을 추가했다. 예를 들어, 학생들에게 Paul McCartney의 집이 어떻게 보이는지에 대한 예측을 이끌어 내기 위해 McCartney 집에 대해 묘사한 *Headway Intermediate*(Soars & Soars 1986)의 Unit 1의 단락을 읽기 전에 McCartney 집과 거기에 살고 있는 가족에 대해 설명하도록 요청했다. 또한 *Intermediate Matters*(Bell & Gower 1991)를 사용했을 때 사람들이 해변에서 쓰레기를 던지는 것을 볼 수 있는 *The Great Whale' Mistake*에 나오는 고래 가족의 금속 상자(자동차)를 그려달라고 하고 (Unit 20), 고래가 사람들이 밤에 무엇을 하는지 생각한 것을 그려 보도록 하였다(해변에서 하는 활동은 계속되었다).

또한 나는 2007년 술탄 카부스 대학(Sultan Qaboos University)의 1학년 학생들과 함께 학생들의 생활과 더 밀접한 관련이 있는 출판용 교재를 만들려고 노력하기 위해 그림 그리는 활동을 하였다. 예를 들어, 시에나에서 경마에 대한 텍스트를 특집으로 한 단원을 공부할 때, 우선 학생들에게 경주 그림을 그리게 하고, 그 다음에는 그들에게 상상을 해 보도록 하였다. 시에나에 군중이 있었고 거기에서 경마 사진을 찍었다. 그 후 학생들이 텍스트를 읽었을 때 오만에 있는 가족들에게 보여 주기 위해 시에나의 경주 사진을 그려 보도록 하였다. 이러한 활동은 학생들이 그림을 그리는 것으로 시각화하지 않을 때 학생들이 만들지 못한 연결과 추론을 하도록 도와줌으로써 책의 연습을 사용하는 것보다 텍스트를 더 잘 이해하는 것으로 나타났다.

연결 활동

학습자가 자신의 삶에서 발생한 사건이나 다른 텍스트 중 하나와 텍스트를 연결하도록 요청함으로써 관련성을 행하기 위해 자동으로 시각적 이미징을 사용한다는 것을 발견했다. 그래서 한 무리의 학생들에게 *A*

*Man of the People*의 첫 번째 장을 읽고 학생들이 읽은 대로 알고 있는 정치인과 Nanga 위원을 비교하기 위해 대부분의 사람들이 그들의 마음 속에 두 정치인들의 이미지를 확장시키도록 한다.

마찬가지로 학생들에게 브라질의 첫 장을 읽으라고 말하면 *Brazzaville Beach*의 첫 장에서 기억할 수 있는 해변으로 묘사된 해변을 비교하기 위해 읽는 동안 학생들이 텍스트에서 읽었던 코파카바나 해변(Copacabana Beach)의 이미지를 발전시킬 가능성이 있었다.

삽화

텍스트의 삽화는 텍스트의 시각적 해석을 부과하기 때문에 종종 시각화 활동을 방해한다. 그러나 나는 학습자들이 읽고 있는 텍스트의 학습자 자신의 시각화에 삽화가 주어진 관계로 학생들을 참여시키는 것이 상호작용 읽기를 용이하게 할 수 있다는 것을 발견했다. 예를 들어 Brian Pattern의 시인 *Little Johnny's Letter Home*(1967)을 읽기 전에 학생들은 4개의 그림에서 시의 이야기를 예측한 다음 자신이 직접 듣던 그림을 그려 보았다. 또한 *My Son's Story*의 시작 부분에 있는 영화관 로비 장면의 그림을 그리도록 요청 받은 학생들에게 장면을 조금 다르게 해석하여 묘사한 두 개의 삽화를 그려 비교하도록 하였다. 삽화를 활용한 시각화 활동의 다른 유형은 다음이 포함되었다.

- 여러 가지 가능한 텍스트 삽화 선택하기
- 부분 삽화를 텍스트와 연관시킴으로써 완성하기
- 텍스트의 고유한 해석에 맞게 그림 다시 그리기
- 직소(jigsaw) 퍼즐을 풀어서 텍스트의 타당한 해석을 제공하기
- 텍스트가 이야기하는 것을 삽화로 넣기보다 텍스트에 의한 이야기가 지속되는 그림인 이야기를 읽기

모방하기

또한 시각적 이미지를 유도하는 효과적인 방법인 모방이 있다. 텍스트를 읽도록 하기 전에 텍스트에서 뽑은 내용을 모방하도록 하여 텍스트를 연관시키는 마음 속 그림으로 읽기 시작한다. 또한 학생들에게 다른 그룹의 학생들이 내용을 모방할 수 있게 이야기를 읽도록 했다. 학생들에게 큰 소리로 읽혀지는 이야기나 시를 모방하게 한 다음 조용히 읽도록 하고 학생들이 텍스트를 읽는 동안 모방하도록 한다. 이러한 활동은 개입, 이해 및 기억을 돕는 시각적이고 역동적인 영향을 주는 데 도움이 되는 것 같다.

이러한 유형의 시각화 활동(예를 들어 시를 비디오 버전으로 제작함)을 통해 많은 학생들이 언어 수준을 넘어 교사가 이해할 수 있는 텍스트를 이해하고 즐길 수 있었다. 이것은 학생들이 자신이 읽은 것을 개인화하고, 해석하고 기억할 수 있게 해주는 개념 중심 및 데이터 중심 처리 사이의 적절한 균형을 장려함으로써 달성되었다. 많은 학생들에게 이것은 읽기의 자신감과 기술을 개발하는 데 도움이 되었을 뿐 아니라 언어 입력의 긍정적 강화와 영어에 대한 긍정적인 태도, 교육 기회를 열 수 있는 기회를 발전시킬 수 있었다.

Tomlison과 Avila(2007b)은 시각적 이미지와 내적 언어 사용을 촉진하기 위한 L2 활동의 사례를 추가로 제공하고 있으며 현재 EFL 교재에 대한 설문 조사를 실시함으로써 교재가 시각적 이미징과 글로벌 교과서의 내적 언어를 거의 완전히 무시했다는 것이 드러났다. 또한 학습자가 L2 학습의 초기 단계에서 시각적 이미징 및 내적 목소리를 사용할 수 있는 능력을 개발하도록 돕기 위해 제안된 프로그램에 대한 세부 정보를 제공한다.

14.8 결론

제1언어 읽기에서 기준은 시각적 이미징, 추론 및 연결과 같은 고급 스킬이 자동으로 읽기 과정을 심화시키기 위해 사용되는 경험적 읽기이다. 제2언어 교과서에서는 처리 에너지(processing energy)가 종종 하위 단계의 해독과 인지적 이해 전략에 사용되는 읽기를 연구한다. 학습자가 자신이 읽고 있는 텍스트의 마음 속 그림을 보지 않는다면, 그들은 글로벌 이해(global understanding)를 이루는 데 큰 어려움을 겪을 것이고 텍스트의 경험은 단편적이고 얕을 것이다. 읽는 것을 즐기지 않을 뿐만 아니라 L1에서 이미 개발한 읽기 기술을 전수하지 않으며 텍스트 언어와의 만남은 언어 습득을 용이하게 하기에 충분히 깊고 의미가 있을 것 같지 않다.

L2 학습자가 시각적 이미징을 사용하여 그들이 읽고 있는 텍스트에 대한 이해를 높이고, 텍스트에 대한 참여를 깊게 하고, 이해력 및 기억 기술을 향상시키고, 언어 습득을 용이하게 하기 위해 교재를 개발하는 것이 가능하며 그것이 바람직할 것이다.

참고 문헌

Achebe, C. 1972. *Girls at War*. Oxford: Heinemann.

_____ 1988. *A Man of the People*. Oxford: Heinemann.

Anderson, R. C. & R. W. Kulhavy. 1972. 'Imagery and prose learning.' *Journal of Educational Psychology*, 62: 526-30.

Anderson, R. C. & P. D. Pearson. 1984. 'A schema-theoretic view of basic processes in reading comprehension'. In P. D. Pearson(ed.), *A Handbook of Reading Research*. White Plains, NY: Longman.

Appel, G. & J. P. Lantolf. 1994. 'Speaking as mediation: a study of L1 and L2 text recall tasks.' *The Modern Language Journal*, 78(4): 437-52.

Archer, M. S. 2003. *Structure, Agency and the Internal Conversation.* Cambridge: Cambridge University Press.

Arnold, J. 1999. 'Visualization: language learning with the mind's eye'. In J. Arnold(ed.), *Affect in Language Learning.* Cambridge: Cambridge University Press.

Avila, F. J. 2005. 'El uso de la imegen mental en la lectura en el proceso de adquisicion de una segunda lengua'. Unpublished PhD. University of Seville.

Barnett, M. 1989. *More than Meets the Eye: Foreign Language Reading.* Englewood Cliffs, NJ: Prentice Hall Regents.

Bell, J. & R. Gower. 1991. *Intermediate Matters.* Harlow: Longman.

De Bleser, R. & J. C. Marshall. 2005. 'Egon Weigl and the concept of inner speech.' *Cortex*, 41(2): 249-57.

Boers, F. J. Eyckmans & H. Stengers. 2007. 'Presenting figurative idioms with a touch of etymology: more than mere mnemonics?' *Language Teaching Research*, 11: 43-62.

Boyd, W. 1990. *Brazzaville Beach.* London: Penguin.

Brewer, W. F. 1988. 'Postscript: imagery and text genre.' *Text*, 8: 431-8.

Brumfit, C. 1986. 'Reading skills and the study of literature'. In C. Brumfit & R. Carter(eds.), *Literature and Language Teaching.* Oxford: Oxford University Press.

Bugelski, B. R. 1969. 'Learning theory and the reading process'. In *The 23rd Annual Reading Conference.* Pittsburgh: Pittsburgh University Press.

Carr, T. & B. Levy(eds.), 1990. *Reading and its Development: Component Skills Approaches.* San Diego: Academic Press.

Centeno-Cortes, B. & A. F. Jimenez. 2004. 'Problem solving tasks in a foreign language: the importance of the L1 in private verbal thinking.' *International Journal of Applied Linguistics*, 14(1): 7-35.

Chautauga, 1992. 'Mindfulness, mindlessness and communication.'

Communication Monographs, 59(3): 299-327.

Clarke, M. 1980. 'The short circuit hypothesis of ESL reading-or when language performance interferes with reading performance.' *Modern Language Journal*, 64: 203-9.

Craik, F. I. M. & R. S. Lockhart. 1972. 'Levels of processing: a framework for memory research.' *Journal of Verbal Learning and Verbal Behaviour*, 11: 671-84.

Denis, M. 1982. 'Imaging whilst reading text: a study of individual differences.' *Memory and Cognition*, 10(6): 540-5.

Enkvist, N. E. 1981. 'Experiential iconism in text strategy.' *Text*, 1(1): 77-111.

Esrock, E. 1994. *The Reader's Eye*. Baltimore: The Johns Hopkins University Press.

Eysenk, N. W. & M. T. Keane. 1990. *Cognitive Psychology. A Student's Handbook*. Hillsdale, NJ: Lawrence Erlbaum Associates.

Flory, S. 1990. *River Station Plaza*. London: The Observer.

Gordimer, N. 1991. *My Son's Story*. London: Penguin Books.

Grellet, F. 1982. *Developing Reading Skills*. Cambridge: Cambridge University Press.

de Guerro, M. C. M. 1994. 'Form and functions of inner speech in adult second language learning'. In J. P. Lantolf & G. Appel(eds.), *Vygotskian Approaches to Second Language Research*. Norwood, NJ: Ablex.

_____ 2004. 'Early stages of L2 inner speech development: what verbal reports suggest.' *International Journal of Applied Linguistics*, 14(1).

_____ (ed.) 2005. *Inner Speech- Thinking Words in a Second Language*. New York: Springer-Verlag.

Hegley, J. 1997. 'Amsterdam'. In *The Family Pack*. London: Methuen.

Heller, J. 1994. *Closing Time*. London: Simon and Schuster.

Herrmann, N. 1998. *The Creative Brain*. New York: Brain Books.

Ingarden, R. 1973. *The Cognition of the Literary Work of Art* (trans. R. A. Crowley, & K. R. Olsen). Evanston: Northwestern University Press.

Ishiguro, K. 1982. *A Pale View of Hills*. London: Faber & Faber.

Jenkin, H., S. Prior, R, Rinaldo, A. Wainwright-Sharp & E. Bialystok. 1993. 'Understanding text in a second language: a psychological approach to an SLA problem.' *Second Language Research*, 9(2): 118-39.

Klein, E. S. 1981. *Inner Speech Cue Preference in Reading Disabled and Normal Children*. Ann Arbor: University Microfilms International.

Knight, S. L., Y. N. Padron & H. C. Waxman. 1985. 'The cognitive reading strategies of ESL students.' *TESOL Quarterly*, 19: 789-92.

Korba, R. J. 1986. *The Rate of Inner Speech*. Unpublished PhD thesis. University of Denver.

_____ 1990. 'The rate of inner speech.' *Perceptual and Motor Skills*, 71: 1043-52.

Kulhavy, R. W. & I. Swenson. 1975. 'Imagery instructions and the comprehension of texts.' *British Journal of Educational Psychology*, 45: 47-51.

Lantolf, J. P. & A. Pavlenko.1995. 'Sociocultural theory and second language acquisition.' *Annual Review of Applied Linguistics*, 15: 108-24.

Leontiev, A. A. & T. V. Ryabova. 1981. *Psychology and the Language Learning Process*. Oxford: Pergamon Press.

Levy-Drori, S. & A. Henik. 2006. 'Concreteness and context availability in lexical decision tasks.' *American Journal of Psychology*, 119: 45-65.

Malouf, D. 1993. *Remembering Babylon*. London: Chatto and Windus.

Masuhara, H. 1998. 'Factors influencing the reading difficulties of advanced learners of English when reading authentic texts'. Unpublished PhD Thesis. University of Luton.

_____ 2003. 'Materials for developing reading skills.' In B. Tomlinson(ed.), *Developing Materials for Language Teaching*. London: Continuum.

_____ 2005. 'Helping learners to achieve multi-dimensional mental representation in L2 reading.' *Folio*, 9(2): 6-9.

Masuhara, H., M. Haan, Y. Yi & B. Tomlinson. 2008. 'Adult EFL courses.'

ELT Journal, 62(3): 294-312.

Mazoyer, B., N. Tzourio-Mazoyer, A. Mazard, M. Denis & E. Mellet. 2002. 'Neural bases of image and language interactions.' *International Journal of Psychology*, 37: 204-8.

McCafferty, S. G. 1994a. 'The use of private speech by adult ESL learners at different levels of profi ciency'. In J. P. Lantolf & G. Appel(eds.), *Vygotskian Approaches to Second Language Research*. Norwood, NJ: Ablex.

_____ 1994b. 'Adult second language learners' use of private speech: a review of studies.' *The Modern Language Journal*, 78(4): 421-36.

_____ 1998. 'Nonverbal expression and L2 private speech.' *Applied Linguistics*, 19(1): 73-96.

McGough, R. 1979. 'First day at school'. In R. McGough & M. Rosen(eds.), *You Tell Me*. London: Kestrel.

Moore, B. 1993. *No Other Life*. London: Bloomsbury.

Mowrer, O. H. 1977. 'Mental imagery: an indispensable psychological concept.' *Journal of Mental Imagery*, 2: 303-26.

Nuttall, C. 1995. *Teaching Reading Skills in a Foreign Language*. Oxford: Heinemann.

von Oech, R. 1998. *A Whack on the Side of the Head: How You Can Be More Creative*. Farmingdale, NY: Baywood.

Padron, Y. N. & H. C. Waxman. 1988. 'The effect of EFL students' perceptions of their cognitive strategies on reading achievement.' *TESOL Quarterly*, 22: 146-50.

Paivio, A. 1971. *Imagery and Verbal Processes*. New York: Holt, Rinehart, & Winston.

_____ 1979. *Imagery and Verbal Processes*. Hillsdale, NJ: Lawrence Erlbaum Associates Inc.

_____ 2007. *Mind and its Evolution: A Dual Coding Theoretical Approach*. Mahwah, NJ: Lawrence Erlbaum Associates, Inc.

Patten, B. 1967. *Little Johnny's Letter Home.* London: George Allen and Unwin.

Pinter, H. 1976. *The Birthday Party.* London: Eyre Methuen.

Pylyshyn, Z. W. 1973. 'What the mind's eye tells the mind's brain: a critique of mental imagery.' *Psychological Bulletin,* 80: 1-24.

Rumelhart, D. E. 1980. 'Schemata: the building blocks of cognition'. In R. J. Spiro, B. C. Bruce & W. F. Brewes(eds.), *Theoretical Issues in Reading Comprehension.* Hillsdale, NJ: Lawrence Erlbaum Associates.

Sadoski, M. 1985. 'The natural use of imagery in story comprehension and recall: replication and extension.' *Reading Research Quarterly,* 20: 658-67.

Sadoski, M. & A. Paivio. 1994. 'A dual coding view of imagery and verbal processes in reading comprehension'. In R. B.Ruddell, M. R. Ruddell & H. Singer(eds.), *Theoretical Models and Processes of Reading,* 4th edn. Newark, DE: International Reading Association.

Soars, L. & J. Soars. 1986. *Headway Intermediate.* Oxford: Oxford University Press.

Sokolov, A. N. 1972. *Inner Speech and Thought.* New York: Plenum Press.

Soyinka, W. 1963. 'Telephone conversation'. In G. Moore & U. Beier(eds.), *Modern Poetry from Africa.* London: Penguin.

Stanovich, K. E. 1980. 'Towards an interactive-compensatory model of individual differences in the development of reading fluency'. *Reading Research Quarterly,* 16: 32-71.

Steels, L. 2003. 'Language re-entrance and the "inner voice"'. *Journal of Consciousness Studies,* 10 (4/5): 173-85.

Stevick, E. 1986. *Images and Options in the Language Classroom.* Cambridge: Cambridge University Press.

_____ 1989. *Success With Foreign Languages.* Hemel Hempstead: Prentice-Hall International.

Swaffer, J. 1988. 'Readers, texts and second language: the interactive processes.' *Modern Language Journal*, 72: 123-49.

Thompson, I. 1987. 'Memory in language learning'. In A. Wenden & J. Ruben(eds.), *Learning Strategies in Language Learning*. Englewood Cliffs, NJ: Prentice Hall.

Tierney, R. & J. W. Cunningham. 1984.'Research on teaching reading comprehension'. In P. D. Pearson(ed.), *Handbook of Reading Research*. White Plains, NY: Longman.

Tomlinson, B. 1993. 'Do we see what they mean?' Unpublished PhD paper. University of Nottingham.

_____ 1994. *Openings*. London: Penguin.

_____ 1996. 'Helping L2 readers to see'. In T. Hickey & J. Williams, *Language, Education and Society in a Changing World. Clevedon*, Avon: Multilingual Matters.

_____ 1997. 'The role of visualisation in the reading of literature by learners of a foreign language.' Unpublished PhD thesis. University of Nottingham.

_____ 1998. 'And now for something not completely different: an approach to language through literature.' *Reading in a Foreign Language*, 11(2): 177-89.

_____ 2000a. 'Talking to yourself: the role of the inner voice in language learning.' *Applied Language Learning*, 11(1): 123-54.

_____ 2000b. 'A multi-dimensional approach.' *The Language Teacher*, 24(7): 1-6.

_____ 2000c. 'Beginning to read forever: a position paper.' *Reading in a Foreign Language*, 13(1): 523-38.

_____ 2001a. 'Connecting the mind: a multi-dimensional approach to teaching language through literature.' *The English Teacher*, 4(2): 104-15.

_____ 2001b. 'The inner voice: a critical factor in language learning.' *Journal of the Imagination in L2 Learning*, VI: 26-33.

_____ 2003a. 'Helping learners to develop an effective L2 inner voice.' *RELC Journal*, 34(2): 178-94.

_____ 2008. 'Language acquisition and language learning materials'. In B. Tomlinson(ed.), *English Language Teaching Materials*. London: Continuum.

_____ 2009. 'What we actually do in English'. In J. Mukundan(ed.), *Readings on ELT Materials III*. Petaling Jaya: Pearson Malaysia.

Tomlinson, B. & H. Masuhara. 1994. *Use Your English*. Tokyo: Asahi Press.

Tomlinson, B., B. Dat, H. Masuhara & R. Rubdy. 2001. 'EFL courses for adults.' *ELT Journal*, 55(1): 80-101.

Tomlinson, B. & J. Avila. 2007a. 'Seeing and saying for yourself: the roles of audio-visual mental aids in language learning and use'. In B. Tomlinson(ed.), *Language Acquisition and Development: Studies of First and Other Language Learners*. London: Continuum.

_____ 2007b. 'Applications of the research into the roles of audio-visual mental aids for language teaching pedagogy'. In B. Tomlinson(ed.), *Language Acquisition and Development: Studies of First and Other Language Learners*. London: Continuum.

Updike, J. 1994. *Brazil*. London: Hamish Hamilton.

Van Dijk, T. & W. Kintsch, 1983. *Strategies of Discourse Comprehension*. New York: Academic Press.

Wolfe, T. 1988. *Bonfire of the Vanities*. London: Jonathan Cape.

Yi, Y. In press. 'The effects of visual imaging training on Chinese EFL learners' narrative writing'. PhD Thesis. Leeds Metropolitan University.

불가능에 도전하기 – 제약으로서의 교재와 권한으로서의 교재로 조정하기

Alan Maley

15.1 들어가기

모든 교재 제작자가 직면한 주요 딜레마는 명확한 요구 사항을 지닌 소그룹 학습자조차도 모든 학습자, 교사 및 모든 교수법 상황은 독특하게 다르지만 출판 교재는 마치 모든 학습자들이 처한 상황을 다루어야 한다는 것이다. 적어도 어떤 의미에서는 동일하다. 교재 제작자의 또 다른 문제는 과정의 방향과 학습 속도를 크게 예측할 수 없다는 것을 잘 알고 있지만, 모든 것을 미리 결정해야 한다는 것이다.

Prabhu(2001)과 다른 교사들은 교사 행동의 자유에 대한 교재 억제 효과를 지적했다(본서의 Andrew Littlejohn과 Masuhara Hitomi 참고). 효율성과 질적 측면에서 볼 때, 교재 제작은 일반적으로 다른 그룹이 국부적으로 사용할 교재를 중앙에서 만들어 내는 전문가 그룹 (각자의 개별 교실에 있는 교사)에게 위임된다(극소수의 프로젝트에서 현지 교사는 교재 제작팀에 최소한으로 기여하지만 이것은 매우 예외적인 일이다). 이 방법으로 교재는 교사 스스로가 기대할 수 있는 모든 중요한 결정을 선점할 수 있다. 내용은 미리 결정된다. 내용의 순서도 미리 결정된다. 교재의 진행 속도 역시 미리 결정된다. 내용을 사용하는 절차 역시 미리 결정된다.

교실에서 출판된 교재를 실제로 사용하는 일은 분명히 방정식의 세 가지 주요 요소인 교재, 교사, 학습자 간에 복잡한 절충(trade-off)이 있음을 알 수 있다.

어떤 경우에는 세 요소 사이에 비교적 밀접한 관련이 있을 수 있다. 이것은 상대적으로 특정 학습자 그룹을 위해 교재가 설계되었을 때 발생할 수 있다. 그럼에도 불구하고 학습자와 교사 변인 간의 개인차로 인해 완벽하게 맞지는 않다. 그러한 요소에는 다음과 같은 것이 있다.

- 언어 숙달도 및 자신감
- 교사보다는 학습자 이전의 개인적인 학습 경험

〈그림 15.1〉

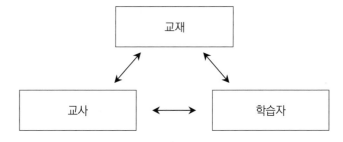

- 자신의 성격 (내향/외향 등)
- 선호하는 교사 성향(직접적/상담적 등)
- 문화 배경

그러나 대부분의 경우, 다른 것들 중에서 출판의 경제학과 관련하여 교재는 최대한 많은 수의 학습자가 사용하도록 되어 있다. 또한 분명한 결과는 다음과 같다:

주어진 교재 꾸러미가 제공하는 영역이 넓을수록 학습자의 상태가 다

양해질 수 있다...(Prabhu 2001)

다시 말해, 사용자가 광범위할수록 다양성이 나타난다. 모든 학습자는 다르다. 그들 중 수가 더 많을수록 차이점이 더 많다. (Maley 1995b)

이와 같은 경우 교재는 주어진 교육학적 순간에 적합한 교사의 개인적인 감각에 제약을 가하는 것으로 여겨질 수 있다. 교재는 주어진 시점에서 학습자의 능력이나 관련성과는 거리가 멀 수도 있다.

이런 상황에서 일반적으로 일어나는 일은 교사가 특정한 순간에 학습자의 필요에 대한 자신의 감각과 교재 사이의 차이를 해소해야 한다는 것이다. 따라서 교재가 광범위하게 사용되고 결과적으로 미리 정해진 선점된(pre-empted) 교재로부터 학습자의 요구가 다양할수록 교사는 다른 것에 적용시키기가 더 어려워진다. (Maley 1995b)

때때로 적용되는 해결 방법은 문화 및 인지 내용, 지역 학습 조건 등과 관련하여 상대적으로 특정 그룹을 염두에 둔 교재를 설계하는 것이다. 그러나 이것은 여전히 중요한 문제를 해결하지 못한다. 필요한 것은 내용 생산, 주문, 속도 및 절차에 관한 의사 결정에서 더 큰 유연성을 제공하는 방향으로 '교재 생산의 분업화가 아니라 교재 설계의 근본적인 변화(Prabhu 2001)'이다(Hitomi Masuhara 참고).

본장의 나머지 부분에서는 이 문제에 대한 네 가지 가능한 응답을 살펴볼 것이다. 첫 번째는 교사가 현재 입수할 수 있는 교재를 채택하는 일련의 대처 전략이다. 두 번째는 Prabhu의 관점에서 우리가 '교재 설계의 근본적인 변화'가 필요하다는 견해와 일치한다. 세 번째는 급성장하는 정보 기술 자원의 개발에 관한 것이다. 네 번째는 CLIL과 관련이 있다.

15.2 최선을 다하기-교사들이 할 수 있는 것들

많은 교사들이 출판 과정을 견디기 쉽고 효과적으로 만들기 위해 다음 전략 중 일부 또는 전부를 사용한다.

15.2.1 적당히 해라

때로는 교사들이 교재에 없는 자료를 추가로 소개하여 관심사를 회복시키거나 가벼운 안도감을 제공한다. 그러한 자료에는 일반적으로 노래, 리듬, 게임, 만화, 방송 녹화, 동영상 등이 포함된다. 이러한 활동은 교과서에서 별도로 설정하는 것을 포함하지만, 일반적으로 오락에 지나지 않는다. 그러나 많은 교사들은 원칙적인 방법으로 그러한 활동을 그들의 가르침으로 만들어 내는데 성공한다. 예를 들어 뒤따르는 보다 확장된 활동을 위한 '온열기(warmers)'로 사용하거나 또는 이전 활동에 대한 반성을 위해 '냉각기(cooler)'로 사용한다.

15.2.2 바꿔라

교재를 수정하고자 하는 교사는 다음과 같은 여러 선택을 활용할 수 있다.

- 생략: 교사는 특정 그룹에 부적절하고 불쾌하거나 비생산적인 것으로 간주되는 것을 제외한다.
- 추가: 적절하지 않은 범위에서는 교사가 텍스트 형식이나 연습 형태를 교재에 추가하기로 결정할 수 있다.
- 축소: 교사가 활동을 줄이면 더 적은 부담과 주안점을 둘 수 있다.
- 확장: 교사는 활동을 줄여 추가 자료를 제공한다. 예를 들어 어휘 활동은 어휘 – 구문론적 패턴에 주의를 집중시키기 위해 확장된다.

- 재작성과 수정하기: 교사는 때로는 교재를 특히 활동 자료를 재작성하여 보다 적절하고 의사소통이 원활하며 학생의 문화적 접근성을 높일 수 있다.
- 대체: 어떤 이유로든 부적절한 것으로 간주되는 텍스트 또는 활동 자료는 보다 적합한 자료로 대체될 수 있다. 이것은 종종 출판된 '리소스 자료(resource materials)'에서 추려낸 내용이다(아래 참조).
- 재정리: 교사는 교재의 순서가 학생들에게 적합하지 않다고 결정할 수 있다. 그러면 집필자가 배열한 것으로 구성된 교재를 통해 다른 코스 구성을 짜는 것을 결정할 수 있다.
- 나누기(branching): 교사는 기존 활동에 옵션을 추가하거나 활동을 통해 대체 경로를 제안할 수도 있다. 예를 들어 경험적 경로, 또는 분석적 경로 또는 서술적 경로로 제안할 수 있다.

그러한 교재에 대한 더 자세한 논의는 Cunningsworth(1995), Islam과 Mares(2003), McDonough와 Shaw(2003), NcGrat(2002), Tomlinson과 Masuhara(2004)를 참조.

15.2.3. 스스로 하라

가위와 풀

스킬 모듈

교사는 하나의 교과서에 대한 아이디어를 포기하고 시장에 나와 있는 여러 가지 기능 시리즈 중 하나를 기반으로 자신의 과정을 설정하기로 결정할 수 있다. 이를 통해 교사는 학습자의 요구와 수준에 따라 다양한 기능에 대해 다양한 수준의 교재를 자유롭게 선택할 수 있다. 이것은 실제보다 쉽지 않다. 가장 큰 문제점 중 하나는 기능 모듈 간의 일관성 부족이다. 예를 들어, 학생이 독해에서 X 수준에 있고 쓰기에서 Z 수준에 있다고 판단되면 이 두 기능 영역에서 모듈을 조화시키기가 어려울 수 있다. 또한, 개발 과정에서 과정의 전반적인 형태를 파악할 수 있고 단호하게 생략을 할 수 있는 숙련된 교사가 필요하다. 이 옵션은 또한 학생들이 단일 기능 내에서 다른 수준에 있을 수 있는 혼합 수업의 문제를 겪을 수 있다.

리소스

이것은 교사가 학생들이 필요로 하는 과정을 함께 사용하기 위해 가능한 범위의 리소스 자료를 활용한다는 점에서 더욱 급진적인 선택이다. 현재 제공되는 교재는 상당 부분을 차지하며 일부 출판사 목록에는 텍스트, 활동, 기존 교과서에서 추려낸 교재 및 기능 모음 교과서가 포함된 교재 시리즈가 포함된다. 또한 많은 학교에서는 교사가 직접 만든 '실제적인' 텍스트 (인쇄물, 오디오 인터넷 등) 및 교재를 수집한다.

이 선택을 이용하려면 숙련된 교사가 필요하다. 기존 리소스에 대한 백과사전 지식, 그룹의 학습 경로 개요 및 막대한 에너지를 확실히 파악해야 한다. 적어도 현재는 집중적인 과정에서 적극적으로 소규모 그룹에서 운영될 가능성이 높다. 대부분의 중등학교 교사들은 교과서를 처음부터 버리도록 허락 받았다 할지라도 그것을 위협적으로 생각할 것이다. 그러나 동일한 교육 기관, 도시 또는 지역의 교사 팀이 정기적으로 모여 아이디어, 기술, 교재 및 자료를 공유하는 경우에 수행할 수 있다.

프로세스 옵션

이것은 훨씬 더 급진적인 대안이다. 교사는 미리 개발된 교재를 함께 사용하지 않기로 결정할 수 있다. 대신 그들은 과정을 위한 장면을 설정한다. 그것은 그 자체의 내용과 학습 활동을 생성하는 과정이다. 과정 접근법의 예는 다음과 같다.

프로젝트 작업

프로젝트 작업에서 교사는 합의한 기간 동안 작업하게 될 프로젝트를 간단하게 설정하거나 학습자가 결정하도록 도움을 준다. 예를 들어, 지역 사회에서 장애인이 이용할 수 있는 시설을 설명하는 소책자를 만들기로 결정할 수 있다. 이를 위해 학생들은 토의하고 계획을 세우고, 문서를 읽고, 학교 밖에서 사람들과 인터뷰하고(가능한 설문지를 제작하여 가지고 다니면서), 그 결과에 대해 논의하고, 최종 소책자가 완성될 때까지 초안을 작성하고 다시 작성해야 한다. 교사의 역할은 필요에 따라 과정을 모니터링하고 도움을 주는 것이다. 프로젝트 작업에 대한 자세한 내용은 Fried Booth(2002), Legutke와 Thomas(1991) 및 Philips 외(1999)를 참고할 수 있다.

다른 프로젝트로는 국제 문제의 특정 영역(예를 들어 쓰레기 처리)을 국제 문제 또는 지역 출현(Sampedro와 Hillyward 2004)에서 조사하는 국제적인 문제를 기반으로 하는 프로젝트가 있다.

공동체 언어 학습

이 접근 방식(Richards & Rodgers 2001)은 말하는 것을 결정하는 것이 학습자라는 것이다. 처음에 교사의 역할은 적어도 학습지가 말하고자 하는 것과 동등한 외국어를 제공하는 것이다. 내용은 전적으로 학습자의 손에 있으며, 점차적으로 자신의 '강의 계획서'를 만든다. 따라서 이 과정은 예측할 수 없으며 사전 포맷된 교재의 사용을 배제한다. 또한 교사와 학습자 모두에게 에너지와 책임에 대한 요구가 높다!

드라마 기법

여기에서도 교사가 제공하는 것은 기술의 '비어있는' 껍질뿐이다. 학습자는 자발적으로 생성되고 예측할 수 없는 언어로 기술을 채운다(Maley

& Duff 2005, Philips 1999, Wessels 1987, Wilson 2009).

다독

모든 증거는 (학습자가 많은 책을 읽고, 빨리 읽고, 무엇을 읽을지, 언제 읽을지, 그리고 어떻게 읽을지, 그리고 시험이나 연습이 없는 곳) 광범위하게 읽는 것이 언어에서 압도적으로 숙달도를 유지하고 확장하는 가장 효과적인 방법이라는 사실을 지적한다(Day & Bamford 1998, Krashen 2004). 이 과정 선택을 따르는 교사들은 본질적으로 세 가지 주요 역할을 한다. 즉 학습자가 참여하도록 동기를 부여하고, 사용 가능한 책을 제작하고 명확하게 방향을 제시할 수 있는 시스템을 구축하며, 모니터링하고 조언하는 것이다(Duber 1999, Schmidt 외, Waring 2007).

창의적 쓰기

지난 몇 년 동안 학습자에게 상상력이 풍부하고 표현적인 텍스트의 창작을 장려하는 데에 관심이 모아졌다. 도움이 되는 서적들이 시와 이야기 쓰기 모두를 개발하는 기술을 제공하는 것으로 나타났다(Spiro 2004, 2006, Wright 2009, Wright & Hill 2009). 학습자에게 활용하도록 하기 위한 이야기와 시를 만드는 교사의 창의적 글쓰기 그룹도 있다(Maley & Mukundan 2005). 영어로 출판된 자신의 작품을 보는 것이 동기 부여 효과를 주는 것과 별개로 이 과정이 언어 학습을 신장시키는 것은 제작된 텍스트를 후속 수업에서 학습자가 사용할 수 있게 하는 것이다. 창의적인 글쓰기에서의 가장 급진적인 실험은 한 학기 또는 한 해 동안 소설을 쓰는 것을 언어 과정의 핵심 원리로 만들었다. 창의적인 글쓰기 선택의 이 극단적인 버전은 거의 실현될 수 없지만 창의적인 글쓰기에 소비되는 시간의 일부는 효과적이다.

분명한 것은 과정 선택은 훌륭한 능력과 기술, 에너지와 자신감이 필요하다. 또한 많은 교육 환경의 제도적 요구 사항과 충돌할 가능성이 있다. 따라서 소수의 교사에게만 호소력이 있을 가능성이 높지만, 프로세스 접근법의 요소보다 전통적인 과정 중심의 교수법으로 통합될 수 있다.

15.3 선택을 통합하기- 교재 집필자가 할 수 있는 것

이전 절에서는 교재를 다루거나 교사가 다양한 과정의 선택 사항을 통합하기 위해 교사에게 공개된 선택 사항을 검토했다. 이 섹션에서는 앞에서 언급한 Prabhu의 제안을 받아들여 교재 설계에 근본적으로 다른 방식으로 접근한다.

이 제안서의 주요 목적 중 하나는 수업 내용의 4가지 주요 요인인 내용(무엇), 순서(언제), 속도(얼마나 빠른가), 절차(방법)에 대한 통제를 교사에게 전달하는 것이다.

15.3.1 Prabhu의 제안

Prabhu가 제안하는 교재 제작에 대한 접근 방식은 다음과 같다.

한 교실에서 사용되거나 모든 강의실이 동일한 입력 자료를 사용한다는 것을 예상하지 않고 가능한 다양한 입력 자료를 제공한다. 다양한 교수 안건과 수업 형식을 제안할 수는 있지만 수업 자체로 편성되지는 않는다. 다양한 수준의 어려움과 다양한 입력을 제공할 수 있으며 교사는 두 가지 측면에서 범위를 선택할 수 있다... 교사는 교사가 스스로 결정한 사항을 이행하는 데 유용할 것이라고 생각하고 가능한 한 자신의 학습자 상태 및 학습 과정에 대한 인식에 충실할 것으로 기대한다(Prabhu 2001).

Prabhu는 이러한 자원 선택을 분류하는 두 가지 가능한 방법을 제시한다.

(a) 준-교재. 이는 두 종류일 수 있다.
- 듣기 이해력, 쓰기 활동, 읽기 기능 연습, 어휘 개발 활동, 역할 놀이 등과 같은 단일 유형 활동이다. 그러한 자료는 여전히 '중앙에서' 생산되고 출판되지만, 발표 순서, 속도 및 다른 교재와 결합된 방법을 결정하는 것은 교사에게 남겨진다.
- '가공되지 않은' 입력 자료의 모음, 즉 사용 방법을 지정하지 않고 제시된 쓰기, 말하기 또는 시각적 텍스트의 모음 및 선택 항목(Maley & Duff 1976). 특정한 순간에 특정 수업을 사용하는 것이 적절하다 (의식 고양 활동, 역할극, 이해 질문, 도표 완성 등).

(b) 메타 교재: 본질적으로 메타 자료는 '비어있는' 교육적 절차이다. 예를 들어 받아쓰기는 메타 교재이다. 다른 예로 역할극, 정보 채워 넣기, 요약 쓰기, 조각 모음 듣기, 드라마 기술, 창의적인 글쓰기 등이 있다.

교사는 입력의 본질('텍스트')을 결정하고 그것에 절차를 적용한다. 이런 식으로 교사는 교수 이벤트의 내용적인 면을 제어한다.

15.3.2 신축교재(Flexi-materials)

Prabhu의 이러한 아이디어를 한 단계 더 발전시킬 수 있다. 사실 신축성 있는 교재(fleximaterials)는 준-교재의 개념과 메타 교재의 개념을 결합한 것이다.

신축교재에서 교사에게는 '가공되지 않은' 텍스트 세트가 제공된다 (그런 다음 교사들은 자신이 찾은 텍스트를 추가하도록 권장한다). 또한 어떤 조합으로든 텍스트 전부 또는 일부에 적용될 수 있는 일련의 일반화 가능한 교육적 절차(부록 1 참조)가 제공된다(Maley 1994, 1995a, 2003b, 2006). 교사는 어떤 텍스트를 순서대로 사용할지, 어떤 절차를 사용할지를 자유롭게 결정할 수 있다. 이를 통해 내용, 순서, 속도 및 절차를 제어할 수 있다.

그러한 교재의 신축성은 교사가 위에서 나열한 요소뿐만 아니라 두 번째 또는 세 번째 텍스트로 돌아갈 가능성을 결정할 수 있다는 사실에 달려 있다. 매번 다른 절차를 사용할 수 있다. 그림 15.2는 그 예를 보여준다.

〈그림 15.2〉의 왼쪽 열에 있는 텍스트 유형은 오른쪽 열에 있는 절차 중 하나와 함께 사용할 수 있다. 신축교재의 적용에 대한 자세한 설명은 부록 1에 나와 있다. 다양한 텍스트 조합과 절차의 실제 예제는 부록 2에 나와 있다.

분명히 절차가 있는 치환된(permutating) 텍스트의 핵심은 그림 자료, 오디오 녹음 및 비디오는 물론 인쇄된 텍스트에도 적용될 수 있다. 그것은 확실히 발전된 강력한 생성 아이디어이이다(Maley 2003b, 2006). 〈표 15.1〉에 나타난 입력-처리-산출 모형에서, 왼쪽 열의 가공되지 않은 자료의 입력은 중간 열(위에서 설명한 생성 절차 포함)의 절차와 결합되어 다른 종류의 결과를 산출할 수 있다.

〈그림 15.2〉

텍스트 유형	과정
한 줄짜리 텍스트 (속담, 표제 등)	확장
하이쿠: 일본의 전통 단시	축소
미니 텍스트	미디어 전송
비문	매칭하기
일기 항목	선택 / 순위 지정
짧은 시	비교 / 대조
기도문	재구성
프로그램 노트	재형성
짧은 대하소설	해석
짧은 신문 기사	텍스트 창조
나스루딘(Nasruddin) 이야기	분석
짧은 에세이	프로젝트 작업

〈표 15.1〉 입력-처리-산출 모델

입력	처리	산출
사람(경험, 기분, 추억, 의견, 외모 등)	**포괄적인:**	교재 산출(학생 텍스트, 시각적 전시, 수행 등)
주제	시간(김/짧음)	교육적 결과(학습 증거, 텍스트 결과, 유창성, 읽기 속도 / 이해력, 배우기 위한 학습, 피드백 처리, 메타 기능 등)
텍스트(문학/비문학, 출판사/학생 제작 등. 광범위한 독자)	강도(높음/낮음)	
	유형(활동적/반성적/상호작용적)	
참고 자료(사전, 시소러스, 백과사전, 참고문법)	모드(개별 작업, 조별, 그룹, 전체 학급)	(주의! 교재 및 교육적 결과는 '목표'와 관련이 있다)
실물교재(대상, 텍스트, 그림 등)	매체(말하기/쓰기, 수용적/생산적, 전자/출력된 자료 등)	교육적 결과(사회적/문화 간 인식 증가, 비판적 사고,

영상(사진, 비디오, '영화' 등) 오디오(음성 텍스트, 음악, 소리) 인터넷(이메일, 문자, 개인적인 공간, 블로그 등) 게임, 시뮬레이션, 역할극, 언어 놀이 구어 설명(이야기, 농담, 일화, 프리젠테이션 등) 문제(퍼즐, 도덕적 딜레마, 논리적 문제) 프로젝트 기술(받아쓰기, 번역, 즉흥 연주)	**처리: 순서** 설명 질문 유형 **기법:** 질문 정보 차, 의견 차, 등 직소우 읽기 / 듣기 과정 쓰기 시각화 읽기 기술 내적 언어/리허설 **과제 유형 :** 브레인 스토밍 예측하기 분류하기 평가하기 요약하기 수정/편집하기 조사하기 문제 해결하기 실행하기 대상을 구성하기 **생성 절차 :** (위의 부록 1을 참고)	창조적 문제 해결, 자율 학습 등) 심리 사회적 결과(자존감 상승, 자각 인지, 자신감, 집단 연대, 협력, 책임, 태도 변화 등) 주의! 교육 및 심리 사회적 결과는 '목표'와 관련이 있다.)

15.4 IT를 리소스로 이용하기

최근 몇 년간의 사이버 혁명으로 글로벌 커뮤니케이션이 변화하였다. 이것은 의사소통의 주요 모드로서 전자 메일과 함께 인터넷의 출현을 포함한다. 언어 조사 및 사전/참고 문법 개발 도구로서의 컴퓨터 코퍼스 확장, 문자(Crystal 2008)를 포함한 여러 애플리케이션을 갖춘 휴대 전화의 정교함의 성장과 Facebook, Myspace, Second Life 등과 같은 소셜 네트워킹 플랫폼의 개발 등이 포함된다. 신속하고 유연하게 접근할 수 있는 이러한 모든 자료는 학습자와 교사 모두가 교과서의 제약으로부터 자유로울 수 있다는 엄청난 가능성을 제공한다. 그러나 지금까지는 그러한 교재의 평범한 개발만 있어 새로운 문제가 제기되었다(Eastment 1994, Kramsch 1997, ramsch, A'Ness & Lam 2000, Tenner 1996, Wolf 2008). 이러한 문제는 더 많이(Naish 2009), 더 빠르게(Gleick 1999), 질적으로 학습을 생산해 내는 것과 관련된 문제로 요약할 수 있다.

여기에서는 이러한 문제에 대해 자세히 논의할 수는 없지만 끊임없이 진화하는 선택이 의미 있는 선택을 어렵게 하고, 정보 과잉이 유용한 교재를 선택하는 데에 있어 시간을 소모하는 비즈니스로 이어지기 때문에 기하급수적인 급격한 성장이 잠재적으로 부정적인 결과를 낳을 수 있음이 분명하다. 마찬가지로 전기 통신의 표면적인 매력과 그 결과 학습의 질적 및 양적 사이에는 필연적인 관계가 없다.

그러나 이제 우리는 이러한 기술들과 빠르게 발전하는 후임자들에 기초한 새로운 세대의 교재의 문턱에 서게 될 것임이 확실하다(본서 Gary Motteram과 Lisa Kervin 및 Beverly Derewianka 참고).

이러한 자원을 구현하는 것이 어렵고 애플리케이션이 너무 빨리 변경되어 거의 모든 애플리케이션이 임시로 처리될 수밖에 없다. 따라서 현재 웹 사이트 또는 프로그램을 인용하는 데 어려움이 있다. 그 중 일부는 발행 시점에서 옛날 자료인 것도 있다. 그러나 *ELT 저널* 및 *Voices* (IATEFL 뉴스 레터)의 정기 저널에는 최신 정보가 있다. 우리가 할 수 있는 일은 폭넓은 지원 모드를 나타내는 것이다. 이러한 기술 자원은 다음의 4가지 주요 방법으로 교육/학습에 활용할 수 있다.

(i) 다양한 전통적 활동과 연습을 전자 형식으로 제공하는 교육 사이트 개발의 좋은 예가 Mcmillan의 웹 사이트 http://onestop english.com, 영국 문화원 / BBC 웹 사이트 www.teachingenglish.org.uk 또는 Dave Sperling의 인터넷 활동 워크북 Internet Activities Workbook(1999)이다. 그러한 자료의 한 가지 이점은 수업 밖에서 자신만의 속도로 학습자가 연습을 할 수 있다는 것이다(아래 참고). 이러한 것들은 새로운 모드로 전달되는 친숙한 교재에 불과하다.

(ii) 인터넷은 텍스트 전체에 무제한으로 접근할 수 있으므로 교사나 학습자가 필요할 때 즉시 만날 수 있다. 예를 들어 교사/학습자가 영어 속담이나 짧은 대하소설 또는 사랑의 시, 농담 또는 심지어 완전한 소설의 예를 찾고 싶다면 Google이나 다른 곳에서 페이지를 불러 오기만 하면 된다. 이 자료들은 물론 교육학적인 적용 없이도 가능하다는 의미에서 여전히 '가공되지 않은 텍스트'이지만, 버튼 클릭만으로도 엄청난 숫자로 이용 가능하다.

(iii) 또한, 인터넷은 온라인 사전, 유의어 사전, 문법, 코퍼스, 백과사전 등 거의 모든 참고 자료에 접근을 할 수 있다. 이것은 교과서와 독립적인 모든 연구 활동의 기반이 될 수 있으며, 수업 외에서도 수행될 수 있다(Mayley 2009). 학습자는 또한 자신만의 온라인 사전, 문법, 시소러스를 만들 수 있으며 다른 학습자와 공유할 수도 있다.

(iv) 이메일, 문자 메시지, Facebook 및 MySpace와 같은 소셜 네트워크 사이트 및 Second Life와 같은 자기 통제 가상 환경 (self-regulated virtual environments)을 사용하면 학습자 간의 의사소통을 탐구하기 위한 새로운 영역을 확실하게 열어준다. 잠재적인 윤리적 질문과는 별도로 이러한 유형의 의사소통은 구

조적인 문제를 제기한다. 교사는 이러한 자원의 잠재적 이익을 극대화하기 위해 시스템과 구조를 어떻게 설정하는가? 이러한 시스템의 매력을 언어 학습에 활용하는 세 가지 주요 방법이 있는 것처럼 보인다.

첫 번째로, 화면에서 전자 텍스트를 처리하는 데 필요한 비선형 읽기 기술에 대한 교육을 통합하는 것이다(Tseng 2008). 학습자는 컴퓨터를 조작하는 데에 능숙하지만 관련 정보를 찾고, 선택하고 처리하는 데에는 반드시 그러하지 않다. 이러한 종류의 컴퓨터 활용 능력 교육은 일반적인 교육적 가치 외에도 중요한 언어 학습 성과를 얻을 수 있다.

두 번째로, 그러한 시스템은 여러 지역의 학생들이 참여하는 다양한 프로젝트에 사용될 수 있다. 아마도 가장 간단한 활동은 Yahoo 그룹이나 다른 기능을 사용하여 다른 나라의 수업 간 온라인 토론을 하는 것이다. 이러한 토론은 각기 다른 국가에서 다양한 관점에서 본 지구 온난화와 같은 특정 주제와 관련될 수 있다.

세 번째로, 교사는 학습자가 다른 영어 학습자와 직접적인 우정을 쌓고 개인 정보와 의견을 교환하도록 도울 수 있다. 이것은 분명히 어떤 도덕적, 윤리적 위험을 지니고 있으며 교사에게 추가적인 실행 계획(logistical) 및 모니터링 활동을 포함한다.

IT를 사용하면 엄청난 이점이 있다. 무제한인 정보 자원에 빠르고 유연하게 접근할 수 있다. 교과서의 제약으로부터 교사와 학생을 자유롭게 할 수 있다. 대부분의 학생들의 동기 부여가 이러한 시스템으로 사용된다. 새로 만들 필요가 없다. 가장 중요한 것은 대부분의 활동은 학생들이 개인 시간에 교실 밖에서 할 수 있다는 것이다. Barker(2009)가 지적했듯이, 대부분의 교실 기반 언어 학습은 언어에 대한 충분한 시간을 제공하지 못한다. IT 활동, 폭 넓은 독서, 프로젝트 작업 등을 통해 교실 밖에서 학생들을 참여시키는 방법을 찾음으로써 충분한 경험을 얻을 수 있다.

그러나 IT의 과도한 사용으로 인해 잠재적으로 부정적인 결과를 초래할 수도 있다. 이미 *Technology*(1995)에서 Neil Postman은 기술에 대한 완전한 항복에 관한 경각심을 나타냈다. 최근 Maryanne Wolf(2008)은 멀티태스킹, 빠른 전환(switching), 피상적 정보 처리가 보다 반성적 사고 모드를 손상시키지 않을 수 있는지에 대한 의문을 제기했다.

15.5 내용 중심 학습 활용하기

영어 교과서의 또 다른 급진적인 대안은 학습자가 실제로 관심을 갖고 있는 다른 분야-역사, 지리, 체육, 화학, 수학 또는 주제/기술(예를 들어 축구, 드라마, 록 음악)에 기초하는 것이다. 물론 그 아이디어는 새로운 것이 아니다. Bernard Mohan(1986)은 수년 동안 그러한 접근을 지지해왔다(Richards & Rodgers 2001). 이 접근법은 내용이 비어있는 지식 분야에 주제를 제공하는 큰 이점이 있다. 또한 학습자가 자신이 하는 일의 관련성을 보다 쉽게 인식할 수 있으므로 동기를 높일 수 있다.

영어를 통한 다른 과목의 가르침은 지난 수년간 전 세계의 국제 학교의 특징이었으며, 지난 20년간 IB(International Baccalaureate)와 함께 그러한 기관의 폭발적인 증가가 내용 기반 접근법의 효능에 어느 정도의 신뢰성을 부여했다. 엘리트 영어-중등 시범학교는 또한 소비에트 블록과 중국의 당시 공산주의 국가들에서 확립된 교육의 특성이었다. 그리고 2003년 말레이시아 정부는 말레이시아 학교 시스템에서 수학 및 과학 과목을 가르치기 위해 영어를 다시 도입할 것을 결정했다(이후 정책이 바뀌었다). 가장 최근에는 내용 기반 접근 방식이 내용-언어 통합 학습(Content and Language Integrated Learning, 이하 CLIL)을 통해 새로운 삶을 살았다. CLIL의 지지자들은 다양한 분야의 과목 내용을 통해 영어를 배운 초기 버전과 영어를 통해 다양한 과목의 주제를 배우는 것을 주장하는 CLIL을 구별한다. 그 차이는 미묘하게 보일지도 모르지만, 주 목적인 영어에서 주제에 이르기까지 후기 초점에 명확한 차이가 있다. CLIL에 관한 많은 문헌들이 이미 존재하고 있는데, CLIL은 그것의 근접한 의식(near-cult) 상태를 향상시키는 경향이 있다(Coyle 외 2010, Deller & Price 2007, Mehisto 외 2008).

내용 기반 접근 방식의 장점은 분명하다. 학생들은 즉시 관련이 있고 사용 가능한 언어를 배우거나 습득한다. 주제는 일반적으로 언어 교과서에서 찾을 수 있는 것보다 더 흥미롭다. 그들은 영어를 통해 배우는 과목들의 실패로 인해 이것이 미래의 삶에 실제적이고 피해를 주는 핵심 교과 과정의 일부이기 때문에 동기 부여를 받는다.

그러나 몇 가지 문제가 있다. 영어(또는 과목을 통한 영어)를 통해 과목을 가르치는 것은 영어 교과서의 필요성을 배제하지만 대개 교과서는 언어 교과서로 대체한다. 대부분의 경우, 내용에 대한 지침을 뒷받침하기 위해 일부 보충 영어 교재가 필요하다. 특히 내용 기반 학습과 CLIL은 교사 문제에 부딪히게 된다. 영어를 가르칠 자격이 있는 대부분의 교사는 다른 분야의 주제와 교수법에 능숙하지 않다. 또한 영어를 통해 주제를 가르쳐야 하는 교과목 선생님은 영어 실력(예를 들어 말레이시아의 주요 문제)과 언어 교육 과정 및 실습에 능숙하지 않을 수 있다. 국제 학교나 유럽의 일부 고등학교와 같이 영어가 능숙한 선생님들과 함께 리소스가 풍부한 환경에서는 이러한 문제가 최소화된다. 다른 곳에서는 CLIL의 채택에 큰 장애물이 된다. 한 가지 가능한 해결책은 팀티칭 수업이다. 내용 교사와 영어 교사가 같은 수업을 함께한다. 그러나 이것은 비용이 많이 드는 일이다. 또한 교육적 공간을 공유하는 것과 당연하게 받아들여지지 않는 개방적인 태도가 필요하다.

15.6 추가적으로 가능한 것들

(a) 교사와 학습자는 길이/난이도에 따라 대략적으로 등급이 매겨진 일련의 텍스트를 개발하라. 이와 함께 다양한 수준의 과제 난이도에서 다양한 활동을 개발하라(Ellis 2003; Nunan 1989; Van den Branden 2006). 교사는 적절한 수준의 텍스트를 선택하여 해당 수준의 인지적/언어적 요구에 부합시킬 수 있다. 이것은 신축교재 개념의 개선이 가능하다(이것을 수행할 수 있는 한 가지 방법은 Tomlinson(1994)의 *Openings* 참고).

(b) 모든 교사와 학습자가 따라야 할 핵심 구성 요소를 갖춘 강좌를 개발한다. 이것은 언어의 다양성 측면에 중점을 둔 여러 수준의 선택적 모듈 클러스터를 수반한다. 예를 들어 다음과 같은 옵션을 선택할 수 있다: 기능 모듈(쓰기, 듣기, 읽기, 말하기 기능 개발), 어휘 발달 모듈; 의식 고양 모듈; 문화적 의식 고양 모듈; 테스트 모듈; 프로젝트 기반 모듈; 주제별 모듈; 게임/유창성 활동 모듈 등등이 있다. 교사와 학습자는 특정 시점에서 자신의 관심 분야, 학습 필요 및 수준에 적합한 모듈을 선택할 수 있다.

15.7 결론

교재는 항상 어떤 경우에라도 제한을 받으므로 교사는 특정 교재가 언제 어떻게 구현되어야 하는지에 대한 전문적인 판단('타당성에 대한 감각')이 필요하다. 그러나 현재 가장 많이 사용되는 출판된 교재에 비해 상대적으로 융통성이 없는 디자인에 대한 대안이 있다는 것도 분명할 것이다.

선택은 이데올로기적 이유뿐만 아니라 교사가 책임을 질 수 있는 기회와 자신의 전문성 개발을 계속하는 과정에서 중요하다.

진정한 선택은 또한 사실상 끝없는 선택을 하는 소비 중심의 세상에서 점점 더 중요해진다. 나는 교사들에게 그것들을 수행할 의지를 가진 현실적인 대안이 있음을 보여주기를 희망한다.

참고 문헌

Barker, D. 2009. 'The role of unstructured learner interaction in the study of a foreign language'. In S. Menon & J. Lourdunathan(eds.), *Readings on ELT Materials IV*. Petaling Jaya: Pearson Malaysia.

Coyle, D., P. Hood & D. Marsh, 2010. CLIL: *Content and Language Integrated Learning*. Cambridge: Cambridge University Press.

Crystal, D. 2008. *txtng: the Gr8 Db8*. Oxford: Oxford University Press.

Cunningsworth, A. 1995. *Choosing Your Coursebook*. Oxford: Heinemann.

Day, R., R. & J. Bamford. 1998. *Extensive Reading in the Second Language Classroom. Cambridge*: Cambridge University Press.

Deller, S. & C. Price. 2007. *The Teaching of Other Subjects Through English*. Oxford: Oxford University Press.

Duber, J.(ed.). 1999. TESL-EJ. http://tesl-ej.org/ej13/int.html, accessed 12 July 2009.

Eastment, D. 1994. 'CD-ROM-An overview of materials.' *Modern English Teacher*, 3(4) March 1994.

Ellis, R. 2003. *Task-based Learning and Teaching*. Oxford: Oxford University Press.

Fried-Booth, D. 2002, *Project Work*, 2nd edn. Oxford: Oxford University Press.

Gleick, J. 1999. *Faster: The Acceleration of just about Everything*. New York: Vintage Books.

Islam, C. & C. Mares. 2003. 'Adapting classroom materials'. In B.Tomlinson(ed.), *Developing Materials for Language Teaching*. London: Continuum.

Kramsch, C. 1997. 'Language teaching in an electronic age'. In G. M. Jacobs(ed.), *Language Classrooms of Tomorrow: Issues and Responses*. *Singapore*: SEAMEO Regional Language Centre.

Kramsch, C., F. A' Ness & E. Wan Shun Lam. 2000. 'Authenticity and ownership in the computer-mediated acquisition of L2 literacy.' *Language Learning and Technology*, 4(2) September. 2000: 78-104.

Krashen, S. 2004. *The Power of Reading: Insights from the Research*, 2nd edn. Portsmouth NH: Heinemann.

Legutke, M. & H. Thomas. 1991. *Process and Experience*. Harlow: Longman.

McDonough, J. & C. Shaw. 2003. *Materials and Methods in ELT*, 2nd edn. Oxford: Blackwell.

McGrath, I. 2002. *Materials Evaluation and Design for Language Teaching*. Edinburgh: Edinburgh University Press.

Maley, A. 1994. *Short and Sweet I*. London: Penguin Books.

_____ 1995a. *Short and Sweet II*. London: Penguin Books.

_____ 1995b. 'Materials writing and tacit knowledge.' In A. Hidalgo et al.(eds.), *Getting Started: Materials Writers on Materials Writing*. Singapore: SEAMEO Language Centre.

_____ 2003a. 'Chapter 11. Creative approaches to materials writing'. In Brian Tomlinson(ed.), *Developing Materials for Language Teaching*. London/New York: Continuum.

_____ 2003b. 'Chapter 2. Inputs, processes and outcomes in materials development: extending the range'. In J. Mukundan(ed.), *Readings on ELT Material*. Serdang: Universiti Putra Malaysia Press, pp. 21-31.

_____ 2006. 'Doing things with texts'. In J. Mukundan(ed.), *Focus on ELT Materials*. Petaling Jaya: Pearson Malaysia.

_____ 2009. *Advanced Learners*. Oxford: Oxford University Press.

_____ (ed.) 2006a. *Asian Short Stories for Young Readers*. Vol. 4. Petaling Jaya: Pearson/Longman Malaysia.

_____ (ed.) 2006b. *Asian Poems for Young Readers*. Vol. 5. Petaling Jaya: Pearson/ Longman Malaysia.

Maley, A. & A. Duff. 1976. *Words*. Cambridge: Cambridge University Press.

_____ 2005. *Drama Techniques*. 3rd edn. Cambridge: Cambridge University Press.

Maley, A. & J. Mukundan(eds.). 2005. *Asian Stories for Young Readers, Vols. 1 and 2*. Petaling Jaya: Pearson/Longman Malaysia.

_____ (eds.). 2005. *Asian Poems for Young Readers*, Vol. 3. Petaling Jaya: Pearson/ Longman Malaysia.

Mehisto, P. *et al.* 2008. *Uncovering CLIL: Content and Language Integrated Learning and Multilingual Education*. Oxford: Macmillan.

Mohan, B. 1986. *Language and Content*. Reading, MA: Addison- Wesley.

Mukundan, J.(ed.). 2006. *Creative Writing in EFL/ESL Classrooms II*. Petaling Jaya: Pearson Malaysia.

Naish, J. 2009. *Enough: Breaking Free from the World of Excess*. London: Hodder and Stoughton.

Nunan, D. 1989. *Designing Tasks for the Communicative Classroom*. Cambridge: Cambridge University Press.

Philips, D. *et al.* 1999. *Projects with Young Learners*. Oxford: Oxford University Press.

Phillips, S. 1999. *Drama with Children*. Oxford: Oxford University Press.

Postman, N. 1995. *Technopoly: The Surrender of Culture to Technology*. New York: Vintage Books.

Prabhu, N. S. 2001. *A Sense of Plausibility*(unpublished manuscript).

Richards, J. C. & T. Rodgers. 2001. *Approaches and Methods in Language Teaching*, 2nd edn. Cambridge: Cambridge University Press.

Sampedro, R. & S. Hillyard. 2004. *Global Issues*. Oxford: Oxford University Press.

Schmidt, K. *Multiplying the Effects of In-class Instruction in Extensive Reading and Listening*. www.sendaiedu.com/06myc_keynotelecture_kschmidt.pdf(accessed 12 July 2009).

Skehan, P. 1993. 'A framework for the implementation of task-based learning.' *IATEFL 1993 Conference Report*.

Sperling, D. 1999. *Dave Sperling's Internet Activities Workbook*. New York: Prentice Hall.

Spiro, J. 2004. *Creative Poetry Writing*. Oxford: Oxford University Press. 2006. *Storybuilding*. Oxford: Oxford University Press.

Tenner, E. 1996. *Why Things Bite Back: Technology and the Revenge of Unintended Consequences*. New York: Vintage Books.

Tseng, Min-chen. 2008. 'The difficulties that EFL learners have with reading text on the Web.' *The Internet TESL Journal*. Vol. XIV,no. 2, February 2008. http://iteslj.org/ (accessed 12 July 2009).

Tomlinson, B. 1994. *Openings*. London: Penguin.

Tomlinson, B. & H. Masuhara. 2004. *Developing Language Course Materials*. Singapore: SEAMEO RELC.

Van den Branden, K. 2006. *Task-based Education: from Theory to Practice*. Cambridge: Cambridge University Press.

Waring, R. 2007(ed.), Special Issue of *The Language Teacher: Extensive Reading in Japan*. May 2007, 31(5).

Wessels, C. 1987. *Drama*. Oxford: Oxford University Press.

Wilson, K. 2009. *Drama and Improvisation*. Oxford: Oxford University Press.

Wolf, M. 2008. *Proust and the Squid*. London: Icon Books.

Wright, A. 2009. *Story-telling with Children*, 2nd edn. Oxford: Oxford University Press.

Wright, A. & D. A. Hill. 2009. *Writing Stories*. Innsbruck: Helbling.

부록 1: 12개의 일반적인 절차

다음에는 각각 주요 과목을 설명한다. 가능한 활동의 예가 주어진다.
절차의 대부분은 대부분의 텍스트에 적용할 수 있지만 모두 사용할 필요는 없다. 완벽함을 위해서 단지 텍스트를 짜내는 것은 중요하지 않다. 주어진 텍스트가 다른 텍스트보다 특정 절차에서 역할을 더 잘 하는 경우가 종종 있다. 절차와 텍스트의 세부적인 순화(permutation)는 어떤 경우에 교사만 제대로 할 수 있는 결정이다.

1. 확장

   핵심 기준 - 텍스트는 어떤 식으로든 길어져야 한다.

   예:

   - 하나 이상의 문장/단락을 텍스트의 처음과 끝에 추가한다.
   - 텍스트 내에 지정된 항목을 추가한다(예를 들어 형용사).
   - 텍스트 내에 문장을 추가한다.
   - 텍스트 내에 하위 절을 추가한다
   - 텍스트 내에 주석을 추가한다.

2. 축소

   핵심 기준 - 텍스트는 어떤 식으로든 축소해야 한다.

   예:

   - 특정 항목(예를 들어 형용사)을 삭제한다.
   - 그것을 간결한 문체(telegraphese)로 바꾼다.
   - 문장을 결합한다.
   - 절/문장을 제거한다.
   - 다른 형식(format)으로 다시 작성한다(아래의 3. 미디어 전송 및 8. 재형성(reformulation) 참고).

3. 미디어 전송

핵심 기준 - 텍스트는 다른 매체 또는 형식으로 전송되어야 한다.

예:

- 시각적 형태(예를 들어 그림, 그래프, 지도, 표 등)로 전송한다.
- 산문을 시로 전환한다(또는 그 반대).
- 편지를 신문 기사로 바꾼다(또는 그 반대).
- 표제를 속담으로(또는 반대로)로 바꾼다.
- 시를 광고 슬로건으로 바꾼다(또는 그 반대).
- 서사문(prose narrative)을 영화 대본으로 바꾼다.

4. 매칭

핵심 기준 - 텍스트와 다른 텍스트 사이에 관련성을 찾아야 한다.

예:

- 텍스트와 시각적 표현을 일치시킨다.
- 텍스트를 제목과 일치시킨다.
- 텍스트를 다른 텍스트와 일치시킨다.
- 텍스트를 소리/음악과 일치시킨다.

5. 선택/순위

핵심 기준 - 텍스트는 주어진 기준에 따라 선택되어야 한다. 순위 지정의 경우 주어진 기준에 적합한 순서로 여러 텍스트를 배치해야 한다.

예:

- 특정 목적에 가장 적합한 텍스트를 선택한다(예를 들어 10대 잡 지에 포함).
- 최고/최저(난이도, 형식, 개인적, 복잡성 등) 텍스트를 선택한다.
- 원래 버전과 거의 비슷하게 텍스트를 선택한다.

- 텍스트에서 단어를 선택하여 적절한 제목으로 사용한다.

6. 비교/대조

핵심 기준 - 두 개 이상의 텍스트에서 유사점/차이점을 식별해야 한다.
예:
- 두 텍스트 모두에 공통된 단어/표현을 식별한다.
- 하나의 텍스트에서 다른 단어/구를 식별한다.
- 두 텍스트 모두에 공통된 아이디어를 식별한다.
- 한 텍스트에서는 나타난 사실을 확인하고 다른 텍스트에서는 나타나지 않는 사실을 확인한다.
- 문법적/어휘적 복잡성을 비교한다. (11. 분석을 참고.)

7. 재구성(Reconstruction)

핵심 기준 - 응집성/완결성은 불완전하거나 결함이 있는 텍스트로 복원해야 한다.
예:
- 적절한 단어/구를 공백이 많은 텍스트에 삽입한다.
- 뒤죽박죽된 단어, 줄, 문장, 단락 등을 재정렬한다.
- 단어 배열에서 문장/텍스트를 재구성한다.
- 구두 발표(여러 가지 유형의 받아쓰기)로부터 작성된 텍스트를 재구성한다.
- 텍스트에 속하지 않는 문장/줄을 제거한다.

8. 재형성(Reformulation)

핵심 기준 - 텍스트는 필수적인 의미를 잃지 않고 원본과 다른 형식으로 표현되어야 한다.

예:

- 메모/기억에서 이야기를 전달한다.
- 키워드를 사용하여 텍스트를 다시 작성한다.
- 다른 형식으로 다시 작성한다. (예를 들어 시를 산문으로 사용). (위의 3. 미디어 전송을 참고)
- 다른 스타일/분위기로 다시 작성한다.

9. 해석

핵심 기준 - 텍스트의 의미를 명확히 하고 확장하려면 개인 지식/경험을 사용해야 한다.

예:

- 이것이 당신의 경험에서 무엇을 떠올리게 하는가?
- 이것은 무엇을 상기시켜 주는가?
- 어떤 이미지가 나타났을까?
- 어떤 연관(association)이 있을까?
- 저자에게 어떤 질문을 하고 싶을까?
- 텍스트 시작에 대한 질문을 공식화한다: 무엇, 누구, 어디, 언제, 왜, 어떻게?
- 그 본문은 그것이 무엇을 말했을 것이라고 말하지 않는가?

10. 텍스트 창작

핵심 기준 - 이 텍스트는 새로운 텍스트 작성의 발판(spring board)으로 사용된다.

예:

- 다른 주제와 유사한 텍스트를 쓴다.
- 동일한 텍스트 개요/모델을 사용하여 새 텍스트를 작성한다.

- A 텍스트에서 단어를 뽑아내어 B 텍스트를 만든다.
- 같은 제목을 사용하지만 새 텍스트를 쓴다.
- 텍스트에 선/문장을 추가하여 구조를 고친다. (위의 1. 확장과 8. 재형성 참고.)
- 이 텍스트를 결합하여 새 텍스트를 작성한다.

11. 분석

핵심 기준 – 텍스트는 철저한 검토에 기반을 둔 언어 형태로 제출되어야 한다.

예:

- 한 단어 동사와 두 단어 동사의 비율을 구한다.
- 얼마나 많은 시제가 사용되는가? 최고/최저 빈도는 무엇인가?
- 텍스트에 몇 개의 내용(또는 기능) 단어가 들어 있는가?
- 본문에서 X라는 단어가 언급된 여러 가지 방법을 나열한다.
- 이 텍스트에서 해야 할 모든 단어(바다, 움직임, 생태학 등)를 나열한다.

12. 프로젝트 작업

핵심 기준 – 이 텍스트는 구체적인 결과와 함께 관련된 실제 작업의 발판으로 사용된다.

예:

- 텍스트를 광고 캠페인의 중심으로 사용한다. 먼저 제품을 결정하고 그런 다음 캠페인 포스터, 광고 문구들(jingles) 등을 디자인 한다. 마지막으로 제품을 TV 광고(텍스트를 통합해야 함)로 제시한다. 가능하다면 동영상으로 녹화해 본다.
- 이 텍스트는 X의 문제에 관한 내용이다. 다른 그룹이 이 문제에 대한

설문지를 작성하여 완성한다. 결과를 표로 정리하여 반의 나머지 학생들에게 제시한다.
- 이 텍스트는 특정 관점을 나타낸다. 파트너와 함께, 관점을 지지하거나 반대하는 간략한 잡지 기사를 준비하고 두 경우 모두 자신의 입장을 뒷받침할 아이디어와 예제를 수집해야 한다.
- 반의 게시판에 붙여 기사를 보여 준다.

교실 절차

달리 명시되어 있지 않는 한 모든 권장 활동을 채택하는 절차는 다음과 같다.

1. *개인 활동* – 각 학생은 먼저 자신을 위한 활동을 한다. 이것은 모든 학생이 초기에 개인적인 노력을 하도록 한다.
2. *짝 활동*(아니면 3명씩 그룹) – 학생들은 함께 작업하여 그들이 개별적으로 생산한 것을 비교하고 토론한다.
3. *수업 활동* – 그런 다음 짝 활동은 전체 토론 수업에 적절히 피드백이 된다.

특히 12건의 프로젝트 작업에서 *그룹 활동*이 짝으로 작업하는 것보다 더 바람직한 경우가 있다.

부록 2: 텍스트 및 절차의 예문

공간은 주어진 텍스트가 어떻게 하나 이상의 절차와 결합될 수 있는지를 보여주기 위한 완전한 활동 세트를 제공하지 못한다. 그러나 이 아이디어가 호소력을 발휘한다면 교사를 움직이게 하기에 충분할 것이다.

텍스트 1 하이쿠(Haiku)[71]

> Strange to think of you
> Thirty thousand feet below
> And five years away.

(a) 확장(주의. 학생들에게는 직접 지시 사항이 적혀 있다.)

   (i) 하이쿠 '전체'를 다시 작성; 즉 이것이 무엇에 관한 것인지 명확히 한다. 나는 이 비행기에 앉아 있다. 우리는 5년 전에 살았던 도시와 우리가 서로를 알던 도시를 뛰어 다니고 있다. 갑자기 너를 다시 생각한다…

   (ii) 이전에 올 수 있었던 '하이쿠 단락'을 작성하고 그 뒤에 올 수 있는 단락을 작성한다.

   예) 시드니에 도착했을 때 나는 거의 즉시 잠들었다. 내가 깨어났을 때, 우리가 X를 넘었다는 것을 깨달았다. 나는 집에 돌아가면 바로 전화할 것이다. 옛 친구들은 소중하다.

(b) 미디어 전송

   (i) "삼천 피트 아래"인 사람에게 엽서로 haiku의 사건을 쓴다.

   (ii) 이 사건을 기록하면서 승객의 일기장에 기사를 적는다.

비슷한 방식으로 작업할 수 있는 다른 하이쿠가 있다:

> Bark-skinned crocodile
> One eyelid flickers open-
> Sharp silver of flint.

---

71) [역자주] 일본의 전통 단시

This sudden Spring squall
Shags the daffodils with snow-
Am I young or old?

Sounds across the valley,
In the early twilight:
Eyes dim- ears sharpen.

Alan Maley

텍스트 2 짧은 시

The adversary
A mother's hardest to forgive.
Life is the fruit she longs to hand you,
Ripe on a plate. And while you live,
Relentlessly she understands you.

Phyllis McGinley

(a) 미디어 전송

시를 하이쿠와 같이 (1줄 = 5음절, 2줄 = 7음절, 3줄 = 5음절) 다시 쓴
다. 가능한 원본에서 가져온 단어를 사용하라. 다음 예문과 같이:

Hardest to forgive
Is a mother. She so longs
To understand you.

(B) 비교와 대조

이 시와 원본을 비교한다. 시가 공유하는 것의 목록과 그들 사이의 차

이점에 대해 목록을 작성해보고, 그런 다음 다른 학생과 그 목록을 비교한다(예를 들어 공통 단어 또는 아이디어가 있는가? 두 화자의 태도가 동일한가?).

> *Sorry*
> Dear Parents,
> I forgive you my life,
> Begotten in a drab town,
> The intention was good;
> Passing the streets now,
> I see the remains of sunlight.
> It was not the bone buckled;
> You gave me enough food
> The renew myself.
> It was the mind's weight
> Kept me bent, as I grew tall.
> It was not your fault.
> What should have gone on,
> Arrow aimed from a tired bow
> At a tried target, has turned back,
> Wondering itself
> With questions you had not asked.
>
> *- R.S. Thomas*

(c) 선택

- 시에서 가장 중요한 단어는 무엇인가? 네 그룹으로 분류하여 답을 비교하라.

• 이 시가 들어갈 가장 적합한 것부터 가장 적합하지 않은 순서로 결정한다. 짝과 함께 답변을 비교한다.

(i) 가족 상담 및 자문 서비스 광고의 일환으로.

(ii) 딸이 어머니에게 보내는 편지의 일부로, 그녀는 나쁜 말을 한다.

(iii) 청소년을 위한 문집에 포함을 시키기 위한 시로.

(iv) 가족 심리학에 관한 책의 첫 페이지에 대한 헌신으로.

(d) 해석

• 짝 활동으로 당신은 시의 저자에게 물어보고 싶은 3가지 질문을 쓴다.

• 이것은 당신이 가진 어떤 감정을 상기시켜 주는가? 아니면 당신의 친구들이 가끔 가지고 있었을 수도 있는가? 이것을 짝과 상의해보라.

• 시인은 어머니에 대해 다소 부정적인 견해를 가지고 있다. Phyllis McGinley에게 그녀의 견해에 동의하지 않는 쪽지를 쓴다. 적어도 세 가지 주장을 찾아보라.

텍스트 3 Mini-text

그는 나에게 꽃을 보내지 않았다. 그는 내게 편지를 쓰지 않았다. 그는 나를 식당에 데려다주지 않았다. 그는 결코 사랑에 대해 말하지 않았다. 우리는 공원에서 만났다. 나는 그가 말한 것을 기억하지 못한다. 그러나 나는 그가 어떻게 말했는지 기억한다. 어쨌든 대부분은 침묵이었다.

Lescek Szkutnik

(a) 재구성

단어 배열

Silence	Was	He
Never	Love	Of
I	Sent	Anyway
Took	Met	Letters
Me	Don't	Spoke
Wrote	Parks	Said
To	What	How
Remember	We	It
in		

단어 배열을 통해 최대한 많은 문장을 만들라(단어를 원하는 만큼 여러 번 사용할 수 있으며 모두 사용할 필요는 없다). 짝과 그러한 활동을 할 수 있다. 몇 가지 문장을 사용하여 단편 소설을 작성하고 그런 다음 선생님이 제공할 텍스트와 비교하라.

(b) 텍스트 창작

커플이 헤어지기 전에 마지막으로 만났다고 상상해보고, 짝과 함께 그들이 말하는 대화를 작성하라.

(c) 분석

각 문장의 문법적 주제는 무엇일까? 텍스트의 처음부터 끝까지 패턴을 볼 수 있는가? (주의. 교사들을 위해 – 그는 HE에서 WE로 I에서 IT으로 이동한다. 충분한 자료를 제공한다!)

16

Lozanov와
텍스트 교수

Grethe Hooper Hansen

16.1 들어가기

이 장에서는 Lozanov 방법론(Lozanov method)의 텍스트 쓰기 및 문법 표현에 중점을 둔다. 이 새로운 버전을 위해 다시 작성하는 것은 보람 있는 경험이다. 왜냐하면 그 사이에 양자 과학(quantum science)은 더 친숙해졌기 때문에 Lozanov처럼 다차원적이고 불확실하며 참여적이고 우리가 영향을 준 현실을 인식하기 쉬워졌다. 이것은 교육의 변화에 중대한 영향을 미친다.

암시 교수법(Suggestopedia, 이하 SP)은 논란이 되었던 불가사의한 언어 교육의 방법으로 1960년대에 표면화되었을 때 이해가 되지 않는 채 받아들여졌다. 그 이유는 학습에 대한 거창한 주장이 당시의 과학과 일치하는 방식으로 설명될 수 없었기 때문이다. 또한 공산주의 체제에서 소피아 대학교에서 일한 정신과 의사 Georgi Lozanov는 치료사로서 상호작용에서 나타난 미묘한 징후에 따르는 기관에서 일했기 때문에 창시자라고 설명할 수 없었다. 정권의 희생자를 치료하고 최악의 경우 최면술을 사용해야 하는 그는 중상을 입은 환자들을 '다시 생명으로 이끌어 낼 수 있는' 방법을 찾고자 했다. 그가 매우 섬세한 제안을 통해 발전시킨 것은 삶의 본질을 소생시키는 것이었다. 그리고 그것은 최면의 정반대였으며, 그의 경험상 생명력을 빼앗아갔다. '도움'이 필요한 '아픈'

사람들의 해로운 영향을 없애기 위한 치료 방법에 외국어를 가르치는 새로운 목표를 제시했으며 그 시점에서 그는 탁월한 효율성을 발견했다. 외상이 사라졌을 뿐만 아니라, 학습자들은 영어를 매우 빨리 배웠다. 이것이 퍼지자, 정부는 공산주의의 영광을 위해 그의 활동으로부터 이익을 얻기 위해 서둘렀고 연구 기관이 세워졌다.

Lozanov가 살았던 논리는 심리적 차원, 즉 아원자(subatomic)[72]에 적용되는 논리이며, 따라서 여러 면에서 데카르트의 정 반대편에 적용된다. 예를 들어, 모순에 대한 기본적인 데카르트의 원리는 더 이상 적용되지 않는다. 예를 들어 모든 것은 A와 A가 아닌 것 둘 다 될 수 있는 것이다. 따라서 그의 가르침에서 교사는 협상할 수 있는 두 가지 수준의 영향이 있다. 의식적인 것과 의식이 없는 것. 만약 내가 이탈리아의 교사로서 "이탈리아어가 쉽다"라고 말하면, 학생들은 (a) 내가 거짓말하고 있다는 것을 의식하지 못한다. (b) 이탈리아어를 배우기가 어렵다면 그는 바보가 되어야 한다는 것을 의미한다.

아원자에 해당하는 학습은 많은 교육 사상가들에 의해 인간 학습의 주요 흐름(Claxton 1997)으로 간주한 *The Tacit Dimension*(1967)로 유명하였다(Polyani가 유명하게 알려짐). 그러나 '수동적' 학습으로 교육에서 거의 무시되었다. 치료 전문가인 Lozanov는 환자가 의식이 있는 자극보다 무의식에 훨씬 더 강력하게 반응한다는 것을 알고 있다. 왜냐하면 양자 생물학자들은 우리의 정신적 과정의 95 퍼센트가 의식이 없다고 주장한다. 의식적으로 등록된 사람은 5퍼센트에 불과하다(Lipton 2005). Lozanov의 방법의 복잡성은 무의식의 숨겨진 언어와 영역에 대한 평생의 연구, 특히 의식을 충족시키는 불투명한 영역, 즉 그가 '초월적 의식(para-conscious)'이라고 부르는 의식 때문에 발생한다.

---

72) [역자주] 원자보다 작은 입자를 말한다.

SP는 무의식적이기 때문에 연속적으로, 한 번에 하나씩 하는 대신 '병렬적(in parallel)'(시각, 청각, 촉각, 후각, 움직임 등을 동시에 기록)으로 발생할 수 있는 암묵적 차원의 '상향식(bottom-up)' 학습을 촉진시키기 위한 내부 조건을 만드는 것을 목표로 한다. 무한한 양의 병렬 처리 과정과 비례하여 더 넓고 복잡한 학습을 가져 오는데, Krashen(1981)과 Asher(1977)의 '습득'에서 지적한 효과는 매우 오래가고 진실되지 못한 학습을 가져 왔지만 수동적인 문제는 풀지 못했다. 학습 매개변수는 의식적 학습의 반대이다. 의식적 마인드는 개별 항목(집중의 개념)에 초점을 맞추기 위해 좁힐 필요가 있으나 무의식은 정신적 이완으로 넓게 열려 있어야 한다. 그러므로 Lozanov는 학습된 자료보다는 학습자의 이해력에 초점을 맞추고 음악, 게임 및 기타 복잡한 이완 수단을 사용하여 방대한 양의 자료를 쉽고 간편하게 피로 없이 흡수할 수 있는 마음 상태를 만든다.

이 과정에는 심리 요법에서 가져온 두 가지 단계가 있다. 잠복기(언어 재창조와 같은 무의식을 지지)와 정교화(결과를 의식적 인식에 이르기까지)이다. 이 과정은 나중에 설명한다. 그러나 그가 사용할 수 있는 패러다임 언어가 없었기 때문에(그리고 치료사로서, 그는 항상 설명보다는 결과에 더 관심이 많았다), 그가 반대하는 정부의 기금에 의존했고, 그의 연구에 대한 접근을 제한했다. Lozanov는 자주 오해를 샀고, 잘못 해석되고 허위 진술되었다. 기적적으로 그는 웨일스를 중심으로 한 국제 훈련 시설을 가지고 비엔나에 본사를 두고 일하고 있다.

서구에서는 좌뇌 학습(Hannaford 1997)을 선호했으며 1960년대의 Roger Sperry의 반구 차이에 대한 연구 이전에 우리는 마음을 데카르트의 논리 생성자로 생각했기 때문에 오른쪽 뇌를 학문적으로 쓸모없는 것으로 간주했다. 더 논리적일수록 질이 좋다. 그러한 경향은 오른쪽이 의식적이지 않기 때문에 시험 문제에 즉각적으로 답을 할 수 없다. 습득 과정에서 지배적이지만 수동적인 특성 때문에 교실에서 이를 무시하는 경향이 있다. 그러나 Lozanov는 Krashen과 Asher처럼 능동적인 의식의 마음보다 더 복잡하고 부피가 크기 때문에 수동적인 것을 목표로 거기에 집중한다. Iain McGilchrist(2009)의 두뇌 반구에 대한 우수한 연구에서는 오른쪽(중앙)과 왼쪽 사이의 상호 작용을 설명한다. 모든 새로운 정보는 글로벌 방식으로 오른쪽을 통해 들어와서 분석 및 조직을 위해 왼쪽으로 전달되고 최종 평가를 위해 오른쪽으로 돌아간다. 평상시에 일상적인 기능에서 두 기능은 완벽하게 함께 작동한다. McGilchrist가 데카르트의 합리주의의 출현 이후 서구 세계에서 발생했던 극단적인 좌반구 양극화로 보아서 오늘날의 교실에서는 거의 존경을 받지 않는 균형이다.

Lozanov가 그의 치료 및 의학 관행에서 주목한 것은 전체 유기체가 활성화되어 자연적으로 작용할 때 사람이 더 행복하고 신체가 건강할 뿐만 아니라 심성이 설명된 것과 비슷한 상태로 열릴 수 있다는 것이다. Csikszentmihalyi가 *Flow, The Psychological of Optimal Experience* (1990)에서 설명하였다. 학교에서의 학습 장애에 대한 우리의 현재의 유행은 이 자연스러운 과정이 억제되었을 때, 전통(Shakespeare, Blake & Wordsworth 그리고 John Abbot 2010)에 의해 노력해 왔을 때 우리는 인간의 천재성을 억압할 뿐만 아니라 많은 심리적 육체적 질병이 생길 수 있다.

Lozanov의 선생이었던 Evalina Gateva는 학생들에게 안전을 위한 거미집을 만들어 줌으로써 이러한 '양자 조건(quantum conditions)'을 직관적으로 만들 수 있었다. 자연스럽게 똑같이 할 수 있는 교사도 있지만, 나는 한 사람이 아니다. 나는 양자 가능성(quantum possibility)을 유지시키기 전에 개념을 이해해야 했다. 예를 들어, 신뢰, 용이성, 그리고 불신의 중단은 유연성 있는 상호객관성을 유지하는 데 필요하다. 일단 각 부분이 전체의 성격과 목적에 따라 결정되어야 한다는 것을 깨달은 후에 나는 왜 텍스트에서 나타나지 않거나 문법적인 목적으로만 계획되었던 어떤 연습도 섬세한 구조 전체를 붕괴시키고 그룹 전체의 신뢰를 깨뜨릴 수 있다는 것을 이해했다. 나는 여러 번 '잘못 이해했기' 때문에 어렵지만 보람이 있는 시간을 보냈고, 실제로 이것은 Lozanov 자신의 교사 개발을 위한 주요 권고사항이다.

SP의 전반적인 목표는 마음이 최적의 상태로 풀리고 완전히 열린 상태에서 학습자를 잡는 것이다. 이러한 이유로 예술은 이상적인 것을 찾는 것을 제안하면서 가치 있는 도구이다. 이 효과를 직접 경험하려면 화가 Turner의 바다 또는 조경 그림 중 하나를 자세히 살펴보면 이 효과를 느낄 수 있다. 교사들이 학생들이 배우지 않는다고 불평할 때, Lozanov의 첫 번째 제안은 행동의 의식을 잃어버리게 하기 때문에 텍스트의 양을 두 배로 하는 것이다. 놀이(활동과 반대로 게임하는 의미에서)는 우리가 교실에서 배우기 위해 노력할 때 무의식적으로 다가오는 한계와 폭풍을 피하는 한 가지 방법이다. 아무도 뱀과 사다리(Snakes and Ladders) 게임에서 당신의 활동을 판단하거나 비판하지 않는다. 활동을 게임으로 전환하고(올바르게 제공한 경우) 재미있고 쉽게 성공할 수 있는 자신감 있는 기대감을 불러일으킬 수 있다.

Lozanov가 이 접근법을 '암시 교수법(Suggestopedia)'이라고 불렀던 이유는 말하는 것이 아니라 학습자가 스스로 선택할 수 있는 힘을 부여함으로써 유기적, 인간적인 과정에 대한 통제력을 부과하는 부정적인 결과를 피하기 때문이다. McGilchrist(2009)의 반구에 대한 연구는 '자연적' 접근 방식이 감정과 거시적 방식으로 반응하는 오른쪽 반구와 결합하기 때문에 관련이 있다. 반면 왼쪽 반구는 감정이 없고 이성적으로 반응한다(오늘날의 정부가 통제하는 교실을 목표로 함). Lozanov는 학습자 자율성을 향상시키기 위해 다양한 접근법을 사용한다. 비록 그 자신이 반구에 대해 말하지는 않았지만, 이것들은 오른쪽 반구에 효과적으로 맞춰져 있다. 성공적인 경험의 예로는 시범 학습이 있다. 이것이 처음으로 일어났을 때(입에서 흘러나오는 새로운 단어들, 의도하지 않은 단어들, 때로는 완벽한 문장들을 형성하기도 함) 학습 자체가 내부에서 온 것이고, 어떤 것으로부터 전혀 도움을 받지 않는다는 것을 알고, 자기실현의 특별한 느낌을 갖게 된다. 학생들은 이전에 알려진 공식적인 학습과 달리 경험에 강하게 영향을 받는다.

이제 우리는 텍스트 작성과 위에서 보여 준 아이디어의 문법적 표현에 대한 함축을 살펴보겠다. Lozanov 박사는 본질적으로 상황과 사건에 대한 반응으로 자신의 방법과 아이디어를 조정하면서 직관과 관찰을 통해 일하는 치료사임을 기억해야 한다. 박사 학위 이상을 가진 고도로 교육받은 남성이지만 추상적 개념으로 인해 모든 이론화를 거부한다. 유창성을 유지하고자 하는 현실과 각기 다른 신념에서 해석되어야 하기 때문에 의도한 만큼 정확하지 않은 것이 현실이다. 나는 Assagiolo(1968)의 연구를 참고하는 것이 유용하다는 것을 발견했다. 그의 생각은 Lozanov와 유사했고 '그 시대 이전'과 같다. 예를 들어, 그는 의식적인 사고가 논리적인 감각을 만들어내는 반면 자연의 나머지 부분과 마찬가지로 무의식 상태는 기쁨 원칙에 지배를 받았다. 오늘날의 광고주는 우리가 원하는 색상, 모양, 아름다움, 편안함 및 우리가 원하는 것들에 대한 암시를 잘 이해한다.

16.2 Lozanov 주기

수업은 주기를 고려한다. 먼저 학습자가 세 가지 다른 방식으로 교재를 신중하게 조정하여 교재를 흡수할 때 발표가 이루어진다. 첫 번째로, 비공식적이고 극적인 텍스트 어휘에 대한 소개로 교사가 음악과 함께 텍스트를 큰 소리로 읽을 때 매우 다른 형식의 '콘서트'가 뒤따른다. 이 '입력' 세션은 과정 전체에 걸쳐 지속될 각 학생의 무의식적 '인큐베이션' 과정을 촉발시킨다. 상황에 따라 한 번의 긴 세션으로 입력을 완료할 수 있지만 적어도 하룻밤 쉬어야 한다. 그런 다음 텍스트의 '정교화'가 시작되고 아래에서 설명하는 것처럼 처음에는 디코딩이 시작된 다음 더 자유롭고 창의적인 세션을 시작한다.

각 수업 주기는 이 구조를 따르지만 문법을 통합하는 데는 '요점을 되풀이' 하는 일이 있으며 과정은 학생들이 자신의 그룹 공연을 계획, 작성 및 전달하는 것으로 끝난다. 각 학생은 과정 기간 동안 목표어로 새로운 이름과 성격을 갖는다. 또한 교사는 때때로 역할을 수행하고 학습이 발전함에 따라 변화하는 성격의 가변성(fluidity)을 반영한다. 처음에 교사는 그룹 상호작용을 정의하고 지지하고 안전 매개 변수를 설정하는 권위 있는 인물이 되나 학생들이 자신감을 얻고 지식을 습득함에 따라 점차 배경으로 사라져 마침내 뒷자석으로 후퇴한다. 이로 인한 교사의 '물러남'은 항상 놀라게 하고, (성공했을 때) 안도감과 쓸쓸함을 동시에 가져다 준다.

16.3 수업 주기의 예

텍스트: 8-10 행위(act)의 코미디(주기 당 1 행위). 8-10 시간을 적절히 나누었다. 학습자(L)는 목표 언어로 이름과 직업을 선택하고 과정이 진행됨에 따라 역할을 개발한다.

16.3.1 소개

1. 교사(T)는 목표 문법 구조와 어휘를 사용하여 행위의 이야기를 소개한다. '수동적인' 학습자(Ls)는 그들이 원하는 경우에만 중재한다.
2. 첫 번째 콘서트: T는 텍스트(1,000-2,000 단어)와 초급 수준의 번역

본을 배포한 다음 클래식 음악의 반주로 소리를 내어 읽어준다. Ls는 번역을 들으면서 번역 내용을 눈으로 따라 읽는다. 고전 음악은 감정을 이끌어 내고 언어와 같은 구조를 지니며, 둘 다 기억을 돕는다.

3. 두 번째 콘서트: T는 바로크 음악을 반주로 하여 다시 읽어준다. Ls들이 눈을 감고, 편안하게 듣는다. 바로크 음악은 내면의 평온함, 명료성 및 순서, 이해를 통합하고 접근하기 위한 최적 조건에 이르게 하는 역할을 수행한다.

16.3.2 정교화

목표 구조와 어휘의 활성화이다. E1은 Ls의 소리내어 읽기, 번역, 종종 문법적 설명을 포함한다. E2 자유 활동: 게임, 드라마, 노래. 다양성은 기억과 이해를 위해 다양한 방식으로 항목을 재활성화한다.

이 대화 상자는 〈표 16.1〉과 같이 열 단위로 작성되며, 의미 단위로 표현된 언어가 있으므로 배우기가 쉬워진다. 주요 단어는 메모리에 스탬프를 찍기 위해 밑줄을 치거나 강조할 수 있다. 문법적인 특징을 골라내고 그 예를 오른쪽 열에 나열하고 다시 메모리에 표시한다. 번역은 초급 단계에서 사용하며, 문법 열 위에 하나의 열로 텍스트를 잘라 인쇄하지 않으며(학습이 어렵다는 의미로 받아들여질 수 있음), 학생들이 유인물 없이 충분히 학습할 수 있다고 확신이 드는 즉시 버린다.

〈표 16.1〉

THE TEXT

is a play in 8–10 acts, each complete in itself.

The cast mirrors

an ideal suggestopedic learning group –

8 or more extraordinary people,

equal in humanity   equal in...

if not in material status,

involved in some way in the arts   involved in...

(to allow for artistic metaphors,

high aesthetic content,   allow for...

underlying search for self-realisation).   search for...

The plot typically involves

a situation which brings together

geographically scattered people.

It is important that the situation

not be too 'far-out' because

the intention is to show

that high-voltage living   intend to...

is only a small step,

an adjustment of mind,

from where we are now.

Mythical worlds appeal to writers   appeal to...

but may impose a dissociative framework.

암시적 학습은 텍스트 흡수에 기반하기 때문에, 강조 또는 설명을 위해 선택된 모든 문법 구조가 텍스트에 포함되어 있어야 한다. 텍스트는 먼저 사용할 수 있어야 다른 상황에 맞게 변경하고 적용할 수 있지만 교과서나 교재 텍스트는 고품질의 색상이 있는 그림을 포함하여 이상적으로 사용한다(미적 원리에 대한 섹션 참고).

텍스트는 또한 활동을 유발하는 신호 단어 또는 구와 '자연스러운' 문법 표현으로 가득하다(예를 들어 첫 번째 동화에서 텍스트로부터 '네 번째 줄에서' 구를 합창할 때, 이것은 서수에 대한 빠른 루틴을 실행하라는 나의 신호이다. 생각이 방금 내 머릿속으로 튀어 오르고 언어학적인 활동이 계획된 조각이 아니었던 것처럼). 학생들은 이것을 깨닫고 무의식적으로 그들이 배울 것을 배우고 있음을 알고 게임에 참여한다. 모든 것은 항상 상호 연관되어 있어야 하며, Lozanov 특유의 광고 효과는 문법적 표현에 관한 섹션에서 나중에 논의될 것이다.

16.4 언어

목표 구조와 어휘는 자연스럽게 흐르는 대화로 진행된다. 더 부드럽고 멜로디적으로 들릴수록, 이미지와 시적 언어가 더욱 생생해질수록 (무의식적) 마음에 더 잘 침투한다. 단순함은 용이함을 의미하고 텍스트는 Printer의 연극과 Blake의 시처럼 귀를 즐겁게 해야 한다. 그러나 대뇌 피질의 두뇌를 사용하여 오른쪽 대뇌 반구에서 행동을 유지하게 하려면, 높은 감정적 내용이 필요하다.

이미지화를 조장하는 구체적인 어휘와 감각 운동 학습을 자극하는 감각적 단어, 무의식 단계(나무 물, 새, 동물, 태양, 달 등의)에서 집중시키기 위한 상징과 원형을 촉구하기 위해 가능할 때마다 은유와 이미지가 나타날 수 있다. 언어 학습에 대해 글을 쓰는 Assagoli(1968)은 재치있는 말장난, 역설(paradoxes), koans(오른쪽 반구와 추론적 해결을 요구하는 무의미한 단어), 유머, 발성, 시와 잠언과 속담으로 마음을 자극하는 것을 추천했다. 대부분의 방법과는 달리, Lozanov는 처음부터 풍부하고 복잡한 구조를 제시했다. 언어는 그 단위에서 배울 구조에 국한되지 않으며, 따라서 더 많은 학습을 위해 준비하고 모든 다양성과 다중성(자세한 내용은 아래의 문법 참조)에 대한 게슈탈트(gestalt)[73]로 표현한다.

Lozanovian 글에서 논쟁의 여지가 있는 쟁점은 언제나 총체적인 '긍정성(positivity)'의 필요성이다. **이 패러다임 안에서** 스트레스와 불안은 좌뇌를 활성화시키는 경향이 있는 반면, Lozanov는 마음을 자유롭게 하는 것을 목표로 하고 있기 때문에(Lozanov는 특히 음악을 통해, 부정적인 감정을 내보내는 다양한 방법을 포함한다) '부정성(Negativity)'은 거부당하기보다는 회피된다.

텍스트는 가십(gossip), 악의(하지만 재미있는), 범죄, 사고, 재해, 인간관계 및 섹스를 피한다. 왜냐하면 이 모든 것들이 아픈 기억의 흔적을 불러일으킬 가능성이 있기 때문이다. 텍스트는 상징과 성공의 제안으로 뒤덮여 이러한 목표에서 마음을 점화시킨다. 모든 것이 미묘한 속임수이다. 이는 교훈의 혐오감을 공유한 Carl Rogers와 흥미로운 비교를 할 수 있다. Rogers(1961)은 인본주의 심리학(Humanistic psychology)의 창시자 중 한 사람으로 1950년대 하버드 대학교에서 열린 공개 강연에서 교육이 시간을 낭비할 뿐만 아니라 해를 끼칠 수 있다고 도발적으로 발표하면서 교육에 아이디어를 도입했다.

---

73) [역자주] 자신의 욕구나 감정을 하나의 의미 있는 전체로 조직화하여 지각한 것.

그러나 강의에 대한 그의 대안은 학생들에게 책 목록을 학생들에게 보내어 그들이 주제에 대해 알아낼 수 있도록 하는 것이었다. Lozanov의 경우에는 *이야기하기(telling)*에서 *제안(suggestion)*에 이르기까지 부제가 변경되어 학습자의 자율성을 향상시키는 데는 시간이 낭비되거나 전문 지식의 혜택을 받지 못하는 경우가 있다.

교리주의를 피하는 것은 Lozanov의 미학적 내용에 대한 주장 뒤에 있다. 그는 예술에 대한 소크라테스 관점을 마음을 고양시키는 것으로 공유하며, 예술 작품이 다양한 요소들 사이에서 조화를 이루며, 마음을 끌어들이는 인식에 영향을 준다는 것을 설명한다(1979: 160-63). 이것은 지각에서 분석적인(왼쪽 반구형) 편향보다는 게슈탈트(오른쪽 반구형)를 지지한다. 그의 정신 요법에서 언어 교육에 관심을 돌리기 훨씬 전에 섬세함과 존경심으로 고객을 치료하는 것이 치료법으로 사고방식과 행동 방식이 비슷하도록 하는 성향을 갖게 한다는 것을 발견했다. 그는 또한 그의 연구에서, 종종 그 방향으로 마음을 조정하는 효과가 있는 예술 세계에 관해 텍스트 자료를 소개하는 것으로 충분하다는 것을 발견했다. 자신의 텍스트에는 시를 비롯하여 가능하면 고품질의 색 재현이 포함된다. Turner, Gainsborough 등은 영어 강의 교재인 *The Return*에 표시된다.

16.5 문법

Lozanov의 방법을 믿는 것과는 달리, 그는 문법적 표현에 있어 세심한 면이 있으며, 명백한 표현에서 구조가 생략되면 결코 배울 수 없다고 주장한다. 그러나 그의 방법은 의식과는 달리 의식이 아닌 무의식적(non-para-conscious)으로 목표를 정한다는 점에서 매우 다르다.

Lozanov의 순환에서 명백한 문법 표현을 위한 주요 슬롯은 텍스트를 함께 읽는 과정에서의 정교함에 있다. 어떤 문장을 반복한 후에는 문법적인 항목에 순간적이고 분명하게 자발적으로(그러나 신중하게 계획되고 준비된) 초점이 있게 된다. 이것은 다음과 같이 해야 한다.

(a) 텍스트에서 비롯되어야 한다. 그래야 학습자의 마음이 언어 구조보다 극(drama)에 초점을 맞추게 된다.

(b) 학습자가 분석 모드로 전환할 기회가 없도록 *간단하게* 작성해야 한다. 따라서 그것은 이후에 발생할 수 있는 활동이나 드릴을 결코 따르지 않는다.

(c) *불완전하여* 아직 무의식 상태에 빠져서 퍼즐을 풀기 위한 자료가 있다. 마음은 도전으로 긍정적으로 자극이 되는 강박적인 패턴 제작자이다.

문법은 결코 그 자체를 위해 존재하지 않지만 문자 퍼즐로 자발적으로 생겨나는 것처럼 보인다. 그것에 관한 질문은 일반적으로 섬세하고 재치 있는 방법으로 묻는 사람에게 반영된다. 그 의미는 먼저 의식을 잃지 않고 두 번째로 그룹의 자율성을 강조하면서 서로 협력하는 것이다. 그러나 지속적인 요청이 있을 경우 도움을 준다. 목적은 좌절시키는 것이지 고통이 아니다.

설명은 실증적이고 물리적인 방법(운동 감각/시각/청각)으로 주어지며, 가능할 때마다 패러다임의 동사 표와 같은 시각적인 표시가 포함된다. 패턴이나 '전체 그림(whole picture)'으로 제시될 경우(오래된 문법책) *오른쪽* 반구와 관련되며, 색상과 밑줄로 구별된다. 그러면 눈은 필요에 따라 이동한다. 각각의 사람들은 자신의 방식으로 볼 수 있다. Lozanov는 텍스트를 '추적(tracks)'하거나 차단하지 않는다. 이것은 패턴을 깨고 좌반구를 천천히 순차적인 과정으로 자극한다. 언어적 설명은 항상 매우 짧고 타원형이어서 왼쪽 두뇌를 활성화시키지 않는다.

따라서 모든 것은 게슈탈트를 보존하는 방식으로 이루어진다. 예를 들어, 정보는 구분된 방식으로 표현되지 않고 전체의 일부로 표현된다. 여러 페이지가 있는 오래된 문법책은 색상으로 재현하면 Lozanovian 수업에 완벽한 자료를 제공한다. 그러나 구식의 사고를 지닌 교사는 학생들의 국제적 감각을 무너뜨리는 방식으로 텍스트를 추적하도록 했다. 대신, Lozanov는 최소한의 설명만으로 빠른 속도로 많은 양의 자료를 제공한다. 마음을 대비시키기 위한 수업을 시작하기 전에 포스터가 벽에 붙어 있고 정리를 위해 잠시 붙어 있다.

문법은 구조에 대한 기존의 전통적인 단계적 접근 방식과는 매우 다른 동일한 전체 그림 방식으로 제공된다. 예를 들어 조동사의 경우, 그것들은 *모두* 한 번에 소개되고(그에 따라 포스터가 디자인 됨), Lozanov 문맥에서 모든 것이 하나의 언어 패턴에 부합한다는 것이 명백해진다. 의미와 단순성의 순서(order-of-simplicity)는 *형태*에 종속된다. Lozanov는 텍스트에 내재된 의미가 복잡하고 빠른 분석 방법의 과정에서 스스로 발견할 수 있는 무의식이 학습자의 자존심과 자율성을 높일 것으로 기대하기 때문에 의미를 무시하는 경향이 있다. 반면, 설명할 필요가 없는 것을 설명하기 위해 학습자의 열등감을 근거 없이 제시한다.

Lozanov 상황에서조차 반복이 필요하다는 사실을 피할 수가 없다. 그러나 그것은 어려움과 학습자의 불충분함이라는 일반적인 함의를 지니지 않도록 깊이 숨겨야 한다. 학습자가 게임을 하고, 텍스트를 각색하고, 질문을 할 때 두 번째 정교화 과정에서 실패할 수 있다. 표면적으로 이것은 의사소통 원리와 비슷하게 보일지 모르지만 강조하는 부분은 다르다. Lozanov는 언어 수준뿐만 아니라 그 과정에서 진정성을 추구한다. 학습자는 질문을 자연스럽게(단지 반복하기보다는) 반복적으로 질문해야 한다. 그래서 각 경우에 자연스러운 상향식 처리 자극을 보존하면서 진정으로 '내부에서' 튀어 나온다.

속도가 느려지자마자 좌뇌는 걱정할 부분을 발견하고 주의를 기울일 것이고, 따라서 처리를 제어하여 오른쪽으로 이동할 것이기 때문에 수업의 모든 단계에서 속도가 문제가 된다. 분위기는 여유롭지만 번잡하며 많은 일들이 한 번에 발생한다. 꼭두각시(puppets)는 교훈 없이 문법적 정보를 표현하는 능동적이고 간접적인 방법을 제공하며, 또한 상상력을 자극하고 제안을 할 수 있다. 학습자는 꼭두각시로 식별한다. 왜냐하면 우리가 살아있는 존재가 우리의 톤, 표현 및 몸짓으로 무의식적으로 보내는 것을 도울 수 있는 비언어적인 메시지가 없기 때문이다. 역할 놀이에 초대하는 동시에 마스크를 사용하는 동시에 수줍어하고 꺼리는자를 위장하는 마스크도 마찬가지이다.

16.6 결론

그는 언어학자가 아니며 언어적 문제보다 심리학에 더 관심이 많으므로, Lozanov는 문법적 표현에 관해 많이 쓰지는 않았지만, 전 세계적으로 유지하려는 그의 의도는 매우 독특한 문법적 접근을 창출하도록 인도했다. 함축된 원리를 찾기 위해 필자는 텍스트와 활성화 기록을 테스트했다. 이 방향으로 많은 활동이 이루어져야 하며, 대학원 연구 및 교과서 제작을 위한 흥미진진한 영역이 된다. 이성주의 이후의 세계는 거부된 '수동적 학습(passive learning)'을 재발견하고 수정하는 흥미로운 활동에 직면하고, 의식 수준 아래에서 발생하는 인식의 힘을 활용하고, 자연적이고 유기적인 방법을 배울 수 있다.

참고 문헌

Abbott, J. 2010. *Over Schooled and Under Educated*. London: Continuum.

Asher, J. 1977. *Learning Another Language Through Actions*. Los Gatos, CA: Sky Oaks Publications.

Assagioli, R. 1968. *Come Se Imparano le Lingue per l'Inconscio*, pamphlet available from the Istituto di Psicosintesi, Via San Domenico, Florence, Italy.

Claxton, G. 1997. *Hare Brain Tortoise Mind*. London: Fourth Estate.

Csikszentmihalyi, M. 1990. *Flow, The Psychology of Optimal Experience*. New York: Harper Perennial.

Hannaford, C. 1997. *The Dominance Factor*. Arlington, VA: Great Ocean Publishers.

Krashen, S. D. 1981. *Second Language Acquisition and Second Language Learning*. Oxford: Pergamon.

Lipton, B. 2005. *Biology of Belief*. Santa Rosa, CA: Mountain of Love/Elite Books.

Lozanov, G. 1978. *Suggestology and Outlines of Suggestopedy*. Gordon & Breach, New York.

McGilchrist, I. 2009. *The Master and his Emissary: The Divided Brain and the Making of the Western World*. New Haven: Yale University Press.

Polyani, M. 1967. *The Tacit Dimension*. New York: Anchor Books.

Rogers, C. 1961. *On Becoming a Person. A Therapist's View of Psychotherapy*. Boston, MA: Houghton Mifflin.

자기주도적
학습교재

Brian Tomlinson

17.1 소개

현재 자기주도적 접근법의 중심에 있는 컴퓨터 및 DVD 뿐만 아니라 인터넷에서도 많은 자기주도적 학습교재를 이용할 수 있다(본 책의 12장 및 13장 참조). 이러한 교재들 중 일부는 실제적인 사용에서 언어 경험을 제공하고 일부는 학습자에게 실제 활동을 제공한다. 그럼에도 불구하고 자기주도적 학습교재의 틀에 박힌 이미지는 여전히 학습자가 교사와 관련 없이 자신의 시간과 속도로 필요한 것을 할 수 있는 실전 연습이다. 이러한 교재는 학습자 중심의 학습자 투자 활동의 바람직한 목표를 달성하기 위해 시도한다.

일반적으로 교실 학습 활동을 보충(또는 심지어 대체)하는 데 사용하며 학생들에게 문제가 되는 특정 언어 항목이나 언어 기술을 사용하는 연습을 제공하는 데 중점을 둔다. 따라서 *ELTJ*의 글에서 저자는 다음과 같이 주장했다.

> "우리는 자신의 특정 문제를 파악하려고 노력하고 있으며 언어의 특
> 정 지점에서 능력을 향상시키고자 하는 자기주도적 학습자를 위한 단
> 일 집중 교재의 가치를 확신한다(Lin & Brown 1994)."

그러한 교재의 개발과 학습 센터 또는 학습 패키지에서의 접근성은 외국어 학습 교육의 긍정적인 특성으로 남아 있다. 그러나 자기주도적 학습 교재의 주요 강점은 종종 그것들의 주요 약점이 되었다. 학습자가 전적으로 독자적으로 활동할 수 있고 유용한 피드백을 받을 수 있도록 하기 위해 학습자 자신이 가장 쉽게 표시할 수 있는 활동으로 그 활동을 제한하는 경향이 종종 있다. 따라서 주목할 만한 예외는 있지만 대부분의 자기주도적 학습교재는 여전히 클로즈테스트, 객관식, 빈칸 채우기 및 집중적 피드백을 사용하는 통제되거나 유도된 연습 활동으로 구성된다.

이러한 활동은 명시적 선언 지식(예를 들어, 언어의 형식, 의미 및 시스템에 대한 의식적 지식)의 개발에 유용하게 기여할 수 있다. 그러나 그들의 우월성은 많은 학습자들이 자기주도적 학습교재에 대한 경험은 기본적으로 폐쇄적인 활동(closed activities)으로 제한되어 왔는데, 좌뇌 중심과 이전의 개인 경험, 뇌의 잠재적 학습능력 또는 개인의 특성이나 성향의 활동을 필요로 한다. 또한 학습자가 언어에 대한 절차적 지식을 개발할 수 있는 기회를 잃어버렸음을 의미한다(즉 의도된 효과를 얻기 위해 실제로 어떻게 사용되는지에 대한 지식). 또한 자기주도적 학습 교재는 암시적 지식(implicit knowledge)의 개발에 거의 기여하지 못했다(즉 무의식적으로 습득한 지식). 우리가 정답의 핵심과 셀프 채점에 대해 걱정할 필요가 없다면 자기주도적 접근 수단을 통해 훨씬 더 많은 것을 얻을 수 있다. 그리고 아마도 더 많은 학생들이 자기주도적 학습센터에서 더 많은 시간을 보내고 집에서 배우는 언어에 대한 경험을 얻을 수 있도록 유도될 것이다.

아이러니하게도 셀프 채점의 용이성과 신뢰성을 달성하기 위해, 학습을 개별화하기 위해 고안된 많은 자기주도적 학습 교재는 사실상 학습자를 서로의 정형화된 복제품처럼 취급한다. 많은 교재의 일반적인 학습 스타일은 분석적이고 시각적이며 독립적이다. 언어의 개별적인 부분에 집중하는 것을 좋아하는 사람, 언어를 적어 두는 것을 좋아하고 혼자서 학습하는 것을 행복해 하는 학습자라면 괜찮다. 즉 공부하는 학습자인 경우 자기주도적 접근이 적합하다. 이 경우에 당신은 '우수한 언어 학습자'의 정형화된 이미지에 적합하며(Ellis 1994: 546-50 참조), 어쨌든 좋은 진전을 보이고 있는 것이다. 왜냐하면 대부분의 교과서와 수업은 당신을 위해 설계되었기 때문이다. 그러나 당신은 실험적이고 국제적이고 감각적인 학습자(당신은 행동함으로써 배우는 것을 좋아하거나 그 한 부분을 해독하는 것보다 직접 직면하여 언어의 전체적인 의미에 반응하기를 선호한다)인가? 그렇다면 당신을 위한 최상의 학습 센터는 그다지 많지 않다. 그럼에도 불구하고 교실에서 형태 중심, 분석적 활동에 참여해야 했던 불필요한 시간을 보충할 추가 기회가 필요할 것이다.

위에서 언급한 편협한 경향은 영국의 고등 교육 기관의 비용-효율적인 개방형 학습에 대한 경제 주도적 수요에 의해 강화되었다(예를 들어 일부 신설 대학은 현재 10-15%의 교과목이 '열린 학습'). 물론 비용에서 효과적이기 위해서는 개방적 학습이 학생 활동 중 또는 후에 교사의 참여를 요구하지 않을 정도로 폐쇄적이어야 한다. 셀프 채점의 핵심은 교사보다 저렴하고 신뢰할 수 있으므로 폐쇄된 활동 규칙이라는 것이다.

학습자의 자율성과 자기 주도적 언어 학습에 관해 문헌을 통해 검색하면(예를 들면 Benson 2006, Cotterall 1995, Gardner & Miller 1999) 대부분의 책과 논문은 학습자가 자율적으로 행동할 수 있는 방법, 자기주도적 학습센터 및 학습자가 자기주도적 학습센터를 사용하도록 동기를 부여하는 방법에 대해 설명한다. 그들 중 아주 소수만이 학습자를 인지적으로 그리고 감정적으로 참여시킬 수 있는 자기주도적 학습 교재를 개발하는 데 중점을 두고 있다. 예를 들어, 교육의 혁신, 1998-2009 웹 사이트에는 (http://innovationinteaching.org/autonomy_bibliography.php) 학습자 자율성에 관한 1,700권의 최근 저서, 논문 및 챕터,

HASALD(홍콩 자기주도적 학습 및 개발 협회)의 웹 뉴스 레터인 자기주도적 언어 학습(http://www.cityu.edu.hk/elc/HASALD/)에서 참고할 수 있다.

그러나 제한적으로 집중된 실습 활동으로 자기주도적 학습교재를 제한하는 경향에 반발한 교재 개발자 및 기관이 있다. 예를 들어 Littlejohn (1992)는 자기주도적 학습자에게 보다 많은 자유를 부여하고 이를 자극하여 창의력을 발휘할 수 있는 방법을 고려한다. Gardner와 Miller (1999)는 실제성 있는 교재의 사용, 다양한 학습 스타일을 충족시키기 위한 다양한 유형의 자료 제공, 학습자가 자기주도적 학습교재의 개발에 기여하고 학습자의 즐거움을 향상시키는 자기주도적 학습센터를 만들 수 있다. McGrath(2002: 149)는 자기주도적 학습센터에서 실제 교재를 사용하는 방법, 기술상의 발전을 활용하는 방법 및 익숙한 폐쇄된 형식을 뛰어 넘는 교재를 개발하는 방법을 고려한다. McDonough와 Shaw(2003: 216)은 교실 수업과 관련하여 너무 많은 것을 제공하는 것이 위험하다는 것을 지적한다.

교재는 학생들이 스스로 새로운 것을 탐구하고 배우는 것을 허용하기 보다는 "추가 연습" 또는 "후속 활동"이 된다. Mishan(2005)는 자기주도적 학습자가 진정한 텍스트에 반응하는 것을 돕는 것이 중요하다는 것에 초점을 맞추고 있다. 그리고 Cooker(2008)은 실제적인(authentic) 교재, 등급별 독자와 드라마에 기초한 언어 학습 교재가 자기주도적 학습센터에서 수행될 수 있도록 역할을 확대하는 것에 관심을 기울이고 있다. 또한 자기주도적 학습교재에 대해 "학습에 관심을 갖고 참여하고, 의미 있고 도전적이며 지속적으로 긍정적인 영향을 미칠 수 있는 능력을 갖기를 원한다"라고 말하면서(2008: 129), 자기주도적 접근을 자극하는 가치를 강조한다. 학습자는 정서적으로 그리고 인지적으로 매력적인 텍스트에 반응한다. 일본의 간다 대학(Kanda University)에 설치되어 있는 자기주도적 언어 학습센터는 학습자에게 다양한 자료를 제공하는 우수 사례의 모델이며, 대부분은 사용 중인 영어에 의미 있는 입력자료를 제공하고 그것에 대한 개인적인 반응을 자극하는 것을 목표로 한다. 그러나 많은 기관들이 여전히 자기주도적 학습자를 해답의 열쇠로 사용하여 폐쇄적인 활동으로 제한한다고 말하는 것은 사실이다.

내가 지지하고자 하는 것은 폐쇄적인 자기주도적 접근 활동(개인적인 언어 연습을 위한 가장 좋은 시간은 혼자 있을 때)을 대체하는 것이 아니라, 마음과 마음의 학습자 투자를 필요로 하는 진정한 열린 활동에 의한 보완이다. 이는 목표 언어를 습득하고 경험을 넓히고 심화할 수 있는 기회를 제공한다. 그러한 활동들을 자기주도적 활동의 서술적 표시로 구별할 것이다.

17.2 자기주도적 활동의 원리

자기주도적 활동은 다음과 같아야 한다:

1. 학습자가 자신의 시간과 자신의 속도로 무엇을 할 것인지를 결정할 수 있는 기회를 제공한다는 전통적인 의미에서의 자기주도적 접근법이다.
2. 정답과 오답이 아니라 오히려 다양한 수용 가능한 답을 허용한다는 의미에서 개방적이어야 한다.
3. 학습자의 이전 경험을 활용하고 개인 발전의 기회를 제공하는 방식으로 활동에 학습자의 개성을 활용한다.
4. 학습자를 언어 학습자가 아닌 인간으로 참여시켜야 한다.
5. 학습자 발견을 위해 에너지 및 주의 집중에 개인적으로 투자해야 한다 (Tomlinson 1994a, 2007 및 Bolitho & Tomlinson 2005에서 예시).

6. 다양한 좌, 우뇌 활동을 동시에 자극하여 학습과 발달에 대한 뇌의 잠
   재력을 극대화해야 한다(Lozanov 1978 및 Hooper Hansen 1992,
   1999 및 본서 16권에서 권장).
7. 일상적인 습득(예를 들어, Krashen(1981)에서 권장됨)을 촉진하고
   담화에서 언어적 또는 화용적 자질에 선택적 주의를 기울일 기회를
   제공하기 위해 풍부하고 다양하며 이해하기 쉬운 입력을 제공한다
   (Bolitho 외 2003, Schmidt 1990, Tomlinson 1994a).

다시 말하면 나는 학습자에 대한 선언적 및 절차적 지식을 개발하고
교육에 긍정적이고 폭넓게 기여를 하는 것을 목표로 하는 자기주도적 접
근 활동보다 인본주의의 언어 학습 접근을 권장하고 있다. 인본주의적
언어 학습에 대한 권고 사항은 Tomlinson(2003a)을 참조하고 인본주
의적 접근법의 장단점에 대한 토론은 Arnold(1998)과 Gadd(1998)을
참고할 수 있다.

17.3 자기주도적 교재의 특징

1. 이 교재는 읽기와 듣기 활동을 통해 진정한 영어에 폭넓게 접근할 수
   있도록 한다.
2. 읽기와 듣기 활동은 텍스트와의 상호 작용을 용이하게 하기 위해 제
   공된다.
3. 읽기와 듣기 활동은 무엇보다도 자신과 텍스트 사이의 상호 작용을 포
   함하는 국부적, 총체적 반응을 유도한다(Tomlinson 2003b).
4. 즉각적인 활동의 중점은 이미징, 추론, 연결, 해석 및 평가와 같은 고
   급 기술 개발에 있다.
5. 또한 학습자들이 텍스트의 특정 기능에 대해 새로운 것을 발견할 수 있

는 방법으로 선택적 주의력에 도움이 되는 활동이 있으며, 이는 자신의 능력과 목표 언어 사용자의 동등한 수행 간의 불일치를 인식하게 된다.

6. 생산적 활동은 대상 언어의 특정 언어 기능을 연습하는 것보다 상황별 목적을 달성하기 위해 대상 언어를 사용한다. 이러한 활동은 다양한 유형의 개인 표현(예를 들면, 분석적, 미적, 상상력, 논리적, 평가)에 관여한다.

7. 학습자는 언어 수준, 선호 학습 스타일, 텍스트에 대한 참여 수준 및 사용 가능한 시간에 맞는 선택을 할 수 있는 많은 기회를 얻는다.

8. 자기주도적 활동은 일반적으로 사적이고 개인적인 반면, 자기주도적 학습교재는 교사를 언급하지 않고도 같은 생각을 가진 학습자가 함께 활동할 수 있는 가능성을 포함한다. 그렇게 하면 학습자는 개인적인 활동의 맞춤식 이득과 동료 학습자와 리소스 및 에너지를 모으는 기회 중 하나로 선택할 수 있다.

9. 피드백은 해답이 아닌 주석을 통해 제공된다. 코멘트는 학습자가 교재 개발자와 다른 학습자의 반응을 비교할 수 있는 기회를 제공한다. 학습 활동이 끝날 때 총 피드백을 얻거나 활동을 하는 동안 학습자가 자신의 반응을 수정하거나 개발할 수 있도록 도움을 줄 수 있다 (Dicknson 1987 및 Bolitho & Tomlinson 2005에서 권장).

10. 학습자 훈련은 학습자가 학습 과정에 대해 생각하고 다양한 학습 활동을 경험하는 활동을 통해 권장된다. 학습 활동의 종류에 따라 나중에 자기주도적 활동을 통해 경로를 결정할 때 정보에 입각한 선택을 할 수 있다.

11. 개별 후속 활동을 위한 제안은 각 단원의 끝에 주어진다.

17.4 자기주도적 활동에 적합한 텍스트

자기주도적 활동에 기반을 제공할 수 있는 많은 텍스트 유형이 있다. 이들의 공통점은 학습자들에게 인지적으로 그리고 감정적으로 참여할 수 있는 가능성이 있다는 것이다(Tomlinson 2003a, 2003b, 2010). 자신이 선호하는 장르는 소설, 단편 소설, 희곡, 시, 구전 이야기 또는 노래(예를 들어, Tomlinson 1994b에서 사용)이다. 나는 독자들에게 의미가 있는 인물, 사건 및 주제와의 상호 작용에 독자를 참여시키는 서술이 언어 습득에 대한 '긍정적인 증거'를 제공할 수 있는 개인적인 경험을 활용하고 개발할 잠재력이 있음을 발견했다.

Ronnqvist와 Sell(1994)는 청소년을 위한 언어 교육에서 문학의 가치를 논의하면서 '목표 언어에서 문학 작품을 읽는 것은 공식적인 언어 표현을 상황 및 사회 문화적 맥락과 관련시키는 화용에서 진정으로 쉽게 이용할 수 있는 경험을 제공한다'고 언급했다. 물론 이 잠재성을 실현시키기 위해서는 학습자가 텍스트와 상호 작용하기를 원해야 하며 선택할 텍스트의 폭넓은 선택이 제시되어야 한다.

'학습자가 텍스트를 선택할 때 어떤 발화를 하도록 하고 "학습"하도록 강요받지 않는다면, 문학은 인간에 대한 호소력 때문에 가장 꺼려하는 학습자조차도 동기를 부여할 수 있다는 것이 나의 경험이었다'(Tomlinson 1994b). 접근 가능성이 비슷한 다른 장르 및 텍스트 유형은 신문 기사, 사설 및 기사, 텔레비전 및 라디오 뉴스 방송, 광고, 잡지 기사 및 텔레비전 토론 및 다큐멘터리 프로그램이다. 서술의 명백한 장점 중 하나는 권위를 잃지 않고 모든 수준의 학습자를 대상으로 작성될 수 있다는 것이다.

17.5 자기주도적 교재의 단원 예

아래는 *My Son's Story*(Gordimer 1991)의 발췌문을 기반으로 한 자기주도적 교재 단위의 예이다. 학습 센터에서 자기주도적 학습 용도로 설계되었지만 교실에서 또는 워크북을 위해 자기주도적 학습 기간에 쉽게 적용될 수 있다. 특히 개방적이고 총체적인 활동의 사용, 정답을 제공하고 활동에 대한 이전 학습자의 반응을 이용하는 것보다, 가능한 반응을 제공하는 코멘트의 사용과 그룹 활동의 가능성에 주목한다.

실제로 활동을 하고 그들이 참여하는 것을 경험하거나 교재를 통해 읽을 수 있고 당신이 알고 있는 학습자와 연결하려고 시도할 수 있다. 어쨌든 교재를 평가할 수 있다면 유용할 것이다. 위에서 열거한 접근 방법의 원리를 실제로 실천했는지 여부와 학습자에게 호소력을 발휘하는지 여부를 스스로에게 질문해 보자. 교재가 마음에 들면 학습자가 사용할 수 있도록 적용할 수 있으며 학습자가 사용할 수 있는 유사한 교재를 만들 수도 있다. 그렇게 한다면 학습자 응답이 무엇인지 쓰고 알려주기를 바란다.

자기주도적 교재 샘플

현내 문학의 예

샘플 1- *My Son's Story*

소개

이것은 현대 문학에 기초하고 중간 수준 이상의 학습자를 위해 고안된 일련의 단원 중 하나이다. 각 단원은 책에서 발췌한 부분을 소개하고, 언어 능력을 개발하고 새로운 언어를 습득하는 데 도움이 되는 방식으로 책에 대한 접근을 제공하기 위한 것이다. 또한 발췌문과 활동을 통해 책에 관심을 갖게 되고 책을 직접 읽는 것이 좋다.

단원을 시도해 보고 관심이 있다면 대부분의 활동을 계속 수행할 수 있다(모두 수행할 필요는 없다). 책을 직접 읽고 싶다면 도서관에서 가져가서 읽으면 좋다. 책을 읽고 싶지 않으면, 이 샘플 단원들 중 다른 것을 읽고 대신 책을 읽고 싶은지 확인하면 좋다.

이 단원은 혼자서 할 수도 있고, 교사가 직접 다른 학생들과 함께 공부할 수도 있다.

〈그림 17.1〉 Nadine Gordimer에 의한 My Son's Story 발췌문

발췌문 1

How did I find out?

I was deceiving him.

November. I was on study leave—for two weeks before the exams pupils in the senior classes were allowed to stay home to prepare themselves. I would say I was going to work with a friend at a friend's house, and then I'd slip off to a cinema. Cinemas had been open to us only a year or so; it was a double freedom I took: to bunk study and to sit in the maroon nylon velvet seat of a cinema in a suburb where whites live. My father was not well off but my parents wanted my sister and me to have a youth less stunted by the limits of an empty pocket than they had, and my pocket money was more generous than their precarious position, at the time, warranted. So I was in the foyer waiting to get into a five o'clock performance at one of the cinemas in a new complex and my father and a woman came out of the earlier performance in another.

There was my father; the moment we saw one another it was I who had discovered him, not he me. We stood there while other people

---

crossed our line of vision. Then he came towards me with her in the dazed way people emerge from the dark of a cinema to daylight.

He said, You remember Hannah, don't you—

And she prompted with a twitching smile to draw my gaze from him—for I was concentrating on him the great rush of questions, answers, realizations, credulity and dismay which stiffened my cheeks and gave the sensation of cold water rising up my neck— she prompted, Hannah Plowman, of course we know each other.

I said, Hullo. He drew it from me; we were back again in our little house across the veld from Benoni and I was being urged to overcome the surly shyness of a six year-old presented with an aunt or cousin. What are you going to see? he said. While he spoke to me he drew back as if I might smell her on him. I didn't know. They managed to smile, almost laugh, almost make the exchange commonplace. But it was so: the title of the film 1 had planned to see was already banished from my mind, as this meeting would have to be, ground away under my heel, buried along with it. The Bertolucci—an Italian film—it's very good, he said, delicately avoiding the implications of the natural prefix, 'We thought...' She nodded enthusiastically. That's the one to see, Will, he was saying. And the voice was an echo from another life, where he was my father giving me his usual measured, modest advice. Then he signalled a go-along-and-enjoy-yourself gesture, she murmured politely, and they left me as measuredly as they had approached. I watched their backs so I would believe it really had happened; that woman: with her bare pink bottle-calves and clumsy sandals below the cotton outfit composed of a confusion of styles from different peasant cultures, him in his one good jacket that I had taken to the dry-cleaners for him many times, holding the shape of his shoulders folded back over my arm. Then I ran from the cinema foyer, my vision confined straight ahead like a blinkered horse so that I wouldn't see which way they were going, and I took a bus home, home, home where I shut myself up in my room, safe among familiar schoolbooks.

발췌문 2

I went on the motorbike. I had it by then. They gave it to me for my birthday. He said to me with that smile of a loving parent concealing a fine surprise, you can get a licence at sixteen now, can't you. So I knew he was going to buy me a bike I never asked for it but they gave it to me. With the latest, most expensive helmet for my safety; he must have had to promise my mother that.
I went with the helmet and chin-guard and goggles hiding my face. You can't see the place from the street, where he goes. Dogs at the gate, and a black gardener had to come to let me in; I suppose they wag their tails for someone who comes often, is well known to them by his own scent. There was a big house but that's not where he goes. She lives in a cottage behind trees at the end of the garden. Maybe there's even a private entrance from there I didn't know about, he didn't like to tell me. All open and above-board through the front entrance.
He must have told her, she was expecting me. Oh it's Will, isn't it— as if the helmet and stuff prevented her from recognizing me, from remembering the cinema that time. It also playfully implied, determined to be friendly, that I was rude, not taking the helmet off. So I did. So she could see it was me, Will, yes. I gave her whatever it was he'd sent me with. It was a package, books or

something, he told me 'Miss Plowman' needed urgently.—You're the family Mercury now, with that wonderful machine of yours— off you go, son, but don't tear along like a Hell's Angel, hey.— A perfect performance in front of my mother.

This was where he came. It must be familiar as our house to him, where we live now and where we lived when we were in Benoni, because our house is where we are, our furniture, our things, his complete Shakespeare, the smells of my mother's cooking and the flowers she puts on the table. But this isn't like a house at all; well, all right, a cottage, but not even any kind of place where you'd expect a white would live. The screen door full of holes. Bare floor and a huge picture like spilt paint that dazzles your eyes, a word-processor, hi-fi going with organ music, twisted stubs in ashtrays, fruit, packets of bran and wheat-germ, crumpled strings of women's underthings drying on a radiator—and a bed, on the fl oor. There was the bed, just a very big wide mattress on the floor, covered with some cloth with embroidered elephants and flowers and bits of mirror in the design—the bed, just like that, right there in the room where anybody can walk in, the room where I was standing with my helmet in my hand. So now I know.

활동

1. *"My Son's Story"* 라 불리는 소설의 시작을 읽을 것이다. 소설은 다음과 같이 시작한다:

'How did I find out?
I was deceiving him.'

이 소설의 시작에 대한 서로 다른 의미를 생각하고 다음 질문에 대한 답을 작성하십시오.

(a) Who do you think 'I' might be?
(b) What do you think the discovery could be?
(c) Who do you think 'him' might be?
(d) What do you think the deception could be?

2. 텍스트지 1면에 나오는 *"My Son's Story"*에서 발췌한 첫 단락을 읽고[〈그림 17.1〉 참고] 질문 1(a-d)에 다시 답하십시오.
3. 2쪽의 해설과 해설 2쪽의 답을 확인하십시오[595쪽 참고].
4. 텍스트지의 2-3페이지[〈그림 17.1〉 참고]의 소설에서 발췌문 1을 모두 읽고 읽을 때 사람들과 설정을 마음속에 그려 보십시오.
   흥미로운 발췌문을 발견했다면, 5번 질문으로 넘어갈 수 있습니다. 흥미로운 것을 찾지 못했을 경우, 상자에서 다른 샘플을 선택하십시오.
5. 그의 아버지와 함께한 화자의 모임 사진을 그립니다. 당신이 그린 그림의 예술적 장점에 대해 걱정하지 마십시오(내가 시도한 것을 봐야 합니다). 장면의 중요한 특징을 포함 시키십시오.
6. 당신의 그림을 해설 1페이지의 그림과 비교하십시오[601쪽 참고]. 세 그림의 공통점은 무엇입니까? 그림의 차이점은 무엇입니까?
7. 개인적인 활동으로 *"My Son's Story"*의 영화를 보고 화자, 화자의 아버지, Hannah와의 만남을 머릿속으로 펼쳐 보십시오. 서로 다른 목소리를 내보십시오. 그룹 활동이라면 함께 현장을 연기하십시오.
8. 해설의 2페이지에 있는 장면에 대해 제안된 영화 스크립트와 장면을 비교하십시오[601, 604, 605쪽 참고].

9. 화자가 다음날 가장 친한 친구와 이야기하고 있고, 화자의 아버지와의 만남에 대해 이야기하고 있다고 상상해 보십시오. 두 친구 사이의 대화를 써 보십시오.

10. 해설 3페이지[605, 606쪽 참고]에서 제안된 대화를 비교하십시오.

11. 다음과 같이 질문에 답을 쓰십시오.

  (a) 화자가 왜 아버지와의 만남 때문에 혼란스럽다고 생각하는가?

  (b) 화자는 아버지와 Hannah와 만났을 때 몇 살이었다고 생각하는가? 왜?

(c) '영화는 우리에게 1년 정도만 개방됩니다'에서 언급한 '우리'는 누구인가?

(d) '우리가 서로를 보았던 순간 나는 그를 발견한 사람이었다. 그 사람이 아니었다'라는 의미를 자신의 말로 설명하시오.

(e) 왜 아버지는 'Hannah를 기억하지…'라고 말하면서 그의 아버지가 대화를 시작했다고 생각하는가? 그가 왜 공부하지 않았는지 물어 보지 않았는가?

(f) 화자는 언제 Hannah와 만났는가? 처음으로 영화관 밖에서 그녀를 봤을 때 그녀를 알아보지 못했던 이유는 무엇인가?

(g) 화자의 '그리고 목소리가 다른 삶의 메아리'라고 하는 것은 무슨 뜻인가?

(h) 화자의 Hannah에 대한 묘사는 그녀에 대한 그의 태도에 대해 무엇을 말해 주는가?

(i) 화자가 왜 아버지가 '좋은 재킷'을 입고 있다고 언급한 것 같은가?

(j) 화자가 언급한 '친숙한 교과서 중에서도 안전하다'는 말은 무엇을 의미하는가?

12. 정답은 11페이지와 함께 해설 3~4페이지에 제시된 답변[606, 607쪽 참고]을 비교하십시오.

13. 과거 완료 시제 사용에 대한 예를 본문에서 찾으십시오. 각각의 예를 들어 왜 작가는 단순 과거가 아니라 과거 완료를 사용했다고 생각하는지 말해 보십시오.

14. 13페이지의 답과 해설서 4-5페이지의 답과 비교하십시오[608, 609쪽 참고].

15. 소설 후반부에서 아버지는 아들에게 Hannah의 집으로 새 오토바이를 타고 가서 중요한 소포를 배달해 달라고 부탁한다.

(a) 아버지가 아들에게 소포 배달을 요청하는 장면을 대화로 쓰십시오.

(b) 당신이 화자라고 상상해보십시오. 그 소포를 Hannah의 집으로 배달하는 장면을 쓰십시오.

16. 15페이지의 답과 5-6페이지의 답을 비교하십시오[609, 610쪽 참고]. 이것들은 다른 학습자가 쓴 답이다.

17. 화자가 자신의 오토바이를 타고 Hannah의 집으로 가는 텍스트지 2페이지의 소설에서 발췌한 발췌문 2 페이지를 읽으십시오 [〈그림 17.1〉을 참고]. 이 단원에서 수행한 작문에 대한 피드백을 원한다면 이름을 적어 피드백 상자에 넣으십시오.

18. 여전히 이야기에 관심이 있다면 도서관 선반에서 "*My Son's Story*"라는 소설을 읽으십시오. 표지 삽화의 중요성이 무엇이라고 생각하는지 적어 두십시오.

자신의 여가 시간에 소설을 읽은 다음에, 원한다면 책을 읽은 다른 학생들과 이야기하십시오(이름은 뒷 표지에 있다). 뒷 표지에 당신의 이름을 추가하십시오. (Tomlinson 1994b의 *Openings*에서 각색)

현대 문학의 예
샘플1- *My Son's Story*
해설(commentary)

3. (a) "나"는 이야기의 화자이다. 그 또는 그녀는 스토리의 시간 상 고위층의 학생이었고 시험을 보려고 했다.

(b) 그 또는 그녀의 아버지는 여자와 함께 영화관에 간 적이 있었다. 어쩌면 아버지는 바람을 피우고 있었을 것이다.

(c) 아마 아버지일 것이다.

(d) 화자는 친구의 집으로 가서 공부하는 것으로 가장했지만 영화관에 갔다.

6. 화자와 그의 아버지 사이의 만남 하에 두 그림을 보십시오. 그들은 서로 어떻게 비슷하고 그림과는 어떻게 비슷한가? 그들은 서로 어떻게 다르고 각각은 당신과 어떻게 다른가?
돌아가서 원하는 그림의 특징을 수정하고 원하는 경우 데이터를 추가하십시오.

8. 장면에 사용할 수 있는 영화 스크립트는 다음과 같다. 그것은 당신과 어떻게 비슷하고 다른가? 분명히 많은 가능한 해석이 있다.

아들은 새로운 영화관의 휴게실 대기석에 서 있다. 그는 벽에 있는 포스터를 보고 나서 시계를 본다. 사람들은 휴게실을 가로 질러 문 밖으로 나오기 시작하다. 처음에 그는 많은 관심을 가지지 않고 그들을 쳐다본다. 그러나 그는 아버지가 백인 여자와 함께 문에서 나오는 것을 알아차린다. 그는 놀라고 화가 났다. 그의 아버지는 그를 보고 죄책감을 느낀다.
아들과 아버지는 사람들이 그들 사이를 걸어 다니는 동안 자신이 있는 곳에 서 있다. 그런 다음 아버지와 백인 여자가 아들을 향해 걸어간다. 아버지가 그 다음에 가까워지면 그는 여자를 향해 제스처를 취하고 아들에게 말한다.

Father: *You remember Hannah, don't you* ⋯
Woman: (smiling at the son) *I'm Hannah Plowman. Of course we know each other.*
Son: (after hesitating for a while) *Hello.*
Father: (moving away slightly from the son) *What are you going*

to see? (The father and the woman smile at the son. The son doesn't answer.)

Father: *The Bertolucci —an Italian film —it's very good. We thought* ⋯ (The woman nods enthusiastically.)

Father: *That's the one to see, Will.*

아버지는 아들에게 가서 즐기라고 신호를 보낸다. 그 여인은 공손하게 무언가를 중얼거리고 그 두 사람은 아들과 멀어진다.

아들은 두 사람의 등이 영화관을 벗어나 길을 가로 지르는 것을 지켜본다. 그러다가 갑자기 그는 반대 방향으로 뛰어가서 영화관을 나간다.

9. 이것은 창조적인 글쓰기 연습이므로 가능한 많은 '대답'이 있다. 아래 두 가지 버전으로 대화를 비교해 보라. 자기가 쓴 답을 보고 어떻게 서로 비슷하고 다른가?

(a)

Tom: *Heh, what's wrong Will?*

Will: *Nothing. Well nothing much.*

Tom: *What?*

Will: *It's my dad. He's having an affair.*

Tom: *Who with?*

Will: *A white woman. A do-gooder white liberal.*

Tom: *Wow! Are you sure?*

Will: *I caught them together at the cinema yesterday.*

Tom: *Maybe they're just friends or* ⋯

Will: *No way!*

Tom: *Or they're working on something together?*

Will: *I know. I could tell.*

Tom: *Are you going to tell your mother?*

Will: *What do you think? I can't.*

Tom: *Yeah. You're right. C'mon forget it. It won't last. Let's do some revision.*

Will: *OK. Let's try the English Lit.*

(b)

Will: *Guess what?*

Tom: *What?*

Will: *My dad's got a girl friend.*

Tom: *Yeah. What's she like?*

Will: *Middle-aged … clumsy … white.*

Tom: *White?*

Will: *Yeah. Well bits of her are pink.*

Tom: *Why?*

Will: *The sun of course.*

Tom: *No. I mean why her?*

Will: *I don't know. She's some sort of a liberal, a social worker.*

Tom: *On our side, eh?*

Will: *She's not on my side. That's for sure. C'mon. Let's do some work.*

11. 다음과 같은 답이 가능하다.

(a) 아마도 그는 자신의 아버지를 더 존경하기를 원했기 때문에 결국 완벽한 아버지가 아니라는 사실에 놀랐다. 아버지는 아들을 배신했다.

(b) 아마도 약 18살인 것 같다. 그는 학교에서 상급반에 있었기 때문에 중요한 시험을 준비하고 있었다.

(c) 백인이 아닌 것을 나타낸다.

(d) 그는 자신의 아버지를 기만하는 것으로 받아들여졌지만 아버지의 기만이 훨씬 커졌음을 깨달았으며 아버지는 그 사실을 알고 있었다.

(e) 아마도 아버지는 아들의 반감을 사고 싶지 않았고 Hannah와의 관계가 그들이 만난 마지막 때처럼 결백한 척하고 싶었기 때문일 것이다.

(f) 한 가지 해석은 그가 여섯 살 때였다는 것이다. 분명히 그녀는 변했고, 아마도 아버지의 '애인'을 아버지의 동료 또는 지인으로는 연결할 수 없었을 것이다.

(g) 그의 아버지가 종종 그에게 좋은 충고를 해주었을 때 Benoni의 작은 집에서 자라날 때를 생각하고 있을 수도 있다. 또는, '또 다른 삶'은 아버지와 그의 충고를 존중했을 때의 이 만남 이전의 시간을 의미할 수 있다. 즉, 지금은 아버지를 존경하지 않는다는 의미이다.

(h) 분명히 그것은 부정적인 반응을 전한다. 그는 매력적이지 않는 특징을 선택하고 감정적인 단어를 사용한다(예를 들면, '서투른', '혼란'). 그는 그녀가 진짜 그녀가 아닌 무언가가 되려고 노력하고 있다고 암시한다(예를 들면, 그녀의 종아리의 화상, 그녀가 속하지 않는 문화에서 빌린 옷).

(i) Hannah가 그렇지 않은 동안 그의 아버지가 잘 보이려고 특별한 노력을 하였다는 것을 암시한다. 또한 그가 어떻게 아버지를 위해 그 재킷을 세탁소에 가져갔는지, 아마도 그것이 중요한 경우에 필요했고 아버지가 자랑스러웠기 때문일 것이다.

(j) 그의 세계는 갑자기 바뀌었고 그의 안전은 위협받고 있었다. 그는 변하지 않았고 위협적이지 않은 어딘가에 있을 필요가 있었다.

13.

(i) 'Cinemas had been open to us only a year or so; ···'
특정 시간보다는 기간을 강조하는 것이다. 이 기간이 얼마나 짧은지를 이야기하고 이야기의 시점과 얼마나 관련이 있는지를 강조한다.

(ii) '··· it was I who had discovered him ···'
아들이 아버지와 비교하여 유죄를 선고한 시기가 없다는 것을 강조할 수 있다. 인정하는 순간부터 그것은 유죄인 아버지였다.

cf. '··· it was I who discovered him' (= I saw him and then realised he was guilty).

(iii) '··· the title of the film I had planned to see ···'
계획을 강조하기 위해(비록 최근임에도 불구하고) 과거에는 없었고 지금은 무의미했다.

cf. '··· the title of the film I planned to see ···' (= He still intended to see it).

(iv) 'I watched their backs so I would believe it really had happened: ···'
사건이 과거에 있었음을 강조하고 아버지가 불륜을 저질렀다는 사실을 확인하기를 원했을 것이다. 아마 미래를 생각하고 있었을 것이다. 시각으로 자세한 부분을 기억하면 그 사실을 확신할 수 있었을 것이다.

(v) '··· his one good jacket which I had taken to the dry-cleaners for him many times ···'
아마도 그러한 행동이 지금 과거에는 도전적이었고 기억에 대한 그의 감정적인 참여를 강조한다는 것을 강조할 수 있다.

cf. '··· which I took to the dry-cleaners ···' (= It leaves open the possibility that he might do so again).

위의 예는 완료 시제가 단순 시제보다 화자의 참여가 더 많음을 나타난다. 화자는 완료 시제를 사용하고 그에게 두드러진 것을 주의를 끌 때 더 주관적인 것처럼 보인다. 이 주관성이 완료 시제로 만들어진 것을 전형적으로 사용하는지 알아보기 위해 신문과 서적에서 다른 예를 찾아보라.

15.
(a) 아래는 학생의 대화이다. 자신의 대화와 어떻게 비슷하고 다른가?

Father: *Will? Do you fancy a ride on your bike?*
Will: *Where to?*
Father: *To deliver an important parcel for me. I daren't send it by post.*
Will: *Where to?*
Father: *To Hannah Plowman's house.*
Will: *Do I have to?*
Father: *No.*

(Will이 그의 아버지를 쳐다보는 정지 시간이 길다. 그의 아버지가 눈길을 돌린다.)

Will: *All right. Where is it?*
Father: *Here's the parcel. And here's a map to show you how to get there.*
Will: *OK. Give them to me.*
Father: *Don't forget to wear your helmet.*

(b) 다음은 학생의 한 장면이다. 어떻게 그것과 비슷하거나 다른가?

나는 그녀의 집에서 길을 가로 질러 자전거에서 내렸다. 나는 헬멧을 벗고 거울을 보고 머리를 묶었다. 그런 후 나 자신에게 짜증이 났다. 내가 뭘 봤는지 상관없었는가?

아무도 나를 보지 않기를 바랐다. 거리 끝에서 놀고 있는 흑인 아이들이 있었다. 그러나 그들은 나에 대해 신경을 쓰지 않았다. '그 여자가 다른 백인들과 떨어져 살 수 있다고 하네'라고 생각했다.

그 집은 흑인이 살았던 집처럼 작았지만, 새로운 페인트칠이 필요했고 무너지고 있는 것처럼 보였다. 벨 소리가 울리지 않아서 문을 두드렸다. 잠시 후, 그녀는 문을 열었고, 햇살에 눈을 깜박거렸다. 그녀는 맨발이었고 아프리카 천을 입었다.

그리고 나서 그녀는 나를 알아보고 들어오라고 했다. 나는 아버지가 자주 머물던 방을 보고 충격을 받았다. 소포를 그녀에게 밀었고 돌아서서 달렸다. 나를 향한 소리를 들었다. "Will, 돌아와!." 나는 헬멧 없이 겁에 질린 흑인 아이들을 향해 소리 지르기 직전에 길을 따라 달렸다.

17.6 결론

위의 예는 다음과 같은 자기주도적 학습교재에서 수행할 수 있는 방법을 보여준다.

- 학습자에게 무엇을 얼마나 해야 할 것인지 결정해야 할 책임을 부여한다(예: 샘플 1 및 활동 4를 소개).
- 자유로운 질문을 하십시오(예: 활동 1, 11).

- 경험적 읽기를 장려하십시오(예: 활동4, 18).
- 교사 답변을 강요하기보다 이전 학습자의 대답을 사용하여 비교 및 의견을 제시하십시오(예: 활동 6, 16).
- 창의적인 드라마를 사용하십시오(예: 활동 7, 8, 9).
- 개방형 활동을 제공하십시오(예: 활동 5, 7, 9, 15).
- 독창적인 글쓰기를 사용하십시오(예: 활동 9와 15).
- '생각할 수 있는' 질문을 하십시오(예: 활동 11).
- 언어 인식을 위한 확장된 텍스트를 사용하십시오(예: 활동 13).
- 교사 피드백 기회를 제공하십시오(예: 활동 17).

또한, 샘플 단위는 정서적 및 인지적 반응을 활성화하고 학습자를 존중하고 도전함으로써 학습자를 참여시키고 자기주도적 학습교재에서 깊이 있는 처리를 달성하는 방법을 보여준다. 나의 견해로는 모든 학습교재가 해야 할 일이고, 특히 교실에서 제공되는 것보다 다양하고 풍부한 것을 원하는 자기주도적 학습자에게 호소하기 위해 고안된 것이다.

참고 문헌

Arnold, J. 1998. 'Towards more humanistic language teaching.' *ELT Journal*, 52(3): 235-42.

Benson, P. 2006. 'Autonomy in language teaching and learning.' *Language Teaching*, 40: 21-40.

Bolitho, R., R. Carter, R. Hughes, R. Ivanic, H. Masuhara & B. Tomlinson. 2003. 'Ten questions about language awareness.' *ELT Journal*, 57(3): 251-59.

Bolitho, R. & B. Tomlinson. 2005. *Discover English*. 3rd edn. Oxford: Macmillan.

Cooker, L. 2008. 'Self-access materials'. In B. Tomlinson(ed.), *English Language Learning Materials: A Critical Review*. London: Continuum.

Cotterall, S. 1995. 'Developing a course strategy for learner autonomy.' *ELT Journal*, 49(3): 219-27.

Dickinson, L. 1987. *Self-Instruction in Language Learning*. Cambridge: Cambridge University Press.

Ellis, R. 1994. *The Study of Second Language Acquisition*. Oxford: Oxford University Press.

Gadd, N. 1998. 'Towards less humanistic English teaching.' *ELT Journal*, 52(3): 223-34.

Gardner, G. & L. Miller. 1999. *Establishing Self-Access: From Theory to Practice*. Cambridge: Cambridge University Press.

Gordimer, N. 1991. *My Son's Story*. London: Penguin Books.

Hooper Hansen, G. 1992. 'Suggestopedia: a way of learning for the 21st century'. In J. Mulligan & C. Griffin(eds.), *Empowerment Through Experiential Learning*. London: Kogan Page.

_____ 1999. 'Learning by heart: a Lozanov perspective'. In J. Arnold(ed.), *Affect in Language Learning*. Cambridge: Cambridge University Press.

Krashen, S. 1981. *Second Language Acquisition and Second Language Learning*. Oxford: Pergamon Press.

Lin, L. Y. & R. Brown. 1994. 'Guidelines for the production of in-house selfaccess materials.' *ELT Journal*, 48(2).

Littlejohn, A. P. 1992. 'Why are ELT materials the way they are?' Unpublished PhD thesis. Lancaster: Lancaster University.

Lozanov, G. 1978. *Suggestology and Outlines of Suggestopedy*. London: Gordon & Breach.

McDonough, J. & C. Shaw. 2003. *Materials and Methods in ELT*, 2nd edn. Oxford: Blackwell.

McGrath, I. 2002. *Materials Evaluation and Design for Language Teaching*.

Edinburgh: Edinburgh University Press.

Mishan, F. 2005. *Designing Authenticity into Language Learning Materials.* Bristol: Intellect.

Ronnqvist, L. & R. D. Sell. 1994. 'Teenage books for teenagers: reflections on literature in language education.' *ELT Journal*, 48(2): 125-32.

Schmidt, R. 1990. 'The role of consciousness in second language learning.' *Applied Linguistics*, 11(2): 129-58.

Tomlinson, B. 1994a. 'Pragmatic awareness activities.' *Language Awareness*, 3 & 4: 119-29.

_____ 1994b. *Openings.* London: Penguin.

_____ 2003a. 'Humanizing the coursebook'. In B. Tomlinson(ed.), *Developing Materials for Language Teaching.* London: Continuum.

_____ 2003b. 'Developing principled frameworks for materials development'. In B. Tomlinson(ed.), *Developing Materials for Language Teaching.* London: Continuum.

_____ 2007. 'Using form focused discovery approaches.' In S. Fotos & H. Nassaji(eds.), *Form-Focused Instruction and Teacher Education: Studies in Honour of Rod Ellis.* Oxford: Oxford University Press.

_____ 2010. 'Engaged to learn: ways of engaging ELT learners'. In J. Mukundan(ed.), *Readings on ELT Materials V.* Petaling Jaya. Pearson/Longman.

Comments on Part E

Brian Tomlinson

이 섹션에서는 교재 개발에 대한 매우 다양한 견해를 제공하지만 공통점이 많다. 특히 공통점이 있는 한 가지는 언어 학습 교재에서 다양한 유형의 학습자와 다양한 학습 선호 스타일을 반영해야 한다는 것이다. 현재의 글로벌 교과서를 분석하면 시각 학습자를 청각 학습자보다 더 많이 요구하고 촉각이나 운동 감각을 제공하는 것은 거의 없다는 것을 알 수 있다(Masuhara 외 2008, Tomlinson 외 2001). 그러나 분석적 학습자보다 경험적 학습자가 더 많은 것으로 나타났으며, 대부분의 학습자에게 선호되는 방식은 감각인 것으로 보인다(Oxford & Anderson 1995). 교과서 자료가 일반적으로 분석적 학습자를 선호하는 이유를 찾는 것은 어렵지 않다.

교사, 학습자, 출판사 및 교재 저자가 나온 학교 문화는 주로 분석적인 사람들을 격려하고 보상한다. 이 문화에서 성공하는 학습자는 정보의 분리된 덩어리에 집중할 수 있고, 분석하고 분류할 수 있으며, 의식적으로 암기하고 기억할 수 있고, 체계적이고 순차적으로 배울 수 있는 사람들이다. 대부분의 교사, 저자 및 출판사는 이러한 문화에서 성공을 거두었다. 대부분의 학습자는 학교에서 다른 과목을 배우기 위해 만들어진 것과 동일한 분석 방식으로 언어를 배우려고 한다. 대부분의 학부모와 행정관은 언어가 노력과 응용을 보상하고 질서와 적합성의 가치를 가르치는 분석적인 방식으로 학습하기를 원한다. 또한, 언어 습득 연구자들이 우수한 언어 학습자는 적절한 학습 전략을 효과적으로 사용하는 사람,

자신과 다른 사람을 모니터링하는 사람, 형식과 의미에 주의를 기울이는 사람, 언어를 사용하는 사람 및 학습을 알고 있는 사람으로 분류하는 것은 도움이 되지 않는다고 한다(Ellis 1994: 546-50). 다시 말해 훌륭한 언어 학습자는 융통성이 있는 사람이지만 주로 언어에 주의를 기울임으로써 언어를 배운다.

그리고 물론 그러한 학습자는 주로 분석적 과정을 따르는 교사들에 의해 우수한 학습자로 식별되며 주로 분석적인 과제를 특징으로 하는 언어 시험에 의해 보상을 받는다. 또한 분석적인 반응이 필요한 책을 쓰고 디자인하는 것이 훨씬 쉬우며, 운동 감각성(kinaesthetically) 성향을 가진 책을 쓰고 판매하는 것은 쉽지 않다. 그러나 이 섹션의 장에서 설명하는 것처럼 체험 학습을 용이하게 하는 교재를 디자인할 수 있으며, 다양한 접근법을 제공하고 선택의 기회를 제공하며 학습자가 자신의 학습에 책임감을 가지도록 도와줌으로써 다양한 학습 스타일을 제공할 수 있다. 그들 자신의 학습을 챙길 수 있다. 이것은 물론 교재가 분석적 학습 스타일을 충족시키려고 하지 말아야 한다는 것을 의미하지는 않는다. 그것은 다른 언어 중심 스타일이 덜한 것에서도 적합해야 한다는 것을 의미한다.

학습 선택의 기회를 제공할 필요성을 강조하는 것은 이 섹션의 장 사이에 공통적으로 나타나는 또 하나의 연결 고리이며 선호하는 학습 스타일과 방식의 다양성을 충족시키는 방법 중 하나이다. 교재 개발자의 문제는 학습자가 순수 직관적인 결정보다는 정보에 입각한 결정을 내릴 수 있는 방법을 제공하는 것이다(자세한 내용은 Maley 2003, Tomlinson 1996, 2003 및 15장 참고). 여기에는 학습자가 서로 다른 잠재 학습 경로를 샘플링하고 이들 경로의 목적, 원리 및 일반적인 절차를 이해하도록 돕는 것이 포함되어야 한다. 이것은 언어 습득 과정에 위험이 될 수 있다. 경험적으로(예를 들어, 학습자가 학습 활동에 대해 반성하고 평가를 해야 하는 활동) 학습자에게 학습 스타일과 전략에 대한 더 많은 레퍼토리를 제공할 수 있다면, 학습자는 학습 경로와 활동에 대한 정보에 근거한 선택을 할 수 있으며 이에 대해 도움을 줄 수 있다. 학생들에게 학습 과정(대부분의 연구자가 훌륭한 언어 학습자의 전형적인 것으로 특징짓는 것들과 반드시 경험적 학습을 방해하지 않는 특성)을 더 잘 인식하게 한다. 우리는 학습자에게 더 많은 존경과 책임감을 부여하고 결정을 내리지 못하게 해야 한다.

이 섹션의 장을 통해 놀라운 점 중 하나는 그들 중 어느 누구도 선택의 여지를 도울 교사의 교재의 잠재적인 역할을 강조하지 않는다는 것이다 (교사 개발에도 공헌함). 교과서에 수반되는 교사의 책은 내용과 디자인을 개발하는 데 시간과 노력을 거의 들이지 않는다(사본을 많이 판매하지 않기 때문에). 그들은 해답의 실마리와 분명한 조언을 제공하는 경향이 있으며 경험이 없는 교사를 대상으로 한다. 결과적으로 그들은 미숙하고 잠재력이 약하다. 학생들의 책이 근본적으로 큰 텍스트와 시각 자료로 구성되어 있다면 교사의 책에는 교사와 학습자가 선택할 수 있는 활동에 대한 다양한 제안이 포함될 수 있다. 이러한 활동이 매력적으로 설계되어 복사가 가능하다면 교사의 책은 필수적이고 수익성이 나도록 비싸게 판매될 수 있다.

아마도 이 장들 사이의 가장 중요한 연결고리는 이 부분에서 그들 중 누구도 근본적으로 새로운 것을 제안하는 것이 아니라 주변 학습에 의해 일반적으로 사용되지 않는 접근 방식을 옹호하고 있다. 학습 과정에서 감각과 감정의 다양한 학습 스타일을 제공하고, 학습자에게 책임감과 선택권을 제공하는 전인적 접근 방식(whole-person approaches)[74]은

---

74) [역자주] 교사가 학생들의 지능뿐만 아니라 그들의 감정, 신체적 반응, 본능적이고 보호적 반응, 학습하고자 하는 욕구 사이의 관계를 이해하여야 한다는 입장

상당한 연구에 의해 뒷받침되며 전 세계 교사와 학습자의 경험에 의해 입증이 된다. 그러나 현재의 범용 교재는 이러한 접근법을 통합하려는 노력보다 많은 것을 만들었다(Masuhara 외 2008, Tomlinson 외 2001). 소비자가 자신의 기대와 현저하게 다른 책을 구입하도록 설득하는 것은 어려울 것이다. 불쾌감을 줄 수 있는 위험을 감수하지 않고 학습자의 감정을 일관되게 유지하는 것이 쉽지는 않을 것이며 비용 효율적인 선택을 제공하는 것이 요구된다.

그러나 나는 경험적 학습자, 분석적 학습자, 나 자신과 마찬가지로 목적 지향적이고도 매력적인 사용법을 우선적으로 접하는 것을 선호하지만 나중에 언어가 어떻게 사용되었는지를 알아내는 '텍스트'를 분석하는 것을 즐긴다는 학습자들을 위한 범용 교재를 개발하는 것이 가능하다고 믿고 있다. 또한 동일한 책에서 시각, 청각, 촉각 및 운동 감각 반응을 포함한 활동을 제공하고 주요 경로와 특정 활동을 선택할 수 있다. 그런 책은 전 세계의 학습자와 교사에게 매우 가치 있고 상업적 성공을 거둘 수 있다. 나는 지난 30년 동안 그런 책을 옹호해 왔으며 상업성을 추구하는 출판사들이 그 책의 타당성을 부정하는 책에 값 비싼 투자를 하는 것을 꺼린다는 것을 이해한다. 그러나 나는 요즘 이런 책이 세계 곳곳의 교실에서 사용되기를 소망하며 그것을 기다리고 있다.

참고 문헌

Ellis, R. 1994. *The Study of Second Language Acquisition*. Oxford: Oxford University Press.

Maley, A. 2003. 'Creative approaches to writing materials'. In B. Tomlinson(ed.), *Developing Materials for Language Teaching*. London: Continuum.

Masuhara, H., M. Haan, Y. Yi & B. Tomlinson. 2008. 'Adult EFL courses.'

ELT Journal, 62(3): 294-312.

Oxford, R. L. & N. J. Anderson. 1995. 'A crosscultural view of learning styles.' *Language Teaching*, 28: 201-15. Cambridge: Cambridge University Press.

Tomlinson, B. 1996. 'Choices.' *Folio*, 3(1): 20-3.

_____ 2003. 'Humanizing the coursebook'. In B. Tomlinson(ed.), *Developing Materials for Language Teaching*. London: Continuum.

Tomlinson, B., B. Dat, H. Masuhara & R. Rubdy. 2001. 'EFL courses for adults.' *ELT Journal*, 55(1): 80-101.

마무리

Brian Tomlinson

본서 전체를 통해서 전달한 메시지를 다시 한 번 강조하고 그것으로부터 우리가 얻을 수 있는 방법을 제안하는 것으로 이 책을 마무리하고자한다.

교재 개발의 진일보에 자부심을 가져야 하겠지만 여기에 안주해서는 안된다.

이제 언어 학습자에 도움을 주기 위해 세계 각지에서 고품질의 교재를활용할 수 있는 상황에 이르렀다. 이러한 교재들은 최근의 기술 발전과언어가 학습되는 방법에 대한 우리의 향상된 지식을 활용해 왔다(Tomlinson 2011). 그러나 여전히 많은 학습자들이 만족스러운 수준의의사소통 능력을 달성하지 못하고 있으며, 교사들과 학습자들은 여전히그들이 사용하고 있는 교재에 만족하지 못하고 있다. 가만히 앉아서 우리가 가진 것이 충분히 괜찮다고 말할 것이 아니라 더 많은 학습자들에게 만족감과 성공의 기회를 줄 수 있는 교재 개발을 위해 지속적으로 노력해야 한다.

기존 교재의 결과에 대해 더 많은 것을 연구할 필요가 있다.

언어 학습 교재의 실제 학습 성과에 대한 연구는 거의 없었다. 학계는막대한 시간과 자원이 필요하고 결정적 결과를 얻기 위한 변수들을 통제하는 데 큰 어려움이 따르는 연구 수행은 경계해 왔다. 출판사들은 이미 출판한 책의 영향력에 대한 값비싼 종단적 연구를 기피해 왔다. 그리고 어떤 연구든 그 결과를 비밀로 할 것임에는 틀림이 없다. 하지만 책의 판매 부수로 그 유효성을 판단한다면 진정으로 책임감이 있고 전문적이라고 할 수 있을까? 아니면 설문의 응답으로 평가되는 인기도? 그렇지 않으면 교재에 포함된 활동들이 '제대로 되어 있다'는 일반적 인상만으로?

학습에 실패한 학습자를 진정으로 돕고자 한다면 여러 교재 유형의 실제 학습 결과에 대해 더 많은 것을 알아야 한다. 최근 이전보다 많은 대학원생들이 교재 개발에 관한 연구 프로젝트를 수행하고 있지만 (Tomlinson and Masuhara 2010), 특정 교재 유형의 효과에 초점을 둔 종단적 연구를 수행하는 이는 많지 않다.

우리는 더 많은 학생들이 교재의 학습 효과에 그들의 연구를 집중할 수 있도록 지원하고 권장할 수 있고, 전문가 협의체를 구성하여 유사한 학습자 그룹을 대상으로 다양한 유형의 학습 교재의 장기적 영향을 실제로 조사하는, 보다 야심찬 프로젝트를 수행할 수도 있을 것이다.

학습자와 교사가 언어 학습 교재로부터 무엇을 원하는지에 대해 더 많은 것을 알 필요가 있다.

우리들 중 다수는 '대부분의 학습자가 원하는 것은 ...이다'라든지, '선생님이 진정으로 원하는 것은 ...이다'와 같은 말을 자주 한다. 하지만 우리가 진짜로 알고 있는 것일까?

필자는, 교사와 학습자가 실제 사용 중인, 상업적으로 출판된 교재들이 제공하는 내용들이 실제로 그들이 원하는 것이라는 것을 확신시켜 주는 연구를 한 번도 본 적이 없다.(예를 들어, 그들은 시중에 나와 있는 대부분의 범용 교재가 취하고 있는 제시, 연습, 산출 접근법을 진짜로 환영하는가?) 또 불만족스러움을 보여주는 연구도 전혀 보지 못했다. 하지만 정말로 그들이 무엇을 원하는지를 알고 싶고, 그들이 진정으로 사용하고 싶어 하는 종류의 교재에 대해 신뢰할 수 있고 유효한 정보를 얻기 위해 더 많은 노력을 해야 한다고 생각한다. 그러한 연구는 다양한 분야에 속한 전문가들 간의 협력이 필요하고, 또 하나의 공통 목표를 향해 일하는 대학과 출판사의 컨소시엄에 제공되는 자금도 필요하다.

어떻게 하면 더 효과적인 교재를 개발할 수 있는가에 대해 더 많이 알아야 한다.

학습자와 교사가 원하는 교재를 제공하는 것은 매우 유용할 수 있겠지만 그것만으로는 충분하지 않다. 우리는 여전히 여러 유형의 상황에서 학습자에게 있어 가장 효과적인 교재 유형이 무엇인지 알지 못하고 있고, 또 학습자가 원한다고 해서 그것이 가장 효과적인 교재가 아닐 수도 있다. 예를 들어, 80명의 동기화되지 않은 공학부 학생들은 상당한 시간과 에너지, 관심을 요구하는 필수 영어 시험을 준비할 수 있게 해 주는 쉬운 연습 문제 교재를 원할 수 있다. 그러나 그들에게는 선택과 관여를 제공하는 의사소통 활동형 교재가 더 유용할 수도 있다. 우리는 단지 알지 못할 뿐이다.

우리는 교사와 학습자가 원하는 것, 현재 교재의 실제 학습 결과에 대한 신뢰할 수 있는 정보뿐만 아니라, 새로운 교재 유형으로 얻을지도 모르는 효과에 대한 정보도 필요하다. 언어 학습 교재를 보다 더 효과적으로 만들 수 있는 방법을 진정으로 얻고자 한다면 개혁하고 실험할 필요가 있다. 그런데 왜 출판사는 위험을 감수해야 할까? 왜 정부는 실패할지도 모르는 일에 귀중한 자금을 투입해야 할까? 학습자들은 왜 시험적 성격의 교재로부터 배우지 못할 위험을 감수해야 할까? 만약 큰 대학(또는 대학 그룹)이 출판사와 협력하여 이러한 시험적 교재를 출판하고 테스트한다면, 언어 학습 교재에 기여하는 그 무엇에 대한 지식을 증가시킬 수 있을 것이다.

교재 개발 시에 언어 학습에 대해 우리가 알고 있는 것을 더 많이 이용할 필요가 있다.

더 효과적인 교재를 개발하려고 한다면, 교재에 언어 학습을 촉진할 수 있는 특징들을 통합할 필요가 있다(Tomlinson 2010과 본서 1장 참조). 본서 1장에서 필자는 그러한 특징들을 여럿 언급하였다. 그 중에서 특히 언어 학습 초기에 침묵기를 허용하는 것의 중요성, 새로운 자질의 학습, 학습 과정에 감정을 고려하는 것의 중요성, 교재를 개별화하고 현지화할 기회를 제공하는 것의 중요성에 대해 우리가 알고 있는 것들이 더 많이 교재 개발에 반영되기를 바란다.

목표 언어가 실제로 어떻게 사용되고 있는가에 대해 더 많이 알아야 하고, 이 새로운 지식을 교재 개발에 응용할 필요가 있다.

Part A의 여러 장에서 알 수 있듯이, 언어가 실제로 어떻게 사용되고 있는지에 대해 더 많은 것을 알게 되었으며, 이러한 새로운 지식은 이미 교재 개발에 적용되고 있다. 하지만 계속해서 더 많이 알아내고 적용해야 한다.

특정 상황에서 언어가 실제로 어떻게 사용되는지에 대해 더 많은 지식이 필요하고(예: 비즈니스를 할 때, 상업적 프리젠테이션을 할 때, 경찰의 심문을 받을 때), 다양한 상황에서(예: 경제) 문법적 원리가 실제로 어떻게 언어 사용에 적용되는지에 대해서도 더 많은 지식이 필요하며, 다양한 출신 배경을 가진 능숙한 비-원어민 간의 상호작용 패턴과 규범에 관해서도 더 많이 알아야 한다. 또한 이상적인 규범을 보여 주는 단순화된 샘플에 노출되기보다 실제에 노출되는 것이 어느 정도 학습자에게 중요한가에 대해서도 더 많이 알아야 한다.

선택의 폭이 넓으며 다양한 요구와 필요성을 충족시킬 수 있는, 융통성 있는 교재의 개발 방법을 찾아야 한다.

이러한 필요성에 대해서는 이미 이 책에서 여러 번 언급했기 때문에 (예: Part E의 논평), 주관적인 인상이 아닌, 실제적인 정보가 필요한 또 다른 영역이라고 말할 수 있다. 선택의 여지가 없는 교재와 비교했을 때 선택권이 있는 교재의 효과는 무엇인가? 처리 부담(processing load)을 늘리지 않고 선택권을 제공할 수 있는 방법은? 선택권을 제공함으로써 도움이 될 학습자와 보다 직접적인 과정이 도움이 되는 학습자를 구별할 수 있는가? 이 모든 것을 알아야 한다.

교재를 사용하여 교사 개발에 공헌하는 방법을 찾을 필요가 있다.

이는 Canniveng and Martinez(2003), Popovici and Bolitho(2003), Tomlinson(2003), Tomlinson and Masuhara(2004)에서도 언급된 필요성이며, 교사 대부분이 훈련을 받지 않았고 새로운 접근법을 시도하기도 꺼려하는 국가의 교재 프로젝트에서 언급되는 필요성이기도 하다.

영국, 인도네시아, 일본, 나이지리아, 오만, 싱가포르, 바누아투, 잠비아의 교사 및 커리큘럼 개발에 관여한 필자의 경험에 의하면, 교재가 교사 개발에 긍정적으로 기여하기 위해서는 강요하지 않는 대신, 교사들을 초대하여 성찰, 평가, 적용할 수 있도록 해야 하며, 교사를 자료 개발 및 시범적 사용에 참여시켜야 한다(Al-Busaidi and Tindle 2011). 국내 프로젝트에서는 이러한 요인들을 중요하게 여기고 있지만 이를 범용 교재의 상업적인 개발 시에도 염두에 둘 수 있을 것이다.

언어 학습 교재 개발자 및 사용자로서 새로운 기술들을 가장 효과적으로 활용할 수 있는 방법을 찾아야 한다.

사용 가능한 새로운 기술은, 예를 들어 휴대 전화, 전화 및 화상 회의,

그리고 인터넷을 통해 학습자와 교재 간뿐만 아니라 학습자와 다른 학습자 간, 학습자와 교사 간, 학습자와 유능한 사용자 간의 상호 작용을 제공해 준다. 이를 통해 사용 중인 언어에의 노출 기회, 언어 사용 방법에 주목할 기회, 의사소통을 위한 언어 생성 기회를 제공해야 한다. 그러나 잠재적 학습 결과가 무엇이며 그것을 어떻게 달성할 수 있는지를 정확히 알아야 한다.

상업적 출판사가 재정적 손실의 위험 없이 새롭게 개발된 방법론을 적용할 수 있게 돕는 방법을 찾아야 한다.

학습자가 사용하는 교재의 효율성을 높이는 데는 이 문제가 가장 시급하다고 생각한다. 현재의 경제 상황에서 범용 교재의 막대한 비용과 보조 자료의 비영리성을 고려한다면, 출판사가 실험적이고 혁신적이기를 기대할 수는 없다. 그들은 팔릴 것으로 기대되는 것을 생산해야 하지만, 11장에서 Frances Amrani가 지적했듯이, 교재가 사용자들에게 가치 있는가를 확인하기 위해 최대한의 노력을 해야 한다. 그런데 이것으로 충분한가? 출판사가 실험하지 않으면 과연 누가해야 하는가? 그리고 만약 실험하지 않는다면 어떻게 발전할 수 있는가? 해답은, 전문가와 자원을 최대한 한 곳에 모아야 한다는 데 있다. 그래서 출판사가 혁신들을 받아들이고 그것이 이익이 될 수 있다는 점을 알 수 있도록 해야 하고, 경제적 위험 없이 출판사가 보다 급진적인 실험도 할 수 있도록 해야 한다. MATSDA가 그러한 역할을 할 수 있기를 기대한다.

언어 학습자에게 도움이 되는 교재를 만들어 내기 위해서 연구자, 교사, 작가, 출판사를 한데 모아, 자원들을 모으고 다른 전문 분야의 전문 지식을 활용할 수 있는 방법을 강구해야 한다.

L2 교재 개발과 관련하여 앞에서 제기한 모든 이슈들은 다양한 유형의 자원과 전문 지식을 가진 기관들 간에 더 많은 협력이 필요하다는 것

을 뜻한다. MATSDA를 통해서 우리가 정말로 하고 싶은 것은, 언어 습득, 연구 방법론, 언어 데이터 수집 및 분석, 언어 교육학, 교재 작성, 교재 설계와 교재 출판, 유통과 관련한 전문가들을 한데 모을 수 있는 방법을 찾는 것이다. 자원을 한곳에 모음으로써 우리가 작성하는 교재의 효율성을 실제로 높이기 위해 필요한 몇 가지 질문들에 답할 수 있을 것이다.

필자는, MATSDA가 교재 개발에 정보를 제공하기 위한 공동 연구 프로젝트 준비를 도울 수 있도록 기관들의 협조를 기대하며, 향후 그러한 연구 결과를 보고하는 책을 편집할 수 있게 되기를 기대한다.

참고 문헌

Al-Busaidi, S. and K. Tindle. 2010. 'Evaluating the impact of in-house materials on language learning'. In B. Tomlinson and H. Masuhara(eds.), *Resesarch in Materials Development for Language Learning: Evidence for Best Practice*. London: Continuum.

Canniveng, C. and M. Martinez. 2003. 'Materials development and teacher training'. In B. Tomlinson(ed.), *Developing Materials for Language Teaching*. London: Continuum.

Popovici, R. and R. Bolitho. 2003. 'Personal and professional development through writing: the Romanian textbook project'. In B. Tomlinson(ed.), *Developing Materials for Language Teaching*. London: Continuum.

Tomlinson, B. 2003. 'Materials development courses'. In B. Tomlinson(ed.), *Developing Materials for Language Teaching*. London: Continuum.

_____ 2010. 'Principles and procedures of materials development'. In N. Harwood(ed.), *English Language Teaching Materials: Theory and*

Practice. Cambridge: Cambridge University Press.

_____ 2011. 'Materials development'. Language Teaching. Tomlinson, B. and H. Masuhara. 2003. 'Simulations in materials development'. In B. Tomlinson(ed.), *Developing Materials for Language Teaching*. London: Continuum.

_____ 2010. *Research in Materials Development for Language Learning: Evidence for Best Practice*. London: Continuum.

추천 논저

제2언어 교수 분야에서 교재 개발과 관련하여 추천할 만한 교재는 다음과 같다.

Byrd, P. 1995. *Materials Writers Guide.* Rowley, MA: Newbury House.

Cunningsworth, A. 1984. *Evaluating and Selecting EFL Teaching Material.* London: Heinemann.

_____ 1996. *Choosing Your Coursebook.* Oxford: Heinemann.

Fenner, A. and D. Newby. 2000. *Approaches to Materials Design in European Textbooks: Implementing Principles of Authenticity, Learner Autonomy, Cultural Awareness. Graz/Strasbourg:* European Centre for Modern Languages.

Graves, K. 1996. *Teachers as Course Developers.* Cambridge: Cambridge University Press.

Harwood, N.(ed.). 2010. *English Language Teaching Materials: Theory and Practice.* Cambridge: Cambridge University Press.

Hidalgo, A. C., D. Hall and G. M. Jacobs(eds.). 1995. *Getting Started: Materials Writers on Materials Writing.* Singapore: SEAMEO Language Centre.

Johnson, K. 2003. *Designing Language Teaching Tasks.* Basingstoke: Palgrave Macmillan.

McDonough, J., C. Shaw and H. Masuhara. In press. *Materials and Methods in ELT: A Teachers Guide.* London: Blackwell.

McGrath, I. 2002. *Materials Evaluation and Design for Language Teaching.* Edinburgh: Edinburgh University Press.

Menon, S. and J. Lourdunathan(eds.), 2009. *Readings on ELT Materials IV.*

Petaling Jaya: Pearson Malaysia.

Mukundan, J.(ed.). 2003. *Readings on ELT Material.* Sedang: Universiti Putra Malaysia Press.

_____ (ed.) 2006. *Readings on ELT Materials II.* Petaling Jaya: Pearson Malaysia.

_____ (ed.) 2008. *Readings on ELT Materials III.* Petaling Jaya: Pearson Malaysia.

_____ (ed.) 2010. *Readings on ELT Materials V.* Petaling Jaya: Pearson Malaysia.

Renandya, W. A.(ed.) 2003. *Methodology and Materials Design in Language Teaching: Current Perceptions and Practises and their Implications.* Singapore: RELC.

Richards, J. 2001. *Curriculum Development in Language Education.* Cambridge: Cambridge University Press.

Sheldon, L. E.(ed.). 1987. ELT Textbooks and Materials: Problems in Evaluation and Development. *ELT Documents 126.* London: Modern English Publications and the British Council.

Tomlinson, B.(ed.) 1998. *Materials Development in Language Teaching.* Cambridge: Cambridge University Press.

_____ (ed.) 2003. *Developing Materials for Language Teaching.* London: Continuum.

_____ (ed.) 2007. *Language Acquisition and Development: Studies of First and Other Language Learners.* London: Continuum.

_____ (ed.) 2008. *English Language Teaching Materials: A Critical Review.* London: Continuum.

Tomlinson, B. and H. Masuhara. 2004. *Developing Language Course Materials.* Singapore: RELC Portfolio Series.

_____ 2011. *Research in Materials Development for Language Learning: Evidence for Best Practice.* London: Continuum.

색인

외국어 교재 개발론
: Materials Development in Language Teaching(2nd Edition)

© 글로벌콘텐츠, 2020

1판 1쇄 인쇄__2020년 5월 21일
1판 1쇄 발행__2020년 5월 31일

엮은이__Brian Tomlison
옮긴이__김창구 · 이선진 · 조혜진
펴낸이__홍정표
펴낸곳__글로벌콘텐츠
　　　　등록__제25100-2008-000024호

공급처__(주)글로벌콘텐츠출판그룹
　　　　대표_홍정표　이사_김미미　편집_김수아 이예진 권군오 이상민 홍명지　기획·마케팅__노경민 이종훈
　　　　주소__서울특별시 강동구 풍성로 87-6, 201호
　　　　전화__02) 488-3280　팩스__02) 488-3281
　　　　홈페이지__http://www.gcbook.co.kr
　　　　이메일__edit@gcbook.co.kr

값 38,000원
ISBN 979-11-5852-283-4　93370

※ 이 도서의 국립중앙도서관 출판예정도서목록(CIP)은 서지정보유통지원시스템 홈페이지(http://seoji.nl.go.kr)와
　 국가자료공동목록시스템(http://www.nl.go.kr/kolisnet)에서 이용하실 수 있습니다. (CIP제어번호 : CIP2020019005)
※ 이 책은 본사와 저자의 허락 없이는 내용의 일부 또는 전체의 무단 전재나 복제, 광전자 매체 수록 등을 금합니다.
※ 잘못된 책은 구입처에서 바꾸어 드립니다